江苏省研究生教育教学项目"语文教育硕士语言学核心素养培养模式研究"最终成果，编号 JGLX17_106

江苏省一级学科重点建设学科经费资助 淮阴师范学院重点学科经费资助

| 光明学术文库 | 教育与语言书系 |

# 语言学核心素养培养模式研究
## ——文本解读方法与实践

晁 瑞 | 著

光明日报出版社

**图书在版编目（CIP）数据**

语言学核心素养培养模式研究：文本解读方法与实践 / 晁瑞著. --北京：光明日报出版社，2022.8
ISBN 978-7-5194-6576-6

Ⅰ.①语… Ⅱ.①晁… Ⅲ.①中学语文课—教学研究—高中 Ⅳ.①G633.302

中国版本图书馆 CIP 数据核字（2022）第 072016 号

---

### 语言学核心素养培养模式研究：文本解读方法与实践
YUYANXUE HEXIN SUYANG PEIYANG MOSHI YANJIU：WENBEN JIEDU FANGFA YU SHIJIAN

| | |
|---|---|
| 著　　者：晁　瑞 | |
| 责任编辑：史　宁 | 责任校对：阮书平 |
| 封面设计：中联华文 | 责任印制：曹　净 |

出版发行：光明日报出版社
地　　址：北京市西城区永安路 106 号，100050
电　　话：010-63169890（咨询），010-63131930（邮购）
传　　真：010-63131930
网　　址：http://book.gmw.cn
E - mail：gmrbcbs@gmw.cn
法律顾问：北京市兰台律师事务所龚柳方律师
印　　刷：三河市华东印刷有限公司
装　　订：三河市华东印刷有限公司
本书如有破损、缺页、装订错误，请与本社联系调换，电话：010-63131930

开　　本：170mm×240mm
字　　数：377 千字　　　　　　　　　　印　张：21
版　　次：2022 年 8 月第 1 版　　　　　印　次：2022 年 8 月第 1 次印刷
书　　号：ISBN 978-7-5194-6576-6
定　　价：98.00 元

版权所有　　翻印必究

语文教育
民族基石

李明

# 目录 CONTENTS

绪 论 ·················································································· 1

## 第一章　古典诗歌解读 ······················································ 19
　　第一节　中国传统诗词格律　19
　　第二节　诗词格律与情感表达　31
　　第三节　古典修辞与情感表达　46
　　第四节　诗歌炼字与情感表达　52
　　第五节　中国传统文化与古诗欣赏　59

## 第二章　现代诗歌解读 ······················································ 63
　　第一节　语言文化的现代思潮与新诗语言特征　63
　　第二节　新诗的古典情怀与表达手段国际化　70
　　第三节　新诗结构语言与情感表达　76
　　第四节　译诗语言与世界审美文化　80

## 第三章　小说解读 ······························································ 88
　　第一节　语言差异性与小说审美　88
　　第二节　白话与传统小说情节铺展　101
　　第三节　白话与传统小说人物塑造　110
　　第四节　现代语言与小说叙事艺术　115
　　第五节　现代语言与小说人物刻画艺术　129
　　第六节　当代新翻译小说　138

## 第四章 戏剧解读 ... 152

第一节 语言差异性与戏剧审美 152

第二节 唱词与传统戏剧人物刻画艺术 157

第三节 宾白与传统戏剧人物刻画艺术 162

第四节 现代戏剧冲突语言表征 168

第五节 现代戏剧人物刻画艺术 181

## 第五章 散文解读 ... 185

第一节 散文文体特征与发展简史 185

第二节 古代散文语言艺术 189

第三节 现代抒情类散文语言艺术 204

第四节 现代记叙及议论类散文语言艺术 215

第五节 古今思辨类散文语言艺术 227

## 第六章 文言语体解读 ... 246

第一节 文言语体文本赏析与语言教学 246

第二节 文字学与实词教学 255

第三节 语法学与虚词教学 263

## 第七章 实用文体解读 ... 285

第一节 一般说明文类型及介绍顺序 285

第二节 知识小品文及写作顺序 294

第三节 新闻类型及报道语言 300

第四节 演讲类型语言 309

## 结 语 语文教师如何提升个人文本解读能力 ... 315
## 后 记 ... 323

# 绪　论

### 一、当今语文教师的困惑

（一）语文课堂教什么

在语文教学界有一个专业术语，叫"教学内容的确定性"，谈一种文体到底教什么。好像这样的困惑，上一代语文教育工作者从来没有遇到过。因为上一代语文教师基本都懂文体学，他们内心有不成文的文体规范。一篇文章一旦确定体裁，就有较为明确的审美规范，这些审美规范就是教学重点。当今的语文课要好看，要视觉效果，老师们纷纷想出各种招数，音乐、视频、才艺表演等各种非语文文本内容粉墨登场；另外大量的试题练习将文章拆成碎片。各种干扰因素已经完全挡住了语文教师阅读文本的视线，语文教师已经不会带领学生学习文本了，绝大多数中小学语文教师已经遗忘了文体学！

据笔者观摩到的语文课堂来说，初中、高中语文教学相对好些，小学语文教学最乱。小学的基本状况是：教师教学生"读"，他们普通话标准，声音悦耳，但一堂课上了将近30分钟，还无法使听课者知晓这篇文章的体裁类型。教师一直带领学生用各种方式读片段，师生之间掌声、笑声气氛热烈。几乎没有语文教师能讲出文章的篇章结构、行文技巧，只有"读"，而且是很零碎的"读"，"读"和"写"的关系被完全剥离。

（二）母语者学习语文学什么

上述现象说明，语文教师充分认识到学语文"读"的重要性。但是一篇完整的文章要怎么读，老师们好像很少思考这个问题。

很多人把语文教学理解为单纯的语言教学，为此罗列出教师的任务：应该培养学生听、说、读、写的能力。很少有人思考母语者为什么需要强调他的"听""说"能力？每个人都清楚：从婴儿还在母腹中有听觉开始，他已经会收听母语了。出生十个月左右，就能说词语了。一般三岁时句子和会话也没有问题了。母语就像每个人的呼吸一样自然，每个人都可以流畅地使用母语进行交际。那么母语者到底为什么学习语文？

中国是一个文明型国家，在国家建设中尤其重视人才选拔。自隋代产生科举考试制度以来，儒家经典成为考试的核心内容，这些国家治理思想都是使用汉语记载。国家培养了大批有文化的国民，从中选拔合适的治国人才。古代有很多官员同时也是作家，他们依靠母语学习到文化，又依靠母语创造了新文化。因此我们应该这样理解母语者学习语文课程的目的：学习汉语所承载的文化，创造时代所需要的新文化。也就是说针对母语学习者，教师要提高他们的"读""写"能力，而且这种能力不能止于一般水平的"读懂""写通顺"，而是培养高层级的文化创造者。对文化要做宽泛性理解，今天并不是把每个人都培养成作家，而是把他们培养成文化新人，用母语表达一切思想，无论是人文思想还是科技思想。只有汉语母语承载的思想丰富了，我们才有真的文化自信，这是国家软实力的表现。每个语文教师都应该将自己放到整个国家事业中理解教学工作的伟大意义。

（三）语文教师以什么为教学工具

做一个优秀的数学教师，靠数学符号、靠公式、靠数理逻辑推理思想；做一个优秀的音乐教师，靠音乐符号、靠节奏、靠旋律生成的感情；做一个优秀的美术教师，靠色彩、靠线条、靠光与影纸张空间生成的美好境界；做一个优秀的语文教师，靠语言符号、靠文字符号、靠文学创造的五彩世界。语文教师天生就是一种靠语言吃饭的职业。语文教师工作的对象是一篇篇文本，首先每个语文教师要能准确解读这些文本，传达出作者要表达的思想感情。其次语文教师要指导学生写作，使他们成长为能准确表达自己感情的一代文化新人。再次，语文教师要指导学生健康成长，利用每一篇文本的"道"引导学生，利用自己的语言爱护学生、关心学生、教育学生。总之，语文教师跟语言有着天然的血肉联系。

本书并不关注语文教师日常教育中使用的一切语言，而是关注语文教师最重要的领域课堂教学使用的语言，并重点关注语文教师如何运用语言读出文本的美妙。那么我们首先需要了解一个文本如何产生。

### 二、作家写作与语言

作家塑造文学形象，创造脍炙人口的作品，其使用的唯一工具是语言。因此每个作家天生就是语言运用专家，他们知道运用什么样的语言，更适合表达自己的感受。

作家欣赏外物，触发自己的审美体验。"审美体验是主体与客体、感性与理性、直觉与思维、本能与理智、意识与无意识的统一，它的发生深入到人的本能、直觉、无意识这些幽深的心理领域，它与个体的、本原的生命颤动相联。"① 作家需要将内心的审美体验外化为语言文字符号，才能被读者感知。读者相信作家的描写，并跟随作家的思想前进，前提条件是作家的描写基于现实。"如果诗人要对经验世界的描写取得成功，那么对现实的考察确是必须的。"② 但这现实却不是对自然亦步亦趋，它是作家内心的审美现实，"在每一个场合，好像都只有通过生活，自然和艺术才取得联系。所以经过了我种种思考和努力，我回到了我的老主意，那就是研究身内身外的自然，让自然绝对通行无碍，用热爱的心情模仿自然，并在这模仿中跟随自然。"③ 歌德这番创作体验应该符合作家生活现实。

当然这个过程对于作家来说，也没有那么简单。"回忆我个人写作的过程，最难解决的也是经常碰到的一个问题，就是创作中主观与客观的关系。有时候这个问题不像哲学上的问题那么容易说得清楚，那么单纯。在文学创作上，文学作品往往是非常纠缠不清的一种关系。文学作品，它既是非常客观的，也是非常主观的。"④

（一）作家捕捉自己的感觉

作家要对文学形象深入描写，需要准确地捕捉自己的感情和感觉。"作家、艺术家的这种不同于普通人的、能够发现事物内在真实和美的眼睛，即作家、艺术家所具有的艺术知觉基本特征，就在于他们不仅仅'观察'，而且还在'领悟'，不仅仅用感官，而且还用心灵。"⑤ "采菊东篱下，悠然见南山"，将"看到南山"一事定性为"悠然"，这就把自己心境和盘托出了，与前面的一句连接起来，显示了作者超脱的心境。"作家最相信自己的眼睛和心灵，最相信自己的感受和体验，哪怕是偏离、错觉、变形、变态，对他们来说也是有特殊意义的，因为在心理场对物理境的偏离、错觉、变形、变态，正饱含了说不尽的道不完

---

① 童庆炳. 童庆炳文集：第1卷 [M]. 北京：北京师范大学出版社，2016：111.
② 伍蠡甫，蒋孔阳，程介未. 西方文论选：上 [M]. 上海：上海译文出版社，1988：477.
③ 伍蠡甫，蒋孔阳，程介未. 西方文论选：上 [M]. 上海：上海译文出版社，1988：459.
④ 王蒙. 创作是一种燃烧 [M] // 王蒙文集：第7卷. 北京：华艺出版社，1993：214-219.
⑤ 童庆炳. 童庆炳文集：第1卷 [M]. 北京：北京师范大学出版社，2016：349.

的诗情画意。"① "两岸猿声啼不住,轻舟已过万重山",这种船速之快的感觉以夸张手法写出,就是对普通人感觉的偏离。"泪眼问花花不语,乱红飞过秋千去",将"花"变形为"人";"问君能有几多愁,恰似一江春水向东流",将"愁绪"变形为"江水",也超越了普通人的一般感觉。

(二) 作家运用艺术手段

"作家作为语言艺术家,他的特殊技能就表现在以下两个方面:第一,他能用有限的语言信息,激起无限的想象和回忆;第二,他能用抽象的词语构成感性的形象。作家驾驭语言的基本本领就是,向读者输送构成形象的'足够'的信息,而不是全部信息。"② 高明的作家要留给读者想象的空间,通过读者阅读,真正释放文学形象的艺术魅力。

作家将观察所得外化为语言,无非通过叙述、描写、抒情、议论等艺术手段。这些艺术手段都有各自的优越性,也同时存在局限性。

叙述要注意叙述的视角,作家要选择内视角也称内聚焦模式,还是外视角称全聚焦模式或外聚焦模式③。"内视角,是由处于故事之中的当事人,也就是作者委托故事中的人物充当叙述者,通过这个人物的知觉、意识和情感去感受、体验外界事物,所有的事件、情景和人物行为都呈现在叙述者的个人见闻和感受之中,然后泄露给读者。"④ 如鲁迅小说《孔乙己》中"我"是故事中的一员。内视角的优势是可以直接参与文学形象塑造,但不容易表现复杂的人物关系,难以胜任复杂的故事情节。

"外视角是指作家置身局外,从旁观者(故事外叙述者)的角度来讲述故事的发生、发展经过。以局外人出现的叙述视角,由于叙述人不是作品情节的有机组成部分,他通常与作品中的人物保持一定的距离,对事件、人物作客观的叙述和介绍,他犹如无所不知的'上帝',对一切了如指掌,由此构成了全知全能的叙述视角。"⑤ 大部分小说都采取外视角全聚焦模式叙述,外视角能形成全知全能叙述优势,却容易将作家的观点过多地强塞入作品,给读者留下的创造空间太小,在阅读审美效果上可能有劣势。

描写,包括人物描写、环境描写、心理描写等。人物的语言描写要符合文

---

① 童庆炳. 童庆炳文集:第1卷 [M]. 北京:北京师范大学出版社,2016:237.
② 孙绍振. 文学创作论 [M]. 沈阳:春风文艺出版社,1987:241-242.
③ 内聚焦、全聚焦、外聚焦定义,请参阅本书第三章第四节内容。
④ 李荣启. 文学语言学 [M]. 北京:人民出版社,2005:168.
⑤ 李荣启. 文学语言学 [M]. 北京:人民出版社,2005:166-167.

学形象本身的身份。描写的优势是可以形成有审美意味的形象，但是容易造成静态感，不太利于推动情节发展。

抒情的优势是可以展现作家或文学形象本身的喷薄感情，但容易造成不太冷静的叙事，挤压读者接受美感的空间。

议论的优势是具有思想的哲理意味，但是容易造成概念化，由于过于理性，而损伤文学形象的美感。

叙述、描写、抒情、议论四种艺术手段，要轮流使用，以避免给读者带来审美疲劳。"作家表达力是一种语言的驾驭力，同时又不是一般的语言驾驭力。因为用以构成形象的语言和词汇，有不大不小的'特异功能'。作家的任务首先就是自由地驾驭各不相同的'特异功能'，并且避免使各个不同的功能混淆。用叙述的系统性来写对话会导致虚假，我们在许多作品中已经看到了这种混淆是如何导致对话艺术的覆没。用对话的随机性去叙述，就像那些极端的意识流一样，给读者带来不必要的困惑。作家驾驭语言的第二个任务是恰如其分地运用，有计划按比例地协调几种语言表现方法之间的关系，过多地连续使用一种手段会导致沉闷。各种语言手段的交替使用可使文思活跃。当然，这里还包括叙述的感受角度、时间、空间顺序的调配问题。每一种表现方法都包含局限性和优越性的统一，使用不足，则优越性得不到充分发挥，使用过度，则局限性大肆泛滥。"①

（三）作家尊重审美规范

"没有形式，美感经验、审美规范、艺术技巧无以积累，脱离了文学形式的审美规范和艺术技巧是不可能存在的。"② 文学是一种精神文化现象，可以继承并持续发展。因此一代代文学家会形成共同的精神契约，对于各类文学体裁形成一定的审美规范。诗歌、散文、小说、戏剧各有各的审美规范、艺术技巧。

诗歌，主要是抒情诗，不能过于写实，而是要概括性地描写，从而表现人和自然的关系，抒发作家的感情。例如，《敕勒歌》所写的草原，不是某地某块草原，"天苍苍，野茫茫"是草原的普遍风光，广袤的草原上有无限生机，哪里的草原都可以"风吹草低见牛羊"。《大堰河》"直伸着的手"尽管是一个细节描写，写作的目的也不是真实地描绘这双手的外形，而是用一双手表现劳动大众生活的艰苦。"千山鸟飞绝，万径人踪灭"更是一种心灵的虚像，谁的眼睛也无法观察千山万水。诗歌的语言最讲究将作家的感觉变形，刺激读者的想象。

---

① 孙绍振. 文学创作论 [M]. 沈阳：春风文艺出版社，1987：316.
② 孙绍振. 文学创作论 [M]. 沈阳：春风文艺出版社，1987：338.

"在生活面前,诗是这样不驯服,它不是把生活和感情的特征凝聚在一个精致的意象符号上,就是把它扩张到生活的总体概观之中。如果选择、切割细节要求诗人敢于把特征缩微的话,而扩展则恰恰相反,要求诗人敢于将特征放大。"①

小说是一种刻画人物性格,叙述故事情节,描写社会生活环境的具有虚构性的文学体裁。比如,《祝福》叙述了作者四次到鲁镇,所见所闻祥林嫂的不幸遭遇,描写了鲁镇的社会生活环境,表现了祥林嫂被封建礼教毒害而死的悲惨命运。

戏剧就是以人物台词为核心的,事件和场景都较为集中的,具有一定戏剧冲突的文学体裁。比如,《雷雨》这部戏描写了周鲁两家三十年的恩怨情仇。戏剧人物语言也就是台词,要有强烈的动作性,以显示人物丰富的心理活动。比如周朴园发现面前的仆人对三十年前周家发生的事竟然非常了解,就对面前的侍萍说"你先下去吧",这一句台词反映了周朴园的心理活动:他对这个知道内情的小老乡有点儿不放心,不想继续他们之间的对话。侍萍对周朴园说:"老爷,没有事了?"这一句回应也反映了侍萍复杂的心理活动:进入这间她曾经熟悉的屋子,看到熟悉的摆设,见到昔日曾经相爱的人,内心也不能平静,但她同时知道两人之间社会地位悬殊,旧情不可能复原。她怕周朴园认出自己来,又希望周朴园没有全然忘掉她。

散文则要求作家精确细致地描摹有个性和差异性的文学形象,比如,《背影》就是自己父亲的背影,不是带有普遍性的背影。散文要使各种复杂的意象凝聚成统一的情趣、理趣。

"一般说,掌握一种文学形式的审美规范就需要禀赋很高的作家毕生的精力。许多中等资质的作家虽毕生孜孜以求,但并没有做出任何艺术创造,除了其他的原因以外,至少可以说形式的审美规范得如此精妙,以至于他们终生都没有真正领会其中奥妙。"②

(四)作家懂行文结构

每个文本都有结构,按照时间顺序、空间顺序或者事理逻辑顺序有序展开。因此每一篇文章都是作家奉献给世界的完美图画。中国传统写作学将文章分为"起、承、转、合"四个部分,首见于元代范德玑《诗格》:"作诗有四法,起要平直,承要舂容,转要变化,合要渊永。"所谓"起"就是文章开头,"承"是开头的扩展部分,巩固开头提出的话题。"转"是文章的核心部分,要充分饱

---

① 孙绍振. 文学创作论 [M]. 沈阳:春风文艺出版社,1987:384-385.
② 孙绍振. 文学创作论 [M]. 沈阳:春风文艺出版社,1987:329.

满地表达自己的思想,"合"就是结束,要升华主题而收尾。这个结构模式适用于除了戏剧、长篇小说之类的绝大多数文本。

一个文本产生出来之后,到了读者手上,就获得了新的生命力。对同一篇文章,虽然大家会有一些共同的认识,但总会有一些不同的想法。那么读者从哪里获得文本意义呢?

### 三、读者欣赏与语言

#### (一)获得审美体验的前提条件

一个文盲可以欣赏影视剧等视觉艺术,却不能欣赏文学。鲁迅说:"读者也应该有相当的程度。首先是识字,其次是有普通的大体的知识,而思想和情感,也须达到相当的水平线。否则,和文艺则不能发生关系。"① 因此文学首先是文化人的精神生活。一个人的认知水平、思想水平也决定了他能理解什么样的文本以及理解到何种层次。一个没有一点儿古典文学知识的人,让他说出一首古诗的美,可谓难度很大。一个完全不懂西方文学理论的读者,也不能很好地欣赏外国文学作品,特别在西方现代文艺思潮之下,作家主张脱离现实主义的表现方法,要理解卡夫卡、海明威、马尔克斯等作家,不理解他们的文学主张、创作理念,基本就读不懂他们的作品。

文学欣赏能力可以通过读书、学习,不断强化、深化。阅读不仅可以提高人的审美意识,还可以使人获得间接生活经验,得到某些领域的专业知识。"人在一生征程中,即使经历极其复杂丰富,也总是要受到有限的生命过程和有限的活动范围的局限,不可能体验到自然和社会的各种现象,因而需要通过间接的途径,即阅读书本、欣赏文学作品来丰富心理信息的储存量。"②

#### (二)文本意义来自何处

1. 词语及词语组合意义

每个词语在语言中都有意义,这是文学形象得以产生的基本条件。如"深蓝的天空挂着一轮金黄的圆月,下面是海边的沙地,都种着一望无际的碧绿的西瓜"。这一句写鲁迅家乡的纯美风景。这样的意义,依靠全句23个词组合起来的意义表达出来:"深蓝""的""天空""挂""着""一""轮""金黄""的""圆月""下面""是""海边""的""沙地""都""种""着""一望无

---

① 鲁迅. 文艺的大众化[M]//鲁迅全集:第7卷. 北京:人民文学出版社,2005:367-368.
② 李荣启. 文学语言学[M]. 北京:人民出版社,2005:350.

际""的""碧绿""的""西瓜"。这些词语之中有一些名词如天空、圆月、海边、沙地、西瓜,都表示具体的名物,能引起读者想象,得到形象感,使文字与现实世界联系起来;其中还有一些颜色词如深蓝、金黄、碧绿,具有很强的视觉效果,能够激发读者想象,使头脑中的形象更为明确、清晰。以天为背景,天地辉映,读者心中的印象就产生了:鲁迅的家乡美得纯净,为下面少年闰土的出场提供了美好场景。但是很多情况下,句子的意义与文学形象本身不能画等号。有些意义可能来源于语境,一般将语境分为两类:言内语境、言外语境。

2. 言内语境意义

由文本内部组合关系制约的上下文环境,表现为句子、句群、段落、语篇关系。一篇文章的结构以及中心思想都制约着文章句子的意义。

文章有了起承转合的结构,才使一些句子和段落产生了超越语言符号之外的意义。比如,"朱门酒肉臭,路有冻死骨"这句话是用对比修辞手法产生了一个相反的结构,就增强了作家对豪门贵族的憎恨之情。排比修辞则可以造成一个相似结构,强化作者情感。

文本中的任何一个句子都笼罩在中心思想之下,为了文章中心而存在。如《祥林嫂》作者最后一次到鲁镇见到她,有这么一句外貌描写"只有那眼珠间或一轮,还可以表示她是个活物",这句话里名词"活物",意义为"活的物体",但这里表现祥林嫂被折磨至深,已经不像人样了。这样的意义超出了语言符号自身的意义,它来自整篇文章的上下文语境,因为该篇全文都描写祥林嫂的不幸。我们根据这样的语境确定了"活物"的意义。

3. 言外语境意义

与语言交际有关的诸外部要素,如文化语境、作家创作背景等。

文学是民族文化活动的一部分,与母语的关系至为密切,因此一切汉语的文化都是语境,包括汉语这种语言本身。尽管瑞士心理学家皮亚杰(J. Piaget)从发生学的角度证明了思维早于语言产生,但是学者更坚信,所有外部世界都跟语言的符号世界词汇相挂钩。维特根斯坦说"语言之外没有世界"。语言塑造了我们的思想,也改变了我们对现实世界的认识。母语是作家创作的凭借,"母语对作家文学风格的形成至关重要,作家不但无法轻易地超越这个语言空间,而且只有借助于它,才能捕捉住并表达出对事物的独特感受。"[1] 老舍也说:"除了语言,还有什么别的地方可以表现它呢?你说短文章是我们的民族风格吗?外国也有。你说长文章是我们民族风格吗?外国也有。主要表现在语言上,

---

[1] 李荣启. 文学语言学 [M]. 北京:人民出版社,2005:317.

外国人不说中国话。用我们自己的语言表现的东西有民族风格,一本中国书译成外文就变了样,只能把内容翻译出来,语言的神情很难全盘译出。"① 历代作家都非常注意汉字高低起伏的声调和词语音节节奏产生的美感,汉语这一特点是欣赏古诗甚至现代诗歌的前提。

创作背景也是文章的意义部分。"文章(它包括主题、内容)就是反映一般自然、社会、主体、心灵、心理的载体、媒介。"② 创作背景可以分为客体背景、主体背景两部分。"客体背景"指自然、社会包括人的活动,"主体背景"指作者心灵和知识。如何理解社会活动,马正平认为"这个时代、地域中关于文章写作内容和写作形式的审美规范——写作文化(时空情绪、价值取向、思维方式);又包括写作当下环境中有关写作内容的制约性因素——写作背景(事实背景和政策背景)。"③ 比如《沁园春·雪》写于1936年抗日战争爆发前夕,当时毛泽东和彭德怀率领红军突破蒋介石几十万大军的围追堵截,到达陕北清涧县袁家沟。毛泽东登上大山视察地形,心中感慨万千,写下了这部作品。词作赞扬了中国杰出帝王的丰功伟绩,"俱往矣,数风流人物,还看今朝",表现了毛泽东要与人民一道成为"风流人物"的坚强决心。在这种背景下,才能理解革命家的大无畏英勇气概。

(三)意义可以逐步增多

一个读者的审美水平可以通过学习不断提升,也就是说,他理解的文本意义可以逐步增加。如《红楼梦》中的潇湘馆为何成为黛玉居住之所的名字,只有了解中国古典文化才可以理解其中的意义。潇湘,是"帝之二女"娥皇、女英为舜痛苦投水自尽的地方,在中国古典文学中"潇湘"是伤心、情已成空的代名词。唐代李白有"古与皇英之二女,乃在洞庭之南,潇湘之浦"的诗句。这样《红楼梦》中的潇湘馆实则暗示了黛玉情终成空的命运。这一层意义,必须在读者深入了解中国文化的基础上才能产生。那么小学生、中学生,可能还读不出这层意义来,大学生或者学者才可以。

一个文本随着读者年龄、阅历等的改变也可以被重新解读,且能读出不同的意义来。"一般来说,文学作品并不像一本技术说明书,一旦看懂就'消费'掉了。即使我们已经理解了某些作品(或者我们认为自己已经做到了这一点),

---

① 老舍. 关于文学的语言问题 [M] // 老舍. 出口成章. 沈阳:辽宁人民出版社,2011:52-66.
② 马正平. 高等写作学引论 [M]. 北京:中国人民大学出版社,2002:200.
③ 马正平. 高等写作学引论 [M]. 北京:中国人民大学出版社,2002:200.

我们仍要多次地重读它们，对于我们来说，这些作品仍然富有价值，饶有趣味……我们之所以珍视这些作品，是因为重读它们的时候，我们会经常发现过去没有发现的意义。"①

但是读者不能随意想象文学价值，文本为它规定了方向。"每一部作品都有一种内在的一致性，一种它自己特有的结构，一种个性，一系列特征，它们为作品在接受过程中被接受的方式、产生的效应以及还有对它的评估预定了特定的方向。"②

既然意义的来源有这么多渠道，那么我们先从哪些意义入手呢？既然语言是我们最容易抓到的，那么我们就从语言入手解读文本。

### 四、通过语言解读文本

（一）文本的结构分层

王弼《周易略例·明象》③云：

> 夫象者，出意者也。言者，明象者也。尽意莫若象，尽象其若言。言生于象，故可寻言以观象；象生于意，故可寻象以观意。意以象尽，象以言著。故言者所以明象，得象而忘言；象者所以存意，得意而忘象。犹蹄者所以在兔，得兔而忘蹄；筌者所以在鱼，得鱼而忘筌。然则言者，象之蹄也；象者，意之筌也。是故存言者，非得象也；存象者，非得意也。象生于意而存象焉，则所存者乃非其象也；言生于象而存言焉，则所存者非其言也。然则忘象者，乃得意者也；忘言者，乃得象者也。得意在忘象，得象在忘言。

这一段话非常有名，王弼道出了"言"（语言）"象"（文学形象）"意"（思想）三者之间的关系。大意是：文学形象表现中心思想，语言描写文学形象。人们看到文学形象，就忘记了描写它的语言；得到文章思想，就忘记了形象。如果只在语言上琢磨，那么他还没有得到形象，如果还在形象上用心，那么他就不能得到思想。这是中国哲学家第一次为文本区分结构层次，并为当今

---

① [美] P. D. 却尔. 解释：文学批评的哲学 [M]. 吴启之，顾洁洪，译. 北京：文化艺术出版社，1991：191.
② [德] 瑙曼. 接受理论 [M] // 瑙曼，等. 作品、文学史与读者. 范大灿，译. 北京：文化艺术出版社，1997：1-75.
③ 王弼. 周易注校释 [M]. 楼宇烈，校释. 北京：中华书局，2012：284-285.

美学理论家继承。李荣启将文学文本由表及里分为：语言符号层、文学形象层、审美意蕴层。即言、象、意三层，但是三者不是割裂的，是三位一体的系统，共同形成文本的艺术魅力。三者之中，"象"居于中心地位。"言"为了表"象"，"象"为了表"意"。这一理论启发我们阅读要从语言开始，上升到文学形象，最后进入文章中心思想。

　　一般来说，语言符号以句子或句群为单位表达"象"（文学形象、作家感情），却不能直接表达"意"（中心思想）。例如上文所举祥林嫂外貌，全句共"只有""那""眼珠""间或""一""轮""还""可以""表示""她""是""个""活物"13个词。尽管每个词都有意义，只有它们组成的完整句子，才描写了祥林嫂遭遇痛苦折磨之后，精神状态恍惚，已濒临死亡的样子。句子是个条件复句，在某个条件下才发生某事。范围副词"只有"表示限定，仅仅在眼睛转动的时候，才能显示她是个活人。但是这一句却不能解读出祥林嫂是封建礼教的受害者这样的"意"，只有整个文本中的"我"四次到鲁镇听说以及亲见祥林嫂的遭遇，这样的复杂事件，才能表达作家之"意"。

　　有没有单个词就可以表达文学形象的呢？在诗歌里，尤其古典诗歌里，可以有这类状况。如红杏枝头春意闹。动词"闹"表示有生命的人的动作，这里用于写"春天杏花"，以拟人的修辞手法，将作家的感觉变形，触发读者心中"闹哄哄"的状态，春天花开之繁盛的情状就跃然纸上了。但是作家想及时乐这样的"意"，"闹"字不能表达，它通过"浮生长恨欢娱少，肯爱千金轻一笑"这一句议论表现出来。也就是说，需要有相当长度的篇幅，组成复杂的文学形象，形成有段落有层次的文本结构，才能联合表达"意"。

　　文学由作家、读者、现实世界、文本四元素组成。我们将一个文本从作家产生它，到读者解读它的过程图示如下。

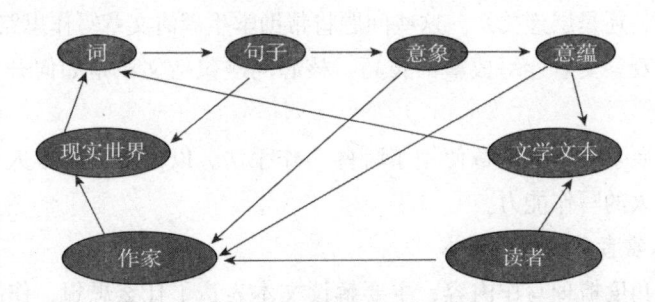

　　作家有感于现实世界用词语和句子传达他的感受，通过意象或文学形象，表达他的思想，作家最后得到的是"文本"。读者看到文本，从词语到句子，通过文字表达的词汇理性意义和句子组合语法关系，激发读者想象，联系现实世

*11*

界，读者从多组句子或段落塑造的文学形象中，了解作家的感情，从文章审美意蕴中了解作家的思想。文学最终将实现作家与读者两颗心灵互动交流，无论他们见面或不见面，作家都因为"活"在读者心中，而获得存在价值。

（二）语文教师文本解读核心内容

李宇明认为，语文教育的内容应该包括语言文字；语言文字的运用；语言文字及其运用所负载的文化内容三方面。[①] 第一条指理解文本的前提语言知识；第二条主要指写作，也包括口语表达；第三条主要指审美，还包括文化批判与继承。

课堂上，教师需要梳理课文何以成为名篇佳作，也就是说从成品的文本再次回溯文本如何生成；还要向学生讲解课文有哪些艺术特点、思想内涵。前者培养学生写作能力，后者培养学生阅读能力。按照中国人的哲学观念，不会将阅读和写作截然分开，阅读的目的是获取知识，更是学习写作；写作的目的是传达自己的思想感情，欲要表达得更加清楚，格调更高，学习者就必须阅读更多作品。因此它们是一种你中有我，我中有你的互相联系的关系。下面我们从分解角度说明两者所关注内容侧重点的差异。

1. 从写作者角度解读文本

从写作者角度梳理写作内容，核心问题包括：首先，需要清楚这篇文章分为几段，每一段分几层，每一段每一层是什么意思。教师要引导学生概括段落大意。概括能力是阅读理解的重要指标，一个读者阅读了几千字，无非是最后希望得到能涵盖作者中心思想的二三十字，使这二三十字成为读者本人的思想源泉，成为个人修养的一部分。因此教师要非常重视学生对阅读内容的概括能力。

其次，需要理清各段落之间的逻辑关系，文章的起承转合是什么结构模式，是并列关系，还是层递关系。这些问题将帮助学生理清文章写作思路。

再次，观察文章连缀成篇的技巧，核心问题包括文章是如何开头的，结尾有何特色。

最后，要重点体会文章使用了哪些写作手法，以便于学生本人模仿，并逐步内化成个人的写作能力。

2. 从欣赏者角度解读文本

从欣赏角度梳理写作内容，主要解读文本表达了什么思想，作品有何艺术风格。这就是我们前文论述的"文本意义来自何处"。教师要引导学生从句子到

---

① 李宇明. 语文现代化与语文教育［J］. 语言文字应用，2002（1）：34-40.

细节段落到文本中心思想、艺术风格等诸多内容的欣赏。但语文教师不是普通的欣赏者,他担负着教育学生依靠优秀的选文学习写作的职责,不能沿着作品写作思路的赏析均不利于学生学习写作,因此语文教师应当尽量避免单纯化的文本欣赏。[①]

虽然阅读和写作都可以单独教,就需要精讲的选文而言,语文教师还是应该将两者统一于课堂,这需要教师按照一定的顺序安排课堂讲解内容。

(三)语文教师解读文本的步骤

1. 判断文本的文体

文体学是从写作和阅读角度研究篇章的学问。语文教师必须具有文体意识,这是教师成功欣赏文本的前提,也是指导学生写作的前提。因为文体是作家共同的精神契约。一篇文章确定了文体之后,就具有了审美规范,教师对文本的解读必须符合文体审美规范。本书首先区分文学语言和实用语言,将文本分为文学类和实用类,前者包括诗歌、小说、戏剧、散文,其中诗歌、小说、戏剧文体古代与现代审美规范差异比较大,分别论述。古今散文审美规范基本一致,且都有思辨类议论文,考虑到中国议论文体起源于先秦散文,仍归入散文类。又考虑到汉语书面语古今语体差异较大,单列文言语体,主讲如何运用文字学、词汇学、语法学等语言知识理解文言。实用类文本包括说明文、新闻报道、演讲稿等。本书详细介绍每一类文体的审美规范、写作技巧,为避免抽象说理,以部编教材选文为实践操作对象。

2. 保持全篇的整体感

教师首先需要带领学生整体感知全篇内容,得到文章大致思想。按照文章"起、承、转、合"结构模式判断全文段落起止点(并不是每一篇文章都分四段,结构模式仅是参考)。目的使学生了解全文用什么素材写成,表达什么意思,培养学生迅速抓取文章中心思想的阅读能力。例如,讲授《荷塘月色》,教师可以给学生提示:作者心里不安宁,他从哪里找到安宁?由此核心段落第一个被认识到;他怎么起笔的?这一问题启发学生认识文章开头;他怎么承接上文的?过渡段落再被认识到;他怎么收束全文的?这一问题启发学生认识文章结尾。用这样逐步提示的方式,帮助学生把握全篇段落。

3. 注意解读细节

每一篇文章最核心的部分,也就是文章结构的"转"部分,是提高学生阅

---

[①] 读者可参看本书结语谈当今语文教师文本解读存在的问题"缺少解读的有序性"相关内容。

读和写作能力的重点段落，要细致分析。孙绍振认为文学中的形象思维就是细节思维，"形象，本来相对于抽象而言，它不同于自然科学、社会科学的逻辑概括。科学以排除感性的具体形态，综合、概括事物的普遍属性为特点，文学则表现个别的看得见的，摸得着的具体可感的事和情。"① 后文"语文教师布置学习活动的依据"部分详细介绍如何赏析文章细节。

4. 注意解读结构

教师要注意讲解文章段落之间的逻辑关系，以便于学生理解文章如何连缀成篇。如何保持各段落之间的过渡和呼应关系。孙绍振认为"细节是要素，那么由细节组合起来的形象，其感染力就大大超过孤立的细节之和。这是因为细节一经组合为结构，它的功能就与孤立的元素在性质上不一样了。在这里起关键作用的是组合的方式（或者结构）。"②

在认识文章结构的基础上，再次细致而深入地认识文章的中心思想。

5. 注意跟随练笔

教师对全册书的练笔应该有一个规划，确保有些重点篇目都能在理解的基础上，实时跟进小作文练习，根据写作思维训练中的"重复型"思维操作，这就是人们常说的"模仿"，即人们可以通过重复思维，不断复制"意思、主题、立意、情调、色彩"等，并以新的形式（形象、载体）呈现出来。③ 以这种方式巩固从教材范文中学习到的写作方法。比如学习了《荷塘月色》，可以要求学生写"校园里的××花"片段，按照花树整体、花形局部、花香、花与光影、花与周围环境的写作思路，运用恰当的修辞，描写校园的××花带给人们的视觉和心灵享受。

我们常常听到有创意的教师云：每篇课文都是分段、概括段落大意、总结中心思想、欣赏艺术特点、学习写作手法，太老套。有经验的教师都清楚：讲课顺序严格按照学生对一篇文章的认知顺序来安排，从不是率性而为，不可以随意颠覆。建议有这样想法的教师将自己的创造精神转移至对文本的深刻理解上，在文章中心一致的情况下，每个读者对文本的解读都可以不一样，这些地方就是检验教师教学功底深浅的试金石。

（四）语文教师布置学习活动的依据

2017年，教育部颁布的新语文课标，对高中学生提出了18个任务群教学要

---

① 孙绍振. 文学创作论 [M]. 沈阳：春风文艺出版社，1987：48.
② 孙绍振. 文学创作论 [M]. 沈阳：春风文艺出版社，1987：286.
③ 马正平. 高等写作学引论 [M]. 北京：中国人民大学出版社，2002：242.

求。课堂改革要求以学生学习为主,代替原来的以教师讲解为主。这就需要教师有非常强的文学审美意识,并将这些意识带入到布置学习任务的活动中去,以下给教师的几点建议适用于所有学段。

1. 注意学生学段心理特点和认知水平

教师布置学习任务之前,要有一个预判。学生处于什么年龄段,对诗歌、散文、戏剧、小说、实用文体及文言语体能理解到哪个层次。从目前我国语文分阶段教育目标来看,不同学段语文教学的侧重点有所不同:小学四年级之前主要是积累语言知识,培养书面语语感(包括汉字认读、书写、句子欣赏);五年级开始进入文学欣赏层面,但鉴于学生年龄尚小,仅建议欣赏文章中心思想、写作手法,并在中心思想基础上理解重点内容。小学生要具备一定的叙事能力(在阅读中辨识并在写作中体现事件起因、发展、高潮、结局基本线索;能够抓住人物的特点进行描写),以及从实用类文体中抽取基本信息的能力(即从说明文中抽取事物特征);初中则全面进入各类文体欣赏层次并学习各类文体写作;高中则在初中已经具备文学欣赏能力的前提下,自学处理各类复杂文本。对于语文教师而言,尽管文本解读能力是核心教学素养,但由于受教育者年龄差异,对教师的要求也并不完全相同,大致说来,小学教师要善于将文字学、词汇学原理以生动活泼的方式运用于课堂;初中教师要善于运用文体欣赏知识,具备比较好的语法意识(这种语法意识主要服务于文言语体教学);高中教师要善于引导学生自主学习,能根据文体以及作品艺术特点提出各类阅读任务,使学生通过个人的阅读实践获得思考能力。同一种文体,针对不同年龄段的学生,教师的授课内容也有很大差异。下面以中国古典诗歌为例,说明不同学段的教学重点。

比如杨万里《小池》:"泉眼无声惜细流,树阴照水爱晴柔。小荷才露尖尖角,早有蜻蜓立上头。"在部编本一年级下册。小学生以诵读为中心,诵读一定要注意节奏。这首诗应该注意诵读按照近体诗句式2212进行,其中有一句"小荷/才露/尖/尖角"按照规则应如此停顿,按照意义停顿为"小荷/才露/尖尖/角",教师应注意节奏与句对保持一致,即按照意义服从规则停顿。小学教师最好学习一些古典诗歌吟诵技艺,利用诗歌与音乐的关系,寓教于乐。诗歌内容讲解要浅显,尽量以图画形式讲解古典诗歌内容。诗歌描写了小池塘周围"泉水""树荫""小荷""蜻蜓"等自然景物,风光可爱,景色宜人。

李白《闻王昌龄左迁龙标遥有此寄》在七年级下册,初中生仍然要注意诵读,这首诗的节奏为2212。初中语文要讲解诗歌意象,哪些词刻画了意象的什么特点,塑造了什么样的诗歌意境。但教师不能使用意象、意境这样的专业术语，应该用以下问题引发学生连环式思考：（1）诗歌写了一件什么事，哪几句话写这件事？（2）开头的景物描写起什么作用？（3）送别者李白是什么心情？（4）他怎样描写自己的愁绪，这样的想象有什么表达效果？

　　杜甫《登高》在高中必修上册，高中生的欣赏既要全面又要有深度。教师除了讲解意象和意境，还要评析诗歌章法结构，分析诗歌语言形式，如诗歌押韵，修辞上的对仗、用典等。这首诗上半部分描写意象：大风、天空、哀猿、水中小洲、沙滩、飞鸟、树木、江水，使用了形容词"急""高""清""白"，动词"啸哀""飞回""无边""不尽"刻画意象。景物特点：萧瑟、壮观。下半部分描写人物活动，人在"悲秋""作客""多病""登台"；近况是"霜鬓"增多，"酒杯""新停"；心情是"苦恨""潦倒"。诗歌起承转合自然，使用对比烘托手法。首联以萧瑟高远天空为背景，颔联以树叶凋落、长江滚滚承接，将个人置身于壮阔自然背景下，烘托个人渺小，为下文抒发人生悲苦做了铺垫。颈联转入写人物活动，频度副词"常"写出了离家作客他乡的凄苦，范围副词"独"写出了登高远望的孤独。尾联抒情点题，哀叹个人生活艰难，思虑国家忧患。整首诗意境深远，有了上半部分的壮观长江流水，才有了下部分的含蓄家国情怀。本诗是典范的近体诗，平仄相间、音韵和谐，全诗平仄如下：
　　平仄平平平仄平，仄平平仄仄平平。
　　平平仄仄平平仄，仄仄平平仄仄平。
　　仄仄平平平仄仄，平平仄仄仄平平。
　　平平仄仄平平仄，仄仄平平仄仄平。
　　这首诗首联、颔联、颈联对仗工整，被历代诗人称颂。首联不仅上下两句对，而且还有句中自对，如上句"天"对"风"，"高"对"急"；下句"沙"对"渚"，"白"对"清"。颔联和颈联："无边"对"不尽"，"落木"对"长江"，"萧萧"对"滚滚"，"下"对"来"，词性和意义都相对；"万里"对"百年"，"悲秋"对"多病"，"常"对"独"，"作客"对"登台"，词性和意义多数也都能相对。

　　到了大学，学生还要学习古今四声差异，中古声调与现代声调的对应规律；还应该记忆平水韵平声韵部的常用字，以便于在深入了解古今语音差异的前提下，讨论诗歌押韵。

　　中国古典诗歌以唐宋近体诗为艺术高峰，形式上有韵律要求，这是中国优秀传统文化，中小学生应该了解。但是由于面对的学生年龄段有差异，教授的内容也应该有差异。

2. 按照解读步骤有秩序地安排学习活动

　　细读文章应当遵循作家写作思路，同时注意与学生对一篇文章的认知顺序相吻合。现代语言的文本不存在语言障碍，学生初读即能得到主题，建议教师按照从大到小的顺序即中心思想—文学形象—句子—词语的顺序解读。古代语言的文本存在语言难点，建议教师先疏通文义，然后总结归纳中心思想，按照词语—句子—文学形象—中心思想由小到大的顺序解读。以文言文①《醉翁亭记》为例，第一堂课先疏通文义，教师可以让学生对照教材注释，自己阅读。阅读以句子为单位，如第一节一共几句话，每句各写什么内容。或者以写作内容为单位，比如，哪些句子是写亭子位置的，哪些句子是写亭子建造概况的。在疏通文义基础上，朗读课文，以培养学生文言文语感。第二堂课赏析《醉翁亭记》，以贯穿全文的判断句句式为核心，梳理作者所表达的自信和自豪之情。② 在赏析的基础上，明确文章结构，总结中心思想。

3. 指导学生细致把握细节部分

　　尽可能对文章的核心部分设计足够详细的问题，以句子为核心，让学生自己归纳概括文字所描绘的形象。圈划能体现作者感情或者写作意图的重点字词，根据上下文语境解释这些重点字词的含义。我们以《荷塘月色》为例，说明该问题的主要操作方法。

　　（1）首先核心段落解读是在全文中心思想的关照下解读，所以问题的设计不能脱离文章中心思想。作者心里很不宁静，他在荷塘月色里找到了自己的宁静。请问他描写了荷塘月色什么样的景色，通过哪些景物描写的，用什么修辞手法写作的？第一个问题，首先要求学生根据文章中心回答出宁静、和谐之类的关键词。第二个问题，是分解具体写作内容。第三个问题是分析作家使用的艺术手法。

　　（2）进入细节解读就是上文说的第二个问题，要注意作家高明之处在于：细节再多也是由统一情趣和理趣串联的。这才符合散文"形散而神不散"的文体特点。笔者在一些高中教师教案中发现，有些教师对荷塘月色的细节解读过于琐碎，这就没有理解散文审美规范。所以作者写荷叶、白花、清香、风、流水，都是写月下荷塘宁静之美；月光、轻雾、黑影，都是写月下荷塘和谐之美；树、远山，都是写荷塘背景之美。这一节突出了画面的高低、远近、疏密，有

---

① 常说的"文言文"特指文言类散文，而文言语体可以有诗歌、小说、散文不同文体。本书第一章讨论部分文言语体诗歌，第五章讨论文言语体散文。

② 详见本书第五章第二节"抒情类散文的诗化语言"。

非常强的空间描写意识。

（3）细节上的艺术手法解读，这是进入最基层的语言运用部分，是上文说的第三个问题。作家使用拟人等手段将自己的感觉变形，"有袅娜地开着的，有羞涩地打着朵儿的"，将"花儿"当作人写，不仅体态美，而且神情含蓄。比喻手段取事物之间的相似度，造成感觉错位，如"叶子"比作"舞女的裙"，"白花"比作"星星"和"明珠"，"风"比作"闪电"，"青雾下的花、叶"比作"笼着轻纱的梦"，分别写出了事物姿态美妙、光芒四射、迅速、朦胧的特征。作家使用通感修辞手法，可以将自己的感觉幻觉化，如将"清香"写成"远处高楼上渺茫的歌声"，是嗅觉与听觉的联动；将"塘中不均匀的月色"写成演奏的名曲，是将视觉与听觉联动。丰富的艺术手法能激发读者的审美知觉，使读者进入愉悦的欣赏状态。

4. 引导学生形成篇章结构意识

细节分析完之后，一定要注意解读文章结构之间的关系，以便于学生领悟连缀成篇的写作技巧。

以《荷塘月色》为例，全文以"这几天心里颇不宁静"起笔，写心境零乱。以空间转移为顺序引出"带上门出去"，下文"沿着荷塘"是承接上文继续延展，"这是独处的妙处，我且受用这无边的荷香月色好了"，自然转入下面描写荷塘的宁静、和谐，重点描写作者享用到的美好世界之后，用一句"这时候最热闹的，要数树上的蝉声和水里的蛙声"，这句话在写景上既是以动衬托荷塘之静的艺术手法，又同时是作者转入个人心绪的转折之笔，"但热闹是他们的，我什么也没有"。最后一段收束全文，想起采莲的事情，"这令我到底惦着江南了"一句话点题，解释我为什么不宁静。随着文章结构的"起、承、转、合"，作者的感情也在起伏变化，从不宁静到宁静又到再起涟漪，这使全文呈现美妙的整体感、完整感。文章以荷塘月色安静和谐之美，表达了作者渴望摒弃喧闹外界、追求自由的强烈愿望。

5. 及时肯定学生语言认知能力

在学生学习为主状况下，教师无法预见学生本人对文本的理解方向。只要学生勇于表达，教师一定要积极表扬，即便回答得不好，即便仅有些微的闪光点，也要多鼓励，既不能对学生的思考不置可否，不加评判，也不能挖苦打击学生。

# 第一章

# 古典诗歌解读

## 第一节　中国传统诗词格律

没有中国古典诗词格律知识，就无法欣赏一首优美的古诗。比如什么叫对仗工整，什么叫音韵和谐，只有具备诗歌格律基础知识，才能体会。中国古典近体诗（律诗和绝句），集中表现了中国诗歌严整格律下完美的意境，达到了高超的艺术境界，这样优秀的传统文化值得中国人骄傲。一千多年时光荏苒，今天汉语语音已经发生了巨大变化，普通话语音已无法准确体察唐宋诗歌的平仄和押韵，但唐宋诗人热爱自然、热爱生活的情趣仍可以被中国人世代继承。

### 一、近体诗格律知识

（一）近体诗特点

"律诗的格律最主要有两点：（1）尽量使句中的平仄相间，并使上句和下句的平仄相对（相反）；（2）尽量多用对仗，除首两句和末两句，总以对仗为原则。"① 除此之外，还有字数规定，五言或者七言；一般是四句或者八句，前者为绝句，后者为律诗。排律可以是八句的倍数。偶句末尾字押韵，也有一些诗首句入韵。近体诗押韵以平声韵为正，仄声韵的诗歌非常罕见。用韵要求一韵到底，中间不换韵，不允许出韵（不允许用相邻韵部的字）。

（二）格律操作规程

1. 何为平仄

古代的四声为平、上、去、入。古典诗词平仄的"平"指的就是声调中的

---

① 王力. 汉语诗律学 [M]. 上海：上海世纪出版集团，上海教育出版社，2002：19.

平声,"仄"指声调中的上声、去声、入声。"汉语的近体诗中的'仄仄平平'乃是一种短长律,'平平仄仄'乃是一种长短律。"① 律诗讲究平仄相间,就是要以声音的长短形成波浪线,造成音乐美。

2. 律诗四种标准平仄句式

分甲乙丙丁四类,以五言为例。

甲式——仄起仄收式:仄仄平平仄。

乙式——平起平收式:平平仄仄平。

丙式——平起仄收式:平平平仄仄。

丁式——仄起平收式:仄仄仄平平。

3. "对"和"粘"的原则

平仄在一联之中(出句和对句)是相对立、相反的,这就是"对"。"粘"就是后联出句的第二个字的平仄,要和上联对句的第二个字的平仄完全相同,平粘平,仄粘仄,把两联粘起来。根据"对"和"粘"的原则,就可以按出句的格式作诗了。

4. 首句格式定全诗格律

如果起首句为甲式,可以根据"对"和"粘"的原则,生成整首诗的格律。下面以五言为基准说明整首诗的格律规则,七言可以在五言的前面增加两个字,所增加的两个字平仄与五言第一字平仄相反即可,如:

| 五言 | 七言 |
| --- | --- |
| 仄仄平平仄 | 平平仄仄平平仄 |
| 平平仄仄平 | 仄仄平平仄仄平 |
| 平平平仄仄 | 仄仄平平平仄仄 |
| 仄仄仄平平 | 平平仄仄仄平平 |
| 仄仄平平仄 | 平平仄仄平平仄 |
| 平平仄仄平 | 仄仄平平仄仄平 |
| 平平平仄仄 | 仄仄平平平仄仄 |
| 仄仄仄平平 | 平平仄仄仄平平 |

如果起首句是乙式,那么对句却不能是甲式,因为对句是偶句,要保证是平声,因此换用丁式为对句,整首诗的格律如下:

---

① 王力. 汉语诗律学 [M]. 上海:上海世纪出版集团,上海教育出版社,2002:7.

| 五言 | 七言 |
|---|---|
| 平平仄仄平 | 仄仄平平仄仄平 |
| 仄仄仄平平 | 平平仄仄仄平平 |
| 仄仄平平仄 | 平平仄仄平平仄 |
| 平平仄仄平 | 仄仄平平仄仄平 |
| 平平平仄仄 | 仄仄平平平仄仄 |
| 仄仄仄平平 | 平平仄仄仄平平 |
| 仄仄平平仄 | 平平仄仄平平仄 |
| 平平仄仄平 | 仄仄平平仄仄平 |

如果起首句是丙式，那么根据"对"和"粘"的原则，整首诗格律如下：

| 五言 | 七言 |
|---|---|
| 平平平仄仄 | 仄仄平平平仄仄 |
| 仄仄仄平平 | 平平仄仄仄平平 |
| 仄仄平平仄 | 平平仄仄平平仄 |
| 平平仄仄平 | 仄仄平平仄仄平 |
| 平平平仄仄 | 仄仄平平平仄仄 |
| 仄仄仄平平 | 平平仄仄仄平平 |
| 仄仄平平仄 | 平平仄仄平平仄 |
| 平平仄仄平 | 仄仄平平仄仄平 |

如果起首句是丁式，也需要注意对句换句式，以便于保证韵脚字位置为平声字，整首诗格律如下：

| 五言 | 七言 |
|---|---|
| 仄仄仄平平 | 平平仄仄仄平平 |
| 平平仄仄平 | 仄仄平平仄仄平 |
| 平平平仄仄 | 仄仄平平平仄仄 |
| 仄仄仄平平 | 平平仄仄仄平平 |
| 仄仄平平仄 | 平平仄仄平平仄 |
| 平平仄仄平 | 仄仄平平仄仄平 |
| 平平平仄仄 | 仄仄平平平仄仄 |
| 仄仄仄平平 | 平平仄仄仄平平 |

**5. 标准格式基础上的变化形式**

律诗平仄的总原则是"一三五不论，二四六分明"，这是一种方便的说法。一般说，"七言仄脚的句子可以有三个字不论，平脚的句子只能两个字不论。五言仄脚的句子可以有两个字不论，平脚的句子只能有一个字不论。""五言第二个字'分明'是对的，七言第二四两字'分明'是对的，至于五言第四字，七言第六字，就不一定'分明'。"① 规则可以有适当的灵活性，有的"一、三、五"不能不论，有的"二、四、六"可以不分明。这就是拗救。

（1）"一、三、五"不能不论的地方

①在丁种句（仄仄仄平平，注意：这是就五言句而论，如果是七言句，则是第五个字。下同）中的第三个字必须是仄。如果换成了平，全句的最后三个字就是"平平平"，这叫"三平调"。"三平调"是古风的句式，律诗与此区分严格。

②在乙种句（平平仄仄平）中，第一字必须是平。如果换了仄，全句除韵脚外就只有一个平声字，这叫"犯孤平"。但孤平可以救，救的办法是把本句中的第三个字由仄变平。例如：

儿童相见不相识，笑问客从何处来。（客拗何救）

③在甲种句（仄仄平平仄）中，五言的第三个字或七言的第五个字本来应该用平声的而用了仄声（拗），用其对句五言的第三个字或者七言的第五个字来救，改用仄声为平声（救）。

野桃含笑竹篱短，溪柳自摇沙水清。（竹拗沙救）

这种拗救往往和孤平拗救结合在一起。如上面一句，"自"拗"沙"救，为孤平拗救。

（2）"二、四、六"可以不分明的地方

"二、四、六"不分明，其实就是"拗"，必须有其他字的平仄更动以"救"之。

①在丙种句（平平平仄仄）中，五言的第四个字或七言的第六个字可以由仄换平（拗），但其前提条件是已经把五言的第三个字或者七言的第五个字要由平换仄（救）。例如：

无为在歧路，儿女共沾巾。（在救歧拗）

②甲种句（仄仄平平仄）中，五言的第四个字或七言的第六个字本来应该用平声的而用了仄声（拗），用其对句五言的第三个字或七言的第五个字来救，改用仄声为平声（救）。例如：

野火烧不尽，春风吹又生。（不拗吹救）

---

① 王力. 诗词格律 [M]. 北京：中华书局，2000：39.

（3）拗救规律小结

下面以五言为准总结拗救规律，七言可以在五言的前面增加两个字类推。

丁种句，一般没有拗救。

甲种句，两种情况：出三拗，对三救（与孤平拗救连用）；出四拗，对三救。

乙种句，只能出现孤平拗救。

丙种句，四拗三救。

（4）判断中古平仄

唐宋近体诗平仄，都是中古音声调，跟现代语音有很大区别。今天普通话的上声、去声，古代也是仄声，不会给诗歌平仄判断带来麻烦。主要的问题在于今天普通话的阴平、阳平声调里有来源于古代的入声字，这在中古是仄声。要将这部分入声字挑选出来，才能准确判断近体诗平仄格律。一般不要求中学生掌握古今声调对应关系，这里就不再介绍入声字判断方法。

（5）平仄两读

有些字是平仄两读，在定平仄时，需要注意。

①有平仄两读，但是意义没有区别。

如，看、过、忘、听、醒、探、俱。

②有平仄两读，且意义有区别（今普通话仍然保留两读的用斜体表示）。

中：平声，内部；仄声，射中。

重：平声，重叠；仄声，重量。

雍：平声，和顺；仄声，地名。

从：平声，动词，跟随；仄声，名词，跟随的人。

供：平声，供给；仄声，供应。

离：平声，别离；仄声，离去。

思：平声，思念；仄声，名词。

吹：平声，吹气，动词；仄声，鼓吹、吹奏乐，名词。

骑：平声，骑马；仄声，车骑。

为：平声，做，动词；仄声，因为。

施：平声，施行；仄声，施舍。

治：平声，治理，动词；仄声，秩序好，形容词。

衣：平声，衣服，名词；仄声，穿衣服，动词。

污：平声，污秽，名词；仄声，染上，动词。

疏：平声，疏密，形容词；仄声，奏疏，名词。

分：平声，分开，动词；仄声，名分，名词。
殷：平声，殷实；仄声，雷声。
闻：平声，听闻，动词；仄声，名誉，名词。
论：平声，讨论，动词；仄声，言论，名词。
观：平声，观察，动词；仄声，寺庙，名词。
冠：平声，帽子，名词；仄声，为首，动词。
判：平声，拼命而弄得，动词；仄声，判断，动词。
翰：平声，羽翰；仄声，翰墨。
难：平声，不容易；仄声，灾难。
间：平声，中间；仄声，间隔。
先：平声，先后；仄声，副词。
燕：平声，地名；仄声，燕子。
扇：平声，动词；仄声，扇子。
便：平声，安静；仄声，方便。
扁：平声，扁舟；仄声，扁平。
传：平声，传播；仄声，传记。
旋：平声，回旋；仄声，瞬间。
要：平声，约定；仄声，愿望。
调：平声，调和；仄声，曲调。
烧：平声，焚烧；仄声，放火焚烧之处。
教：平声，使令；仄声，教化，名词。
荷：平声，荷花；仄声，负荷。
那：平声，哪里；仄声，无奈。
颇：平声，偏颇；仄声，略微。
和：平声，和谐；仄声，唱和。
华：平声，繁华；仄声，华山。
行：平声，行走；仄声，德行。
王：平声，帝王，名词；仄声，为王，动词。
浪：平声，水名；仄声，波浪。
傍：平声，旁边；仄声，依傍。
当：平声，应当；仄声，正对着。
强：平声，强有力；仄声，勉强。
长：平声，长短；仄声，长幼。

相：平声，互相；仄声，宰相。
正：平声，正月；仄声，正面。
令：平声，使让；仄声，县令。
兴：平声，兴起；仄声，兴致。
胜：平声，经得起；仄声，胜败。
乘：平声，乘坐；仄声，车乘。
称：平声，称赞；仄声，相称。
不：平声，否定词，用于句尾；仄声，否定词，用于句中。
任：平声，堪；仄声，听任。
禁：平声，经得起；仄声，禁令。
占：平声，占卜；仄声，占据。

（三）近体诗节奏格式与诵读要求

1. 五言诗诵读

五言诗的一般句式是212或221。212节奏如松下—问—童子，221节奏如更上——层—楼。

2. 七言诗诵读

七言诗的一般句式是2212或者2221；每一节奏单位相当于一个双音词或词组。音乐节奏和意义单位基本一致。2212节奏如早有—蜻蜓—立—上头；2221节奏如少小—离家—老大—回。若音乐节奏与意义单位不一致，要以意义服从节奏原则。①

多音词或多音的名词性词组不能不跨两个节奏单位，如李商隐《无题》的"相见时难别亦难"，其中"相见时"就是跨两个节奏单位；又如杜牧《寄扬州韩绰判官》的"二十四桥明月夜"，其中的"二十四"也是跨两个节奏单位。

一般一首诗一个节奏到底，但是也有诗歌两种节奏掺杂。

（四）对仗工整标准

1. 对仗的语义范畴②

(1) 第一类：（甲）天文门；（乙）时令门。

(2) 第二类：（甲）地理门；（乙）宫室门。

(3) 第三类：（甲）器物门；（乙）衣饰门；（丙）饮食门。

---

① 这种情况，在成语中非常常见，如"一衣带水"，音乐节奏为：一衣/带水；意义单位为：一/衣带/水。诵读以音乐节奏为准。

② 王力. 汉语诗律学［M］. 上海：上海世纪出版集团，上海教育出版社，2002：158-172.

(4) 第四类：（甲）文具门；（乙）文学门。

(5) 第五类：（甲）草木花果门；（乙）鸟兽虫鱼门。

(6) 第六类：（甲）形体门；（乙）人事门。

(7) 第七类：（甲）人伦门；（乙）代名词。

(8) 第八类：（甲）方位对；（乙）数目对；（丙）颜色对；（丁）干支对。

(9) 第九类：（甲）人名对人名；（乙）地名对地名。

(10) 第十类：（甲）同义连用；（乙）反义连用；（丙）联绵词对联绵词；（丁）叠音词对叠音词。

(11) 第十一类：（甲）副词类；（乙）介词连词类；（丙）助词类。

2. 工对的标准

中国的婚联、挽联、春联、楹联，都是工对。

"对仗可以分为三类：第一类是工对，例如以天文对天文，以人伦对人伦，等等；第二类是邻对，例如以天文对时令，以器物对衣饰，等等；第三类是宽对，就是以名词对名词，以动词对动词（甚至对形容词），等等。"① 一般来说，中国古典诗歌已经有平仄要求，"工对"对表意的限制就很大，因此诗歌的对仗也取邻对、宽对。以下为工对标准：②

(1) 绝对工对，例如以天文对天文，以人伦对人伦，等等。

(2) 同门类的词，在诗文中经常被对举，如"歌舞""声色""老病"。

(3) 非同门类的词，在诗文中经常被对举，如"诗酒""金玉""金石""人地""人物""兵马"。

(4) "无"和"不"一对否定词，词性不对称，前者后面跟名词，后者跟动词，但因为都是否定意义，也看作工对。

3. 流水对和借对

一般来说，对仗的两句语义上并列，位置不分先后。但流水对，语义上区分先后。所谓"流水对"是指相对的两句之间的关系不是对立的，而是一个意思连贯下来。也就是说，出句和对句不是两句话，而是一句话。如"即从巴峡穿巫峡，便下襄阳向洛阳。"

借对是说一个词有两个以上的意义，诗人在诗中用的是甲义，但是同时借用它的乙义或丙义来与另一词相对。"岐王宅里寻常见，崔九堂前几度闻。""寻常"是平常的意思，但是古代八尺为寻，两寻为常，所以借来对数目。

---

① 王力. 汉语诗律学 [M]. 上海：上海世纪出版集团，上海教育出版社，2002：173.
② 王力. 汉语诗律学 [M]. 上海：上海世纪出版集团，上海教育出版社，2002：173-175.

（五）押韵要求

一般来说，汉语古今声调的差异和韵脚字的韵部都不需要中学生掌握。为了保持对格律的介绍相对完整，这里也谈一下诗韵。

自隋代起，中国有了科举考试制度，隋末就产生了中国第一部权威性韵书《切韵》。唐代孙愐增补，共195韵，称《唐韵》。北宋陈彭年等奉敕重修《切韵》，第一次修订在景德四年（1007年），第二次在真宗大中祥符元年（1008年），取名《大宋重修广韵》，简称《广韵》，增至206韵。"唐朝初年（所谓初唐），诗人用韵还是和六朝一样，并没有以韵书为标准。大约从开元天宝以后，用韵才完全依照了韵书。"①《广韵》分韵细密，苦了考生和诗人。后来宋代平水人刘渊《壬子新刊礼部韵略》，就把同用的韵合并起来，成为107韵；王文郁《平水韵略》合并成106韵。"平水韵"是后代作诗押韵的标准，又叫作"诗韵"。

| 上平声 | 上声 | 去声 | 入声 |
|---|---|---|---|
| 一东 | 一董 | 一送 | 一屋 |
| 二冬 | 二肿 | 二宋 | 二沃 |
| 三江 | 三讲 | 三绛 | 三觉 |
| 四支 | 四纸 | 四寘 | |
| 五微 | 五尾 | 五未 | |
| 六鱼 | 六语 | 六御 | |
| 七虞 | 七麌 | 七遇 | |
| 八齐 | 八荠 | 八霁 | |
| | | 九泰 | |
| 九佳 | 九蟹 | 十卦 | |
| 十灰 | 十贿 | 十一队 | |
| 十一真 | 十一轸 | 十二震 | 四质 |
| 十二文 | 十二吻 | 十三问 | 五物 |
| 十三元 | 十三阮 | 十四愿 | 六月 |
| 十四寒 | 十四旱 | 十五翰 | 七曷 |
| 十五删 | 十五潸 | 十六谏 | 八黠 |
| 下平声 | 上声 | 去声 | 入声 |

---

① 王力. 汉语诗律学［M］. 上海：上海世纪出版集团，上海教育出版社，2002：5.

| 一先 | 十六铣 | 十七霰 | 九屑 |
| --- | --- | --- | --- |
| 二萧 | 十七筱 | 十八啸 |  |
| 三肴 | 十八巧 | 十九效 |  |
| 四豪 | 十九皓 | 二十号 |  |
| 五歌 | 二十哿 | 二十一箇 |  |
| 六麻 | 二十一马 | 二十二祃 |  |
| 七阳 | 二十二养 | 二十三漾 | 十药 |
| 八庚 | 二十三梗 | 二十四敬 | 十一陌 |
| 九青 | 二十四迥 | 二十五径 | 十二锡 |
| 十蒸 |  |  | 十三职 |
| 十一尤 | 二十五有 | 二十六宥 |  |
| 十二侵 | 二十六寝 | 二十七沁 | 十四缉 |
| 十三覃 | 二十七感 | 二十八勘 | 十五合 |
| 十四盐 | 二十八琰 | 二十九艳 | 十六叶 |
| 十五咸 | 二十九豏 | 三十陷 | 十七洽 |

中国语言平声字较多，因此分为上下两卷，"上平声""下平声"只是韵书排列的顺序问题。以上106韵，同一横行，声调有差异，音节的主元音都相同，平、上、去三声的韵尾也相同（中国诗歌韵脚字均指字与字主元音和韵尾相同）。同一竖行，声调都相同。这里每一个汉字都是韵部的代表字，称作"韵目"，每一韵目具体有哪些汉字，读者可以查阅王力《诗词格律》里的附录一。

近体诗只能押平声韵，仄声的诗歌非常罕见。

**二、词格律知识**

可以把词看作"一种律化的、长短句的、固定字数的诗。"①

（一）词牌来源②

1. 乐曲的名称

如《菩萨蛮》，据说是由于唐代大中初年，女蛮国进贡，她们梳着高高的发髻，带着金冠，浑身璎珞，像菩萨一样，坊间因此谱成《菩萨蛮曲》。《西江月》则是民间小调。

---

① 王力. 汉语诗律学 [M]. 上海：上海世纪出版集团，上海教育出版社，2002：528.
② 王力. 诗词格律 [M]. 北京：中华书局，2000：79-80.

2. 摘取一首词中几个字作为词牌

如《忆秦娥》依照这个格式写出的最初一首词，开头两句是"箫声咽，秦娥梦断秦楼月"，所以词牌名为《忆秦娥》。《忆江南》因白居易词最后一句"能不忆江南"而得名。

3. 来源于词的题目

"有许多词牌本是诗题。譬如……踏歌词咏的是舞，舞马词咏的是舞马，欸乃曲咏的是泛舟，杨柳枝咏的是柳，浪淘沙咏的是浪淘沙……直到后代，才渐渐地离开'本意'了。"①

一般词有单调、双调、三叠、四叠的区别。单调，又称为小令，它很像一首诗，与诗歌唯一的区别是有长短句。双调最常见，分为上下两阕。基本两阕字数相同，平仄也相同。

（二）一字豆

一字豆是词的特点之一。懂得一字豆，才不会误解词的平仄关系。如"望长城内外"，"望"就是一字豆。这样"长城内外，惟余莽莽""大河上下，顿失滔滔"就是整齐的对仗。

（三）词的字数及平仄②

从一字句到十一字句，平仄都有一定规律。词的句子，就平仄方面说，大致可分为律句和拗句两种。

二言，主要用于叠用，如"知否，知否"，一平一仄。

三言等于五七言的下三字。

四言等于五七言的上四字。

仄脚的五言律句以仄仄平平仄为最常见，平脚的五言律句以仄仄仄平平为最常见。

六言等于七言的下六字，六言是词句的特色，平仄上往往一丝不苟。

仄脚的七言律句以平平仄仄平平仄为最常见，平脚的七言律句以平平仄仄仄平平为最常见。

八字以上的句子，往往可认为是由两句复合而成，如上三下五为八字句，上三下六为九字句，上三下七为十字句，上四下七为十一字句，等等。

---

① 王力. 汉语诗律学 [M]. 上海：上海世纪出版集团, 上海教育出版社, 2002：533.
② 王力. 汉语诗律学 [M]. 上海：上海世纪出版集团, 上海教育出版社, 2002：602-674.

### （四）词的诵读节奏

词诵读的时候，除了像近体诗一样有比较多的两字节奏，更突出的一个特点是三字节奏凸显。

比如四字句，是一字豆加三为常，即 13 节奏，也有一些是 22 节奏；五字句，是 32 节奏；七字句，是 34 节奏；八字句，是 35 节奏；九字句，是 36 节奏，或 45 节奏；十一字句，是 56 节奏，或 47 节奏。一般来说，词的意义结构与节奏一致，这跟格律严谨的近体诗稍有区别。

### （五）词的押韵

有些调规定用平声韵，有些调规定用仄声韵。上、去两声可以通押。

《词林正韵》将词韵分作十九部。括号内指不入该韵部的入声，为使读者容易明白，保持了"平水韵"的完整性。入词韵的入声，另单独列为十五至十九部。① 词押韵不如律诗严格，可以以声调不同的韵相押；也可以以邻近的韵通押。

第一部　东　董　送　（屋）；冬　肿　宋　（沃）

第二部　江　讲　绛　（觉）；阳　养　漾　（药）

第三部　支　纸　寘；微　尾　未；齐　荠　霁；灰（一半）　贿（一半）队（一半）；泰（一半）

第四部　鱼　语　御；虞　麌　遇

第五部　佳（一半）　蟹　卦（一半）；灰（一半）　贿（一半）　队（一半）；泰（一半）

第六部　真　轸　震　（质）；文　吻　问　（物）；元（一半）　阮（一半）　愿（一半）（月）

第七部　元（一半）　阮（一半）　愿（一半）　（月）；寒　旱　翰（曷）；删　潸　谏　（黠）；先　铣　霰　（屑）

第八部　萧　筱　啸；肴　巧　效；豪　皓　号

第九部　歌　哿　箇

第十部　佳（一半）　卦（一半）；麻　马　祃

第十一部　庚　梗　敬　（陌）；青　迥　径　（锡）；蒸　（职）

第十二部　尤　有　宥

---

① 王力. 诗词格律［M］. 北京：中华书局，2000：126–127.

第十三部　侵　寝　沁（缉）

第十四部　覃　感　勘（合）；盐　琰　艳（叶）；咸　豏　陷（洽）

第十五部　屋；沃

第十六部　觉；药

第十七部　质；陌；锡；职；缉

第十八部　物；月；曷；黠；屑；叶

第十九部　合；洽

（六）词的对仗

词对仗也没有律诗严格，即使相连的两句字数相等，也不一定使用对仗。

词里常见的对仗，对声调要求不高，不是平对仄，仄对平。只要意义对仗就可以，也不避免同字相对。常见的是扇面对，即两句对两句。如《沁园春·雪》上阕"长城内外，惟余莽莽；大河上下，顿失滔滔"，下阕"秦皇汉武，略输文采；唐宗宋祖，稍逊风骚"就是扇面对。"长城"对"大河"，"内外"对"上下"，"惟"对"顿"，"余"对"失"，"莽莽"对"滔滔"；"秦皇汉武"对"唐宗宋祖"，"略"对"稍"，"输"对"逊"，"文采"对"风骚"。

## 第二节　诗词格律与情感表达

### 一、平仄拗救

（一）拗救与词语完整性

美学家认为任何审美心理产生的前提条件都是引发读者（听众、观众）的注意力，因此审美天然地与读者注视该问题的时间长度成正比。一个诗人只能依靠语言吸引读者长时间的关注，唐代杜甫发出"语不惊人死不休"的誓言；在西方，诗人也发出"扭断语法的脖子"之类的呼吁，以陌生化的语言吸引读者。

近体诗规定了严整的格律，但允许有拗救，主要原因有两条：第一，不能以辞害意，格律的形式美不能损害语言的表意性。第二，审美需求，诗人运用拗救吸引读者长时间的注视，以便于深入领悟诗人的感情。

不少诗歌中的拗救，就是为了保证词语结构的完整性，不能不对韵律取变通形式。下面举例说明。

1. 李白《闻王昌龄左迁龙标遥有此寄》

杨花落尽子规啼，闻道龙标过五溪。

我寄愁心与明月，随风直到夜郎西。

①标准平仄

平平仄仄仄平平，

仄仄平平仄仄平。

仄仄平平平仄仄，

平平仄仄仄平平。

②实际平仄（拗救之处以横线标识，下同）

平平仄仄仄平平，

平仄平平仄仄平。

仄仄平平<u>仄平</u>仄，

平平仄仄仄平平。

本诗"明"拗"与"救，是为了确保"明月"词语的完整性。

2. 岑参《行军九日思长安故园》

强欲登高去，无人送酒来。

遥怜故园菊，应傍战场开。

①标准平仄

仄仄平平仄，

平平仄仄平。

平平平仄仄，

仄仄仄平平。

②实际平仄

仄仄平平仄，

平平仄仄平。

平平<u>仄平</u>仄，

平仄仄平平。

该诗"园"拗"故"救，是为了确保"故园"词语的完整性。

3. 孟浩然《望洞庭湖赠张丞相》

八月湖水平，涵虚混太清。

气蒸云梦泽，波撼岳阳城。

欲济无舟楫，端居耻圣明。

坐观垂钓者，徒有羡鱼情。

①标准平仄
仄仄仄平平，
平平仄仄平。
平平平仄仄，
仄仄仄平平。
仄仄平平仄，
平平仄仄平。
平平平仄仄，
仄仄仄平平。
②实际平仄
仄仄<u>平仄</u>平，
平平仄仄平。
平平平仄仄，
平仄仄平平。
仄仄平平仄，
平平仄仄平。
仄平平仄仄，
平仄仄平平。

第一句是丁种句，一般来说，丁种句没有拗救，这首诗要保证"湖水"该词的完整性，只能变通韵律，使第四字拗，第三字救。

(二) 拗救与表达感情侧重点差异

拗救就是变通近体诗的平仄，诗人将读者的注意力吸引到平声或吸引到仄声，所表达的感情有巨大差异。一般来说，平声适宜表达悠远深情；仄声适宜表达激烈慷慨之情。

1. 读者注意力在平声上

李白《送友人》
青山横北郭，白水绕东城。
此地一为别，孤蓬万里征。
浮云游子意，落日故人情。
挥手自兹去，萧萧班马鸣。
①标准平仄
平平平仄仄，

仄仄仄平平。
仄仄平平仄,
平平仄仄平。
平平平仄仄,
仄仄仄平平。
仄仄平平仄,
平平仄仄平。
②实际平仄
平平平仄仄,
仄仄仄平平。
仄仄平平仄,
平平仄仄平。
平平平仄仄,
仄仄仄平平。
平仄仄平仄,
平平平仄平。

本首诗"自"拗"班"救,"班"是平声,适宜于表达作者此时的留恋深情。

2. 读者注意力在仄声上

杜牧《江南春》

千里莺啼绿映红,水村山郭酒旗风。

南朝四百八十寺,多少楼台烟雨中。

①标准平仄

仄仄平平仄仄平,
平平仄仄仄平平。
平平仄仄平平仄,
仄仄平平仄仄平。

②实际平仄

平仄平平仄仄平,
仄平平仄仄平平。
平平仄仄仄仄仄,
仄平平平仄仄平。

这首诗"南朝"句"八"拗"烟"救,"十"拗"烟"救。这一句连用了五个仄声字,把烟雨中的江南古寺经历那么多沧桑,早就物是人非,这样的感伤之情表现出来了。作者如泣如诉的情怀也可以在五个仄声字，一字一顿的节奏中显示出来。

3. 具有多处拗救的诗歌

如果一首诗出现多处拗救，那么它占据读者的审美时间就更长，每一处拗救作者的用意可能还有区别。

温庭筠《商山早行》

晨起动征铎，客行悲故乡。

鸡声茅店月，人迹板桥霜。

槲叶落山路，枳花明驿墙。

因思杜陵梦，凫雁满回塘。

①标准平仄

仄仄平平仄，

平平仄仄平。

平平平仄仄，

仄仄仄平平。

仄仄平平仄，

平平仄仄平。

平平平仄仄，

仄仄仄平平。

②实际平仄

平仄仄平仄，

仄平平仄平。

平平平仄仄，

平仄仄平平。

仄仄仄平仄，

仄平平仄平。

平平仄平仄，

平仄仄平平。

本首诗"动"拗"悲"救，同时结合孤平拗救："客"拗"悲"救。两处拗救重点落在平声字"悲"上，作者早行羁旅在外的落寞心情就显现出来了。"落"拗"明"救，同时也结合了孤平拗救："枳"拗"明"救。这两处拗救重点落在平声字"明"上，开着白色花朵的枳花在客栈的驿墙上显得特别明亮，这是在写花，也是在写自己。这样的寂寞路途上，作者并不是时刻悲观难过，他还心有憧憬，一抹亮色已经说明了这一点。最后一处"陵"拗"杜"救，是为了保持词语"杜陵"的完整性。

## 二、对仗

### （一）工对

工对，在律诗中比较常见，一般在颈联、颔联使用对仗。如果只有一联有对仗，一般为颈联，颔联为少。首联也使用对仗的诗歌不多见。使用了对仗的句子除了律诗本身声调讲究相对应之外，意义也相对应，因此更容易吸引读者关注。

1. 颈联对仗

李白《渡荆门送别》

渡远荆门外，来从楚国游。
山随平野尽，江入大荒流。
月下飞天镜，云生结海楼。
仍怜故乡水，万里送行舟。

①标准平仄

仄仄平平仄，平平仄仄平。
平平平仄仄，仄仄仄平平。
仄仄平平仄，平平仄仄平。
平平平仄仄，仄仄仄平平。

②实际平仄

仄仄平平仄，平平仄仄平。
平平平仄仄，仄仄仄平平。
仄仄平平仄，平平仄仄平。
平平仄平仄，仄仄仄平平。

颈联"山"对"江"，"平野"对"大荒"，"尽"对"流"，词性和意义基本都相对。李白出四川，经巴渝，出三峡，到楚国故地游玩。这一联描绘了送别友人至荆门的壮阔图景，大山被抛在脑后，两岸宽广，江面波澜壮阔，万里行程不算短，情深意长满心间，都在这两句之中了。

2. 颈联、颔联对仗

陆游《书愤》

早岁那知世事艰，中原北望气如山。

楼船夜雪瓜洲渡，铁马秋风大散关。
塞上长城空自许，镜中衰鬓已先斑。
出师一表真名世，千载谁堪伯仲间！

①标准平仄

仄仄平平仄仄平，平平仄仄仄平平。
平平仄仄平平仄，仄仄平平仄仄平。
仄仄平平平仄仄，平平仄仄仄平平。
平平仄仄平平仄，仄仄平平仄仄平。

②实际平仄

仄仄仄平仄仄平，平平仄仄仄平平。
平平仄仄平平仄，仄仄平平仄仄平。
仄仄平平平仄仄，平平仄仄仄平平。
仄平仄平平仄仄，平仄平平仄仄平。

中间两联"楼船"对"铁马"，"夜雪"对"秋风"，"瓜州渡"对"大散关"，词性和意义基本都相对。"塞上"对"镜中"，"长城"对"衰鬓"，"空"对"已"，"自许"对"先斑"，词性和意义多数都能相对。这两联写出了辽阔的时空背景，南宋在东南抗击金兵。作者将自己的亲身经历写进了这两句诗中，他37岁在镇江府任通判，乾道八年他48岁在南郑任王炎幕僚，亲自参与抗金斗争。但南宋消极抗金，没有收复中原的雄心。"塞上长城"用南朝将领檀道济典故，《南史·檀道济传》载，宋文帝要杀大将檀道济，檀临刑前怒叱道："乃坏汝万里长城！"诗人以檀道济自比，展露了诗人军事战略家的壮志。而现实是抱负落空，衰鬓先斑。两相对比，悲怆之情溢满纸边。

3. 首联亦对仗

王湾《次北固山下》

客路青山外，行舟绿水前。
潮平两岸阔，风正一帆悬。
海日生残夜，江春入旧年。
乡书何处达？归雁洛阳边。

①标准平仄

仄仄平平仄，平平仄仄平。
平平平仄仄，仄仄仄平平。
仄仄平平仄，平平仄仄平。
平平平仄仄，仄仄仄平平。

37

②实际平仄

仄仄平平仄，平平仄仄平。

平平仄仄仄，平仄仄平平。

仄仄平平仄，平平仄平平。

平平平仄仄，平仄仄平平。

本首诗歌首联、颈联、颔联三联均对仗。"客路"对"行舟"，"青山"对"绿水"，"外"对"前"；"潮平"对"风正"，"两岸"对"一帆"，"阔"对"悬"；"海日"对"江春"，"生"对"入"，"残夜"对"旧年"。这三联描写了诗人客居他乡，思念故土的感情。首联写小船在青山绿水间行进，和风徐徐，两岸开阔，船帆就好像悬挂在空中一样。颈联是以小见大的手法，用眼前的小景写出了春回大地、江水壮阔、和风暖暖的江南春色。颔联写出了时光流转、岁月不居的大时空感，太阳从幽暗的夜色中，从茫茫的大海上冉冉升起，春天从旧日的冬景里脱胎而出，不可阻挡的暖暖春意来到人间。这样的宏大之景，把作者的豪迈心情也表达出来了，为尾联写家书寄回故乡做了铺垫。

（二）宽对

词的对仗往往不属于工对，宽对为多。

1. 一字豆引导对仗

如毛泽东《沁园春·长沙》上阕"看"引导三个句子对仗：

万山红遍，层林尽染。

漫江碧透，百舸争流。

鹰击长空，鱼翔浅底。

这里"万山"对"层林"尚可，"红遍"对"尽染"不是很整齐。"漫江"对"百舸"尚可，"碧透"对"争流"不是很整齐。"鹰"对"鱼"、"击"对"翔"、"长空"对"浅底"较为工整。

下阕对仗，一字豆"恰"引导四字句两两对仗：

同学少年，风华正茂，

书生意气，挥斥方遒。

指点江山，激扬文字。

"同学"对"书生"，"少年"对"意气"，"风华正茂"对"挥斥方遒"，相对比较工整。"指点"对"激扬"，"江山"对"文字"并不整齐，属于宽对。

2. 非一字豆对仗

如晏殊《浣溪沙》

无可奈何花落去，似曾相识燕归来。

"无可奈何"对"似曾相识"不整齐，"花"对"燕"、"落去"对"归来"较为整齐。

苏轼《水调歌头》

人有悲欢离合，月有阴晴圆缺。

"人"对"月"，"悲欢离合"对"阴晴圆缺"尚可，但两句动词"有"重合，词中可以，律诗则不允许两联出现相同的词。

又如辛弃疾《破阵子》

醉里挑灯看剑，梦回吹角连营。

只有"挑灯"对"吹角"相对整齐，"醉里"对"梦回"、"看剑"对"连营"则词性对应不整齐。

再如秋瑾《满江红》

四面歌残终破楚，八年风味独思浙。

"终"对"独"尚可，"四面歌残"对"八年风味"、"破楚"对"思浙"意义上的相对都不明显。

（三）流水对

对仗的两联本来是两两相对，位置可以互换的。但有些对仗，上下句之间有因果等意义上的逻辑关系，不允许互换，此即为流水对。

陆游《游山西村》

莫笑农家腊酒浑，丰年留客足鸡豚。
山重水复疑无路，柳暗花明又一村。
箫鼓追随春社近，衣冠简朴古风存。
从今若许闲乘月，拄杖无时夜叩门。

①标准平仄。

仄仄平平仄仄平，平平仄仄仄平平。
平平仄仄平平仄，仄仄平平仄仄平。
仄仄平平平仄仄，平平仄仄仄平平。
平平仄仄平平仄，仄仄平平仄仄平。

②实际平仄。

仄仄平平仄仄平，平平仄仄仄平平。
平平仄仄平平仄，仄仄平平仄仄平。
平仄平平平仄仄，平平仄仄仄平平。

平平仄仄平平仄，仄仄平平仄仄平。

颈联"山重水复"对"柳暗花明"，"无"对"一"，"路"对"村"，只有"疑"对"又"动词对副词，词性上不对应，其他均相对较为工整。这一联写诗人正在迷茫之际，忽然看到前方柳暗花明，又到了一村。大千世界，事物的发展往往这样曲折，似乎在无法进展的情况下，忽然又遇到新境界。这一联充分显示了宋代诗歌以理趣取胜的特点。

（四）借对

杜甫《江南逢李龟年》

岐王宅里寻常见，崔九堂前几度闻。

正是江南好风景，落花时节又逢君。

①标准平仄。

平平仄仄平平仄，仄仄平平仄仄平。

仄仄平平平仄仄，平平仄仄仄平平。

②实际平仄。

平平仄仄平平仄，平仄平平仄仄平。

仄仄平平仄仄仄，仄平仄仄仄平平。

这首绝句第一句使用了对仗。"岐王"对"崔九"，"宅里"对"堂前"，"见"对"闻"，词性和意义都比较工整。"寻常"是"平常"义，时间副词本来跟"几度"数词是不能相对的，"寻常"对"几度"属于借意义而对仗。借用古代计量单位"寻，八尺为寻；常，一丈六尺为常"，从而跟数词相对。岐王，是唐玄宗李隆基的弟弟，名叫李范，以好学爱才著称，雅善音律。崔九，即崔涤，在兄弟中排行第九，中书令崔湜的弟弟。玄宗时，曾任殿中监，出入禁中，得玄宗宠幸。第一句交代了李龟年在"安史之乱"之前，所交往人物均为朝中身份显赫的大臣，可以想象李龟年当年出入宫禁之风流倜傥，如今流落江南，卖艺为生，何其凄惨。

葛兆光谈到对仗的审美意味时说："越过行与行的阻隔，这对偶的诗句却拥有了同一或相关的意义空间，不仅是两句之中的意义产生了呼应关系，就连感觉上的音乐节奏也产生了呼应关系，它使两句之间增加了表达的密度而减少了语词的空隙，使意义产生一种'向心力'或'合力'。"① 中国诗歌因为对仗而有了更深的审美意蕴。

---

① 葛兆光. 汉字的魔方 [M]. 沈阳：辽宁教育出版社，1999：107.

### 三、押韵

**（一）古代四声音感特征**

现代普通话有阴平、阳平、上声、去声四声，语音学家利用相对音高标注出音值，分别为 55、35、214、51。古代也有四声：平、上、去、入。那时候还没有科学的理论描写四声音值，但是中国学者已经有了四声音值的感性认识：唐代处忠《元和韵谱》说"平声哀而安，上声厉而举，去声清而远，入声直而促。"明代真空《玉钥匙门法歌诀》说"平声平道莫低昂，上声高呼猛烈强，去声分明哀远道，入声短促急收藏。"

以上这种感性认识已经触及了声调具有高低、升降的变化特征。

尽管古代四声的音值仍然相对模糊，但我们从诗歌押韵的韵脚字声调上，仍能判断古代四声与表情达意具有一定关联性。

**（二）平声韵与仄声韵表达感情差异**

1. 押入声韵的近体诗

近体诗以押平声韵为正体，很少有诗歌押仄声韵，特别是入声韵。唐代柳宗元《江雪》是最著名的一首：

千山鸟飞绝，万径人踪灭。

孤舟蓑笠翁，独钓寒江雪。

"绝""灭""雪"都属于入声韵"屑"部。这首诗描写的主要人物是坐于孤舟之上的老翁。周围的环境更是孤寂：每一座山都没有飞鸟的踪迹，每一条道都没有人烟。在这样的环境下，独自一人在大雪覆盖的江上垂钓。整首诗意境幽峭，读者很容易从这些入声字里体会到作者孤独寂寞的情怀。

2. 押入声韵的词

词可以押平声韵、仄声韵（含上声、去声、入声）。我们仍以押入声韵的词为例，说明古代声调与情感表达之间的联系。

（1）柳永《雨霖铃》①

平平平仄，寒蝉凄切（屑），

仄平平仄，对长亭晚，

仄仄平仄。骤雨初歇（月）。

---

① 词谱根据《中华词律辞典》，每种词有多种体，即存在句式字数、平仄格式及韵脚平仄等各种差异，仅录与教材文本相应的体式。韵脚字加点标识，括号内为韵脚字所属平水韵部，下同。

平平仄仄平仄，都门帐饮无绪，
平仄仄，留恋处，
平平平仄。兰舟催发（月）
仄仄平平仄仄，执手相看泪眼，
仄平仄平仄。竟无语凝噎（屑）。
仄仄仄，念去去，
平仄平平，千里烟波，
仄仄平平仄平仄。暮霭沉沉楚天阔（曷）。

平平仄仄平平仄，多情自古伤离别（薛），
仄平平，更那堪，
仄仄平平仄，冷落清秋节（屑）
平平仄仄平仄，今宵酒醒何处，
平仄仄，杨柳岸，
仄平平仄。晓风残月（月）。
仄仄平平，此去经年，
平仄平平，应是良辰，
仄仄平仄，好景虚设（薛），
仄仄仄，便纵有，
平仄平平，千种风情，
仄仄平平仄。更与何人说（薛）。

词调《雨霖铃》产生于唐代，为唐玄宗纪念杨贵妃而产生的乐曲。押入声韵，能够表现凄婉哀伤的感情。

（2）李清照《声声慢》
平平仄仄，寻寻觅觅（锡），
仄仄平平，冷冷清清，
平平仄仄仄仄，凄凄惨惨戚戚（锡）。
仄仄平平平仄，乍暖还寒时候，
仄平平仄。最难将息（职）。
平平仄仄仄仄，三杯两盏淡酒，
仄仄平，怎敌他，
仄平平仄。晚来风急（缉）？
仄仄仄，雁过也，

42

仄平平，正伤心，

仄仄仄平平仄。却是旧时相识（职）。

仄仄平平平仄，满地黄花堆积（陌），

平仄仄，憔悴损，

平平仄平平仄，如今有谁堪摘（陌）？

仄仄平平，守着窗儿，

仄仄仄平仄仄。独自怎生得黑（职）？

平平仄平仄仄，梧桐更兼细雨，

仄平平，到黄昏，

仄仄仄仄。点点滴滴（锡）。

仄仄仄、这次第，

仄仄仄、怎一个、

平仄仄仄。愁字了得（职）！

　　词调《声声慢》有平仄两种押韵体式，李清照采用的是押入声韵的体式。调内可平可仄的地方很多，但是这首词上下两阕97个字之中，上阕使用了29个仄声字，下阕使用了31个，共计仄声字60个。大量的仄声字密集排列，一字一顿的节奏就较多，这就能令读者深刻地体会到作者内心愁绪万千、波澜壮阔的感情。词押入声韵，也适宜于表达哀伤之情。

（三）押韵样式与表达感情差异

　　就近体诗而言，押韵很有规律，总是隔句押韵，有些诗歌可以首句入韵。

　　词的押韵花样就很多了，不限于一首词一韵到底，也不限于隔句押韵。一般来说，诗歌用韵越是密集，越能表达强烈的感情。用韵密集，又不想造成重复单调的效果，词作家会采用嵌入式押韵方式。

　　所谓嵌入式押韵，是指在保持全诗押韵一致的情况下，嵌入其他韵部，以便于既能表达复杂的感情，又能形成变化的韵致。

1. 苏轼《水调歌头》

平仄仄平仄，明月几时有？

仄仄仄平平。把酒问青天（先）。

仄平平仄平仄，不知天上宫阙，

平仄仄平平。今夕是何年（先）。

仄仄平平平仄，我欲乘风归去，

仄仄平平仄仄，又恐琼楼玉宇，
平仄仄平平。高处不胜寒（寒）。
仄仄仄平仄，起舞弄清影，
平仄仄平平。何似在人间（寒）。

仄平仄，转朱阁，
平仄仄，低绮户，
仄平平。照无眠（先）。
仄平仄仄，不应有恨，
平仄平仄仄平平。何事长向别时圆（先）？
平仄平平平仄，人有悲欢离合，
仄仄平平平仄，月有阴晴圆缺，
仄仄仄平平。此事古难全（先）。
仄仄平平仄，但愿人长久，
平仄仄平平。千里共婵娟（先）。

　　这首词上下两阕各四个平声韵（上阕"先""寒"通押），并各插入两个仄声韵。上阕插入去声韵，"去"为"语"部，"宇"为"虞"部，通押。下阕插入入声韵，"合"为"合"部，"缺"为"屑"部，通押。这样整首词就有12处押韵，相对于不足百字（这首为95字）的诗作来说，用韵比较密集了，能显示作者复杂的感情变化。

　　2. 苏轼《定风波》
　　仄平平平仄仄平，莫听穿林打叶声（庚），
　　平平平仄仄平平。何妨吟啸且徐行（庚）。
　　仄仄平平平仄仄，竹杖芒鞋轻胜马，
　　平仄。谁怕？
　　仄平平仄仄平平。一蓑烟雨任平生（庚）。

　　仄仄平平平仄仄，料峭春风吹酒醒，
　　平仄，微冷，
　　平平平仄仄平平。山头斜照却相迎（庚）。
　　平仄仄平平仄仄，回首向来萧瑟处，
　　平仄，归去，
　　仄平平仄仄平平。也无风雨也无晴（庚）。

这首词在所押的平声韵中，插入了几处仄声韵。上阕"马"为"马"部，"怕"为"祃"部，通押，声调有差异。下阕"醒"为"迥"部，"冷"为"梗"部，通押，声调相应。"处""去"为"御"部字。这样这首词11句句尾都押韵，插入三处仄声韵之后，整首词的节奏不但不单调，反而显得变化万端，韵味更浓郁了。

3. 朱敦儒《相见欢》
平平平仄平平，金陵城上西楼（尤）。
仄平平，倚清秋（尤）。
仄仄仄平平仄，万里夕阳垂地，
仄平平。大江流（尤）。

平平仄，中原乱（翰），
平平仄，簪樱散（翰），
仄平平，几时收（尤）。
仄仄平平平仄，试倩悲风吹泪，
仄平平。过扬州（尤）。

下阕中间嵌入两仄韵。全词五个平声韵属于同一韵部"尤"部。作者对中原失陷的悲哀之情，借助密集的用韵展现出来。

以上我们从韵律角度论述了唐诗宋词欣赏要领，但没有包括全部古典诗歌。自中国第一部诗歌总集《诗经》产生以来，古诗经历了《诗经》《离骚》四言诗、魏晋五言诗、六朝七言诗、唐代律诗、宋代词、元代散曲的连续发展过程。分析诗歌语言，要有强烈的语言史观念，比如，《诗经》《离骚》押上古韵，诗歌押韵按照上古30韵部[①]分析；魏晋六朝诗歌则是中古韵，但与上古差异不会太大；唐诗宋词，如我们本章交代是中古韵，而且跟上古有比较大的差异；元代散曲是近代韵，北方都以《中原音韵》为押韵依据。

**参考文献**

潘慎，秋枫. 中华词律辞典［M］. 长春：吉林人民出版社，2005.

---

[①] 王力认为上古韵部30部为：之职蒸；幽觉冬；宵药；侯屋东；鱼铎阳；支锡耕；歌月元；脂质真；微物文；缉侵；叶谈。诗歌押韵不要求中学生掌握，教师讲诗歌的语言形式，必然会涉及押韵，因此教师要有古今语言差异意识，不能在讲解押韵的时候出现知识性错误。

## 第三节　古典修辞与情感表达

小学第一阶段二年级现代文中已经初步接触修辞手法，第二阶段三年级学生就应该掌握比喻、拟人、夸张几种常见修辞格。四年级需要学生能够讲出比喻、拟人、夸张、对比、排比等修辞格的表达效果。因此本节所谈的古代诗歌修辞问题，拟人、夸张、比喻、对比均以部编小学语文教材为依据，初中应熟悉古典诗歌中的互文修辞格、象征艺术手法，高中要熟悉用典、倒置等修辞格。

### 一、拟人、夸张与比喻

**（一）拟人**

把物当作人写，物的特征仍是人的心情。

如王昌龄《芙蓉楼送辛渐》

寒雨连江夜入吴，平明送客楚山孤。

"楚山"不会孤单，只会"耸立"，这里还是写作者的心情，看着朋友远离，内心凄楚孤单。

如杜甫《春夜喜雨》

好雨知时节，当春乃发生。

"雨"没有知觉，不会"知道"季节，这里是写因为一场好雨在恰好的时节到来，作者心情很爽朗。

如杜甫《江畔独步寻花》

黄师塔前江水东，春光懒困倚微风。

"春光"不会"懒困"，也不会"倚靠"，这里写作者寻访春天踪迹，困了，乏了，倚靠在微微春风中。

王安石《书湖阴先生壁》

一水护田将绿绕，两山排闼送青来。

诗人将"一水""两山"写成富有人情的亲切形象。弯弯的河流环绕着葱绿的农田，正像母亲用双手护着孩子一样。两座小山推门而入，奉献上一片青翠。人有爱自然之心，大自然才会慷慨奉送她的美啊。这两句还是写作者热爱自然的喜悦之情。

**（二）夸张**

李白《早发白帝城》

两岸猿声啼不住，轻舟已过万重山。

两岸猿声似乎还在耳边，小船已经行过万重之山。从白帝城到江陵约一千二百里，其间包括七百里三峡。诗人极尽夸张之能事，说"一日可还"，写出了三峡地势之险峻，上下游落差之大。也写出了诗人神思之妙，心情之快意轻扬。清代桂馥称赞："妙在第三句，能使通首精神飞越。"①

（三）比喻

刘禹锡《望洞庭》

遥望洞庭山水翠，白银盘里一青螺。

远望洞庭君山愈显青翠，洞庭水愈显清澈，山水浑然一体，如同一只雕镂剔透的银盘里，放了一颗小巧玲珑的青螺。这是一个暗喻，写湖中君山与洞庭水配合而呈现的和谐美。

苏轼《六月二十七日望湖楼醉书》

黑云翻墨未遮山，白雨跳珠乱入船。

天上黑云翻滚，就像浓浓的墨汁在天边翻转，远处的山巅在翻腾的乌云中依稀可辨。大雨裹挟着白色的雨点砸在船上，水花四溅，仿佛千万颗珍珠，从天上倾倒而下。两句两处比喻均属于暗喻，写出了骤雨如注的气势。

## 二、对比

对比会给文章增添一种上下比对的结构，因此更容易产生浓厚的审美效果。对比，根据描写地位的差异，分作两种。

（一）地位平行类

杜甫《春夜喜雨》

野径云俱黑，江船火独明。

连乡间的小路也辨不清，天空全是黑沉沉的云，只有船上的灯火明亮。这一暗一明两种景象对比，写出了好雨发生的夜晚，人们喜不能寐的欢乐心情。

范仲淹《江上渔者》

江上往来人，但爱鲈鱼美。

君看一叶舟，出没风波里。

爱吃鲈鱼的游客在江上，而捕鱼人却在风浪之中；游客在岸上来来往往闲逛，而捕鱼人却只有一叶小舟蜗居。这两种人之间形成鲜明的对比，写出了诗

---

① 桂馥. 札朴［M］. 赵智海，点校. 北京：中华书局，1992：233.

人对普通劳动者的同情,对贪吃游客的婉言规劝。

(二) 主次区分类

在两项对比的事件中,作者有主次的倾向性。

如李白《梦游天姥吟留别》:"海客谈瀛洲,烟涛微茫信难求;越人语天姥,云霞明灭或可睹。"海外来的客人谈起瀛洲,"瀛洲"是传说中的东海仙山,风景虽好,但大海烟波渺茫,常人实在难以寻求。绍兴一带的人谈起天姥山,在云雾霞光中有时还能看见。以"瀛洲"与"天姥山"对比,重在突出"天姥山"跟"瀛洲"一样具有仙气,是令人神往之地。为下面描写"天姥山"的气势做了铺垫。

再如,周敦颐《爱莲说》:"予谓菊,花之隐逸者也;牡丹,花之富贵者也;莲,花之君子者也。"诗人将"菊花""牡丹"与"莲花"对比,对前两者均取贬损态度,"菊花"太清高,宁肯做隐士,也不参与改造社会;"牡丹"太世俗,只是追求富贵;诗人要做"莲花",积极地活在世上,与周围黑暗势力斗争,要"出污泥而不染"。

### 三、互文

将两个句子大致相同、用词交错有致的语句组织在一起,语义上相互呼应、补充,从而表达一个完整的意思,这种修辞手法叫作"互文",也叫作"互文见义"。由于句子结构较为近似,因此可以增强语义表达效果。

文天祥《过零丁洋》

惶恐滩头说惶恐,零丁洋里叹零丁。

该句是一个对仗句,同时使用了互文的手法。诗人不一定只在"惶恐滩"才"惶恐",而只在"零丁洋"才"零丁"。这两句是说自己又惊慌担忧又孤单无援。

王绩《野望》

树树皆秋色,山山唯落晖。

该句是一个对仗句,同时亦使用了互文的手法。每棵树上都有秋天的颜色也照着余晖,每座山上照着余晖也带着秋天的颜色。这两句描写了隐居生活秋天美景。

白居易《琵琶行》

主人下马客在船,举酒欲饮无管弦。

第一句使用了互文手法。主人送客人,两人并行,同下马,同上船。从表达效果上说,这一例互文是由于诗歌韵律字数限制,用少量的词语表达了更丰富的语义内容。

**四、用典**

**(一) 典故类型**

宋代魏庆之《诗人玉屑》卷七将典故分为两种类型：语用事、意用事。

1."语用事"

语用事，指替代性用典方式，比如桂华＝月，红雨＝桃，也就是说前后两个词语内涵和外延都没有扩大或缩小，只是一个属于文学性语言，一个属于日常俗语。这种用典方式，连诗人群体也不愿意认同，常诟病之。

2."意用事"

意用事，葛兆光定义说："'意用事'则不同，它的功能是诗歌语言学的。这些典故在诗歌中传递的不是某种要告诉读者的具体意义，而是一种内心的感受。这种感受也许是古往今来的人们在人生中都会体验到的。古人体验到了，留下了故事，凝聚为典故，今人体验到了，想到了典故，这是古今人心灵的共鸣。"①

**(二) 典故审美意蕴**

1. 好典故标准

葛兆光从审美角度指出，好的典故具有以下特点：②

(1) 字面有一定的视觉美感，如"孤鸾舞镜""秋风鲈脍"等。

(2) 故事有一定的感情色彩，如"苏门长啸"的孤高旷愤。

(3) 故事中包含了古往今来人类共同关心与忧虑的"原型"，比如生命、爱情、人与自然、人与自我等。

在诗歌艺术欣赏过程中，典故阻碍读者解读意义。但正因为存在这样的阻碍，才引发读者更长时间的关注，审美才最终得以发生。"典故这种艺术符号恰恰是有'魔力'的，在'合适的读者'面前……它的原型及其使用史又引起了一连串的联想，使它具有了极大的'张力'。"③

2. 典故增加了诗歌含蓄美

辛弃疾《南乡子·登京口北固亭有怀》："天下英雄谁敌手？曹刘。生子当如孙仲谋。"诗人发出询问"天下英雄谁敌手？"然后又自问又自答说："曹刘。"据《三国志·蜀书·先主传》记载，曹操曾对刘备说："今天下英雄，惟

---

① 葛兆光. 汉字的魔方 [M]. 沈阳：辽宁教育出版社，1999：147.
② 葛兆光. 汉字的魔方 [M]. 沈阳：辽宁教育出版社，1999：150.
③ 葛兆光. 汉字的魔方 [M]. 沈阳：辽宁教育出版社，1999：143.

使君（刘备）与操耳。"辛弃疾借用这段故事，把曹操和刘备请来给孙权当配角。又据《三国志·吴书·吴主传》注引《吴历》说，曹操有一次与孙权对垒，见吴军乘着战船，军容整肃，孙权仪表堂堂，威风凛凛，乃喟然叹曰："生子当如孙仲谋，刘景升（刘表，引者注）儿子若豚犬耳！"曹操对敢于与自己抗衡的强者，投以敬佩的目光，而对于那种不战而请降的懦夫，如对刘景升儿子刘琮则十分轻视。作者在这里引用了前半句，没有明言后半句，实际上是借曹操之口，讽刺当朝主议的大臣们都是刘景升儿子一类的猪狗。诗人使用这一典故增强了诗歌的含蓄美，含不尽之意于言外。

3. 典故增加了诗歌朦胧美

李商隐《锦瑟》

锦瑟无端五十弦，一弦一柱思华年。
庄生晓梦迷蝴蝶，望帝春心托杜鹃。
沧海月明珠有泪，蓝田日暖玉生烟。
此情可待成追忆？只是当时已惘然。

这首诗的典故之一为"庄生梦蝶"，出自《庄子·齐物论》。庄子运用浪漫的想象力和美妙的文笔，通过对梦中变化为蝴蝶和梦醒后蝴蝶复化为己的描述与探讨，提出了一个哲学命题：人不可能确切地区分真实与虚幻。诗人借用这一典故诉说自己如幻如真的感情。

典故之二"杜鹃啼血"，是中国古代的神话传说。望帝，即传说中周朝末年蜀地的君主，名叫杜宇。后来禅位退隐，不幸国亡身死，死后魂化为鸟，暮春啼哭，至于口中流血，其声哀怨悲切，动人肺腑，名为杜鹃。杜鹃在中国古典诗词中常与悲苦之事联系在一起。

典故之三"沧海珠泪"，是两个传说故事：传说珠生于蚌，蚌生于海，每当月明宵静，蚌则向月张开，以养其珠，得月光之精华，始光莹之极；又有南海鲛眼泪颗颗成珠的故事。诗人用这两个故事表达了珠泪颗颗皆深情的凄楚之情。

典故之四"蓝田玉暖"，据传说蓝田的玉山为日光煦照，山中的美玉精气冉冉上腾，远察如发，近观却无。诗人用这一传说表达了深刻精美的感情只可远观而不可亵玩。

梁启超坦言李商隐诗歌有神秘之美倾向，"拆开一句一句叫我解释，我连文义也解不出来，但我觉得它美，读起来令我精神上得到一种新鲜的愉快。"[①]

---

① 梁启超. 中国韵文里头所表现的情感［M］//饮冰室合集：第9册. 北京：中华书局，1989：120.

## 五、倒置

对语言的可理解性来说，语法规则是诗人应该遵守的硬性规定。但是诗歌韵律又是诗人必须遵守的法则。在韵律面前，诗人不惜牺牲语法规则。

如王维《山居秋暝》："竹喧归浣女，莲动下渔舟。"这两句话的实际平仄为"仄平平仄仄，仄仄仄平平"，符合其标准平仄格式要求"平平平仄仄，仄仄仄平平"（"竹"属"不论"）。按照语法规则表达成"竹喧浣女归，莲动渔舟下"的话，不仅不合平仄，还不能押韵，本首诗押"尤"韵。

但诗人采用倒置手法，并不全是因为韵律限制，更高的追求是"语不惊人死不休"。

如杜甫《秋兴八首》之一："香稻啄余鹦鹉粒，碧梧栖老凤凰枝。"这两句话的实际平仄为"平仄仄平平仄仄，仄平平仄仄平平"，符合其标准平仄格式要求"仄仄平平平仄仄，平平仄仄仄平平"（"香""啄""碧""栖"均属"不论"）。按照语法规则宾语位置表达成"鹦鹉啄余香稻粒，凤凰栖老碧梧枝"的话，仍合乎平仄与押韵，但这里要表现诗人在京城长安所看到的东西非常精美，连稻粒、梧桐都与他处不同。那里的香稻不是一般的稻，是鹦鹉啄余的稻；那里的碧梧不是一般的梧桐，是凤凰栖的老梧桐。这两句写出了受到皇帝赏识的杜甫内心之骄傲与自豪之感。陌生化的句子，吸引读者长时间地关注，使之更深地理解诗人的感情。

## 六、象征

象征不是修辞手法，而是抒情手段，是借助物象曲折地表达感情。由于诗歌中象征式抒情较多，因此置于本节之下。

孙绍振认为"一切象征的手法都以性质的转移为特点"。[①] 如苏轼《卜算子·黄州定慧院寓居作》整首词写一只"孤鸿"，可能这样的鸟在世间并不存在，有关"孤鸿"的生活状况均出于作者遐想。"拣尽寒枝不肯栖，寂寞沙洲冷"，动词"拣"为"挑选"义，只有"人"才能发出有主观愿望的"选择"动作，这一句描写将"孤鸿"完全人格化。前面还有一句"有恨无人省"，一只鸟哪里来的幽恨，它怎会在意是否有人理解，这也是诗人完全主观化的表述。这首词是苏轼初贬黄州，寓居定慧院时所作。被贬黄州后，苏轼仍乐观旷达，能率领全家通过自身的努力渡过生活难关。但他内心深处的幽独与寂寞也是深

---

① 孙绍振. 文学创作论 [M]. 沈阳：春风文艺出版社，1987：298.

刻的。这首词以"孤鸿"象征自己，表达了他孤高自许、蔑视流俗的心境。

又如陆游《卜算子·咏梅》整首词歌颂梅花，将花人格化的描写更多："寂寞""愁"写人的心情；"无意""妒"写人的动作。这就很容易使读者将"梅花"与某类人联系起来。陆游早年参加考试被荐送第一，为秦桧所嫉；孝宗时又为龙大渊、曾觌一群小人所排挤；在四川王炎幕府时要经略中原，又见扼于统治集团，不得遂其志；晚年赞成韩侂胄北伐，韩侂胄失败后被诬陷。联系诗人的一生遭遇跟所写"梅花"何其相似，"无意苦争春，一任群芳妒"。艰难困苦之中，他仍然坚守节操，"零落成泥碾作尘，只有香如故"。因此这首词以"梅花"象征诗人自己，表达了诗人对自己高洁人格的自许。

## 第四节　诗歌炼字与情感表达

前面三节是从语言形式角度谈诗歌欣赏，本节从内容角度谈诗歌。这方面主要抓三条：第一，诗歌描写了哪些意象，就是找诗歌中的名词；第二，怎么描写的，就是找诗歌中的动词和形容词，且常常是"诗眼"；第三，表达了什么样的意境，就是谈意象组合呈现出来的艺术特点。常说的诗歌清丽明快，沉郁顿挫等评价，都是指意境而言。本节主要谈前两条。

古典诗歌因为篇目短小，非常重视炼字。刘勰《文心雕龙》专设《练字》《章句》二章，炼字就是"用字准确"。本节从诗歌用字角度讲授诗歌欣赏要领。

"准确"之一表现为描写抓住事物特征。"作家之所以常常被称为语言艺术家，并不单纯因为他们用词准确，语法精通，更重要的是他们往往说出了一系列特点、特征、性质、形态、性状、感受，这一切在他们用语言表达出来以前在别人的观察、体验中好像不存在似的，经他们一说，人们才发现了生活中和心灵中这些新大陆，并且恍然大悟，更多地体验了生活，更准确地认识了心灵，或者说更丰富地感觉到了世界和自我，同时也更多地体会到语言的奇妙功能。"[①]

"准确"之二表现为描写创建意境。薛雪《一瓢诗话》云："篇中炼句，句中炼字，炼得篇中之意工到，则气韵清高深渺，格律雅健雄豪，无所不有，能

---

[①] 孙绍振. 文学创作论［M］. 沈阳：春风文艺出版社，1987：241.

事毕矣。"①

"炼字"还要注意保持汉语音节节奏美感。诗人余光中说:"中文是一种非常优美、非常伟大的语言。看看我们的成语就知道了,我们的成语都是中国语言美学的结晶。随意举个例子,比如'千军万马''千山万水''千秋万代''千方百计'等等这些四字成语,都是调好的音调,平平仄仄。"②

古典诗歌运用名词表现意象,运用动词或形容词表现动态,运用色彩词等展现形象,运用虚词等表意。

**一、名词的描写功能**

(一) 名词表现意象

美国诗人兼哲学家休姆认为,诗歌"是直觉语言的一种中介,它可以实体地传递感受,它总是竭力吸引住你,并且使你不断看见一种物质的东西,防止你滑入一个抽象的过程。它选用新鲜的描述语和新鲜的隐喻,并不是因为我们厌倦了旧的,而是因为旧的词语不能传达物质的东西,而且已经变成了抽象的阻碍"③。诗歌不能抽象,要有足够的意象,意象由名词承担。意象的功能主要有以下两类。

1. 意象为人物活动提供背景

王之涣《凉州词》里"黄河远上白云间,一片孤城万仞山",四个名词展示四个相互关联的意象:黄河、白云、孤城、大山,黄河在白云之间,孤城在大山之间。将物体置于宏大的背景之上,能使读者产生辽远、恐惧等审美感觉。这两句写出了边塞风光辽阔、军事小镇孤立的塞外景色。第一句所写背景辽阔,更容易凸显第二句所写小城之偏僻。这些意象都为刻画边关将士以羌笛奏出别离之曲提供背景,也为作者表达同情塞外将士生活清苦设下铺垫。

再如白居易《琵琶行》里"醉不成欢惨将别,别时茫茫江浸月",两个名词"月""江"展示两个有关联的意象,形成一幅图画:月光浸没于大江之上。图画产生一种迷离的意境美,烘托出离别之时诗人漫天的愁绪以及茫然不知所之的情怀。

---

① 叶燮,薛雪,沈德潜. 原诗 一瓢诗话 说诗晬语 [M]. 北京:人民文学出版社,1979:134.
② 余光中. 中文是最纯正的语言 [J]. 现代教育论丛,2007 (9):92-96.
③ 转引自 [英] 泰伦斯·霍克斯. 隐喻 [M]. 穆南,译. 太原:北岳文艺出版社,1990:109.

## 2. 意象为人物感情提供延伸空间

李白《黄鹤楼送孟浩然之广陵》里"孤帆远影碧空尽,唯见长江天际流",四个名词展示四个相互关联的意象:船帆、碧空、长江、天际,一叶孤帆慢慢消失在碧空尽头,一条长江浩浩荡荡地流向水天交接之处。诗歌到此结束,作者的感情并没有结束,因为浩浩流淌的江水足以证明这感情多么绵长。

再如李白《望天门山》里"两岸青山相对出,孤帆一片日边来",三个名词展示三个相互关联的意象:青山、孤帆、日,天门山一带博望、梁山两山隔江相望,一叶小船从太阳边飘来。诗歌到此结束,作者的期待之情却显露无遗,青山都两两相望,驾船而来的会是谁呢,有没有我认识的朋友呢?

### (二) 名词排列直接呈现意境

意象密集,中间陈述细节稀少,是形成诗歌朦胧美的重要因素。

杜甫《登高》

风急天高猿啸哀,渚清沙白鸟飞回。

这一句有六个名词,风、天、猿、渚、沙、鸟,六个意象,描写了一幅江边萧瑟凄凉秋景图,为整首诗的感情基调奠定了基础。有评论家云:"杜甫妙处,人罕能知。凡人作诗,一句只说一件物事,多说得两件;杜甫一句能说三件、四件、五件物事。常人作诗,但说得眼前,远不过数十里;杜诗一句能说数百里,能说两军州,能说满天下。"[①]

温庭筠《商山早行》

鸡声茅店月,人迹板桥霜。

这一句有六个名词,鸡声、茅店、月、人迹、板桥、霜,六个意象,而且意象之间没有任何动词或形容词参与描写。这些密集排列的意象组成了两幅图画,一为近图,鸡鸣时刻,旅居的茅店边,月亮还挂在天上,这么早就得动身,可以想象羁旅生活清苦;一为远图,在木板铺就的桥边,已经有人踏着霜华行路了,可以想象世间辛苦之人并不少。两幅图画勾勒了诗人羁旅之苦。明代李东阳评论说:"二句中不用一二闲字,只提掇出紧关物色字样,而音韵铿锵,意象具足,始为难得。"[②]

### (三) 意象具有文化积淀性

中国诗歌意象跟诗歌所使用的词语紧紧联系在一起,使一些意象产生深厚

---

[①] 吴沆. 环溪诗话选释 [M]. 李复波, 选注. 桂林: 广西师范大学出版社, 1998: 8.
[②] 李东阳. 怀麓堂诗话校释 [M]. 李庆立, 校释. 北京: 人民文学出版社, 2009: 53.

的文化积淀。日本学者松浦友久说："某一诗语的采用，作为或浓或淡的记忆，在它先前的诸多用例中所表达的意象和感情，也便积淀于其中——这一诗的运作过程，由汉字的表意性得到更好的保证。《诗经》《楚辞》以来众多的诗歌语汇，持续保有各种各样的基本形象，使诗歌的表现世界，显著地具有了深度。"①

这位学者举例说，"蛾眉"这个意象，首见于《诗经》，如"蚕蛾之眉"义，后被作为"美女"的代名词，汉赋中已经出现从"女"的"娥眉"一词。六朝又将"初三的月牙"比作"蛾眉"，因此"美女"又与"月牙"意象联系起来。②

这种观察说明了汉语诗歌创作有前后承继性。这样的诗歌意象，在汉语里比比皆是。比如"冰心"这个意象最早见于西晋陆机《汉高祖功臣颂》中，功臣周苛宁死也不投敌，陆机盛赞"周苛慷慨，心若怀冰"。最初是一个比喻的修辞格，"冰"指自然界的固体水。对陆机这一新鲜的表达非常倾心的读者很多，"冰心"这个意象在六朝已经有"品行高洁"的意思了，如鲍照《代白头吟》："直如朱丝绳，清如玉壶冰。"这样就可以理解唐代王昌龄的名句"一片冰心在玉壶"表达感情的侧重点了，与其说感情纯洁，不如说品行高洁。

## 二、动词、形容词的描写功能

（一）动词和形容词描写动态

名词所展示的意象，一般来说都是非活动物体，具有静态感。动词和形容词能描摹事物的动作、状态、情状，才能使静止的事物有动态感，因此是诗人特别用心斟酌的地方。

如王湾《次北固山下》："海日生残夜，江春入旧年。""海日"是有形之物，动词"生"赋予其生命，海上金灿灿的太阳从黑暗的残夜里生出来。"江春"是有色之景，动词"入"赋予其活力，浅浅的春色之景从灰色的旧日冬天进来了。这两句表现了新生事物冲出重围的创造能力，具有震撼人心的美感。

又如白居易《琵琶行》："东船西舫悄无言，唯见江心秋月白。"两个名词"江水""秋月"形成两个互相联系的意象，构成一幅图画：江水中央映出一轮

---

① ［日］松浦友久. 唐诗语词意象论［M］. 陈植锷，王晓平，译. 北京：中华书局，1992：8.
② ［日］松浦友久. 唐诗语词意象论［M］. 陈植锷，王晓平，译. 北京：中华书局，1992：33-37.

白白的秋月，形容词"白"勾勒出月光之美。这一幅图画又产生一种朦胧的意境：琵琶女音乐结束之后，大家都沉浸在刚才曲子的情绪里，都不说话，只有秋月静静地照着。中国士大夫以图画表达心情，讲究蕴藉之美，在这一句诗中典型地体现出来：月亮挂在空中，月下的河水不停地流淌；作者对琵琶女的同情，对自身遭遇的不平，都像这空中之月照耀河流一样，没有声音，却急速流转！

（二）动词和形容词往往是诗眼

1. 诗眼的定义

律诗"颈颔两联的单字必定是精心推敲的动词或形容词的'眼'。"① 诗眼总是"消解或改变字词的'字典意义'而使诗句语意逻辑关系移位、断裂或扭曲"②。

为什么诗人使用动词和形容词会消解词的"字典意义"？因为他们往往不按照词的正常语法搭配造句。李荣启云："词语的超常搭配，使语义关系呈现出隐喻性、象征性、非逻辑性。"③ 他以于沙诗歌《夜，在庐山》为例，说明了该问题。"他，搔一搔短发/翻一翻日记/拍一拍桌沿/把一声叹息/抛落在灯前？""叹息"是无声无形的，"抛落"是个二价动词，词语语义特征可以描写为"谁扔掉什么东西"，"东西"一定是具体的有形的物体。这里跟"叹息"组配，显示了彭德怀沉重的心情，以及作者对这个人物的同情和敬仰。

2. 诗眼的结构义

"被称为诗眼的动词，常常好像与作为'动态发出者'（主语）或'动态接受者'（宾语）的词语接不上茬，对不上缝，非得拐几个弯掉几次头才能体会出这个字眼中蕴含的深意。"④

余松将结构义看作诗眼的审美语义，他说："诗在语言层面上语言的基本义（概念义、指称义、逻辑义）作为能指，而突出引申义（联想义、暗示义、隐喻义），在艺术层面上，则应进一步把引申义作为能指进行特殊塑造，以追求引申义在特定语言组合和语境作用下形成的结构义。"⑤ 诗歌的审美意义来源于句子，来源于篇章，美学家的这一观察绝对准确，但不合语言学理论体系，从词汇角度说，词义包括理性意义（也称作概念义）、附加意义（也称作色彩义），

---

① 葛兆光. 汉字的魔方 [M]. 沈阳：辽宁教育出版社，1999：198.
② 葛兆光. 汉字的魔方 [M]. 沈阳：辽宁教育出版社，1999：185.
③ 李荣启. 文学语言学 [M]. 北京：人民出版社，2005：144.
④ 余松. 语言的狂欢：诗歌语言审美阐释 [M]. 昆明：云南人民出版社，2000：235.
⑤ 余松. 语言的狂欢：诗歌语言审美阐释 [M]. 昆明：云南人民出版社，2000：95.

我们按照语义学重新表述如下:"诗在语言层面上词语的理性意义作为能指,词语的附加意义(感情色彩、形象色彩、语体色彩)成为激发读者联想的线索,也成为能指,词语的组合关系特别是超常组合以及语境形成结构义。"这样不被语言学家关注,而被美学家特别重视的结构义,才是文学审美意义发生的重要所在。

结构义,不是指语言符号本身的意义,它是将诗歌中的超常搭配、篇章结构、艺术"空白"以及弥漫在诗歌中的情绪意义也蕴含其中,因此具有很强的解释力。

(1)超常搭配

王安石《泊船瓜洲》

京口瓜洲一水间,钟山只隔数重山。

春风又绿江南岸,明月何时照我还。

历来"绿"字都被看作这首诗的诗眼。色彩词"绿"是一个一价形容词,汉语主谓结构均主语在前,谓语在后,所以一价动词的句法位置非常固定,只能出现在"主语+绿",如"叶子绿"这样的结构里。这里却带了宾语"江南岸",这是形容词的使动用法,是一个超常搭配的语法结构。使动用法具有非常强的动作性,句子主语"春风"就有了人格化魅力,它的神奇力量使江南岸满眼皆绿。这样美好的异乡之景,使诗人想起了自己的家乡。

诗歌里凡是出现"一价动词(形容词)充当谓语+名词"的结构,都是使动用法,有比较强的致使义。如宋词"流光容易把人抛,红了樱桃,绿了芭蕉","樱桃红""芭蕉绿"强调时光致使四季变换非常快,不由人做主。这样的超常搭配能把诗人的遗憾之情表现出来。

(2)篇章结构

叶绍翁《游园不值》

应怜屐齿印苍苔,小扣柴扉久不开。

春色满园关不住,一枝红杏出墙来。

"出墙"是这首诗的诗眼。前两句是抑,后两句为扬。作者非常小心地怕鞋子踩了青苔,但也没有能叩开园子的柴门,失望极了。但是下面笔锋一转,说满园的春光不会被柴门关住,盛开的杏花伸出墙外。这一抑一扬的结构,使诗人那欣喜之情跃然纸上。

(3)艺术空白

韦应物《滁州西涧》

独怜幽草涧边生,上有黄鹂深树鸣。

春潮带雨晚来急，野渡无人舟自横。

"自横"是这首诗的诗眼。单单喜爱涧边生长的幽草，上有黄莺在树荫深处啼鸣。到傍晚时分，春潮上涨，春雨淅沥，西涧水势顿见湍急。郊野渡口，只有空舟随波纵横。前两句上句写草，下句写鸟，一静一动，描写了自然和谐的景色。最后两句是点睛之笔，春雨淅沥，小舟无意渡人，只是静静等待。整首诗都没有写人。但是读者从"舟自横"留下的艺术空白处，能读出诗人随缘自适、怡然自得的豁达心境。最后两句一"急"一"横"形成对比结构，春雨下得密，人们也归得急，小舟却不忙于运输，这样的对比，将诗人从大众社群中凸显出来，他永远都不急于经营，永远都是闲适优雅的士子。中国诗人常常以一幅图画表达心情，这首诗的最后两句就是典型案例。这样的例子唐诗中比比皆是，教师应带领学生细细推敲画面之中作者的心情。

### 三、色彩词的描写功能

关于色彩词或者拟声词的描写作用，诗人艾青说："给以明确的轮廓之外，还能使人感到有种颜色或声音和那作品不可分离地融洽在一起。"①

杜牧《山行》

远上寒山石径斜，白云生处有人家。

停车坐爱枫林晚，霜叶红于二月花。

这一首诗歌里有白色的云、红色的枫叶，两种事物色彩差异很大，色彩词"白"和"红"同时引发读者的想象。在清冷的山上石头小路歪歪斜斜，山上高高的白云端有人家。因为路边的枫叶好，我驻足赞叹，那叶子比二月的鲜花还美啊。通过这一片红色，诗人看到了秋天的生命力，秋天的山林也这么热烈、生机勃勃，不亚于春天。色彩词总是能够有效地唤起读者的形象感，使人产生身临其境的美感。

张志和《渔歌子》

西塞山前白鹭飞，

桃花流水鳜鱼肥。

青箬笠，绿蓑衣，

斜风细雨不须归。

这一段除了显性的色彩词"白""青""绿"，还有隐性的色彩词，"桃花"必定是红色的，"鳜鱼"是黄褐色。白鹭在西塞山前展翅飞翔，流水泛着桃花的

---

① 艾青. 诗论［M］. 艾青全集：第3卷. 石家庄：花山文艺出版社，1991：28.

绯红色静静流淌，黄褐色的鳜鱼肉质正肥美，渔民开始忙碌起来了，到处都能看到他们用竹丝和青色箬竹叶编成的斗笠，用植物的茎叶或皮制成的雨衣，在斜风细雨里他们依然忙碌着不愿意回家呢！显性以及隐性的色彩词，将读者带入江南春天，忙碌的春景也预示着丰收的喜悦。明亮的色彩能显示作者愉悦的心情。

**四、诗歌中的虚词**

汉语表意，不是特别关注虚词，在口语表达中，有些虚词能省则省。比如"搁桌上"常见，"搁在桌上"少见；"嫌贵别买"常见，"如果嫌贵，就别买"少见。汉语诗歌因为篇幅和字数的限制，更是字字珠玑，能不用虚词的地方就不用虚词。谢榛《四溟诗话》卷三记载了一个故事：王氏父子向谢榛请教作诗法，谢榛让父子二人改写李建勋"未有一夜梦，不归千里家"，父子二人先后写成了："归梦无虚夜"，"夜夜乡山梦寐中"。谢榛说："建勋两句一意，则流于议论，乃书生讲章，未尝有一夜梦而不归乎千里之家也。"① 谢榛的意思是原诗句的"未""一夜"虚词不为诗歌所需，定语"千里"也不需要。因此汉语诗歌中的虚词一定是表意所必需，并且对诗歌意义能产生较大影响。

如杜甫《江畔独步寻花》里"桃花一簇开无主，可爱深红爱浅红"，"可"为疑问副词，询问看花人，鲜花无主，你到底喜欢深色的，还是喜欢浅色的？这一个疑问副词，将鲜花灿烂，可随意采撷，春光之美令人目不暇接的情状写出来了。

又如，陆游《秋夜将晓篱门迎凉有感》"遗民泪尽胡尘里，南望王师又一年"，"又"表示累增意义的副词，在金人马队扬起的灰尘里，那些心怀故国的遗民眼泪流了六十多年，已经流干了；他们南望王师军队的愿望又盼了一年。这一个副词，将盼望收复中原的臣民内心的凄凉与悲伤说透了。

## 第五节　中国传统文化与古诗欣赏

本节从社会学角度谈诗歌欣赏。中国古代那样的社会，那么一批持相同观点的士大夫，形成了共同的文化。他们笔下的诗歌也同样曲折地反映了中国古

---

① 谢榛. 四溟诗话［M］//谢榛，王夫之. 四溟诗话　姜斋诗话. 北京：人民文学出版社，1961：89-90.

代社会文化。

**一、中国服饰文化与社会等级**

在所有的衣料中葛、麻、棉都不太容易染出变化万千的色彩，只有丝绸最容易上色，可以创造无穷的色彩层次。中国丝绸服饰很早就与社会等级挂钩，商朝规定"青蓝""赤红""黄""白""黑"只有贵族可以穿。中国后世逐渐演变出完备的服饰文化，使服饰与中国封建社会的等级制度完全对应起来，成为中国人身份的象征。

（一）服饰颜色等级

"颜色具有'表贵贱，辨等级'的功能，品官之服依品级大小而定颜色。黄色为最高统治者专用，非特许不可擅用，朱紫之色为尊。在周代，贵族才能服红；春秋时，齐国贵族喜欢服紫；唐太宗贞观四年定百官朝服颜色，三品以上服紫……四品、五品服绯，六品深绿，七品浅绿，八品深青，九品浅青。宋代也是如此。"①

唐代诗人刘禹锡这么描写自己的处境："白发青衫谁比数，相怜只是有梁王。"白居易也说："座中泣下谁最多，江州司马青衫湿。""白发更添今日鬓，青衫不改去年身。"张籍也说："身着青衫骑恶马，东门之东无送者。""重着青衫承诏命，齐趋紫殿异班行。"这些诗人无不以"青衫"表示自己地位低下，处境恶劣，但身具才华，心怀报国志向。张籍还将自己所服"青衫"与诸位在朝官员"紫殿"对比，表达了恃才傲物的豪迈气魄。

服饰颜色在中国民间如此重要，所以每个朝代立国第一件事就是"定正朔，易服色"，先确定本朝的天文历法，然后更换国家公民服装颜色以及款式。

（二）服饰流行时尚

中国服饰时尚中心往往在京师，由京师传播至天下四方。白居易《时世妆》中云："时世妆，时世妆，出自城中传四方。""城中"就是京城。

文化人也常常引领时尚。据《后汉书》记载东汉名士郭林宗，年轻时师从屈伯彦，博通群书，擅长说词，口若悬河。他身长八尺，相貌魁伟。与李膺等交游，名重洛阳，被太学生推为领袖。他有一次外出遇雨，临时垫起来头巾的一角，见者纷纷效仿，时称"林宗巾"。

坊间以舞蹈唱歌为业的女子，也常常引领时尚。据唐代诗歌反映，公孙大

---

① 许芳红. 中国文化概论［M］. 长春：吉林教育出版社，2017：304.

娘就是以穿军装舞剑而出名。司空图《剑器》云："楼下公孙昔擅场，空教女子爱军装。"可见当时着军装之盛。

**二、中国地理文化与国家认同**

中国素来以中原文化为雅正。都城必须建筑在天下之中央，这种地理文化思想形成于西周。《史记·封禅书》曰："昔三代之居皆在河洛之间。"夏商重要的都邑遗址洛阳偃师二里头、偃师商城、郑州商城、安阳殷墟等都发现于此。周代的成周也在伊洛河畔。周初的《何尊》铭文就称这里为中国。西周建立之初，面对新征服的广大地区，周王采取"封建亲戚，以蕃屏周"的方式巩固自己的统治。分封的对象实际包括同姓贵族和异姓贵族两类。异姓封国又可分为功臣谋士，先王圣贤后裔，殷商王族及其他臣服归顺的方国贵族。各诸侯对京师的拱卫，依赖于宗亲血缘关系。

经过春秋战国之乱，大批中原人被迫南迁。中原的地理概念开始与血缘关系脱节。经过秦国统一，原有的地理文化演变为地方拱卫中央，行政等级取代了血缘关系。到了汉代，中国形成以皇家姓氏为代表符号的国家认同。这种国家认同情感，从积极的层面上说，保证了国家长治久安。从消极层面上说，国家制度的改革就变得非常困难，因为改革者可能背负上"觊觎政权"的恶名。三国故事就是在这一地理文化的大背景下展开，诸葛亮成为智者的最高典范，因为他保护的是刘备，而刘备是"汉室贵胄"。整部《三国演义》极为肯定地赞扬了诸葛亮"鞠躬尽瘁，死而后已"的操守。而与此对立的形象却是极有才华的曹操，他成为奸佞之臣的代表，成为"狡诈"的代名词。

这样的地理文化意义不仅出现在小说中，在很多文学体裁诸如诗歌、戏剧等均有体现。如下面一首词：

楚天千里清秋，水随天去秋无际。
遥岑远目，献愁供恨，玉簪螺髻。
落日楼头，断鸿声里，江南游子。
把吴钩看了，栏杆拍遍，无人会、登临意。

休说鲈鱼堪鲙。尽西风，季鹰归未。
求田问舍，怕应羞见，刘郎才气。
可惜流年，忧愁风雨，树犹如此。
倩何人唤取，红巾翠袖，揾英雄泪。

辛弃疾的这首《水龙吟》上片写自己寄居江南的愁怨，下片全部是借用历史典故写现实。第一个典故"季鹰"故事，晋朝吴地人张翰，字季鹰，《世说新语》记载他在洛阳做官，秋季西风起时，他想起家乡鲈鱼鲙美味，立即辞官回乡，这个故事表达了辛弃疾对季鹰潇洒为人态度的羡慕之情，自己何时能因思念北方，而辞官归乡呢？第二个典故"刘郎"就是刘备，据《三国志·陈登传》记载，许汜向刘备诉说自己去拜访陈登时，陈登不理睬他，他上大床躺下，而让许汜睡下床。刘备认为天下大乱，许汜应首先想救世之意，而非想着求田问舍，求个人私利。刘备说如果是我，你的待遇更差，我会睡在百尺楼上，而让你睡地上。辛弃疾借刘备之口讽刺南宋朝廷群臣忙于个人私利不关心国家安危。第三个典故"桓温"故事，《世说新语》记载晋朝桓温北伐，途中见到自己早年栽种的柳树已粗过十围，"木犹如此，人何以堪"。辛弃疾用这个故事表达自己不能抗击敌人收复失地，只能虚度光阴的痛苦。

在这首词里，辛弃疾将刘备看作很有雄心抱负的正面人物加以歌颂。选择这个故事，也反映了他具有强烈的正统权力思想，像南宋这样代表国家正统政权的统治者，就应该心怀天下，统一国家。

教师讲解古诗，一定要注意将其放在中国传统文化视野之下。在传统文化之中，理解古人表达的思想感情。

第二章

# 现代诗歌解读

## 第一节 语言文化的现代思潮与新诗语言特征

中国新诗与中国古典诗歌是两个语言文化视野下的产物。古典诗歌经过《诗经》《楚辞》到唐代发展出格律较为严谨的律诗、绝句，宋代在唐诗的基础上，发展出词。无论是近体诗还是词，都有比较明确的格律，唐宋诗人也在格律的基础上创造了诗歌艺术高峰，成为后人无法企及的典范。新诗一开始就是为了打破古典诗歌格律，重新创造另外形式的新文学而产生。从这个意义上说，新诗是大众文学革命精神的结晶。新诗的诗歌语言形式，整齐美感肯定不如古典诗歌，但细致的作家也重视语言形式。跟古典诗歌一样，新诗也注意刻画意象以表达情感，而且新诗具有更广阔的抒情空间。

**一、白话诗歌**

（一）白话文兴起

文言自从汉代产生以来，依靠较为稳定的语法结构和相对比较稳定的词汇系统，成为中国知识分子便捷的沟通工具。然而清代鸦片战争以来，中国屡屡遭受欺凌。知识分子感觉到这一套交际工具无法与平民沟通，无法唤起民众保护国家、爱护国家的意识。他们迫切需要使用一种老百姓人人能懂的新兴语体。

1902年，梁启超《新民丛报》提出："务为平易畅达，时杂以俚语、韵语及外国语法，纵笔所至不检束。"旗帜鲜明地倡导新语体，文言、俚语、外来语三合一。

1916年9月，《新青年》第一卷刊登了陈独秀的翻译诗歌。1917年1月，胡适在《新青年》上发表了《文学改良刍议》，认为文学改良应该从八个方面入手：须言之有物；不模仿古人；须讲求文法；不做无病呻吟；务去滥调套语；不用典；不讲对仗；不避俗语俗字。

接着陈独秀在《新青年》上发表《文学革命论》支持胡适。1918年《新青年》第4卷第5号正式使用白话文和新式标点，大量刊登白话写作的小说、散文、评论和译作。各地学生社团也纷纷响应，创办白话报刊，达到400多种。"白话文的局面，若没有'胡适之陈独秀一班人'，至少也得迟出现二三十年。"① 1920年教育部正式规定小学语文教材使用白话文。

（二）翻译刺激新诗产生

1919年9月胡适用白话翻译了一首英文诗歌《关不住了》，确立了白话翻译外国诗歌的立场。

当时很多杂志投入文学翻译运动，如《新青年》《小说月报》《创造季刊》《现代评论》等。王向远调查了《新青年》发表的翻译文学，认为"《新青年》虽不是纯文学杂志，但其文学色彩相当浓厚，而且十分重视翻译，译文占总字数的约四分之一；而在翻译作品中，文学作品的分量又占了一半以上。在第四卷里，翻译文学更是达总量的90%左右"②。

熊辉认为当时的文学社团也是新文学发展的强大推动力，"沈雁冰、郑振铎、周作人、耿济之等发起的文学研究会，郭沫若、郁达夫、成仿吾、张资平等发起的创造社，鲁迅、韦素园、曹靖华、李霁野等组织的未名社，胡适、梁实秋、徐志摩、闻一多等组织的新月社等，既是新文化社团，又是翻译文学社团。围绕在这些文学团体周围的作家大都在创作诗歌、研究理论、编辑刊物的同时翻译外国文学，而他们的翻译活动深受各社团文学价值观念的影响，从而形成了各具特色的译诗语言形式和审美倾向，这在客观上养成了中国现代译诗风格的多样化特征。"③

二、新诗诗体增益

（一）抒情小诗与泰戈尔热

泰戈尔（Rabindranath Tagore）1861年出生在印度英属孟加拉省的一个文艺

---

① 胡适. 新文学的建设理论［M］// 蔡元培等, 著. 中国新文学大系导论集. 长沙：岳麓书社, 2011：9-45.
② 王向远. 翻译文学导论［M］. 北京：北京师范大学出版社, 2004：105.
③ 熊辉. 外国诗歌的翻译与中国现代新诗的文体建构［M］. 北京：中央编译出版社, 2013：11.

家庭。泰戈尔年轻时便开始尝试用孟加拉语写作，他的诗集《吉檀迦利》最初采用孟加拉语完成，后来他本人将这本诗集翻译成英文；而他的诗集《新月集》和《飞鸟集》直接采用英文写作。1913年获诺贝尔文学奖。中国第一位翻译泰戈尔诗作的是陈独秀，他用五言古诗体翻译了《吉檀迦利》中的四首诗，发表在1915年10月《青年杂志》上。1922年，在许地山的鼓励和支持下，郑振铎开始翻译泰戈尔的作品，他在《小说月报》发表了介绍泰戈尔生平和创作的《太戈尔（泰戈尔，引者注）传》和《太戈尔的艺术观》，这是国内最早介绍泰戈尔的文章。1922年夏，郑振铎开始翻译《飞鸟集》。泰戈尔诗歌翻译对冰心的创作影响很大，这是《繁星》和《春水》产生的时代背景。

（二）自由诗与惠特曼热

惠特曼（Walt Whitman）(1819—1892)，美国诗人，他一生的诗作精华在《草叶集》中。在1919年7月号的《少年中国》上，田汉发表了一篇论及惠特曼的热情洋溢的论文。他称惠特曼为"普通人"，并说在惠特曼的诗歌中充满民主与人性，号召中国青年诗人学习惠特曼的诗风。1919年，郭沫若翻译了惠特曼《在那滚滚大洋的群众里》。郭沫若承认他这一时段的诗歌创作受到了惠特曼影响，"我那时候不知从几时起又和美国的惠特曼的《草叶集》，德国的华格纳的歌剧接近了……尤其是惠特曼的那种把一切的旧套摆脱干净了的诗风和五四时代的暴飙突进的精神十分合拍，我是彻底地为他那雄浑的豪放的宏朗的调子所动荡了。"[①] 郭沫若这一时期的新诗为自由体，充满激情。不押韵，诗行首句使用反复手法，多排比以增加气势。部编版所选《立在地球边上放号》比较准确地反映了郭沫若这一时段的诗歌艺术风格。

（三）散文诗与屠格涅夫诗歌翻译

刘半农最初接触到散文诗，根据中国文学传统体裁，未能辨别出其性质，因此早期他将屠格涅夫的散文诗翻译作小说。1915年2卷7期的《中华小说界》刊登了用文言翻译的屠格涅夫四章散文诗就安排在"小说"栏目。后来郑振铎等人认识到是一种新诗体：散文诗没有一般诗歌的韵脚、节奏、行数等形式美要求；散文诗与诗歌的不同之处还在于散文诗经常运用描写和议论的表现手段。

中国新诗散文诗，以鲁迅的散文诗集《野草》影响为最大。

在中国新文学急于"增益诗体"的时代，很多创作灵感都是来源于外国诗

---

[①] 郭沫若. 我的作诗的经过 [M] //张澄寰，编选. 郭沫若论创作. 上海：上海文艺出版社，1983：199-209.

歌翻译。西方各种文学思潮像潮水般涌进中国文坛，人们甚至来不及回味一种文学形式，它已经被新的形式所替代。这种"大跃进"式的文化吸纳，带着那个时代诗人满腹焦虑的情绪，也带着文化不自信状态下知识分子的忧伤和激进。

**三、新诗格律探索**

古典诗歌以字为单位，根据平仄、韵脚，大致按照词语的自然节奏，① 编织韵律。新诗押韵的不多，基本以词语为单位，通过双音节与三、四音节词的组配，实现句子节奏。

"新月派"是现代新诗史上一个重要的诗歌流派，主要成员有闻一多、徐志摩、朱湘、饶孟侃、孙大雨、陈梦家、方玮德、卞之琳等。他们在新诗格律的建设上有所贡献。

以闻一多《死水》为例，新诗格律主要指以下几个方面：

  这是一沟绝望的死水，
  清风吹不起半点漪沦。
  不如多扔些破铜烂铁，
  爽性泼你的剩菜残羹。

（1）建筑美，即每句字数有规律

上文所录的为《死水》第一节，每句九个字，双音节词与三、四音节词组配使用，节奏划分如下：

  这是/一沟/绝望的/死水，
  清风/吹不起/半点/漪沦。
  不如/多扔些/破铜烂铁，
  爽性/泼你的/剩菜残羹。

前两句每一行诗有一个三音节音步和三个双音节音步。后两句每一行配以双音节、三音节、四音节词各一个。汉语的虚词一般不单独占一个节奏拍，如果其性质是附加在前面成分上的，就归于前，如本诗"绝望的"；如果其性质是附加在后面成分上的，就归于后，如"在明天"。

---

① 但近体诗的节奏跟词语停顿有别，参见本书第一章第一节论述。

(2) 分作不同节次，重视诗歌结构

这首诗每四句为一个节次，共五节组成。第一节为"起"，将旧中国比喻成"一潭死水"；二、三节为"承"，描写"死水"腐朽肮脏的画面；第四节为"转"，鼓励人们打翻旧社会；第五节为"合"，表示对旧社会不存幻想，"让丑恶来开垦"，从绝望中创造出新世界。

(3) 音乐美，即讲究押韵

新诗一般不讲究押韵。但以闻一多、徐志摩等为代表的"新月派"诗人，希望创立中国新诗的格律，仍主张新诗押韵。本首诗隔句押韵，第二句为了押韵，取非常见次序"漪沦"一词。常见次序为"沦漪"，最早见于《诗经》"河水清且沦猗"，"猗"本来是个语气词，《诗经》句义为"河水又清澈又有微小的波纹啊"。六朝时候成为一个词，写作"沦漪"，刘勰《文心雕龙·情采》："夫水性虚而沦漪结，木体实而花萼振。"元代为押韵才有了"漪沦"一词。

大部分近代诗人不愿意在打破了律诗旧格律之后，又重新被新的格律套住手脚。关于新诗格律近代以来一直在争吵，不少学者对新诗缺少格律表示遗憾，如梁实秋说："白话诗运动起初的时候，许多人标榜'自由诗'（Verse Libres）作为无上的模范。所谓'自由诗'是西洋诗晚近的一种变形，有两个解释，一是一首诗内用许多样的节奏与音步混合使用，一是根本打破普通诗的文字的规律。中国文字和西洋文字根本有别，所以第一义不能适用，只适用第二义，那即是说，毫无拘束的随便写下去便是。我们的新诗，一开头便采取了这样一个榜样，不但打破了旧诗的格律，实在是打破了一切诗的格律。这是不幸的。因为一切艺术总要有它的格律，有它的形式，格律形式可以改变，但是不能根本取消。我们的新诗，三十年来不能达于成熟之境，就是吃了这个亏。"[①]

直到今天仍没有诗人普遍认可的新诗格律，其形式美仍有待于来日建立。

**四、新诗语言特征**

(一) 大量使用口语词

白话诗歌最大的特点就是词汇和语法系统均属于口语体系，比如徐志摩《再别康桥》第一节：

　　轻轻的我走了，

---

① 梁实秋. 文学讲话·关于新诗 [M] //徐静波, 编. 梁实秋批评文集. 珠海：珠海出版社, 1998：226-230.

正如我轻轻的来；

我轻轻的招手，

作别西天的云彩。

口语状中结构"轻轻的"，近体诗里不会出现，最多出现一个状语"轻"。口语里常用的第一人称代词"我"，近体诗也不需要，近体诗整首诗不出现"我"，但处处写"我"。"走了"，完成体助词"了"，也基本不出现在近体诗里。因此第一句话用近体诗写的话，只需要两个字"轻别"。

（二）创制新词新义

自从西学东渐、日本文化回流中国以后，汉语里增加了很多新词新义。

如徐志摩《沙扬娜拉》"那一声珍重里有蜜甜的忧愁——沙扬娜拉"，"沙扬娜拉"是日语"再见"的音译词。

如穆旦《春》："他渴求着拥抱你，花朵。""拥抱"这个词从宋代就有了，《宋史·燕懿王德昭传》："常乘小乘舆及小鞍鞴马，命黄门拥抱，出入常从。"为"抱着"义。西方文化传入以后，专指见面礼仪。

（三）创新句法

新诗中增加了不少西式的表达法，有比较明显的欧化倾向。比如英语的状语都在句子动词之后，新诗中也有很多句子的状语被置于动词之后，如戴望舒《雨巷》"彷徨在悠长、悠长/又寂寥的雨巷""她彷徨在这寂寥的雨巷"，汉语常见的表达为"在悠长、悠长又寂寥的雨巷彷徨""她在这寂寥的雨巷彷徨"。

欧化语法影响下，新诗出现了不合汉语本身规律的定中结构。一般来说，汉语定中结构，性质或状态形容词在前，中心名词在后。如林徽因《你是人间的四月天》"黄昏吹着风的软""新鲜初放芽的绿"诸句，比较通顺的汉语表达法为"黄昏吹着软的风"，"新鲜初放绿的芽"。"你是一树一树的花开"，这一句是动词作中心语，在英文中可以将动词变化为动名词，作定语中心语。应该说动词作中心语，也波及了有谓词性质的形容词，从句法上看，《你是人间的四月天》整首诗有欧化倾向。穆旦《我看》也有这样的结构，"像鸟的歌唱，云的流盼，树的摇曳""生命的飞奔"，这样的欧化语言在五四时期较为普遍。

新诗创造了断裂性句式。翻译诗句为了保持西文风格，对原文的形式也尽量保留，这就造成了译诗语言多断裂性汉语句子。

中国古典诗歌一行表示一个完整的意义，但是新诗不忌讳断裂式句子，如林徽因《你是人间的四月天》"轻灵/在春的光艳中交舞着变""星子在/无意中闪""鲜妍/百花的冠冕你戴着""新鲜/初放芽的绿,你是""是燕/在梁间呢喃"等句子都被拆散在两行中,其中"鲜妍""新鲜""燕"都是为了押韵而分行。

当代新诗中也有这类句子,如昌耀《峨日朵雪峰之侧》"惊异于薄壁那边/朝向峨日朵之雪彷徨许久的太阳/正决然跃入一片引力无穷的/山海。"完整的一句话被分作四行。

新诗还创造了新的汉语语法。汉语主要依靠语序和虚词为语法手段,每种语法结构都有一定格式。比如除了双宾句之外,同一个动词不带两个宾语,不同的句子也不共用一个宾语,但欧化句法可以。余光中称赞徐志摩的欧化句式用得妥帖:"'你有你的,我有我的,方向'一句,欧化得十分显明,却也颇为成功。不同的主词的两个动词合用一个受词,在中文里是罕见的……徐志摩如此安排,确乎大胆,但是说来简洁而悬宕,节奏上益增重叠交错之感。如果坚持中国文法,改成'你有你的方向,我有我的方向',反而啰唆无趣了。"[①]

(四) 运用新修辞

1. 反复

古典诗歌的反复只适用于非常小的范围,比如有些词牌里,双音节词组可以重叠使用,这就是一种反复的修辞手法,如李清照《如梦令》"争渡,争渡,惊起一滩鸥鹭"。

新诗里重叠的可以是句子,这就是真正的反复修辞手法了,如徐志摩《沙扬娜拉》"道一声珍重,道一声珍重,/那一声珍重里有蜜甜的忧愁",反复可以强调诗人的感情,这里表现诗人对日本女郎的依依惜别之情。

2. 超常搭配

古典诗歌的超常搭配经常发生于动词、形容词上,因为要依靠这些词对名词意象进行描写。新诗的超常搭配除了这一语法位置,还有其他更复杂的情况。

(1) 位于动词上

动词支配的名词往往是有相对明确的范围,如果动词与名词之间不能组配,那么诗歌将因此增加丰富的意义。如穆旦《我看》"像季节燃起花朵又把它吹熄",季节能使花朵开放也可以使之凋谢,"燃起"和"吹熄"与它不搭配,"花朵"这个意象就有了象征意义,指希望总是起起落落,就跟自然界的规律一样,诗人的欢笑和哀愁也跟着起伏。再如,林徽因《你是人间的四月天》"笑响点亮了四面风",笑声只能使风震荡,"点亮"与它不搭配,"笑响"这个意象

---

[①] 余光中. 诗与散文:创作与教学 [J]. 湖南文理学院学报, 2007, 32 (6): 1-4.

就有了象征意义,指爱使周围的风都深受感染。

(2) 位于修饰成分上

如舒婷《祖国啊,我亲爱的祖国》"我是你河边上破旧的老水车/数百年来纺着疲惫的歌","歌声"可以用悠扬、悲伤、凝滞等形容词修饰,这里却用"疲惫",这一个表示人的精神状态的形容词修饰,表现了诗人对祖国苦难历史的哀伤之情。"我是你簇新的理想/刚从神话的蛛网里挣脱",有蛛网的地方总是与破旧联系在一起,但这里的修饰成分是名词"历史","蛛网"意象就有了象征意义,指从苦难的历史上爬起来的百废待兴的国家事业。

又如,穆旦《春》:"绿色的火焰在草上摇曳/他渴求着拥抱你,花朵。""火焰"是"红色"的,却跟"绿色"匹配,诗人将绿叶繁盛的亢奋状态描写为"火焰",可谓取其神,不取其形。这首诗写出了春天的骚动不安之态,表达了诗人内心"反抗""燃烧"的愿望以及不确定的复杂情感。

这些超常搭配在美学上往往就是"有意味的形式",都是解读诗歌应该重点关注的内容。

(五) 适用新节奏

由于新诗使用的都是白话,它很自然地与口语说话节奏接近。如动词、介词一般单独占一个音步,形容词、名词、数量词一般是双音节,状态词一般是三音节,成语一般是四音节,为保持意义的完整性,均只占一个音步。

## 第二节　新诗的古典情怀与表达手段国际化

中国新诗是古典诗歌与翻译诗歌结合产生出来的新式文学形式,它集中体现了诗人一方面坚持中国审美趣味、审美意蕴,一方面接受国际文化影响的积极情怀。中国新诗虽然从格律上一直没有产生公认的标准,但是新诗不拘形式,也同时给予了诗人很大的抒情空间。中国新诗的成就仍值得称道。

**一、新诗中的古典情怀**

(一) 新诗中的古典修辞

中国古典诗歌自《诗经》始使用复沓手法,即不同的段落之中,句子更改少数词语,以加重感情,突出诗歌音乐美。新诗仍使用了此修辞手法,如戴望舒《雨巷》"撑着油纸伞,独自/彷徨在悠长、悠长/又寂寥的雨巷,/我希望逢着/一个丁香一样的/结着愁怨的姑娘。"最后一段将"逢着"更为"飘过"。再如徐志摩《再别康桥》"轻轻的我走了，/正如我轻轻的来；/我轻轻的招手，/作别西天的云彩。"最后一段略作更改，"悄悄的我走了，/正如我悄悄的来；/我挥一挥衣袖，/不带走一片云彩。"

（二）新诗中的古典意象

诗歌使用名词创设意象，由于文化继承的关系，一些意象会携带文化积淀意义。中国传统诗歌用"杨柳"意象表达别离之情，描写边关将士用到该意象，如"羌笛何须怨杨柳"；描写思乡之情用到该意象，如"此夜曲中闻折柳，何人不起故园情"；描写与朋友离别用到该意象，如"杨柳岸，晓风残月"；描写夫妻离别用到该意象，如"忽见陌头杨柳色，悔教夫婿觅封侯"等。"杨柳"这个意象具有阴柔美，常常与女性联系起来，如"隔户杨柳弱袅袅，恰似女儿十五腰"。新诗仍继承这个古典意象表达离别之情，如徐志摩《再别康桥》"那河畔的金柳，/是夕阳中的新娘"，将离别之情写得那么柔婉，那么优美，是古典诗歌没有的，恰好地表达了诗人对剑桥康河的留恋之情，对西洋文化的热爱之情。

（三）新诗中的古典意境

古典诗歌注重以名词和动词（形容词）组配描写意象，用意象组合表现意境，传达诗人的心情。新诗里也有这样的作品，如沈尹默《月夜》"霜风呼呼地吹着，/月光明明地照着。/我和一株顶高的树并排立着，/却没有靠着"。"霜风""月光"都是白色冷色调，都有衰飒凄凉意，只有一棵树跟我在一起，显示诗人孤独；"树"跟诗人不互相依靠，显示诗人倔强。这种孤独而倔强的心境通过三个有联系的意象"霜风""月光""树"体现出来的意境实现。

（四）新诗中的古典表现手段

古典诗歌一般都借助意象传达哲理，比如"落红不是无情物，化作春泥更护花"，以"落花"为意象赞叹自然界生生不息；再如"不识庐山真面目，只缘身在此山中"，以攀登庐山所见景色不同，表达所思哲理：事物都有相对性，人们看到的不一定是事物的本质。新诗也可以采用此种手段，如卞之琳《断章》："你站在桥上看风景，/看风景人在楼上看你。/明月装饰了你的窗子，/你装饰了别人的梦。"以"你""看风景人""别人"的相对关系，表达哲理：世间人事相互依存、相互作用，万事万物的区别、分割都是相对的、暂时的，联系是内在的、永恒的。

### (五) 新诗化用的古典诗句

徐志摩《再别康桥》"满载一船星辉/在星辉斑斓里放歌",回忆在康桥度过的美好生活。"一船星辉"化用元代唐珙诗句"醉后不知天在水,满船清梦压星河","星辉"用临时量词"船"度量,很有诗意。

## 二、新诗中的表达手段国际化

中国古典诗歌主要运用描写、抒情、议论、叙述手段,表达诗人对世界、人和事的理解。现代诗歌也是使用这些手段,但很显然古今诗歌表达手段方面,存在功能上的差异。新诗描写语言的功能更强大,抒情、议论更自由,叙述与其他表达手段的搭配更为多样。

### (一) 新式描写语言

#### 1. 新的名词意象

名词记载着人们生活的方方面面,新诗不可避免有一些描述现代生活的新意象。

邮票、船票,都是现代生活产生的新鲜事物。余光中用"邮票"意象写出了母子别离的痛苦,用"船票"意象写出了夫妻分别的惆怅。

矿灯、起跑线也是现代事物,舒婷以"矿灯"意象写出了祖国沉重的历史,诗句写道:"我是你额上熏黑的矿灯,/照你在历史的隧洞里蜗行摸索。"以"起跑线"意象写出了祖国充满希望的未来,诗里说:"我是新刷出的雪白的起跑线。"

#### 2. 旧意象的深刻描绘

新诗产生了一些中国古典诗歌没有着意刻画的意象,比如,在古典诗人那里"清泉"都是背景信息,"清泉石上流"为写下文的"竹喧归浣女"做铺垫。而新诗里"清泉"成为浓墨重彩刻画的意象,"那榆荫下的一潭,/不是清泉,是天上虹;/揉碎在浮藻间,/沉淀着彩虹似的梦。"泉水里有五彩的倒影,诗人将泉水比喻成天上彩虹,波光荡漾,彩虹又被揉碎在浮藻间,沉淀在水里,酝酿着五彩的梦。诗人将康河写得这么美,无非要表达自己的留恋之情。古典诗歌由于字数限制,不可能对一个背景信息过多刻画。而新诗没有强硬的格律限制,诗人可以展开丰富的想象,对清泉进行细致描写。从这个意义上说,新诗给了诗人更大的可以作为的空间。

### (二) 新式抒情语言

古典诗歌抒情主要采用融情于景、托物言志等方法。但新诗有更宽广的抒情空间，高兴、悲伤、忧郁、难过、愤怒等这些情绪类的词语都可以出现在诗歌里。比如艾青《我爱这土地》"这永远汹涌着我们的悲愤的河流，/这无止息地吹刮着的激怒的风"，让河流带上人的"悲愤"，让风染上人的"激怒"。即便不借助于任何意象，也可以直接表达感情，如"为什么我的眼里常含泪水？/因为我对这土地爱得深沉"，这样直抒胸臆的语言在古典诗歌里也是很罕见的。

　　新诗还常常以"哦""啊""哟"等感叹词入诗，直接抒发感情。如穆旦《我看》："哦，逝去的多少欢乐和忧戚，/我枉然在你的心胸里描画！/哦！多少年来你丰润的生命/永在寂静的谐奏里勃发。"这一段文字写自然界生生不息、勇往直前，万物的生命在寂静中发展。再如郭沫若《立在地球边上放号》："无数的白云正在空中怒涌，/啊啊！好幅壮丽的北冰洋的情景哟！/无限的太平洋提起他全身的力量来要把地球推倒。/啊啊！我眼前来了的滚滚的洪涛哟！/啊啊！不断的毁坏，不断的创造，不断的努力哟！/啊啊！力哟！力哟！/力的绘画，力的舞蹈，力的音乐，力的诗歌，力的律吕哟！"这首诗歌以环球地理知识，构建了一幅宏大的画面，从北冰洋的白云到太平洋的浪涛，都凝聚着巨大的能量，形成力的漩涡，结尾点题回到社会文化"绘画""舞蹈""音乐""诗歌"上，表达了作者期待社会大革命，用全新的文化毁坏封建旧文化，创造时代新文化的豪情。这类直抒胸臆的表达在讲究含蓄蕴藉审美风格的旧文学里不可能出现。

（三）新式议论语言

　　古典诗歌没有纯粹议论性质的语言，不是从具体意象就是从实际事件中得出哲理。但是新诗不避议论，如穆旦《我看》"也许远古的哲人怀着热望/曾向你舒出咏赞的叹息/如今却只见他生命的静流/随着季节的起伏而飘逸"，这一段议论文字说，哲学家曾经赞美自然，但是如今他们都已殒命，在人类悠远的历史上，他们似乎变成静止的河流，只有他们的思想还随着时光漂浮。

（四）新式叙述语言

　　古典诗歌中也有叙事诗，叙述一件事情的发生、发展、高潮、结局。任何叙述都需要穿插描写，不然就不够生动。没有细节的故事不能产生艺术感染力，也不能影响读者。古典诗歌叙事为了刻画意境，事件为诗人抒情服务。比如白居易《卖炭翁》，写事件的目的是表达诗人对下层劳动者的同情，中心思想不是塑造卖炭翁的性格。再如《琵琶行》写事件的目的是表达诗人"同是天涯沦落人，相逢何必曾相识"感同身受的悲哀之情，中心思想也不是为了塑造琵琶女的性格。

而新诗叙事不是将事件放在核心位置上,而是将人物放在核心位置上,因此叙述为塑造人物服务,间接抒发诗人感情。这可能是新诗接受了新小说文体审美的影响。

如艾青《大堰河——我的保姆》,诗歌第三节写雪落在大地上,诗人想起了自己亡故的保姆大堰河;第五节是叙述,写诗人回到亲生父母身边:

> 我是地主的儿子,
> 在我吃光了你大堰河的奶之后,
> 我被生我的父母领回到自己的家里。

第七节叙述大堰河思念我,再次回到我身边照顾我:

> 大堰河,为了生活,
> 在她流尽了她的乳汁之后,
> 她就开始用抱过我的两臂劳动了。

第九节叙述大堰河悲伤地死去:

> 她死时,乳儿不在她的旁侧,
> 她死时,平时打骂她的丈夫也为她流泪,
> 五个儿子,个个哭得很悲,
> 她死时,轻轻地呼着她的乳儿的名字。

第十一节叙述大堰河死后,诗人与大堰河家人的遭遇:

> 她的醉酒的丈夫已死去,
> 大儿做了土匪,
> 第二个死在炮火的烟里,
> 第三,第四,第五
> 在师傅和地主的叱骂声里过着日子。
> 而我,我是在写着给予这不公道的世界的咒语。

这些叙述语言将事情的来龙去脉表达清楚了。诗人来到大堰河身边,受到

大堰河关照、爱护，又回到父母身边；大堰河因思念诗人而甘心做长工；大堰河穷困而死；大堰河死后，一家人生活陷入更加艰难的境遇。如果整首诗就为了说这些事情，那不足以使人对大堰河产生尊敬之情。

叙述的过程中，穿插了一些描写，如第三节：

　　你的被雪压着的草盖的坟墓，
　　你的关闭了的故居檐头的枯死的瓦菲，
　　你的被典押了的一丈平方的园地，
　　你的门前的长了青苔的石椅，

四句描写选取了四个有代表性的场景，坟墓、家里的瓦菲、被典押的园地、门前石椅，通过描写这些景物，反映大堰河生活贫苦。

第四节全部是描写，写大堰河像个母亲一样"把我抱在怀里，抚摸我"。

　　你用你厚大的手掌把我抱在怀里，抚摸我；
　　在你搭好了灶火之后，
　　在你拍去了围裙上的炭灰之后，
　　在你尝到饭已煮熟了之后，
　　在你把乌黑的酱碗放到乌黑的桌子上之后，
　　在你补好了儿子们的为山腰的荆棘扯破的衣服之后，
　　在你把小儿被柴刀砍伤了的手包好之后，
　　在你把夫儿们的衬衣上的虱子一颗颗地掐死之后，
　　在你拿起了今天的第一颗鸡蛋之后，
　　你用你厚大的手掌把我抱在怀里，抚摸我。

这一节写大堰河像个母亲一样爱我，诗人集中选取了八个时间段，前四句写大堰河物质生活条件差，用的是"乌黑的酱碗""乌黑的桌子"，吃的肯定不会好，但大堰河却将第一颗鸡蛋给我。六、七两句写大堰河一家谋生手段差，他们只能上山打柴以维持清苦的生活。第八句写大堰河一家生活水平差，破衣烂衫上布满虮虱。

叙述的过程中，还穿插了一些抒情语言，如第十节、第十二节，第十节抒情表达了诗人对大堰河奴隶一般贫困生活的同情，第十二节抒情表达了诗人对大堰河这样的普通劳动者的热爱：

75

大堰河,今天,你的乳儿是在狱里,
　　写着一首呈给你的赞美诗,
　　呈给你黄土下紫色的灵魂,
　　呈给你拥抱过我的直伸着的手,
　　呈给你吻过我的唇,
　　呈给你泥黑的温柔的脸颜,
　　呈给你养育了我的乳房,
　　呈给你的儿子们,我的兄弟们,
　　呈给大地上一切的,
　　我的大堰河般的保姆和她们的儿子,
　　呈给爱我如爱她自己的儿子般的大堰河。

　　正是叙述与描写、抒情手段相结合,大堰河的形象才生动起来,她是善良母亲的代表,是劳苦大众的代表。新诗叙述手段的这种功能跟新文学的散文、小说基本一致。

## 第三节　新诗结构语言与情感表达

　　中国古典诗歌律诗只有八句,从行文上说,虽然没有提示文章段落的结构性语言,但是诗人都是按照"起、承、转、合"四节有序写作的。新诗分节长短不一,有些诗歌只有几句话,有些诗歌洋洋洒洒千余言。无论长短,新诗也有结构。

### 一、新诗篇章结构提示语

　　前文我们交代过,一篇文章的意义大于各段落之和,因为有文章结构将他们编织在一起,也就是说整篇文章的意义还来源于各段落之间的呼应关系,结构使文章变成一个整体,会产生一种气韵流动的审美效果,因此加深表达效果。新诗继承了中国传统写作学的很多优秀成果,如注意写作顺序,注意篇章结构,注意首尾呼应,注意过渡等手法。

（一）写作顺序提示语

1. 空间顺序

如戴望舒《雨巷》以双方在雨巷中的距离为写作顺序。第一节写诗人的期待，"我希望逢着/一个丁香一样的/结着愁怨的姑娘"。第二节承接第一节，写诗人想象中姑娘的神情，"丁香一样的颜色/丁香一样的芬芳/丁香一样的忧愁"。第三节继续想象期盼中的姑娘，"她彷徨在这寂寥的雨巷/撑着油纸伞/像我一样"。第四节空间位置是双方擦肩而过，"她飘过/像梦一般的/像梦一般的凄婉迷茫"。第五节空间位置是姑娘走到巷子尽头，"她静默地远了，远了/到了颓圮的篱墙/走尽这雨巷"。第六节空间位置是姑娘从视线中消失，"消散了，甚至她的/太息般的眼光/丁香般的惆怅"。第七节通过复沓式修辞首尾呼应，首段动词"逢着"，尾段动词"飘过"，显示诗人期待再次相逢的深情。

沿着空间顺序，整篇诗歌气韵流畅，通篇感情基调"愁怨"，通过近义词"哀怨""寂寥""凄婉""惆怅"反复强调。前后首尾呼应的结构也将"迷惘的情绪和朦胧的希望"之情推向高潮。叶圣陶称赞这首诗为中国新诗的音乐美开了一个"新纪元"。这首诗写于1927年夏天。当时全国处于白色恐怖（反动统治者大规模逮捕、屠杀革命人民，破坏革命组织，残酷镇压人民革命运动、民族解放运动的恐怖行为）之中，戴望舒因曾参加进步活动而不得不避居于松江的友人家中。《雨巷》创设了一个富于浓重象征色彩的抒情意境。诗人把当时的黑暗而沉闷的社会现实暗喻为悠长狭窄而寂寥的"雨巷"。诗人并不是绝望，他还希望"逢着一个丁香一样的姑娘"。这姑娘，乃是美好理想的象征。整首诗意境朦胧，朱自清说："戴望舒氏也取法象征派。他译过这一派的诗。他也注重整齐的音节，但不是铿锵而是轻清的；也照一点朦胧的气氛，但让人可以看得懂。"[①]

2. 时间顺序

如余光中《乡愁》以自己亲身经历事件时间为顺序，第一节写小时候的母子分离，第二节写长大后的夫妻分离，第三节写后来的母子死别，第四节写现在的游子与大陆的分离。从小家庭的亲人分离，写到大家庭的祖国大陆和海峡分离，从生离写到死别，从小家庭的痛苦写到国家的苦难。从时间上看，从过去到现在；从表达感情的深度上看，从小我到大我。叙事逻辑上感情逐步加深。

---

① 朱自清. 中国新文学大系·诗集·导言［M］// 朱自清，选编. 中国新文学大系·诗集（影印本）. 上海：上海文艺出版社，2003：1-8.

(二) 诗歌结构提示语

1. 对比反差结构

如昌耀《峨日朵雪峰之侧》，诗歌开头说"这是我此刻仅能征服的高度了"，接着写在峨日朵雪峰看到的夕阳西下景象，而攀登高峰的危险也在一句描写中呈现出来，"石砾不时滑坡，/引动棕色深渊自上而下的一派嚣鸣，/像军旅远去的喊杀声。"作者攀登高峰意志力的坚定在接下来的诗句里呈现出来："我的指关节铆钉一样楔入巨石的罅隙/血滴，从撕裂的千层掌鞋底渗出。"这样崇高之美的山峰，最适宜搭配"雄鹰或雪豹"，却只有一只蜘蛛伴随我这样艰难的旅程，"但有一只小得可怜的蜘蛛/与我一同默享着这大自然赐予的/快慰。"这样的对比反差，更加映衬出诗人乐观向上的情怀。

2. 纵式逻辑结构

如闻一多《红烛》诗歌开篇将想象的基点定在红烛与诗人之心比较上，吸引读者马上关注诗人与红烛到底联系在哪里。诗歌二、三节是一层，解释红烛为何燃烧，为了发出光明，唤醒人们的灵魂，"也救出他们的灵魂，/也捣破他们的监狱！"这种将红烛特点人格化的写法，马上使读者领悟到诗歌的象征意义，红烛就是诗人自己的化身。四至六节是另一层，第四节是个过渡段，第五节解释红烛为何流泪，其一怕黑暗势力捣乱，"是残风来侵你的光芒，"其二怕自己对世界的奉献不完全，"你烧得不稳时，/才着急得流泪！"第六节鼓励红烛哪怕流泪，也要奉献人间，"培出慰藉的花儿，/结成快乐的果子！"这也是诗人鼓励自己哪怕环境艰难，也要为民众服务。第七节是对二至六节的总结段，红烛为了创造光明，宁肯自己流泪灰心！这样二至七节诗歌的主体部分就回答了诗人开篇提及的问题，红烛之红与诗人之心没有两样。诗歌最后一段再次回应开头，升华主旨，诗人鼓励自己，"莫问收获，但问耕耘。"

(三) 首尾照应提示语

1. 复沓式首尾照应

如果开头和结尾只是修改几个字，相互照应，前文谈新诗修辞已说过，此即为复沓。

徐志摩《再别康桥》

首段："轻轻的我走了/正如我轻轻的来/我轻轻的招手/作别西天的云彩。"

末段："悄悄的我走了/正如我悄悄的来/我挥一挥衣袖/不带走一片云彩。"

首段交代为离别而"招手"，末段交代为离开而"挥手"。"招手"才有了下面几段描写文字，"挥手"文章就彻底收束了。

2. 增益性首尾呼应

如果开头和结尾虽然有重复的内容,但是结尾因为收束全文,而增加了总结描述的文字,比开头更丰盈。此即为增益性首尾呼应。

如戴望舒《我的记忆》

首段:"我的记忆是忠实于我的/忠实甚于我最好的友人。"

末段:"它是琐琐地永远不肯休止的/除非我凄凄地哭了/或者沉沉地睡了/但是我永远不讨厌它/因为它是忠实于我的。"

中间第二节描写记忆"在一切有灵魂没有灵魂的东西上",第三节描写记忆总是"但它的话却很长,很长/很长,很琐碎,而且永远不肯休。"对应末段的"琐琐";第四节描写"它的拜访是没有一定的/在任何时间,在任何地点",对应末段"永远不肯休止的"。首尾呼应的章法,将诗人在现实人生中的愁苦、哀怨与迷惘的情绪贯穿起来。

(四)过渡、转折提示语

1. 过渡句

由过渡句自然转入下一层意思。

如徐志摩《再别康桥》第二节写康河周围的美景"金柳",第三节写"青荇""清波",第四节写"清泉"。第五节转入下一个片段,写诗人回忆在康河高声放歌的美好生活,这一节有一个过渡句"寻梦",跟第四节"清泉"如彩虹梦自然衔接。

如穆旦《我看》第五节"去吧,去吧,哦,生命的飞奔",这一句承接上文两节而来,第三节说自然界多少年来一直是这样生生不息,第四节说远古哲学家也曾经赞誉他。三、四节合并一起的意义是在说明绵长的宇宙时空,自然界从未停止发展。因此第五节承接上文,过渡到个人应该奋发、积极进取。

上面举的两例都是承上过渡,也有启下过渡的,如艾青《大堰河——我的保姆》第八节写大堰河深爱着我,以"大堰河,深爱着她的乳儿"启下,进入描写大堰河与诗人之间母子情深。

2. 转折句

由转折句也可以自然转入下一层意思。

如徐志摩《再别康桥》第六节从回忆再回到现实,"但我不能放歌"是一个转折句,跟上文"放歌"形成相反意义,转入诗人要"悄悄"地"沉默"地跟康桥道别。

## 二、新诗段落结构提示语

有些诗歌不仅篇章讲究结构技巧，段落也讲究。

如艾青《大堰河——我的保姆》第四节写大堰河像个母亲一样地爱我，首尾重复一句话"你用你厚大的手掌把我抱在怀里，抚摸我"。第六节写回到亲生父母家里，我感觉不自在，首尾重复一句话"我做了生我的父母家里的新客了"。第七节写流尽了乳汁以后，靠做长工为生，首尾重复一句话"大堰河，为了生活/在她流尽了她的乳汁之后/她就开始用抱过我的两臂劳动了"。这些句子，使段落节点变得分明。

中国新诗在写作上继承了中国传统文学的多种篇章技法，因此在很短时间内成就卓著。

# 第四节　译诗语言与世界审美文化

## 一、译诗语言与西方韵律诗形式美

（一）东西方韵律差异

1. 西方诗歌韵律

（1）韵式

英文单词常常为多音节，词中有轻重音。语法功能词也不承受重音，与实词搭配，也有轻重。轻重音有规律地交替，就产生了英文的韵式，主要有以下几种格式。

①抑扬格。如果一个音步有两个音节，前面轻，后面重，就是抑扬格。比如单词 adore、excite 等。

②扬抑格。如果一个音步有两个音节，后面重，前面轻，就是扬抑格。比如单词 happy、many 等。

③抑抑扬格。指一个音步三个音节，按照轻—轻—重排列，比如单词 cavalier、词组 on the fold 等。

④扬抑抑格。指一个音步三个音节，按照重—轻—轻排列，比如单词 happily、merrily 等。

一般来说，一首诗会以一种韵式为主，为避免单调同时穿插其他几种韵式。

(2) 诗行

英文诗歌为了押韵符合韵式，不求一行为一个完整句子。

每行英文的长度不是按照单词数，而是按照音步数计算，比如：

Knock as/ you please, /there's no / body /at home.

这句话被看作五个音步，同一个音步内的词存在连读。

(3) 押韵

韵要押在重读音节上。每个单词元音，以及元音之后的辅音都相同。

2. 东西方韵律差异

前面第一章我们介绍了中国古典诗歌韵律特点。中国古典诗歌以汉字为音步计算单位，就算是白话诗，也是以词（虚词会根据意义远近附着在其他音节上）为单位计算音步。

汉字每个音节之间界限都非常鲜明，没有英文的连读音节，这就是说汉语每个词的内部音节界限也非常清楚。

汉语的平仄韵律与其说是轻重之别，不如说是长短之别。诗人余光中的感知可能更科学："中国字无论是平是仄，都是一字一音，仄声字也许比平声字短，但不见得比平声字轻，所以七言就是七个重音。英文字十个音节中只有五个是重读，五个重音之中，有的更重，有的较轻……因此英诗在规则之中又有不规则，音乐效果接近'滑音'，中国诗则接近'断音'。"①

(二) 白话译诗

胡适确定了以白话翻译西方文学，从而创建中国新文学的立场，白话译诗成为翻译家的共识。中国白话自身还没有成熟的诗歌，更没有成熟的韵律，这就使西方韵律诗的翻译成为翻译界最大难题。诗人卞之琳回忆翻译诗歌对中国新诗的功过说，郭沫若开半自由体半格律先河，随后却为"概念化、浮泛化大开了方便之门"；闻一多尝试以音组为建行原则的做法值得肯定，"但是这个建行道理还有待普及，才能在共同认识下，使作、译终于脱出以'方块'自囿的泥淖或以避嘲为'方块诗'而误入不顾节奏（整齐或突兀）的迷津。"②

翻译界提出了"译诗像原诗"的主张，仍然希望探索基于汉语语音特点的格律。

---

① 余光中. 中西文学之比较 [M] //余光中. 余光中谈翻译. 北京：中国对外翻译出版公司，2002：12-24.

② 卞之琳. 翻译对于中国现代诗的功过 [J]. 世界文学，1989 (3)：299-301.

## （三）西方古典韵律诗

1.《致云雀》

教材选用了 20 世纪 80 年代江枫的译文。原文为十四行诗的形式，韵脚为 ababb 形式，译文 aabba 韵式与原文稍有差异，在考虑了汉语韵脚与表意的基础上，译文基本尊重了原文的语言形式。如第二节，韵脚标识如下：

> 向上，再向高处飞<u>翔</u>，
> 从地面你一跃而<u>上</u>，
> 像一片烈火的青云，
> 掠过蔚蓝的天心，
> 永远歌唱着飞翔，飞翔着歌<u>唱</u>。

该译文语言雅化色彩比较明显。在词汇上表现尤为显著，译文的双音节文学词汇有：精灵、衷心、飞翔、歌唱、消融、情怀、传播、摧残、沉醉、欢悦、浮夸、贫乏、倾诉、摈弃、欢愉；四音节成语有：酣畅淋漓、不事雕琢、一跃而上、霞蔚云蒸、深山幽谷、行止影踪、馥郁芳菲、晶莹闪烁、瞻前顾后、丰盛富饶、侧耳倾听。

江枫诗歌语言证明：文学语言高于日常口语，是经过书面加工的更为精致的语言。新白话经过 60 年的积累，终于摆脱了欧化色彩，成为适宜于表达中国人感情和思想的新式工具。

2.《迷娘》

迷娘是意大利的一个少女，威廉把她从杂技团赎身出来。迷娘怀着对祖国的无限眷恋，唱了这首诗歌。译文一韵到底，尽量保持了原诗歌的韵律美。

第一节赞美意大利的自然景物。柠檬花开、橙子金黄、和风宜人、金桃娘静立、月桂高昂，这一切构成了具有地中海气候特征的意大利风景，勾起了迷娘对家乡的深情眷恋和热烈向往。

第二节赞美意大利的建筑。圆柱成行、厅堂辉煌、居室宽敞、大理石像洁白，这些建筑勾起了迷娘对家乡亲人的思念之情。

第三节想象回意大利的路径。穿越云径、山岗，攀过岩洞，爬过悬崖，走过瀑布，描写穿过阿尔卑斯山脉险峻地貌。尽管道路危险，迷娘仍愿意随亲人前往。

这首诗歌，迷娘对威廉的称呼有三个：爱人、恩人、父亲，爱人只是身体依恋之人，恩人是心灵依恋之人，父亲是血脉依恋之人。三个称呼，感情步步加深。

3.《致大海》

该诗是俄国浪漫主义诗人普希金的一首政治抒情诗。1824年夏天，普希金与奥德萨总督发生冲突，被囚禁两年之久。他在奥德萨长期与大海为伴，把奔腾的大海看作是自由的象征。查良铮的译文注意韵脚音韵和谐，保留了原文的韵律美。诗歌15节可以分为3段：

第一段（1-6节）向自由象征的大海作别。第1节把大海看作"自由的元素"，欣赏它蓝色的浪头，骄傲的美闪烁壮观。第2节把大海看作朋友，向他发出忧郁的絮语，沉郁的倾诉。第3节对大海倾诉自己对自由的珍爱，"苦思我那珍爱的愿望"。第4节表达对大海的热爱，喜欢听大海回声，有时深沉喑哑，有时狂怒发作。第5节表达对大海的敬畏，有规律的洋流，连渺小的小船也可以顺利通过；无规律的狂飙，成群的船舶也能倾覆。第6节表达对大海的眷恋，"我还不能离开""我还没有热烈地拥抱你""还没有让我的诗情的波澜/随着你的山脊跑开"。

第二段（7-13节）怀念拿破仑和拜伦两位热爱大海的英雄。第7节承上启下，转入写更强烈的感情让"我"留在大海边。第8节承上写"我"还有非常顾惜的挂念，"激动我的心灵"。第9节怀念拿破仑，他的坟墓在那里，沉睡着光荣和梦想。第10节启下，另一个天才随他消失。第11节拜伦曾经为大海而歌唱，"他把自己的桂冠留给世上"。第12节赞美拜伦精神，像大海一样"深沉，有力，阴郁""倔强"。第13节总结对伟人的怀念，抨击暴政，向往幸福，却"必有教育/或暴君看守得非常严密"。

第三段（14-15节）再次向大海作别，表达对自由的向往。第14节表达对大海留恋之情，"你壮观的美色/将永远不会被我遗忘"，"久久地听着/你在黄昏时分的轰响"。第15节写对大海纪念方式，带走"你的山岩，你的海湾，/你的光和影，你的浪花的喋喋"。这首诗以大海为意象，以留恋惜别为叙事线索，以英雄人物为怀念对象，表达了诗人永远热爱自由的感情。

## 二、译诗语言与西方象征主义之美

### （一）西方象征主义诗歌

象征主义首先兴起于19世纪中叶的法国，分为前后两期。前期从19世纪中叶到19世纪末，主要代表诗人有夏尔·波德莱尔、魏尔伦、马拉美等。20世纪初，该文学流派由法国传播到欧美各主要国家，这一时期的象征主义跟意象派合流，且吸收了同期其他一些现代主义流派的表现手法，呈现出新的特点。主要代表诗人有：瓦雷里、艾略特、庞德、叶芝、里尔克等。

象征主义主张诗歌应当表现自我的"内心梦幻"，反对再现现实，强调应努力捕捉一瞬间的感受和幻觉。在表达手段上，他们反对直陈其事和直抒胸臆。多运用象征、暗示和自由联想等手法，以构成朦胧、神秘的艺术风格。

（二）《树和天空》的象征主义解读

象征主义还以奇特的想象，改变事物之间的相对关系，扭曲现实为基本特征。比如，叶芝《当你老了》"在头顶上的山上它缓缓地踱着步子/在一群星星中间隐藏着脸庞"，这里诗人不说老人在缓缓地踱步，诉说自己的爱情，却说星星在踱步，老人的脸庞在一群星星中间若隐若现，奇特的想象营造了一个神秘辽远的背景，衬托出老人美好的爱情故事。

同样的手法出现在特朗斯特罗姆《树和天空》这首诗里。诗人不说自己在雨中急走，而是说"一棵树在雨中走动/在倾洒的灰色里匆匆走过我们身边/它有急事"。雨停了，诗人歇下脚来，"树停下脚步/它在晴朗的夜挺拔地静闪"，倒置人与树的关系，使静止的树木呈现生机，它的快速成长似乎能看见一样，在雨中，"它汲取雨中的生命/就像果园里的黑鹂"，在晴空下，"和我们一样它在等待那瞬息/当雪花在空中绽开"。一年四季树木都在成长，同样，生活也在变化，诗人也在变化。该诗以此表达了对美好生活的热爱之情。

### 三、译诗语言与西方散文诗之美

（一）西方散文诗

散文诗是介于诗与散文之间的文体，19世纪末因为反抗传统诗歌的格律而在德国和法国产生。法国诗人波德莱尔第一个正式用"小散文诗"这个名词，他认为散文诗"足以适应灵魂抒情性的动荡，梦幻的波动和意识的惊跳"。这种文体从西方传至东方，产生了泰戈尔、纪伯伦、鲁迅这样的散文诗大家。1913年，泰戈尔凭借《吉檀迦利》散文诗获得诺贝尔文学奖。散文诗特征之一：不重情节，也被批评家定性为"反故事性"。波德莱尔在《巴黎的忧郁》的前言中就说，他不想把自己这本书用一种没完没了的情节统一起来。散文诗特征之二：重视蕴含的哲理性，抑制抒情性。

(二) 泰戈尔《金色花》

《金色花》是泰戈尔散文诗集《新月集》中的代表作。该诗写诗人突发奇想，变成一朵金色花，一天时间里与妈妈三次嬉戏。第一次嬉戏，在母亲祷告时，悄悄地开放花瓣散发香气；第二次嬉戏，在母亲读《罗摩衍那》时，将影子投在母亲所读的书页上；第三次嬉戏，是在母亲拿了灯去牛棚时，突然跳到母亲跟前，恢复原形。这首散文诗看起来有情节，但叙事的目的不是讲故事，而是描写一个假想，因此形式上类似西方寓言。母子之间的对话："你到哪里去了，你这坏孩子？""我不告诉你，妈妈。"儿童纯真机灵又顽皮的形象跃然纸上。

诗人将自己幻化成儿童小精灵，又假想变成了金色花跟妈妈捉迷藏。金色花开在印度圣树上，诗人将自己假想成此花，蕴含敬仰神灵之义。《罗摩衍那》是印度的一部叙事诗，写罗摩和妻子悉多悲欢离合的故事。母亲读这类著作，说明她是虔诚的教徒。从哲理性上说，该诗宣扬的是富有宗教意义的爱——最纯洁的脱离血缘关系的大爱。

(三) 高尔基《海燕》

《海燕》又名《海燕之歌》，是高尔基创作的一篇著名散文诗。之所以选择"海燕"为讴歌的对象，因为在俄文里，"海燕"一词含有"暴风雨的预言者"之意。

海燕"在苍茫的大海上，狂风卷集着乌云"，当暴风雨在酝酿之时，海燕早已按捺不住对暴风雨的渴望和欢乐，冲击于阴云和海浪之间，勇敢地叫喊。别的海鸟——海鸥、海鸭、企鹅视暴风雨为灭顶之灾，惊恐万状，而海燕却热切地发出了疾呼——"让暴风雨来得更猛烈些吧！"

这首散文诗不仅使用了对比手法，突出描写"海燕"的勇敢精神，也使用了象征手法，每个意象都有深刻的社会含义。"暴风雨"象征革命者改革社会的浪潮；"大海"象征革命高潮时人民群众排山倒海的力量；"乌云""狂风"象征反革命势力和黑暗的社会环境；"海鸥""海鸭""企鹅"象征小市民、资产阶级；"海燕"象征革命的先驱者。

这首散文诗具有"反故事性"，但有比较强的抒情性，这可能跟赞扬革命先驱者这样的主题有关。

**四、译诗语言与西方哲理诗之美**

"哲理诗"起源于古希腊。由于诗与哲学的共通点都是以透视万事万物的本质为天职，所以哲理诗通过议论揭示某事物的本质或事物演变规律。它侧重于将人们的生活诗化，总结人生智慧，传达理趣。哲理诗可以借助具体意象传达，也可以不借助意象。前者更接近中国古典哲理诗，后者在中国诗歌里则较为罕见。

（一）以意象揭示哲理

1. 弗罗斯特《未选择的路》

该诗借助林中的两条道路为意象，表达了人不能同时走两条路，未被常人选择的路往往更精彩的哲理。

第一节写在未选择之前，诗人的踌躇犹豫，"我在那路口久久伫立/我向着一条路极目望去/直到它消失在丛林深处"。

第二节写经过观察，诗人选择了另一条无法观察的路，"它荒草萋萋，十分幽寂/显得更诱人，更美丽"。

第三节写对自己选择的路，要坚定地走下去，因为"我知道路径延绵无尽头/恐怕我难以再回返"。

第四节写选择行人稀少的路，"从此决定了我一生的道路"。走哪条路都能活出精彩的人生，但是常人不选择的路，将更精彩。

2. 惠特曼《自己之歌》

该诗歌颂每个物种的完美，即便"我"同众多事物混在一起，也一样完美，无论用什么方式反对"我"均徒劳。

第一节写万物皆完美，哪怕一片草叶、一只蚂蚁、一粒沙、一个鹪鹩的卵、雨蛙、黑莓、手掌上极小的关节、母牛、小老鼠。种种意象反复表达同一个意思：谁都完美，多个意象增加了诗歌气势。

第二节写"我"与各类劳动者为伍。诗人使用了麻石、煤、苔藓、水果、谷粒、菜根、飞鸟、走兽等意象，象征各类劳动者。

第三节写"我"决不逃跑也不畏怯、拥有热爱自由的勇气。无论反对的力量有多大、反对的样式有多少种均为徒劳。

（二）格言式哲理诗

普希金《假如生活欺骗了你》不借助意象，整首诗歌如同格言一样。该诗写于1825年，正是普希金流放南俄敖德萨，同当地总督发生冲突后，被押送到其父亲的领地米哈伊洛夫斯科耶村幽禁期间。诗歌反映了诗人热爱生活，执着追求理想的乐观心情。

"忧郁的日子里需要镇静/相信吧，快乐的日子就会到来"，生活往往是有曲折才会有更深刻的体会。"一切都是瞬息，一切都将会过去/而那过去了的，就会成为亲切的怀恋"，明朗的句子表明诗人积极的人生态度。

中国新文学发展之路，与翻译文学之间是互相促进关系；没有翻译文学的繁荣，现代白话发展没有那么迅速，新文学建立没有那么顺利。新时代要繁荣中国语言文学，我们仍需要翻译外国优秀作品。

第三章

# 小说解读

## 第一节 语言差异性与小说审美

**一、古代白话与中国传统小说之美**

大约在汉代，中国形成文言和口语分离局面。这是国家统一统治的需要，中国地域广阔、方言复杂，以上古书面语词汇及语法规则为基础形成的文言语体，就可以在知识分子及国家统治阶层中形成一种同质的语言，方便信息传播。因此中国古代一直沿用文言语体用于处理国家政治事务。文人创作却需要随时关注百姓生活，从生活中提炼艺术精华。特别是小说这类文体，以刻画人物为中心，主张对人物的语言惟妙惟肖地描写，从六朝时期就产生了以口语为基础的小说，如刘义庆整理的《世说新语》。到唐代，称作传奇，如李朝威《柳毅传》。宋元时代，产生话本小说，讲史类如《新编五代史平话》《大宋宣和遗事》，说经类如《大唐三藏取经诗话》，还有故事类，如明代编印的《清平山堂话本》《三言二拍》等。明代白话小说在宋元话本基础上发展起来，成为蔚为大观的艺术形式，如《三国演义》① 《西游记》《水浒传》，再加上清代中期的《红楼梦》，并称为中国"四大名著"。

白话是以中国百姓口语为基础的书面语系统。白话小说继承了中国史传文学优点，又继承了元代以来戏剧文学的优秀成果，在叙事艺术上创造了全新高峰。

（一）叙事艺术理论探索

元代陈绎《文筌》是第一部从理论角度研究叙事艺术的专著，他将叙事方

---

① 由于继承讲史传统，该书保留了文献中很多文言成分，是文言和白话的混合语体小说。

法归结为 11 类：正叙、总叙、铺叙、略叙、直叙、婉叙、平叙、引叙、间叙、别叙、意叙。其中正叙、总叙、铺叙、略叙，讲的是详略，是叙事疏密。直叙、婉叙、平叙，谈叙述脉络的正反顺逆。引叙、间叙、别叙，讲的是叙事线索之间枝蔓牵连、排列间插，属于叙述空间范围。意叙，讲未来的事件发展，属于时间空间提前的预叙。① 这种理论总结是中国叙事艺术发展到一定阶段的产物。

明代出现了小说评点艺术家，如李卓吾、金圣叹、毛伦及毛宗岗父子、张竹坡等都是优秀的小说评论家。由于他们掌握文章细读法，能揭示作家的叙事谋略，就成为白话小说传播的重要使者。

(二) 重视情节

由于对叙事艺术非常重视，中国白话小说更注重在曲折的情节中展示人物，从而刻画人物，选入教材的《三顾茅庐》就非常典型。

《三国演义》第三十七回"司马徽再荐名士，刘玄德三顾茅庐"、第三十八回"定三分隆重决策，战长江孙氏报仇"写"三顾茅庐"。第三十七回"一顾""二顾"，均未见到诸葛亮。毛宗岗评点到：②

> 此卷极写孔明，而篇中却无孔明。盖善写妙人者，不于有处写，正于无处写。写其人如闲云野鹤之不可定，而其人始远；写其人如威凤祥麟之不易睹，而其人始尊。且孔明虽未得一遇，而见孔明之居，则极其幽秀；见孔明之童，则极其古淡；见孔明之友，则极其高超；见孔明之弟，则极其旷逸；见孔明之丈人，则极其清韵；见孔明之题咏，则极其俊妙；不待接席言欢，而孔明之为孔明，于此领略过半矣。

第三十七回焦点人物诸葛亮，一直没有出场，在写作技法上，称为侧面烘托。通过别人对孔明的评价、孔明居所、书童、朋友、兄弟、丈人、孔明文章《梁父吟》等映衬孔明贤达聪慧、智谋过人。

选入教材的是第三十八回节选，写刘备第三次拜谒诸葛亮，极尽曲折之能事，毛宗岗评论到：③

---

① 杨义. 中国叙事学 [M]. 北京：人民出版社，1997：18.
② 罗贯中. 三国演义：上 [M]. 毛宗岗，评改. 穆俦，等，标点. 上海：上海古籍出版社，1989：470.
③ 罗贯中. 三国演义：上 [M]. 毛宗岗，评改. 穆俦，等，标点. 上海：上海古籍出版社，1989：483.

妙在诸葛均不肯引见，待玄德自去，于此作一曲。及令童子通报，正值先生昼眠，则又一曲。玄德不敢惊醒，待其自醒，而先生只是不醒，则又一曲。及半晌方醒，只不起身，却自吟诗，却又是一曲。童子不即传言，直待先生问有俗客来否，然后说知，又是一曲。及既见之，却不即见，直待入内更衣，然后出迎，则又是一曲。此未见之前之曲折也。及初见时，玄德称誉再三，孔明谦让再三，只不肯赐教，于此作一曲。及玄德又恳，方问其志若何，直待玄德促坐，细陈衷曲，然后为之画策，则又一曲。及孔明既画策，而玄德又不忍取二刘，孔明复决言之，而后玄德始谢教，则又一曲。孔明虽代为画策，却不肯出山，直待玄德涕泣以请，然后许诺，则又一曲。既已许诺，却复固辞聘物，直待玄德殷勤致意，然后肯受，则又一曲。及既受聘，却不即行，直待留宿一宵，然后同归新野，则又一曲。此既见以后之曲折。文之曲折至此，虽九曲武夷，不足拟之。

毛宗岗云：见诸葛亮之前有"六"曲，见之后又"六"，"三顾茅庐"计十二"曲"。通过这样曲折的情节，表现了诸葛亮运筹帷幄的高超才华。

（三）重视诗意

中国是一个诗歌的国度，任何艺术都得益于诗歌滋养，小说也不例外。小说叙述过程中作家总是适时插入诗歌，有意放缓叙述节奏，带领读者进入细致的审美情境。如《三国演义》第三十八回三顾茅庐后还插入了一段古风，为小说提供宏大的历史背景：

高皇手提三尺雪，芒砀白蛇夜流血；
平秦灭楚入咸阳，二百年前几断绝。
大哉光武兴洛阳，传至桓灵又崩裂；
献帝迁都幸许昌，纷纷四海生豪杰：
曹操专权得天时，江东孙氏开鸿业；
孤穷玄德走天下，独居新野愁民厄。
南阳卧龙有大志，腹内雄兵分正奇；
只因徐庶临行语，茅庐三顾心相知。
先生尔时年三九，收拾琴书离陇亩；
先取荆州后取川，大展经纶补天手；

纵横舌上鼓风雷，谈笑胸中换星斗；
龙骧虎视安乾坤，万古千秋名不朽。

这一首诗歌从刘邦开国写起，光武中兴传至桓帝、灵帝又崩裂。诸葛亮辅佐汉室贵胄刘备试图以四川为根据地再次统一全国，"鞠躬尽瘁，死而后已"。作家以诗歌的形式评价了小说主要人物之一诸葛亮的历史功绩，为读者欣赏诸葛亮这个人物提供了契机。

总体上来看，中国白话小说重视情节，也重视叙事过程中捕捉诗意，作家评价故事人物时很注意以诗歌代言。

**二、现代语言与翻译小说之美**

（一）外国小说白话翻译简史

晚清时期，中国已经开始翻译欧美文学，所用语体为文言，如林纾《黑奴吁天录》，其诸多文学翻译皆是。从胡适等人提倡白话翻译开始，1917年至1927年的10年间，共翻译外国文学理论及作品225种，其中作品200种。[1] 1917年周瘦鹃所译《欧美名家短篇小说丛刊》是重要分水岭，这部丛刊三分之一用白话译出，三分之二是浅显文言。

就国别而言，俄国文学占据重要地位。主要翻译家为瞿秋白、耿济之、鲁迅、查良铮（穆旦）、巴金等。1933年瞿秋白将高尔基《海燕》（最初译名为《暴风鸟的歌》）译为汉语，1936年高尔基逝世时，他的作品在中国已经出版了34个版次，系统性也很强，包括小说、戏剧、诗歌、散文、书简、论文、评传。[2] 1935年鲁迅翻译了果戈理的代表作《死魂灵》[3]，他还翻译了部分高尔基、契诃夫作品。1936年巴金主持的文化生活出版社汇总六部长篇小说出版了《屠格涅夫选集》。1922年耿济之翻译了列夫·托尔斯泰的《复活》。除此之外备受关注的俄国作家还有陀思妥耶夫斯基、马雅可夫斯基、普希金、莱蒙托夫、契诃夫、肖洛霍夫、冈察洛夫、叶赛宁、法捷耶夫等。文学理论方面如车尔尼雪夫斯基、别林斯基等也备受关注。

法国小说也受到很多学者关注，主要翻译家兼作家为茅盾（沈雁冰）、李健吾、李劼人、穆木天、郁达夫、傅雷等。1910年胡适翻译了都德的《最后一

---

[1] 马祖毅. 中国翻译通史（现当代第二卷）[M]. 武汉：湖北教育出版社，2006：3.
[2] 马祖毅. 中国翻译通史（现当代第二卷）[M]. 武汉：湖北教育出版社，2006：48.
[3] 至鲁迅逝世时，尚未全部译完，第二部仅有残稿。

课》。1924年穆木天翻译法朗士《蜜蜂》。1925年李劼人翻译福楼拜《马丹波娃利》（今译《包法利夫人》）。1926年，沈雁冰校、伍光建译大仲马《侠隐记》（即《三个火枪手》）被选入当时的中学教材。1937年傅雷译罗曼·罗兰《约翰·克利斯朵夫》。

歌德小说《少年维特之王烦恼》1922年经郭沫若翻译成汉语，作品反映了德国狂飙突进运动时期青年人的精神风貌，其艺术魅力对当时中国的青少年乃至文坛造成了轰动性影响。1929年之后，施蛰存根据英法本翻译德语系奥地利作家施尼茨勒小说数部，另一位擅长心理描写的奥地利作家茨威格作品70年代末才译为汉语。

维新变法期间，梁启超开始翻译日本政治小说。"五四"时期留学日本的学者很多加入了文学文化翻译行列中，日本各文学流派以及日本所翻译的世界文学都得到了中国学者广泛的关注。1923年鲁迅最早将夏目漱石、武者小路实笃、有岛武郎、芥川龙之介、菊池宽等小说家作品翻译成汉语。

20世纪30年代，中国开始关注美国文学，《现代》第五卷第六期开辟"现代美国文学专号"。海明威、马克·吐温、赛珍珠等作家作品被翻译成汉语，中华人民共和国成立之前还系统翻译了一套20卷的"美国文学丛书"。

现代作家以文学翻译促进新口语语体生成的志向，在小说翻译方面无论是从艺术形式上还是作品内容上都得到了充分的体现。

（二）翻译小说艺术特点

19世纪50年代，在法国形成"现实主义"文艺流派。它提倡客观地、冷静地观察现实生活，按照生活的本来样式精确细腻地加以描写，力求真实地再现典型环境中的典型人物。所谓典型人物指小说等叙事性文学作品中塑造的具有代表性的人物形象，指那些具有鲜明的个性，同时又能反映出特定社会生活的普遍性，揭示出社会关系发展的某些规律性和本质方面的人物形象。典型人物性格的共性与个性的统一。所谓共性指带有某一时代、民族、地域、阶层的人物所共有的属性；个性则是指"这一个"，他是现实中活生生的人物，具有个人的丰富心理和复杂性格。这类小说在教材中长篇节选如《大卫·科波菲尔》《复活》，短篇如《变色龙》《装在套子里的人》等。西方小说较少以情节曲折见长，莫泊桑的小说在情节安排上独具匠心。

1. 凸显典型形象"这一个"的小说

（1）乐观的小人物

狄更斯（Charles Dickens）是19世纪英国批判现实主义作家，早在1907

年，林纾就以文言形式与魏易合作翻译了狄更斯五部长篇小说。民国以后，白话译本也逐渐增多。他的作品对我国作家老舍和张天翼都产生了比较大的影响。

教材《大卫·科波菲尔》所选为第十一章"独自谋生"，大致可以分为三部分：第一部分为前五节，写大卫·科波菲尔被理想生活抛弃成为童工；第二部分写大卫·科波菲尔与米考伯一家的患难情意。最后一节是第三部分，写大卫·科波菲尔成为作家，回忆自己的经历，创造想象世界。小说揭示了大工业时代，资本特有的剥削性质压榨着每个人，社会分层加剧，贫富分化明显，大卫·科波菲尔是这种社会背景下，克服重重困难，最终奋斗成功的典型人物。教材所选部分重点刻画了乐观的米考伯夫妇，尽管被债务逼迫，他们始终保持着对美好生活的向往。米考伯的衣服很破旧，"但装了一条颇为神气的衬衣硬领"，他拄着气派的手杖，还装饰了一副有柄的单片眼镜。尽管贫穷，米考伯还是尽力让自己显得体面。他说话的神情总是"带着一种文雅的气派"，即便是装出来的。他的住宅也像他一样破烂，但仍"装出体面的样子"，楼上的房间没有家具装饰，就拉上窗帘，掩人耳目。债主来逼债时，他"又伤心，又羞愧，甚至悲惨得不能自制"，但"过后还不到半小时，他就特别用心地擦亮自己的皮鞋，然后哼着一支曲子，摆出比平时更加高贵的架势，走出门去了"。债务压得他喘不出气，谈话刚开始泣不成声，快要结束时，就唱起"杰克爱的是他可爱的南"。有时吃晚饭时还泪如泉涌，可上床睡觉时，却计算将来时来运转，"给房子装上凸肚窗得花多少钱"。一天清晨，他终究因为债务被关进法院监狱，但上午他就"兴高采烈地玩九柱戏"。我去探监时，他借钱也要喝"黑啤酒"。"米考伯太太也同样能屈能伸"，她当掉两只银茶匙，也要喝"热麦酒"，吃"炸羊排"。被法院强制没收财产之后，当天晚上，她就一面炸牛排，一面跟"我"聊天了。为了维持日常生活，米考伯太太卖光了家具，最后搬进监狱去住。他们是一对勇敢支撑艰难局面的夫妇。

（2）见风使舵的警官

据史料记载，我国最早在1907年通过日文转译契诃夫作品，[①] 二三十年代赵景深通过英文转译契诃夫短篇小说，鲁迅通过日文、德文转译契诃夫作品。

《变色龙》写于1884年，警官奥楚蔑洛夫就是沙皇专制警察统治的化身，"变色龙"成为世界文学中见风使舵者的代名词。这篇小说将刻画典型人物放在了中心位置。

小说情节极其简单，警官奥楚篾洛夫处理一起小狗咬人事件。这个小事件

---

① 马祖毅. 中国翻译通史（现当代第二卷）[M]. 武汉：湖北教育出版社，2006：101.

中却隐藏着大波折：奥楚蔑洛夫六次"变色"，逐步从私人"见风使舵"到国家鹰犬、沙皇帮凶，层层深入揭露了奥楚蔑洛夫的性格特征。

大波折之中隐藏着小奥妙：奥楚蔑洛夫的大衣贯穿全文，在小说中共出现四次，成为一个有象征意义的意象。开头描写奥楚蔑洛夫的新大衣与街上如同张着饥饿嘴巴的店铺形成对比，用环境的破旧衬托了奥楚蔑洛夫盘剥百姓之狠毒。中间两次写奥楚蔑洛夫为掩饰自己的尴尬，借故转换话题。当他第一次听说狗是将军家的，他对下属说："叶尔德林，帮我大衣脱下来……真要命，天好热，看样子多半要下雨了。"第二次又听说狗是将军家的，又对下属说："叶尔德林老弟，给我穿上大衣吧……好像起风了，怪冷……你把这条狗带到将军家里去，问问清楚。"这两处语言描写，伴随着奥楚蔑洛夫的外部动作"脱大衣""穿大衣"，反映了他内心心理活动的变化，刻画了奥楚蔑洛夫善于转移下层民众视线，及时调整自己状态，维护自己地位的丑态。小说结尾写奥楚蔑洛夫"裹紧大衣，穿过市场的广场径自走了"，再次聚焦军大衣，意味隽永。军大衣成为沙皇帮凶的象征物。

（3）害怕变革的旧派教师

《装在套子里的人》主人公别里科夫，有各种套子：穿着打扮方面的，日常用具方面的，生活方面的；还有职业方面的、思想上的套子。从有形到无形，别里科夫"为自己制造一个套子，好隔绝人世，不受外界影响"。"套子"象征着僵化的思维模式和道德规范。小说另一关键词是"怕"，别里科夫用旧思想辖制别人，"全城的人战战兢兢地生活了十年到十五年，什么事都怕。"别里科夫也同时怕很多事情："城里开了一个戏剧俱乐部，或者阅览室，或者茶馆，他总要摇摇头。"他怕同事到教堂祈祷迟了，他怕中学生闹出乱子，怕中学生男女生不安分，怕学校挤满了人，怕并排走路，怕中学教师和小姐骑自行车，怕因为恋爱而被人讥笑，怕被上司听到不恭敬的话，等等。他本人是一个受沙皇专制制度毒害的可怜又可悲，可憎又可恨的人。

2. 情节叙事艺术"一波三折"的小说

所有的典型人物都必须依附于情节，随着情节发展而逐步在读者面前展开丰富的性格内涵。尽管短篇小说在刻画人物形象上不处于优势，也有不少是以情节取胜的艺术佳品。《我的叔叔于勒》就是这样一篇小说。

据史料记载，我国最早在 1904 年翻译莫泊桑作品，[①] 20 世纪 20 年代李青崖译《莫泊桑短篇小说集》，他的翻译活动一直持续到 50 年代，共翻译莫泊桑

---

[①] 马祖毅. 中国翻译通史（现当代第二卷）[M]. 武汉：湖北教育出版社，2006：195.

120篇（部）小说。

这篇小说展示了于勒从穷到富、再到穷的沉浮过程，描述了菲利普夫妇对于勒态度的几度变化，揭露了资本主义金钱至上价值观下，亲情淡薄的社会现实。

小说波澜起伏，在叙事技巧上尤其精彩。故事以第一人称内聚焦叙事，先从家庭状况不宽裕叙述起笔，一家人最惯常的举动是"每星期日，我们都要衣冠整齐地到海边栈桥上去散步"。父亲也总是说着那句永不变更的话："如果于勒竟在这只船上，那会叫人多么惊喜呀！""如果"是一个假设连词，指向一个未来时间的情节，从写作学角度说是设置悬念：于勒是谁，为什么全家人那么期待他回来？"在这以前则是全家的恐怖"，很自然地插入倒叙环节，解释于勒为什么引发大家思念：他原来是很穷，走投无路去了美洲。于勒去了美洲之后的情节，以书信方式和道听途说一位船长传话方式补充，第一封信说赚了钱，第二封信说去南美长期旅行，船长则传话说于勒做了大买卖。这是全文出现的第一个波折，是文章略写部分。二姐终于找到意中人，我们全家打算去英属哲尔赛岛游玩一次，这是全文的过渡环节，也是略写部分。小说详细叙述了故事的第二个波折，这其中又有七个小波折：第一折，两位太太吃牡蛎的高雅举动吸引了父亲，父亲有意请家里人吃牡蛎，母亲怕花钱将我留在身边，回绝不吃。第二折，父亲见到老水手之后神情慌张，回来对母亲说水手很像于勒，母亲不信。第三折，父亲不放心，派母亲亲自查看虚实，母亲认出了于勒哆嗦不停。第四折，为了探听虚实，我跟父亲与船长搭话，船长道出了真相。第五折，父亲回到母亲身边后，狼狈地嘟哝"出大乱子了"。第六折，母亲让我去交牡蛎钱，我给了亲叔叔十个铜子小费。第七折，母亲诧异怎么会花掉三法郎，知道我给叔叔小费后非常生气。从英属哲尔赛岛返回，一句话"改乘圣玛洛船，以免再遇见他"而带过。从这些起起伏伏的波折上，作家尽情批判了资本主义社会金钱势力统治下小资产阶级的自私冷酷、极度虚荣的心理，也反映了在这种社会制度下小人物的辛酸与无奈。第一人称叙事容易使读者产生身临其境的感觉，若瑟夫观察到穷于勒的外貌，引发内心的怜悯之情，表达了重视骨肉情意的思想感情。

3. 长于心理描写的小说

《复活》这部长篇小说表现贵族青年聂赫留朵夫和女仆玛丝洛娃在精神和道德上复活的过程，该小说以心理描写见长。教材所选是第一部第四十三章，可以分成四部分，第一部分（1—21节）写聂赫留朵夫探监，以他的心理变化为线索：先尊重玛丝洛娃，选用代词"您"称呼；再真诚忏悔，"我在认罪"；继而害臊，觉得羞耻、可耻。第二部分（22-44节）写两人凑近一问一答谈话，以玛丝洛娃心理活动为终结：她先是感到震惊，因为没想到两个人能见面；接着甜蜜回忆曾经有过的美好；接着感到残酷、屈辱；然后因为迷茫而堕落；重逢时刻，她感到痛苦，不愿意相认；接着想利用这个阔少爷捞取利益。第三部分（45-62节）写玛丝洛娃向聂赫留朵夫借钱，以聂赫留朵夫心理活动为终结：他觉得玛丝洛娃已经变了，再也不是原来那个可爱的姑娘，现在她的眼里只有金钱；接着他动摇了自己的信念，是否必须求得玛丝洛娃原谅；接着内心开始挣扎，一个声音认为眼前的女人是魔鬼，给她一些钱了断两人感情为好，一个声音决定拯救自己和玛丝洛娃。第四部分（63-78节）写聂赫留朵夫真诚请求原谅，他呼唤卡秋莎，并改用"你"称呼，以恢复两人平等关系，但玛丝洛娃并不打算原谅这位少爷。这部分以两个人的心理活动为插曲：先是玛丝洛娃对原谅对方的问题表示鄙夷不屑；接着聂赫留朵夫觉察到玛丝洛娃的拒绝，他从毫无私心的人道主义出发，想使玛丝洛娃觉醒，恢复本性。这些大段的心理描写穿插在故事情节之中，延缓了情节发展，却可以使小说有更多篇幅展示人物复杂的内心世界，为人物审美留下更多空间。

### 三、现代语言与新文学小说之美

（一）现当代小说简史

1917年胡适发表《文学改良刍议》之后，白话成为新文化运动的工具。1918年伴随着第一篇白话小说《狂人日记》的诞生，标志着中国小说史新纪元的到来，作家纷纷从外国文学以及文学理论中吸取营养，以创造新白话。五四新文学按照世界审美风格创造本民族文学，小说亦如此。

1. 现实主义小说

鲁迅以三部小说集《呐喊》《彷徨》《故事新编》开创现实主义流派，其后文学研究会关注"人生"。20世纪20年代鲁彦等及30年代李劼人等扎根"乡土文学"，"人生派以小说探索人生，乡土写实派以小说状写风俗，都积极地推进小说向现实社会靠拢，他们在小说体式上也力求使之更多地容纳现实社会的内容。"[1] "1927年'四一二'大屠杀把革命置于血泊之中，它反而加剧了一种文学的逆反运动，催使文学在悲愤之中与革命缔结了不解之缘"，[2] 1930年"左联"成立。30年代以茅盾为首的左翼作家、巴金、老舍等，40年代的赵树理、

---

[1] 杨义. 中国现代小说史：第1卷[M]. 北京：人民文学出版社，1986：545.
[2] 杨义. 中国现代小说史：第2卷[M]. 北京：人民文学出版社，1986：2.

马烽、孙犁、周立波等，50至60年代的杨沫、杨朔、梁斌、柳青等，80年代王蒙、刘心武、高晓声、蒋子龙等均继承现实主义优秀传统。

2. 浪漫主义小说

郁达夫以《沉沦》《春风沉醉的夜晚》《薄奠》等名篇开创浪漫主义流派。其后能继承其小说抒情特点者不多。20年代末，蒋光慈等的"革命小说"抒发战争唤起的激情，但其艺术价值未达到郁达夫那样的高峰。

（二）现当代小说艺术特点

1. 颠覆情节为中心

中国新文学一开始就是以西方文学为标杆的。郑伯奇说："中国新文学的产生比日本相差还将近半个世纪，在西欧是象征主义已经到了末期，即在日本，自然主义早已失了威权。而《新青年》诸君子所提倡的和18世纪法国的启蒙文学，英国的湖畔诗人所抱的思想并没有大的差异：我们欢迎赛先生和德先生，我们要用自己讲的话来写自己的文学。"[1]

1918年鲁迅发表《狂人日记》，以西方独白式抒情为手段，颠覆了中国旧小说以情节为中心的审美倾向。他的其他作品如《故乡》杨二嫂的出场，及其与闰土的冲突，都不是为了形成一环套一环的故事情节，而是为了表现故乡群众的愚昧、势利。"鲁迅的《故乡》把闰土为主、豆腐西施为副的两种人生道路，容纳在作者开阔而浩茫的心宇之中，融化在作家的哲理思考、生活感受和审美判断之中，神情妙理，亦悲亦慨。"[2]

再如郁达夫的小说，无论是第一人称还是第三人称叙事，都是内聚焦模式，叙述以主人公的眼睛观察，以主人公的心灵体验，因此他的小说有诗化、散文化特征，以独白式抒情为主，以酿造情调感染读者为目的。

"这一流派，是19世纪前叶的浪漫主义和19世纪末叶的新浪漫主义，在19世纪20年代前期的中国土地上汇流的产物。它比乡土小说更为欧化。"[3]

2. 继以人物为中心

1918年周作人在《新青年》上发表《人的文学》，提倡作家要正视人生。他举例说易卜生、托尔斯泰、屠格涅夫、哈代等这些作家所描写的仅是普通人的生活，但却能表现出爱心、同情心、道德心来。这对新文学的内容建设提出

---

[1] 郑伯奇. 现代小说导论（三）[M] //蔡元培等，著. 中国新文学大系导论集. 长沙：岳麓书社，2011：122-152.

[2] 杨义. 中国现代小说史：第1卷 [M]. 北京：人民文学出版社，1986：149.

[3] 杨义. 中国现代小说史：第1卷 [M]. 北京：人民文学出版社，1986：130.

了很好的建议。

坚持人道主义，关心下层民众，乃至关心作家自身的情绪是新文学追求的目标。如叶绍钧《多收了三五斗》描写到："旧毡帽朋友今天上镇来，原来有很多的计划的……有些人甚至想买一个热水瓶。这东西实在怪，不用生火，热水冲下去，等一会倒出来照旧是烫的；比起稻柴做成的茶壶窠来，真是一个天上，一个地下。"这些真实的劳动群众生活、心理描写，是精心创作的日常生活剪影，"反映现实，喊出人民大众的要求，是文学的时代的使命。"①

3. 创设情调

新文学带着强烈的改造社会的使命感，寄托了作家深沉的情怀，时代赋予作家崇高的悲剧感。现代前期小说"悲剧艺术的形态和色彩之繁富，在我国文学史上可谓盛况空前……如鲁迅的《阿Q正传》既是性格悲剧，又是国民弱点的悲剧和带政治历史性的社会悲剧"②。

小说诗化或散文化以创设情调，以"美"为核心要素，郁达夫始肇其端，萧红、孙犁、沈从文等作家步其后尘。

（三）现当代小说语言特点

1. 新文化运动至30年代特点

怎么创新白话，傅斯年指出："直用西洋文的款式，文法、词法、句法、章法、词枝（figure of speech）……一切修辞学上的方法，造成一种超于现在的国语，因而成就一种欧化国语的文学。"③ 五四新文学作家几乎无人不受到外国文学的熏陶：郁达夫受日本及俄国文学影响，郭沫若受德国及美国文学影响，茅盾受俄国及法国文学影响，巴金受俄国及法国文学影响，老舍受英国文学影响，等等，不一而足。这种学习西方建立新文学的做法，也有矫枉过正之处。最突出的表现是：汉语语法欧化痕迹明显。我们以成仿吾一篇文章④部分句子为例，简单说明早期现代小说语言特点。

---

① 叶圣陶. 西川集·自序 [M] //叶圣陶集：第6卷. 南京：江苏教育出版社，1989：188.

② 杨义. 中国现代小说史：第1卷 [M]. 北京：人民文学出版社，1986：138.

③ 傅斯年. 怎样做白话文 [M] //欧阳哲生，主编. 傅斯年全集：第1卷. 长沙：湖南教育出版社，2000：125-136.

④ 成仿吾. 艺术之社会的意义 [M] //《成仿吾文集》编辑委员会. 成仿吾文集. 济南：山东大学出版社，1985：165-169.

(1) 长句子增加

（凡是真正的艺术家）没有不痛恨丑恶的社会组织而深表同情于善良的人类之不平的境遇的。

谓语动词"痛恨"后面跟的成分统统是宾语，这在英文中以宾语从句形式为常见。句子中名词"境遇"的前面有四个定语，这在英文里也经常以 of 小品词表示，汉语里长长的定语容易造成句子表意不够清晰。在书面语里，这么长的句子倒无甚大碍，一旦需要朗诵出来，就很别扭。将长宾语拆分成不同的分句，长定语也拆解开更为合适，表述为：

（凡是真正的艺术家）没有不痛恨丑恶的社会组织的；没有不对善良的人类所遭受的不平境遇深表同情的。

(2) 定中结构谓词增加

艺术由它所反映的生活，提醒我们的自意识，促成生活的向上。

在英文中动词加词尾-ing 成为动名词，形容词加词缀-ness 名词化，都可以做定中结构的中心语。汉语没有形态，用谓词（动词或者形容词）做定中结构中心语，都会造成语法词性的混乱。这句话用今天比较通顺的汉语表达为：

艺术由它所反映的生活，提醒我们的自意识，促成向上的生活。

陈宁萍认为，五四以来由于人们常常按照名词的模式使用汉语书面语双音节动词，如"促进文明水平的提高"类，使得越来越多的动词不同程度地获得了名词的功能，动词和名词的界限在很多情况下变得模糊起来。①

除此之外，词汇中的音译外来词增加，如"普罗文学"，"普罗"是法语普罗列塔利亚的简称，意思为无产阶级的，有些文章里则直接夹杂英文单词。

贺阳认为，现代汉语中的欧化语言现象从翻译领域逐步蔓延到文学创作领域，进而逐步影响现代白话。② 这一论断相对公允。

当然并不是全部作家都如此，新文学的核心收获是：鲁迅、茅盾、叶绍钧、老舍、巴金等一批作家在吸收西洋艺术精华和传承中国文学优秀传统的基础上，

---

① 陈宁萍. 汉语名词类的扩大——现代汉语动词和名词分界线的考察［J］. 中国语文，1987，200（5）：379-389.

② 贺阳. 现代汉语欧化问题研究［M］. 北京：商务印书馆，2008：4.

创立了典范新型白话，翻译文学对新白话的建设之功不可磨灭。

2. 40年代之后特点

1937年以后的抗日民主根据地和解放区的文学，以前十年的苏区文化和左翼文学为其两个基本的源头。① 1942年5月毛泽东发表《在延安文艺座谈会上的讲话》，确定了"我们的文学艺术都是为人民大众的，首先是为工农兵的"文学创作方针。"在长期地全心全意地深入群众的创作过程中，解放区作家存在着两种基本模式：一种是以本土作家赵树理为代表的模式，他们从乡土的深处走出来，土腔土调，出口成章，深谙乡间父老的人情世态和审美意味，作品具有本色的如山药蛋般朴素的乡土色彩。一种是以异地到边区的作家丁玲、欧阳山、周立波为代表的模式，他们放下架子，选点扎根，在熟悉新的人群和生活中，不断地改换着自己的口味和腔调，终至形成较为开阔的艺术境界。"② 这一时期以后，汉语里的欧化现象骤减，百姓口语成分增加。

赵树理认为中国现当代文学传统有三套：古代流传下来的一套；从民间流传下来的一套；五四运动以后从西洋接受过来的一套，但他对第三套传统颇有微词。③ 不止赵树理如此，从中华人民共和国成立后的创作实践说，有很长一段时期，我们对五四以来的文化传统继承不够，甚至抛弃了五四启蒙精神。80年代之后，有些作家如马烽才重拾五四精神。④ 陈思和认为"自战争开始，中国文学史的发展过程实际上形成了两种传统：'五四'新文学的启蒙文化传统和抗战以来的战争文化传统"。⑤ 有时候两者互补，有时候又相互冲突，影响了当代文学的发展历程。这种观点大致符合历史事实。

伴随着创作实践的发展，80年代汉语在没有欧化语境干扰的情形下，再次迸发文雅美感，是文化长期积累的成果。

---

① 杨义. 中国现代小说史：第3卷 [M]. 北京：人民文学出版社，1986：513.
② 杨义. 中国现代小说史：第3卷 [M]. 北京：人民文学出版社，1986：519.
③ 赵树理. 在诗歌朗诵座谈会上的发言 [M] //《赵树理全集》编辑委员会. 赵树理全集：第4卷. 北京：大众文艺出版社，39-40.
④ 杨义. 中国现代小说史：第3卷 [M]. 北京：人民文学出版社，1986：574.
⑤ 陈思和. 中国当代文学史教程（第二版）[M]. 上海：复旦大学出版社，1999：4.

## 第二节　白话与传统小说情节铺展

### 一、情节分析理论框架

（一）情节类型

大部分经典小说都是线性情节结构，有单线、复线、环线之分。当代小说有淡化情节现象。①

1. 单线

大部分短篇小说属于单线类型，一般按照时间发展为顺序。② 如《柳毅传》以柳毅路遇仙女，帮助仙女归家，仙女报恩成婚最终成仙之事为线索。

2. 复线

大部分长篇小说都是复线，复线也是按照时间发展为顺序。复线小说可以分作四个层次：①主线，围绕主人公发生的，并在故事中起支配作用的故事线；②副线，贯穿整个作品的次要人物的一系列事件；③作为背景的小故事，这些小故事可以出现在作品的一个或几个片段之中；④非动作因素，即作品中关于哲学、社会、历史、道德等的思考和论述。如《红楼梦》以宝黛爱情故事为主线，以贾王史薛四家兴衰为副线，穿插的袭人、晴雯等人物故事有利于揭示故事主题，人人都有情，下层人跟上层人一样都有自己的感情世界。作品的非动作因素比如对中国古典诗词的领悟以及评价都是通过作品人物之口表达的。

3. 环线

缺少一个贯穿整个作品的主线，作品由很多小故事组成，内容具有开放性，如《儒林外史》。这种情节类型也被称作"糖葫芦式"。

（二）叙事者语言功能

有情节就必须有讲故事的人，也就是小说的叙事者。在作品中，叙事者的语言除了将故事的前因后果说清楚，胡亚敏认为还有其他功能。③

---

① 胡亚敏. 叙事学 [M]. 武汉：华中师范大学出版社，2004：130.
② 所有故事都按时间顺序发展，但情节是小说家为突出主旨特意所设，可以突破时间上的先后限制。
③ 胡亚敏. 叙事学 [M]. 武汉：华中师范大学出版社，2004：103-117.

1. 公开的评论

叙事者直接出面，用自己的声音述说对故事的理解和对人生的看法，告诉读者应该如何看待人物和事件，如何领悟作品的意义。

（1）解释

解释的任务是告诉读者一些以其他的方式难以得知和理解的事实，以便于使他们全面清楚地了解事件的真相和意义。这些事件往往无法自然地出自某一人物的感受，需要有叙述者加以说明、补充和修正。

如《三国演义》第一回开篇：

话说天下大势，分久必合，合久必分：周末七国分争，并入于秦；及秦灭之后，楚、汉分争，又并入于汉。汉朝自高祖斩白蛇而起义，一统天下，后来光武中兴，传至献帝，遂分为三国。

这一段话精要地概括了中国几千年的历史。分合之变，是历史所呈现出的规律。而这种纵贯数百年的气魄和洞若观火的视野则非这位具有史学家风度的叙述者莫属。

（2）议论

叙述者发表的一切见解和看法。它的目的不仅仅在于帮助读者了解情节和人物，还在于努力使叙述接受者和读者同意他的看法，在作品的价值观上获得某种共识。

如《红楼梦》第一回：

此开卷第一回也。作者自云：因曾历过一番梦幻之后，故将真事隐去，而借"通灵"之说，撰此《石头记》一书也。故曰"甄士隐"云云。但书中所记何事何人？自又云："今风尘碌碌，一事无成，忽念及当日所有之女子，一一细考较去，觉其行止见识皆出于我之上。何我堂堂须眉，诚不若彼裙钗哉？实愧则有余，悔又无益之大无可如何之日也！当此，则自欲将已往所赖天恩祖德，锦衣纨袴之时，饫甘餍肥之日，背父兄教育之恩，负师友规训之德，以至今日一技无成，半生潦倒之罪，编述一集，以告天下人。"

作者自云是纪念几个女子所作，对理解小说主旨有帮助。

(3) 抒情

指叙述者明确表达自己对故事中人物、事件的情感与倾向。如《红楼梦》第三回（即所选《林黛玉进贾府》）以两首《西江月》评论宝玉：

无故寻愁觅恨，有时似傻如狂。纵然生得好皮囊，腹内原来草莽。
潦倒不通世务，愚顽怕读文章。行为偏僻性乖张，那管世人诽谤。

富贵不知乐业，贫穷难耐凄凉。可怜辜负好韶光，于国于家无望。
天下无能第一，古今不肖无双。寄言纨袴与膏梁：莫效此儿形状。

第一首说宝玉"腹内草莽""怕读文章"，其实宝玉只是不愿意学习与功名有关的书籍，书还是读的，也有才华。第二首说宝玉"无能""不肖"也不正确，宝玉不以身份尊卑对待他人，不理睬社会等级论者的观点。两首词都是从世俗人的眼光来评价宝玉，《红楼梦》的作者对贾宝玉并不持激烈的批评态度，反而赞扬他是反封建礼教追求婚姻自由的年轻人。那么这里的抒情就是"不可靠叙事者"① 的评论。

2. 隐蔽的评论

指叙述者隐藏在故事之中，通过故事结构和叙述技巧来体现对世界的看法，而自身不在作品中直接表露观点。

如《红楼梦》宝玉对仕途经济的看法，宝钗等对诗词的评论，均通过作品中人物之口体现了作家对功名、对古典诗词的认识。

通过叙事中的修辞手段也可以实现隐蔽的评论。比如叙事中的对比手法，叙述者将相互对立的元素有机地组织在一起形成反差，使意义自明。如《红楼梦》一边是黛玉焚烧诗稿奄奄一息，一边是宝玉与宝钗新婚大喜，一阵阵锣鼓和喧闹声传到潇湘馆，使读者不由心生悲意。

**二、情节起伏的语言艺术**

上文云短篇小说一般都是单线情节，部编本所选录的长篇也属于单线情节。因此本节仅论述单线情节如何铺展，而复线情节则是多个单线情节的联结而已。

---

① 徐岱认为"'可靠叙述者'也就是能够代表隐含作者发言的，因而他对故事所作的描述与评论，总是能够被我们视为对虚构的真实所作的权威阐发与评价。'不可靠叙事者'则相反，他的所言所为不能不使读者产生怀疑。"参见《小说叙事学》，商务印书馆，2010年，第119页。

单线情节最怕平铺直叙没有起伏，要吸引读者关注事件发展，作家需要一些技巧。依据作家运笔特点，可以将情节分为：详略剪裁类、悬念释疑类、伏笔呼应类、对比烘托类、一波三折类。

（一）详略剪裁类

一桩事件哪里多着墨，哪里忽略，每个成熟的作家都可以轻松自如地运用此写作技法，核心规律只有一条：使写作内容紧紧围绕中心思想。

《林黛玉进贾府》以黛玉进贾府所看、所闻、所想为情节线索，通过林黛玉的观察写极盛时期贾府的富贵气派。这一节大约有以下几处详略处理：几位夫人略写，三位姊妹详写；王熙凤详写；贾赦略写，贾政详写；晚餐饭食略写，进餐习惯详写；宝玉详写。其中王熙凤、宝玉都是小说刻画的重点人物，详写是应有之意。其他几处都是在对比基础上有意选择详略的。（1）邢夫人、王夫人、李纨出场，贾母一句话就介绍了："这是你大舅母；这是你二舅母；这是你先珠大哥的媳妇珠大嫂子。"迎春、探春、惜春出场，有一段外貌描写，重点刻画人物气质，如说迎春"温柔沉默，观之可亲"；探春"文彩精华，见之忘俗"，这是日后与黛玉一起讨论诗歌创作的三姊妹，处于小说副线上，也是小说着意刻画的人物。（2）贾赦身体不适没有出场，只派下人传了一句话："劝姑娘不要伤心想家，跟着老太太和舅母，即同家里一样。姊妹们虽拙，大家一处伴着，亦可以解些烦闷。或有委屈之处，只管说得，不要外道才是。"贾政斋戒去了，也没有出场，但详细写了他房间的布置：皇帝御赐手书"万几宸翰之宝"、青绿古铜鼎、待漏随朝墨龙大画、东安郡王爷手书对联等。这里的环境描写侧面烘托了贾政显赫的社会地位。贾赦和贾政都不是小说主要人物，描写从略。（3）晚餐具体吃什么略写，进餐习惯详写。"外间伺候之媳妇丫鬟虽多，却连一声咳嗽不闻。寂然饭毕，各有丫鬟用小茶盘捧上茶来。"用茶习惯与家里也不同，"今黛玉见了这里许多事情不合家中之式，不得不随的，少不得一一改过来"，这一细节透露黛玉寄人篱下的谨慎与无奈。宝黛爱情悲剧原因之一就是黛玉缺少独立的坚实的经济支持。

（二）悬念释疑类

悬念就是故事人物公开讨论一个指向未来的计划，却在说话的当下时间不交代计划的具体内容。一般在故事开头设置悬念，利用读者急于探究的心理有序推进情节发展，在故事结尾处或必要的时候释疑。

如《草船借箭》开头云周瑜终于利用蒋干杀了蔡瑁、张允，非常高兴。他料想众人包括诸葛亮看不出此为离间计，于是派鲁肃去打探虚实。不料，诸葛亮一语道破鲁肃来意。鲁肃将此事回报给周瑜，周瑜大惊失色，"此人决不可留！吾决意斩之！"这是跟鲁肃公开讨论指向未来的计划，在写作上就是设置了一个悬念：读者将急切关注周瑜会用什么办法诛杀诸葛亮以及诸葛亮能否逃脱。接下来，周瑜提出让诸葛亮十天之内监造十万支箭，这本来已经是一个非常艰巨的任务，但是诸葛亮说三天足够，并当即立了军令状。当周瑜自认为诸葛亮死期已定，读者不禁为诸葛亮捏一把汗。诸葛亮到底会用什么办法监造十万支箭呢？当鲁肃再次到营中探望诸葛亮，诸葛亮直接指责鲁肃周瑜要箭的事就是他挑起来的，使鲁肃不得不答应暗中帮助提供二十只船的事情。读者不禁好奇，要这么多船且每船皆有三十名士兵，还要用青布为幔，束草千余个，到底做什么用？第三日四更时分，诸葛亮将鲁肃秘密召至船中，说去取箭，鲁肃纳闷何处去取。五更时分，船只抵达曹营之所，鲁肃大惊，被人伏击了怎么办？诸葛亮料定浓雾之中，曹操不敢轻举妄动。果然他只拨了弓箭手一万余人，"皆向江中放箭：箭如雨发"。"待至日高雾散，孔明令收船急回。二十只船两边束草上，排满箭支。"读者不禁为诸葛亮的智谋之深广而赞叹！又不禁追问诸葛亮如何能知晓三日江上必有大雾呢？最后诸葛亮自己揭晓谜底，一个善战的将军上知天文，下晓地理，准确预知天气不过是"诡谲小计，何足为奇"。在情节结尾披露谜底，又加上诸葛亮本人如此轻描淡写地谈论此事，读者对诸葛亮的敬佩之情更为深厚了。

　　再如《刘姥姥进大观园》也使用了此手法，开头云刘姥姥到了贾府，贾母觉得此处房子太窄，带刘姥姥去别处玩。鸳鸯打算取笑刘姥姥，跟凤姐一拍即合，"咱们今儿就拿他取个笑儿。"这里公开讨论即将展开的计划，从写作学的角度就是设置悬念。读者不禁对计划内容充满好奇。贾母与众人喝茶，鸳鸯把刘姥姥召唤到一边，"悄悄地嘱咐了刘姥姥一席话"，这里的省略叙述更加深了读者对两人计划的好奇之心："一席话"到底是什么内容呢。接下来，刘姥姥首先将镶金筷子与家里的农具比较，"这个叉巴子，比我们那里铁锨还沉，哪里拿的动他？"刘姥姥拿起这双沉重的大筷子准备大展宏图，海吃一顿，"老刘，老刘，食量大似牛：吃个老母猪，不抬头！"这话把贾府上上下下的人都逗乐了。偏偏这双筷子要夹的一道菜是"鸽子蛋"，这就呼应上文凤姐的动作"偏拣了一碗鸽子蛋放在刘姥姥桌上"之用意。刘姥姥误以为是鸡蛋，又引发大家一阵笑声。贾母已经意识到凤姐有意捉弄刘姥姥，"这定是凤丫头促狭鬼儿闹的！"凤姐却在一旁催促，一两银子一个，冷了不好吃。刘姥姥伸筷子去夹，满碗里乱滚，好容易夹住一个，还掉地上了，早有下人拣出去了，"一两银子，也没听见响声儿就没了！"贾母很清楚这双筷子不是吃这种小家宴用的，让下人给刘姥姥换筷子。原来这筷子是凤姐和鸳鸯拿来故意捉弄刘姥姥的。重新换了银筷子之后，凤姐说："菜里若有毒，这银子下去了就试的出来。"刘姥姥说哪怕毒死也要吃光。这不顾一切的吃相让贾母觉得很有趣，鸳鸯和凤姐的目的终于达到了。最后鸳鸯主动跟刘姥姥赔不是，刘姥姥自己透露谜底，"你先嘱咐我，我就明白了，不过大家取笑儿。我要恼，也就不说了。"至此读者也就明白了，鸳鸯嘱咐刘姥姥一定是吃饭要露出狠命吃的样子，以此引发乐子。刘姥姥心领神会，自愿成为这家贵族的开心果。这里没有上层阶级和下层民众激烈的斗争，但以一种非常滑稽的方式暗示了社会等级差异、身份不平等的现实，也透露出刘姥姥攀附高层贵族的势利相。

（三）伏笔呼应类

伏笔是叙事的一种手法，上文看似无关紧要的事或者物，却是下文将要出现的人物或事件的提示或暗示。有伏笔就要有呼应，看似无关紧要的环节才能成为作家独具匠心的经营。

如《智取生辰纲》开头就写天气"虽是晴朗得好，只是酷热难行"，但是这样的天气杨志却要求手下人在正午赶路，因为他清楚这里正是出事较多的地方，必须在白天大正午赶过去。杨志这么做是谨慎之举，却引发了下属的埋怨，杨志以藤条威胁，更让他们怨声载道。一连十四五天都是如此，作者一笔带过"话休絮繁，似此行了十四五日，那十四个人没一个不怨怅杨志。"第二次出现天气描写，云："一轮红日当天，没半点云彩，其日十分大热。"在崎岖山路上，下属想要去柳荫下歇凉。第三次出现天气描写，"四下里无半点云彩，其时那热不可当。"当下属"都去松阴树下睡倒了"，杨志以藤条鞭子相威胁，也不好使了，"你便剁做我七八段，其实去不得了！"老都管出面劝阻杨志，杨志毕竟是常行走于江湖，说："这里正是强人出没的去处，地名叫做黄泥冈。"无论杨志如何谨慎，下属已经实在赶不动路了，他们反抗说："你端的不把人当人！"都管再次出面劝阻，杨志不妥协，老都管抓住他话里的短处，抗辩说："你说这话，该剜口割舌，今日天下怎地不太平？"两个人正吵架之时，松树林里闪出一个人影，杨志追来，看到了松树林子里七个所谓的"枣贩子"，既然有客商来往，杨志紧绷的神经就松弛了一点儿，允许大家就地歇脚，等天凉些再走。这时却有人挑酒上山来，下属商量买酒，杨志阻止道："多少好汉，被蒙汗药麻翻了！"正在两家相闹之时，枣贩子们要求买一桶吃，挑酒人不乐意，好歹同意卖了之后，又出现难题，没有舀酒喝的器具。枣贩子们有椰瓢，这个椰瓢是第二个伏笔。一桶酒吃完了之后，又讨价还价，要多吃一瓢。挑酒人不让，劈手夺过来就倒进桶里。杨志看枣贩子喝了酒无事，就放松了警惕，允许下属买酒喝。卖酒人故意推辞，终于吃了酒之后，挑酒人说酒已经被枣贩子动了，就少收了他们半贯钱下山去了。这时候枣贩子把枣子倾倒在地，把杨志押的生辰纲抬上了车子，因为杨志他们一帮人已经被蒙汗药打翻在地，根本爬不起来了。没有第一个伏笔写天气热，后面就不能发生杨志与都管及下属的矛盾，也不会因买酒解渴，在黄泥冈上被梁山好汉劫持了生辰纲。没有第二个伏笔，读者就不会想到麻翻杨志他们的事情肯定跟枣贩子有关。

除了两处伏笔之外，《智取生辰纲》还有一处悬念，杨志他们一波人刚喝了酒付了钱，七个枣贩子就说道："倒也！倒也！"枣贩子怎么能事先知道杨志他们一行人马上就倒呢，这在写作学上也是设置悬念：读者不禁会想这七个人是谁，他们如何麻翻杨志一波人的？这个悬念由叙事者用评论语言释疑："原来挑上冈子时，两桶都是好酒。七个人先吃了一桶，刘唐揭起桶盖，又兜了半瓢吃，故意要他们看着，只是叫人死心塌地。次后吴用去松林里取出药来，抖在瓢里，只做走来饶他酒吃，把瓢去兜时，药已搅在酒里，假意兜半瓢吃，那白胜劈手夺来，倾在桶里，这个便是计策。"

（四）对比烘托类

对比烘托就是把事物、现象和过程中矛盾的双方，安置在一定条件下，使之集中在一个完整的艺术统一体中，形成相辅相成的比照和呼应关系。

如《范进中举》，情节的进展使用了对比烘托法，尤其胡屠夫的言行在范进中举前后反差极大，形成了小说的讽刺美感。范进中举前，胡屠夫说："我自倒运，把个女儿嫁与你这丢脸的家伙，历年以来，不知累了我多少。"中举后，说："想着先年，我小女在家里长到三十多岁，多少有钱的富户要和我结亲。我自己觉得女儿像有些福气的，毕竟要嫁与个老爷，今日果然不错！"中举前，还说："你不看见城里张府上那些老爷，都有万贯家私，一个个方面大耳？像你这尖嘴猴腮，也该撒抛尿自己照照！"中举后，又说："我每常说，我的这个贤婿，才学又高，品貌又好，就是城里头那张府、周府这些老爷，也没有我女婿这样一个体面的相貌。"再看胡屠夫的行为，中举前，范进借盘费赶考，被胡屠夫"一口啐在脸上，骂了一个狗血喷头"。中举后，范进疯了，有人出主意，找范进最怕的人来打他一个嘴巴以便使范进清醒。胡屠夫不肯，说："虽然是我女婿，如今却做了老爷，就是天上的星宿。天上的星宿是打不得的！我听得斋公们说，打了天上的星宿，阎王就要拿去打一百铁棍，发在十八层地狱，永不得翻身。我却是不敢做这样的事！"禁不住大家劝说，胡屠夫喝了两碗酒，终于有了胆量,"一个嘴巴打将去",但他"心里到底还是怕的,那手早颤起来。"胡屠夫看到范进倒了,更觉得自己手疼起来,"把个巴掌仰着,再也弯不过来。"这时候他心里想"果然天上'文曲星'是打不得的,而今菩萨计较起来了。"只好找郎中要了贴膏药。范进清醒过来,回家打发报喜的人。胡屠夫"见女婿衣裳后襟滚皱了许多,一路低着头替他扯了几十回。"

范进的丈人胡屠夫在范进中举之前与中举之后矛盾的言行,显得非常滑稽可笑,反映了胡屠夫因为范进社会地位的改变,而竭力巴结的势利相。揭露了范进读书的目的并不高尚,不是为民请命,也不是为国贡献智慧,而是竭尽能力改变自己的社会地位,这种渴望之深竟然到了一朝因地位改变而发疯的地步。

(五)一波三折类

情节事件可以简单,但多着墨刻画进行中的意外变化,则会形成小说一波三折的美感。

前面我们介绍了毛宗岗评《三顾茅庐》情节波折艺术,兹不赘述。再如《智取生辰纲》也有多处一波三折情节波澜,比如挑酒人一再推辞不卖酒,杨志下属更想喝酒解渴,少不得低眉顺气与挑酒人好言好语商量,枣贩子又出手相助,借给椰瓢,赠送枣子,这就增加了故事的趣味性、可读性。

这里重点介绍《林教头风雪山神庙》情节曲折艺术,按照情节发展将选文分为:重识旧人、偷听阴谋、寻仇未果、心生疑惑、预备长住、破庙栖身、杀人复仇七个片段。自李小二夫妇偷听到东京客官密谋,此处设置悬念,直至林冲杀死陆虞候释疑,共有五处曲折。第一处,林冲听小二描绘,知道陆虞候来沧州害他,"去街上买把解腕尖刀",寻找了三五天,未见人影,心下放慢。第二处,管营安排林冲去大军草料场管事,李小二透露这差事一般得不到,"却不害我,倒与我好差使",林冲心生怀疑,禁不住李小二劝说,放松警惕。第三处,林冲看到草料场屋子,想:"待雪晴了,去城中唤个泥水匠来修理。"打算长期安居于草料场。第四处,沽酒返回草料场,发现屋子已被大雪压塌,只好暂时栖身于破庙。第五处,看到草料场起火,正准备救火,发现外面有人说话,才知道陆虞候施计,故意烧了草料场,想烧死林冲,并以毁坏草料为由,治林冲于死罪。林冲杀死仇人,被逼上梁山。从寻找陆虞候报仇到最终杀死陆虞候,故事情节呈现出一张一弛的松紧节奏变化:一度紧张(恼火陆虞候),一度松弛(心下放慢);再度紧张(为什么给好差事),再度松弛(打算修葺草料场屋子);三度紧张(草料场屋子被雪压塌),三度松弛(栖身破庙);四度紧张(偷听到陆虞候阴谋);五度紧张(杀掉陆虞候及随从)。小说四处写大雪,一是为后文屋子被雪压塌做铺垫，二是为了烘托紧张的氛围。

**三、白话叙事语言**

上文介绍过叙事者的叙述语言，除了将故事情节讲清楚讲生动之外，还有其他一些功能。这里再做一点补充。中国的白话小说从话本基础上发展起来，叙事语言保留了一些说话人与潜在读者交流的痕迹，如常看到的一句话"看官听说"，就是如此。除此之外更为常见的是评论语言。

（一）公开的评论

1. 解释

《智取生辰纲》中就是否坚持大热天正午赶路，杨志与老都管正在争吵，松树林里闪出一个人影，杨志随即追来。叙事者插入两句议论："说鬼便招鬼，说贼便招贼。却是一家人，对面不能识。"这两句话解释后面情节发展的趋势：杨志即将入伙梁山，成为"晁盖、吴用"等一行人的朋友。

2. 议论

如《三顾茅庐》诸葛亮离开家之前对兄弟说，好好耕田，"待我功成之日，即当归隐。"叙事者插入一首诗："身未升腾思退步，功成应忆去时言。只因先主丁宁后，星落秋风五丈原。"意思是说诸葛亮不想居功自傲，只想成就一番事业，回家归隐。但是没料到因为要完成刘备嘱托，鞠躬尽瘁死于五丈原。就这一回内容而言，读者正面了解了诸葛亮的高超本领，通过这几句议论也预先知道了诸葛亮的结局，这为本回的叙事增添了一些悲壮审美意味。

3. 抒情

《草船借箭》用了很长的一篇《大雾垂江赋》，写长江之上雾气之浓。再如结尾说有人作诗赞美诸葛亮草船借箭、神机妙算，云"一天浓雾满长江，远近难分水渺茫。骤雨飞蝗来战舰，孔明今日伏周郎"。

再如《三顾茅庐》，刘备请教诸葛亮安天下之策，诸葛亮建议占据西南，三足鼎立，再进发中原。并预言刘表将不久于人世，刘璋也不能立业，政权自然归刘备。叙事者插入了一首诗歌，盛赞诸葛亮料事如神。

这些公开的评论会造成故事情节叙述中断，部编版选文一般都将这些内容处理为删除。

（二）隐蔽的评论

如《林黛玉进贾府》宝玉摔玉一节，宝玉骂道："什么罕物，连人之高低不择，还说'通灵'不'通灵'呢。我也不要这劳什子了！"宝玉这话实际上也代表了作者的态度，不喜欢这个所谓的通灵宝玉护身符，也正是这块所谓的通灵宝玉限制了宝黛爱情顺利发展。

从明清小说发展来看，清代小说家更注意隐蔽自己的评论，不让自己的评论随意打断情节发展。从叙事角度说，清代小说比前代更为成熟。

## 第三节　白话与传统小说人物塑造

尽管白话小说以情节为中心，但情节毕竟是记载人物活动的，人物刻画仍是白话小说的重要部分。这些描写可以通过人物出场，在故事情节中展示；也可以通过全知全能的叙事者概括介绍给读者；也可以通过环境烘托，因为每个人生活的环境跟他本人的性格也息息相关。这些描写人物的方法，无论是白话小说还是现代小说都是共通的。

**一、写实与写意外貌语言**

中国白话小说描写外貌，不仅写人物穿戴打扮，还写人物神态、气质。前者较为实在，称为写实的外貌描写，后者较为虚灵，称为写意的外貌描写。

（一）写实外貌语言

如《林黛玉进贾府》中关于王熙凤的外貌描写，多为写实：

> 这个人打扮与众姑娘不同，彩绣辉煌，恍若神妃仙子：头上戴着金丝八宝攒珠髻，绾着朝阳五凤挂珠钗；项上带着赤金盘螭璎珞圈；裙边系着豆绿宫绦，双衡比目玫瑰佩；身上穿着缕金百蝶穿花大红洋缎窄裉袄，外罩五彩刻丝石青银鼠褂；下着翡翠撒花洋绉裙。一双丹凤三角眼，两弯柳叶吊梢眉，身量苗条，体格风骚。

作者选取头饰、裙饰和服装三个要点，极力铺陈王熙凤的浓妆艳服和对荣华富贵无厌的追求，暗示了她的贪婪与俗气。

（二）写意外貌语言

黛玉看宝玉外貌，写意语言有："虽怒时而若笑，即瞋视而有情"，"转盼多情，语言常笑。天然一段风骚，全在眉梢；平生万种情思，悉堆眼角。"宝玉看黛玉外貌，"两弯似蹙非蹙罥烟眉，一双似喜非喜含情目。态生两靥之愁，娇袭一身之病。泪光点点，娇喘微微。闲静时如姣花照水，行动处似弱柳扶风。心较比干多一窍，病如西子胜三分。"这一段全部是写意语言，重点评价黛玉气质。

总起来说，写实语言带有故事人物观察的真实感；写意语言是明显的叙事者视角，这位叙事者隐藏在故事里，跟随着故事人物，有时候他们是重合的，有时候是分裂的。因为他比故事人物知道得更多，清楚故事的来龙去脉和每个人物的结局，因此能准确概括出每个人物的气质、禀赋。

**二、口头与心理动作语言**

口头语言是故事人物说的话，心理动作语言是故事人物没有说出来的话，再加上故事人物所有的手足等外部动作，这三者同属于动作描写。这些描写可以通过故事人物展示实现，也可以通过叙事者叙述实现。前者有更强的现场真实感，后者有更强的概括性，也往往比较直白。

（一）语言动作

人物语言反映人物性格，因此人物说什么话，怎么说，是作家非常用心的地方。比如《林黛玉进贾府》，王熙凤的语言能显示她处处八面玲珑善于奉迎的特点。下面看两段以王熙凤为核心的片段：

(1) 这熙凤携着黛玉的手，上下细细打谅了一回，仍送至贾母身边坐下，因笑道："天下真有这样标致的人物，我今儿才算见了，况且这通身的气派，竟不像老祖宗的外孙女儿，竟是个嫡亲的孙女，怨不得老祖宗天天口头心头一时不忘。只可怜我这妹妹这样命苦，怎么姑妈偏就去世了。"说着，便用帕拭泪。贾母笑道："我才好了，你倒来招我。你妹妹远路才来，身子又弱，也才劝住了，快再休提前话。"这熙凤听了，忙转悲为喜道："正是呢，我一见了妹妹，一心都在他身上了，又是喜欢，又是伤心，竟忘记了老祖宗。该打，该打。"

(2) 因又说道："该随手拿出两个来给你这妹妹去裁衣裳的，等晚上想着叫人再去拿罢，可别忘了。"熙凤道："这倒是我先料着了，知道妹妹不过这两日到的，我已预备下了，等太太回去过了目好送来。"王夫人一笑，点头不语。

例(1)段王熙凤一看到林黛玉先夸长得好,这夸赞之辞最终还落在贾母身上,因为这是贾母嫡亲的孙女,换句话说是老太太生了漂亮女儿,才有了黛玉的气派。然后话题就转移到心疼过世的黛玉妈妈身上,这还是讨老太太欢心。听见老太太说"再休提前话",马上转移话题说一心都在黛玉身上,忘了老太太"该打",主动认错。话题转移快,说明王熙凤思维敏捷,懂得依附权利从而掌握实际利益,她总是处处不忘核心主旨,讨老太太欢心。

例(2)段王夫人先问过王熙凤是否已经放了月钱,接着嘱咐给黛玉衣料裁衣服,王熙凤回答早已准备好了。从王夫人的微笑里知道她很满意。这一段语言描写突出了王熙凤处处都能将事情做到家长的心坎里,很有奉迎的本领。

有些人物语言描写,是为了增添小说的情调。如《范进中举》胡屠夫打了女婿之后,有人调侃说:"胡老爹方才这个嘴巴打的亲切,少顷范老爷洗脸,还要洗下半盆猪油来!"这个话一方面是嘲笑胡屠夫天天杀猪,一手油污;另一方面是说胡屠夫这一巴掌打得好,女婿总算不疯癫了。这就增加了小说的诙谐幽默审美意味。

(二) 心理动作

一般由故事人物叙述的心理动作有"想""想到"等直接引语标志,由叙述者叙述的心理动作一般是间接引语,没有"想"之类词来引导。

如《林黛玉进贾府》黛玉弃舟登岸时,先见了几个三等仆妇吃穿用度已是不凡,"因此步步留心,时时在意,不肯轻易多说一句话,多行一步路,惟恐被人耻笑了他去。"这是由叙述者叙述的心理活动,刻画黛玉处处谨慎之态。再如听到王熙凤说话,她想:"这些人个个皆敛声屏气,恭肃严整如此,这来者系谁,这样放诞无礼。"这是黛玉当场的心理活动,她自己暗中观察,只是话没有说出口而已。

再如《范进中举》,范进疯了之后,大家出主意,让他丈人一个嘴巴把他打醒。平时对女婿凶巴巴的胡屠夫,不得不喝了酒壮着胆一巴掌打下去,然后小说有一段心理描写,"自己心里懊恼道:'果然天上"文曲星"是打不得的,而今菩萨计较起来了。'想一想,更疼的狠了,连忙问郎中讨了个膏药贴着。"句子里的"道""想一想"标志是故事人物当场的心理活动。

(三) 手足等动作

一般分为一次性动作和惯常性动作。一次性动作是推动情节发展的关键因素,情节展现这些动作是最多的。惯常性动作经常作为背景信息出现在故事情节中。①

《范进中举》里关于胡屠夫的动作写得惟妙惟肖，这些都是情节发展过程中的一次性动作。如听说城里的张老爷来拜访范进，"忙躲进女儿房里，不敢出来。""躲"这个动作说明胡屠夫畏惧权势。再如范进得到张大人资助的银子之后，拿出六两多回馈丈人，胡屠夫"把银子攥在手里紧紧的，把拳头舒过来。"一番推辞之后，胡屠夫"连忙把拳头缩了回去，往腰里揣"。"攥""揣"这些动作说明胡屠夫有爱财贪慕之心，"舒""缩"这些动作说明胡屠夫本来也是假意推让，这些动作把胡屠夫这个人物写活了。

在有些情节中，一次性动作也能产生复杂的象征意义。比如宝玉见到黛玉后问："可也有玉没有？"黛玉如实回答："我没有那个。想来那玉是一件罕物，岂能人人有的。"宝玉就"摘下那玉，就狠命摔去"，这一摔玉动作具有象征意义，后面故事发展过程中宝玉还有摔玉动作，皆是因为黛玉没有代表金玉良缘的护身符。他不想被宿命锁定，只想追求自己想要的幸福。

### 三、白描与工笔语言

白描是中国绘画的一种技法，指单用墨色线条勾描形象而不施彩色的画法。由金圣叹引入小说评论中，白描就是用朴素简练的文字描摹形象，不重辞藻修饰与渲染烘托。工笔则是对事物注重局部细节描写，对之进行精雕细刻、浓墨重彩的描写。

如《刘姥姥进大观园》通过刘姥姥之口，用很简单的笔墨写出了贾府房屋富丽高大，"昨儿见了老太太正房，配上大箱、大柜、大桌子、大床，果然威武。那柜子比我们一间房子还大还高。怪道后院子里有个梯子，我想又不上房晒东西，预备这梯子做什么？后来我想起来，一定是为开顶柜取东西，离了那梯子怎么上得去呢？"这里没有华丽的辞藻，就是白描写法。

再如听了刘姥姥狠命吃饭的宣誓："老刘，老刘，食量大似牛：吃个老母猪，不抬头！"大家都笑起来，小说用较大篇幅描写了这段细节。

> 史湘云掌不住，一口茶都喷出来。黛玉笑岔了气，伏着桌子只叫"嗳哟！"宝玉滚到贾母怀里，贾母笑的搂着叫"心肝"，王夫人笑的

---

① 教材所选白话小说，惯常动作刻画细节很少，这里不做论述。第五节补充现代小说里的惯常动作描写。

用手指着凤姐儿,只说不出话来。薛姨妈也掌不住,口里茶喷了探春一裙子。探春的茶碗都合在迎春身上。惜春离了坐位,拉着他奶母,叫"揉揉肠子"。地下无一个不弯腰屈背,也有躲出去蹲着笑去的,也有忍着笑上来替他姐妹换衣裳的。独有凤姐鸳鸯二人掌着,还只管让刘姥姥。

每个人的情态都不一样,身份地位不一样,对刘姥姥这番话的反映也不一样。家庭的主人这些人都可以开怀大笑,下人要偷偷笑、忍着笑。主人的性格不一样,笑也不一样。史湘云豪放点儿,喝下去的茶水都喷出来;黛玉体质弱,性情婉约,"笑岔了气"。地位不一样,笑也不一样。王夫人地位高,笑得含蓄,她也清楚这事儿跟精明的王熙凤有关;薛姨妈地位低,她的茶水喷了探春一裙子。年龄不一样,笑也不一样,惜春年龄小,拉着奶母要"揉揉肠子";宝玉大些,也得贾母爱怜,滚到贾母怀里。这里的细节描写属于工笔。

**四、烘托与渲染语言**

烘托和渲染原都是中国绘画的一种技法,前者是用水墨或色彩在物象的轮廓外面烘托,使物象的特征更加突出;后者一般在需要强调突出的地方浓墨重彩,使画面中的形象更鲜明突出。这一对概念也广泛运用于文学艺术创作,也是两种为突出事物特征的迥然不同的描写手法。

烘托主要指用乙物来托甲物,使甲物的特点更加鲜明突出,是侧面描写的一种方式。根据甲物和乙物的关系,烘托分为正衬和反衬两种形式。如前面谈到林黛玉到贾府没有见到贾政,但重点描写了贾政房间的环境,这就是正衬方式的烘托。《智取生辰纲》用杨志的谨慎反衬吴用等人的机智,对梁山好汉的刻画就是反衬方式的烘托。

渲染在文学创作中主要是指通过对环境、场景或人物的行为、心理等细节描写以突出形象,加强艺术表达效果。比如《草船借箭》写长江上的大雾,用了长长的一篇诗歌,这就是渲染手法。

我们在《红楼梦》《儒林外史》里看到较多的人物语言、动作、心理、外貌等描写,这也是早期白话小说如《三国演义》《水浒传》不具备的优点。因此从刻画人物角度说,清代小说也比前代更为成熟。在传统文人眼里,小说并不是"文以载道"的文体,寄情于诗歌仍是中国文人追求的目标,中国小说的繁荣要到五四新文学时期。

## 第四节　现代语言与小说叙事艺术

小说文体地位的提高,梁启超做出了突出贡献。他提出革新小说内容的主张,倡议作家揭露时弊,他说"欲新一国之民,不可不先新一国之小说。"① 1902 年他创办《新小说》,极力提高小说的文学地位。长期套在小说文体上的歧视枷锁被砸碎,小说正式被看作是正宗文学体裁。梁启超试图以翻译小说促进中国新文学产生,但仍使用文言语体。自 1917 年胡适倡导白话文以后,翻译文学才使用白话,最终促成了中国新文学的诞生。小说文体的全面繁荣是五四新文化运动最优秀的成果。本章第一节简要介绍了新小说的艺术特点,本节在叙事学理论视角下重点分析新小说的叙事艺术。

### 一、现代叙事艺术基本概念

在大量文学实践的基础上,20 世纪 60 年代西学叙事学理论逐步成形,并在 80 年代传入中国。前面谈白话小说已经就叙事学理论做了介绍,本节再做些补充。

（一）叙事主体与作家

叙事者,也称作"叙事主体",并不意味着是作家本人。"'叙事主体'仅仅只表示某个具体的叙事活动的实施者,因此在这里,重要的是区分叙事主体与叙事作品的'署名者'的关系。通常认为这是统一的……然而事实并非如此。"② 比如鲁迅《一件小事》中的叙事者"我",《孔乙己》中的叙事者"我",并不是鲁迅本人。这对理解小说是虚构艺术至为重要。

（二）叙事结构

1. 全聚焦模式

"在这类模式中,叙事者所掌握的情况不仅多于故事中的任何一个人物,知道他们的过去与未来;而且活动范围也异常之大。"③

叙述者"不仅自己眼观六路,耳听八方,将各类人物的外貌、家世、言行

---

[1] 梁启超. 论小说与群治之关系 [M] //饮冰室合集：第 2 册. 北京：中华书局, 1989: 6.
[2] 徐岱. 小说叙事学 [M]. 北京：商务印书馆, 2010: 71.
[3] 徐岱. 小说叙事学 [M]. 北京：商务印书馆, 2010: 209.

等尽收眼底，而且还可以借助焦点的自由移动，使人物互相观察。"①

中国传统白话小说采取的都是这种叙事模式。如《三顾茅庐》诸葛亮划策之后，刘备"顿首拜谢"，接着出现叙事者语言，"只这一席话，乃孔明未出茅庐，已知三分天下，真万古之人不及也。"这一句评论显示叙事者比故事人物诸葛亮、刘备等都预先知道"三国鼎立"历史格局。

2. 内聚焦模式

"内聚焦模式又称'同视界式'和'人物视点式'。在这类模式中，叙述者好像是寄居于某个人物之中，借着他的意识与感官在视、听、感、想，所知道的和人物一样多。他可以就是某个人物本身，而这个人物在小说里可以是主角（如日记、书信体小说），也可以是一般的见证人（如菲兹杰拉德《了不起的盖茨比》中的青年商人尼克·卡罗威）；他也可以并不直接在作品里露面，但却始终黏附于某个人物的内心深处，成为他的灵魂的窥探者。"②

中国现代小说这类叙事模式增多，如鲁迅《孔乙己》中"我"是故事见证人；《药》中华老栓见证刽子手康大叔，酒馆茶客见证夏瑜遇害。

3. 外聚焦模式

"在这个模式中，叙述者所了解的情况少于剧中人物，如同局外人与旁观者。扮演这种角色的叙述者既可以是一位隐身人，通过第三人称进行叙述，也可以以第一人称在故事中出场亮相。"③

"这种聚焦方式也限制了叙述者对事件的实质和真相的把握，它像一台摄影机，摄入各种情景，但却没有对这些画面做出解释和说明，从而使情节也带有谜一样的性质。"④

西方现代小说海明威《老人与海》是这类叙事模式。

三种模式各有缺点，全聚焦常常使人觉得叙事者喋喋不休，外聚焦过于冷漠，内聚焦留下很多盲点，使读者不得尽兴。结构模式可以有变异，比如鲁迅《祝福》，开头和结尾以内聚焦模式叙述，中间以全聚焦模式叙述。

（三）叙事节奏

1. 顺序

开端时间，即叙事文开始叙述的那一刻时间，一般作品开头会标识出时间

---

① 胡亚敏. 叙事学[M]. 武汉：华中师范大学出版社，2004：25.
② 徐岱. 小说叙事学[M]. 北京：商务印书馆，2010：222-223.
③ 徐岱. 小说叙事学[M]. 北京：商务印书馆，2010：233.
④ 胡亚敏. 叙事学[M]. 武汉：华中师范大学出版社，2004：33.

位置。逆于这个时间为倒叙,也称作闪回,"以开端时间为基点对闪回的区分其价值在于把握叙事文的情节运动,是直线发展,还是来回往复,由此揭示出情节发展的曲线轨迹。"①

正叙,则读者期待的是故事结局;倒叙,则读者期待的是原因探究。

2. 反差

指两个毗邻衔接的事件或场景在情感色调、意味指向等方面的融洽度和一致度。反差度越小情节发展越平稳,情感的对比也相对缓和;反之则情节就跌宕起伏,情感的流向也会因一种矛盾和逆流的产生而得到强化。如《三国演义》正叙董卓纵横,忽述貂蝉凤仪亭;正叙赤壁鏖战,忽述曹操欲娶二乔。读者的阅读情绪会随着叙事反差,一张一弛。

3. 比例

指故事中两个不同事件在叙述时空上的比重,即常说的详写和略写。"它意味着叙述者对某一事件的态度:是强调、突出,还是回避、淡漠。"②

如《三国演义》诸葛亮死后,叙事密度明显降低,第一百零六回司马懿打败辽东公孙渊是魏景初二年(238年);他称病诈曹爽,是魏正始十年(294年),时间跨度为11年。第一百二十回从司马炎篡位(265年)到西晋统一(280年),时间跨度是15年。官渡之战占据八回,赤壁之战占据十七回,诸葛亮舌战群儒占据一回。从比例看,全书聚焦于刘、关、张、诸葛亮。③

## 二、新小说叙事结构艺术

(一)《孔乙己》——内聚焦虚实信息相补充

1. 故事人物"我"

《孔乙己》叙事者是酒店小伙计"我",首先说鲁镇的酒店格局与别处不同,它显示出明显的社会等级服务差异:短衣帮靠柜台外喝酒;"只有穿长衫的,才踱进店面隔壁的房子里,要酒要菜,慢慢地坐喝。"接着叙述"我"不善于应对短衣帮主顾的监督,卖酒掺不上水,被老板差了打杂,负责温酒。这种客观的叙事里隐藏着叙事者的评论:社会不平等,商人与下层民众间盘剥与反盘剥的斗争激烈。

---

① 胡亚敏. 叙事学 [M]. 武汉:华中师范大学出版社,2004:66.
② 徐岱. 小说叙事学 [M]. 北京:商务印书馆,2010:205.
③ 杨义. 中国叙事学 [M]. 北京:人民出版社,1997:146.

2. 喝酒人转述

孔乙己好久没到店里，掌柜一再牵挂孔乙己还欠十九个钱，一个喝酒的主顾道出了真相："他怎么会来……他打折了腿了。"掌柜与喝酒人之间的对话补充了故事情节信息，这些叙述侧面描写了孔乙己穷得走投无路。同时揭露了社会不平等，在世俗人看来，孔乙己就不应该去偷丁举人家。尽管他遭遇不幸，却无人同情：喝酒人照旧喝酒，掌柜照旧算账。孔乙己好像是这个世界的零余者，他的悲伤欢乐与他人无关。正如故事人物"我"感受到的，"孔乙己是这样的使人快活，可是没有他，别人也便这么过。"

3. 隐含的作者叙事

无论是酒店小伙计还是喝酒人对孔乙己的叙述，都不代表隐含的作者鲁迅的观点。酒店小伙计"我"跟鲁镇的世俗人一样，嘲笑孔乙己，不屑于跟孔乙己讨论"回"字的四种写法，"讨饭一样的人，也配考我么？便回过脸去，不再理会。"他只是提供观察孔乙己的"眼睛"。孔乙己这个人物引发的悲剧美感是在客观的叙事中实现的。

孔乙己不是旧型知识分子的代表，也不是当权阶级需要的人才，因为他连秀才也没有考中。但他坚持读书人的基本道德底线——诚信，每次喝酒欠费必定付清。他掌握知识的目的不是为了改造社会，他时刻替酒店小伙计"我"惦记的事情是有朝一日升迁为掌柜，要记住"回"字四种写法。那么在孔乙己看来，读书就是为了晋身，有朝一日改变自己的身份、地位。他穷得不能安身立命，却去偷人家的书，在他的价值体系中这不是肮脏的偷窃行为。他学会了一套百姓听不懂的语言体系——文言，成为旧体制的受害者。当别人质问他为什么偷书，他就说一些之乎者也之类的文言，搪塞过去。当别人嘲笑他为什么连秀才也不中，他又用这一套语言体系遮掩过去。他的这一套语言体系在儿童眼里也那么滑稽可笑，"这一群孩子都在笑声里走散了。"文言割裂了他与群众的关系，成了他个人的遮羞布，他却懵懂无知。这些客观的叙事中隐含作者复杂的感情：同情孔乙己穷困潦倒，憎恶文言这种语体造成了知识分子与百姓之间深深的隔膜。

总体来说，《孔乙己》这篇小说是内聚焦叙事，运用虚实相互补充的方式保证了故事情节的完整性。在客观地展现鲁镇世俗画面的同时，也隐含着作家复杂的感情。

(二)《祝福》——内聚焦与全聚焦相补充

1. 故事人物"我"的视角

《祝福》的叙事视角前后一段都取自故事人物"我",属于内聚焦叙事。"我"在旧历新年时回到鲁镇,遇到祥林嫂,被她问到:"一个人死了之后,究竟有没有魂灵的?""我"不敢正面回答她,因为她的变化太大了,像一个乞丐一样了,我又了解她的遭遇,也许"说不清"更让"我"觉得安心些。最后故事结尾,在祥林嫂死了之后,我看到雪花飞舞中的鲁镇,想象着祭祀的香气吸引天地圣众赐予人们幸福。

2. 某个生活在鲁镇的全知叙事者视角

中间的部分有全聚焦叙事特点,因为这个叙事者知道鲁四老爷、四婶、卫婆子、柳妈、祥林嫂等每个人物的语言、动作、神态等细节信息。祥林嫂被婆家抢走卖为山里媳妇,经过卫婆子之口转述,可见这个隐藏的叙事者就生活在鲁镇。他没有公开地发表自己的评论,只是将鲁镇所发生的一切展现在人们面前,那种冷冷的客观的叙事里却藏着叙事者的评论。

比如祥林嫂第二次到鲁镇,丈夫害了伤寒死了,最让她难过的是儿子没了,"我单知道下雪的时候野兽在山坳里没有食吃,会到村里来;我不知道春天也会有。我一清早起来就开了门,拿小篮盛了一篮豆,叫我们的阿毛坐在门槛上剥豆去。他是很听话的,我的话句句听;他出去了。我就在屋后劈柴,淘米,米下了锅,要蒸豆。我叫阿毛,没有应,出去一看,只见豆撒得一地,没有我们的阿毛了。他是不到别家去玩的,各处去一问,果然没有。我急了,央人出去寻。直到下半天,寻来寻去寻到山坳里,看见刺柴上挂着一只他的小鞋。大家都说,糟了,怕是遭了狼了。再进去,他果然躺在草窠里,肚里的五脏已经都给吃空了,手上还紧紧地捏着那只小篮呢……"

她的精神遭受了巨大的打击,记忆似乎就停在了失去孩子的事情上。她"和大家讲她自己日夜不忘的故事","我单知道雪天野兽在深山里没有食吃,会到村里来;我不知道春天也会有。我一大早起来就开了门,拿小篮盛了一篮豆,叫我们的阿毛坐在门槛上剥豆去。他是很听话的孩子,我的话句句听;他就出去了。我就在屋后劈柴,淘米,米下了锅,打算蒸豆。我叫,'阿毛!'没有应。出去一看,只见豆撒得满地,没有我们的阿毛了。各处去一问,都没有。我急了,央人去寻去。直到下半天,几个人寻到山坳里,看见刺柴上挂着一只他的小鞋。大家都说,完了,怕是遭了狼了。再进去,果然,他躺在草窠里,肚里的五脏已经都给吃空了,可怜他手里还紧紧地捏着那只小篮呢……"

这样几乎相同的两段叙事,深刻地反映了祥林嫂内心伤悲、精神失常的可怜状态。接下来的叙事刻画鲁镇人的惯常动作,祥林嫂的悲哀得到了更深凸显:

这故事倒颇有效,男人听到这里,往往敛起笑容,没趣的走了开去;女人们却不独宽恕了她似的,脸上立刻改换了鄙薄的神气,还要陪出许多眼泪来。有些老女人没有在街头听到她的话,便特意寻来,要听她这一段悲惨的故事。直到她说到呜咽,她们也就一齐流下那停在眼角上的眼泪,叹息一番,满足的去了,一面还纷纷的评论着。

鲁镇百姓喜欢听祥林嫂的悲惨故事,不是出于人道主义同情心,而是玩味人家的伤悲以填补自己的空虚。甚至后来还不等祥林嫂开口就打断她的话,连鲁镇的小孩子都怕她,"牵着母亲的衣襟催她走。"没有任何一个人为祥林嫂的遭遇打抱不平,她的痛苦成为人们奚落的由头。不仅如此,还有更深入的伤害,人们津津有味地谈论她头上的伤疤。其实祥林嫂自己也不清楚她为何撞香案。她本是童养媳,她的前夫"也打柴为生,比她小十岁",她跟前夫应该也没有条件建立正常的夫妻感情。婆家为了凑齐小叔子的聘礼,违背她的意愿把她卖了,赚了一大笔钱。祥林嫂婚礼上撞击香案,只是为了维护内心的封建纲常。跟前夫再没有感情,也要为他守丧,为他保持贞洁,这是妇道纲常。一个悲哀的人物不知道自己为何悲哀,她的悲哀又成为其他百姓的谈资。这种客观的叙事让读者感受到压抑,不论鲁镇的人还是祥林嫂本人都麻木不仁,整个社会死气沉沉。

面对这样的社会现实,"我"代表新型知识分子,鲁四老爷代表旧知识分子,他们的反应各不相同。很显然新型知识分子只是感觉与旧知识分子无法相容,他们却拿不出拯救祥林嫂的办法,不能为她指引一条光明之路。

3. 视角转换自然

两种叙事视角不相杂乱,转换自然,主要原因是作家使用了巧妙的连接手段。第一次连接"先前所见所闻的她的半生事迹的断片,至此也联成一片了",这一句很自然地过渡到下面的全知视角。每个人与祥林嫂的交流都被叙事者尽收眼底,包括他们说话时的语气、祥林嫂的神情与反应等细枝末节。祥林嫂捐了门槛,也不能参与祭祀这样的重大活动,对她的打击应该是巨大的,因为她害怕死了之后被锯成两半。她变得"记性尤其坏,甚而至于常常忘却了去淘米",四婶对她很不满意,"祥林嫂怎么这样了?倒不如那时不留她。"接着转入故事人物"我"内视角叙述,"当我还在鲁镇的时候,不过单是这样说;看现在的情状，可见后来终于实行了。""我"在鲁镇听到了四婶这话，跟上文的全知视角叙事就天衣无缝地接起来了。

同样这一部小说中的"我"也不是鲁迅本人，"我"虽然代表了新型知识分子，但他以逃避的方式对祥林嫂的苦难假装看不见，也不负责。而鲁迅本人深切同情祥林嫂，期待为国民的灵魂疗伤，这从他把祥林嫂的结局写得那么惨，死在祝福的新年里，可以看出来。

从叙事艺术说，鲁迅吸收了西方文学的营养，把它自然转化为民族文学。他依靠深刻的思想成为现代文学巨擘。

**三、新小说叙事节奏艺术**

上文我们介绍过顺序、反差、比例是小说叙述节奏要素，这里分析部编教材所选小说的叙事节奏艺术。

（一）《蒲柳人家》倒叙艺术

《蒲柳人家》采取了倒叙手法，开头先写"何满子被爷爷拴在葡萄架的立柱上，系的是拴贼扣儿。"为什么何满子受到爷爷的惩罚，主要原因是捣蛋不听奶奶的话。但是小说从奶奶想方设法疼爱何满子起笔，违背孙子的意愿，给他穿男扮女装的大红兜肚，因为"怕阎王爷打发白无常把他勾走"。然后文笔转移描写奶奶，"一丈青大娘骂人，就像雨打芭蕉，长短句，四六体，鼓点似的骂一天，一气呵成，也不倒嗓子。她也能打架，动起手来，别看五六十岁了，三五个大小伙子不够她打一锅的。"她不仅胆气过人，还是个热心肠，"这个小村大人小孩有个头痛脑热，都来找她妙手回春；全村三十岁以下的人，都是她那一双粗大的手给接来了人间。""何满子在奶奶身边长大，要天上的星星，奶奶也赶快搬梯子去摘。长到四五岁，就像野鸟不入笼，一天不着家，整日在河滩野跑。"这么一个淘气包惹奶奶不高兴太正常了。故事时间再次回到开头，"爷爷是个风火性儿，一怒之下，就把何满子拴在了葡萄架的立柱上……在他面前扔下一个纸盒，盒子里有一百个方块字码，还有一块石板和一支石笔，勒令他在这一个歇晌的工夫，把这一百个字写下来。"说起这一百个方块字码的来历，小说第二次进入倒叙。爷爷"不但是赶马的，还是保镖的，牲口贩子都抢着雇他。"走南闯北，讲起故事来，"有枝有叶，有文有武，生动曲折，惊险红火。"人送外号"何大学问"。他礼聘了一位前清的老秀才到家里教何满子，"讲定教一个字给一个铜板。""老秀才整天板着一张阴沉沉的长脸"，何满子如坐针毡，无心读书。何大学问一出去赶马，何满子就逃开了学。奶奶又断了先生的好酒食,"老秀才混不下去了,留下了几百个方块字码,索取了几百个铜板,愤愤而去。"何满子跟西隔壁的洋学生周擒天天厮混在一起,学习到很多知识,何大学问才对赶走私塾先生的事情没有那么计较了。往常赶马回来,何大学问都很高兴,"这一趟回来,何大学问好像苍老了几岁。"奶奶忍不住跟爷爷吵架,"日本鬼子把咱们中国大卸八块啦!先在东三省立了个小宣统的满洲国,又在口外立了个德王的蒙疆政府。"爷爷被蒙疆军扣住,"原来爷爷坐了牢,还险些扔了命,何满子心疼起爷爷来了。他正想进屋把爷爷哄得开了心,谁想爷爷竟把满腔怒火发泄到他身上,不但将他挂在葡萄架的立柱上,系的是拴贼扣儿,而且还硬逼他在石板上写一百个字。"叙述第二次回归开头时间。

为什么这么长的倒叙内容没有显得杂乱无章?作家实际上使用了叙述技法,"花开两朵,各表一枝",一枝写奶奶一丈青大娘,一枝写爷爷何大学问,两枝在"吵架"处才汇合。开头并不交代让写"一百字"的事情,先倒叙手法交代了何满子调皮捣蛋不听奶奶的话。叙述回到开头时间,再补充要他写"一百字"的事儿,倒叙何大学问请老秀才教孙子,后来秀才混不下去,留下几百个方块字码。爷爷这趟回来不够喜庆,跟奶奶吵架,两处的倒叙自然汇合到一起。爷爷把气撒在了何满子身上,他就被挂在葡萄架的立柱上,被逼写一百个字了。

(二)《故乡》反差叙事艺术

《故乡》巧妙运用了叙事反差原理:少年闰土与中年闰土形成鲜明的对比,以杨二嫂为代表的市侩人物与朴实的闰土形成鲜明的对比,加深了读者对中国农民的认识,对中国农村问题的认识。

少年闰土很单纯,他给"我"讲了很多新鲜的事情,下雪天捉鸟,"什么都有:稻鸡、角鸡、鹁鸪、蓝背……"夏天去海边拾贝壳,去瓜地逮猹,惹"我"遐想:"海边有如许五色的贝壳;西瓜有这样危险的经历。"中年闰土接受了社会等级思想,跟"我"再也不能友好交谈了。他恭恭敬敬地称呼"我"为"老爷",他不能像小时候一样称呼"我"为"迅哥儿"。他还是想着我,把家里出产的干青豆带给我。"母亲和我都叹息他的景况:多子,饥荒,苛税,兵,匪,官,绅,都苦得他像一个木偶人了。"

少年闰土与中年闰土的对比,加深了读者对中国旧社会的认识:一个美好的少年,没有书读,不能接受良好的教育;长大后,又成为官兵欺压的对象,整天在贫困无望中生活。社会将他压迫成"木偶人",他的心里只有规矩:尊敬有身份的人,祭祀祖先。如今"我"的侄子"宏儿"与闰土儿子"水生"又处在当年"我"跟闰土那样的年纪了,"我"希望"他们应该有新的生活,为我们所未经生活过的。"年轻人只有革命，改造社会，才能获得希望。

在中国广大的农村，有人像闰土一样淳朴，也有人像杨二嫂一样市侩。"我"母亲说搬家不需要搬走的东西，听凭闰土选择。但闰土只拣了几样："两条长桌，四个椅子，一副香炉和烛台，一杆抬秤。他又要所有的草灰（我们这里煮饭是烧稻草的，那灰，可以做沙地的肥料）。"香炉和烛台是祭祀的东西，闰土认为重要。其他几样，闰土认为"我"路远拿不走，或者对"我"没有价值，如草灰。杨二嫂却不这么礼让谦逊，她甚至认为穷人理所应当可以拿富人的东西，"迅哥儿，你阔了，搬动又笨重，你还要什么这些破烂木器，让我拿去罢。我们小户人家，用得着。"杨二嫂不听"我"卖了旧器具添置新器具的分辩，无端地指责"我"奢华，"你放了道台了，还说不阔？你现在有三房姨太太，出门便是八抬的大轿，还说不阔？"她不光对"我"毫无根据地猜测，还将她的私愤倾泻下来，"真是愈有钱，便愈是一毫不肯放松，愈是一毫不肯放松，便愈有钱。"临走"顺便将我母亲的一副手套塞在裤腰里，出去了"。自从"我"收拾行李以来，杨二嫂每天必到，她从灰堆里掏出十多个碗碟，"定说是闰土埋着的，他可以在运灰的时候，一齐搬回家里去。"杨二嫂以此认为自己有功，硬是拿走了"我"家养鸡的"狗气杀"。

闰土与杨二嫂对比，加深了读者对中国农村的认识。中国农村可怕的现实值得重视，国民素质还普遍很低：有些人麻木不仁，只知道祭祀祖先；有些人自己非常市侩，却对富人怀有仇恨之心。

（三）《社戏》——波折丛生的叙事艺术

原小说《社戏》巧妙安排了叙事比例：城市看戏只有两回，两回都不愉快。第一回是因为城市戏园子将观众分成三六九等，即便中间的位置空着，"我"也不能坐下听戏；第二回是因为名角只为权贵唱戏，不肯轻易出来为百姓演唱，即便百姓为赈灾而热心募捐，他们也不肯答谢公众。日本某个学者撰文认为中国戏在剧场内就显得太吵，倒是在空旷地带更有审美意味。这个过渡段引起下文，自然过渡到家乡平桥村看戏的美妙时光。相比较而言，这部分内容占据小说的绝大部分篇幅。最后一节再次说没有看过那么好的戏，呼应了开头。与京城看戏形成强烈的反差，再一次表达主题：回忆童年看戏情景，珍惜人与人无价情义。

教材所选的是小说中间部分，小时候赵庄听戏。

所选部分内容完整，可以分为两大段，充分使用了波折丛生的叙事艺术。第一段看戏的心愿终于达成有十三折之多：一折写"叫不到船"；二折写外祖母很气恼；三折写母亲宽慰外祖母；四折写"我"急得直哭，母亲劝慰；五折写小朋友都去了，戏已经开演，"我"万分着急；六折写"我"生闷气，母亲和外祖母安慰；七折写看戏的小朋友回来，兴高采烈地讲戏，只有"我"不高兴；八折写双喜提议找八叔的大航船；九折写外祖母和母亲担心一群孩子独自驾船不合适；十折写双喜打包票；十一折写外祖母和母亲终于笑着同意了；十二折写"双喜拔前篙，阿发拔后篙"，飞一般向赵庄进发，看戏的心愿终于得以实现；十三折写沿途风景好，烘托当晚心情之大好。之所以写得这么曲折，无非想突出"我"看戏的心情非常迫切。小伙伴们帮了大忙，"我"终生都难忘他们对"我"的深情厚谊。叙事巧妙地将"低落"情绪，如一折、四折、五折、七折、九折，和"平缓"情绪如二折、三折、六折，还有"高亢"情绪如八折、十折、十一折、十三折穿插安排，使情节跌宕起伏，看戏心愿得以实现的喜悦之情就跃然纸上了。

第二段看戏的过程也是波折丛生：一折铁头老生没有翻筋斗，因为那晚客人太少；二折看到了很喜欢的蛇精和跳老虎形象；三折"我"想喝豆浆而未得；四折"我"和小伙伴困倦；五折看到了戏台上喜欢的小丑形象；六折小伙伴们不喜欢的老旦出来咿咿呀呀地唱；七折小伙伴们终于耐不住打算返回；八折离开赵庄沿途风景很美，又听到笛声，还想折回看戏；九折小伙伴一边骂着戏子，一边用力开船；十折桂生提议停船偷罗汉豆煮着吃；十一折阿发摸清了情况，建议小伙伴们偷自家的罗汉豆；十二折双喜想多偷，怕阿发的娘发现，大家就偷了六一公公家的豆；十三折已经吃了豆，洗了器具，豆荚豆壳都抛在河里，以掩盖偷煮豆子的痕迹；十四折唯一不能遮盖的是八公公船上的盐和柴用过了，他很细心，恐怕会露馅；十五折小伙伴商讨对策，决定一旦被八公公骂，就喊他"八癞子"，要他归还"拾去的一枝枯桕树"；十六折母亲在桥头接我，邀小伙伴吃炒米；十七折大家说吃过了点心，都回家去了；十八折六一公公询问双喜，"昨天偷了我的豆了罢？又不肯好好的摘，踏坏了不少。"十九折双喜回应"请客"，并不让步；二十折六一公公问"我"戏好不好，豆好不好，"我"评价都好；二十一折六一公公并不责备我们，反而夸"我"有见识；二十二折母亲叫"我"回去吃晚饭，桌上放着六一公公送的罗汉豆；二十三折"我"吃了豆，感觉"没有昨夜的豆那么好"。之所以写得如此曲折，也是突出以下思想："我"并不在意不喜欢的戏剧情节，"我"只在意非常喜欢的情节；"我"也不在意到底吃什么豆，"我"只在意大家在一起和谐美好的情义。这一段叙事不是以跌宕起伏取胜，而是以二十三折的吃豆回味反衬夜晚与大家一起吃豆的愉快心情。

### 四、新小说其他叙事艺术

#### （一）以小见大叙事艺术

面对宏大历史主题，如果作家从参与历史事件的高层人物写起，很容易形成纵横捭阖、波澜壮阔的审美艺术，如《三国演义》。新小说另辟蹊径，从参与事件的小人物写起，更甚至于具体到一个微观事物，寄托人物的思想感情，创造了充满诗意的小说艺术风格。

1. 《百合花》

《百合花》以一条婚被为线索，写通讯员借不到被子；"我"协助通讯员顺利借到被子；通讯员不好意思接近新娘，拿被子时，急忙之中挂烂了衣服；通讯员了解到婚被是新娘唯一的嫁妆，打算送回；中秋夜前方战斗激烈，"我"带新娘照顾伤员；通讯员扑向手榴弹，保护了大家，伤势严重；新娘子为通讯员送葬，缝上了小战士开挂的衣服，用自己的婚被装裹小战士，这一故事歌颂了军民鱼水情谊深。在此之前重点描写了通讯员小战士羞涩的性格，为后文借不到被子做铺垫。铺垫部分写得一波三折，伴随着对家乡的美好回忆，为小说增添了生活艺术气息。第一个波折，写"我"生气，因为通讯员根本不考虑我脚有伤，走得太快。第二个波折，写"我"对通讯员产生兴趣，因为"我"发现，他一直很照顾"我"走路的节奏，"我"走得快，他也走得快，"我"走得慢，他也晃悠。第三个波折，"我"带着反抗的情绪，非要跟他搭话，知道了他是"我"的同乡。第四个波折，"我"喜欢上了通讯员，因为"我"止不住跟他搭讪，搞得他紧张出一身汗。这些铺垫很有必要，因为通讯员这么年轻羞涩，他才借不到新娘家的被子，故事的发生才合情合理。小说还用一个细节反映通讯员小战士贴心、善良，他给"我"开饭，送两个馒头。小说塑造了一位羞涩、善良、勇敢的通讯员小战士。

2. 《哦，香雪》

这篇小说也采用了以小见大的艺术手法。以塑料铅笔盒为线索，写一个受过初中教育的农村姑娘，终于用一篮子鸡蛋换回了城里人才使用的自动关闭型塑料铅笔盒，她感觉获得了自信，不再因为贫穷饱受同学的挑衅。这一故事反映了我国城乡差异现实，表现了农民热切渴望改变自身经济状况以获得人格尊严的强烈愿望。

小说采用内聚焦第三人称结构叙事，这使作者可以用很细腻的笔墨描写香雪的心理感受。

"香雪的小木盒呢，尽管那是当木匠的父亲为她考上中学特意制作的，它在台儿沟还是独一无二的呢。可在这儿，和同桌的铅笔盒一比，为什么显得那样笨拙、陈旧？它在一阵哒哒声中有几分羞涩地畏缩在桌角上。"这一段心理描写说明香雪最难过的不是同学挑衅地询问她一天吃几顿饭，而是嘲笑她用不起铅笔盒。由于贫穷，她在同学面前缺少自信。

香雪终于从火车上一个学生那里换回铅笔盒，但代价不仅是一篮子鸡蛋，而且是黑夜独自走三十里的返程路。小说用了很大篇幅写香雪一路上的心理路程。

她第一个反应是害怕。"害怕这陌生的西山口，害怕四周黑幽幽的大山，害怕叫人心惊肉跳的寂静，当风吹响近处的小树林时，她又害怕小树林发出的悉悉窣窣的声音。"

但是她很快想起已经属于她自己的铅笔盒，她第二个反应是自豪。"她不再害怕了，在枕木上跨着大步，一直朝前走去。大山原来是这样的！月亮原来是这样的！核桃树原来是这样的！"她想象着家乡台儿沟未来会变得越来越好。

她又想起父亲勤苦劳作为她积攒学费，这么一篮子鸡蛋就换回一只铅笔盒，回去对母亲如何交代。她第三个反应是带着自豪的愧疚感。"她要告诉娘，这是一个宝盒子，谁用上它，就能一切顺心如意，就能上大学、坐上火车到处跑，就能要什么有什么，就再也不会被人盘问她们每天吃几顿饭了。"

她顺着铁路走，遇到了黑洞洞的隧道。但一想到同学们羡慕的目光，她立即浑身充满了力量。她第四个反应是勇敢。"朝隧道跑去。确切地说，是冲去。"香雪将争取人格平等这样的人生理想，物化为一个具体的铅笔盒，为了得到这样一个铅笔盒，她付出了巨大的代价，这一路上的心理活动记录了她勇敢迎接一切代价的决心。香雪是中国第一代为了改变自身经济状况向城市进军的农民，她是经济大潮中朴实、勤劳、勇敢的新型农民代表。

小说前面很长的篇幅都是铺垫，以铁路从台儿沟经过起笔，到设置为小站。一分钟的靠站时间引发了台儿沟姑娘们的极大热忱，她们打扮得漂漂亮亮，像过节一样高兴。她们对火车充满好奇，回来的路上还七嘴八舌地争论。接着她们开始利用这一分钟的时间与火车上的人们做小生意，向火车上的人们询问她们关注的城市话题。然后才正式描写香雪为何关注铅笔盒。这么长的铺垫，主要目的是让凤娇成为香雪的陪衬，突出香雪维护个人尊严的勇敢精神。

（二）含蓄叙事艺术

如果作家提供了故事情节的所有信息，读者很清晰地理解了事情的发展脉络，固然是好事。但这样的叙事也有缺点，留给读者的审美空间偏小。有些作家创造了含蓄叙事艺术，以便于读者自身参与故事叙事。

《台阶》这篇小说有很多细节刻画父亲，有些是动作行为细节，如父亲"洗脚"，父亲顶着露水踏黄泥。有些是语言描写，如"我"在台阶上跳，父亲摸着我的后脑勺说，"这样是会吃苦头的！"显示了父亲的慈爱。"我"去抢父亲的水桶，父亲推开"我"，"不要你凑热闹，我连一担水都挑不动吗！"显示了父亲担心自己老去，成为"我"的负担，他还是愿意自己要强。这篇小说最突出的特点是作者叙事中使用了含蓄艺术。

1. 结尾的艺术空白

从小说主题思想方面说，作家以台阶为隐喻，表现了父亲勤俭节约、不甘人后、争强好胜、奋斗不止的精神。在农村，"台阶高，屋主人的地位就相应高。"为了建造一座高台阶的屋子，父亲一生劳碌，但真的造出了高台阶的屋子之后，父亲坐在高台阶上与邻居说话却非常尴尬，父亲想要的不是外在的高大的屋子，而是别人的尊敬，自己的尊严。新屋造成之前，父亲是挺拔的，乐观的，自信的。旧屋的青石板台阶一块就有三百来斤重，一来一去的山路居然磨破了父亲的一双麻筋草鞋，父亲没有喊苦，只是觉得鞋子"太可惜"了。新屋建起来之后，好多东西都从父亲身边溜走：韶华不在，闪了腰，失去了强壮的体魄，不能再干重活。曾经硬朗的父亲，头发"灰白而失去了生机"。小说结尾作家直言不讳地说，"父亲老了。"中国农民难道就为了住上高大的房屋一辈子辛苦打拼吗，农民到底为什么而奋斗，作家没有给出回答。他留下的艺术空白逼迫读者思考中国农民前途何在。

2. 心理描写的艺术空白

从人物描写手法上说，作家也含蓄描写了父亲的心理，如：

> 大热天父亲挑一担谷子回来，身上着一片大汗，顾不得揩一把，就往门口的台阶上一坐。他开始"磨刀"。"磨刀"就是过烟瘾。烟吃饱了，"刀"快，活做得去。
>
> 台阶旁栽着一棵桃树，桃树为台阶遮出一片绿荫。父亲坐在绿荫里，能看见别人家高高的台阶，那里栽着几棵柳树，柳树枝老是摇来摇去，却摇不散父亲那专注的目光。这时，一片片旱烟雾在父亲头上飘来飘去。
>
> 父亲磨好了"刀"。去倒烟灰时，把烟枪的铜盏对着青石板嘎嘎地敲一敲，就匆忙地下田去。

这里明写的是父亲大热天奋力"磨刀",虚写的是父亲争强好胜,下定决心不怕苦不怕累一定盖起高台阶的大房子。

3. 评论上的艺术空白

小说没有出现作家的显性评论,但新台阶修起来之后,有两处叙事,作家还是将自己的意见隐含于其中了。第一处,他忍住沿袭已久的习惯,没有把烟枪往台阶上磕。因为怕碰坏了水泥抹面的台阶,父亲的随性被物质囚禁,他失去了自由。第二处,有人从门口走过,见到父亲打招呼,父亲很不自然答错了话。他"挪到最低一级"坐着,还是不自在。豪华台阶让朴实的父亲感到跟邻居的心理距离远了,他产生了不自在的孤独感。这两处艺术空白大大深化了文章的主题,父亲如此艰辛地追求,但是即便目标达成,这种局限于物质的追求又多么容易让人产生虚无缥缈的感觉。

这篇小说因为留下大量的艺术空白,为读者欣赏创造了广阔的空间。

(三)讽刺叙事艺术

鲁迅《阿Q正传》比较鲜明的艺术特点是:简单的叙事描写中,呈现出辛辣的讽刺风格。这种艺术风格得以实现,则是使用了不合逻辑、不合因果的推理规律及胡乱联系的语言。

>他讳说"癞"以及一切近于"赖"的音,后来推而广之,"光"也讳,"亮"也讳,再后来,连"灯""烛"都讳了。

阿Q头上有癞疮疤,他忌讳"癞"("赖")音,可是"光""亮""灯""烛"怎么也进入了忌讳范围,这就完全没有因果联系,不合乎逻辑。可是他的自信就是在一切不合逻辑的推理中建立起来了。

>赵太爷钱太爷大受居民的尊敬,除有钱之外,就因为都是文童的爹爹,而阿Q在精神上独不表格外的崇奉,他想:我的儿子会阔得多啦!

阿Q不把赵太爷和钱太爷放在眼里,理由是将来自己的儿子会更有出息。这么一个没有财产的流浪汉,何时有儿子都是未知数,他却相信可能实现不了的理想。

阿Q站了一刻，心里想，"我总算被儿子打了，现在的世界真不像样……"于是也心满意足的得胜的走了。

他被别人打了，无力反抗，但他认为打他的人是"儿子"，这样他取得了"老子"的身份。至于别人怎么算是"儿子"的，是否有逻辑依据，他不管，他只要知道"儿子"必须尊重"老子"，就心满意足了。

他觉得他是第一个能够自轻自贱的人，除了"自轻自贱"不算外，余下的就是"第一个"。状元不也是"第一个"么？

他承认自己是虫豸，才免得被人毒打。他是第一个自轻自贱的人，这可能符合现实，这个判断句主词如何被替换为"状元"的，是不是合乎逻辑，他就不管了，他主要知道"状元"也是第一，就有了自信理由。

似乎打的是自己，被打的是别一个自己，不久也就仿佛是自己打了别个一般——虽然还有些热剌剌——心满意足的得胜的躺下了。

他抽自己的嘴巴，自己打自己，这是现实。怎么变成了阿Q打别人，完全没有事实依据，但他只要感觉是在打别人就可以了。

不求逻辑，不合推理，胡乱联系，说什么也必须求得一个心理上的胜利，这就是阿Q精神。他身上有清朝遗老的影子，这一波人经历了西方列强施加的各种侮辱之后，变得又麻木又可笑。阿Q对革命没有明确的追求，却被当作革命党押赴刑场，这是对"革命"一词的极大讽刺。中国要有真正的革命还有很长道路要走，鲁迅借助《阿Q正传》表达了革命尚未成功的战斗愿望。

## 第五节　现代语言与小说人物刻画艺术

本章第三节介绍白话人物刻画艺术方法时，我们简要交代了古今小说在塑造人物上所用的写作技法大致相同。本节主要通过实例，从语言表达方面论述人物刻画艺术。

## 一、动词的描写功能

**（一）形体动作**

第三节我们说过，小说的动作描写，一次性动作对刻画人物性格有重要作用；惯常性动作对交代小说背景很有价值，也对揭示人物性格有作用。这里再利用实例做一点补充。

"温两碗酒，要一碟茴香豆。"便排出九文大钱。

"排"说明孔乙己对酒店分文不欠，是个规矩人，同时在短衣帮面前炫耀自己，掩饰自己被嘲笑的窘态。这两句话表明孔乙己虽然迂腐却很诚实；虽然穷酸，却也自尊。

他从破衣袋里摸出四文大钱，放在我手里，见他满手是泥，原来他便用这手走来的。

"摸"是摸索、寻找的意思，说明这四文钱是仅有的，表明了孔乙己悲惨的境地，以此表现他穷困窘迫到极点，和前文的"排出九文大钱"形成对比，表明他已经极度贫穷了，但仍然坚持喝酒付钱，为人诚实。

这里所举的两例都是一次性动作，对推动情节发展揭示孔乙己命运有重要作用。惯常性动作也可以反映人物的性格，对塑造人物也有作用。如契诃夫《装在套子里的人》，"他所以出名，是因为他即使在晴朗的天气也穿上雨鞋，而且一定穿着暖和的棉大衣。他的雨伞总是用套子包好，表也总是用一个灰色的鹿皮套子包好。"这些动作有频率副词"总是"修饰，这些惯常性动作说明别里科夫一直就是一个不接触外界新鲜事物的保守人物。这些描写在情节进展过程中，是作为背景信息出现的。

**（二）神态动作**

孔乙己便涨红了脸，额上的青筋条条绽出，争辩道，"窃书不能算偷……窃书……读书人的事，能算偷么？"接连便是难懂的话，什么"君子固穷"，什么"者乎"之类，引得众人都哄笑起来：店内外充满了快活的空气。

这几句话描写孔乙己的神态、语言,"涨红了脸""青筋条条绽出"表明他极力想挽回自己的面子,再现了孔乙己死要面子极力掩饰的窘态。他虽然没有进学,但仍有强烈的羞耻感。

(三)语言动作

> 但他这回却不十分分辩,单说了一句"不要取笑!""取笑?要是不偷,怎么会打断腿?"孔乙己低声说道,"跌断,跌,跌……"他的眼色,很像恳求掌柜,不要再提。

"不十分分辩"表明孔乙己生活实在是困苦,以至于没有力气去和别人争辩;"不要取笑!""跌断,跌,跌……"明明是丁举人打断的却不愿意说,孔乙己自命清高、死要面子、自欺欺人的性格便跃然纸上。

(四)心理动作

> 他们一连十多天遇不到一个人。杜小康只能与父亲说说话。奇怪的是,他和父亲之间的对话,变得越来越单调,越来越干巴巴的了。除了必要的对话,他们几乎不知道再说些什么,而且,原先看来是必要的对话,现在也可以通过眼神或者干脆连眼神都不必给予,双方就能明白一切。言语被大量地省略了。这种省略,只能进一步强化似乎满世界都注满了的孤独。

《孤独之旅》写杜小康和父亲放鸭,倍感寂寞孤独。两个人之间的交流也越来越少,"越来越单调","越来越干巴巴的了"。这看似一种默契的"省略",其实是一种空虚、贫乏生活的表现,在这样的生活里,人的精神承受着巨大压力。动词"省略"表现了杜小康和父亲离家去放鸭,来到"陌生的天空和陌生的水面",恐惧的心理。这样的恐惧表现在两方面:一是对自然环境的恐惧,"芦荡如万重大山围住了小船","杜小康有一种永远逃不走的感觉","眼中露出了一个孩子的胆怯"。大自然的空阔与未知,对一个幼小的心灵具有强大的压迫力,由此带来的心理上的"恐慌"让杜小康"迟迟不能入睡"。二是对陌生旅途的恐惧,去放鸭的路上,杜小康想的是"还要走多远?前方是什么样子?"这不仅是对放鸭而言,更代表了他对前途的迷茫与无奈。杜小康终于在一场暴风雨之后，克服了自己的孤独感，成长起来。

（五）事物特征

> 怒江自西北天际亮亮而来，深远似涓涓细流，隐隐喧声腾上来，着一派森气。俯望那江，蓦地心中一颤，惨叫一声。急转身，却什么也没有。只是再不敢轻易向下探视。叫声漫开，撞了对面的壁，又远远荡回来。

阿城《溜索》里这一段写怒江两边山势之陡峭，主要是动词用得好，如"亮亮而来""腾上来""漫开""撞""荡"，特别是后面三个动词写回声反弹之迅速，写出了山势高峻之貌。这些环境描写，侧面烘托了怒江上溜索的领头人胆气过人。

## 二、形容词的描写功能

（一）叙事者评论

> 我所记得的故乡全不如此。我的故乡好得多了。但要我记起他的美丽，说出他的佳处来，却又没有影像，没有言辞了。仿佛也就如此。于是我自己解释说：故乡本也如此——虽然没有进步，也未必有如我所感的悲凉，这只是我自己心情的改变罢了，因为我这次回乡，本没有什么好心绪。

前面一段通过环境描写"远近横着几个萧索的荒村，没有一些活气"，写出了故乡的萧瑟，引发了叙事者的"悲凉"之情，开篇奠定了文章的抒情基调。这里公开评论，"也未必有如我所感的悲凉，这只是我自己心情的改变罢了。"点明了搬家前的愁绪以及对未来新生活不能把握的惆怅。

叙事者不仅可以评论心理感觉，还可以评论对人物、对事情的态度等，这些评论段落中所使用的形容词都能体现作家捕捉自我感觉的敏锐性。

（二）叙事者感觉

> 天黑，河水也黑，芦苇成了一片黑海。杜小康甚至觉得风也是黑的。

"黑"是一个形容词，在文学中用它来表现心情，是移情手法。风是没有色彩的，可是因为杜小康的意识发生转变，他所见的一切也变了色了。当然，此处的"黑"是暗示着环境不同于寻常的阴沉，预示着在接下来的时间里，将会有让人心急的事情发生，令人恐怖的"黑"色心情为下文暴风雨中寻鸭做铺垫。叙事者能如此身临其境地体会故事人物的感情，是他能感动读者的法宝。

**三、副词的描写功能**

据史金生统计现代汉语副词大约 1000 个，常用的也有 500 多个。① 现代汉语副词可以表达的意义非常丰富，作家使用副词可以表达自己的主观感情，因此副词使用具有重要欣赏价值。吕叔湘将副词根据意义分为八类：语气副词、情态副词、时间副词、处所副词、范围副词、程度副词、否定副词、疑问副词。② 其中"情态副词"一般又称作"情状副词"，"疑问副词"也归入"语气副词"范畴。这样最值得关注的就是语气副词、范围副词两类，因为它们与作家叙事的感情或者所描写人物的感情有重要的联系。

（一）语气副词

史金生首先将语气副词分为"知识"和"义务"两类，"知识"类语气副词表示说话人对命题对错的推理、判断，"义务"类语气副词表示说话人对说话意志、说话内容的情感或评价。③ 下面举几个例子说明语气副词表达上的妙处。

> 大约孔乙己的确死了。

"大约"是揣测语气副词，因为没有亲见他的死，也没有确切的消息证明他的死，是不确定的。这也反映出孔乙己无人关心同情的可悲命运。"的确"是确定语气副词，根据孔乙己腿已经断了的情况和残酷的社会现实判断，他已经没有生存下去的能力，也不会得到他人的帮助，他只有死路一条。两词连用，显示出一种矛盾色彩，表达了作家鲁迅对塑造的人物孔乙己的复杂感情，既同情他善良、诚实却遭遇不幸，又痛恨他麻木、愚昧，对科举制度的毒害毫无觉察。孔乙己读书不为国家，只为个人晋身；孔乙己没有劳动谋生能力，只能满足于

---

① 史金生. 现代汉语副词连用顺序和同现研究 [M]. 北京：商务印书馆，2011：2.
② 吕叔湘. 现代汉语八百词（增订本）[M]. 北京：商务印书馆，1999：18.
③ 史金生. 现代汉语副词连用顺序和同现研究 [M]. 北京：商务印书馆，2011：65-68.

一时虚荣,满意于长衫标志下的社会地位方面的荣耀。小说鞭挞了中国封建时代科举制度的弊端,它对于知识分子思想的钳制是显而易见的。小说结尾这句话准确表达了孔乙己悲剧性结局的必然性。

> "也许有罢——我想。"我于是吞吞吐吐的说。
> "那么,也就有地狱了?"
> "阿!地狱?"我很吃惊,只得支吾着,"地狱?论理,就该也有。然而也未必……谁来管这等事……"

这一部分写故事人物"我"与祥林嫂的对话,"我"不敢回答祥林嫂的问题,也不能为她指明生活的方向。几个情态副词值得注意:"也许""该""未必","也许""未必"都是表示推测可能性的语气副词,说话人对所说的命题"人有没有灵魂""世界有没有地狱"不敢肯定。"该"① 是推断性的揣度语气副词,表示对命题真假有看法,但仍不能确定。这三个语气副词都表示或然性判断,足见小说人物"我"不能为祥林嫂指明道路。

> 觉得偶尔的事,本没有什么深意义,而我偏要细细推敲,正无怪教育家要说是生着神经病。

"本"即"本来",是表示断定的语气副词,对命题"偶尔的事,本没有什么深意义"表示肯定;"偏",是表示说话意志的语气副词,故事人物"我"非要对自己的说话内容细细推敲。这两句道出了故事人物"我"对自己说过的话不能安心,但又想为自己找理由开脱的矛盾心情。这表明《祝福》中所谓的新型知识分子,其实没有太多承担社会责任的能力。

> 她真是走投无路了,只好来求老主人。

"只好"是表示说话意愿的语气副词,祥林嫂第二次走投无路,别无选择,只能求助于老主人。

---

① "该""要""能"等几个词,一般语法书籍上的称谓为"助动词"。从词性上说,它们有更强的动词性,可以接受否定副词"不"的修饰,与一般副词有区别。但从功能上说,它们表达说话人对命题的判断,这一点又跟语气副词非常接近,因此有些语法学家将这类词也看作语气副词。

> 父子俩心里都清楚了这一点：他们已根本不可能回避孤独了。这样反而好了。时间一久，再面对天空一片浮云，再面对这浩浩荡荡的芦苇，再面对这一缕炊烟，就不再忽然地恐慌起来。

"反而"是评价类语气副词，表示与"感到孤独"的常理相反，杜小康知道在远离家乡陌生的地方放鸭子，必须应对孤独。这样情况无可避免，因为他需要克服经济上的困难。在常人看来孤单的场景，他必须习惯。

以上副词所在的句子欣赏都是举例性质的，还可以系统研究语气副词表达情感上的妙处。

（二）范围副词

> 他们也都没有什么大改变，单是老了些；家中却一律忙，都在准备着"祝福"。

"都""一律"是范围副词，表示全部的范围。故事人物"我"看到故乡所有的朋友都在忙过年祝福，都没有多少变化。"单"也是范围副词，表示限制，他们只在年龄上有点儿变化。

> 我回到四叔的书房里时，瓦楞上已经雪白，房里也映得较光明。

"也"是范围副词，表示跟前面的事物同样。瓦楞上明亮，房屋里也一样。这个环境描写表示雪下得很大。祥林嫂在这样的大雪天离开人世，奠定了小说悲凉的感情基调。

> 直到十几天之后，这才陆续的知道她家里还有严厉的婆婆；一个小叔子，十多岁，能打柴了；她是春天没了丈夫的；他本来也打柴为生，比她小十岁：大家所知道的就只是这一点。

"就""只是"是范围副词，表示范围有限。大家只知道祥林嫂是童养媳，丈夫已经死了，还有小叔子。祥林嫂死了丈夫，瞒着婆婆出来做工，因此她不想别人过多知道她的身世。

以上范围副词所在的句子欣赏也是举例性质的，仍值得系统研究。

**四、名词的描写功能**

（一）人物肖像

　　我吃了一吓，赶忙抬起头，却见一个凸颧骨，薄嘴唇，五十岁上下的女人站在我面前，两手搭在髀间，没有系裙，张着两脚，正像一个画图仪器里细脚伶仃的圆规。

这里几笔就画出了杨二嫂霸道市侩的形象，几个名词值得注意："凸颧骨""薄嘴唇""圆规"，前两个名词不给人温和感，都可以联想到杨二嫂的刻薄；后一个名词"圆规"有冰冷、傲气感，可以联想到杨二嫂的霸道。

　　五年前的花白的头发，即今已经全白，全不像四十上下的人；脸上瘦削不堪，黄中带黑，而且消尽了先前悲哀的神色，仿佛是木刻似的；只有那眼珠间或一轮，还可以表示她是一个活物。

这一段描写祥林嫂接近死亡前的肖像，主要刻画了三处："头发""脸色""眼睛"。祥林嫂的头发"全白"，根本就不像她这个年纪的人；"脸上瘦削不堪，黄中带黑"，她面带病色；"仿佛是木刻似的"神情呆滞；"眼睛"偶尔转一下，才能看出她还活着。

（二）环境烘托

前面我们介绍了古典诗歌中名词具有描写意象的功能，在小说中，选择名词也意味着选择了要刻画的物体，也是选取意象。

　　灰白色的沉重的晚云中间时时发出闪光，接着一声钝响，是送灶的爆竹；近处燃放的可就更强烈了，震耳的大音还没有息，空气里已经散满了幽微的火药香。

这一段景物描写，选取的名词意象有"闪光""钝响""震耳的大音""幽微的火药香"。描写热闹的过年景象，从反面衬托了祥林嫂悲惨的命运。

## (三) 介绍风俗

(1) 端午日，当地妇女小孩子，莫不穿了新衣，额角上用雄黄蘸酒画了个王字。(2) 任何人家到了这天必可以吃鱼吃肉。(3) 大约上午十一点钟左右，全茶峒人就吃了午饭，把饭吃过后，在城里住家的，莫不倒锁了门，全家出城到河边看划船。(4) 河街有熟人的，可到河街吊脚楼门口边看，不然就站在税关门口与各个码头上看。(5) 河中龙船以长潭某处作起点，税关前作终点，作比赛竞争。(6) 因为这一天军官税官以及当地有身份的人，莫不在税关前看热闹。(7) 划船的事各人在数天以前就早有了准备，分组分帮各自选出了若干身体结实手脚伶俐的小伙子，在潭中练习进退。(8) 船只的形式，与平常木船大不相同，形体一律又长又狭，两头高高翘起，船身绘着朱红颜色长线，平常时节多搁在河边干燥洞穴里，要用它时，拖下水去。(9) 每只船可坐十二个到十八个桨手，一个带头的，一个鼓手，一个锣手。(10) 桨手每人持一支短桨，随了鼓声缓促为节拍，把船向前划去。(11) 带头的坐在船头上，头上缠裹着红布包头，手上拿两支小令旗，左右挥动，指挥船只的进退。(12) 擂鼓打锣的，多坐在船只的中部，船一划动便即刻蓬蓬镗镗把锣鼓很单纯的敲打起来，为划桨水手调理下桨节拍。(13) 一船快慢既不得不靠鼓声，故每当两船竞赛到剧烈时，鼓声如雷鸣，加上两岸人呐喊助威，便使人想起梁红玉老鹳河时水战擂鼓，牛皋水擒杨幺时也是水战擂鼓。(14) 凡把船划到前面一点的，必可在税关前领赏，一匹红，一块小银牌，不拘缠挂到船上某一个人头上去，皆显出这一船合作的光荣。(15) 好事的军人，且当每次某一只船胜利时，必在水边放些表示胜利庆祝的五百响鞭炮。

这一段主要介绍赛龙舟风俗，写出了边城端午风俗之美，其中名词或者名词性词组的安排最为重要。为了便于称谓，我们在每句前加了序号。(1) "妇女小孩子"(2) "任何人家"突出节日气氛；(3) "上午十一点左右"是观看赛龙舟的时间；(4) "河街吊脚楼门口""税关门口""各个码头"是观看赛龙舟的地点；(5) "长潭某处""税关前"是赛龙舟的起止点；(6) "税关前"是观看赛龙舟最重要的地点；(7) "小伙子"是赛龙舟团队的核心成员；(8) "船只形体"是龙舟形状条件；(9) "桨手""带头的""鼓手""锣手"是赛龙舟团队组成；(10)"桨手"任务；(11)"带头的"任务；(12)"擂鼓打锣的"任务；(13)"两船竞赛到剧烈时"是比赛高潮时段；(14)"把船划到前面一点的"领赏；(15)"好事的军人"为比赛增添欢乐。

《边城》这一段风俗描写为主人公翠翠的出场营造了美妙的氛围，把翠翠映衬得更加美丽、可爱。作家竭尽所能描写边城风俗美、人情也美。这里军人都与百姓同乐，富商都资助百姓，没有压迫也没有剥削。在作者笔下边城有美丽的风光，有淳朴的人情，是远离战争的世外桃源。①

## 第六节 当代新翻译小说

### 一、当代新翻译小说的独立性

（一）当代翻译跟五四翻译的文化视角差异

从中国文化史的角度来说，当代文学翻译的目的不是要创造新白话。有些翻译水平欠佳的学者，可能译作还受源语言些微影响。但绝大部分译作都能遵守现代汉语的语法规范。翻译者更看重西方文学的思想之美、艺术之美。

（二）后工业社会思想

西方经历过战争的创伤，也经历过大工业化时代，之后开始重视人与自然的和谐关系，提倡保护环境。部编教材所选《植树的牧羊人》就是在这种文化背景下产生的作品。

《植树的牧羊人》是法国作家让·乔诺写的一篇短篇小说。该小说采取了内聚焦叙事，叙事者"我"是一位参与过"一战"和"二战"的战士。该小说没有把塑造典型人物放在中心位置，而是以牧羊人植树事件为中心，通过三次相见，发现牧羊人生活环境大变样为线索，反映了远离战争的牧羊人坚持不懈地种树，改变了荒凉的世界，为人们带来了幸福，自身也获得了幸福。从侧面控诉战争对人类美好生活的践踏。

1. 对比叙事艺术

初次见到牧羊人，高原上没有水井，没有人家，只有五六栋没了屋顶的房

---

① 在抗日战争大背景下，在整个民族生死存亡的紧要关头，作家沈从文选择的是逃避现实态度。

子，一座废弃的教堂。高原上：

> 光秃秃的山上，稀稀拉拉地长着一些野生的薰衣草。

"一战"结束后，"我"又见到牧羊人，这里有了溪水，有了山毛榉、白桦树。当初牧羊人种的橡树，已经长高：

> 那一大片的橡树也长得很茂盛，不用再担心被动物吃掉了；就算老天爷想把这杰作毁掉，也只能求助龙卷风了。

第三次见到牧羊人是"二战"之后的1945年。高原上飘着香气的微风，地上有了泉水，人们挖了水渠，盖了农舍，搬来了新居民。到处一片生机勃勃。

三次见到牧羊人都是描写性叙述，这使小说保持栩栩如生的魅力。除此之外还有概括性叙述，比如关于牧羊人孤身一人的身世，关于他添置一百多个蜂箱的过程，关于白桦树种在谷底的决定，关于高原人幸福的生活等，都比较概括。这使小说可以在短篇之中，使读者了解到更多信息。一篇小说只有陈述，就无法感染读者；只有描写性叙述，故事就进展得太慢。为了既得到完整的故事又得到形象的描写，作者往往要同时使用不同的叙述方法。

2. 人物刻画艺术
(1) 环境描写

牧羊人居住的屋子：

> 屋顶很严实，一滴雨水也不漏。风吹在瓦上，发出海浪拍打沙滩的声音。

这显示出他居住的房屋非常简陋。

> 房间里收拾得很整齐，餐具洗得干干净净，地板上没有一点儿灰尘，猎枪也上过了油。炉子上，还煮着一锅热腾腾的汤。

这些描写显示牧羊人是一个做事一丝不苟，生活惬意的人。

(2) 外貌描写

　　看得出，他刚刮过胡子。他的衣服扣子缝得结结实实，补丁的针脚也很细，几乎看不出来。

虽然牧羊人在妻子和独生子离世之后很孤单，但他生活的状态很好。
(3) 动作描写

小说细致地描写了牧羊人挑选橡子的情景：他先把好的和坏的分开；再将好的按照十个一堆的数目分来；再将个儿小的，和裂缝的橡子拣出去；最后留下一百颗又大又好的橡子。使用了以下几个动词：挑选、分开、拣出去、挑出，这些动词能表现牧羊人细致耐心的特点。

(4) 神态描写

　　看起来他并不在意，他只是一心一意地把一百颗橡子都种了下去。

"一心一意"显示出他种树的目的并不是为了私利，种树超越了个人私欲，成为他幸福的源泉。

(5) 叙述者"我"评论

　　他显得自信、平和。在我眼里，他就像这块不毛之地上涌出的神秘泉水。

表达"我"对牧羊人的感激和欣赏。

小说是虚构的艺术，本章第四节我们介绍了叙事学的理论框架，也强调了作品的叙事者与作者并不是同一个人。本小说作者让·乔诺参加过"一战"，他本人并不是这部小说的叙事者"我"——一个参与了"一战"和"二战"的士兵。但这并不等于说作品"我"的评论不能代表作者让·乔诺本人的观点。

　　想真正了解一个人，要长期观察他所做的事。如果他慷慨无私，不图回报，还给这世界留下了许多，那就可以肯定地说，这是一个难得的好人。

小说的叙事者"我"长期观察过一位植树的牧羊人，认定他是难得的好人。

140

这同样也是作者本人的观点。

> 每当我想到这位老人，他靠一个人的体力与毅力，把这片荒漠变成了绿洲，我就觉得，人的力量是多么伟大啊！

结尾小说的叙事者"我"对牧羊人的毅力表示钦佩。同时也表达了作者本人的赞扬态度。

植树让牧羊人摆脱了孤独，更摆脱了战争的摧残，为人们创造了幸福，他本人也因此获得幸福。印证了作者的观点：

> 人类除了毁灭，还可以像上天一样创造。

经历过"一战"之后，让·乔诺控诉邪恶的战争，成为和平主义的坚定维护者。

### 二、新翻译小说与西方文学嬗变史

西方现代文艺思潮，指20世纪上半叶欧美诸多具有反传统特点的文学流派总称，是西方现代非理性哲学和现代心理学结合的产物。其中包括多种流派，如象征主义、存在主义、意识流、荒诞派戏剧等。根据教材所选外国文学作品，重点介绍表现主义文学、魔幻现实主义文学和冰山叙事文学。

#### （一）表现主义

20世纪初兴起于德国，第一次世界大战之后流行于欧美各国，30年代之后逐渐消沉。作家提出"艺术是表现而不是再现"的口号，主张文学不应该再现客观现实，而应表现人的主观精神和内在激情。表现主义作品有明显的象征色彩，大胆使用荒诞和变形手段，卡夫卡作品是其代表之一。

卡夫卡被文学界认为是西方现代派文学的鼻祖之一。20世纪80年代他的作品在中国才广为流传。1979年李文俊翻译了其短篇小说《变形记》，此后卡夫卡代表作《城堡》《审判》《美国》三部长篇小说也相继被译为汉语，1996年由叶廷芳翻译主编了《卡夫卡全集》（九卷）。

教材截取了张荣昌《变形记》译本的前两节部分内容合成整体。第一部分写格里高尔眼中的公司。虽然他变成了甲虫，但他仍像往常一样，记得上班这类重大事情。第一段（1-2节）写变形为甲虫；第二段（3-5节）写他竭力起床，打算像往常一样上班；第三段（6-7节）写他终于打开了房门，跟秘书主任解释未能按时上班的原因；第四段（8节）写他极力想留住秘书主任，却被父亲赶回房间。

第二部分写格里高尔不小心吓到了母亲，被父亲惩戒。第一段（1节）他被父亲驱赶受了伤；第二段（2-4节）写家里的经济情况；第三段（5-7节）写母亲看到格里高尔受了惊吓；第四段（8节）父亲惩戒格里高尔。

教材将这篇小说与中国文言小说《促织》编订在一起，希望学生展开对比阅读，两者的相同点是：题材近似，两者都是人变为虫子的奇特故事。两者的相异点是：艺术手法不同，《促织》属于浪漫现实主义作品，《变形记》中有大量篇幅从虫子角度观察现实世界，这些变形的独特感受，是典型的象征主义艺术手法。

1. 虫形与人形交叉叙事

格里高尔形状像甲虫、声音像甲虫，他沿着墙壁和天花板爬行，留下黏性的液体，这些描写都真实地展现了主人公的昆虫习性。

最能显示作家匠心的是他能以昆虫的视角观察现实世界。对于一只昆虫来说，想打开房门都万分艰难：

> 他似乎没有什么真正的牙齿——他用什么来咬住钥匙呢？不过他的下颚倒十分结实，足以担当此项任务，在它的帮助下他也果真启动了钥匙。他没有注意到这无疑已给自己造成某种伤害了，因为一股棕色的液体从他嘴里流出来，淌过钥匙并滴到地上。

一只昆虫看世界的视角总是仰视，他变形后，母亲受惊吓碰倒了咖啡壶，格里高尔对流到地毯上的咖啡感受明显：

> 他的下巴却忍不住砸巴起来，因为他看到了淌出来的咖啡。

在人看来一只昆虫不需要得到尊重，格里高尔听到父亲驱赶的声音，非常难过：

> 可是他却是始终听着这嘘嘘声，竟晕头转向，又转回去了一些。

在人看来并不剧烈的动作，对他来说也是致命的伤害：

父亲从后面使劲推了他一把，这一把倒确实救了他的命，他当即便血流如注，远远跌进了自己的房间里。

在一只昆虫眼里，身体肥胖、行动迟缓的父亲也成了高大威猛的巨型物体：

现在他身板挺得相当直，穿一身绷得紧紧的金纽扣蓝制服，这是银行杂役的打扮，一个厚实的双下巴鼓出在上衣硬领外面，浓密的睫毛下一双黑眼睛射出活泼、专注的目光，那一头平时乱蓬蓬的白发梳成了整整齐齐、油光闪亮的分头。

他看到父亲抬起来的脚"那巨大的靴后跟"，即便是行动缓慢的父亲跨出一步，也够格里高尔逃跑半天的了：

格里高尔不得不暗暗对自己说，甚至连这种奔走他也支持不了多久，因为父亲跨出一步，他就得完成大量的动作。他已经开始气喘了，从前他那只肺也不太强。

他被父亲扔来的苹果砸中：

紧接着又砸来的一只简直陷进他的后背去了。格里高尔想挣扎着往前爬，仿佛一换地方这突如其来的、难以置信的疼痛便会消失似的。

小说很多地方是虫形视角与人形视角的重叠。尽管他很想见到母亲，他却主动放弃了与母亲会面的机会，因为他怕自己吓到母亲。母亲和妹妹出于好心，搬走他房间的家具，给予他更大的爬行空间，这却毁坏了格里高尔最美好的人生回忆，他极力要守护住自己的记忆：

这时他看到已是空落落的墙上醒目地挂着那位穿一身毛皮衣服的女士的画像，便急忙爬上去，紧紧地贴在镜框玻璃上，那玻璃粘住他，令他那热烘烘的肚子感到很舒服。至少这幅现在完全让格里高尔遮住的画像如今谁也拿不走了吧。

他在画像上，以哥哥的身份朝妹妹发怒：

　　唔，让她来试试看！他趴在他的画像上，决不松开它。他还想扑到格蕾特的脸上去呢。

母亲晕倒以后，他跟随妹妹跑进厨房，但他却什么忙也帮不了：

　　随后他又跑到隔壁房间里，仿佛他像已往那样可以给妹妹出个什么主意似的，可是后来却只得无可奈何地站在她后面。

2. 细腻的心理描写和语言描写

这是一只散发着人性光辉的甲虫，小说大量的篇幅都是心理描写，充分宣泄了主人公对公司的不满。

他讨厌自己的工作、讨厌居高临下的老板、讨厌公司谄媚的听差、讨厌忠心耿耿的秘书主任。为了还清父亲欠经理的债务，他只能勤勤恳恳工作。他出门对到家里来询问情况的秘书主任说的一段话，充分显示了他讨好秘书主任担心丢掉工作的焦虑心态：

　　秘书主任先生，您去哪儿？去公司吗？是吗？您会如实报告一切吗？人可能一时没了工作能力，但是随后就会不失时机地回忆起从前的成绩，并想到等以后消除了障碍，他一定会更兢兢业业地工作。

他了解秘书主任的弱点，知道他对女人的痴迷，他觉得妹妹能帮他留住秘书主任。

在他变形之后，他为自己不能做工万分羞愧：

　　只要一谈到这种出去做工赚钱的必要性，格里高尔便放开门，一头扑到门旁那张凉丝丝的皮沙发上，因为他羞赧和伤心得浑身燥热。

"人变成甲虫似乎是荒诞的故事，但是这个荒诞的背后却是残酷的现实，是现代人自我价值与个性丧失的悲剧，它揭示的是20世纪西方人在金钱、权力和痛苦生活面前，被异化成非人、虫豸。在悲剧中我们能真切感受到的是被荒漠包围后的深重孤独、被扭曲与变形后的无限悲凉。"①

3. 现代派小说语言特征——动词的超常搭配

世界上每种语言都是用动词支配名词描述事件，如"他打球"，动词"打"支配名词"球"。但现代主义作家以超常的想象为突出特点，会将事件描述成"球在他手上跳来跳去"，让球具有生命体征，让人静止。这些奇特的想象在卡夫卡《变形记》里也非常明显：描述自己装潢镜框里的贵妇人画面，"把一只套没了整个前臂的厚重的皮手筒递给看画的人。""递"是一个三价动词，要描述谁递给谁什么东西，如"我递给他一支笔"，句子主语是有生命的能发出自主意识的人。用"递"这个动词描述这幅画中贵妇人的动作，能将静止的图画写活。这种描写技法延续到象征主义诗歌等多个艺术领域，是现代派的鲜明特征。

（二）魔幻现实主义

20世纪50年代崛起于现代拉丁美洲文坛，表现拉丁美洲光怪陆离、虚幻恍惚的现实。这个流派吸纳古印第安文学、现实主义文学与西方现代派文学的有益经验，在现实主义描写中，使生死不辨、人鬼不分、幻觉与真实相混、神话和现实并存，加西亚·马尔克斯的《百年孤独》为其代表之一。

教材节选的部分可以分为五段：第一段（1-2节）写马孔多小镇与外部建立商业联系，布恩迪亚与吉卜赛人和阿拉伯人来往；第二段（3-7节）写丽贝卡投奔布恩迪亚家族，并被逼迫改掉恶习，融入家族生活；第三段（8-12节）写丽贝卡患上失眠症，导致失眠症蔓延到整个家庭乃至小镇；第四段（13节）写布恩迪亚采取措施，避免失眠症蔓延到其他村镇；第五段（14节）写奥雷里亚诺想办法抵御失忆，并将此做法推广到全镇。小说呈现出神秘、魔幻色彩，奇怪的现实充满各种隐喻。

1. 神秘中的现实

有人神秘地消失：

梅尔基亚德斯的部落由于逾越了人类知识的界限，已从大地上被抹去。

吉卜赛人梅尔基亚德斯为马孔多小镇带来磁铁、望远镜、冰块等新鲜事物，使布恩迪亚从幻想中挣脱出来，让他因为科学而进入实干状态。吉卜赛人的部落从大地上神秘消失，反映了拉美地区少数民族不被重视，有些族群在现代社

---

① 黄雪莹.《变形记》人性变异探微[J]. 钦州学院学报，2012（2）：27-29.

会中消亡的现实。

有人神秘地出现：

丽贝卡还未到来之前，布恩迪亚预言"有人要来了"，奥雷里亚诺预感"人已经在路上"。皮草商人受人之托带丽贝卡投奔布恩迪亚，带来的信笺提到他们的名字，末尾写信人签名也清晰可见，但布恩迪亚夫妇并不认识自称远方亲戚的写信人。这样的神秘事件反映了拉美少数民族族群内部联系松散的现实。

2. 魔幻中的现实

患上失眠症：

丽贝卡患上失眠症，继而传给家里所有的孩子，接着全部家庭成员都患了失眠症。失眠症只经入口之物传播。布恩迪亚出售家里失眠的糖果小动物，整个镇子都患了失眠症。这样的魔幻事件反映了拉美少数民族某些文化心理在族群内部有极强的传播能力。

印第安人因为失眠症被迫背井离乡，放弃了他们古老的王国，放弃了尊贵的身份，她解释失眠症的后果：

  患者慢慢习惯了无眠的状态，就开始淡忘童年的记忆，继之以事物的名称和概念，最后是各人的身份，以至失去自我，沦为没有过往的白痴。

这样的魔幻事件反映了拉美少数民族因为某种文化心理而导致整个族群惶恐、失忆，丧失历史记忆的现实。

醒着的梦幻：

丽贝卡梦到男人和女人来访，乌尔苏拉一番辨认之后，确定他们从未谋面。这样的魔幻事件反映了拉美族群家族内部的交流完全不受制于理性。

3. 奇怪的现实

奇怪的饮食癖好：

  丽贝卡嗜好吃院子里的湿土及石灰墙皮。他们不得不在院子里洒牛胆汁，在墙上涂辣椒油。

奇怪的药方：

  乌尔苏拉在小锅里放入橘汁，兑上大黄晾了一整夜，次日让她空腹喝下。

这样的药物治疗，没有什么科学依据，但在皮带抽打压力下，竟然也让丽贝卡放弃了不良饮食习惯。这些奇怪的不合常理事件反映了拉美少数民族族群生活习惯奇特的现实。

4. 光怪陆离的隐喻

这些神秘的、魔幻的、奇怪的现实，让作品显得似幻似真，处处充满隐喻。

（1）男性统治者的隐喻

布恩迪亚象征着社会的男性统治者。他着手建立马孔多的社会秩序，"忙于设计街道规划新居"，他统一校准每家从阿拉伯人那里换来的音乐钟，他在街上种植巴旦杏，并使树木长久不衰。在意识到失眠症侵入镇子之后，他召集各家家长，"众人决定采取措施防止灾难扩散到大泽区的其他村镇"。为了防止人们因失眠症而遗忘其他生活信息，他将家里的做法推广到全镇，为每样东西加注名称，并"逐一详加解释"。总之，他"忙于整治市镇"。他的妻子乌尔苏拉是女性统治者的象征，但教材选文没有显示她对社会的治理愿望，这里略去不述。

（2）物质欲望持有者的隐喻

奥雷里亚诺象征物质和身体欲望持有者。他迷恋金银器技艺，整天都在实验室里，废寝忘食。布恩迪亚担心他过于专注，给他一些零钱，他却用来买了盐酸配制王水，把家里钥匙也镀了金子。他总是能想到解决问题的机械方式，为了解决失眠症带来的遗忘，他把实验室里所有事物的名称写在纸上，用树胶贴起来。他一生与17个外地女子姘居，生下17个男孩。

（3）拒绝现代文明的隐喻

布恩迪亚的大儿子阿尔卡蒂奥和女儿阿玛兰妲不肯说官方语言卡斯蒂利亚语（西班牙语），只说瓜希拉土语。反映了在拉美地区，少数民族以保持族裔语言为武器，拒绝投入现代文明的事实。

教材所选部分包含了这些隐喻，而整部小说的隐喻远远不止这些。它们揭示了拉美地区人们生活现状：愚昧、麻木、社会基层缺少稳定的科学和文化，每个人都孤独无望，人们之间如一盘散沙，整个社会缺少必要的思想黏合剂。

（三）冰山叙事艺术

古老的中国对小说的基本元素"叙事"并不陌生。从有了成熟文字体系甲骨文以来，最先发展的是叙事散文，所有甲骨文卜辞都是记事。到了《论语》就是记言，记录孔子跟弟子们说过的话，认识到的道理。到了《春秋左氏传》

就发展出了较为高级的叙事艺术,这部书总体是写春秋战争,但很少正面描写战争,都是记录跟战争有关的人物事迹。这些人物的精神风貌、思想观点成为战争胜败的重要因素。到了《史记》就出现了真正的以人物为中心的文学艺术,七十列传里有丰富的人物刻画艺术。前文说过中国的白话小说如《三国演义》《西游记》基本都以情节为中心,《水浒传》以情节为中心,但处于向人物为中心转化艺术边界上,《红楼梦》《儒林外史》就是以人物为中心了。中国传统白话小说人物刻画艺术基本都是全聚焦视角叙事。

五四新文学学习西方小说艺术,开始出现内聚焦叙事小说,前文我们介绍了鲁迅小说《孔乙己》《故乡》《社戏》《祝福》的叙事艺术,就是新文学叙事艺术的代表。西方现代文艺思潮时期出现了外聚焦叙事,即凸显小说人物自身的叙事功能,作家的激情被抑制,不再主动出面评论人物。这种新的叙事艺术,被称为"冰山叙事",海明威的《老人与海》因创造了新型叙事艺术,而获得诺贝尔文学奖。

教材所选部分可以分为五段:第一段(1-27节)写老人与一条灰鲭鲨搏斗,杀死鲨鱼之后感到愧疚;第二段(28-46节)写老人预感到还有鲨鱼,并继而与两条加拉诺鲨搏斗,获胜之后想保住剩下的鱼肉;第三段(47-53节)写老人与独自赶来的铲鼻鲨搏斗,感到疲劳;第四段(54-79节)写老人与两条加拉诺鲨搏斗,获胜之后几乎丧命;第五段(80-97节)写老人与群鲨搏斗,所捕获之鱼被吃尽,挣扎回到棚屋。整个搏斗过程写得跌宕起伏,惊心动魄。其中第一个回合和最后一个回合写得非常详细,大量的心理描写以一种内心独白方式,细致展现了整个拼杀过程中老人的心理变化过程。

1. 胜负难定的第一回合

> 我没法阻止它攻击我,但我也许能制服它。尖齿鲨,他想,见鬼去吧。

"也许"这个语气副词表示推测,老人先是不自信能战胜鲨鱼。但他得接受挑战,因此他想到"见鬼去吧"。

> 好景不长啊,他想。我现在真希望这是一场梦,希望根本没有钓上这条鱼,而是独个儿躺在床上铺的旧报纸上。
> 
> 不过,攻击我这条鱼的鲨鱼被我干掉了,他想。它是我见过的最大的尖齿鲨。天知道,我可见识过不少大鱼。

他先是后悔钓上这么一条大鱼，接着他还是为自己的行为骄傲，因为这是他见过的最大的尖齿鲨。

尖齿鲨很残忍，而且也很能干，很强壮，很聪明。不过我比它更聪明。也许并不是这样，他想。也许只不过是我的武器比它的强。

当他自信地认为比尖齿鲨聪明的时候，"也许"这个语气副词再次表现了他感觉自己没有资格自信，可能只是武器比尖齿鲨好而已。

不知道了不起的迪马吉奥会不会欣赏我一举击中鲨鱼的脑袋。这也没什么大不了的，他想，谁都能行。

他刚刚觉得棒球队友迪马吉奥应该会欣赏他击杀鲨鱼的准确性，但接着又否定了自己，谁都可以做到。

别再想什么罪过了。现在已经晚了，再说还有人专门拿薪水干这个呢，让他们去费心吧。你天生是个渔夫，就跟鱼生来是鱼一样……你杀死这条鱼不光是为了养活自己和卖给别人吃。你杀死它还是为了自尊，因为你是个渔夫。

他觉得自己杀死鲨鱼是一场罪过，但接着他想明白了，一物降一物，渔夫生来就是要杀鱼的。他要一个渔夫的自尊，因此他感到"乐在其中"。

"我杀了它是出于自卫，"老人大声说，"而且我干得很干净利落。"

更重要的理由是不杀死鲨鱼，鲨鱼就会攻击自己，"自卫"使他为自己的行为找到了正当理由。因为"干得很干净利落"，他确定自己还是应该自豪。

第一个搏斗回合胜利之后，他反反复复推敲自己的行为是否合理，是否值得自豪。作家塑造了一个并不因一点胜利就沾沾自喜的理性的老人形象。

2. 殊死搏斗的第五个回合

在第四个回合，他感觉自己筋疲力尽，只有从剧烈的疼痛中，才能知道自己还没有死。他的意志仍然支撑着他，要跟鲨鱼斗到底。

149

但愿不用再搏斗了，他想，真希望不用再搏斗了。

他祈祷好运，希望不要再搏斗了，然而事实是：他仍然必须坚持搏斗。

他往海里啐了一口，说："吃吧，加拉诺鲨，做个梦吧，梦见你杀了一个人。"

他感受到自己的血腥味，已经被鲨鱼攻击到命在旦夕了。

船还是好好的，他想。除了船舵，它还算是完好无损。船舵是很容易更换的。

尽管大鱼只剩下一条残骸，他并不觉得损失严重，就连小船的破损，也很容易更换。

你给打垮了，反倒轻松了，他想。我从来不知道竟会这么轻松。是什么把你给打垮了呢，他想。

大鱼只剩下残骸，继续斗争已经失去意义，他不想再次阻拦鲨鱼，反而开始轻松。

"没有什么把我打垮，"他大声说，"都是因为我出海太远了。"

接着他否定自己被打垮，他只是出海太远，运气不好，遇到的敌人太多而已。

第五个回合胜利之后，老人先是感觉挫败，接着觉得轻松，他总结自己的斗争经历，认定自己的精神从未被击垮。非常短暂的路程，他却"一路上坐下歇了五次，才走回自己的小棚屋。"海明威塑造了一个永不言败的"硬汉"老人。

以上所完成的人物评论，完全来源于小说故事人物本身，而不是作家评论，这就是冰山叙事的典型特点：由故事本身向读者传达信息，而非间接通过作家。

本章我们介绍了小说欣赏的方法，主要应抓住三条：第一，小说的叙事角度，主要关注谁的视角叙事，叙事者采用什么结构模式，使故事与作家和读者相联系；第二，情节发展，主要关注作者如何避免平铺直叙；第三，人物形象，主要思考这个人物有什么性格特点，代表哪一类人，反映什么样的社会现实，寄托作者什么样的思想感情。作家塑造人物时，无疑都需要描写人物外貌、神态、动作、语言，只有个别作家会突出描写人物心理。① 当然对于西方现代文学，将人物放在中心位置欣赏时，要注意作家所使用的新型艺术手法。

---

① 但全聚焦、内聚焦和外聚焦的结构模式，心理描写功能区别较大。比较教材所选《复活》《老人与海》，前者是全聚焦模式，作家将心理描写掌控于手中，由作家表达对人物行为态度的评价；后者是外聚焦模式，作家将心理描写还给人物自身，由故事人物表达对自己行为态度的评价。

*151*

# 第四章

# 戏剧解读

## 第一节 语言差异性与戏剧审美

### 一、中国诗化语言与传统戏剧之美

（一）北曲、南曲之分

中国历代都重视有韵诗歌，对于治理国家来说，这非常必要。因为中国幅员辽阔，方言复杂，一般诗歌所传播的都是京城之音。四方读书人依据国家京城之音读书，一旦国家有难，京城搬迁到一座崭新的城市，知识分子的读书音马上能在新城市落地生根，将新城市重新塑造成国家标准音城市。南宋迁都杭州就是如此。宋金对峙长达一百多年，北方以北京为中心也形成了另一个标准音城市。这就造成了近代汉语两支标准音系统：南方官话和北方官话。以南方官话音为基础的戏剧（传奇）或曲子，称作南曲；以北方官话音为基础的戏剧（杂剧）或曲子，称作北曲。

北曲押韵以《中原音韵》为准，南曲押韵以《洪武正韵》为宗。北曲和南曲之间的区分，除了语音上的标志之外，还有作品语言风格上的差异。北曲较为简洁、质朴；南曲较有藻饰，更华美。

（二）中国传统戏剧结构

1. 角色

传统戏剧角色一般有末、旦、净、丑等。一般每本戏只有一个主角，男主角称正末，女主角称正旦。此外，男配角有副末（次主角）、外末（老年男子）、小末（少年）等；女配角有副旦、外旦、小旦等。净，俗称"大花脸"，配角有副净，大都扮演性格、相貌上有特异之处的人物，如张飞、李逵。丑，俗称"小花脸",大抵扮演男次要人物。此外,还有孛老(老头儿)、卜儿(老妇人)、孤(官员)、徕儿(小厮)。

2. 戏剧文本构成

传统戏剧文本由唱、科、白三部分构成。

唱词是按一定的宫调(乐调)、曲牌(曲谱)写成的韵文。元杂剧规定,每一折戏唱同一宫调的一套曲子,其宫调和每套曲子的先后顺序都有惯例规定。

科,是戏剧动作的总称。包括舞台的程式、武打和舞蹈。

白,是"宾白",是剧中人的说白部分。宾白有对白(人物对话)、独白(人物自叙)、旁白(背过别的人物自叙心里话)、带白(唱词中的插话)。宾白是元杂剧中重要的组成部分。

(三)唱词:诗化语言

除了爱情戏,一般中国古典戏剧只有一个中心人物,戏剧中心人物的唱词除了朗朗上口,符合音韵要求,还要具有诗意特征。我们以《牡丹亭·惊梦》一节为例说明诗化语言的外在表现形式。

1. 引经据典

引用南唐李煜《相见欢》词"剪不断,理还乱",唐朝薛逢《宫词》"云髻罢梳还对镜,罗衣欲换更添香"。除了直接引用,还有节略式引用,如"良辰美景奈何天,赏心乐事谁家院",节略自谢灵运《拟魏太子邺中集诗序》:"天下良辰美景、赏心乐事,四者难并。""朝飞暮卷,云霞翠轩",节略自王勃《滕王阁序》:"画栋朝飞南浦云,珠帘暮卷西山雨。"另有化用经典名句者,如"开我西阁门,展我东阁床"化用《木兰诗》"开我东阁门,坐我西阁床"。"光阴如过隙"化用《庄子·知北游》"人生天地之间,若白驹之过隙,忽然而已"。"颜色如花,岂料命如一叶",化用元好问《鹧鸪天·薄命妾》词"颜色如花画不成,命如叶薄可怜生"。

2. 妙用典故

杜丽娘观赏春景思慕佳偶,用了两个典故,"昔日韩夫人得遇于郎,张生偶逢崔氏,曾有《题红记》《崔徽传》二书。"杜丽娘也期盼拥有这样的浪漫爱情。

3. 精致描写

杜丽娘出闺门对自己的姿态有一番描述:"停半晌、整花钿。没揣菱花,偷人半面,迤逗的彩云偏。步香闺怎便把全身现!"一阵春风吹来,杜丽娘整整衣衫,没带镜子,她担心自己的发髻偏斜,一路行来遮遮掩掩,那种娇羞可人之

153

状,可以通过语言描写体会出来。然后她又描述自己的妆容:"你道翠生生出落的裙衫儿茜,艳晶晶花簪八宝填,可知我一生爱好是天然。""翠生生""艳晶晶",两个叠音状态词描写出了裙子的鲜艳、头饰的明丽,这么漂亮不是化妆而成,乃"天然"。最后她描述自己的气质:"不提防沉鱼落雁鸟惊喧,则怕的羞花闭月花愁颤。"自己的美丽能使鸟惊动起飞,花害羞颤抖。杜丽娘的自信之情溢于言表。这样的描写性语言,使剧情充满了诗意。

**二、现代语言与翻译戏剧之美**

**(一) 现代戏剧翻译简史**

中国翻译西方戏剧早于翻译小说,在咸丰时期鸦片战争期间,莎士比亚戏剧已由西方传教士传入中国。近一个世纪以来,中国在莎士比亚戏剧翻译上从来没有停止过,翻译语言有文言文、白话两种语体,白话散文、白话诗体等多种形式,经过几代人的努力,译文越来越臻于完美。"据不完全统计,截至1949年,我国翻译各类剧作约为90种,其中莎剧就占半数以上。"[①] 1921年田汉翻译《哈姆雷特》为白话译文,1956年至1988年卞之琳陆续完成了莎士比亚四部悲剧——《哈姆雷特》《奥赛罗》《李尔王》《麦克白斯》——"以诗体译诗体",将莎剧翻译做至精湛。莎剧的主要翻译者是朱生豪和曹未风,其中曹是早期诗体语言翻译家。

1914年,中国话剧团体"春柳社"排演易卜生剧本《娜拉》(《玩偶之家》)。"易卜生"被誉为"现代戏剧之父","五四"时期易卜生的名声胜过了莎士比亚。

"五四"时期,中国还翻译了中欧、日本的现代戏剧。从新文学角度说,欧美戏剧以及日本东亚戏剧,推动了中国新戏剧的诞生。

**(二) 西方戏剧理论审美范式**

1. 古典戏剧与"三一律"原则

对古典主义戏剧的理论探讨,可以追溯到古罗马时代,但古典主义戏剧理论的确立是在17世纪30—70年代的法国。他们强调同一时间(一般以一天为限)、同一地点(各种人物频繁地汇聚于同一地点)、同一情节(服务于同一主题),即"三一律"创作规范。

这样的理论窠臼被莎士比亚打破,他创作的戏剧多半采用开放式结构,"在

---

[①] 马祖毅. 中国翻译通史(现当代第二卷)[M]. 武汉:湖北教育出版社,2006:227.

脱离古典主义的规则取向的理论过程当中，一个决定性的因素就是莎士比亚的戏剧在 18 世纪被接受的方式。它们显然不关心如何符合时间和地点一致的要求，常常采用全景式的开放的时空结构。"①

2. 狄德罗现实主义与现代戏剧的产生

狄德罗对古典戏剧的态度比较辩证：一方面肯定了古典戏剧的卓越成就，另一方面也反对古典戏剧的矫揉造作和清规戒律。狄德罗主张戏剧在题材上应有现实社会内容。他认为如果要戏剧产生道德效果，就必须从打动听众的情感入手，而为了打动情感，戏剧就要产生身临其境的效果，使听众信以为真。因此新戏剧要服装真实，语言真实，情节简单而自然。他把新剧的性质界定为"市民的""家庭的"。狄德罗指出悲剧写的是"具有个性的人物"，喜剧写的是"代表类型的人物"，西方现代戏剧由以情节为中心转为以人物刻画为中心。

3. 自然主义戏剧理论

左拉于 1881 年发表了论文集《戏剧中的自然主义》，正式提出了"自然主义"戏剧的名称及其创作原则。他认为"真实不需要矫饰"，它在戏剧中"应该赤裸裸地前进"；剧作家"必须如实地接受自然"，而无须通过"想象"来"安排一系列戏剧效果"；戏剧创作要反映"现代背景"和"周围的人民"；舞台表演要去掉"装腔作势的朗诵、夸大的语言和过火的感情"等文学主张。

这些文学主张对我国五四新作家产生了不小的影响。

### 三、现代语言与新戏剧审美国际化

（一）现当代戏剧简史

现代戏剧在语言上的突出特点是以散文化的对话取代诗、词、曲融为一体的戏剧文本，新型剧作家借鉴西方戏剧艺术理论，创作了表达中国人民反帝反封建、追求自由、追求解放的感人作品。

"1906 年冬成立于日本东京的中国留学生艺术团体——春柳社，不仅是中国现代戏剧运动的重要先驱，而且由它形成了整个文明新戏时期最有代表性的演剧流派之一。"②

1913 年《新青年》推出"戏剧改良专号"，胡适认为戏剧的改良方向是摆脱音乐束缚，人物刻画达到自然状态，他说："中国戏剧一千年来力求脱离乐曲

---

① ［德］普菲斯特. 戏剧理论与戏剧分析 [M]. 周靖波，李安定，译. 北京：北京广播学院出版社，2004：324.
② 陈白尘，董健. 中国现代戏剧史稿 [M]. 北京：中国戏剧出版社，1989：48.

一方面的种种束缚,但因守旧性太大,未能完全达到自由与自然的地位。中国戏剧的将来,全靠有人能知道文学进化的趋势能用人力鼓吹,帮助中国戏剧早日脱离一切阻碍进化的恶习惯。"① 1924年洪深编译的《少奶奶的扇子》成功上演,标志着新戏剧终于自立于中国舞台。

"郭沫若是一位狂飙突进的革命浪漫主义诗人和剧作家。'五四'时期对中国封建传统的'叛逆'精神在他的剧作中表现得最为突出。"② 他是新历史剧的创造者,其剧作特点是不重视史实而强调主观抒情。他在40年代创作的五幕剧《屈原》是中国浪漫主义戏剧杰作。

20世纪30年代,曹禺创作的《雷雨》《日出》《原野》是现实主义戏剧典范,这些作品凭借丰富典型的人物形象、错综复杂的矛盾冲突、流畅严谨的行文结构、动作性及抒情性兼顾的语言,推升现代戏剧走向成熟。

1924年,老舍教书于英国伦敦大学东方学院,开始接触西方文学并走上创作道路。50年代凭借《茶馆》"圆熟滑润的语言、形散神凝的场景、横断面连缀式结构,创造了一部真正具有中国气派与中国作风的话剧"。③

(二) 新戏剧审美国际化

1. 戏剧语言的白话诗意化

中国传统戏剧宾白,也是那个时代的白话,但多少带点儿舞台表演性质,不是自然的口语。新戏剧不再有唱词,不受音乐限制,全部是自然口语。但没有作家对人物语言的细致加工,难以形成哲理性、诗意性的语言,戏剧人物也难以感动观众。如郭沫若就是将现代诗歌语言带入戏剧,使屈原形象深入人心的。

2. 人物刻画手段国际化

大量的独白式抒情呈现在舞台上,如《屈原》面向"风及雷电"的独白堪与《哈姆雷特》"生存还是毁灭"独白相媲美。这也是中国传统戏剧所没有的艺术手法。

3. 戏剧结构的国际化倾向

新戏剧《雷雨》的情节结构受到了西方古典戏剧思想影响。强调"三一律"规范:该剧集中于一天的时间(上午至午夜两点钟),两个舞台背景(周

---

① 胡适. 文学进化观念与戏剧改良 [M] //胡适文存:第1卷. 北京:外文出版社,2013:195-214.

② 陈白尘,董健. 中国现代戏剧史稿 [M]. 北京:中国戏剧出版社,1989:160.

③ 陈思和. 中国当代文学史教程(第二版)[M]. 上海:复旦大学出版社,1999:76.

家客厅、鲁家住房），描写周朴园、鲁侍萍两家 30 年的恩怨纠葛。该剧属于"锁闭结构"（亦称封闭式结构），从矛盾即将激化、高潮即将到来的前夕切入，剧情以高潮和结局为主，在戏剧冲突展开以后以"回顾"的方式逐渐显露人物关系矛盾冲突的原因。锁闭式结构的特点是时间跨度短，情节集中，关系错综复杂，矛盾尖锐。该剧的主要冲突有四条线索：周朴园与鲁侍萍的冲突，这一条线主要描写侍萍的悲剧命运；周朴园与繁漪的冲突，这一条线主要描写繁漪反抗周朴园家长式统治，追求自由的精神与悲剧命运；繁漪与周萍的冲突，主要描写繁漪陷于不合人伦的爱情，周萍移情别恋于四凤，繁漪终难寄托自己的情感而疯狂报复，这一条线是爱而不得的感情悲剧；周朴园与鲁大海的冲突，两人是雇主与员工的关系，也是父子关系，这一条线是亲情让位于利益的悲剧，揭露周朴园作为资本家的凶恶嘴脸。

中国古典戏剧多数采取"开放式"结构，即按时间顺序从头至尾清晰展示事件发生顺序，如《窦娥冤》。"锁闭式"结构是引入西方戏剧理论之后，产生的新型戏剧结构。

## 第二节　唱词与传统戏剧人物刻画艺术

### 一、戏剧分析理论框架

（一）剧本的构成

戏剧是综合的艺术形式，本书不讨论由演员呈现在舞台上的戏剧，仅讨论文本形式的戏剧。"印刷文本通常可以被明确地分为两个层次，这种区分在印刷排版中就已经体现出来了：一层是发生在戏剧角色之间的对话，另一层是不以对话形式在舞台上表现的文字部分。"[①] 前者称"第一文本"，后者称"第二文本"。

第二文本主要指示舞台效果，主要有两类，指涉戏剧角色和环境。其中指涉角色有：人物上下场的时间和方式、体形和扮相、面具和服装、手势和表情、对话的元语言要素以及角色间的组合和互动。指涉环境有：发出指令以控制布景、道具、灯光、音乐和音响、人造烟雾或舞台机械等特效，还有转场和分

---

① ［德］普菲斯特. 戏剧理论与戏剧分析［M］. 周靖波，李安定，译. 北京：北京广播学院出版社，2004：19.

幕——还包括"开放式"舞台上的"转换"。①

(二) 戏剧视角结构类型

1. 单一的视角结构

单一视角结构,并不是指舞台上只有一位演员,而是每个演员都是作者的传声筒。戏剧角色有非常强的作家干预特点。"作者就在作品中直接使用角色的语言来表达自己的观念,而角色只是作者的喉舌,在观众面前喋喋不休。"② 以政治教化或者宗教教化为目的的戏剧作品容易有此倾向。

2. 锁闭的视角结构

"这类戏剧与单一视角结构戏剧的差异就体现在,它不提供现成的结论,而是激发接受者的道德评判力,或是向接受者的道德评判力发起挑战。"③ 这类戏剧文本因为比较自然,更容易激发读者(观众)的想象力,因而也更有文学感染力。

(三) 戏剧人物分析

戏剧的核心任务是塑造人物,由第一种视角创作的人物与第二种视角创造的人物有比较大的区别。戏剧理论家乔治·贝克在他的著作《戏剧技巧》中提出来,戏剧人物塑造有三类。

1. 概念化人物

概念化人物是作者立场的传声筒,作者毫不把性格描写放在心上。

2. 类型化人物

"类型表现出如此鲜明的特点,以致即使不善于观察的人也不会难以辨认出他们同侪中的这种人来。"④ 这种人物每一个人"只表现一个单独的特征或者一组密切相联的特征"。⑤

3. 个性化人物(圆形人物)

"个性化则是从类型中间,把人物区分出来,从粗略的区分到很精细的差

---

① [德] 普菲斯特. 戏剧理论与戏剧分析 [M]. 周靖波,李安定,译. 北京:北京广播学院出版社,2004:21.
② [德] 普菲斯特. 戏剧理论与戏剧分析 [M]. 周靖波,李安定,译. 北京:北京广播学院出版社,2004:82-83.
③ [德] 普菲斯特. 戏剧理论与戏剧分析 [M]. 周靖波,李安定,译. 北京:北京广播学院出版社,2004:83.
④ [美] 乔治·贝克. 戏剧技巧 [M]. 余上沅,译. 北京:中国戏剧出版社,1985:244.
⑤ [美] 乔治·贝克. 戏剧技巧 [M]. 余上沅,译. 北京:中国戏剧出版社,1985:247.

异。"① 这种人物评论家也称作"圆形人物",他们具有性格的多侧面和复杂性,复杂到无法用简单的话语来概括和分析。

第一种视角塑造的人物多为概念化、类型化的人物;第二种视角塑造的人物一定更具有多面性,更鲜活。

**二、人物模式化的唱词表现**

中国人的叙事传统更突出的是对类型人物的描写,传统戏剧的审美习惯也相当多地固定于类型人物上。戏剧的末、旦、净、丑本身就是根据人物性别、年龄、性格等不同类型所做的分类,即模式化分类。如三国人物曹操性格突出于"奸雄",关羽突出于"忠勇",诸葛亮突出于"神奇",张飞突出于"直鲁",每个人都是类型化的代表。

"类型人物在舞台上长久流行,全靠它容易叫人懂,在某些粗糙的戏剧形式里她完全适应,容易模仿。"② 中国传统戏剧创作者演员居多,一部戏剧代代传承,不断修改完善,因此这些作品不乏艺术珍品。当然元明清时期也涌现出了一批戏剧作家。类型化人物易于被大众接受。

例如中国传统戏剧"正旦"一般是正面人物,都温柔贤惠,敬重家长,和睦乡邻。窦娥就是一个典型的孝顺媳妇:

【鲍老儿】念窦娥伏侍婆婆这几年,遇时节将碗凉浆奠;你去那受刑法尸骸上烈些纸钱,只当把你亡化的孩儿荐。〔卜儿哭科,云〕孩儿放心,这个老身都记得。天那,兀的不痛杀我也。〔正旦唱〕婆婆也,再也不要啼啼哭哭,烦烦恼恼,怨气冲天。这都是我做窦娥的没时没运,不明不暗,负屈衔冤。

这一段唱词窦娥叮嘱婆婆记得身亡之后祭奠,并宽慰婆婆说自己命不好,才有这样的遭遇。在临刑之际,她不责怨婆婆引狼入室,把恶人张驴儿父子留住家中,带来横祸,这样做可以消解婆婆的内疚之情,可谓很体贴了。

**三、诗化语言与聚焦人物**

一部戏往往有多个人物,诗意特征一般仅见于主人公语言,也就是戏剧聚

---

① [美] 乔治·贝克. 戏剧技巧 [M]. 余上沅, 译. 北京:中国戏剧出版社, 1985:244.
② [美] 乔治·贝克. 戏剧技巧 [M]. 余上沅, 译. 北京:中国戏剧出版社, 1985:246.

焦人物的语言，这是刻画人物性格的需要。聚焦人物得鲜明地表达自己的情感，才能引起读者（观众）的共鸣，产生艺术效果。下面举例说明聚焦人物诗化语言表达感情的艺术手法。

1. 直抒胸臆

【滚绣球】有日月朝暮悬，有鬼神掌着生死权。天地也！只合把清浊分辨，可怎生糊突了盗跖、颜渊？为善的受贫穷更命短，造恶的享富贵又寿延。天地也！做得个怕硬欺软，却原来也这般顺水推船！地也，你不分好歹何为地！天也，你错勘贤愚枉做天！哎，只落得两泪涟涟。

《窦娥冤》这一段唱词直接抒发胸臆，窦娥指责苍天大地不公，不能区分好人、歹人，对善恶两种人的处置不当。敢于指责天地，说明窦娥有胆识有气魄，刚烈而富有反抗精神。

2. 借景抒情

【好姐姐】（旦）遍青山啼红了杜鹃，荼蘼外烟丝醉软。春香呵，牡丹虽好，他春归怎占的先！（贴）成对儿莺燕呵。（合）闲凝眄，生生燕语明如翦，呖呖莺歌溜的圆。

《牡丹亭》这一段唱词，杜丽娘眼中看到的是春天美景：杜鹃花开得鲜艳，荼蘼花开尽，花叶柔毛漫飞。牡丹虽好，但是春已到尽头，也不能长占富贵了。这春天的艳丽景色将到尽头，杜丽娘不觉平添烦恼。最难过的是看到成双成对的莺歌声婉转，燕子细语呢喃，她不免觉得自己形只影单。这是借春天之景抒发自己的郁闷之情。

3. 浪漫想象

美丽贤惠的窦娥要被行刑，她斥责天地不分善恶。临死之前发下三桩誓言：

【耍孩儿】不是我窦娥罚下这等无头愿，委实的冤情不浅。若没些儿灵圣与世人传，也不见得湛湛青天。我不要半星热血红尘洒，都只在八尺旗枪素练悬。等他四下里皆瞧见，这就是咱苌弘化碧，望帝啼鹃。

第一桩誓言"鲜血飞练"在现实世界不可能实现,但勇士苌弘鲜血化碧玉、望帝灵魂化杜鹃,这些浪漫的传说也寄托了人们几千年的怀念。重大冤情无法申诉,窦娥期盼自己的灵魂也永远不灭。

【二煞】你道是暑气暄,不是那下雪天;岂不闻飞霜六月因邹衍?若果有一腔怨气喷如火,定要感的六出冰花滚似绵,免着我尸骸现;要什么素车白马,断送出古陌荒阡?

第二桩誓言"六月飞雪"在现实世界也不可能实现,但受到冤屈的邹衍也曾经感动苍天六月飞雪,窦娥比邹衍还要委屈,更不愿意自己身首异处,曝尸街头,她要感得六月飞雪遮掩尸体,给她做人的尊严。

【一煞】你道是天公不可期,人心不可怜,不知皇天也肯从人愿。做甚么三年不见甘霖降,也只为东海曾经孝妇冤。如今轮到你山阳县,这都是官吏每无心正法,使百姓有口难言。

第三桩誓言"三年亢旱",窦娥死则死矣,为什么要连带山阳百姓。她道出了天下最大的不公正:官吏无视正法,百姓不敢伸张正义。必须让贪婪的官吏和喑哑的百姓同时受到苍天责罚。

《窦娥冤》戏剧冲突表现为善良的窦娥与邪恶的张驴儿父子之间的冲突,弱势的窦娥与贪婪的官府之间的冲突。窦娥是一个贞孝两全的女子。她对丈夫从一而终,不管张驴儿选择什么招数,窦娥都不为所动;她与婆婆相依为命,自始至终都为婆婆着想,都在尽孝道。"贞节""贤孝"是中国妇女最高美德,就是这样一个美丽女子被张驴儿父子和官府联合杀死。这使得窦娥之死更能引起观众的怜悯和愤慨,激发起人们反抗邪恶的决心和勇气。

三桩誓言一一实现,真个是"连皇天也肯从人愿",证明窦娥"委实得冤情不浅"。在法治建设比较落后的时代,作家不得不通过浪漫想象赋予窦娥超现实的灵性,跨越阴阳两界的能力,表达了作家替人民伸张正义、惩治邪恶的愿望。

**四、古典修辞的韵味美**

(一)典故的含蓄美

《窦娥冤》第三折引用了很多典故,如"苌弘化碧"出自《庄子·外物》:

"人主莫不欲其臣之忠,而忠未必信,故伍员沉于江,苌弘死于蜀,藏其血三年,化而为碧。""六月飞雪"出自《太平御览》:"邹衍事燕惠王尽忠,左右谮之王,王系之狱。仰天哭,夏五月为之下霜。""东海孝妇"出自《汉书·于定国传》:"东海有孝妇,少寡,亡子,养姑甚谨。姑欲嫁之,终不肯。姑谓邻人曰,'孝妇事我勤苦,哀其亡子守寡。我老,久累丁壮,奈何?'其后,姑自经死。姑女告吏,'妇杀我母。'吏捕孝妇。孝妇辞不杀姑,吏验治,孝妇自诬服。具狱上府,于公以为此妇养姑十余年,以孝闻,必不杀也。太守不听,于公争之,弗能得。乃抱其具狱,哭于府上,因辞疾去。太守竟论杀孝妇。郡中枯旱三年。"太守因为杀了东海孝妇而使整个郡县受累。

读者欣赏时,这些典故会吸引读者探究其来源,理解典故表达的意义是逐步理解作品含蓄美的过程。典故的价值并不在于其真实性,而在于这些故事寄托着人们对正义的渴望。它自身也变成了正义的化身,流传千年而不衰。每一代人每个生活在现实社会的人,仍可以从这些故事里汲取精神力量。

(二) 比喻的意境美

【步步娇】(旦)袅晴丝吹来闲庭院,摇漾春如线。

安静的庭院里吹来袅袅游丝,飘飘荡荡春天就好像丝线一样润滑细腻。把春天的微风比喻成丝线,这样的意象突出了春天和风细腻的特点,在这美好的春光里,杜丽娘因梦到秀才柳梦梅而陷入相思之情。"丝线"这样的意象也很朦胧,为这一出"惊梦"之梦境罩上了一层迷离色彩。

## 第三节 宾白与传统戏剧人物刻画艺术

一、对话与戏剧叙事

(一) 第一文本语言构成

戏剧语言不仅要注意人物说什么,还要注意怎么说,老舍认为"作者必须苦思熟虑:如此人物、如此情节、如此地点、如此时机,应该说什么,应该怎么说,一声哀叹或胜于滔滔不绝;吞吐一语或沉吟半响,或许强于一泻无余。说什么固然要紧,怎么说却更为重要。说什么可以泛泛交代,怎么说却必须洞察人物性格，说出掏心窝的话来。说什么可以不考虑出奇制胜，怎么说却要求妙语惊人。无论说什么，若总先想一想怎么说法，才能逐渐与文学语言挂上钩，才能写出自己的风格来。"[1] 老舍从创作的角度说明了戏剧语言是戏剧的生命。戏剧语言主要包括对话、独白、自语、旁白。

1. 对话

第一文本的主体是戏剧人物的对话。对话要惟妙惟肖，孙绍振认为"对话之难还不仅在于区分作者与人物语言的不同，而且在于区分不同人物之间语言的不同"[2]。理想的戏剧对话是"在两个或更多的处于对立的状态、且相互之间处于高度紧张关系的角色之间的无中断的双向交流"[3]。这类对话是戏剧冲突的外在表现，因此也是最有"戏味"的语言。

2. 独白

独白指消失了对话的关系者，不存在不同发话者上下文之间的语义对比，而是只有一个语义方向的语言。人物对话过程中，也可以存在独白，这"可能是交际中断的结果，而中断的出现有可能是对话伙伴间的渠道严重破裂甚至不存在（例如由于主观或客观的原因导致他们不愿交流或无法交流），也可能是因为他们使用的代码严重分歧，从而导致不理解或极大的误会，或是他们所指称语境根本不同，以至无法取得交流所必需的起码的一致"[4]。独白可以表达戏剧人物内心的冲突。

3. 自语

自语就是允许角色出声地思考，自己对自己发话。自语除了具有交流功能外，"还有几种结构和形式方面的功能：如可以作为两场戏之间的连接，避免空场而导致行动的断裂；开幕时的自语可以展望情节的发展，闭幕时的自语则可总结情节的发展，其他地方的自语又可以使行动放缓，造成对情节进行反思的效果。"[5]

4. 旁白

"旁白与独白的共同之处在于，它不是针对舞台上的另一角色；它与独白的

---

[1] 王行之. 老舍论剧 [M]. 北京：中国戏剧出版社，1981：23-24.
[2] 孙绍振. 文学创作论 [M]. 沈阳：春风文艺出版社，1987：302.
[3] ［德］普菲斯特. 戏剧理论与戏剧分析 [M]. 周靖波，李安定，译. 北京：北京广播学院出版社，2004：164.
[4] ［德］普菲斯特. 戏剧理论与戏剧分析 [M]. 周靖波，李安定，译. 北京：北京广播学院出版社，2004：164-165.
[5] ［德］普菲斯特. 戏剧理论与戏剧分析 [M]. 周靖波，李安定，译. 北京：北京广播学院出版社，2004：168-169.

不同之处在于说话者在舞台上不是单独一人,也不认为是自己独处舞台,更没有忘记别人在场。"① 旁白有叙事功能,可以向观众告知戏剧情境的背景及发话者的意图,从而给后续情节造成悬念。

(二) 戏剧对话功能

"比起日常对话的语言来,戏剧语言'在语义上更加复杂',因为戏剧语言向来就包含另一个因素——观众。这就是说,对话的每一方都会多出一个参与者,他虽然不说话,但却很重要。因为戏剧对话中的每一件事情都是对他说的,目的是要影响他的意识。"② 一般来说,戏剧的对话有以下几种功能:③

1. 指称功能

发话者的主要意图是描述事物的一种状态。

2. 呼吁功能

发话者说服对话伙伴去做某事。

3. 表现功能

发话者的语言要符合其性别、年龄、职业等各方面的特点,为塑造戏剧人物服务。作家可以"人为地在剧本中设计语言:这个人是知识分子,于是就让他多说些形容词、新名词,语言要典雅华丽;那个人是'大老粗',于是满嘴都是土话、方言、俗语,粗俗寡陋不堪;这一位性格爽直,出言必定赤裸裸的,锋芒毕露;那一位诙谐风趣,句句都说俏皮话,逗人捧腹,如此等等"④。

4. 诗学功能

"日常语言中不存在诗学功能,因为信息的发送者就是自动指称着客观对象的。一般情况下,诗学功能只适用于外交际系统而不适用于角色之间的交流。"⑤ 也就是说这些语言是说给读者(观众)的。

如《窦娥冤》第三折:

〔外扮监斩官上,云〕下官监斩官是也。今日处决犯人,着做公的

---

① [德] 普菲斯特. 戏剧理论与戏剧分析 [M]. 周靖波,李安定,译. 北京:北京广播学院出版社,2004:175.
② [德] 普菲斯特. 戏剧理论与戏剧分析 [M]. 周靖波,李安定,译. 北京:北京广播学院出版社,2004:132.
③ [德] 普菲斯特. 戏剧理论与戏剧分析 [M]. 周靖波,李安定,译. 北京:北京广播学院出版社,2004:135-151.
④ 马威. 戏剧语言 [M]. 上海:上海文艺出版社,1992:42.
⑤ [德] 普菲斯特. 戏剧理论与戏剧分析 [M]. 周靖波,李安定,译. 北京:北京广播学院出版社,2004:150.

把住巷口，休放往来人闲走。〔净扮公人，鼓三通，锣三下科，刽子磨旗、提刀、押正旦带枷上，刽子云〕行动些，行动些，监斩官去法场上多时了。

监斩官所说的话有指示功能，由此读者（观众）了解正在发生的事情。刽子手所说的话，具有呼吁功能，要求其他人配合做事。

（三）戏剧叙事手段

戏剧具有三套交际系统：内交际系统，即戏剧情境之内的演员对话形成的交际环境；中间交际系统，戏剧之中演员和观众之间的交流；外交际系统，即戏剧之中的作家评论（作家与读者的交流）。相对于小说，戏剧多了一套中间交际系统。戏剧的叙事系统比小说也更复杂一些。

1. 隐含的作者叙事

处于第二文本的舞台指示可以帮助作者表达自己的评论立场，传统戏剧这方面的实例很少，我们以现代戏剧为例，如何冀平《天下第一楼》第三幕的舞台指示：

今天是大年初六，饭庄店铺大开张。福聚德伙计们簇拥着王子西将那两块老年间的铜幌子，当当正正地挂在门前。而后，掌案的把砧板剁得当当响，掌勺的啪啪啪地敲着炒勺，账房把算盘拨拉得噼啪响，百年老炉中的炉火像浇上了油，烧得呼呼窜火苗子，这就是旧时买卖家讲究的"响案板"，以求新年里买卖兴隆。

这并不是那种仅仅关系到布景的舞台指示，它们本身就是文学结构的一部分——是一个叙述和描写文本，它事先就将阐释的视角隐含在随后的戏剧性表演中。这个视角高于角色视角，通过隐含的作者向读者（观众）表达观点。"福聚德"一帮伙计忙碌的身影，向读者（观众）赞美主人公卢孟实精明能干、善于经营的特点。

2. 由情节之外的角色引进叙事

独立于戏剧角色之外的人物（某个角色或导演）引出戏剧故事，如"外在于戏剧情节的角色所致的开场诗和退场诗，他们或是无名的致辞者，或是讽喻性人物，或是神仙，或是作者自己的化身。无论它们采取演员以诗人形象出现的方式,还是由人物上场概述戏剧情节的前事甚至剧情"。①

3. 由情节之内的角色引进叙事

由角色通过对话或独白方式介绍情节进展,情节介绍不再完全与戏剧本体分开,这就使叙述性情节介绍到戏剧情节的过渡成为流畅的、不中断的过程。

(四)对话中的叙事

对话中的叙事属于上文所说的第三种叙事。如《窦娥冤》第三折:

〔卜儿云〕孩儿,痛杀我也。〔正旦云〕婆婆,那张驴儿把毒药放在羊肚儿汤里,实指望药死了你,要霸占我为妻。不想婆婆让与他老子吃,倒把他老子药死了。我怕连累婆婆,屈招了药死公公,今日赴法场典刑。

窦娥这几句话也以戏剧角色内的视角介绍了情节发展状况,使读者(观众)了解了剧本前两折的基本剧情,知道了窦娥上刑场的原因。

## 二、对话与戏剧动作

(一)戏剧动作

高尔基认为"戏剧要求的是动作,是主人公的主动积极,是强烈的情感、迅速的感受、简洁和鲜明的词句。如果戏剧中没有这种东西,那就不成为戏剧了。用纯粹的谈话——对话——来把这些东西全都表现出来,是非常困难的,甚至经验丰富的作家也很少表现得成功"。② 为什么戏剧写作困难,高尔基给出了答案:"在长篇小说和中篇小说里,作者所描写的人物借助作者的助力而活动,作者总是跟他们在一起,他暗示读者怎样了解他们……剧本不允许作者如此随意地进行干涉,在剧本里,他不能对观众提示什么。剧中人物之被创造出来,仅仅是依靠他们的台词,即纯粹的口语,而不是叙述的语言。"③

"在戏剧与影视剧中,动作包括剧中人物的外部动作和内心动作两个方面,外部动作是指与台词伴随着的动作,如走路、舞蹈、拳击、厮打等一切可以让观众直观到的动作;内心动作是指人物复杂、剧烈的内心活动。后者比前者更

---

① [德]普菲斯特. 戏剧理论与戏剧分析[M]. 周靖波,李安定,译. 北京:北京广播学院出版社,2004:92.
② 林焕平. 高尔基论文学[M]. 南宁:广西人民出版社,1980:80.
③ 林焕平. 高尔基论文学[M]. 南宁:广西人民出版社,1980:78.

丰富、更重要。"① 戏剧所谈的动作，更多指包含着戏剧人物丰富情感的心理活动。

（二）人物心理动作

如窦娥与婆婆的对话：

> 婆婆，此后遇着冬时年节，月一十五，有㴷不了的浆水饭，㴷半碗儿与我吃；烧不了的纸钱，与窦娥烧一陌儿。则是看你死的孩儿面上。

窦娥跟婆婆说的这几句话显示她善待亲人，在即将行刑之际，有了她的这番叮咛，婆婆就得好好活着。

相对于现代戏剧来说，中国古典戏剧在揭示人物复杂的心理活动方面比较弱。

（三）形体动作

尽管形体动作在戏剧中不占据审美核心地位，但是有了形体动作，才能推动情节发展，因此它也能引发读者（观众）的兴趣。

> 〔正旦云〕要一领净席，等我窦娥站立，又要丈二白练，挂在旗枪上。若是我窦娥委实冤枉，刀过处头落，一腔热血休半点儿沾在地下，都飞在白练上者。〔监斩官云〕这个就依你，打什么不紧。〔刽子做取席，站科，又取白练挂旗上科〕

这一段主要的形体动作来自刽子手，"取""站""挂"这些动作也可以吸引读者（观众），因为这是窦娥临刑前所要求的，满足她的要求之后，才有后来的"鲜血飞练"，剧情才能往下发展。

**三、对话与性格展示**

"一个戏剧的永久价值终究在于其中的性格描写。"② 人物行动的动机要符合其性格逻辑，描写的手段一般是对话，"剧作者不能让自己去说明剧中人物，

---

① 李荣启. 文学语言学［M］. 北京：人民出版社，2005：212.
② ［美］乔治·贝克. 戏剧技巧［M］. 余上沅，译. 北京：中国戏剧出版社，1985：243.

因为他不能用自己的身份在剧本里发言。在剧本里，人物得自己说话，自己行动。"①

"对话的三个要素是意思清楚、有助于剧情向前发展、完全符合人物性格。"② 如《窦娥冤》第三折，行刑路上窦娥央求刽子手走后街：

〔刽子云〕你适才要我往后街里去，是甚么主意？
〔刽子云〕你的性命也顾不得，怕他见怎的？
〔正旦云〕俺婆婆若见我披枷带锁赴法场餐刀去呵，〔唱〕枉将他气杀也么哥，枉将他气杀也么哥。

窦娥的几句话显示出她对婆婆关心、敬重，也显示了她善良淳朴的精神品质。

## 第四节　现代戏剧冲突语言表征

### 一、戏剧冲突分析框架

法国戏剧理论家布轮退尔（Bruntière）在《戏剧的规律》中明确把冲突作为戏剧艺术的本质特征，"戏剧的总的规律是通过自觉意志的行动本身来确定的；戏剧的类型是以意志所遇到的障碍的性质来做区分的。"③ 此后很多理论家同意他的观点，遂形成"戏剧的本质"就是戏剧冲突的观点。在中国戏剧理论和批评中长时间流行一种说法：没有冲突就没有戏剧。

对戏剧冲突的解释，众说纷纭。黑格尔强调"各种目的和性格的冲突"。J. H. 劳森指出，人们都是在特定的社会环境中生活着，社会环境不断对人们发生影响，人们从中获得印象，并产生"采取行动的欲望"——自觉意志。人的意志必须受到两方面的检验：其一，他对社会环境的认识是否正确；其二，他要采取的行动及其后果是否符合"社会必然性"。人总是生活在现实的社会关系之中，因而人们所面临的各种矛盾以及由此而产生的冲突，都具有社会性。戏剧

---

① ［美］乔治·贝克. 戏剧技巧［M］. 余上沅，译. 北京：中国戏剧出版社，1985：287.
② ［美］乔治·贝克. 戏剧技巧［M］. 余上沅，译. 北京：中国戏剧出版社，1985：426.
③ 布轮退尔. 戏剧的规律［M］// 周靖波，选编. 西方剧作论选：下. 北京：北京广播学院出版社，2002：469-480.

冲突的外化形式就是人与人之间的矛盾。

也就是说戏剧冲突（conflict of dramaturgy）主要表现为两大类型：第一，人的内心矛盾，即性格冲突；第二，人与人之间的矛盾，即社会冲突。

**二、性格冲突语言表征**

性格冲突指戏剧人物内心充满矛盾的力量，充分展示人之所以为人的复杂性。莎士比亚悲剧《哈姆雷特》就是其中非常著名的一部，这部戏剧塑造了具有忧郁气质的丹麦王子哈姆雷特形象。

性格冲突明显的标志是：主人公的语言多限定副词、选择连词、转折连词等。下面以《哈姆雷特》为例，说明性格冲突类戏剧台词用词上的特点。

（一）选择连词揭示的内心矛盾

国王杀了哈姆雷特之父篡夺王位，哈姆雷特之母又改嫁杀夫仇敌。这一巨大的家国变故深深地刺伤了哈姆雷特，他不得不装出疯症，以麻痹国王伺机报复。第三幕国王派波洛涅斯打探哈姆雷特患疯症的原因，这位大臣是王子挚爱的女友奥菲利娅的父亲。哈姆雷特一段独白道出了内心的犹豫不决：

生存还是毁灭，这是一个值得考虑的问题。默然忍受命运的暴虐的毒箭，或是挺身反抗人世的无涯的苦难，通过斗争把它们扫清，这两种行为，哪一种更高贵？死了，睡着了，什么都完了，要是在这一种睡眠之中，我们心头的创痛，以及其他无数血肉之躯所不能避免的打击，都可以从此消失，那正是我们求之不得的结局。死了，睡着了，睡着了也许还会做梦。嗯，阻碍就在这儿：因为当我们摆脱了这一具朽腐的皮囊以后，在那死的睡眠里，究竟将要做些什么梦，那不能不使我们踌躇顾虑。人们甘心久困于患难之中，也就是为了这个缘故。谁愿意忍受人世的鞭挞和讥嘲、压迫者的凌辱、傲慢者的冷眼、被轻蔑的爱情的惨痛、法律的迁延、官吏的横暴和费尽辛勤所换来的小人的鄙视，要是他只要用一柄小小的刀子，就可以清算他自己的一生？谁愿意负着这样的重担，在烦劳的生命的压迫下呻吟流汗，倘不是因为惧怕不可知的死后，惧怕那从来不曾有一个旅人回来过的神秘之国，是它迷惑了我们的意志，使我们宁愿忍受目前的磨折，不敢向我们所不知道的痛苦飞去？这样，重重的顾虑使我们全变成了懦夫，决心的赤热的光彩，被审慎的思维盖上了一层灰色，伟大的事业在这一种考虑之下，也会逆流而退，失去了行动的意义。

"还是"为选择连词，表示在两个或两个以上的并列项上选择一部分选言支，也可以选择全部。实际上"生存""毁灭"是两项不能并存的选言支，说话者只能选择其一。哈姆雷特不能下定决心。他想选择毁灭，因为死后痛苦也随之消失，"那正是我们求之不得的结局"。但他仍然心有所待，有梦想，"那不能不使我们踌躇顾虑"。但是一想到仍要"忍受人世的鞭挞和讥嘲"，还是想"清算他自己的一生"。只身奔赴死亡也很痛苦，他仍是胆怯，"不敢向我们所不知道的痛苦飞去。"这使他感觉到"决心的赤热的光彩，被审慎的思维盖上了一层灰色"。这部剧作哈姆雷特的多次独白，表达出他对社会与人生、生与死、爱与恨、理想与现实等方面的哲学探索，披露出他内心的矛盾、苦闷、困惑等情绪，有效地刻画了人物性格，也推动了剧情的发展。

（二）转折连词揭示的内心矛盾

哈姆雷特误杀了奥菲利娅的父亲，奥菲利娅受刺激溺水而亡。第五幕国王唆使奥菲利娅的哥哥雷欧提斯向哈姆雷特复仇，哈姆雷特对好友谈决斗一事：

> 时间是非常的短促，可是，它是属于我的——取人性命，快之可如喊"着"。不过，善良的霍拉旭，我很抱歉我对雷欧提斯失去了控制，因为由我的处境，我能了解他的立场。我将设法去争取他的谅解。不过，那也实在是因为我见到他的夸张举动，才会使我怒火冲天的。

这一段话里有两个转折连词"不过"，第一个"不过"表示哈姆雷特后悔对雷欧提斯心生杀意；第二个"不过"解释哈姆雷特必须迎战的原因：雷欧提斯不够冷静激怒了哈姆雷特。对话揭示了哈姆雷特仁爱、勇敢的矛盾性格。

### 三、社会冲突语言表征

社会冲突总是表现为具体的人与人之间的冲突。有些时候是阶层差异，有些时候是地位身份差异，有些时候是正义与邪恶的德行差异，有时候是社会认识方面的差异。

（一）《天下第一楼》

戏剧讲述了主人公卢孟实个人奋斗直至楼起人空的故事，展现了旧社会平民百姓自我奋斗但最终无法实现自身价值的悲剧。戏剧冲突主要表现为卢孟实与"福聚德"主人唐家的冲突;除此之外还有一些副线上的冲突,如掌柜与店员的冲突,实业家卢孟实与事业捣乱者的冲突,卢孟实家乡妻室与玉雏儿的冲突等。在人物语言上,矛盾冲突主要表现为祈使义与否定义句子之间的对抗。下面以第三幕为例,说明戏剧冲突语言的特点。

1. 卢孟实与"福聚德"东家的冲突

烤鸭老字号"福聚德"名噪京师,老掌柜因年迈多病已退居内室,两位少爷各有所好,也无心经营。老掌柜临终留下一句遗言:快请卢孟实!生性聪慧的卢孟实也是"五子行"出身,但他志向高远。光阴荏苒,一晃十年过去,"福聚德"名噪京华。此时,唐家的两位少爷在流言蜚语的怂恿下,与卢孟实争起了东主财权。第三幕"福聚德"东家大少爷唐茂昌不按照合同办事,为看戏要赖要银子:

唐茂昌　昨天我让福子拿五百块钱,他为什么不给?
王子西　他说"东六西四"分账是合同上写的,每月初一准把月钱送到府上去,额外的嘛……
福　子　(狗仗人势地)额外的?这儿全是大爷的!大爷拿钱买行头置场面干的是正事,不像他拿钱养婊子!
王子西　哟,你可别这么嚷,玉雏儿而今顶半个掌柜的。
唐茂昌　(更火起来)你告诉他们,这儿是老唐家的买卖。把钱柜打开。
王子西　(为难)大爷——
唐茂昌　开呀。

唐茂昌的语言多命令祈使句,"他为什么不给?"虽然有疑问词"为什么",却不表达疑问语气,该句是反诘疑问句,表达强烈的肯定义。唐茂昌认为卢孟实昨天就应该给钱。"把钱柜打开"是一个有威胁语气的命令祈使句。

王子西作为二掌柜的,既不想得罪掌柜卢孟实,也不想得罪东家唐茂昌,他没有采取激烈的对抗态度,"额外的嘛"这句没有说完的话有潜台词,"这个钱是合同之外的钱,可以给,但是给多少我不清楚。"当唐茂昌命令他打开钱柜,他只是为难地喊了一声"大爷",这句没有说完的话也有潜台词,"大爷您要钱可以,卢掌柜不给,我给不合适啊。"

东家二少爷唐茂盛要开分店,不仅要卢孟实出钱,还要他出人:

171

唐茂盛　福聚德日进百金，还跟我来这套？
　　卢孟实　有进还有出哪。修先生，拿账来。
　　唐茂盛　（不看）这事就这么着了。另外，我还要借个人。
　　卢孟实　谁？
　　唐茂盛　分号缺个好堂头，我要常贵。
　　卢孟实　这可不行，饭馆让人服，全仗堂、柜、厨，您这不是撤我大梁吗？我给您换一个。（示意王子西帮他一起说）
　　王子西　（多一事不如少一事）二爷要，就——
　　卢孟实　不行。有批老主顾不见常贵不吃饭。

　　唐茂盛要钱的事情，卢孟实并没有一口拒绝，"过了五月节，我给您送天津去。"唐茂盛不满意，卢孟实要账房先生修鼎新拿账本来，唐茂盛连看也不看，没有任何商量余地地说"这事就这么着了"。他还要借堂头常贵，这次卢孟实的态度很坚决，"您这不是撤我大梁吗？"是一个反诘问句，表达强烈的肯定意义。见王子西态度不明朗，他直接回绝"不行"，这是一个意义鲜明的否定句。东家处处阻挠，争夺财产权，是造成"福聚德"由盛而衰的重要原因。"福聚德"账房先生修鼎新评论说："架不住，一个人干，八个人拆。"

　　2. 卢孟实与店员的冲突
　　"福聚德"之所以能兴隆，是卢孟实苦心经营的结果。这得依靠对店员的严格管理和贴心爱护，对技术的精益求精，对顾客无微不至的关照才能逐步实现。第三幕有一出卢孟实训诫店员的戏：

　　卢孟实　看的什么戏啊？
　　小伙计　（支吾地）大、大戏。
　　卢孟实　戏票呢？
　　小伙计　（怯怕地）扔了。
　　卢孟实　瞎话！初四天乐唱的是落子。下作的东西，店规怎么写的，背！
　　小伙计　第、第九条，店员不许看落子、听花鼓，不许……
　　卢孟实　人家为什么看不起"五子行"？不能自己走下流！我看你是吃饱了，家里有富裕了，给我走着！

　　虽然"福聚德"干的是服务生意，但卢孟实要求所有店员不能拿世俗"五

172

子行"的标准要求自己,"五子行"是旧社会对厨子、戏子、堂子、门子、老妈子的蔑称,"不能自己走下流!"是一个否定句,表达了卢孟实不畏出身低贱,追求崇高的志向。

(二)《玩偶之家》

这部戏剧是易卜生"社会问题剧"中的经典名作。妻子娜拉出生于资产阶级中层家庭,受过资产阶级学校的教育,为给丈夫治病而向柯洛克斯泰借债,无意中犯了伪造字据罪,柯洛克斯泰拿着字据要挟娜拉。海尔茂收到柯洛克斯泰的揭发信后,责骂娜拉,担心自己的前程被毁。柯洛克斯泰退回字据后,海尔茂快活地表示饶恕妻子。娜拉看清了丈夫自私的面孔,他所谓的爱情只是以她为玩偶,于是决心离开丈夫,一个人生活。

两个人的矛盾是因对社会问题认识完全不同而造成,丈夫海尔茂认为给妻子快乐就可以,她就是自己"私有的财产",一个"迷人的小东西""娇滴滴的小宝贝""我的小鸟儿";假如妻子跟阮克谈科学研究,那就变成了"小娜拉";如果她做了对自己不利的事,她就变成"坏东西""伪君子""犯罪的人""下贱女人"。为了保全自己的名誉,他可以跟妻子过假夫妻生活,"表面上照样过日子——不要改变样子。"妻子认为要跟男人一样有独立的人格,得到丈夫的尊重及平等对待。两个人的矛盾冲突表现在语言上,就是海尔茂不能理解娜拉的语言,包括妻子语言里的修饰语以及不完整的句子,这证明夫妻双方没有默契。

娜拉　咱们结婚已经八年了。你觉得不觉得,这是头一次咱们夫妻正正经经谈谈话?

海尔茂　正正经经!这四个字怎么讲?

娜拉　这整整的八年——要是从咱们认识的时候算起,其实还不止八年——咱们从来没在正经事情上头谈过一句正经话。

海尔茂　难道要我经常把你不能帮我解决的事情麻烦你?

娜拉　我不是指着你的业务说。我说的是,咱们从来没坐下来正正经经细谈过一件事。

海尔茂　我的好娜拉,正经事跟你有什么相干?

海尔茂不能理解妻子说话的状语"正正经经",定语"正经"。在他眼里只有自己的业务是"正经事",而这些事情与娜拉无关,娜拉也不需要参与任何社会事务。

娜拉　说不上快活，不过说说笑笑凑个热闹罢了。你一向待我很好。可是咱们的家只是一个玩儿的地方，从来不谈正经事。在这儿我是你的"玩偶老婆"，正像我在家里是我父亲的"玩偶女儿"一样。我的孩子又是我的泥娃娃。你逗着我玩儿，我觉得有意思，正像我逗孩子们，孩子们也觉得有意思。托伐，这就是咱们的夫妻生活。

海尔茂　你这段话虽然说得太过火，倒也有点儿道理。可是以后的情形就不一样了。玩耍的时候过去了，现在是受教育的时候了。

海尔茂不能理解妻子的定语"玩偶"，他误以为是"玩耍"之义，实际娜拉是痛恨自己不能参与社会事务，没有家庭地位。

海尔茂　娜拉，难道我永远只是个陌生人？
娜拉　（拿起手提包）托伐，那就要等奇迹中的奇迹发生了。
海尔茂　什么叫奇迹中的奇迹？
娜拉　那就是说，咱俩都得改变到——喔，托伐，我现在不信世界上有奇迹了。
海尔茂　可是我信。你说下去！咱俩都得改变到什么样子——？
娜拉　改变到咱们在一块儿过日子真正像夫妻。

海尔茂不希望妻子把自己当作陌生人。娜拉坚持要等到两个人有更大改变。"改变到"后面的破折号，显示娜拉的话没有说完，但很显然海尔茂不能理解妻子，不知道应该改变成什么样子，娜拉只好补充道"改变到咱们在一块儿过日子真正像夫妻"。海尔茂跟妻子完全没有默契，根本不能理解她没有说完的话。

除此之外，两人对女人生活目标的理解差异巨大。

娜拉　你说什么是我最神圣的责任？
海尔茂　那还用我说？你最神圣的责任是你对丈夫和儿女的责任。
娜拉　我还有别的同样神圣的责任。
海尔茂　没有的事！你说的是什么责任？
娜拉　我说的是我对自己的责任。

海尔茂认为娜拉最神圣的责任是照顾丈夫和儿女，娜拉认为自己最神圣的责任是对自己负责。娜拉走的是女性解放道路，海尔茂希望她走的是家庭妇女道路。这是造成两个人产生重大分歧的根本原因,也是导致娜拉最终要离开丈夫,独立生活的根本原因。

总之,社会冲突型戏剧,其矛盾冲突在语言上的表征,多数为句子意义层面。

### 四、现代戏剧中的潜台词

戏剧依靠舞台上的表演展示人物性格,它不能像小说一样,大篇地描写心理活动,但细心的读者可以解读出人物语言里的潜台词。

"所谓潜台词,浅显地说,就是台词所包含的深一层意思,就是指潜在于人物台词(包括无语的动作)中的真正含义,是对话之无声的延续。"①

潜台词是形成剧本戏剧性的重要因素,也是体现戏剧动作性的重要源泉。李荣启认为"由于潜台词能准确地传达出人物潜在的心理动机和真正的话语目的,从而引发某种深层的心理交锋,形成剧本内在的戏剧性,因之,人物语言的动作性,实际上就是由潜台词的作用造成的"②。

我们认为可以从外在的语言标识以及内在的戏剧冲突中寻找潜台词,主要有以下几类:第一,不完整句,如果剧中人物心情激动,不能完整地表达自己的意思,那么也是人物内心活动剧烈的时候,必定有潜台词。第二,有戏剧动作无戏剧台词处,人物只能做出某个动作,却无法用语言表达,这其中也蕴藏着潜台词。第三,使用婉曲、双关等手法以取得含蓄修辞效果处,或反语以取得讽刺效果处。第四,戏剧冲突高峰之处,人物之间你来我往的对话,往往也隐藏着人物心理活动,是潜台词的蕴藏处。前三者跟舞台台词有关,从外在形式上,更容易把握潜台词。第四类涉及戏剧欣赏心理,是最隐蔽的潜台词。以下结合《雷雨》及其他戏剧为例论述。

(一)不完整句处

朴　(由衣内取出皮夹的支票,签好)很好,这是一张五千块钱的支票,你可以先拿去用。算是弥补我一点罪过。

鲁　(接过支票)谢谢你。(慢慢撕碎支票)

朴　侍萍。

鲁　我这些年的苦不是你拿钱算得清的。

朴　可是你——

---

① 马威.戏剧语言[M].上海:上海文艺出版社,1992:192.
② 李荣启.文学语言学[M].北京:人民出版社,2005:217.

这一段对话周朴园的话不完整，这里无疑隐藏着潜台词。周朴园认为鲁侍萍三十年后又找到他，一定有经济上的目的。侍萍一再强调不是来敲诈周朴园的，她只是想看一眼失散了三十年的儿子。侍萍坚决地撕碎周朴园赞助的支票，一方想花钱买心灵的宁静，另一方坚决不要金钱而要感情。周朴园不太理解侍萍的固执，家境如此不好，"可是你"三个字的后面是周朴园的逻辑："侍萍你需要钱啊。"

　　萍　（向仆人）把他拉下去。
　　鲁　（大哭起来）哦，这真是一群强盗！（走至萍前，抽咽）你是萍，——凭，——凭什么打我的儿子？
　　萍　你是谁？
　　鲁　我是你的——你打的这个人的妈。

鲁大海揭发周朴园打死工人、撅坏江堤淹死工人，周萍不满鲁大海的指控，动手打鲁大海。侍萍赶快向前护卫，眼前的两个人都是她的儿子，但一个可以认，一个却不能认。"我是你的——"这句话不完整，情急之下，侍萍差点说出自己是周萍的生母，但她不能这么做，只好改口说是鲁大海的妈。这真是悲痛难忍的母子见面啊。

（二）有戏剧动作无台词处

在人物内心比较复杂时，戏剧动作比戏剧台词更有审美上的张力。

　　朴　（看萍）不要走，萍儿！（视鲁妈，鲁妈知萍为其子，眼泪汪汪地望着他。）
　　萍　是，爸爸。
　　朴　（指身侧）萍儿，你站在这儿。（向大海）你这么只凭意气是不能交涉事情的。

周朴园一边与罢工领头人鲁大海交涉，一边跟儿子周萍说话，因为在此之前他知道侍萍特别想看一看三十年没见的儿子。侍萍没有一句台词，她只能眼泪汪汪地望着眼前的儿子，母子相见却不能相认，内心的痛苦无法言表。

男孩　枣儿叔叔啥时候回来？

老人　不知道。

男孩　迷路了吧？（见老人沉默，自语）不会的。这棵树好大好大，老远就瞧见了，枣儿叔叔哪儿会看不见？（见老人不语）爷爷，你怎么了？

老人仍在沉思。

戏剧小品《枣儿》创作于 90 年代，伴随着我国城市现代化进程加快，农村青年大规模离开家园，闯荡世界。"枣儿"代表的是亲情和历史，也代表一种文化传统、一种生活方式；"枣儿"所牵涉的老人与男孩的情感困惑，以及老人与儿子、男孩与父亲等人物之间的冲突，是那时社会的缩影。这一段对话男孩相信爷爷的儿子"枣儿"肯定能看到家里的枣树。但是老人没有说话，一直沉思。老人根本不能肯定儿子能回来，尽管老人一再期盼，但希望总是落空，老人内心的孤独感之浓重，语言难以表达出来。

（三）婉曲、双关等修辞处

婉曲、双关等修辞法都是为了避免直陈其事，说话人希望听话人能主动领悟会话含义。如戏剧小品《枣儿》用象征手法，赋予了"枣儿"丰富而深刻的内涵：既是指老人所种的枣树结的枣儿，又指老人名为"枣儿"的儿子。在整场戏中充斥着两组矛盾。一组矛盾是归与不归，老人在等未归的儿子，男孩在等待未归的父亲；另一组是"巧克力"与"枣儿"，男孩要回家等爹带巧克力回来，老人极力挽留，害怕男孩吃了巧克力便不会再来吃自己的枣儿了。这部戏剧里有大量的双关手法，如：

老人　（捏捏男孩的脸）爷爷小时候，还不跟你一样？脸皮儿像这青枣，嫩白光滑呢。唉！眨眼工夫，六十年过去了——快吃枣儿吧。（从匾子里挑了颗熟透晒干的枣儿）你吃这颗。

男孩　（拿起熟枣放进嘴里）还是皱巴巴的甜呢。

老人　甜是甜，不中看，谁要啊。

这里老人表面上说枣子"不中看"，实际是说自己年纪已大，内心担忧孩子不要自己了。

（四）剧烈的戏剧冲突处

由于性格冲突常常通过独白显示于舞台，因此需要读者（观众）领会的潜台词不是很突出。而社会冲突，特别是涉及感情当事者双方，有很多话不能明说的情况下，将蕴藏着丰富的潜台词。

《雷雨》依据"三一律"原则，将戏剧冲突集中反映在周朴园家中。侍萍与周朴园相见，是戏剧冲突最为激烈的一幕，隐藏着诸多潜台词。教师应引导学生多体会戏剧语言中的潜台词，以加深对剧中人物的理解，也充分理解戏剧这种文体。

侍萍进了周公馆的客厅，一开始两个人似乎无心地聊天，但鲁侍萍关窗的动作，似乎触动了周朴园，当他听到侍萍称说自己姓"鲁"，又在无锡长大，就打听起三十年前的事情：

  朴　我问过许多那个时候到过无锡的人，我也派人到无锡打听过。可是那个时候在无锡的人，到现在不是老了就是死了，活着的多半是不知道的，或者忘了。

  鲁　如若老爷想打听的话，无论什么事，无锡那边我还有认识的人，虽然许久不通音信，托他们打听点事情总还可以的。

周朴园称没有人知道这件事了，当时那件让他心有不安的事情，终于不被大家关注了，他的愧疚之心总算安静了。但是鲁侍萍声称可以找人打听，她是不希望周朴园一辈子不再遭受谴责，两人的恩怨就这么永远完结。

当侍萍非常清晰地说出，三十年前一位梅侍萍的姑娘生了第二个儿子才三天就跳河身亡，周朴园接着警觉地问：

  朴　（抬起头来）你姓什么？
  鲁　我姓鲁，老爷。
  朴　（喘出一口气，沉思地）侍萍，侍萍，对了。

当他知道眼前这个讲出真相的人姓"鲁"时，才"喘出一口气"，有点儿安心了。但当他听说那个梅侍萍还活着，怀里抱着的孩子也活着，他又一次紧张起来：

  朴　（忽然立起）你是谁？
  鲁　我是这儿四凤的妈，老爷。
  朴　哦。

当听到侍萍说自己是女仆四凤的妈,周朴园紧张的神经又一次松弛下来。鲁侍萍继续说,现在那位女子过得很不好,婚姻也不幸福:

鲁　嗯,都是很下等的人。她遇人都很不如意,老爷想帮一帮她么?

朴　好,你先下去。让我想一想。

鲁侍萍说,"老爷想帮一帮她么?"这说明她对周朴园还没有绝望,还觉得他们之间还有点儿感情。但周朴园并不愿意再次触动往事,"让我想一想。"他当年为了地位娶了繁漪,如今已经过去三十年,他对侍萍那一点点可怜的怀念之情,不过是掩饰自己内心的愧疚罢了。周朴园要侍萍传话给仆人四凤,让她把自己的旧衬衣找出来,侍萍说,那样的衬衣一共五件,更让他惊讶的是眼前这个女人竟然能描述出其中两件的模样。周朴园再一次紧张起来:

朴　(徐徐立起)哦,你,你,你是——

鲁　我是从前伺候过老爷的下人。

朴　哦,侍萍!(低声)怎么,是你?

这一次他真的知道了对方的身份,眼前这个女人就是三十年前的情人侍萍,但他把声音压得很低。很显然,对于曾经的恋人,他已经没有爱意了。他唯一担忧的是这世界上还有人知道这事儿。口口声声称自己仍然怀念旧人的周朴园,这时候充满了警觉:

朴　(忽然严厉地)你来干什么?

鲁　不是我要来的。

朴　谁指使你来的?

鲁　(悲愤)命!不公平的命指使我来的。

朴　(冷冷地)三十年的工夫你还是找到这儿来了。

这几句话彻底暴露了周朴园伪善的面目,"你来干什么?"这冷酷无情的发问,分明要置侍萍于千里之外。侍萍与周朴园相认并非为了报仇泄恨,或者索取补偿,她仍然期待周朴园对她怀有一丝温情。周朴园担忧眼前这个女人敲诈他,"三十年的工夫你还是找到这儿来了。"这是一句非常冷酷的话。周朴园的绝情,让侍萍立即回忆起当年所受的苦,愤恨倾泻而出。周朴园不得不安慰以平复侍萍的情绪:

  朴 我看过去的事不必再提起来吧。
  鲁 我要提,我要提,我闷了三十年了!你结了婚,就搬了家,我以为这一辈子也见不着你了,谁知道我自己的孩子个个命定要跑到周家来,又做我从前在你们家做过的事。
  朴 怪不得四凤这样像你。

  周朴园说"四凤"像侍萍,是长相呢还是性格呢,恐怕两者都有。他说:侍萍喜欢的家具他都留着,侍萍的生日他还记得,侍萍生了孩子受风,关窗子的习惯他都保留着。这一番安抚之后,他又担心鲁贵知道这事儿,找他理论赔偿。侍萍承诺鲁贵永远不会知道这事儿。接着他询问被侍萍抱走的孩子的下落。当他得知带头罢工的鲁大海竟然是他的亲生骨肉,一下子更加警觉了:

  朴 (忽然)好!痛痛快快地!你现在要多少钱吧?
  鲁 什么?
  朴 留着你养老。
  鲁 (苦笑)哼,你还以为我是故意来敲诈你,才来的么?

  周朴园虽然也有感情,但所有的感情哪怕是父子感情也要首先服从于金钱和地位。他处处谈的都是钱,是地位,是他的统治权。侍萍要的是感情,想要一点儿昔日情人的温暖,想见一见失散三十年的儿子。她也清楚地知道,自己的身份不适宜打扰儿子:

  鲁 (追忆)他大概是二十八了吧?我记得他比大海只大一岁。
  朴 并且他以为他母亲早就死了的。
  鲁 哦,你以为我会哭哭啼啼地叫他认母亲么?我不会那么傻的。我难道不知道这样的母亲只给自己的儿子丢人么?我明白他的地位,他的教育,不容他承认这样的母亲。这些年我也学乖了,我只想看看他,他究竟是我生的孩子。你不要怕,我就是告诉他,白白地增加他的烦恼,他自己也不愿意认我的。

一方处处想着金钱、地位,一方时时刻刻想着感情。一方身份显赫,一方只是丫头仆人。两个人的爱情注定不会有结果,这是社会阶层差异造成的悲剧。这一出戏里两个人的冲突处处都隐藏着戏剧心理动作,含有丰富的潜台词。

## 第五节 现代戏剧人物刻画艺术

本章谈古典戏剧也涉及了塑造人物形象问题,古今戏剧语言有差异,使用的表达手段也有差异。古典戏剧的核心手段是唱词,现代戏剧的核心手段是对话。因此有必要对戏剧塑造人物的表达手段再做补充论述。戏剧人物刻画一方面可以来自戏剧内部的角色,另一方面也可以来自作者。戏剧角色可以通过语言直接评论人物,也可以在戏剧行动中展示人物性格。从审美角度说,前者较容易把握,后者则相对隐蔽。

**一、外显的角色性格描写**

通过戏剧人物的自我评论或者其他角色外部评论的形式描绘人物。现代戏剧主要采用对话手段以达到此目的。

如历史剧《屈原》,靳尚受南后指使,通知郑詹尹用毒酒毒死屈原。郑詹尹觉得屈原是有名望的人,一旦毒死他,可能引起国内骚乱,靳尚狠毒地说:

> 哼,正是为了这样,所以非赶快毒死他不可啦!那家伙惯会收揽人心,把他囚在这里,都城里的人很多愤愤不平。再缓三两日,消息一传开了,会引起更大规模的骚动。待消息传到国外,还会引起关东诸国的非难。到那时你不放他吧,非难是难以平息的。你放他吧,增长了他的威风,更有损秦、楚两国的交谊。秦国已经允许割让的商於之地六百里,不用说,就永远得不到了。因此,非得在今晚趁早下手不可。你须得用毒酒毒死了他,然后放火焚烧大庙。今晚有大雷电,正好造个口实,说是着了雷火。这样,老百姓便只以为他是遭了天灾,一场大祸就可以消灭于无形了。

正是怕屈原的威望引起国内外轰动,靳尚要郑詹尹制造一场杀人假象,尽快除掉屈原。"那家伙惯会收揽人心"之后的五句话为靳尚评论屈原语言,从侧

*181*

面描写了屈原的伟大形象。

## 二、隐含的角色性格描写

"隐含的角色性格化技巧并不完全由语言构成,因为一个戏剧角色的隐含表现不仅仅是通过他说什么和怎么说,还通过他的造型、行为举止和与之相关的全部语境(服装、道具、内景布置等)。"① 下面从第一文本与第二文本的角度分别举例说明。

(一)戏剧第一文本描写

1. 对话

> 卢孟实:你哪天办喜事?
> 成顺:二月二。
> 卢孟实:龙抬头,好日子!(从修手里取过一个红封包)这是柜上送的喜幛子钱。
> 成顺:谢谢掌柜的!
> 卢孟实:披红挂绿,骑马坐轿子,怎么红火怎么办。让那些不开眼的看看,福聚德的伙计也是体面的。散吧!

卢孟实送成顺喜幛子钱,这固然显示了掌柜对店员的关心,但同时他说要体面,这不免反映出卢孟实的虚荣之心。他一心干实业,就是为了获得别人的尊重,其实他不明白向别人要尊重,并不是做人的大境界,为了危难中的国家和民族做一点儿实事,才是真英雄。

2. 独白

屈原在东皇太一庙向着雷电发出的怒吼,以独白方式塑造了屈原的诗人气质,在他的眼里风、雷、电,不再是自然界的现象,而是自由的象征,革命者的象征。

风具有扫除黑暗的力量:

> 尽管你是怎样的咆哮,你也不能把他们从梦中叫醒,不能把死了的吹活转来,不能吹掉这比铁还沉重的眼前的黑暗,但你至少可以吹

---

① [德]普菲斯特. 戏剧理论与戏剧分析 [M]. 周靖波,李安定,译. 北京:北京广播学院出版社,2004:241.

走一些灰尘，吹走一些沙石，至少可以吹动一些花草树木。你可以使那洞庭湖，使那长江，使那东海，为你翻波涌浪，和你一同地大声咆哮啊！

雷具有带来自由的力量：

你把我载着拖到洞庭湖的边上去，拖到长江的边上去，拖到东海的边上去呀！我要看那滚滚的波涛，我要听那鞺鞺鞳鞳的咆哮，我要飘流到那没有阴谋、没有污秽、没有自私自利的没有人的小岛上去呀！

电具有劈开黑暗的力量：

电，你这宇宙中的剑，也正是，我心中的剑。你劈吧，劈吧，劈吧！把这比铁还坚固的黑暗，劈开，劈开，劈开！虽然你劈它如同劈水一样，你抽掉了，它又合拢了来，但至少你能使那光明得到暂时的一瞬的显现，哦，那多么灿烂的、多么炫目的光明呀！

无论风、雷、电的力量有多么微弱，他们都为人间带来光明。屈原对这些力量的歌颂，表达了他对光明的向往与追求，对黑暗的痛恨与批判。

（二）戏剧第二文本描写

1. 环境的舞台指示

东皇太一庙之正殿。与第二幕明堂相似，四柱三间，唯无帘幕。三间靠壁均有神像。中室正中东皇太一与云中君并坐，其前左右二侧山鬼与国殇立侍，右首东君骑黄马，左首河伯乘龙，均斜向。马首向左，龙首向右。左室为一龙船，船首向右，湘君坐船中吹笙，湘夫人立船尾摇橹。右室一片云彩之上现大司命与少司命。左右二室后壁靠外侧均有门，左者开放，右者掩闭。

这些舞台布景描写关押屈原的东皇太一庙周围环境，它不仅仅提示故事发生的地点，这里的神像还是屈原批判的对象，是风、雷、电的对立面。在屈原的眼里，东皇太一、东君、大司命、少司命统统象征着黑暗势力的帮凶，湘夫人象征没有反抗精神的奴隶，河伯象征斗争精神不够顽强的人们。因此这里有关环境的舞台提示也有塑造人物性格的作用。

2. 人物的舞台指示

屈原手足已戴刑具，颈上并系有长链，仍着其白日所着之玄衣，披发，在殿中徘徊。因有脚镣，行步甚有限制，时而伫立睥睨，目中含有怒火。手有举动时，必两手同时举出。如无举动时，则拳曲于胸前。

屈原披发、徘徊、怒视、举手、曲拳等这些动作，展示了一个斗争的诗人形象。

### 三、隐含的作者性格描写

（一）人物角色对比

没有戏剧人物的冲突，也没有戏剧冲突，因此戏剧总会塑造正反对照两派角色。如《屈原》没有靳尚的狠毒，也不能显示屈原的磊落；《雷雨》没有周朴园的虚伪，也不能显示侍萍的深情。这些对立面角色是剧作家写作时，为突出人物形象有意安排的，因此代表作者的评论立场。当读者看到戏剧舞台上两类对立形象，每个人都会更深切地同情正派人物。

（二）人物角色关系

有些时候，戏剧人物之间不是正反两派关系，而是衬托关系。第一，正面衬托，次要人物与主要人物相得益彰。如《屈原》用美丽的婵娟衬托屈原高洁的灵魂，《天下第一楼》用玉雏儿的美丽、厨艺衬托卢孟实的超然、才干。第二，反面衬托，次要人物与主要人物呈现对立关系。如《屈原》用邪恶的南后反衬正义的屈原。衬托的次要人物也是剧作家创作时有意安排的，同样代表作者的评论立场。

本章我们介绍了戏剧的欣赏方法，应抓住三条核心：第一，在戏剧冲突中把握人物形象，这个人有什么性格特点，代表哪一类人，反映了什么样的社会现实，寄托了作者什么样的思想感情。第二，在情节结构中把握人物语言，这个人物的语言能反映戏剧冲突本身是性格造成，还是社会原因造成。第三，注意把握戏剧人物心理，琢磨人物潜台词。

第五章

# 散文解读

## 第一节 散文文体特征与发展简史

**一、散文文体特征**

（一）散文概念由来

中国古代"散文"主要相对于"韵文"和"骈文"而言，实质指先秦"古文"文体。"散文"一词最早见于宋人罗大经《鹤林玉露》，引周益公言"四六特拘对耳，其立意措词贵浑融有味，与散文同"。与今天"散文"概念不完全等同。

（二）散文文体特点

关于散文文体标准，学界有不同意见。宽泛者将一切诗歌、小说、戏剧之外的文章均看作散文。我们主张首先区分文学性与实用性，将实用类文章从散文行列中独立出来。

1. 语言标准

语言不求押韵，以与诗歌有别；不求"四六"整齐对称，以轻松自由追求审美情趣。但这一条标准并不是硬性准则。散文语言不求押韵，为了音节和谐也需朗朗上口，有些句子也押韵。魏晋六朝骈体文（非押韵诗文）句式音节整齐，仍沿袭散文文体特点，宜入散文。

2. 文学性标准

散文之所以成为四大文体之一，还是重在文学性，寄托作者的审美情趣、审美理想，具有浓厚的审美趣味。尽管思辨类议论文追求的不是审美趣味，是说理艺术，也可以归入散文。这种做法有合理之处：第一，中国思辨类议论文往往携带作者感情，如贾谊《过秦论》；第二，中国思辨类议论文来源于先秦思辨性散文；第三，如果拆分古今思辨类文章为二，则很容易误认为中国古人没有思辨说理艺术，中国不重视分析性形式逻辑思辨，但很重视综合性逻辑归纳。考虑到思辨类文章与议论类散文仍有区别，① 将杂文、小品文归入议论类散文。

散文不重视实用性，因此一切表奏、书信、铭诔等文章语言或典雅或恣肆，却为实用而作，不算在散文行列。但是有些文章脱离了程式化应用特点，具有了文学趣味，如《出师表》《陈情表》《与朱元思书》《陋室铭》等，宜归入散文。解说类说明文、新闻报道、演讲稿、讲话稿等均为实用类文章，另立章节论述。

**二、中国散文发展简史**

中国散文有悠久深厚的传统，如先秦诸子散文、唐宋散文、明清小品文等。现代散文在继承古文的基础上，从现代小说、诗歌文体中汲取营养，呈现良好的发展态势。

（一）先秦散文

中国有文字记载以来，就有散文了，经过长期萌芽发展，"自春秋末年至战国时代，将近三百年，是古代散文发展的黄金时期。"② 陈柱认为"此时代之文学，可谓为学术而文学，非为文学而文学者也"③。《左传》《战国策》《国语》史传类文学成为后世小说叙事艺术的滥觞，诸子散文则传达当时学者的学术见解，在"说理的深刻，以及艺术表现技巧等方面都大有进步"④。

《墨子》是议论类散文发展到一定阶段的成果，"所记的言和事不再是片段，而是长篇大论，每篇还有了标明议论中心的标题；有了结构完整，逻辑性很强的论辩文的形式。"⑤

《孟子》长于雄辩，他提出一套"知言养气"的理论，善于分析别人的言论，对片面的观点（诐辞）、违背正道的观点（邪辞）、过分的言辞（淫辞）、躲躲闪闪的言辞（遁辞），都能一一辩驳，用浩然正气充塞天地。

《庄子》以神话式寓言故事的形象化，加强感染力；若垂天之翼的"大鹏"，八千岁为春的"大椿"等均不是现实世界事物，是浪漫奇特的想象。《庄

---

① 先秦阶段不区分思辨性散文与思辨性议论文，本书统称为思辨性散文。
② 刘衍. 中国散文史纲 [M]. 长沙：湖南教育出版社，1994：36.
③ 陈柱. 中国散文史 [M]. 长沙：岳麓书社，2011：38.
④ 刘衍. 中国散文史纲 [M]. 长沙：湖南教育出版社，1994：37.
⑤ 刘衍. 中国散文史纲 [M]. 长沙：湖南教育出版社，1994：62.

子》开散文诗化特征之先河。

《荀子》篇章结构严谨，标志议论类散文达到专题化阶段，议论有破有立，逻辑更严格。文章多比喻和排比，声韵和谐，富有诗意。

《韩非子》议论类散文将寓言故事群体化、独立化，许多成语一直使用至今，如"自相矛盾""守株待兔""削足适履""狗猛酒酸"等。

（二）汉文及六朝骈体文

西汉记事类散文以司马迁《史记》、班固《汉书》为代表。《史记》在记人上取得很高成就，它"以人物为中心主题来组织事件，人物的言行、故事又都是为着塑造人物的性格，并且不再是分散的、片段的，不是事件的附庸"①。由于将人物放在整个时代背景上，《史记》叙事非常重视材料取舍，结构重视详略得当，司马迁创造的叙事艺术仍值得研究。这一时期抒情类散文为汉赋体，议论类散文也出现了铺陈排比的诗体特色，从语言形式上具有诗化特征，"贾谊可说是首事者。他的《过秦论》宏放开纵，铺陈形势就是一例。"②

六朝是散文自觉时代，当时已经按照是否押韵，将文章区分为"文、笔"两类，刘勰《文心雕龙·总术》云："以为无韵者笔也，有韵者文也。"陈柱云："自西晋至南北朝可谓骈体诗赋极盛时代，亦即为文学而文学之极盛时代也。"③ 这一时期，散文与诗歌的区别仅以是否押韵为判，也是中国历史上散文诗化的极端表现。鲍照《登大雷岸与妹书》、陶弘景《答谢中书书》、吴均《与朱元思书》、江淹《别赋》都是名篇。初唐王勃《滕王阁序》、中唐杜牧《阿房宫赋》也是千古佳作。

骈体文的特点是：语言上字数整齐，多四字句和六字句，因此骈体文也称"四六文"；使用典故，以求含蓄达意；使用对偶，以求句式整齐。

（三）唐宋散文

中国古代散文的辉煌时代是在唐宋。这一时期散文从经史和哲学中分离出来，成为独立的文体，更重视文学审美价值。从韩愈"文以载道"到欧阳修"重道以充文"再至苏轼"辞至于达"，唐宋散文家更重视贴近现实生活，反映时代社会需求。唐宋八大家形成了明显的散文风格：韩愈文章以雄健浑厚、气势充沛、规模宏大为基本特色。柳宗元则以其清丽峭劲的山水游记，缜密奇特的寓言杂感别树一帜；欧阳修的散文婉转曲折，措辞平易，一唱三叹，极富情

---

① 刘衍. 中国散文史纲 [M]. 长沙：湖南教育出版社，1994：106.
② 刘衍. 中国散文史纲 [M]. 长沙：湖南教育出版社，1994：98.
③ 陈柱. 中国散文史 [M]. 长沙：岳麓书社，2011：147.

韵；曾巩却以古雅、平正为特色；王安石政论笔锋犀利，叙事曲尽其妙；苏洵老辣犀利，痛切明快；苏辙详赡工稳；苏轼奇纵恣肆，波澜迭出。①

唐宋作家对传统应用文体裁革新，出现了实用文体的散文化倾向，如韩愈《送李愿归盘谷序》《送孟东野序》《柳子厚墓志铭》等。唐宋散文家还创造了新体裁，如韩愈《杂说》、柳宗元寓言式杂文，开小品文之先河。

唐宋作家拓展了传统题材。如柳宗元将山水游记从书信等应用文中独立出来，使山水成为独立的审美对象。《永州八记》为其代表作，以作者寻幽探胜的游踪为线索，描写了永州山水的奇特样貌。"借石之瑰玮，以吐胸中之气"，自怜幽独，抒发感士不遇的悲情，表达了忧国忧民的使命意识。范仲淹《岳阳楼记》、欧阳修《醉翁亭记》则借山水表达了作者的政治理想、信念抱负。苏轼《记承天寺夜游》借山水表达超越时空的苍茫感叹。

唐宋时期记事散文仍有发展，如韩愈的人物传记，司马光的《资治通鉴》，都是中国叙事艺术在唐宋继续发展的证明。

（四）明清小品文

明代在反对理学束缚背景下，产生了抒发性情的小品文。李贽率先打出"童心说"旗号，此后湖北公安袁氏三兄弟的袁宏道散文成就最高，他提出"独抒性灵，不拘格套"口号。他写作的《满井游记》《虎丘记》等都是写景小品文中的精品。此后张岱开拓了明代小品文的题材，《陶庵梦忆》一书七卷一百二十七篇，"有对故国的眷恋，也有对风俗乡土的回忆；有山川名胜的描述；也有荒诞不经的故事；还有琴棋书画、戏曲技艺、打猎游武、荡舟赏雪、饮茶喝酒等，总之，举凡历史兴亡、家国琐事，无所不记。"②

桐城派是康熙至乾隆年间影响最大的文学流派，散文理论建树最高的是姚鼐，他主张散文要具备"义理、考据、辞章"三要素，类似今之"主题""真实性""修辞"，即散文的内容、形式、技巧三者不可偏废。他的游记类散文如《登泰山记》是清代小品文代表作。

（五）现代散文

近代散文在梁启超的努力下，呈现革新气象，但真正将散文传统现代化的是五四新派作家。现代最早提出散文文体标准的是周作人："外国文学里有一种所谓论文，其中大约可以分为两类。一批评的，是学术性的；二记述性的，是

---

① 刘衍. 中国散文史纲 [M]. 长沙：湖南教育出版社，1994：177-178.
② 刘衍. 中国散文史纲 [M]. 长沙：湖南教育出版社，1994：306.

艺术性的，又称作美文。这里边又可以分出叙事与抒情，但也很多两者夹杂的。"①

不同于诗歌、小说、戏剧，近代以来文体差异巨大，散文同几千年的传统文学结合紧密，没有断裂感。"我常这样想，现代的散文在新文学中受外国的影响最少，这与其说是文学革命的，还不如说是文艺复兴的产物，虽然在文学发达的程途上复兴与革命是同一样的进展。"②

就像散文最初的发源从议论而起一样，现代散文最先兴旺起来的也是议论类散文。鲁迅杂文成为传播新思想的锐利武器，他一生创作六百余篇杂文，收入十六个集子：《坟》《热风》《华盖集》《华盖集续编》《而已集》《三闲集》《二心集》《南腔北调集》《伪自由书》《准风月谈》《花边文学》《且介亭杂文》《且介亭杂文二集》《且介亭杂文末编》《集外集》《集外集拾遗》。当代作家巴金《随想录》（含五个集子：《随想录》《探索集》《真话集》《病中集》《无题集》）创造了新时期最卓越的议论类散文。

与此同时，由于周作人的提倡和实践，抒情类散文也得以发展。郁达夫在散文上成就比较突出，名篇《故都的秋》用细腻的笔触描写自然，并将个人的主观感情投射其中。当代作家杨朔《荔枝蜜》《茶花赋》《雪浪花》、宗璞《西湖漫笔》《紫藤萝瀑布》等作品使抒情类散文更有诗意。

记事类散文也有发展，朱自清《背影》《给亡妇》等文章善于将自己在特定社会生活情境中的忧思愁绪，隐藏在含蓄委婉情真意切的行文中。这一时期，经过瞿秋白《饿乡纪程》《赤都心史》的倡导，还产生了报告文学新一类记事散文。③

## 第二节　古代散文语言艺术

### 一、文以载道宏大主题的语言表征

重视文学教化作用的观点，在西周《尚书》时代就已经产生了。中唐时期

---

① 周作人. 现代散文导论（上）[M] //蔡元培等，著. 中国新文学大系导论集. 长沙：岳麓书社，2011：153-170.
② 周作人. 现代散文导论（上）[M] //蔡元培等，著. 中国新文学大系导论集. 长沙：岳麓书社，2011：153-170.
③ 本书将报告文学归于新闻文体之下，属于实用文体。

韩愈等古文运动家提出"文以明道",经宋代理学家的实践更得完善。文学就是传播儒家之"道"的手段和工具。中国知识分子非常注意从点滴小事中,从身边的山山水水中,从细微的社会现象中发现大"道"。

(一) 记事类散文里的"道"

《愚公移山》是一则传说故事,一位年近九十的老翁,打算将家乡两座挡住通道的大山移走,他率领自己的家人大干快上,连邻居家的孩子也深受感动加入了劳动行列。别人嘲笑他:你这么大年纪,怎么如此不聪明呢。可能直到你入土,都不能损害威武大山一毫。愚公回答:"子子孙孙无穷匮也,而山不加增,何苦而不平?"神仙听了他们有这样坚忍不拔的意志,也前来帮忙,终于把两座大山移走了。人类童年时期的神话传说,往往寄托着民族早期的文化意识:面对威武的自然,中国人依靠自己的勤奋,立誓要改变它,连神仙也被这样的诚意感动。

《邹忌讽齐王纳谏》是一则臣子劝谏君王的小故事。邹忌对自己的英俊外表很在意,城北徐公也气度非凡,邹忌希望以别人为镜子来了解"吾与徐公孰美"。他询问妻子、小妾、门客,他们均回答邹忌更有风度。一日邹忌亲自看到了徐公,被他的气质折服。这件小事告诉他一个道理:别人的评价可能不是他们的真心话,因为他们出于各自的目的,遮掩了事实真相。他将这样的身边小事,推广到治理国家这样的大事上,群臣在国君面前,也不会将国家管理的弊端告诉国君。齐王听了邹忌的话,打算从谏如流。

从极小的地方推广到极大的境界,是常见的中国传统思维模式。从一滴水里看大海,我们总能从细节部分发现世界的普遍联系性。这促使我们行事往往能够自律,因为我们清楚小事做不完美,大事就没有成效。

《卖油翁》里谈一个卖油的小市民竟敢于看不上举世无双的将军。为什么呢,卖油翁觉得将军的本领没有什么了不起,跟自己卖油一样,是训练多了。一个人老是重复低端劳动,那么将军与小市民也没有什么差别,要成为博学笃行、有创造力的人,才能受到大家的普遍尊敬。

无论从中国早期神话传说角度还是从人们日常生活小事上,故事本身寄托的"道"更为知识分子关注。这样的小故事易于被百姓传颂,也易于起到教育感化作用。

(二) 抒情类散文里的"道"

《出师表》表达了老丞相渴望皇帝发愤图强重用贤臣的拳拳忠诚之心。自汉代之后,知识分子形成了正统王权思想,正因为刘备是汉室贵胄,诸葛亮才出于隆中,誓死跟随。忠君之道、报国之心是他获得天下人尊重的法宝。

《岳阳楼记》里,范仲淹面对美景发出种种忧思:"居庙堂之高则忧其民,处江湖之远则忧其君。""先天下之忧而忧,后天下之乐而乐",将作者一片丹心倾泻于纸上。

《醉翁亭记》写了一个与民同乐寄情山水的太守欧阳修。无论是范仲淹还是欧阳修,他们都表现出将个体奉献于国家的崇高精神追求。

**二、抒情类散文的诗化语言**

中国古典抒情散文基本没有直抒胸臆式的,绝大部分是借景抒情,少部分为状物抒情及托物言志类散文。

(一)借景抒情

山水游记是古典抒情散文最为值得注意的一类。在唐宋之前,尚未从应用文中独立出来,大量的抒情片段夹杂在其他语言片段之中。因此六朝山水游记与唐宋山水游记形成了巨大的差异。

1. 尚未独立阶段

(1)《三峡》

郦道元描写三峡地形险要的抒情段落,出于《水经注》第三十四卷"又东过巫县南,盐水从县东南流注之"一句的注解。句子多"四六句",具有骈体文的典型特征。先写悬崖之陡峭,"自非亭午夜分,不见曦月。"次写夏天水流之湍急,"虽乘奔御风,不以疾也。"再次写春冬水流之和缓,"则素湍绿潭,回清倒影。"再次写高处悬崖,"悬泉瀑布,飞漱其间。"最后写两岸猿声,"空谷传响,哀转久绝。"先按时间顺序写,后按空间位置写,最后以声音渲染环境。就写作技法而言,层次清晰。最后一句引用渔歌评论,则流露出局外人叙述的特点,因此还不具有后世游记将浓厚的感情附着于景物描写的特点。

(2)《与朱元思书》

吴均描写从富阳到桐庐的一段山色美景,夹杂在他给朱元思的信函中。文章以作者心情起笔,"从流飘荡,任意东西。"次写水流和缓之清澈,"游鱼细石,直视无碍。"三写水势急速之变化,"急湍甚箭,猛浪若奔。"四写静态之物,山上之树木借助山势,成峦成峰。五写动态之物,山间泉、鸟、蝉、猿,无不发出和谐美妙之声音。最后作者评论说这样的美景能使人忘掉世俗烦恼,"鸢飞戾天者,望峰息心;经纶世务者,窥谷忘反。"这样的评论比郦道元引用他人之歌,更亲切,更容易激发读者共鸣。开头写心情,结尾写心情,文章结

191

构上已经完整了。由于这一段夹杂在信函中，作者又来了添足的两句，描写头上的树荫。

(3)《滕王阁序》

初唐骈体文的影响仍然很大，《滕王阁序》是这一时期流传千古的佳作。这篇文章刻画山水的笔墨也仍然很少，文章用更多的篇幅抒发作者心情。这些内容也夹杂在"赠序"这样的应用文框架中。

本文景物描写有两层。第一个层次写这个季节所见景物。起笔为时间，"序属三秋。"接着写此时之气候，潮湿的季节结束以后，地上积水消尽，潭水一片清澈；云烟凝结，山岚呈紫。再写游览南昌故郡传说仙人居住过的宫殿，为此处风景增加神奇色彩。再写远处山峦重叠，近处楼阁飞丹。再写远处岛屿曲折，近处宫殿错落。本节以空间顺序写作，多次重复远近顺序，是骈体文句子格式影响所致。第二个层次写这个地点所见景物：平原开阔，川泽曲折；遍地里巷，富贵人家，航船豪华。详细描写雨过天晴傍晚之景，远处"落霞与孤鹜齐飞，秋水共长天一色"。近处"渔舟唱晚"，高空雁群点点。

所写个人心情，一波三折。先写个人的愉快心情：放眼远眺，逸兴盎然，引吭高歌，响遏行云。次写满座高朋：有人善饮过陶渊明；有人文采近谢灵运；大家聚集在一起，假日尽情欢娱。接着过渡转入悲凉，宇宙间一切皆有定数。在这南昌故郡，远离都城长安，谁来同情不幸的人呢？历史上有好多英雄不走运，比如冯唐、李广、贾谊、梁鸿。此后作者情绪又转入高亢，勉励自己"老当益壮""穷且益坚"，即便环境不理想，距离遥远，时光已逝，也不能像孟尝君空怀报国之志，像阮籍穷途而哭。最后转入自我评价，有志向，有才华，有幸得到朋友认可，愿意以文章报答知音。

这篇文章比较起六朝借景抒情散文，写作手法上已经大大进步。不但景物描写更为详细，角度变化更多，而且人物心情描写也更加深刻。但景物描写与人物心情描写还处于游离状态，最好的情境融合散文意境出现在唐宋时代。

2. 独立阶段

(1)《始得西山宴游记》

柳宗元将山水游记从应用文中独立出来，古文文体不拘泥于对偶形式，这使得景物描写更加趋近真实。《始得西山宴游记》使用了欲扬先抑手法，开篇并不是谈西山之美。先说作家遭遇贬谪，心情"恒惴栗"，常常惊恐不安，于是天天宴饮，游遍了周围的山水，觉得西山不过尔尔。在法华寺西亭，远望西山觉其"异"，过江缘溪，伐木焚草，终于登上山顶。始见大山之奇特。

本文艺术特点是：景物描写退居作家欣赏的副线位置，作家的志向、抱负成为山水游记主线。在山水面前作家显示出更大的主动性,他"箕踞而遨",在特别讲究礼仪文化的古代中国,学者不能采取"箕踞"姿态,即两腿岔开的坐姿,这是对他人的轻慢姿势。他观察景物的角度居高临下,看到的"数州之土壤",都在自己的座席之下,这也是作者的人高于自然思想意识的写照。他看透了自然,"尺寸千里,攒蹙累积,莫得遁隐。"在他的笔下,山具有人的气质,"山之特立,不与培塿为类。"眼前之山具有独立特性,绝不跟小山丘同类。山岭已经变成了人的象征物,"西山"就像柳宗元自己,"培塿"就像庸俗的幕僚。在作者眼里,人如山形,他觉得自己广大得如同浩气看不到它的边际。宴饮之后,他觉得自己"心凝形释,与万化冥合。"作家的生命变得广袤无穷,与世界万物相合,确实达到了忘我"大道"之境界。将景物附丽上人的精神气质,使山水游记有情景交融的境界,柳宗元开其先河。

(2)《岳阳楼记》

范仲淹写作《岳阳楼记》,因戍边任务而未到现场。他写的都是想象之景,连词"若夫""至若"引出岳阳楼两幅图景:一幅"淫雨霏霏""阴风怒号""浊浪排空",造成水路交通不便,再加上临近黄昏"虎啸猿啼",这时候登上岳阳楼的人一定"忧谗畏讥""感极而悲"。另一幅"春和景明"图,按照空间和时间顺序展开:水面上"波澜不惊",高空"一碧万顷",水面"沙鸥"飞翔,水中"鱼儿"游泳,岸边水草青青,夜晚"皓月千里",早晨"浮光跃金"。这时候登上岳阳楼的人一定"宠辱偕忘""心旷神怡"。这两段里,景物描写与人物心情互相迎合,也就是情景交融。

语气词"嗟夫"表示感叹,文章气韵陡然一转。以上两类登上岳阳楼的人,都不是作者眼中的"仁人"。作者随后自然地引出眼中志士的特点,"不以物喜,不以己悲","先天下之忧而忧,后天下之乐而乐"。最后一句还是表露出一丝孤独感,没有这样的同伴,"吾谁与归。"言外之意,鼓励贬谪的滕子京跟自己一样,像个仁人。抛开个人悲喜,为国家建设做出自己的贡献。这就照应了开头。

宋代是一个理学时代,也是中原王朝多事之秋,接连遭受西夏、辽政权骚扰,知识分子忧国忧民的深情特别值得感动。以山水游记寄托作家的政治抱负,不止范仲淹一人。

(3)《醉翁亭记》

跟《岳阳楼记》一样,《醉翁亭记》寄托了作家的政治理想,塑造了一位与民同乐的太守欧阳修形象。"也"作为语气词表达确定语气,"也"用在陈述句中,表达说话人对所陈述事情很确定。本文的"也"字句是陈述句一个特殊类：判断句①。以语气词"也"表示判断是中国文言判断句的突出特点。这篇文章运用了 19 个"也"字判断句，从开头介绍醉翁亭地理位置以及得名之由一直贯通到结尾太守游乐之后"述以文"，写出了作者的自信，可以说全文依靠这样一种统一的句式而保持气韵流畅。下面按照本文判断句顺序说明这个问题：

①"琅琊也"，判断句确定醉翁亭的地位范围。第一段写醉翁亭所在地理位置琅琊山，这里"林壑尤美""蔚然而深秀"。

②"酿泉也"，判断句确定醉翁亭旁边有泉水。写醉翁亭旁边的泉水，为下文写酒香做了铺垫。

③"醉翁亭也"，判断句确定醉翁亭所在位置。在前面笔墨的铺垫下，醉翁亭露面了。

④"山之僧智仙也"，判断句证实建造亭子的主人。

⑤"太守自谓也"，判断句确认命名亭子的主人。

⑥"故自号曰醉翁也"，判断句解释欧阳修为何自称"醉翁"。

⑦"在乎山水之间也"，判断句②解释太守为什么饮一点儿就醉，不是因为酒而醉，因为山水风光美而醉，为下文写山水美做铺垫。

⑧"得之心而寓之酒也"，判断句解释为何山水风光令人沉醉。

⑨"山间之朝暮也"，判断句解释醉翁亭从早到晚的风景变化。第二段写醉翁亭美丽风光，先以一天的时间为顺序起笔。

⑩"山间之四时也"，判断句解释醉翁亭一年之中的风景变化。接着以一年四季的时间为顺序写作。

⑪"滁人游也"，判断句解释各类人的快乐。第三段写滁人游乐和太守宴饮。从自然山水转入描写人，分类描写不同的人群，有的背负，有的行走，有的健康，有的腰背弯曲。他们或行或休，或呼或应，互相提携。

⑫"太守宴也"，判断句解释太守宴席上的陈列之物：有鱼，从溪水里捕捞来的鲜货；有酒，从酿泉水里酿造出来的美味；有菜，从山上摘取的天然食物。这些都是自然界的恩赐，可知作者对醉翁亭周围山水的热爱！

⑬"众宾欢也"，判断句解释宴饮之乐：在座的各位宾客不喜欢带有享乐标志的丝竹类音乐，喜欢练武性质的射箭、棋艺类技术。太守在宴饮之时，并没

---

① 判断句表示什么事物属于什么或不属于什么这样的判定意义。按照不同的表达功能，句类分为四种：陈述句、疑问句、祈使句、感叹句，分别表达陈述事实、表示疑问、表示命令或禁止、表示惊讶或感叹。

② 文言判断句除了表示判断，还有其他意义，可以表示比喻，表示某种事理关系，也可以表示因果逻辑等。可参看郭锡良《古代汉语》判断句一节。

有忘记国家之忧,带领宾客练习武艺,寓教于乐。

⑭ "太守醉也",判断句确认太守在众人之乐中沉醉。

⑮ "太守归而宾客从也",判断句解释众人跟随太守满意而归。第四段收束文章,写宴会散、众人归。天色已晚,人影散乱,大家跟随太守返回。

⑯ "游人去而禽鸟乐也",判断句解释禽鸟喧闹之景。从动、静两方面刻画傍晚的山林美景,游人散去,这是写静;禽鸟喧噪,这是写动,"乐"这个心理动词将作者感情附丽于所看到的动物身上。

⑰ "不知太守之乐其乐也",判断句解释太守"乐"的原因:看到宾客因为跟随太守很快乐而快乐。这就升华了文章主旨,显示了太守爱民如子,关心民生的政治抱负。

⑱ "太守也",判断句解释太守最大的快乐:太守不仅能跟大家同乐,还能用文章表达出来。

⑲ "庐陵欧阳修也",判断句确定太守的名字。这位最符合儒家治国思想的太守就是欧阳修。

以上两篇文章都很好地实现了情景交融,在山水美景上寄托了作者的感情。两文所表达的境界都是作者感情处于掌握自然的高度上,显示了作家伟大的情怀。还有一类文章,作者在伟大的自然面前感觉渺小,因此参透人生,达于哲理,如苏轼《赤壁赋》。

(4)《赤壁赋》

这篇文章艺术上的最大优点是感情起伏很大,首尾呼应,升华主旨。

第一段写夜游赤壁,心情极佳。作者"与客泛舟游于赤壁之下",尽情欣赏清风、波澜、明月、东山、星宿、白露、水光,他歌唱《月初》《关雎》这些《诗经》名篇,驾一叶小船,登上万顷碧波。"冯虚御风",他感觉自己"遗世独立""羽化登仙"。

第二段写念美人而怅惘,吹洞箫而鸣咽。感情忽然转入低谷,"桂棹兮兰桨,击空明兮溯流光。渺渺兮予怀,望美人兮天一方。"这段歌词全是化用《楚辞·少司命》:"望美人兮未来,临风恍兮浩歌"之意。屈原用"美人""香草"创立了一种隐喻传统,表达才华不被赏识,人生易老的悲叹。作者这段歌词与千年之前的屈子同意。加之客吹洞箫,依歌而和,音调悲凉、幽怨,"如怨如慕,如泣如诉"的音调引得潜藏在沟壑里的蛟龙起舞,使独处在孤舟中的寡妇悲泣。

第三段承接上文写客人悲叹。在赤壁,他哀叹再也不见曾经叱咤文坛、纵横神州的曹操,"我"与"你"泛舟江上,把"鱼虾""麋鹿"看作朋友,一杯接一杯饮美酒，我们不像是天地间的蝼蚁一样渺小吗？生命很快就终结，长江却永远恒定在那里，就像我们今天看到的赤壁，也是千年前曹操看到的赤壁。一生目标不会在有生之年完成，这种悲凉只有寄托给清风吧。客人的悲观主义情绪将全文的感情降到最低点。

　　第四段写苏轼以"变"与"不变"的哲学之思开导客人。"你"所看到的"水"啊"月"啊，跟以往也完全不同，自然界就是这样，它跟以往似乎很相像，没有改变。如果用变化的眼光看它，天地竟然也没有一瞬间是完全相同的；如果用恒定的眼光看它，万物跟"我"都是无穷的。天地间万物都有其主，我们不能随意取用；但是江上之清风明月，为我们所有，无穷无尽，尽可享用。

　　第五段写开怀畅饮。一番论辩之后，两人转悲为喜，重开宴饮，超然物外，感情至于和谐，心灵归于平静。两人的快乐之情比较起始之"羽化登仙"已经升华了，这种快乐不再是尘世的享乐快感，而是人生的彻悟通达，已经具有禅意思想境界了。

　　同样《石钟山记》也是借景物描写，表达哲理之思。苏轼散文体现了宋代重视理性思考的文化思潮。

　　自六朝以至于唐宋，中国的山水游记并不太重视描写真实自然的风光，作家多是借助自然寄托个人思想感情、志向抱负、哲理认识。

　　（二）状物抒情

　　状物抒情就是作家将感情寄托在某个物体上，对这个物象详尽刻画，以传达自己的所思所想。

　　1.《陋室铭》

　　"铭"本是古代刻于器具和碑文上用于警诫自己或陈述功德的文字，多用于歌功颂德、祭奠祖先与昭申鉴戒。后来逐渐发展演变为一种独立的文体，一般讲求押韵。《陋室铭》韵脚字共8字：名，平水韵庚韵；灵、馨、青、丁、经、形、亭，平水韵青韵；庚青通押。

　　开篇以山水起兴，山可以不用高，水可以不在深，只要有了仙龙就可以出名。类比读书人只要有了德行，即便居住简陋，也可以凭借德行而声名远播。接着从空间顺序写陋室之外的风景可人，"苔痕上阶绿，草色入帘青。"又从交往的朋友，反衬作者德行高洁。然后再从空间顺序写陋室内部环境，有"素琴"可以调弄，无"丝竹"乱耳；有"金经"可以阅读，无"案牍"使我辛劳。接着从时间顺序写陋室可以类比的名人居室：南阳诸葛亮的草屋，西蜀扬雄的亭子。最后一句评论点题"何陋之有"。这是一个反问句，表达强烈的肯定意义，即陋室一点也不简陋。刘禹锡借助陋室，表达了以儒家高尚道德标准为追求目标的志向。

2.《阿房宫赋》

第一段写阿房宫建筑高大，结构复杂。先总写阿房宫气势，覆盖了三百多里，遮蔽了天日。"兀""出"两个动词表现阿房宫突兀特立之气势。再从阿房宫的外围写起，骊山在北，渭水和樊川流经其间。然后描写阿房宫内部，先总写内部之复杂，"五步一楼，十步一阁"写楼阁数量多；"廊腰缦回，檐牙高啄"写建筑之形态，回廊曲折，屋檐高挑；"各抱地势，钩心斗角"写建筑与地势互相呼应，极尽和谐之美；总括一句"蜂房水涡，矗不知乎几千万落"，再次强调建筑之繁复。接着再次分类描写阿房宫内部建筑各异：有的很长，就好像"长桥卧波"；有的很高，就好像天上彩虹；一句"高低冥迷，不知西东"来总括前面两句描写。有的歌台，就好像春天一样和暖；有些舞殿，就好像秋天一样凄清。一句"一宫之间，而气候不齐"再总括前面两句描写。第一段的写作顺序每一小层次都注意使用了"分—总"这样的结构模式。

第二段写居住宫殿之人奢华美丽。先总写往来宫殿热闹场景，"妃嫔媵嫱，王子皇孙"，日夜歌舞尽欢。接着描绘了众美女梳妆的宏大场面：她们打开镜子，就好像满天星星；她们梳起发鬓，就好像绿云升腾；她们的洗脸水，连渭水也沾染了一层油脂；她们焚烧香料，连宫殿也笼罩在烟雾朦胧中。接着写这些美女的结局：她们先是听到帝王的车子，像雷霆一样地驶过来，又听到它轰隆隆地远去，不知道去哪里，尽管她们妆容华丽，可是有些人却三十六年都没有见过皇帝。这样的结果跟她们盛大的梳妆画面形成鲜明对比，让读者深深同情这些美丽女子。何止是人值得同情呢，还有物啊。

第三段写六国珍宝汇集到秦国，秦国王公肆意挥霍，一点儿也不珍惜。这些铺排描写为下面的抒情奠定了基础，诗人表达了对独裁政治的不满，并认为不行仁政是六国和秦国灭亡的原因。

第四段写人心相同，秦国却聚集物质财富，使普天下之人敢怒不敢言，这样不顾民意的政权必定倒台。

第五段写不行仁政，亡国悲痛之思，后人哀悼他们却不防微杜渐，致使后人再去哀悼这些人的灭亡。

这篇散文写阿房宫之雄伟气势，美女如云的奢华，并不是使用写实主义方法，而是使用了比喻、夸张、排比等修辞手法，绘制一种想象的浪漫画面。这种写作手法使文章产生了奔腾的气韵，最后两段抒情便自然而然，而不是无源之水。

中国知识分子看待万物，并不把它们当作科学知识来介绍，而是通过存在之物，想到个人修养，想到国家兴衰。这种"一枝一叶总关情"的家国情怀，仍值得今天继承。除了借助物体表达宏大社会主题的名篇，也有借助物体表达个人感情的小品佳作。

3.《项脊轩志》

文章以项脊轩书斋为经，以时间为顺序，以"悲""喜"两种感情为线索，表达了对祖母、母亲和妻子的深切怀念之情。

第一段写项脊轩经过修葺和美化环境之后的幽雅可爱。第一层写项脊轩原为旧时南阁子，低矮潮湿。第二层写修葺之后题名项脊轩。第三层写美化项脊轩周围环境。第四层选取了三个特写镜头："借书满架""庭阶寂寂"，三五月夜，以体现幼年时轩中读书的快乐。

"然余居于此，多可喜，亦多可悲。"笔锋一转，第二段写人生中经历的"悲酸"情景。第一层父辈分家，庭院之中设置篱笆，分割成墙。第二层写抚育家庭两代人的老妪，通过老妪之口，追溯母亲抚育之恩。"语未毕，余泣，妪亦泣，以"泣"回应"悲"之感情线索。第三层写祖母到轩中看望我，拿出祖上宣德间象笏，鼓励"我"读书有成。"令人长号不自禁"，以"号"再次回应"悲"之感情线索。第四层写轩之东为厨，四遭火灾，而项脊轩得以保留。以多灾第三次回应"悲"之感情线索。

第三段明写项脊轩之景不足挂齿，暗写轩中读书之人终有所成，依依怀念家乡。作者以两个起初不起眼的人物类比：巴蜀寡妇守丹砂矿井而得秦始皇表彰，诸葛亮住隆中而帮助刘备安定天下，当他们还没有功名之时，人人都不认识他们。"我"现在有了功名，说"我"家项脊轩有奇景，恐怕被人讥笑"我"为"井底之蛙"吧。

最后一段补叙，写对妻子的怀念。第一层写妻子伴"我"同窗读书。第二层写妻子诸小妹对我家"阁子"好奇。第三层写妻子亡故，室坏不修。第四层写病中修葺南阁子，建筑与先前项脊轩稍有差异。第五层明写久在外，不常居项脊轩，暗写想念家乡。第六层明写庭中枇杷树亭亭如盖，暗写深情怀念妻子。

这篇散文含蓄隽永，含不尽之意于言外，具有明代小品文重视抒发"性灵"的艺术倾向。

（三）托物言志

所谓托物言志，也称寄意于物，是指作者运用起兴或象征等手法，将其所刻画的物象，有意突出某个方面的特征，使读者产生由此及彼的联想，以此表达作者的情感或揭示作品的主旨。

如《爱莲说》写莲花特征一"出淤泥而不染",这不算特殊之处,从水里长出来的鲜花都有这特点。特征二"濯清涟而不妖",在清水里洗过却不妖媚,这就将花人格化了。特征三"中通外直,不蔓不枝",茎中间贯通,外形挺直,不生枝蔓,不长枝节,这个特点确实为"莲花"所独有。特征四"香远益清",香气远播,却更加清香,这也不属于"莲花"独有。特征五"亭亭净植",笔直洁净地立在那里,这个特点也将"莲花"人格化了。在以上五个特征基础上,诗人来了一句抒情式点评"可远观而不可亵玩",远远地观赏但是不能贴近去轻慢地玩弄,言外之意是必须尊重它。这一句点评再加上前面一句"濯清涟而不妖""亭亭净植"人格化描写,使得"莲花"与品格高洁之士联系起来。"莲花"已不再是自然界的花朵,而是某种人物的象征体。

### 三、记事类散文叙事语言艺术

记事散文分两类:事件中心类和人物中心类。前者重点通过记叙事件开头、发展、高潮、结局完整过程,揭示社会现象,表达作者思想感情。后者重点记叙人物语言、形体动作、心理动作、神态、外貌等,揭示人物的精神风貌、性格气质。

(一) 记事类散文

1.《桃花源记》

陶渊明这篇文章以一个捕鱼人的经历为线索展开叙述。以渔人遇桃花林为开端。进入桃花源看到的景象以及与他们的交谈,为事件主体部分。渔人返回向太守报告桃花源事宜,为事件结局之一。刘子骥企图再次找到桃花源失败,为事件结局之二。

文章详略得当:主体部分详细描写了桃花源的人居环境,包括房舍、良田、护城河、桑树、竹林、道路等;描写了桃花源百姓的精神风貌"怡然自乐";记叙了渔人与桃花源百姓的交往,他们热情地询问渔人从哪里来,拿出家里最好的食物招待他,询问外面世界发生的事情,一连宴请了好多天,最后送别嘱咐,"不足为外人道也",不要对桃花源外面的人谈这里的一切,从反面表达了桃花源人自怡之乐的幸福感。他们不愿意被外人知晓,怕这里的安宁与和谐被破坏,以此反衬外面的世界不能令百姓满意的社会现实。其他均为略写,为了强调这个事件的真实性,作者还特意安排了名士刘子骥寻找桃花源的故事。

2.《送东阳马生序》

这篇文章记叙了作者本人早年虚心求教和勤苦学习的经历,生动而具体地描述了自己借书求师之难,饥寒奔走之苦,并与太学生优越的条件加以对比,有力地证明学业能否有所成就,主要在于主观努力,不在天资高下和条件优劣。赞扬了马君则善于学习的品质,表达了个人对家乡人才培养的关切之情。

文章采用了夹叙夹议方法,记叙早年求学抄书之苦,跟随乡之贤达求学问道之谨慎,议论说"余虽愚,卒获有所闻",学习态度诚恳,一定会有收获。另外也记叙个人求学条件很差,温饱难以保障,但自己处于物质条件优渥的同学之中,"略无慕艳意",接着议论"以中有足乐者,不知口体之奉不若人也",只要心中有追求,就不觉得物质条件比别人差而难过。如今诸生学习条件改善,学习却不用心一段,全部使用议论手段,一针见血地指出"其业有不精,德有不成者,非天质之卑,则心不若余之专耳"。

(二)记人类散文

1.《烛之武退秦师》

《左传》作为先秦汉语文学早期叙事艺术作品,对人物塑造主要体现在语言上。《烛之武退秦师》文章首段开篇就营造一种紧张的气氛:秦晋两大国联合起来围攻郑国,战争如箭在弦上,一触即发,此处埋下两处伏笔:第一,郑无礼于晋,与秦无关;晋、秦不在一处。第二,烛之武临危受命。读者不禁想关注,郑国能否保全自身,烛之武能否完成使命。第二段写烛之武深明大义。此段情节波澜起伏:佚之狐举贤,郑伯听从,烛之武请辞,事情受阻;郑伯诚心致歉,烛之武终于答应承担重任。

第三段是全文的主体,也是说退秦师的关键。分四个层次:第一层谈受到两强国夹击,烛之武姑且承认郑国要亡的趋势;第二层谈利用两国此消彼长矛盾对立关系,从反面分析"亡郑"只对晋国有利,对秦国有害无益;第三层从正面分析保存郑国对秦国有好处;第四层回顾历史,揭露晋国对秦国不守信用的劣迹,进一步推论晋国一旦得逞,将贪得无厌,后必"阙秦"。烛之武的说秦之词,具有强悍的逻辑力量,从而使秦穆公意识到晋强会危秦,于是与郑国订立了盟约。第四段记晋师撤离郑国,呼应开头,全文收束。烛之武凭借自己清醒的逻辑分析,成为留名青史的睿智勇敢的谋士。

2.《唐雎不辱使命》

《战国策》主要记述了战国时期游说之士的政治主张和言行策略。这部史书最突出的艺术特点是以语言塑造人物形象。

开头一段秦王嬴政在"灭韩亡魏"之后,雄视天下,他企图以"易地"的谎言诈取安陵,"安陵君其许寡人",副词"其"本来表达说话人的商量语气,但很显然秦王并没有征求安陵君意见的愿望,而是盛气凌人。安陵君识破骗局,先称赞秦王施恩,"以大易小,甚善",接着"虽然"(即使这样义)转入下一层,"受地于先王,愿终守之",不卑躬屈膝,而是婉辞拒绝。"弗敢易",于委婉中透出坚决的态度,必然会使"秦王不悦"。这时,唐雎出场,"使于秦",深入虎穴,与秦王面对面斗争了三个回合。第一个回合,秦王先妄称自己尊安陵君为"长者",然后指责安陵君拒绝"易地",轻视自己的威严,"君逆寡人者,轻寡人与?""否,非若是也",唐雎态度沉着明朗。进一步阐明安陵君守住祖业的愿望,"虽千里不敢易也,岂直五百里哉?"这一个反问句表达强烈的否定意义:"不可易之",引起"秦王怫然怒"。尖锐的矛盾陡然激化了。第二回合是斗争的高潮,从写作来说是全文重点,分为两个层次。第一层,秦王怒气冲冲,施以恐吓,"公亦尝闻天子之怒乎",公然自称"天子",全不把一个小国及其使者放在眼里。"天子之怒,伏尸百万,流血千里",确实令人不寒而栗。唐雎沉着冷静,"臣未尝闻也",不为秦王的恐吓所动。第二层,唐雎先是反唇相讥,"大王尝闻布衣之怒乎",照搬秦王口吻,以"布衣"对"天子",真是寸步不让。秦王轻蔑地说,不过脱掉帽子、鞋子,"以头抢地耳"。唐雎反驳说,"此庸夫之怒也,非士之怒也",一正一反两个是非判断句,断然驳斥秦王。又举三个"士之怒"的例子,专诸刺王僚、聂政刺韩傀、要离刺庆忌,唐雎打算跟他们一样,成为"士之怒"第四人,"伏尸二人,流血五步,天下缟素","挺剑而起",威逼秦王之势,为秦王始料不及。第三回合秦王屈服,"色挠""长跪而谢",客客气气地说"先生坐,何至于此",迫于眼前处境,只好放下君王的架子,恭维唐雎为"先生"。唐雎以个人的勇敢精神化解了矛盾。

全文的语言描写,反映了三个人物不同的精神风貌:安陵君委婉而坚定,唐雎沉着干练,秦王骄横无理。

3.《鸿门宴》

作为中国文学比较早期的叙事艺术,无论《左传》还是《战国策》对人物的塑造主要依靠语言行为,艺术手法还相对单一。司马迁将叙事艺术推向一个高峰,使《史记》成为"无韵之离骚"。

以《鸿门宴》为例,情节曲折多变:无伤告密、项羽发怒、范增浇油为开端;项伯泄密、张良献计、刘项联姻为发展;刘邦谢罪、项羽设宴、项庄舞剑、樊哙闯帐为高潮;沛公脱逃、张良入谢、范增骂项为结局;立诛无伤为尾声。情节波澜起伏、引人入胜:宴会开始后,"范增数目项王,举所佩玉玦以示之者三"，接连暗示项羽下令杀刘邦，但项羽默然不应。这是刘项对峙的第一个波澜。范增见原定计划无法执行，于是叫项庄舞剑助兴，伺机刺杀刘邦，空气再度紧张起来，但项伯与之对舞，掩护刘邦。这是刘项对峙的第二个波澜。张良见形势危急，寻樊哙商议，樊哙勇闯营帐，"瞋目视项王，头发上指，目眦尽裂"，对项羽言辞激昂。这时情节发展到高潮，气氛紧张到了极点，项羽口称"壮士"，为之折服，使刘邦有机会以"如厕"为名脱身。这是刘项对峙的第三个波澜。

通过曲折的情节，两个对立的人物形象就呈现于读者面前：项羽妄自尊大，胸无城府，率直坦诚，寡谋轻信，优柔寡断，为人不忍；刘邦能屈能伸，善于应变，工于心计，善于用人，杀伐果断，老谋深算。

司马迁对人物刻画涉及多方面人物关系，构造了复杂的故事情节，运用了多变的手法，如语言、动作、神态等。个性化的语言描写是司马迁的成功之笔，以刘邦为例，通过语言描写，作者将其机变、奸诈、圆滑等性格刻画得惟妙惟肖。"为之奈何"是刘邦的口头禅，当张良将项羽要攻打的消息透露给刘邦时，刘邦说"为之奈何"。此时的刘邦像热锅上的蚂蚁，惶惶不可终日，急于找到救命稻草，此句表明他急躁、无奈、恐惧不安的心态。当张良问刘邦的士兵能否比得上项羽士兵的实力时，刘邦又说"且为之奈何"，此句用"且"加强语气，既表现他惶恐无奈的心理，也表现他虚心求教的性格。当张良沉着冷静献计后，刘邦问张良"安与项伯有故"，反映出他的深谋远虑，想借此问话探知张良与项伯关系的亲密程度，以估算自己脱离险境的概率。当得知两人关系非同一般时，刘邦马上心领神会，让张良"为我呼入，吾得兄事之"，并立刻拉关系，"约为婚姻"，口若悬河表白"日夜望将军至，岂敢反乎？愿伯具言臣之不敢背德也"，此话把刘邦狡诈圆滑、睿智机巧的性格表现得淋漓尽致。最精彩的是刘邦临出逃时对下属说的一句话，"今者出，未辞也，为之奈何？"此话有一石三鸟之功效：其一，作为军队首领，出逃毕竟不光彩，按礼节应向项羽告辞，此话在下属面前保全了自己的面子；其二，表面上是虚心请教，其实是把最棘手的难题抛给了下属臣子处理，同意出逃正合我意，不同意就留下辞谢；如果项羽怪罪，责任由同意出逃的樊哙承担；其三，刘邦此话可以考验下属对自己的忠诚程度，同意者可为自己逃亡保驾，不同意者再入虎穴为自己谢罪，臣子不过是自己脱离险境的棋子。刘邦的自私奸诈，善于权谋可见一斑。

孙绍振认为司马迁记载历史，既有历史事实依据，又有文学浪漫气质，才能将每个人物、每个灵魂都雕琢得惟妙惟肖。"在司马迁的气质中有两根弦：一是历史家的现实精神,另一是文学家的浪漫想象。"① 这一评论符合事实。

(三)记事和写人界限不清

记事类和写人类散文的区分也并不是泾渭分明,因为事件总是由人做出来的,而人也总要在事件中表现个人性格。

如《曹刿论战》,从记录战争角度说,属于记事类散文。《左传》一般不直接描写战争场面,而是记录与战争相关的因素、条件等,从侧面表现战争胜负之由。本文记录齐鲁长勺之战,重点记叙战争的政治条件,统治者如何取信于民。开头先点明战争发生的时间,大军压境,曹刿准备参战。通过曹刿与其"乡人"的对话,显示了曹刿关心国事,深有远谋。鲁庄公在曹刿的一再启发下,依次提出了贵族支持、鬼神保佑和察狱以情三个条件,曹刿否定了前两条,肯定了后一条。在曹刿看来,战争的胜负既不取决于贵族的支持,也不取决于神明的保佑,而是决定于"取信于民"。他认为察狱以情是"忠之属也","忠"是尽职于民,于是肯定可以凭借这个条件与强大的齐国打一仗。曹刿"取信于民"的见解,得到了庄公的赞同,双方在长勺摆开阵势。鲁庄公询问制胜方法,曹刿的回答可分为两方面。一是论述了选择反攻的时机——彼竭我盈之时:鲁军按兵不动,养精蓄锐。齐军第一次击鼓进军,士气正旺;第二次击鼓,士气开始低落;第三次击鼓,士气已经完全衰竭。在此关键时刻,采取"敌疲我打"的方针,化劣势为优势。二是论述了选择追击的时机——辙乱旗靡之时:"夫大国,难测也,惧有伏焉",曹刿没有忘记自己是以小敌大,以弱敌强。兵不厌诈,不可不提高警惕。他亲自察看敌情,发现敌军"辙乱""旗靡",确认齐军狼狈逃窜,溃不成军,才乘胜追击。

这篇记叙文从人物角度看,是写人,塑造了一名出身下层而深谋远虑、精明干练的谋士曹刿。

**四、议论类散文语言艺术**

先秦思辨性的散文与议论类散文的界限并不明显。我们仍以文学审美风格区分这两类文体:思辨性散文特征之一是具有逻辑思辨色彩;特征之二常常使用寓言故事、浪漫想象等文学性表现手段;特征之三常常使用排比、对偶、拟人、夸张等修辞手法,如《孟子》《荀子》《庄子》《韩非子》等。议论类散文主要说明事理,且表达事理的手段是议论,如《周礼》《仪礼》《礼记》等。思

---

① 孙绍振. 史家实录和审美想象的交融——读《鸿门宴》[J]. 语文建设,2019(15):53-58.

辨性散文留待第五节专门论述，本节仅谈议论类散文的语言艺术。

三国时蜀汉丞相诸葛亮被后人誉为"智慧之化身"，他的《诫子书》是古代家训中的名作。文章阐述了修身养性、治学做人的深刻道理，发人深省。他交代君子有两件重要的事情：修身、养德。然后交代宁静与志向之间的关系，宁静与才学之间的关系，志向与才学的关系。再从反面说，不宁静会导致性情不能得到锻炼，年纪大了会无所收获。文章用了很多对举的句子使说理朗朗上口，具有文采，避免了枯燥，如：

静以修身，俭以养德。
非淡泊无以明志，非宁静无以致远。

这类对举性句子在中国古典散文中非常常见。这些句子之所以变成流传千古的格言警句，就是它们讲究音节对称，音韵和谐，易于诵读。

## 第三节　现代抒情类散文语言艺术

部编教材将抒情分为两类：直接抒情和间接抒情。直接抒情就是我们说的直抒胸臆。间接抒情，可以有多种方法，本节利用部编教材选文详细论述。

**一、借景抒情**

抒情散文大多数是借景抒情。如果所描写之景，处处透露出作家的主观倾向，这就是王国维说的"有我之境"；如果作家将自己隐蔽在描写的景物背后，不明说自己的感受，仿佛处处很客观，这就是王国维所云"无我之境"。无论哪种类型，作家写景都是为了抒情。

（一）"有我之境"

1. 景物描写明示作家感受

《一个消逝了的山村》是冯至的散文。这篇文章最大的艺术特色是景物描写之中抒发个人感受，这种穿梭于古往今来、贯穿自然和人间的感受，使文章呈现含蓄风格，表达了作者敬畏自然、敬畏历史、珍惜生命、和谐共生的思想感情。

第一段写山村的路好像没有什么历史，但事实上，它消逝于仇杀。山村的历史无法追寻，只能"在草木之间感到一些它们的余韵"，是一个过渡段落，转入下面的景物描写。先写清澈的山泉，这泉水养育我们，同时也养育过昔日山村的人们。"人和人，只要是共同吃过一棵树上的果实，共同饮过一条河里的水，或是共同担受过一个地方的风雨，不管是时间或空间把他们隔离得有多么远，彼此都会感到几分亲切，彼此的生命都有些声息相通的地方。"这一段抒情，将眼前的现实与山村的历史联系起来，将曾经仇杀的人们联系起来，含蓄地表达了唯有相亲相爱、和谐共生，才能共享繁荣的思想。

接着写鼠曲草，描绘了一幅村女牧羊图之后，感叹"我随身带来的纷扰都变成深秋的黄叶，自然而然地凋落了"，这一句抒情，将自然界与"我"联系起来，将山村与"我"联系起来，含蓄地表达了山村静谧、美好，人与自然和谐美妙的感情。接下来"小生命是怎样鄙弃了一切浮夸，孑然一身担当着一个大宇宙"，曾经的小山村那样质朴，这样瞬间的领悟水到渠成、自然而然。

其次写雨后彩菌，"这些彩菌，不知点缀过多少民族童话，它们一定也滋养过那山村里的人们的身体和儿童的幻想吧。"这一段抒情，将眼前的现实与山村的历史又一次联系起来，明净的画面再次含蓄地表达和谐共生的愿望。

接着写高大的加利树，"但是，这种树本来是异乡的，移植到这里来并不久，那个山村恐怕不会梦想到它，正如一个人不会想到他死后的坟旁要栽什么树木。"大自然值得敬畏，只有活着，才能看到这样的风光，作者含蓄地表达了珍爱生命的思想感情。

接着写野狗的嗥叫，"这风夜中的嗥声对于当时的那个村落，一定也是一种威胁，尤其是对于无眠的老人，夜半惊醒的儿童和抚慰病儿的寡妇。"这一段抒情，使现实中的作者与历史上的山村处于"人同此心，心同此理"息息相关、感同身受的情景中，表达了作者对消逝山村的同情之义。

接着笔锋一转，写麂子温柔的嘶声，美丽的小鹿，可以让遇到的人"在它的两角之间看见了幻境"。这篇文章写景处处不忘记消逝的山村，作者与他们"彼此相隔虽然将及一世纪，但在生命的深处，却和他们有着意味不尽的关联。"全文没有一句话写仇杀惨烈的场景，却让读者领悟到人与人之间的仇视多么可怕，只有和谐共生，才能看到美丽的风景。

2. 景物描写明示作家评价

《故都的秋》是这样一篇抒情散文：所写景物相对独立，但描写凸显了作家的主观评价。作家将自身置身画外，将景物当作物象欣赏。他选择租一间破屋，在破壁腰中欣赏秋天，凸显他的审美偏好：衰煞凄凉但有生机、带点儿颓废色彩又不堕落的美。

作者以比较的方法写出了北平秋天清凉、安静、萧索的特点。第一条与江南之秋比较，以三个否定句"看不饱，尝不透，赏玩不到十足"，赞赏北平秋味可以"看饱、尝透、赏玩十足"。先说户外之美景"陶然亭的芦花，钓鱼台的柳影，西山的虫唱，玉泉的夜月，潭柘寺的钟声"都值得留恋。再说居所之美景"天色""驯鸽的飞声""漏下来的日光""牵牛花的蓝朵""牵牛花底衬着的尖细且长的秋草"，都足以显示秋天之清、之爽。作者喜欢"蓝色或白色"的牵牛花，这些颜色是冷色调，也具有清凉之意，能表达古都秋天之意境。第二条与江南秋蝉比较，北国家家户户都听得见秋蝉嘶叫，这样的热闹反衬出北国秋天之静谧。

郁达夫不仅要写出北国秋槐、秋蝉、秋雨、秋果的韵味，他还要写出居住在北平的人说话腔调里的韵味，两个人见面打招呼，问话人句尾的"了"字"念得很高，拖得很长"，另一个用消失了入声和全浊声母的北方话回应，"一"变成平声，"阵"变成像"层"的平声，这样说话人的回答"一层秋雨一层凉"就形成"平平平仄平平平"高低起伏相间的节奏，有了音乐感。

文章第一个艺术特点是描写抒情与议论抒情相结合。文章的前半部分都是描写抒情，后半部分评论兼抒情。分三个层次，首先从中西对比角度，证明"有情趣的人类，对于秋，总是一样地特别能引起深沉、幽远、严厉、萧索的感触来的"。再古今对比，欧阳修、苏东坡应该跟今天的"我"也是感同身受。最后跟南国之秋比较，南国秋味不免"色彩不浓，回味不永"。

文章最后一段点题，再次回归赞美故都的秋。在已经全面描写与评论的基础上，呼应文章开头，深化了主题。

（二）"无我之境"

"无我之境"也就是常说的"情境交融"，常用于分析诗歌和散文的景物描写与表达主题之关系。在美学上"情境交融"指所选取之景，带有作者比较明确的个人感情，并生成和谐统一的意境。这一类散文也是景物描写相对独立，但作家隐藏在所描写的景物里。

要形成一种意境，首先要描写意象，意象是带有作者主观感情色彩的物象。例如作者只是写"山很高"，那么"山"是一个物象，如果作者写"山很威武"，"山"就是一个意象，因为形容词"威武"带有作者的感情色彩。《春》写到的意象"山"是"朗润"的；"草"是"一大片一大片""软绵绵的"；果树"都开满了花赶趟儿"；野花是"像眼睛，像星星"；风"像母亲的手抚摸着你"；"鸟儿""呼朋引伴地卖弄清脆的喉咙"；"雨""密密地斜织着"；"草屋

"在雨里静默着";城里乡下的人都出来"舒活舒活筋骨,抖擞抖擞精神"。这些意象组合形成一种明快、清丽的意境,表达作者迎接春天到来的欢喜心情。

**二、状物抒情**

如果作者将自己的感情寄托于一个物体上,且所描写的为现实世界具体物象,由物到人属于联想关系,这就是我们说的"状物抒情"。如果所描写的物象虽为现实世界所有,却是作家心灵世界的一个虚拟物象,他希望通过这个物象象征隐喻出其他的意义,由物到人是比喻关系,这就是下文所说的"托物言志"。

(一)《紫藤萝瀑布》①

该文以"紫藤萝花"为依托,反映了"文革"结束后人民恢复精神投入新生活的现实,表达了作者积极乐观的情怀。文章第一部分写驻足凝望紫藤萝,先写整体感受:形状"像一条瀑布,从空中垂下";颜色"深深浅浅的紫,仿佛在流动,在欢笑,在不停地生长";光泽"每一朵紫花中的最浅淡的部分,在和阳光互相挑逗"。接着写紫藤萝局部,有些没有全部开放,则"颜色便上浅下深";有些完全开放,则"像是一个小小的张满了的帆"。花苞所盛着的玉液琼浆,使我有想摘一朵的冲动。转折句"但是我没有摘",过渡引入下一部分,写"我"十多年前家门前的紫藤萝遭遇,先是"花朵从来都稀落","后来索性连那稀零的花串也没有了",再后来就改种了果树。因为那时候花是生活腐化的象征。第三部分再次转入现实,"过了这么多年,藤萝又开花了",引发作者思考"花和人都会遇到各种各样的不幸,但是生命的长河是无止境的"。结尾宕开一笔,"不觉加快了脚步",流露出作者坚信生活越来越好、积极向上的乐观情怀。

一束植物、一处景物,都可以成为寄托感情的物体,引发感情由物象转移到人世间的人物和精神。

(二)《壶口瀑布》

该文由描写威风凛凛、气势磅礴的瀑布起笔,继而写到黄河精神,再写到中华民族精神,由景物描写逐步发散开来揭示人的精神。文章由三大部分组成,第一部分写了两次看壶口瀑布的经历,第二部分写在壶口欣赏黄河水势、观看

---

① 部编教材要求学生比较《紫藤萝瀑布》与《一棵小桃树》之间写作方法的差异。前者没有象征意义,只是由花想到了人。后者有象征意义,因为文章不断强调小桃树的形象,接着叙述作者的生活片段,小桃树与作者经历紧紧纠缠在一起。小桃树不再是自然界的客观物象,而是作者的化身。

水中之石，第三部分由壶口瀑布想到黄河性格及中华民族精神。三部分是层层升华、层层递进的关系。

　　动词使用准确是这篇文章成功的重要保证。雨中壶口瀑布，"由平地向更低的沟里跌去，人们只能俯视被急急吸去的水流。其时，正是雨季，那沟已被灌得浪沫横溢，但上面的水还是一股劲地冲进去，冲进去……"这一段"跌""吸""灌""冲"四个动词，准确地描写了壶口瀑布气势恢宏。枯水季节壶口瀑布，"河水从五百米宽的河道上排排涌来，其势如千军万马，互相挤着、撞着，推推搡搡，前呼后拥，撞向石壁，排排黄浪霎时碎成堆堆白雪。""涌""挤""撞""推推搡搡""前呼后拥""撞""碎"七个动词，准确地描写了壶口瀑布水流湍急的样貌。壶口不能尽收从上游冲下来的黄浪，"各自夺路而走的，乘隙而进的，折返迂回的，它们在龙槽两边的滩壁上散开来，或钻石觅缝，汩汩如泉；或淌过石板，潺潺成溪；或被夹在石间，哀哀打漩。还有那顺壁挂下的，亮晶晶的如丝如缕……而这一切都隐在湿漉漉的水雾中，罩在七色彩虹中，像一曲交响乐，一幅写意画。"这一段"夺路而走""乘隙而进""折返迂回""散开""钻石觅缝""淌""夹""挂"八个动词（动词词组）写出了壶口瀑布水流多姿多态的情状；"隐""罩"这两个动词用得非常巧妙，生动地刻画出壶口瀑布水雾迷蒙的样态。壶口水中之石，"被旋出一个个光溜溜的大坑，而整个龙槽就是这样被水齐齐地切下去"，"旋""切"两个动词显示了水势下注的强度、力度。作家将个人对民族精神的感受融入眼前的瀑布中去，才为后文感情生发做了充足的铺垫。

　　上面所举的两篇文章写作特色为：由紫藤萝想到了人们在"文革"之后的精神复苏；由壶口瀑布想到了中华民族精神。由物到人是联想关系。

### 三、托物言志

　　托物言志，也称寄意于物，指作家运用象征或起兴等手法，通过描摹客观事物某一个方面的特征来表达情感或揭示主旨。或者更形象一点说，这类文章"言"在此而"意"在彼。

　　（一）《白杨礼赞》

　　该文用"白杨"这种"西北极普通的一种树"，象征北方革命群众，表现了北方群众朴实无华的精神气质，歌颂了他们的爱国热忱。象征本体"白杨"和象征意义"北方群众朴实、伟岸"之间本没有必然的联系，但通过作家对本体事物"白杨"有意突出其人格化特征，"力争上游的一种树""它伟岸，正直，朴质，严肃，也不缺乏温和，更不用提它的坚强不屈与挺拔"，六个形容词"力争上游""伟岸""正直""朴质""严肃""坚强不屈"都是描写"人"的品质，因此这些特征描写不是对现实世界"白杨"的真实刻画，读者对下文的问句并不感到突兀，"难道你就不想到它的朴质，严肃，坚强不屈，至少也象征了北方的农民？难道你竟一点也不联想到，在敌后的广大土地上，到处有坚强不屈，就像这白杨树一样傲然挺立的守卫他们家乡的哨兵？难道你又不更远一点想到，这样枝枝叶叶靠紧团结，力求上进的白杨树，宛然象征了今天在华北平原纵横决荡，用血写出新中国历史的那种精神和意志？"根据作家的提示，读者可以产生由此及彼的联想。

（二）《一棵小桃树》

该文有明暗两条线索交织在一起：明线写小桃树命运多舛；暗线写"我"成长很不顺利。除去开头和结尾各一段，中间按照叙事时间顺序眼下—回忆—眼下将主体分为三部分。

第一部分写眼下，小桃树遭受风吹雨打，同时写自己也遭遇不顺，"往日多么傲慢的我，多么矜持的我，原来也是个屡头儿。"第二部分第一层转入倒叙，回溯小桃树来历，明写"我"种下桃核，"想让它在那蓄着我的梦"；暗写"我"萌发了自己的梦想。第二层桃核从土里长出芽儿来，它长得不是地方，没人理会，长得很慢；"我"憧憬着未来，"我的梦儿是绿色的，将来开了花，我会幸福呢。"第三层写"我"到城里求学，憧憬美好未来，"要轰轰烈烈地干一番我的事业"。第四层写"我"遭遇不顺，"心境似乎是垂垂暮老"；同时写小桃树"弯弯的身子，努力撑着的枝条，已经有院墙高了"，弟弟的话从侧面说明小桃树也经历了很多波折。第三部分回到眼下，写小桃树开花，"却开得太白了，太淡了""孤孤地开在墙角"。雨下得很大，"花瓣儿纷纷零落去"，但仍有"一个欲绽的花苞"坚强地站在枝头。这里明写小桃树坚强不屈，暗写自己对理想的追求更加坚定。在整篇文章中，小桃树和"我"的坎坷经历紧紧纠缠在一起，使读者能产生"小桃树"到"我"的联想，"小桃树"就是"我"的象征体。讴歌"小桃树"顽强生长，实际是激励"我"自己调整心态，永怀梦想。

上面所举的两篇文章写作特色为：白杨树像北方战斗的农民，小桃树像"我"。由物到人是比喻关系。[①]

---

[①] 请读者再次比较状物抒情与托物言志之间的差异，前者就事物写事物，笔法更贴近现实物象；后者有意突出事物接近人精神气质的某些特征，写物的目的是映射人。

**四、记事抒情**

记事抒情与后面谈到的记事性记叙文的区别是：前者重视抒发亲历事件者的感情，以感情为中心；后者重点记叙事件的开端、发展、高潮、结局，以事件的发展逻辑为核心。

（一）记叙、描写、抒情三者为主

大凡记事抒情类散文所使用的文学手段无外乎记叙、描写、抒情三类。

1.《背影》

该文以父亲的"背影"为线索，抒发了对父亲的怀念和感激之情。文章共有四处写到背影。第一处开篇点题"背影"，以怀念之情笼罩全文。第二处车站送别，作者详细描写了父亲的"背影"，主要抓住他爬过月台买橘子这个细节，使用了七个动词"走""探身""穿过""爬""攀""缩""倾"刻画父亲："蹒跚地走到铁道边""慢慢探身下去""穿过铁道""爬上那边月台""攀着上面""再向上缩""向左微倾"。这些细节，显示年迈的父亲买橘子并不容易，足见父亲爱子之深。第三处是父亲和儿子告别后，儿子眼望着父亲的"背影"在人群中消逝，主要描写了父亲的叮嘱，"我走了，到那边来信！"显示了父亲对"我"的牵挂之情。"我"目送父亲，他说"进去吧，里边没人"，显示了父亲的细致，他觉得无人帮"我"看守行李，"我"应当不拘礼节。第四处在文章结尾，作者感情出现波折，父亲要强，从很年轻就独自闯荡，没想到老了，光景不好，因此"待我渐渐不同往日"。父亲毕竟一直惦记着"我"，来信说："大约大去之期不远矣。"可见父亲很怕老，很怕成为"我"的负担。读着父亲的来信，在泪光中再次浮现了父亲的"背影"，与文章开头相呼应，记忆中反复出现的背影，把父子之间的真挚感情表现得淋漓尽致。

2.《秋天的怀念》

该文以妈妈一句鼓励的话"好好活着"为线索，抒发了母亲对"我"的爱护以及"我"对母亲的思念之情。文章共三处出现"好好活着"（其中一处为隐含）。第一处是作者双腿刚刚瘫痪的时候，母亲提议去看花，"我"抗拒，呼喊道："我可活什么劲儿！"母亲忍痛鼓励"我"好好生活。第二处是母亲临终前，没有说出来，用省略号代替。第三处是母亲过世以后，妹妹推着"我"去北海公园看了花，"我"懂了母亲的临终心愿，决意好好活下去。在"生"与"死"之间感悟人生，怀念母亲。

该文还有另一条以"花"为主的线索。文章三处写秋天看花。第一处是双腿刚刚瘫痪的时候,母亲提议去看花,"不,我不去!"拒绝了母亲。第二处是母亲病重期间,她再次提议去看花,"我"欣然答应,母亲却撒手人寰。其中一个细节:母亲无意间说到"踩"这个与双脚有关的动作,怕刺激到"我",悄悄走了出去,从侧面表达母亲对"我"脆弱的心理照顾之细微。第三处是妹妹陪我去北海看菊花。表达作者走出心理阴影、勇敢生活的决心。对作者而言,这可能是对母亲最好的怀念。

3.《从百草园到三味书屋》

该文以作者童年生活主要活动地点改变为线索,交织着明暗两种感情:明里抒发了对天真烂漫童年的怀念,对童年所接触人物的思念之情,暗里批判了封建教育压抑儿童天真心理,社会等级粉碎童年美好情义。

作者饱含深情地回忆自己在百草园见过的景物:从低到高描写"菜畦""石井栏""皂荚树""桑椹",这些为静态意象;接着写动态意象"黄蜂""叫天子"。文章特意渲染了"泥墙根"一带的乐趣:油蛉、蟋蟀们、蜈蚣、斑蝥、何首乌藤、木莲藤、覆盆子,每一个物象都承载着童年无限的乐趣。过渡句"长的草里是不去的,因为相传这园里有一条很大的赤练蛇",转入回忆"长妈妈"讲过的民间故事,这些包含着朴素做人道理的故事对"我"影响深刻,"使我觉得做人之险,夏夜乘凉,往往有些担心,不敢去看墙上,而且极想得到一盒老和尚那样的飞蜈蚣。"承接上文"夏天",过渡转入"冬天的百草园",下过雪之后捕鸟的方法是闰土父亲所教,他一般能捕到很多,"我"却常常失败,闰土父亲指出"你太性急,来不及等它走到中间去"。闰土一家为我童年增添了情趣盎然的光彩,他们也成为"我"一生的思念。几句抒情语句,"我将不能常到百草园了。Ade,我的蟋蟀们! Ade,我的覆盆子们和木莲们!"文章转入回忆在三味书屋求学的经历。非常庄重地对孔子和老师行礼之后,夸赞老师"博学",向老师求证"怪哉"虫是怎么回事,老师很不高兴地回答"不知道"。这与没有高深文化修养,却知道很多民间故事的"阿长"形成鲜明对比。私塾先生虽然博学,但他们与儿童之间的心理距离非常遥远,他们讲课的内容也非常陈旧。然而这先生也有宽厚仁爱的一面,"我们"在三味书屋后面的小园子里待久了,他会"瞪几眼"让"我们"回来读书,却不太用戒尺,也不让学生罚跪。他也有非常有趣的一面,读书读到精彩处,"将头仰起,摇着,向后面拗过去。"每到这个时候,"我们"就在下面开小差了,"我"用"荆川纸"描话本人物插图。这些成果卖给了"有钱的同窗",这么多年过去了,可能他已经扔了。文章在这里戛然而止,透露出一丝遗憾:时光流逝"我"与周围世俗人有了隔阂,只能孤独地回忆无忧无虑的童年。

4.《猫》

以"我"家养的三只猫不同的遭遇为线索，表现了作家万物皆灵的博爱信仰，珍爱生命的思想感情。随着小猫的曲折故事，"我"的感情在起起落落变化，同时文章的结构也在层层递进。

第一只猫相伴"我"跟家人两个月，作家描写了小猫的可爱之处。然后抒情道："太阳光暖暖地照着，心上感着生命的新鲜与快乐。"小猫死后，一句抒情"我心里也感着一缕的酸辛，可怜这两个月来相伴的小侣"，感情下沉。

第二只猫相伴"我"跟家人三个多月，作家用较为细腻的笔墨描写了小猫的活泼之处。小猫亡失后，"我也怅然地，愤恨地，在诅骂着那个不知名的夺去我们所爱的东西的人。"这句抒情表达了作者较为深刻的惆怅感。"自此，我家好久不养猫。"将作家对猫的感情进一步深化超越普通伙伴的高度。

对第三只猫的描写使用了欲扬先抑的手法，先尽力写它性格"忧郁"、样子"难看"。再写妻买的鸟被食，大家认为是家里猫所为，我紧追惩戒了它。"我心里还愤愤的，以为惩戒的还没有快意。"抒情句将对猫的厌恶之情再次加深。得知是别人家的黑猫偷吃了鸟，"我心里十分难过，真的，我的良心受伤了。"这一段抒情，深深表达了作者的悔恨之意。这只猫死后，"我"非常难过，"我永无改正我的过失的机会了！""自此，我家永不养猫。"将作家对猫的感情进一步深化为超越动物，达于对一切生命珍爱的高度。

（二）增加说明手段

有些散文并不限于记叙、描写、抒情这些表现手法，还可以加入说明这类表现手法。将状物抒情和记事抒情结合在一起而产生特殊审美效果。

1.《昆明的雨》

该文状物抒情和记事抒情两者结合在一起创造了含蓄优美的审美韵味。文章以昆明雨季常见物象：仙人掌、菌子、杨梅、缅桂花为说明对象，抒发了作者对昆明的热爱之情，从美食和鲜花中读者得到昆明生活印象：闲适悠然。抒情句子"带着雨珠的缅桂花使我的心软软的，不是怀人，不是思乡"，转入下一段，记叙与朋友酒馆小酌的故事。作者描写昆明雨季到底抒发什么感情，从这件记叙的小事中可以管中窥豹。小酒馆中与朋友相聚并不奢华，雨下大了，两个人在酒馆中一直坐到午后。文中特意提到陈圆圆石像，这使读者想到大明风雨飘摇，都因吴三桂错误决定而起，陈圆圆葬身昆明，永离故里，衔恨而亡。作者1939年于西南联大读书，国家也处于风雨飘摇之际，他肯定不止一次到这里瞻仰陈圆圆雕像，但幸运的是作者回到了高邮！这样的对比可以让读者理解作者所抒之情是：经过战争洗礼得来的和平、安宁、闲适弥足珍贵。

2.《灯笼》

该文将状物抒情和记事抒情两者结合在一起抒发了爱亲人、爱家乡、爱国家的深邃感情。作者所状之物是与灯笼有关的各种风俗文化，所记之事是与灯笼有关的人间真情、历史事件。文章先从"光亮"起兴，谈喜欢太阳、月亮、繁星，从繁星靠近灯笼，才进入正题。第一部分总领全文，从灯笼想起诸多与家乡有关的故事。第二部分是文章主体，分为八层：第一层写挑着灯笼接祖父，祖父"一路数着牵牛织女星谈些进京赶考的掌故"。第二层写接过母亲递给的纱灯上下学，同时也接过"母亲给留着的消夜食品"。第三层写乡俗还愿时，村口红灯高照，介绍家乡劝善风俗文化；第四层写元宵节跟着龙灯跑了半夜，伴着小灯入梦，介绍家乡娱乐文化；第五层写族姊远嫁，宅第红灯高挂，介绍家乡婚俗文化；第六层写在纱灯上描宋体字，哪怕普通人家用的"纯德堂"灯，也惹人喜爱，介绍家乡社会等级文化。第七层由宫灯想到东汉最后一位皇帝，社稷不保，处境凄凉。很自然地过渡到第八层，写当国家有难，"我愿就是那灯笼下的马前卒"。前六层写"家"，怀念爷爷、母亲、家乡的文化风俗。第七、八层写"国"，表达强烈的爱国情结。最后一段是文章第三部分，点题。在多角度描写灯笼抒发感情基础上，深化了作者的报国热情。

**五、直抒胸臆**

以上四类描写主体都是现实世界，或是景，或是物，或是人；而直抒胸臆以作家心理活动或个人思绪为描写内容。当描写对象是人的感情世界，直抒胸臆法可以产生狂飙突进的美感，也可以产生平和冲淡的美感。

（一）《安塞腰鼓》

该文是前一种美感散文。文章热情讴歌了安塞腰鼓磅礴的气势，抒发了热爱黄土高原、热爱家乡的感情。

全文分三部分：表演前—表演中—表演后。第二段是全文主体部分，"好一个安塞腰鼓"这句话共出现三次，将第二段分为四层。第一层从舞蹈场面上写安塞腰鼓的强劲气势，连用五个比喻"骤雨""旋风""乱蛙""火花""斗虎"写出舞蹈开场阵势。接着从舞蹈效果上写，"使冰冷的空气立即变得燥热了，使恬静的阳光立即变得飞溅了，使困倦的世界立即变得亢奋了。"从头脑印象方面写想起诗句、想起雷电、想起"彻悟"。第二层从听觉上写安塞腰鼓的强劲气势，鼓声撞击在山崖上、撞击在观众的心上，是抒情，是思索，是原野，是生命的诞生。第三层写舞蹈者陕北后生，他们吃得很差，却释放出如此磅礴的力量，从反面衬托他们艰苦奋斗的高贵精神。继而讴歌养育他们的黄土高原。第四层再次从舞蹈场面上写安塞腰鼓的恢宏气势，"人，成了茫茫一片；声，成了茫茫一片。"

（二）《我与地坛》

该文是后一种美感散文。地坛始建于明代嘉靖九年（公元1530年），是明清两朝帝王祭祀"皇地祇神"的场所，是中国现存最大的祭地之坛。在传统文化里，祭祀是非常神圣的活动。这个环境适合思考生与死等严肃哲学问题。这篇散文共七节，是作者15年来摇着轮椅在地坛思索的结晶，它表现了作者对死亡、对生活、对写作、对母亲、对他人的深刻理解。第七节描写唢呐声"在星光寥寥的夜空里低吟高唱"，这是现实世界的唢呐，也是心灵世界的唢呐，作者已经参透生死，做好了一切安然的准备。

本文除了第六节使用了电影艺术手法，出现第二人称"你"叙事，以作为画外音，与第一人称"我"叙事相补充，形成有对话特点的艺术。其他六节都以第一人称"我"的心绪为摹写对象。部编教材高一上册选了文章的第一、二两节。

第一节写"我"在地坛思考生与死的哲学命题，以作者思绪为线索：与地坛地理意义上的缘分—与地坛心灵上的缘分—关于死亡的思考—关于生存的思考。

地坛公园环境"荒芜但并不衰败"，以作者的四段小说摘录为视角加以描写，这种描写视角使本段呈现空灵的审美意蕴。因为它既是现实的环境描写，也是作者心灵中流淌出来的思绪。第一段小说摘录写：地坛是"我"从现实世界逃逸的心灵栖息地，"我便一天到晚耗在这园子里"。第二段摘录写"我"撅树枝"驱赶那些和我一样不明白为什么要来这世上的小昆虫"，这一句话"小昆虫"有象征意义，表明作者在双腿瘫痪之后，内心焦躁，他觉得自己的生命就像"小昆虫"一样低贱。第三段摘录写公园里的"蜂儿""蚂蚁""瓢虫""蝉蜕"表明这里一切生机勃勃。第四段摘录写草木生长的声响窸窸窣窣片刻不停。这四段小说摘录表明作者虽然内心焦躁，但还没有绝望，他仍感受到了内心成长的力量。

作者这样理解死亡，"死是一件不必急于求成的事，死是一个必然会降临的节日"，这是一种洒脱磊落的胸怀。作者对生存的理解，没有给出非常明确的答案，他首先承认15年中，他一直在想这个问题，但是"有些东西是任谁也不能改变它的"。他观察公园中的景物"落日残照""雨燕高歌"恒常未变,"孩子脚印"带给人的遐想恒常未变,"古柏"静默恒常未变,"暴雨骤临园中"之时"草木和泥土的气味"恒常未变,"秋风忽至"之时"熨帖而微苦的味道"恒常未变。这些都隐喻他心里仍然有一直坚持的从未改变的理想。

第二节写对母亲的怀念。以对母亲的思念为线索,分为三部分:我独自到地坛,给母亲出了很大的难题——我写作为了使母亲幸福,等我有成绩之时,母亲却不在了——曾经有很多次我看到母亲寻找我的焦虑模样,这么大的园子要找到我,很不容易。

作者将自己对母亲的思念贯穿在几个细节中,并在日常琐碎生活细节中灌注自己真诚的思绪。这使得本文虽没有写任何惊天动地的事情,却处处都洋溢着作者热爱母亲的真情。第一个细节写一次出门又返回看到的情景,母亲站在送我出门的原地,尽管她很不放心我,却只能让我出门活动。这是她"自我安慰,是暗自的祷告,是给我的提示,是恳求与嘱咐"。第二个细节写在第一篇小说刊登的日子,在第一次小说获奖的日子,我再次到地坛思念母亲,"母亲的苦难与伟大才在我心中渗透得深彻。"第三个细节写我有几次看到母亲焦虑的身影,她的视力非常不好,想找到我很困难。第四个细节写两个散步的老人说,这园子真大,由此可以想象,母亲找到我非常不容易。作者不重视描写现实世界中真实的细节,更看重细节中自己真实的思绪。因此说,这是一篇流淌着思考和爱意的作品。

抒情散文是初中学生写作内容,教师应结合教材选文多讲解抒情方法,告诉学生将感情寄托在哪里,如何运笔,才能写出好文章。是借景抒情,状物抒情,托物言志,还是以记叙事件为依托抒发感情,还是直接以心灵思绪为对象,每一类文章都有写作章法,只有掌握了章法技巧,学生在语言运用方面才能取得长足进步。

## 第四节 现代记叙及议论类散文语言艺术

**一、记事类散文**

(一) 以记叙为表现手段

一般来说,记叙文绝大多数采取内视角叙述方式,如果是故事亲历者,叙事以第一人称展开，较容易做到栩栩如生；如果不是亲历者，以故事人物为描写视角，就需要作者隐含于所创作的人物之中观察世界，这样才可以创造惟妙惟肖的描写艺术，使叙事生动形象。总之一句话，文学艺术拒绝抽象的概述性的事件描述。

1. 第一人称叙事艺术

（1）《太空一日》

该文是亲历者杨利伟个人的叙述。全文四个标题共四节，以时间为顺序写了飞船升空、在太空遨游以及返回地面的过程，表现了杨利伟的勇敢、严谨的科学精神，赞扬了中国航天人精益求精、不懈追求的气魄。每一节的小标题，都提示了记叙的重点内容：第一节的标题为"我以为自己要牺牲了""火箭上升到三四十公里的高度时，火箭和飞船开始急剧抖动，产生了共振。这让我感到非常痛苦。"这个痛苦过程是本节叙述重点。在"那难以承受的26秒，""我真的以为自己要牺牲了。"好在有惊无险，"我"渡过了难关。第二节的标题为"我看到了什么"，按照由大到小的顺序写：首先看到的是呈现出弧状的地球，其次是由"山脉的轮廓、海岸线的走向与河流的形状"判断出的各大洲的方位，然后写"到中国上空时"，仔细辨别到了哪个省，哪里是北京。然而"我"却"没看到长城"，作者在失望之余得出了科学的结论："在太空，实际上看不到任何单体的人工建筑。"第三节的标题为"神秘的敲击声"，先写了"'本末倒置'的错觉"，再写神秘的声音；前者后来由于对飞船舱体的改进得到了缓解，后者至今仍然是一个未解之谜。第四节的标题为"归途如此惊心动魄"，重点写了飞船舷窗出现了裂纹给"我"带来的紧张、压力和恐惧。

（2）《美丽的颜色》

这篇文章以故事人物居里夫妇为视角，详细记叙了他们发现镭之前的过程，发现镭之后则很简略。如此剪裁材料正是要证明发现镭多么不容易，从而赞扬居里夫妇献身科学不怕吃苦、不惧危险的伟大精神。

详细记叙的内容包括几个层次：第一层写条件差。居住环境为小破屋；夏天热透，冬天严寒。实验条件非常简陋，没有钱，没有实验设备。"我们生活中最美好而且最快乐的几年，还是在这个简陋的旧棚屋中度过的。"虽然条件极其艰苦，但居里夫妇很快乐，以此反衬他们对待学术的虔诚态度。第二层写夫妇俩分工合作，玛丽选择了难度很大的劳动，"做的是壮汉的工作。"她一次要炼制20公斤材料，离析这极小含量的物质非常困难，因此日复一日、年复一年，他们都是这样艰苦地工作。然后以玛丽日记回溯了他们度过的艰苦岁月，他们完全沉浸在科学实验里，"棚屋里笼罩着极大的宁静"。第三层写他们所谈论的都是科学，期盼的也是镭。他们忘我地工作，只接触极少数客人，这些客人都是物理学家或化学家。夫妇俩平时所谈的都是镭。他们期盼着未来镭的样子，"希望它有很美丽的颜色。"

2. 第三人称叙事艺术

散文以第三人称叙事的并不少见，只要非本人经历的事件均可以用第三人称叙事。但也有少数散文采取全聚焦叙述视角，茨威格《伟大的悲剧》采用了客观的全聚焦叙述视角，这使他独立于故事之外，向读者讲述英国海军上校斯科特和他的四名伙伴组成的南极探险队选择殉难的悲壮过程。

徐岱认为一般这类叙事"采用第三人称的方式，让叙述者以一种相对较为隐蔽的态度进行叙述，叙述者同他的叙述接受者不直接接触。"①

悲剧的开端是队员鲍尔斯发现已经有人在白茫茫的雪原上立起路标。接着他们发现了一根滑雪杆，一个月前挪威"阿蒙森在这里扎过营地了"。他们不得不将英国旗帜插在挪威旗帜旁边之后原路返回，不幸的是热量已尽，他们选择无所畏惧地走向死亡。

全聚焦客观叙事的优势是依靠故事本身的感人力量，而不是依靠作者的感受，创造艺术作品的感人力量。但由于作者在故事之外，这种叙事方式也容易产生枯燥乏味的缺点。作者以斯科特的日记穿插在整个叙述事件中，给读者以生动的现场感，完全弥补了这一艺术缺憾。第一次引用日记内容是他们发现留下的滑雪杆，斯科特揭示他们当时倍感凄凉的心境，"历尽千辛万苦，无尽的痛苦烦恼，风餐露宿这一切究竟为了什么？还不是为了这些梦想，可现在这些梦想全完了。"第二次是他们决定返回，斯科特揭示往返南极的路有多凶险，"回去的路使我感到非常可怕。"第三次是转述日记内容，叙述他们在返回途中遭遇恶劣天气，想找到自己原先的贮藏点非常困难，即便环境如此恶劣，负责科研的威尔逊博士雪橇上"还拖着16公斤的珍贵岩石样品"。接下来笔锋一转，"人的勇气终于渐渐地被大自然的巨大威力所销蚀"。他们的命运急转而下，第四次以一个省略号表示日记内容被省略，读者从记叙内容可以感知：埃文斯精神失常以后，大家克服困难，带着他前进，直到他死。非常可怕的是贮存的燃料太少，他们得不到充足的热能，奥茨冻掉了脚趾。第五次日记内容描述了斯科特的恐惧之情。他们拖着疲惫的身体前行，奥茨要求伙伴们把他留在睡袋里，大家拒绝抛弃他。他自己走向暴风雪，"像一个英雄似的向死神走去。"剩下的三人在燃料告罄之后，与死亡搏斗了八天，钻进自己的睡袋，等待死神来临。斯

---

① 徐岱. 小说叙事学 [M]. 北京：商务印书馆，2010：211.

科特"用超人的毅力把日记写到最后一刻",第六次日记内容写到一个细节,斯科特将"我的妻子"这个称呼划掉,更动为"我的遗孀"。表现了他们面对死亡,无所畏惧、冷静高傲的绅士姿态。

(二)不限于记叙表现手段

《记念刘和珍君》这篇文章记叙、抒情、议论、描写四种文学手段巧妙混搭,产生了强烈的艺术感染力。全文的七节可以分为三个部分。

第一部分交代写作本文的起因:原因之一,记叙在追悼会"礼堂外徘徊"遇到程君郑重请求;原因之二,抒情追忆刘和珍支持鲁迅办刊,"我也早觉得有写一点东西的必要了";原因之三,抒情抨击眼下有人污蔑他们"受人利用";原因之四,抒情人们容易忘记过去,"我正有写一点东西的必要了"。

第二部分回忆结识刘和珍以及"三一八惨案"经过。描写记叙认识刘和珍的经过,反复强调她为人和善,"常常微笑着,态度很温和",她勇于担当,"反抗一广有羽翼的校长","虑及母校前途,黯然至于泣下"。抒情兼记叙"三一八惨案"经过:"卫队居然开枪,死伤至数百人,而刘和珍君即在遇害者之列",而且"这不但是杀害,简直是虐杀,因为身体上还有棍棒的伤痕"。上下两段存在强烈的对比,这么温和热心的刘和珍君被反动政府打死,不仅杀害,而且虐杀,足见反动者的残忍。接着抒情兼记叙刘和珍死亡细节,"这是怎样的一个惊心动魄的伟大呵!"

第三部分刘和珍之死的意义。议论有三节:其一,尽管死者很勇敢,但对于推动历史发展仍然意义寥寥。其二,她们会永远被亲族、师友、爱人铭记。其三,她们也将是为人类解放而奉献的女性楷模。抒情有两节,其一,死者牺牲的意义:苟活者将看到微茫的希望被鼓舞;"真的猛士"将继续前进。第二,"我说不出话",心情难以平静。

由于作者没有亲眼看见刘和珍遇难过程,这篇文章的记叙部分都是侧面描写,但读来并不使人感觉隔膜,反而非常生动感人,因为作者融入了自己深刻的思考(议论部分)、深厚的感情(抒情部分)。

## 二、写人类散文

(一)以"我"为主之境

作家写人物都渗透着自己的主观情感、评价,有些散文作家会鲜明地以语言文字表现自己的主观思想,我们称之为以"我"为主之境。下面举例说明这一类写人散文特点。

1. 记叙+抒情手段

《再塑生命的人》这篇文章赞扬了安妮·莎莉文小姐以温暖的爱心和持久的耐心重塑了"我"的精神世界，使"我"成为一个幸福的人。由于作家海伦·凯勒是盲人，她无法通过直接描写展现安妮·莎莉文小姐的性格特征。但作家凭借自己的心灵，热情讴歌了老师。

文章采取了倒叙方式，回忆老师到来之前和到来之后，我生活上的巨大变化。从第二段交代老师到来之前"我"情绪低落，"当时的我，经过数个星期的愤怒、苦恼，已经疲倦不堪了。"作者发出强烈的呼唤："光明！光明！快给我光明！"然后写安妮·莎莉文小姐出现后，"我"的生活发生巨大变化。她交给我一个洋娃娃，在我手掌上写"doll"，"我"学会了很多名词和动词，理解了"世间万物都有自己的名字"。老师又"给我一个更大的新洋娃娃"，我理解了"大""小"这类更为抽象的形容词。"我"分不清"杯"和"水"，跟老师发生了争执，"抓起新洋娃娃就往地上摔，把它摔碎了。"莎莉文小姐并没有生气，把"我"带到屋外的花园里，让清凉的水从我指尖流过，"我一下子理解了语言文字的奥秘了"。从"我"的真实体验，赞扬莎莉文小姐有教学智慧，有耐心，有爱心，终于将"水"从"杯子"里剥离出来，使"我"感到了"水"的样态。接着写"我"的思想和灵魂发生巨大的变化，"我"生平第一次理解被我撕碎的洋娃娃多么可怜。结尾写"我"学会了很多亲属称谓，使"我"感到了人与人关系的美妙，"我"成为幸福的孩子。

这篇文章使用了记叙和抒情相结合的方式，使安妮·莎莉文小姐的形象得以真实地呈现于读者面前。记叙文不必要局限于记叙一种手段上，以真情裹挟的情义更容易打动读者。

2. 记叙+议论手段

（1）《叶圣陶先生二三事》

《叶圣陶先生二三事》从介绍叶圣陶的生平事迹入手，概述他一生的卓越贡献，补充别人不太清楚的叶圣陶精神。第二段（2节）总领全文，写叶圣陶身上有儒者精神，赞扬他人品极佳。

主体部分共写了叶圣陶六件事：请人润色文章；礼貌送客；看花未遇客；倡导平易自然之风；倡导简洁文风；使"做"和"作"明确分工。详写，请人润色文章；看花未遇客；主张修改文章；主张简明文风；使"做"和"作"明确分工。第一件事详写的原因是：叶圣陶自己的语言使用状况很复杂，跟家乡人用苏州话，跟其他人用南腔北调话，写文章必须使用普通话，他怕自己的普通话不标准，因此请张中行帮忙改正。有些修改叶圣陶不敢随意做主，就请教张中行是否同意恢复。这件事反映了叶圣陶谦谦君子的风度。以他描吕叔湘文章导入叙述此事。第二件事详写的原因是：除了工作上的细节，还有生活上的细节反映他的人品绝好。在"文革"期间很多人遭遇不幸，大风暴结束之后，张中行以临时户口身份暂居女儿家中，看望叶圣陶未遇，只好留言而归。第二天就收到叶圣陶的来信，表示同情张中行遭遇。在那人性扭曲的年代，叶圣陶先生仍然保持真诚的为人风格，这是非常难得的。第四、五、六件事详细写的原因是突出叶圣陶重视语言规范，在汉语规范化上做出的突出贡献。这些贡献包括：文章要反复修改，一定做到平易自然。文风一定要简洁，用字一定要准确。这六件事分为两个方面：宽以待人、严于律己。详写的前两件体现"宽以待人"，后三件体现"严于律己"。

最后一段是文章最后一节，以怀念收束全文。

这篇文章主要的艺术特点是夹叙夹议。在记叙事件之前，有一段议论总领下文。从叶圣陶印象说起，"平实规矩"。交往之后，作者觉得他身上最光辉的是"德"之"不朽"。他最大特点是做人不圆滑，就是纯正的儒学人格，作者评价说："叶老既是躬行君子，又能学而不厌，诲人不倦，所以确是人之师表。"另一句议论，"以上说待人厚，是叶圣陶先生为人的宽的一面。他还有严的一面，是律己。"将文章的记叙分为两个层次。文章结尾再次提"立德"，呼应前面的议论。这些议论文字组成了文章的间架结构。与另一篇写闻一多的记人艺术风格相类。

(2)《说和做——记闻一多先生言行片段》

这篇文章选取了两个横断面，涉及两大类内容："学者"的闻一多和"革命家"的闻一多。这两个横断面之间以闻一多名言"说"和"做"的关系连接，这些议论性文字将文章首尾贯穿起来。作为"学者"，闻一多著作等身，作者只选取了《唐诗杂论》《楚辞校补》《古典新义》三本著作加以表现，第一段用抒情语言高度概括闻一多钻研学术全神贯注的精神状态：头发凌乱，饭忘了吃，觉睡得少，灯光漂白四壁。然后用一句话记叙《唐诗杂论》完成。以议论总结他在唐诗研究上的成绩，"他并没有先'说'，但他'做'了。做出了卓越的成绩。"再以议论过渡到楚辞研究，"'做'了，他自己也没有'说'。"仍以议论过渡到《古典新义》研究，"别人在赞美，在惊叹，而闻一多先生个人呢，也没有'说'。"以议论总结"学者"闻一多，"做了再说，做了不说，这仅是闻一多先生的一个方面，作为学者的方面。"两个过渡性小节写作为"革命家"的闻一多。三个小节总领下文概述他的特点"争取民主""讲个痛快""言行一致"。本段选取了他起草政治传单、群众大会演说、参加游行示威三件事表现他的英勇精神，通过两人信件里的片言只语，证明闻一多一直在散发传单，宣传民主。群众大会演说上，他"大骂特务，慷慨淋漓"，以议论总结他的革命工作，"他'说'了。说得真痛快，动人心，鼓壮志，气冲斗牛，声震天地！"最后写闻一多参加反抗国民党当局的活动，"他走到游行示威队伍的前头，昂首挺胸，长须飘飘"，壮烈牺牲。本段以议论总结，"他终于以宝贵的生命，实证了他的'言'和'行'。"文章最后一段是最后两节，总结全文，闻一多是"卓越的学者，热情澎湃的优秀诗人"。没有这些议论文字的话，这篇文章结构就无法做到清晰。

3. 记叙+抒情+议论手段

《邓稼先》这篇文章立了六个小标题，突出了邓稼先一生卓越的贡献，朴实的性格，高度认真的工作态度，将杨振宁对邓稼先的评价贯穿其中。本文第一个标题以非常宏大的历史背景为开篇，谈到中国人一百多年前的耻辱，千千万万人努力的结果使中国人命运得以转变，这其中有一位鲜为人知的科学家邓稼先。文章将邓稼先的生命价值与国家命运紧紧联系起来，凸显了邓稼先高尚的人生奋斗目标，为了"中国人民站起来"，摆脱屈辱的命运。第二个标题"两弹元勋"，叙述了邓稼先一生最重大的贡献；第三个标题"邓稼先与奥本海默"，用对比的方式，写出了邓稼先的性格特点，"他是最有中国农民的朴实气质的人"。"文革"时期，邓稼先有能力说服两派，使氢弹发射工作顺利进行；"四人帮"围攻时期，他也能说服工宣队、军宣队的队员，使工作得以顺利开展。第四个标题"民族感情？友情？"写邓稼先为了证实美国人说的是谣言，亲自调查中国原子弹研究过程，以实事求是的精神回答了国际疑问。他回复杨振宁："除了最早于1959年底以前曾得到苏联的极少'援助'以外，没有任何外国人参加。"杨振宁深为邓稼先骄傲。第五个标题"我不能走"，写邓稼先在危难之际，抛开个人安危，一心扑在工作上的感人事迹。这一段以杨振宁想象邓稼先在大漠戈壁工作环境之恶劣，工作复杂程度以及艰难程度之强大起笔，充分表现了杨振宁对邓稼先的理解和尊敬。第六个标题"永恒的骄傲"，选取写给邓夫人许鹿希的电报和书信中的几段话作结，表达了杨振宁对邓稼先的尊敬之情。

这篇文章贯穿着杨振宁对邓稼先的评论，有些是抒情手段，如李华《吊古战场文》引文，再如"假如有一天哪位导演要摄制《邓稼先传》，杨振宁有意提供背景音乐设想。有些是议论手段，如"邓稼先是中国几千年传统文化所孕育出来的有最高奉献精神的儿子"，"邓稼先的一生是有方向、有意识地前进的。没有彷徨，没有矛盾"等句子。

4. 记叙+描写手段

茨威格具有超越常人的感受力,《列夫·托尔斯泰》① 一文使用大量篇幅刻画了列夫·托尔斯泰的外貌,超越常人的联想与想象、贴切的比喻等修辞格,使得整篇文章华美无比,但又不伤于辞藻。比如"他生就一副多毛的脸庞",接着写了一句"植被多于空地",摒弃了普通表达,"胡子占据了脸部的大部分空间",这两种表达法之间有类比联想关系,因此也不会被读者误解。

除了类比想象,还有顺势联想。比如在上文写了列夫·托尔斯泰的脸像树皮,接着写他的眉毛,"像纠缠不清的树根",头发像"热带森林般茂密",顺着跟"树"意象相关联而发展。把列夫·托尔斯泰的脸想象成"低矮的陋屋",接着写长相难看,"小屋粗制滥造",额头被称作"小屋上方的横梁","像是用刀胡乱劈成的树柴",皮肤"像用枝条扎成的村舍外墙那样粗糙",这些描写都顺着"陋屋"这个意象继续生发。作者评论道:"这张脸平淡无奇,障碍重重,没法弥补,不是传播智慧的庙堂,而是禁锢思想的囚牢。"这是世俗人的看法,实际上这位伟大的现实主义作家在文学上的成就,使他这样平凡的长相获得了无数人的崇拜,在他生命的最后十年,人们终于认识到这是一个卓越的思想家,"直到生命的最后十年,他脸上笼罩的厚厚一层阴云才消除了;直到人生的晚秋,俊秀之光才使这块悲凉之地解冻。"

(二) 以"我"为次之境

作家在叙述描写人物之时,有意隐藏自己的思想感情,使读者通过语言文字揣摩作家所写人物的性格特点以及作家本人的感情,这类写人散文,我们称之为以"我"为次之境。这些散文里作家的叙事艺术就处于凸显地位,有些使用了对比手法,有些使用了虚实相生手法,有些反复使用有内在逻辑统一性的情节,以便于昭示文本意义。

1. 对比叙事艺术

(1)《阿长与〈山海经〉》

这篇散文开头交代"阿长"名字的由来,特意提到平辈和晚辈呼之为"长妈妈",长辈呼之为"阿长","我"不高兴的时候,也敢于没大没小,直呼"阿长"。由于家里原来的女工身材高大,大家叫她"阿长",自从她走了,新来的女工就没有改名。"我"甚至根本想不起来她叫"什么姑娘"。第一段读者就从作者平静的叙事语调里感觉到"阿长"实在太普通不过了。

---

① 这篇文章主要使用了反面衬托手法,列夫·托尔斯泰虽然相貌平平,但具有超强的观察能力,他本人在现实主义文学方面也取得了卓越成就。此为写法技法,本节不讨论。

她还有一些不好的习惯，比如"喜欢切切察察"——打小报告，家里人以及"我"有一点儿出格的小问题都被她汇报到母亲那里，我总是因顽皮而被批评。她身体略胖，睡觉伸开两手两脚，在床上占据巨大的空间，搞得"我"蜷缩一角，常常被热醒。母亲很委婉地对她表达了我的请求，"阿长"根本不理解，还是那样睡觉。她还懂得很多古老的规矩，特别是元旦早上的仪式，她头一晚就交代"我"了，可是我一早就想去花压岁钱，下地玩耍。"她惶急地看着我"，"我"终于记起她交代的仪式。一个大大咧咧、朴素、还有点儿迷信的下层普通百姓"阿长"跃然纸上。

这篇散文的出彩之处，是叙事上使用了对比手法。第一是"阿长"自身的对比，尽管她是这么不讨"我"喜欢，还害死了我的小隐鼠。但是有两件事让我佩服她：其中一件事是她不怕杀人恶魔"长毛"盗匪，常常跟我讲盗匪故事。"我"认为"阿长"不会被盗匪掳去，因为她不是小孩子，也不是门房，更不是漂亮姑娘，脖子上有伤疤，既老又丑。"阿长"反驳说，她也会被掳去，用于阻击攻城的士兵。"我"佩服"阿长"有这样的神力。另外一件事是"阿长"给我买来了绘图的《山海经》。"我"在一个远房叔祖那里看到绘图的《花镜》，非常喜欢。那位远房叔祖告诉我有一本绘图的《山海经》不知放哪里了，我"不好意思力逼他去寻找"。城里买书的地方非常远，"我"又没有机会去，只是天天念叨。"阿长"放在心上，专门请假给我买回了绘图的《山海经》。"阿长"的平凡和"神力"形成了鲜明的对比，她心底里散发出来的善良的人性光辉感染着读者。

第二处是"阿长"与远房叔祖对比。远房叔祖很有学问，但是为人非常"疏懒"，他明明知道"我"如此喜欢绘图的《山海经》，却不肯帮忙给买一本，或者寻找一下他自家的《山海经》。而"阿长"根本就不识字，也不知道"山海经"三个字怎么写，她以为是什么"三哼经"，她特意请了假，帮我实现了心愿。"阿长"的勤快与叔祖的懒惰形成了鲜明的对比，她关心孩子成长的朴实行动使读者感觉到了这位普通劳动者的伟大。

（2）《藤野先生》

这篇散文表达作家对藤野先生真心的热爱和感激。这份真情在众多对比事件中越发真实而珍贵，散文对比的叙事手法起到了烘托的效果。

初到仙台，作家有一段"物以稀为贵"的议论，从他淡漠的情感里，读者能体察到作家并不认为日本民族有善待中国人的理由。果然在"我"经过自己努力取得了很好的成绩之后，"本级的学生会干事"要了我的笔记去，然后写匿名信要求我"改悔"，说藤野先生漏题给"我"，所以"我"考得很好。"我"

跟这帮所谓的"爱国青年"实则"好战分子"委实理论了一番。"终于这流言消灭了",匿名信退还给他们。作家一句评论"中国是弱国,所以中国人当然是低能儿",抒发了自己悲愤压抑的感情。在这样的环境下,藤野先生以科学严谨的精神关心"我"的学习,培养"我"严谨扎实的科学态度,就显得弥足珍贵!作者想弃医从文,面对这样一位非常关爱自己的好老师,他不敢刺激老师,只是轻描淡写地说"想学生物学",藤野先生对这样一位优秀的学生放弃医学,觉得非常惋惜,起码生物学还能用得到医学知识吧。他也尊重鲁迅本人的选择。这一段记叙非常含蓄,但是能让读者体会到师生双方互相关爱的深情。

2. 虚实相生叙事艺术

《藤野先生》这篇散文没有明确交代自己弃医从文的过程,但叙事过程中作家流露出褒贬评价,使读者清晰地理解了作家发生的思想转折。

文章开头写"清国留学生"速成班在上野樱花烂漫的季节聚集游玩,重点描写了他们头上的辫子,本节最后一句"实在标致极了",具有强烈的讽刺意味。这一段明写"清国留学生"速成班一脑门保守,忙着游玩,而不是为国读书。暗写作者强烈的爱国情怀,要为了国家复兴而读书。接着写"中国留学生会馆"夜晚好多学生在学跳舞,搞得满街躁动。一个词组"精通时事的人",也漏出讽刺意味。这一节明写留学生浮躁,醉死梦生,暗写作者为了国家复兴而读书的坚守朴实的追求。

第三节去往仙台的路上,记住了一个地名"水户",因为这里是明代遗民朱舜水客死的地方。这一处明写明代遗民,暗写作者对国家民族命运的关切。

霉菌学用电影放映细菌形状,结尾放映日俄战争片,总会有中国人给俄国做密探,被俘虏枪毙之时,一群中国人围着看。作家只写"我的意见变化了",没有描写当时自己暗下决心:弃医从文,从精神上疗救麻木的民众,拯救民族危亡。文章结尾说"写些为'正人君子'之流所深恶痛绝的文字",呼应了这里的伏笔。

3. 逻辑统一叙事艺术

这类散文里,作家以一些具有内在逻辑性的事件为线索,显示了要表达的思想感情。

杨绛在《老王》这篇文章里以"我"与老王的交往为线索,回忆了老王的几个生活片段,塑造了一个穷苦卑微、心地善良、老实厚道的老王。作者客观刻画了人物的神态、动作、语言、外貌等细节,向读者展现了一位值得同情与尊重的三轮车夫。

文章结尾点题,"那是一个幸运的人对一个不幸者的愧怍。"虽然"我"也

"不幸",在"文革"中被冲击,下放到干校,但比较老王而言,"我"是幸运的人。我感觉自己愧对老王。这种主题是在叙事中实现的:"我常坐老王的三轮。他蹬,我坐。""我"跟老王之间是主顾与服务人员的关系。接着叙述老王无依无靠,没有亲人。也就是说对于老王而言,他不是迫切需要一个主顾照顾他的生意,而是一个亲人关心他的生活。钱钟书腿走不了路,老王帮我送他去医院,老王不肯收钱,但"我一定要给他钱"。而老王却是担心"我"一家生活拮据,愿意主动帮助"我"。老王对"我"一家的感激是发自内心的,像亲人一样。而"我"以自己清清爽爽的行为证明"我"与老王是主顾与服务人员关系。三轮车取缔之后,钱钟书宁愿把自己降格到"货物",还是选择老王送他上下班。"我问老王凭这位主顾,是否能维持生活。"说明"我"跟老王仍是处于主顾与服务人员的不平等地位,而没有亲人之意。老王最后临终前挣扎着送礼物给"我","我"还是坚持给了他一笔钱。也就是说,直到老王死,"我"都没有给他一点儿亲人的关怀。而老王临死前,却克服病痛,表达对"我"一家的情义。这些所叙事件具有内在逻辑一致性:杨绛表达了自己的悔意和人道主义思想,知识分子应该放弃自身的"清高",真正关心每一个普通劳动者。

### 三、议论类散文

议论类散文与后面第五节思辨性散文的共同点都是全文使用议论手段,但前者重在阐明问题、揭示思考,具有文学上的哲理性特征;后者重在演绎、归纳、推理论证等思辨性特征。

#### (一)阐明问题

《纪念白求恩》从介绍白求恩的生平事迹入手,使读者对他先有一个全面的了解,同时为全篇论述他的革命精神提出事实根据。生平事迹介绍完了,作者立即以一个设问句过渡到全文的论题上来,然后予以确切地回答:"这是国际主义的精神,这是共产主义的精神。"

接下来分论点之一:学习白求恩的国际主义精神。先从国际形势出发论述,以一个长句从理论上将列宁主义所主张的国际主义做了具体说明,然后指出:"白求恩同志是实践了这一条列宁主义路线的。"再从国内形势出发论述,"我们中国共产党员也要实践这一条路线""反对狭隘民族主义和狭隘爱国主义"。分论点之二:学习白求恩毫不利己专门利人的精神,先从国内形势指出,"不少的人对工作不负责任,拈轻怕重",有很多自私自利的表现,论述当前学习白求恩的必要性。然后从正面论述白求恩毫不利己的精神,用"从前线回来的人"和

"晋察冀边区的军民"亲身经历证明白求恩精神不虚假。分论点之三：学习白求恩对技术精益求精的精神。先高度评价白求恩医术的高明，然后从国内情况，批评"鄙薄技术工作"的同志，强调学习白求恩的重要性。

最后一段为纪念白求恩、学习白求恩的题意作结。前五句作者回忆与白求恩生前的交往，表达沉痛悼念的感情。

(二) 揭示思考

1.《永久的生命》

这篇文章揭示了生命易逝但也永久不朽的真谛，抒发了作者以工作、以爱情赞美生命的热烈情怀。作者认为"过去了的日子永不再回来"，即便自己是一个智者也无济于事，这个意义上"人"显得渺小、可怜。转折句"一切还都是乐观的"转入下一段落，第一层写"生命能够不绝地创造新的生命"，这是"奇妙的魔术"。第二层写生命的特征其实是"永久不朽""充满希望"。第三层写我们要勇敢奋斗。三层之间是因果逻辑递进的关系：正因为生命可以创造生命，生命才不朽，我们才应该奋斗。最后一段总结全文，"凋谢和不朽混为一体，这就是奇迹"，表达了作者的哲理之思。

2.《我为什么而活着》

罗素作为一个伟大的思想家、哲学家，在这篇文章里思考了人类普遍关心的哲学问题"人为什么而活"，并对这个永恒命题做出了个人回答。他开门见山地说，第一，对爱情的渴望；第二，对知识的追求；第三，对人类苦难不可遏制的同情心。然后分段论述为什么追求爱情，作者认为：第一，爱情可以带来狂喜；第二，爱情可以解除孤寂；第三，爱情可以使人的灵魂达到神秘境界。为什么渴求知识，作者认为：第一，了解心理学；第二，了解自然科学；第三，了解哲学等社会科学。过渡句"爱情和知识，尽可能地把我引上天堂，但同情心总把我带回尘世。"总结上文并引起下文，还因为对人类社会遭受苦难的同情心而活，这体现了罗素作为思想家希望拯救人类苦难的伟大理想。最后一节收束全文，"如果有机会的话，我还乐意再活一次"，表达了作者对生命的热爱之情。

3.《论教养》

这篇文章谈了作者所认同的教养。第一段（1—3节）提出什么是教养。第二段（4—10节）教养的第一条表现是跟亲人关系和睦。第三段（11—17节）教养的第二条表现是尊重他人。分四层：第一层（11节）谈有教养的人对各个阶层的人都很礼貌；第二层（12节）谈有教养的人在各种场合都言行一致；第三层（13—16节）谈"风度"也是有教养的表现之一，因为它的思想基础是关照他人；第四层（17节）谈应该避免的行为和应该奉行的优雅举止。第四段（18节）提议尊重他人并随机应变。

4.《精神的三间小屋》

这篇文章作者谈希望为自己的精神空间建三间小屋，分别安置自己的爱恨、事业和自身。第一段（1—6节）提出话题，为自己的精神修建三间小屋。第二段（7—9节）第一间小屋盛着爱和恨，但不能恨大于爱。第三段（10—14节）第二间小屋盛着事业，事业不是靠天赐，而是靠自己寻找，要与自己的生命和谐。第四段（15—18节）第三间小屋盛着自我，人不能丧失自我，不然精神将孤独地飘零。第五段（19—20节）提议将精神的小屋建筑结实之后，开拓精神的更大旷野。

这些篇目所使用的手段都是议论，但不是以客观的思辨方式论证观点，而是处处渗透着作者的主观感想，比如句子有"我""确定"等主观色彩较明显的词语。

小学阶段学生要学会以事件为中心和以人物为中心写作简单记叙文。初中生要在小学基础上，写作复杂记叙文。其中包括要学习使用多种表达手段，记叙、描写、抒情、议论，甚至还可以加入说明手段。教师要结合教材选文，详细解释每一类写作手段的作用，并注意讲解篇章连接手段，以便于将各种表达手段有机统一在一起，为文章中心服务。

## 第五节　古今思辨类散文语言艺术

### 一、逻辑分析基本框架

逻辑被称为思维的艺术。思辨类散文必须符合逻辑推理规则，才能使读者信服。在欣赏古今思想家论说推理艺术之前，先介绍一些逻辑学基本常识。[①]

（一）命题

1. 命题定义

逻辑推理的前提是命题。命题（proposition）是对事物有所断定并具有真假

---

[①] 本节逻辑学知识参考了胡文彪、黄华新《逻辑学教程》（修订版）[M]. 杭州：浙江大学出版社，2000.

之别的思想。命题有两个基本特征，一是必须有所断定，即对思维对象要么肯定，要么否定，不置可否的思想不是命题。命题的另一个基本特征是有真假之分，即要么是真的，要么是假的，无所谓真假或有时真有时假的思想不表达命题。

2. 命题分类

简单命题，就是陈述思维对象本身或思维对象之间关系的命题。如"小刘是老师"为直言命题；"有些选民支持所有候选人"为关系命题。

复合命题，就是用联结词连接两个以上命题。分为：联言命题、选言命题、假言命题、负命题。

联言命题就是陈述两个或者两个以上的事物情况同时存在的命题。可以用并列复句表达，如"他学习好而且品质好。"也可以用转折复句表达，"虽然他球打得好，但没能参加比赛。"

选言命题就是对事物的两个或者两个以上的可能情况做出陈述的命题。可以用选择复句表达，如"选物理，或者选数学都很好。""违章开车要么罚款，要么吊销驾驶执照。"

假言命题就是陈述一事物情况是另一事物情况的何种条件的命题，假言命题亦称条件命题。充分条件假言命题，一般使用联结词"如果……那么……""只要……就……"，如"如果气温升高，那么海平面就会上升"。必要条件假言命题，一般使用联结词"只有……才……"，如"只有风调雨顺，农作物才能获得丰收"。充要条件假言命题，一般使用联结词"当且仅当"，如"一个数是偶数，当且仅当它能被2整除"。

负命题是否定一个命题而形成的复合命题。以上每一类命题均有负命题形式，负命题本身还可以再次否定，这就是双重否定句，如"并非小刘不是老师"，即"小刘一定是老师"。

(二) 推理

推理是思维的主要形式。一个推理要想保证推出的结论是正确的，必须满足以下两个条件：推理的前提都是真的；推理的形式是有效的。我们只要思维，就会自觉或不自觉地应用包括复合命题推理在内的各种推理。但在实际思维中，各种复合命题推理通常并不是单一出现，而是综合应用。

1. 推理分类

根据结论所断定的范围相对于前提而言是一般性还是个别性，推理可分为三类，即演绎推理、归纳推理和类比推理。

根据前提与结论之间是否有蕴涵关系，推理可分为两类，即必然性推理和或然性推理。演绎推理是必然性推理；归纳推理（全部枚举法除外）和类比推理是或然性推理。

2. 三段论

演绎推理一般也称作三段论。根据命题形式分为直言三段论和假言三段论两类。以两个包含有一个共同词项的直言命题为前提，推导出一个新的直言命题的推理，叫作直言三段论。例如：

所有的有理数是实数 ……①

所有的整数是有理数 ……②

——————————————

所以，所有的整数是实数 ……③

这里，①②③都是直言命题，有且仅有三个不同的词项："有理数""实数"和"整数"。其中，"有理数"在①和②中各出现一次，"实数"在①和③中各出现一次，"整数"在②和③中各出现一次。

作为结论谓项的词项称为大项，用 P 表示。如上例中的"实数"。作为结论主项的词项称为小项，用 S 表示。如上例中的"整数"。在结论中不出现而只出现在前提中的词项，称为中项，用 M 表示。如上例中的"有理数"。这样，上例的逻辑形式可以表示为：

所有的 M 是 P ……①

所有的 S 是 M ……②

——————————————

所以，所有的 S 是 P ……③

假言三段论用逻辑形式表示为：

如果 q，那么 r，……①

如果 p，那么 q，……②

——————————————

如果 p，那么 r。……③

3. 典型归纳推理

归纳推理最严谨的方法是全部枚举，才能保证结论为真。但事实上一般情况下，都无法全部枚举，常用的是典型归纳法。典型归纳推理是从一类事物中的某个代表性的个体具有某种性质推出该类事物都具有这种性质的归纳推理。推理形式为：

S1 具有性质 P，

229

S1 是 S 类的代表性个体，
_____

所以，所有 S 都具有性质 P。

例如依据行星的定义属性，选择地球作为太阳系行星的代表性个体。根据现有背景知识，地球是沿着椭圆轨道绕太阳运行，并由此形成年和季节，可推知太阳系的其他行星也是沿着椭圆轨道绕太阳运行，并且也有年和四季。典型归纳法得到的结论具有或然性。

4. 求因果归纳推理

（1）契合推理

先行或后行情况　　被研究现象

S A B　　　　　　P

S C D　　　　　　P

S E F　　　　　　P

……　　　　　　　P
_____

所以，S 与 P 之间具有因果联系。

上面的逻辑公式表示，在被研究现象的若干不同先行或后行情况中，有且仅有一个现象是各情况中共同具有的，所以，被研究现象与这唯一共同现象之间具有因果联系。例如曾经在很长时间内，人们尚不知道甲状腺肿大（俗称大脖子病）的原因。后来经过反复比较和研究，发现那些甲状腺肿大患者，尽管生活的地区、气候、人情风俗等各不相同，但有一点却是相同的，即他们的饮食中都缺碘。于是就得出一个普遍的结论：饮食中缺碘是患甲状腺肿大的原因。这种推理方法得到的结论不一定可靠，增加所考察的先行或后行情况，如果反例一直没有出现，那么结论才是比较可靠的。

（2）差异推理

先行或后行情况　　被研究现象

S A B　　　　　　P

— A B　　　　　　—
_____

所以，S 与 P 之间有因果联系。

例如，为了考察化肥中氮含量的高低与农作物产量高低的关系，通常的做法是选定两块土质相同的实验地，种植相同的农作物。在其中一块地上施含氮量高的化肥，在另一块地上施含氮量低的化肥，最后比较农作物产量的高低。

最后结果是施含氮量高的化肥的实验地上的农作物产量高,则可以推出所施化肥含氮量的高低与农作物产量的高低之间有因果联系。差异推理的结论同样具有或然性。

(3) 契合差异推理

契合差异推理是综合应用契合推理和差异推理而形成的一种独立的求因果联系的归纳推理。但它并不是契合推理和差异推理的相继应用,其逻辑推理形式为:

| 先行或后行情况 | 被研究现象 |
|---|---|
| 正情况组 | |
| S A B | P |
| S C D | P |
| S E F | P |
| …… | P |
| 负情况组 | |
| — A C | — |
| — D E | — |
| — B F | — |
| …… | — |

所以,S 与 P 之间存在着因果联系。

例如,人们在考察经常从事体育锻炼与肺活量大小的关系时,首先考察一组年龄、性别、职业各不相同但都经常从事体育锻炼的人群,然后再考察另一组年龄、性别、职业也各不相同但都很少从事体育锻炼的人群;比较这两组人群的肺活量大小,发现那些经常从事体育锻炼者的肺活量明显比很少从事体育锻炼者要大。于是,得出结论,经常从事体育锻炼可使肺活量增大。这种推理方法得到的结论也有或然性,在正负情况组中,所考察的情况越多,结论才会越可靠。

(4) 共变推理

共变推理的推理过程是:在被研究现象发生变化的若干先行或后行情况中,只有一个现象发生变化,其他现象都保持不变,由此推出这唯一变化的现象与被研究现象之间存在着因果联系。例如在其他条件不变的情况下海拔高度每升高 100 米,气温就下降 0.6℃。因此,海拔高度上升与气温下降之间存在着因果联系。这一推理方式得到结论也有或然性。

(5) 剩余推理

其推理过程可用公式表示如下：

由 S、A、B、C 组成的复合的先行或后行情况与由 P、X、Y、Z 组成的复合的被研究现象之间存在着因果联系，

A 与 X 之间存在着因果联系，

B 与 Y 之间存在着因果联系，

C 与 Z 之间存在着因果联系，

───────────────

所以，S 与 P 之间存在着因果联系。

例如居里夫人发现有几块沥青铀矿石的放射性比纯铀的放射性还大。这说明，这些铀矿石中一定还含有其他放射性元素。经过反复提炼，他们终于从几吨沥青铀矿石中分离出了极微量的黑色粉末，这些粉末的放射性是同等铀的 400 倍。这一推理方式得到的结论也有或然性。

5. 类比推理

(1) 肯定式类比推理

其推理形式可表示如下：

A 对象具有 a，b，c，d 属性；

B 对象具有 a，b，c 属性；

───────────────

所以 B 对象也具有 d 属性。

其中 a，b，c 称为相同或相似属性。d 称为推演属性。

例如，我国新疆塔里木地区是著名的长绒棉产地。长绒棉是苏联乌兹别克地区的特产，后来才被引入我国。之所以想到把长绒棉引入新疆并相信会取得成功，就是因为运用了肯定类比归纳推理：乌兹别克地区日照时间长，无霜期长，气温高，雨量适中，因而适合于长绒棉的生长；我国新疆塔里木地区也是日照时间长，无霜期长，气温高，雨量适中，所以，我国新疆塔里木地区也适合于长绒棉的生长。

(2) 否定式类比推理

A 对象具有 a，b，c，d 属性；

B 对象不具有 a，b，c 属性；

───────────────

所以 B 对象也不具有 d 属性。

其中 a，b，c 称为相异属性，d 称为推演属性。

例如科学家推理地球上有空气、水，温度适中并且昼夜温差不大，因而地球上存在着自然的生命；月球上没有空气、水，昼夜温差很大；所以，月球不可能像地球一样存在着自然的生命。

无论是肯定式类比推理还是否定式类比推理，其结论所断定的范围都超过了前提所断定的范围。因为前提所断定的是某个或某类对象的属性，而结论却把这一属性推广到另一个或另一类对象中去，这样的结论显然具有或然性。

**二、推理技巧语言艺术**

思辨类散文关键问题有三点：论点、论据、论证方法，重点是论据如何证明论点，也就是文章的论证过程。

证明和推理有一定的联系，但也有区别。证明必须运用推理技巧，证明过程也是推理过程。一个正确的证明，论据必须是真实的。而一个正确的推理，前提不一定要真实。联系到思辨类散文，读者不一定非要推导逻辑关系式，而是通过语言逻辑关系观察思维的严谨性。

（一）演绎推理①

1. 直言三段论

《师说》第一段使用了直言三段论。论证逻辑思路如下：所有的老师（M）都传道授业解惑（P）；所有的人（S）都有老师（M）以帮助解惑；所有的人（S）都有"道"（P）。这一段分为三层，第一层谈老师的作用；第二层谈每个人都有困惑，都需要老师解答；第三层谈怎样选择老师，"无贵无贱，无长无少，道之所存，师之所存也。"

2. 假言三段论

《实践是检验真理的唯一标准》第二段使用了假言三段论。论证逻辑思路如下：如果存在检验真理的标准（q），那么它具有把人的思想和客观世界联系起来的特性（r）；如果实践具有主观见之于客观的特征（p），那么它是检验真理的标准（q）。结论：如果实践具有主观见之于客观的特征（p），那么它具有把人的思想与客观世界联系起来的特征（r）。这句话前件与后件同义，因此为真。

（二）全部枚举归纳

《六国论》论述六国灭亡原因，将六国分为"赂秦"与"不赂秦"两类，

---

① 本小节不再书写逻辑关系式，只写关系式符号，读者可以对照逻辑分析框架的推理部分，自行补充逻辑关系式。

指出"赂秦"者亡,"不赂秦"者亦因失去援助而亡。作者开篇亮出观点,"六国破灭,非兵不利,战不善,弊在赂秦。"然后解释论点:"赂秦而力亏,破灭之道也。"指出了"赂秦"危害,言简意赅。再以史实为据,进一步解释"赂秦"一派通过战争所失与秦国通过战争所得均为倍增,得到结论"不战而强弱胜负已判矣",再次证明"弊在赂秦"。接着以"未尝赂秦"国家论述:齐国不帮助邻居而亡;燕国因为行刺计划不利;赵国因为忠臣被谗,未能抗战到底。从反面假设得到如果不赂秦则六国不至于灭亡的结论,第二次证明"弊在赂秦"。在论述历史事实的基础上,提出治国之策:"封天下之谋臣""礼天下之奇才",并警告"为国者无使为积威之所劫"。结尾表示抗战决心,讽谏北宋统治者切勿"从六国破亡之故事"。

这篇文章全部枚举了六国事实,属于逻辑非常严密的证明。文章结构完美地体现了论证的一般方法和规则,堪称古代论说文的典范。

(三) 典型归纳推理

《生于忧患,死于安乐》一文中,列举了舜、傅说、胶鬲、管夷吾、孙叔敖、百里奚为例,他们都从普通阶层中被发现,成为人才。唐尧之时舜耕于历山(今山东济南东南),后成长为一代君主。殷商时傅说为胥靡(一种刑徒),筑于傅险(又作傅岩,在今山西平陆东),商王武丁欲兴殷,使人求于野,得傅说,成为著名宰相。胶鬲在海边捕鱼晒盐,与微子、箕子、王子比干同称贤人。管夷吾家贫,辅佐齐国公子纠,公子小白即位,不计管仲之过,用以为相。孙叔敖本为"期思之(今河南固始)鄙(偏僻之地)人",春秋时为楚国令尹(宰相)。百里奚本为虞国大夫,晋国灭虞国,百里奚与虞国国君一起被俘至晋国。晋国嫁女于秦,百里奚被当作媵臣陪嫁到秦。百里奚逃往楚国,为楚国边界之鄙人所执。秦穆公闻其贤,使人谓楚曰:"吾媵臣百里奚在焉,请以五羖羊皮赎之。"时百里奚年已七十余,至秦,秦穆公亲释其囚,与语国事三日,大悦。授以国政,号称"五羖大夫"。这些人当他们身处逆境,因为有斗志,终于成为著名人物。用这些典型的事例说明忧患可以激励人们奋发向上,归纳得出天将降大任于人必先使其遭受苦难的道理。这就是典型归纳。

《师说》从"道之所存,师之所存"的择师标准出发,推论出"弟子不必不如师,师不必贤于弟子,闻道有先后,术业有专攻,如是而已"的论断。为了证明这一论断,选择了孔子的言行来作证。作者只用了寥寥数语,将孔子谦虚好学精神写得很具体,在时人心中,孔子是圣人,圣人尚且如此,那一般人就更不必说了。这也是典型归纳。

议论文以典型例证证明自己的观点,是一种比较有效的推理方式。因为一切理性实质也是建立在经验的基础上,而典型例证正是人类历史中最有示范价值的经验。① 如《答司马谏议书》一文中王安石就以盘庚迁都为例证明,政治制度改革尽管风险巨大,阻力重重,但改革的进步意义也是震撼人心的。他以此例证明虽然面临阻力,自己在政治领域的改革却是进步的。

(四) 类比推理

类比推理思想主要依靠相对较为微小的事物,或者是通俗易懂的道理引出具有同样特征的事物或道理,使生硬的说理内容得到缓冲,循序渐进,进而使文章更具说服力。当然从逻辑学角度说,类比论证不是严密的逻辑推理,因为它的特点是为了增强读者(听众)对某个论点的理解认同程度,而采用与之有相似性的论点论述,这样就等于说它并不是直接证明原论点。因此这种推理方式对证明仅起到增强修辞效果而已。

《鱼我所欲也》运用了类比论证:"鱼,我所欲也;熊掌,亦我所欲也。二者不可得兼,舍鱼而取熊掌者也。生,亦我所欲也;义,亦我所欲也。二者不可得兼,舍生而取义者也。"将鱼和熊掌类比为生与义,在两者不可兼得的情况下,人们会"舍鱼而取熊掌",从而提出"舍生而取义"的观点。这样读者对"生与义"这类比较抽象事物的关系就可以通过"鱼和熊掌"这类具体可见的事物中获得感悟。

《劝学》为了讲道理也使用了大量的类比论证,以便于使读者从身边日常生活实例理解所讲的抽象道理。第一段谈学习的重要性,学习可以改造人自身。比如木头接受了墨绳就会笔直,金属靠近磨刀石就会锋利,这样的道理就像一个人学习之后,行为就没有过错了一样。一个人踮起脚尖向远处看,不如登上高处看得远,这样的道理就像一个人整天思考不如一会儿所学得到的多一样。借助车马的人,他不是更能走,却到了千里之外,借助船只的人,他不是会渡水,却横渡过长江黄河;这样的道理就像一个君子没有特别的本领,但善于借助外物一样。积累土块成为山脉,风雨就从这里生发出来,积累水流成为深渊,蛟龙就从这里生发出来,这样的道理就好像学习积累善念成为德行,就能获得神志清明,具备圣人的心智一样。

第二段还使用类比论证,隐含地提出观点,证明如何学习。学习要锲而不舍,他说:不积累一步半步的行程,就没有办法达到千里之远;不积累细小的

---

① 从这一点还引申出人们喜欢以名人名言增强自己观点的可信度。这跟典型例证的推理方式一致,都是为了引证权威(或事例或语言)强化个人观点的合理性。

流水，就没有办法汇成江河大海。骏马一跨越，也不足十步远；劣马拉车走十天，它的成果就在于不停地走。（如果）刻几下就停下来了，（那么）腐烂的木头也刻不断；（如果）不停地刻下去，（那么）金石也能雕刻成功。这样多次从正反两个方面反复论述，就是想告诉读者学习要锲而不舍。再比如学习要用心专一，作者也以自然界的"蚯蚓""蟹"为例，使读者类比到自身，领悟到学习必须用心专一的道理。

正如《劝学》语言所显示：类比论证往往造成排比句子，这就容易造成论证的气势，容易使对方信服。但由于类比论证并不直接证明论点，有时候很容易被极具逻辑才能的读者（听众）所驳倒。

（五）剩余法因果推理

《得道多助，失道寡助》主要谈论治国安民策略，云："天时不如地利，地利不如人和。三里之城，七里之郭，环而攻之而不胜。夫环而攻之，必有得天时者矣，然而不胜者，是天时不如地利也。"

作者将治国安民的策略精简到了"天时、地利、人和"这三点上，提出天时、地利、人和之间的递进关系，分为两个方面分别论证。文章第一层说小城被"环而攻之"，是因为与敌有利的天气时令，但"不胜"，因此"天时不如地利"。在这里，作者排除了其他致使"不胜"的原因，只剩下了地利高于天时这一个结论。

第二层，也是明显地运用了剩余推理法。"城非不高也，池非不深也，兵革非不坚利也，米粟非不多也，委而去之，是地利不如人和也。"城墙并不是不高，护城河并不是不深，武器装备也并不是不精良，粮食供给也并不是不充足，但是，守城一方还是弃城而逃，这是因为作战的地理形势再好，也比不上人心所向、内部团结，因此"地利不如人和"。

文章第一句话"天时不如地利，地利不如人和"对整篇的论述范围进行了限制，最后的结论以这句话作为大前提。

### 三、论证方法语言艺术

（一）概念内涵界定

对所论述的问题进行严格界定，有利于使论证目标单纯化，并保证论证过程不节外生枝，从而使论证过程简洁明了、逻辑清晰。

如果从正面界定，可以使用下定义的方式。如《社会历史的决定性基础》就用下定义的方式指出了"经济关系"："是指一定社会的人们生产生活资料和彼此交换产品（在有分工的条件下）的方式。"因此"包括生产和运输的全部技术"，"社会一旦有技术上的需要，这种需要就会比十所大学更能把科学推向前进。"这样恩格斯就肯定了科技也是一种经济关系形式。

经济关系如何对社会发展起作用，他又补充了两点：（a）经济关系与社会政治互相作用，互相影响；（b）社会历史是交错的意向发展的结果，因此充满了偶然性。英雄也是历史的创造物。

内涵揭示，也可以使用分论点方式。如《修辞立其诚》指出，"包括三层含义：一是名实一致，二是言行一致，三是表里一致。"并进一步解释："名实一致即是言辞或命题与客观实际的一致。""言行一致亦即理论与实践一致，思想与行动一致。""表里一致即心口一致，口中所说的与心中所想的应该一致。"这样就将"修辞立其诚"确立为三方面。

《答司马谏议书》对概念内涵的界定使用了否定形式。如作者反驳司马光指责自己"侵官、生事、征利、拒谏"，大意说：我受命于皇帝，在朝廷上议论国家法度，把它交给有关部门去执行，这不算"侵官"；我推行先王的政治，来兴办好的事业，除去坏的弊病，这不算"生事"；我为了天下理财，这不算"征利"；我要避开邪恶的观点，使谗佞的人羞赧，这也不算是"拒谏"。

议论文是一种以逻辑推理思维为基础的说理活动，对论点进行严格界定，可以保持所讨论的问题始终清晰通畅，不拖泥带水。①

（二）对比论证

1. 对比论证造成明显的对立立场

议论文利用对比方法，造成鲜明的对立立场，让读者在对比之间，清楚取舍站位。

《师说》一文论点鲜明，结构严谨，正反对比，事实充分，说理透彻，气势磅礴，具有极强的说服力和感染力。文章先从历史事实"古之学者必有师"、老师能"传道受业解惑"、"人非生而知之者，孰能无惑"三个方面证明了从师学习的必要性和重要性。对于老师的年长年少，作者认为"无贵无贱，无长无少，道之所存，师之所存也"，明确了择师的标准。接着就从三个方面进行对比，抨击"耻学于师"的人，先用古今对比，指出从师与不从师的两种结果；次用人们对自己与对儿子的要求不同来对比，指出"士大夫之族"行为上的自相矛盾；

---

① 中国春秋时期兴起的名实之学，实质也是关于概念内涵确定性的学问，属于逻辑学范畴。在魏晋时期发展为玄学。中国未能发展出系统化的逻辑学，实属遗憾。但先人在学术上的探索精神不应当被遗忘。

最后用"士大夫之族"与"巫医乐师百工之人"对比，揭露"士大夫之族"的错误想法，指出这是"师道不复"的真正原因。从后果、行为、心理等方面逐层深入分析，指出了他们在"从师"问题上的不同态度，点明了从师学习的重要性。

《反对党八股》论述"党八股是对五四运动的一个反动"这个观点时，也使用了对比论证，因为"党八股"是"白话"的对立面。"白话"是在反对"老八股""老教条"的基础上，提倡科学和民主发展起来的，因此"这个运动是生动活泼的，前进的，革命的。"但是"有些人对于现状，对于历史，对于外国事物，没有历史唯物主义的批判精神，所谓坏就是绝对的坏，一切皆坏；所谓好就是绝对的好，一切皆好。这种形式主义地看问题的方法"，就产生了新的八股，新的教条，这种东西也进入我们党内，这就是"党八股"。因此"它们不是生动活泼的东西，而是死硬的东西了；不是前进的东西，而是后退的东西了；不是革命的东西，而是阻碍革命的东西了"。作者对白话运动的评价与对"党八股"的评价，所使用的词语完全相反。在这种对比效果下，作者将党八股定性为"一方面是五四运动的积极因素的反动，一方面也是五四运动的消极因素的继承、继续或发展"，就显得非常准确，能说服读者，引发警醒意识。

2. 对比论证造成强烈的修辞效果

对比方法可以造成强烈的修辞效果，让读者的精神受到巨大震撼，从而取得说理气势。

《过秦论》从逻辑论证的角度说，并不是一篇很典型的议论文。这篇文章用了十之七八的篇幅来叙事。作者叙事抓住一条纵线，从秦孝公之兴到秦王朝之亡，始终按照时间的顺序来安排文章的层次先后，对某一特定时间内的某一点，又突出地加以铺陈发挥，使人不仅看到"线"，还看到"线"上的一个个用浓墨重彩着重描述的"点"，如孝公时期的商鞅变法。惠文、武、昭襄王时期，天下诸侯联合攻秦，不胜而去，诸侯合纵政策失败。秦国趁机进攻，诸侯皆服。秦始皇时期，天下统一，威震四方。"秦王既没，余威震于殊俗"是承接上文，接着"然"字以下皆为转折，作者极写陈涉穷困平庸，出身卑贱，一旦揭竿而起，"天下云集响应，赢粮而景从"，以致显赫一时的强秦亡于一朝。作者最后得到的结论是"仁义不施而攻守之势异也"，这也是全篇的论点所在。但这篇文章造成的说理气势却历来受到学者推崇，主要原因是使用了对比论证的手法。共有三组对比：

一是六国与秦的对比。文章在叙述惠文、武、昭襄的业绩时，以诸侯军队之众、谋士之多、土地之广等做比较，并列举国名、人名。与秦抗衡的六国，地广、人多、俊才云集，且"合纵缔交，相与为一"，似乎万众一心。但结果却是"秦无亡矢遗镞之费，而天下诸侯已困矣"，这样夸张的对比，足以衬托出秦国实力之强。

二是陈涉与秦王朝的对比。虽然"始皇既没"，但陈涉面对的仍是"余威震于殊俗"的强大秦王朝。而作者极写陈涉穷困平庸，出身卑贱，才能平平，无钱无势，士卒稀少而疲弊，更无装备可言。但他一旦揭竿而起，"山东豪俊遂并起"，强秦瞬间灰飞烟灭。这一组是极强者与极弱者的对比，突出了秦朝灭亡带给世人的巨大震撼力。

三是陈涉与六国的对比。一比地位，"陈涉之位，非尊于齐、楚、燕、赵、韩、魏、宋、卫、中山之君也。"二比武器，"櫌棘矜，非铦于钩戟长铩。"三比士卒，"谪戍之众，非抗于九国之师。"四比人才，"深谋远虑，行军用兵之道，非及向时之士也。"这一组对比意在证明陈涉与当年六国相比实力之弱，再次突出了秦朝灭亡带给世人的巨大震撼力。

在这样鲜明的对比中，强调了强大的秦国就因为不施行仁政，轻易地就被百姓推翻了。这样的主题带给统治者巨大的震撼，使他们深入思考治国方略，贯彻"民为贵"的治国思想。这篇文章成为明清以后诸家首选的经典之作，如代表桐城派古文主张的《古文辞类纂》、高步瀛《两汉文举要》，都把《过秦论》作为首篇。由此可见，它利用对比论证所达到的修辞效果深入读者内心。

（三）比喻论证造成形象修辞效果

比喻论证可以使论证引发读者共鸣，或者为论证增添审美化的意蕴，从而使论述产生深入人心的效果，也是一种具有修辞效果的论证方式。

《拿来主义》中有大量的比喻论证，使得文章的思想显得朦胧，读者需要细致琢磨，才能获得文本意义。这里比喻论证起到的修辞效果就是增加文章的审美意蕴。

面对中外文化交流，鲁迅批评了两种极端不正确的态度：全盘继承论和全盘否定论。他把传统文化比喻成"大宅子"，将不敢接触传统文化的人指责为"孱头"。把全盘否定论者，要放火烧光遗产的家伙怒骂为"昏蛋"。把全盘继承论者，大吸剩下的鸦片者鄙夷为"废物"。

他主张："首先是不管三七二十一，'拿来'！"作者将旧文化分为三部分：一部分是对人民有益无害的（即"鱼翅"）要"拿来"，而且"使用"，使之有益于人民的身体健康；一部分是既有毒素又有用处的（即"鸦片"），则要一分为二，使用它有用的一面，清除它有害的毒素；还有一部分是人民根本不需要的（即"烟枪""烟灯"和"姨太太"），原则上要加以"毁灭"，有些则酌留少许，送进博物馆，以发挥其对人民的认识和教育作用。总之，是要在"拿来"之后，再根据无产阶级的利益，进行细致的鉴别，严格的挑选，从而决定取舍："或使用，或存放，或毁灭。"

为了获得以上成果，从事文化工作的人就成为最关键的一环，"首先要这人沉着，勇猛，有辨别，不自私"。

因为使用了大量的比喻论证，这篇文章就不是单纯从概念出发讲道理。面对古今中外复杂的文化，作者没有喋喋不休地劝说人们撇弃全盘否定观点、全盘继承观点，也没有对缺少鉴别力的读者（听众）痛加指责。但这一切意义都蕴含在文本中。《拿来主义》所使用的是借喻形式，因此表达极为含蓄。暗喻也可以提出观点，如"一切反动派都是纸老虎"，等于提出了观点：反动派都外强中干，很容易被粉碎。明喻也可以提出观点，如"我们共产党人好比种子，人民好比土地。我们到了一个地方，就要同那里的人民结合起来，在人民中间生根、开花。"等于提出观点：共产党人靠人民生存。

（四）象征手法造成含蓄修辞效果

议论文这类文体是从概念、判断、命题，利用推理阐述思想，因此很少使用象征手法。但不是不能使用象征手法，如果作家的生存环境缺少言论自由，可能会采用象征手法隐晦地表达自己的思想，《病梅馆记》就是这样一篇议论文。

前文我们说过，所谓象征手法就是夸大事物在某个方面的特征，使读者产生由此及彼的联想，而联想的落脚点就是作者表意之所在。比如夸大莲花出淤泥而不染的特点，从而使读者联想到品质高洁的知识分子；夸大白杨树正直质朴的特点，从而使读者联想到西北支援抗战的贫苦群众。这一篇文章也是夸大梅花枝条曲折给梅带来的摧残，从而使读者联想到病梅与国家政治的关系。

作者从梅的产地写到梅致病的原因、评梅的标准，写到梅所受的摧残，写到疗梅的决心，写到疗梅的措施以及疗梅的愿望，包括疗梅的计划以及更远的设想。本文写于1839年，正是鸦片战争前夕，作者托梅议政，形象地揭露和抨击了清朝封建统治者束缚人们思想，压抑摧残人才的罪行，表达了作者要求改革政治，追求个性解放的强烈愿望。这样文章的表层意义到深层意义应该解读为：

| 表层意 | 言外意（象征义） |
| --- | --- |
| 梅 | 人才 |
| 病梅 | 遭摧残、压抑的人才 |
| 文人画士 | 封建统治者 |
| 品梅标准（曲、欹、疏） | 选拔人才标准（奴才、庸才、歪才） |
| 疗梅的举动 | 破除对人才的束缚、扼制，让人才自由发展 |
| 恢复梅的自然本性 | 要求个性解放，呼唤人才的迫切心情 |

在黑暗现实中，面对强大的反动势力，作者虽有"疗梅"的决心却自知能力渺小，文章结尾"呜呼！安得使予多暇日，又多闲田，以广贮江宁、杭州、苏州之病梅，穷予生之光阴以疗梅也哉"，隐含地抒发了心有余而力不足的悲愤之情。

当然如果作者不想使自己对实事的批评过于尖刻，也可以采用这类论证方式，《马说》就是这样一篇议论文。文章夸大千里马食量大而养马人却不能满足其需求这样的特征，使读者联想到千里马指代才华横溢的人。那么整篇文章的表层意义到深层意义应该解读为：

| 表层意 | 言外意（象征义） |
| --- | --- |
| 伯乐 | 好导师 |
| 千里马 | 优秀人才 |
| 千里马常有，而伯乐不常有 | 优秀人才常有，好导师不常有 |
| 故虽有名马，只辱于奴隶人之手 | 优秀人才无法被发现，只能消磨时光 |
| 马之千里者，一食或尽粟一石 | 优秀人才需要的信息量大 |
| 食马者，不知其能千里而食也 | 老师不知道如何教育优秀人才 |
| （是马）才美不外见 | 优秀人才无法显示其才能 |
| 策之不以其道 | 再次批判导师不善于教育 |

韩愈批判的重点是为师者不善于教育，那么这些做教师的一般都是上层知识分子，为了使自己的批评不至于引发某些人的不安，他选择了使用象征手法阐述自己的观点。

总而言之，对于议论文来说，象征手法不是特别好的选择。因为它毕竟会带来意义隐晦，观点不太容易被读者识别的缺点。

**四、驳论思辨语言艺术**

"用来说明论题的真理性的证明，简单地叫作证明。用来说明论题的虚伪性的证明，叫作反驳。"① 以上我们所谈的语言艺术都属于证明，下面谈反驳。

（一）驳论基本技巧

1. 反驳基本类型

（1）反驳其论点

直接反驳对方的论点片面、虚假或谬误。

如《创造宣言》批驳了五种认为无法创造的观点：第一，"环境太平凡，不能创造"。作者举例说平凡无过于一张纸、一块石头，而八大山人可以用纸创造绘画；米开朗琪罗可以用石头创造雕像。第二，"生活太单调，不能创造"。作者举例说单调无过于坐牢，但是监狱里"产生了《易经》之卦辞，产生了《正气歌》，产生了苏联的国歌，产生了《尼赫鲁自传》"；单调无过于沙漠，雷塞布却在沙漠中开创苏伊士运河。第三，"年纪太小，不能创造"。作者举例说莫扎特、爱迪生、帕斯卡都是小小年纪已有成绩。第四，"太无能，不能创造"，但是"鲁钝的曾参传了孔子的道统"，不识字的慧能传了黄梅的教义，成为禅宗第六祖。第五，"陷入绝境，不能创造"，但是玄奘历经八十一难取得佛经；众叛亲离的哥伦布发现了美洲；冻饿病三重压迫下之莫扎特，毕竟写出了《安魂曲》。以上反驳均通过举证典型实例归纳作者的观点，在反驳了种种片面错误的观点之后，作者总结说，"处处是创造之地，天天是创造之时，人人是创造之人。"

（2）反驳其论据

可以采取直接反驳方式，即直接指出公认为正确的，并且又与被反驳的论据相对立的那些事实或命题。

间接反驳虚构的论据，就是证明从该论据中必然得出的结果是与某一已公认的、显然正确的原理相矛盾。根据矛盾律，这个结果是虚构的，同时这个结果又是所采用的论据的虚构的结果，因而它就证明了论据本身的虚构性。如《中国人失掉自信力了吗》批驳的是"中国人失掉自信力了"这一悲观结论，这一结论的要害是"以偏概全"，正如鲁迅指出："说中国人失掉了自信力，用

---

① ［苏联］阿斯姆斯. 关于证明与反驳的逻辑学说［M］. 臧之权，译. 北京：生活·读书·新知三联书店，1955：17.

以指一部分人则可,偏若加于全体,那简直是诬蔑。"作者主要通过反驳对方的论据而达到反驳论点目的:这种人信"地"、信"物",自认为自己"地大物博",后来又"信国联",从这些事实看,他们不过是只有"他信力"。这就反驳了对方的观点:从来就没有自信过,何谈失去呢。正如文章所言,只能说明失掉的是"他信力"。

但是论辩者要有明确的意识:反驳了论据,原论点不一定站不住脚。当论据是虚构的时候,结果既可能是真实的,又可能是虚构的。

(3) 反驳其论证方法

指出对方论证中的错误,即其大前提、小前提与结论相矛盾。

2. 反驳证明方式

任何反驳都必须去证明,可以采用两种证明法:第一,直接证明;第二,间接证明。

(1) 直接的证明法

"证明与被反驳论题相对立的命题的真理性。从与被反驳论题相对立的命题的真理性中,根据矛盾律,得出被反驳论题本身的虚构性。"[①]

如果以直接方式来加以反驳的命题是全称的,则证明与该命题相对立之特称命题的真理性就可以驳倒原命题。比如"所有哺乳动物都是胎生"这个命题,可以通过列举鸭嘴兽就是卵生,而驳倒原命题。如以直接方式来加以反驳的命题是特称的,那么确定出与它对立的特称命题的真理性还不足以驳倒它,而必须证明与它相矛盾的全称命题的真理性。比如"中文系有些学科不是必修课"这个命题,要通过列举中文系全部学科,中国现当代文学、古典文学、外国文学、文艺美学、语言学五大学科都有必修课进行反驳。

(2) 间接的证明法

即归谬法,首先假设对方的论点是正确的,然后从这一论点中加以引申、推论,从而得出极其荒谬可笑的结论来,以驳倒对方论点。比如唐代韩愈反驳李贺因避父亲讳不能参加进士考试云:"父名晋肃,子不得举进士;若父名仁,子不得为人乎?"

(二) 驳论中的"破"与"立"

批驳跟反驳还略有区别,反驳是一种辩论双方试图说服对方的语言艺术,

---

[①] [苏联]阿斯姆斯. 关于证明与反驳的逻辑学说 [M]. 臧之权,译. 北京:生活·读书·新知三联书店,1955:55.

批驳往往是作者为了树立正确的观点，先批判已经存在的不合理论点。如《反对党八股》采用了"总—分—总"结构模式，列举了党八股的八条罪状，逐一批驳，提出了建设新文风问题。我们依据这篇文章分析批驳的语言艺术。

1. 谈错误危害——明确现实——提出正确做法

党八股第一条罪状"空话连篇，言之无物"，危害是"因为长而且空，群众见了就摇头，哪里还肯看下去呢？只好去欺负幼稚的人，在他们中间散布坏影响，造成坏习惯。"现在的现实是：战争时期，"延安虽然还没有战争，但军队天天在前方打仗，后方也唤工作忙。"因此提倡"禁绝一切空话"。

2. 谈错误性质——错误危害——提出正确做法

党八股第二条罪状"装腔作势，借以吓人"，性质第一，"无赖"；性质第二，"不能反映真理，而是妨害真理"；性质第三，"是剥削阶级以及流氓无产者所惯用的手段"。危害是"这种吓人战术，对敌人是毫无用处，对同志只有损害"。提出正确做法：对党内偶然犯错误的同志，要采取批评和自我批评的方法；共产党人要"靠马克思列宁主义的真理吃饭，靠实事求是吃饭，靠科学吃饭"。

3. 列举错误现象——指出错误性质——提出正确做法

党八股第三条罪状"无的放矢，不看对象"。错误现象如有些学习古代文学的同志搞宣传，不写通用汉字，边区的百姓看不懂。性质是"老鸦声调，却偏要向人民群众哇哇地叫"。依靠反诘问句、否定句提出正确做法，"写文章做演说倒可以不看读者不看听众吗？""做宣传工作的人，对于自己的宣传对象没有调查，没有研究，没有分析，乱讲一顿，是万万不行的。"言外之意：写文章做演说看对象；做宣传工作，看宣传对象。

党八股第五条罪状"甲乙丙丁，开中药铺"。错误现象如"一篇文章充满了这些符号，不提出问题，不分析问题，不解决问题，不表示赞成什么，反对什么，说来说去还是一个中药铺。"性质上说，"这种方法就是形式主义的方法，是按照事物的外部标志来分类，不是按照事物的内部联系来分类的。"提出正确做法按照三个层次进展：第一，提出问题及如何提出问题；第二，分析问题；第三，解决问题及如何解决问题。

4. 列举错误现象——提出正确做法

党八股第四条罪状"语言无味，像个瘪三"。错误现象如刚毕业的大学生写文章一套"学生腔"，革命队伍中的某些宣传人员语言贫乏。提出正确做法按照三个层次进展：第一，为什么要学习语言；第二，如何学习语言；第三，哪些人需要学习语言。

由此可见，要想在批驳中立论，应该指出错误论点指代哪些现象，这种现象背后的实质是什么，它会造成哪些危害；然后提出自己的观点，所给出的措施应该具体可行，重点回答为什么提出该问题，如何实施该问题，即按照因果逻辑顺序推进"为什么"和"怎么样"两方面的思考。

本节我们从逻辑学的角度论证了议论文的三要素：论点、论据、论证。论点可以使用概念、判断，以命题形式表达出来，也可以使用文学化的手法，如比喻、象征表达出来。要证明论点需要有推理过程，从道理（或事例）到道理，可以使用演绎法、归纳法、类比法、因果论证法。常说的举例论证就是属于典型事例归纳法，属于推理方式；而常说的比喻论证，却是提出观点的方式，为了避免出现概念化的论述而采取的文学手段。另外还专门介绍了反驳式立论的特点。

# 第六章

# 文言语体解读

## 第一节　文言语体文本赏析与语言教学

### 一、文言类文体赏析重点

历史上，中国文学出现的文体非常多。但按照西方文体学观点无外乎四类：诗歌、小说、戏剧、散文。文言，只是语言体式，称作语体。汉语书面语有文言和白话两大语体系统，其中白话又分为古白话和新白话。古白话从六朝起算，直至清末。新白话从五四白话文运动起算。古典作品，古诗被看作文言语体，传统戏剧被看作古白话。小说则有白话小说和文言小说之分。文言小说，从审美规范说，核心内容仍是人物形象以及情节推进方面的赏析。文言散文，内部没有很强的一致性，就要做一些区分。比如写景类抒情散文，《岳阳楼记》《醉翁亭记》这类千载美文，就应该从评析写作内容、认识作者思想情感角度，以审美为课堂主体内容。记事类散文，如果是以事件为中心，如《桃花源记》就以事件为顺序发现桃花源前——进入桃花源——再寻桃花源，揭示作者在事件中寄托的社会理想。如果是人物为中心，如《鸿门宴》就应该以人物语言、动作、神态等描写为中心，分析人物性格，体会作者刻画人物的艺术特点。思辨类散文重点就是理解作者论述的观点，了解作者的论证方法。这些文体中思辨类散文对语言教学的要求最高，因为只有将句子意义梳理清楚了，才能理解作者论述的观点，了解作者的论证方法。但假如教师每字必教，整篇文章语言之间的逻辑关系就会被琐碎的字词知识点淹没。这就需要教师选择有价值的字词以及语法句式讲解句子意义。

## 二、文言语体语言教学要点

（一）字词选讲原则

1. 根据古今词义差异原则挑选

如《劝学》之中要讲解"劝"，今天"劝"的常用意义为"劝说别人，以不做某事"，但是古代它的常用意义为"鼓励某人做某事"，《说文·力部》："勉也。"《广韵·愿部》："奖励也。"因此"劝学"的意思就是"鼓励学习"。

2. 该实词容易被现代语言误解

比如《马说》"食马者不知其能千里而食也"，这里"食"要讲解。古代读作 shí，是主语施事者主动"吃"，如《尚书·无逸》："自朝至于日中昃，不遑暇食。"读作 sì，是人或动物被喂养，也就是"使××吃"，是为使动用法专门造的词。古代汉语里主动和使动是一对相反的语法范畴，有些词语从语音上区分两类不同的意义。《马说》这一句的意思是"喂养马的人不知道它能日行千里而喂养它"。

3. 该实词对文章理解有重要价值

比如"阴阳割昏晓"，这一句诗歌要讲解"阴阳"，古代山之北、水之南称作阴；山之南、水之北称作阳。这句意思是"光线好像将山的南北割裂成黄昏和清晨"，只有居高临下直射的阳光照临陡峭而下的山势，才有可能产生这样截然相反的光影效果，这是描写泰山高峻貌。

（二）重点实词音序表

中小学生到底应该掌握多少文言实词，没有相关研究给出数据。我们根据王力《古代汉语》教材的常用词部分，为大家编写了文言重点实词表，汉字依据音序排列，并将同一简体字对应的不同繁体，按照意义重新拆分出来，不拆分的，则给出字形意义。多音字括号内给出了不同意义，不再拆分。

A

1 阿　2 哀　3 霭　4 爱　5 安　6 黯　7 按　8 案　9 奥

B

10 把　11 罢　12 白　13 拜　14 败　15 褒　16 薄　17 保　18 暴　19 报
20 北　21 被　22 倍　23 备　24 辈　25 奔　26 本　27 崩　28 逼　29 比
30 鄙　31 必　32 敝　33 蔽　34 壁　35 毙　36 碧　37 边　38 贬　39 辩
40 变　41 便　42 遍　43 表　44 宾　45 兵　46 秉　47 并　48 病　49 伯
50 博　51 帛　52 晡　53 卜　54 布　55 部　56 簿　57 步

## C

58 才　59 材　60 财　61 裁　62 采　63 操　64 曹　65 草

66 参（参见、参差）　67 骖　68 残　69 惨　70 苍　71 藏（藏匿、宝藏）

72 策　73 测　74 曾　75 层　76 察　77 诌　78 产　79 长（长度、生长）

80 常　81 怅　82 唱　83 倡　84 朝（朝代、朝阳）　85 车（车辆、保车）

86 陈　87 尘　88 沉　89 辰　90 称（称意、称赞）　91 成

92 乘（乘车、一乘）　93 城　94 承　95 诚　96 惩　97 澄　98 持　99 池

100 驰　101 弛　102 侈　103 齿　104 赤　105 斥　106 敕

107 臭（香臭、乳臭）　108 雏　109 仇（仇偶、仇敌）　110 丑（丑陋）

111 畴　112 稠　113 出（出现）　114 厨　115 除　116 畜（畜牲、畜意）

117 处（处所、处罚）　118 传（传送、传记）　119 舛

120 创（创造、创伤）　121 吹　122 垂　123 词　124 辞　125 祠　126 次

127 聪　128 从（跟从、合纵）　129 徂　130 窜　131 存　132 措　133 错

## D

134 逮　135 代　136 殆　137 丹　138 但　139 唉　140 当（应当、对当）

141 党　142 蹈　143 盗　144 道　145 悼　146 德　147 得　148 登　149 帝

150 弟　151 第　152 递　153 睇　154 癫　155 颠　156 典　157 甸　158 雕

159 凋　160 吊　161 迭　162 定　163 动　164 斗（斗争）　165 笃

166 读（读书、句读）　167 独　168 度（度量、揣度）　169 端　170 短

171 断　172 对　173 掇　174 多　175 铎　176 夺　177 朵

## E

178 饿　179 恶（恶毒、可恶）　180 而　181 尔　182 耳　183 贰

## F

184 发（出发）　185 乏　186 伐　187 法　188 发（头发）　189 藩

190 烦　191 繁　192 凡　193 反　194 饭　195 泛　196 范　197 方

198 防　199 访　200 放　201 非　202 匪　203 废　204 分（分开、名分）

205 坟　206 愤　207 奋　208 封　209 风　210 逢　211 冯　212 讽　213 奉

214 肤　215 拂　216 绂　217 服　218 扶　219 伏　220 抚　221 甫　222 赴

223 府　224 浮　225 负　226 覆　227 敷　228 夫（丈夫、嗟夫）　229 妇

230 复（反复）　231 复（复杂）　232 赋　233 傅

## G

234 改　235 盖（覆盖）　236 盖（副词）　237 概　238 干（天干）

239 干（干湿）　240 甘　241 感　242 干（才干）　243 干（树干）

244 纲　245 高　246 膏　247 皋　248 告　249 阁　250 羹
251 更（更鼓、更加）　252 梗　253 耿　254 给（给予）　255 工
256 攻　257 功　258 恭　259 公　260 躬　261 宫　262 拱
263 共（供应、一共）　264 贡　265 苟　266 购　267 姑　268 谷（谷物）
269 鼓　270 縠　271 固　272 故　273 顾　274 寡　275 乖
276 冠（冠盖、冠军）　277 关　278 官　279 观（观看、道观）　280 馆
281 管　282 规　283 归　284 轨　285 贵　286 国　287 果　288 过

H

289 孩　290 害　291 酣　292 寒　293 涵　294 翰　295 汉　296 憾　297 豪
298 号（呼号、号令）　299 好（好坏、爱好）　300 和（和平、唱和）
301 核（核心）　302 河　303 合　304 壑　305 荷（负荷、荷花）　306 恨
307 亨　308 衡　309 红　310 侯　311 后（皇后）　312 后（后天）
313 候　314 互　315 忽　316 胡　317 华（中华、华山）　318 化　319 画
320 怀　321 还（还与、还是）　322 患　323 宦　324 皇　325 回　326 毁
327 会（会合、总计）　328 汇（词汇）　329 汇（汇集）　330 晦
331 贿　332 秽　333 浑（浑浊、浑名）　334 获（猎获）　335 获（收获）
336 货　337 或

J

338 击　339 即　340 际　341 激　342 迹　343 机　344 积　345 肌
346 饥（饥饿）　347 饥（饥馑）　348 几（茶几、几何）　349 急
350 及　351 疾　352 集　353 极　354 籍　355 计　356 纪　357 冀　358 寄
359 系（系带子、关系）　360 悸　361 伎　362 既　363 覊　364 暨
365 稷　366 甲　367 家　368 加　369 嘉　370 稼　371 贾（姓贾、商贾）
372 假（真假、假期）　373 奸　374 坚　375 间（中间、离间）　376 监
377 简　378 蕳　379 检　380 荐　381 谏　382 槛　383 见　384 鉴　385 渐
386 建　387 贱　388 江　389 将（将军、将领）　390 讲　391 骄　392 交
393 教（教知识、教育）　394 郊　395 矫　396 脚　397 接　398 节
399 结　400 诘　401 解（分解、解差）　402 介　403 藉　404 戒　405 津
406 斤　407 进　408 尽　409 禁（禁不住、门禁）　410 惊　411 经
412 精　413 警　414 景　415 径　416 敬　417 扃　418 咎　419 就　420 具
421 居　422 据　423 沮　424 举　425 俱　426 聚　427 遽　428 屦　429 捐
430 眷　431 诀　432 觉（觉醒）　433 厥　434 爵　435 绝　436 决
437 君　438 钧

K

439 慨　440 抗　441 可　442 克　443 刻　444 孔　445 控　446 口　447 叩
448 苦　449 快　450 块　451 狂　452 匮　453 昆　454 困

L

455 拉　456 来　457 阑　458 烂　459 朗　460 累（积累、劳累）　461 诔
462 勒　463 类　464 离　465 里　466 理　467 礼　468 立　469 利　470 吏
471 历　472 厉　473 丽　474 砾　475 廉　476 怜　477 奁　478 敛　479 练
480 两　481 梁　482 谅　483 量（气量、测量）　484 僚　485 聊　486 了
487 料　488 烈　489 列　490 邻　491 临　492 廪　493 凛　494 聆　495 灵
496 零　497 领　498 凌　499 陵　500 岭　501 令　502 流　503 留　504 陇
505 陋　506 漏　507 虏　508 赂　509 戮　510 禄　511 旅　512 缕　513 履
514 酹　515 律　516 率（率典、率领）　517 虑　518 峦　519 乱　520 略
521 伦　522 纶　523 论　524 落

M

525 漫　526 慢　527 袂　528 每　529 寐　530 扪　531 蒙　532 靡　533 弥
534 眄　535 冕　536 免　537 面（颜面）　538 渺　539 庙　540 灭
541 闵　542 明　543 名　544 暝　545 冥　546 铭　547 命　548 末
549 没（淹没）　550 摹　551 陌　552 谋　553 亩　554 穆　555 木
556 募　557 慕　558 目

N

559 纳　560 难（困难、遇难）　561 男　562 内　563 能　564 逆　565 拟
566 年　567 辇　568 蹑　569 宁（宁可、安宁）　570 凝　571 弄　572 女

O

573 耦　574 偶

P

575 排　576 畔　577 判　578 辟　579 罄　580 披　581 偏　582 篇　583 平
584 屏　585 破　586 迫　587 浦　588 仆（奴仆）　589 仆（倒地）

Q

590 戚　591 期　592 奇（奇怪、奇数）　593 骑（骑马、一骑）　594 绮
595 泣　596 弃　597 契　598 亟（屡次）　599 迁　600 牵　601 前
602 潜　603 遣　604 堑　605 强（强硬、勉强）　606 乔　607 切　608 且
609 窃　610 亲（亲近、亲家）　611 衾　612 侵　613 禽　614 勤　615 轻
616 青　617 卿　618 倾　619 清　620 请　621 情　622 磬　623 穷　624 丘

625 求　626 裘　627 曲（曲折、曲子）　628 趋　629 取　630 趣　631 去
632 劝　633 全　634 拳　635 却　636 阙　637 群

R
638 然　639 攘　640 让　641 饶　642 仁　643 忍　644 任　645 戎　646 荣
647 容　648 如　649 襦　650 乳　651 辱　652 薷　653 缛　654 入

S
655 塞（塞给、边塞）　656 三　657 骚　658 搔　659 色　660 穑　661 赡
662 善　663 擅　664 伤　665 商　666 裳　667 赏　668 尚　669 稍
670 少（多少、少年）　671 舍（舍弃、宿舍）　672 设　673 社　674 身
675 审　676 慎　677 甚　678 生　679 声　680 升　681 省（省份、反省）
682 胜（胜利、受得住）　683 盛（盛大、盛饭）　684 圣　685 师
686 失　687 诗　688 施　689 识　690 食（吃、喂养）　691 时　692 什
693 实　694 使　695 始　696 释　697 示　698 士　699 视　700 适　701 事
702 势　703 市　704 世　705 矢　706 饰　707 恃　708 是　709 逝　710 式
711 收　712 守　713 寿　714 绶　715 舒　716 疏　717 书　718 孰　719 殊
720 输　721 叔　722 淑　723 属（属于、属意）　724 术（术略）
725 数（数字、数典忘祖、数次）　726 树　727 庶　728 竖　729 恕
730 衰　731 帅　732 顺　733 说（说话、说服）　734 朔　735 私　736 斯
737 丝　738 思　739 驷　740 俟　741 肆　742 俗　743 夙　744 素　745 诉
746 速　747 诉　748 宿　749 随　750 遂　751 岁　752 损　753 飧　754 所
755 索

T
756 台（台湾）　757 台（楼台）　758 台（台风）　759 贪
760 弹（弹奏、弹丸）　761 塘　762 讨　763 特　764 体　765 涕　766 替
767 惕　768 啼　769 田　770 挑　771 条　772 调（调整、调动）　773 听
774 汀　775 庭　776 亭　777 通　778 同　779 恸　780 偷　781 投　782 突
783 涂　784 屠　785 徒　786 推　787 退　788 托

W
789 外　790 玩　791 完　792 柱　793 亡　794 王（大王、做王）　795 往
796 望　797 妄　798 危　799 微　800 惟　801 维　802 帷　803 围
804 为（作为、因为）　805 伪　806 违　807 委　808 谓　809 位　810 温
811 文　812 闻　813 问　814 诬　815 无　816 武　817 痦　818 务

## X

819 析　820 息　821 蹊　822 袭　823 悉　824 习　825 徙　826 戏　827 下
828 鲜（鲜艳、少）　829 纤　830 先　831 闲　832 弦　833 险　834 显
835 县（悬挂）　836 相（相互、宰相）　837 降（投降、降低）　838 详
839 祥　840 享　841 饷　842 响　843 想　844 项　845 消　846 肖　847 霄
848 小　849 效　850 邪　851 挟　852 写　853 胁　854 谢　855 辛　856 信
857 兴（兴起、高兴）　858 星　859 行（行走、行道）　860 形　861 性
862 幸　863 凶　864 羞　865 脩（干肉）　866 修（修饰）　867 休
868 秀　869 须　870 虚　871 墟　872 许　873 绪　874 叙　875 序　876 恤
877 戌　878 玄　879 轩　880 宣　881 学　882 曛　883 寻　884 讯　885 徇

## Y

886 涯　887 雅　888 淹　889 延　890 岩　891 偃　892 言　893 厌　894 筵
895 央　896 殃　897 扬　898 阳　899 养　900 要（要挟、需要）　901 曜
902 谣　903 野　904 谒　905 业　906 叶（叶子）　907 一　908 壹
909 依　910 倚　911 衣（衣服、穿衣）　912 夷　913 遗（遗忘、给予）
914 移　915 贻　916 逸　917 已　918 以　919 艺　920 义　921 益　922 异
923 抑　924 意　925 议　926 邑　927 诣　928 役　929 因　930 阴
931 荫（树荫、封妻荫子）　932 殷（殷实、朱殷）　933 垠　934 淫
935 引　936 英　937 婴　938 缨　939 营　940 颖　941 楹　942 赢　943 庸
944 永　945 用　946 悠　947 优　948 幽　949 尤　950 游（游泳）
951 游（游览）　952 犹　953 攸　954 有　955 右　956 牖　957 诱
958 余（剩余）　959 余（第一人称代词）　960 隅　961 庚　962 宇
963 语（语言、告诉）　964 与（给予、参与；语气词）　965 虞　966 寓
967 郁　968 愈　969 御（抵御）　970 御（驾车）　971 逾　972 喻
973 遇　974 誉　975 狱　976 豫　977 欲　978 援　979 缘　980 辕　981 怨
982 苑　983 约　984 岳　985 乐（音乐、欢乐）　986 韵　987 陨　988 允
989 运

## Z

990 杂　991 载（载重、一载）　992 簪　993 赞　994 暂　995 臧　996 藻
997 皂　998 造　999 责　1000 泽　1001 则　1002 贼　1003 赠　1004 诈
1005 乍　1006 再　1007 战　1008 瞻　1009 占（占卜、占据）　1010 栈
1011 章　1012 张　1013 帐　1014 昭　1015 折　1016 辙　1017 轵　1018 谪
1019 枕　1020 振　1021 征（征伐）　1022 征（召问）　1023 烝　1024 争

1025 整  1026 正（正月、正在）  1027 政  1028 知  1029 之  1030 执
1031 支  1032 直  1033 指  1034 止  1035 质  1036 致  1037 治  1038 置
1039 至  1040 制（制度）  1041 制（制衣）  1042 志  1043 掷  1044 炙
1045 陟  1046 忠  1047 钟（千钟、钟表）  1048 中（中间、打中）
1049 终  1050 众  1051 重（重量、重复）  1052 洲  1053 周  1054 骤
1055 诛  1056 逐  1057 竹  1058 渚  1059 著  1060 驻  1061 住  1062 专
1063 壮  1064 状  1065 妆  1066 准  1067 擢  1068 濯  1069 酌  1070 资
1071 滋  1072 子  1073 字  1074 宗  1075 综  1076 走  1077 奏  1078 祖
1079 族  1080 卒  1081 阻  1082 术（白术）  1083 纂  1084 最  1085 遵
1086 尊  1087 作  1088 坐

以上词表肯定还不能涵盖中学生应掌握的全部实词，但起码可以帮助中学生积累常见文言实词。建议教师限定每篇文言文重点讲解的实词，且不应介绍该实词多个义项，除非课文自身含该词多个义项，如《北冥有鱼》中的"息"有两个义项，（1）"气息"义，（2）"停止"义。这么做主要为了使学生对该实词能够建立从字形本义到课文引申义语义联想关系，与课文内容无关的义项反而会干扰他们的学习进程。积累足够的实词意义，学生阅读文言文的能力自然能得到提升。

（三）重点虚词

文言常用虚词共 18 个：而、何、乎、乃、其、且、若、所、为、焉、也、以、因、于、与、则、者、之。这些虚词用法多样，教师需要知道每个虚词的基本语法意义、语法功能，能准确分析遇到的每一处该虚词用法。为了照顾文本赏析，教师不可能对每一处虚词的用法都详细交代，这就必须有针对性地加以选择。一般来说，选讲的虚词有以下特点。

1. 对理解句子结构有重要价值

"冰，水为之而寒于水。"《劝学》中这一句应该交代"于"的用法：介词，引进比较对象。这样才能理解该句是一个比较句。

"孔子云：何陋之有？"《陋室铭》中这一句应该交代"之"的用法，结构助词，将宾语提前的标记。这样才能理解该句是一个宾语前置句。

2. 对理解文章意义有重要价值

前文我们详细分析了《醉翁亭记》里使用了 19 个判断句，句尾语气词"也"的用法要详细交代，正是因为"也"是一个确定语气词，才能表达作者治理地方政通人和之要义的自信，读者才能体会文章处处显示出作者与民同乐

的快乐情绪。

**三、文言语体讲解禁忌**

一般来说，文言语体的文学赏析部分难度并不是太大，最大的难点是准确解释文言字词意义。就笔者观察语文课堂实例以及阅读教师教案来说，中小学语文教师在实词讲解上的最大问题是：乱说通假，乱讲词类活用。虚词讲解方面，由于缺乏语法学知识而无法讲清楚句子结构，以至于无法将文言文通畅地翻译成白话。

（一）不能轻易讲词类活用

中国文言语体大约形成于西汉，以先秦文献为语法规范，词汇也基本保持先秦时期词汇面貌。文言语体语言跟今天有巨大的差异，教师所谈的词类，必须查检工具书，以确定这个词在古代的词性，而不是拿自己的现代汉语语感衡量古代汉语。

如"旦日，卒中往往语，皆指目陈胜。"不少教师将这一句中的"目"讲解为名词活用为动词。这是不对的，在先秦"目"不仅是名词"眼睛"的意思，作动词也很常见，如《左传·宣公十二年》："目于眢 yuān 井而拯之。"这一句话意思是：在枯井里看了一下把他救上来。词类活用，是词语临时产生的意义。假如一个词形成意义相关的两个不同词性的意义，这个词只能算作兼类词，也就是说在先秦"目"是一个兼有动词和名词两种词性的词。

再比如"大楚兴，陈胜王。"这里"王"也不能讲成词类活用，因为在先秦这个字有两个读音，读作阳平，这个词是名词"大王"义；读作去声，这个词是动词"做王"义。假如一个词已经形成语音不同，但是意义有联系的两个词，这就是形成了新的词语，这就类似于今天的多音字"恶"，形容词为"恶毒"，动词为"厌恶"。

（二）不能轻易讲通假

通假字就是古代文献中本有其字不用，而用与之形体不同，意义不同，只是声音相同或相近的另一字代替其意义。如"项伯许诺，谓沛公曰：'旦日不可不蚤自来谢项王！'""蚤"是"早"的通假字。要证明古代通假字必须：第一，有古书常见用例；第二，语音上（指上古音）相通或相近；第三，两者意义上不相关。

如"便要还家，设酒杀鸡作食。"这一句话里"要"不宜讲"要"是"邀"的通假字。《说文解字》无"邀"字，但"要"本义为"腰部"，上古有常用义

"要挟",这个意义可以发展为"邀请"义,两者有相反关系。从思维规律上说,相反的意义很容易被说话者联想在一起。"邀请"义在《诗经》中就有,如《鄘风·桑中》"期我乎桑中,要我乎上宫。"

(三) 要保持所讲的汉字古代为同一字形

如"咸来问讯",有教师谈"咸"古今词义有差异,古代是副词"都",现在是形容词"有咸味的"。由于教师所看到的文本是简体排版,才有此误解。其实古代"咸淡"写作"鹹淡",两者根本不是同一个字。很多繁体字都是以同音替代方法产生了现代简体字,如"出没"之"出",与"一齣戲"之"齣",同时简化为"出"。因此教师要特别注意该意义古代书写形式是哪个,千万不能张冠李戴。

要克服以上问题,教师要形成勤于查阅字典的习惯。现代网络学习资源也非常发达,读者下载《汉字宝典》,其中有《说文解字》及《汉语大字典》等多种字典,且附带有原版书籍电子扫描页。还可以访问"汉字全息资源应用系统",这个应用系统里有关于汉字演变的古今文字图片。

当然要想准确理解文言句子意义,还需要勤奋学习语法知识。

## 第二节 文字学与实词教学

### 一、文字学理论框架

(一)"六书"理论

"六书"名称最早见于《周礼·地官·保氏》:"掌谏王恶而养国子以道,教之以六艺……五曰六书,六曰九数。"汉代郑玄注解引用郑众解释:"象形、会意、转注、处事、假借、谐声。"六书的具体名称,最早见于班固的《汉书·艺文志》:"古者八岁入小学,故周官保氏掌养国子,教之以六书,谓象形、象事、象意、象声、转注、假借,造字之本也。"对"六书"进行具体解释,并根据六书原理编成字书的是东汉许慎。《说文解字》是我国第一部分析字形,辨识音读,解说本义的字典。

在这部伟大著作的序言里,许慎为"六书"下了定义:"一曰指事,指事者,视而可识,察而见意,上下是也;二曰象形,象形者,画成其物,随体诘诎,日月是也;三曰形声,形声者,以事为名,取譬相成,江河是也;四曰会意，会意者，比类合谊，以见指㧑，武信是也；五曰转注，转注者，建类一首，同意相受，考老是也。六曰假借，假借者，本无其字，依声托事，令长是也。"

按照汉字由少到多产生的顺序，象形字是最早产生的文字类型；而指事字又是在象形的基础上增加象征性符号，因此位列第二；会意字是利用不同的汉字部件组合，形成联想意义，位列第三；中国古人意识到形旁表意作用和声旁表音作用可以组合创造新字，形声字才得以大量产生，因此位列第四。由于定义局限于字数，都是四字格，关于什么是"转注"就引发很多争议，裘锡圭指出："这是争论了一千多年的老问题。对转注的不同解释非常多，几乎所有可能想到的解释都已经有人提出过了。在今天要想确定许慎或创立六书说者的原意，恐怕是不可能的……我们应该把转注问题看作文字学史上已经过时的一个问题。"[①] 按照许慎的说法，假借就是"本来没有那个字，依据已有的字形、字音寄托一个新的意义。"一个字多个意义之间没有联系性，今天一些文字仍是如此，如"花"有"花费、消耗"的意思，跟"花朵"之"花"没有什么关系，只是读音相同，取了同样的字形。许慎举"令、长"二字来做假借之例，从我们今天的认识来看，是不恰当的。"令"的本义是发号施令，"长"的本义是生长，引申为年长的人。"令"当"县令"讲、"长"当"官长"讲，都是词义的引申，也就是本义与引申义的关系。假借，是汉字使用方法，与最初汉字用什么方式创造出来无关。因此我们所讲的造字法只有四类。

（二）象形字

按照许慎的解释，象形就是用模拟的方法把有形的物体描画下来，随着物体形态的弯弯曲曲，笔画也随着弯曲，"日""月"就是这样的字。根据笔画对实物形体之间的描摹技法，将象形字分作三类：

1. 整体描摹

如人、女：从甲骨文来看，是描摹侧面站立的人形，侧面怀抱孩子的妇女形象。

2. 烘托描摹

如瓜、眉：瓜的形状圆滚滚，但是如果只画圆，那就无法辨认到底是何物，就需要把瓜蔓也划出来；眉毛就是眼睛上方的体毛，但如果只画毛，也无法辨认，因此就需要将眼睛也画出来。借助这个事物所在环境将其烘托表现出来，就是烘托描摹。

---

① 裘锡圭. 40年来文字学研究的回顾 [J]. 语文建设，1989（3）：2-10.

3. 特征突出

如元、身："元"就是"头"意，因此甲骨文中，站立的人形上方头部位置特意用加粗笔画描摹；"身"就是"孕身"意，因此甲骨文中，侧面站立的人形肚子大大地隆起。这都是在意义所指位置特意加深笔画。

（三）指事字

关于什么是"指事字"，许慎的定义并不清晰，一般认为指事字是在象形的基础上，增加象征性符号。根据将象征性符号的特点及指事字与原汉字之间的关系，将其分为三类。

1. 独体指事字

如一、中：中国的数字都是"指事字"，是用象征性符号代表意义；从甲骨文看，"中"在物体的中央用一条竖线表示从中间将其分开，因此这条竖线也是一个象征性符号。

2. 合体指事字

如本、甘："本"在已经有的象形字"木"的基础上，在下面增加象征性符号，表示所指的地方是树木的根部；"甘"在已经有的象形字"舌"的基础上，在中间增加象征性符号，表示舌头上有味道。

3. 变体指事字

如夕、司："夕"在已经有的象形字"月"的基础上，去掉"月"字中间的一笔，表示半个月亮爬上来的黄昏时间；"司"在已经有的象形字"后"的基础上，反转一百八十度，表示与发号施令的动作有关。

（四）会意字

根据许慎的解释，会意就是比合几个事类合成一个意义，从而看出其所指向的含义。"武""信"就是这样的字。这就是利用几个汉字构件，产生一种联想性关系，以表达整体字的意义。根据合成的两个构件是否相同，将会意字分作两类：

1. 同体会意

如林、步：两"木"为"林"；前后各一只脚为"步"。

2. 异体会意

如牧、取："牧"左边是"牛"右边是"攴"（击打的意思），两者组合在一起，使人联想到放牧牛羊就是以鞭子管理牛羊；"取"左边是"耳"右边是"又"（手的意思），在远古社会，部落之间打仗，就是割下对方的耳朵，割耳朵多的一方获胜，两者组合在一起，使人联想到取得胜利之义。

## (五) 形声字

根据许慎的解释，形声就是根据事物的意思取个名称，然后用另一个读音相同或相近的字譬况这个字的读音（这句话前半部分是指形符，后半部分是指声符）。"江""河"就是这样的字。形声字结构类型，常见的有六类；有一些形声字，形符和声符位置特殊，需要注意。

1. 形声字结构类型

左形右声：松、赐、结、理、越。

右形左声：雏、瓯、救、壮、期。

上形下声：茅、简、耄、空、罟。

下形上声：基、裳、恐、姿、盤（简化为盘）。

外形内声：园、阁、匦、街、衷。

内形外声：辩、闻、雠、辫。

2. 特殊结构的形声字

汉字字形结构讲究匀称，这使得一部分形声字的形符和声符位置比较特殊，如：

徒：从辵 chuò，土声。

在：从土，才声。

街：从行，圭声。

鳳（凤）：从鸟，凡声。

雜（杂）：从衣，集声。

3. 形符和声符不宜形成定势

一般来说"食"是形符，但"蚀"却"从虫食声"；一般"金"也是形符，但"锦"却"从帛金声"；一般"刀"也是形符，但"到"却"从至刀声"。

汉字是在民族文化长河中逐步发展起来的。最初产生的汉字很少，甲骨文时期主要是象形字、指事字、会意字，春秋战国时期形声字占70%，《说文解字》80%以上都是形声字。有很多字后来增加了形符或者声符，如齿，甲骨文中就是口中有牙齿的形状，到了战国简帛文字就增加了上面的声符"止"。国，甲骨文就是在划定的地域上持戈警戒，是个会意字，到了金文已经增加了外面的形符"囗"。发展到今天，形声字的比例更高了，但由于汉字古今发音差异较大，绝大部分形声字的声符已不再有表音作用。

## 二、文字学应用价值

### （一）小学生识字

小学生的学习心理特点是他们善于记住引发主观感觉的有形物体，因此在汉字教学中，应该合理使用文字学。一方面使汉字形态可观，另一方面使汉字形体与意义的联系凸显出来。汉字是一种表意体系的文字，只让学生记忆字形，往往就会造成一用就错的毛病。教师一定要想方设法，使文字形体与意义关联起来。

如"典"，教师可以出示甲骨文字形，因为这个古字形与现代字形之间很接近，《说文解字》里也说"五帝之书也"。教师应简要说明中国上古"五帝"后人有不同看法，一般认为少昊、颛顼、帝喾、尧帝（唐尧）、舜帝（虞舜）称为"五帝"。这些人物为中华文明发展做出了突出贡献，被后人永世传颂。这样就能帮助小学生树立尊重典籍的文化观念。

如"赤"，《说文解字》："南方色也。从大，从火。"火很盛颜色就会发红，所以"赤"从大火会意。中国古代很早就思考宇宙起源问题了，这就是当时流行的五行说，五行还可以与方位五方相配，"火"配南方，所以许慎说"南方色也"。这就能帮助小学生理解中国汉字，在学习汉字的过程中也学习了中国古代文化。

如"教"，《说文解字》："上所施下所效也。从攴从孝。"古文字"攴"表示"击打"的意思，今天"反文"偏旁的汉字多数本义都跟"击打""惩戒"有关。老师"惩戒"学生的目的是让他顺从长辈，成为对社会有用的人才。这就在汉字教学中渗透了思想教育、品德教育。

小学教师一定要注意学生需要学习的是简体汉字和现代汉语常用意义，因此追溯字源讲解字理并不是十分有效。因为绝大部分的简体汉字跟古文字形体差异巨大，了解古字形对掌握简体字没有意义。另外现代汉语所使用的意义，绝大部分也不是古代汉字的本义，就算追溯到古字形，跟现代意义之间也有巨大鸿沟。比如"封"，会意字，"培植树木为界"义。后来引申为封地。这样的本义和引申义都不出现在现代语言生活之中，现代常用的意义是密封、封存的意思。也就是说，追溯字源，对学生理解今天的"封"字义也没有价值。大部分小学教师会自创简体俗字源。如"树"，有经验的小学教师用拆字法讲解：左边的"木"构件"捺"要写短一点，像个点儿，才是"对"的；左"木"右"对"。这类讲解一旦过度使用，就会把汉字的形体拆分得支离破碎，完全没有理据。李运富在《汉字构形原理与中小学汉字教学》一书中，提出利用"构件功能分析法"建立现代汉字构形理据，这种思想值得重视。传统"六书"是建立在研究古文字字形基础上而提出的汉字形义理论体系，随着时间推移，汉字所代表的常用意义已经发生很大变化，该理论对解释现代繁体汉字的意义适用性已经不强，对于简体汉字则更难有解释力。因此有必要在参考古代"六书"理论的基础上，研究现代简体汉字的构形理据。除了同音替代可能造成简化汉字意义不方便解说之外，绝大部分都可以找到构形理据。

（二）中学生学习文言

部编教材从小学三年级就出现了短小的文言小故事，由于中国文言基本是单音节词汇系统，小学教师要注意引导学生将字的意义联想到现代汉语词的意义上来。如《囊萤夜读》第一句"胤恭勤不倦"，"恭"就是"恭敬"，"勤"就是"勤奋"，"倦"就是"疲倦""倦怠"。进入初中以后，就需要有比较强的认识古代语言的意识了。这时候文言语体教学要注重实词和虚词教学，虚词教学后文论述。实词教学，重点实词可以参照第一节给的1088个汉字。当然正如前文所云，一定要处理好文本赏析与语言教学之间的关系，不能太过偏重于语言教学，也不能脱离语言赏析文本。对于美文要以欣赏为主，对于思辨性议论文，语言教学就显得非常重要。

### 三、如何应用文字学

（一）利用《说文解字》判定造字法

分析汉字结构必须依据小篆及古文字，但教师应充分考虑学生的学习心理和教学目标。比如教小学生识字，虽然使用《说文解字》等古文字资料更科学，但是如果一个汉字的古字形与现代字形差异比较大，给学生展示古文字反而会增加他的记忆负担，不利于有效实施教学。另外对小学生而言，需要教师教授现代汉语常用意义，而不是文字的本义或者古代意义。中学生已经有非常好的简体汉字识读基础，这时候利用《说文解字》帮助其学习文言文，比较合适。但由于《说文解字》本身的解说属于文言语体，教师需要使用规范的现代汉语将文字形体结构与意义解释清楚。文言文实词学习，还不能仅仅止步于本义，教学的主要目标是理解语篇，如果课文里使用的是本义，教师不需要进一步教授引申义；若课文里使用的是引申义，则教师应在本义基础上教授该词在课文里的引申义。

（二）操作步骤

1. 简体字恢复为繁体字

这时候要特别警惕张冠李戴现象，因为现代汉字一个简体有可能对应多个繁体字，且这些字在《说文解字》中均被收录。万一张冠李戴，解说汉字肯定会闹出笑话。例如：

"極"与"极"

这两个汉字在《说文解字》里都有，第一个《说文·木部》云："栋也"，也就是房屋的正梁，因此可以引申为"最高点"，形成词语"登峰造极"；第二个《说文·木部》云："驴上负也"，也就是驴背上的木架，以便于驮载货物。

"勝"与"胜"

这两个汉字在《说文解字》里都有，第一个《说文·力部》云："任也。"就是"能担负得起"义。这就是常用的"胜任""胜利"之"胜"。第二个《说文·肉部》云："犬膏臭也。"就是"腥味"义。

"復"与"複"

这两个汉字在《说文解字》里都有，第一个《说文·彳部》云："往来也"，也就是"反复"的"复"；第二个《说文·衣部》云："重衣也"，就是有里子的衣服，即夹衣，也就是"复杂"的"复"。

总之，教师应该对古今繁简体的对应关系有深刻的认识，以确保文言实词讲解正确无误。

2. 查检繁体字对应的小篆

这时候要注意检验甲骨文或金文，以便于确认《说文解字》本身的解说无误。由于许慎并没有见到更早的文字如甲骨文和金文，因此他关于某些汉字字形的解说其实并不正确。如"为"，《说文解字》解释为"母猴"，这是错误的。从甲骨文看，是人使役大象以耕作，也就是"做"义，会意字。《汉语大字典》汇集了一部分古文字学专家考证资料，对《说文解字》中解释错误的字结合古文字做了辨析。如果读者水平较高，能自己辨析对错，也可以查阅《汉字全息资源应用系统》。

3. 拆分结构解说本义

从古字形上说，不能拆分的名词，一般都是象形字。具有象征性符号，是指事字。能拆分，部件之间具有联想性关系的，是会意字；部件之间是形旁和声旁关系的，是形声字。例如：

田：从古文字字形看，描摹一块块农田的形状。此为象形字。

行：从古文字字形看，描摹交叉的十字路口，"道路"义。此为象形字。

主：从古文字字形看，描摹冒着火焰的"火把"。此为象形字。①

豆：从古文字字形看，描摹盛食物用的器具，上面的一横，表示盖子。此为象形字。

天：从古文字字形看，站立的人上面有一横，表示头顶。这一横就是意义所指的地方，因此是象征性符号。此为指事字。

丹：从古文字字形看，就是井里的矿产，其中一"点"就是意义所指的地方，因此是象征性符号。此为指事字。

兵：从古字形上看，可以拆解为两部分，廾（双手秉持义）、斤，两者之间产生联想性关系，表示兵器，此为会意字。

去：从古字形上看，可以拆解为两部分，大、凵 qiǎn（沟坎义），两者之间产生联想性关系，表示人从沟里出来，因此为"离开"义。此为会意字。

出：从古字形上看，可以拆解为两部分，止、凵，两者之间产生联想性关系，上面的部分"止"（脚趾义），表示人从沟里出来，因此为"出来"义。此为会意字。

色：从古字形上看，可以拆解为两部分，人、卩 jié（凭证义），两者之间产生联想性关系，表示人脸上出现凭证，因此为"神情"义。此为会意字。

字：从古字形上看，可以拆解为两部分，宀 mián（房子义）、子，两者之间产生联想性关系，表示在房子里生孩子。此为会意字。

绝：从古字形上看，可以拆解为三部分，糸（丝线义）、刀、卩 jié，三者之间产生联想性关系，表示斩断丝线。此为会意字。

给：从古字形上看，可以拆解为两部分，糸、合，两者之间是形符与声符关系，"供应，使充足"义。此为形声字。

赂：从古字形上看，可以拆解为两部分，贝、各，两者之间是形符与声符关系，"赠送财物"义。此为形声字。

（三）利用词汇学原理解说引申义

语文教师利用文字学理论讲解实词，解说了本义，尚不能完成教学任务，因为大部分文选里不可能只使用本义。这就需要熟悉词义发展规律，理解一个字多个意义之间的联系性。

引申义是由本义直接或间接派生出来的意义，它与本义有着一定的联系。

---

① 这个字形后来引申为"主人"义，原有本义另外造字形为"炷"，即今天"火柱"之"柱"。

一般本义与引申义的关系有三类：

（1）连锁型引申，是词义的线性引申，由甲义引申为乙义，再由乙义引申为丙义，如此环环相扣，单方向发展。如理，本义是"治玉"，治玉必将依据石头纹理，因此又引申为"纹理"，再发展到比较抽象的"条理""道理"。

（2）辐射型引申，就是以某一意义为引申中心，向四面辐射引申出众多不同意义的词义引申类型。如节，本义是"竹节"，联想到人的身体部位就是"关节"义；联想到时间节点就是"季节"义；联想到音乐上，就是"节奏"义；联想到人的品质上，就是"节操"义；联想到社会制度上，就是"法度"义。

（3）大部分词义引申是既有连锁型引申也有辐射型引申，如解，本义是"解剖牛体"，引申为"分解"，再引申为"解散"，就属于连锁型引申。由"解剖牛体"，引申为"解开"，这个动作联想到人际关系，就是"和解""劝解"义；联想到人际交往，就是"理解"义；联想到事理关系，就是"解释"义，这些都属于辐射型引申。

在讲解文言过程中，语文教师不需要讲解一个字的引申序列，但是需要交代本义，然后解说文选中的引申义。这样讲解符合学生认知心理：先从一个形象的字形得到本义，再从这里引申到文选中的意义。语文教师对常见汉字的古文字字形应当非常熟悉，对文选中的引申义怎么从本义而来，也要有所思考，这些知识借助《汉语大字典》工具书比较容易获得。

高中语文教材要求学生理解古今词义差异、文言实词一词多义现象。古今词义差异可以随堂讲解；而一词多义，建议教师在复习课上总结归纳所学重点实词不同词义。另外要特别注意不能将简化字相同而实际繁体字绝不混同的字，当作一词多义介绍给学生。教师还可以利用词汇学知识、帮助小学生积累书面语词汇。现在部编本小学教材词汇积累的编写还比较随意，应该根据每课学习的汉字，联系词汇学知识，给出相关双音节或多音节词语，部分词语最好还要给出作家例句。这对于小学生提高写作能力将大有裨益。

## 第三节 语法学与虚词教学

### 一、语法学基本概念

对于语文教师来说，最大的挑战来自语法。因为汉语不像印欧语言，语法意义都标识在词形变化上。在汉语里，我们不能从词形上看出哪个是名词（有极少数词缀，能标示名词），哪个是动词，哪个是形容词，哪个是副词。词类进入句子也没有形态上的变化。例如，汉语里的动词可以作谓语、带宾语、带补语、作主语、作宾语、作定语，也可以受定语修饰，而在形式上完全一样。试以动词"研究"为例：

他们研究（作谓语，可用来回答"他们研究汉语语法吗？"这样的问题）

研究汉语（带宾语）

研究清楚（带补语）

打算研究（作宾语，可用来回答"汉语词汇你打算研究吗？"这样的问题）

研究成果（作定语）

语法研究（受名词性定语修饰）

由于无明显形态标记，汉语语法意义往往就比较隐蔽，需要一定的专业知识才能把握。无论是现代白话还是古代文言，人们用以理解语言结构的方法都一致，比如理解一个事件，一定要有句子意识，主谓宾句子成分意识。语法知识对于理解现代白话不是关键问题，对于理解文言语体就至为重要了。

部编教材初中部分要求讲授现代汉语语法修辞基础知识。学生得到的现代汉语语法知识，同样有利于帮助他们理解古代语言。由于古代汉语语法仍有一些特殊性，还需要教师利用功能相同或相近的现代汉语结构，深入浅出地讲解相关内容。本节我们介绍一些基本概念，以便于使广大教师提纲挈领抓住关键问题。

（一）词类

无论是现代汉语还是古代汉语，词语都有词性归属。这是语言组合形成规则的首要条件。在现代汉语之中，我们主要使用语法功能标准判定词类，即词与词的组合能力，即能够跟哪些词组合，不能跟哪些词组合。这一原则同样也适用于古代汉语。当然由于古今语法差异，还需要做一些变通。如"不"字古代作为否定副词，也可以跟名词组合，《诗·王风·君子于役》："君子于役，不日不月。"这个意义，现代汉语只能以"没有"表达，"君子戍边，没日没夜。"之所以仍然将"不"确定为否定副词，因为它大部分状况下，仍然否定动词。

1. 名词、动词、形容词

名词、动词、形容词，古今汉语判定原则大体一致。名词能够接受数词修饰，构成数量结构，《穀梁传·成公元年》："古者有四民：有士民，有商民，有农民，有工民。""民"以数字计算，就是名词。

动词一般分作两类：可以带宾语的称为及物动词；不能带宾语的称为不及

物动词。① 那么这个句子"五亩之宅，树之以桑"，"树"就是一个动词，其一，它带了宾语"之"；其二，它带了介词结构"以桑"（用桑树）作补语。

形容词一般作名词的修饰性成分，如"强秦"之"强"，"硕师"之"硕"；也可以作句子的谓语，如"礼愈至"之"至"（周全义）。古今汉语都可以借助定中结构标记，将形容词当作名词用，如"依靠队员的强大，我们终于胜利了"，这一句话中"强大"作为形容词的属性并没有变化，但它却做了偏正结构"队员的强大"的中心语。古代汉语亦然，"蚓无爪牙之利，筋骨之强"，这里的"利""强"都是形容词，它却借助结构助词"之"，充当了偏正结构"爪牙之利""筋骨之强"的中心语。没有人将现代汉语"强大"分析为名词；同理，也不应该将这一句的"利""强"分析为形容词活用为名词。

2. 代词

代词就是代替人或事物名称的词，可以避免语言中的重复和拖沓现象。根据代词语法功能差异将其分作以下小类。

（1）人称代词

古代汉语第一人称代词包括以下几个，吾、我、余、予；分作两个声母系统："吾""我"属于 ng 系，"予（余）"属于 d 系。"吾"主要用于主语位置，"我"主要用于宾语位置。第二人称代词包括：女（汝）、尔、若、而、乃。上古汉语第一人称和第二人称代词系统之所以这么复杂，除了有语法功能区分外，还有可能来源于华夏文明的不同部族。

上古汉语没有真正的第三人称代词，借用指示代词"之""其"表示，"之"可以代人，也可以代物或代事，在句子中只用作宾语，如"而彭祖乃今以久特闻，众人匹之"。"其"可以代人，也可以代物或代事，常作定语，不独立作主语或宾语，如"北冥有鱼，其名为鲲"。上古汉语"他"是旁指代词，指代物，作"别的""其他的"讲，如"他山之石，可以攻玉"（《诗经·小雅·鹤鸣》）。唐代第三人称成熟，如"曲岸深潭一山叟，驻眼看钩不移手。世人欲得知姓名，良久问他不开口。"（高适《渔父歌》）

（2）指示代词

上古近指代词主要有：此、是、斯、兹。远指代词主要有：彼、夫、其。

（3）疑问代词

询问人主要使用"谁""孰"；问物及原因主要有：何、胡、曷、奚；问处所主要有：安、恶、焉等。

---

① 这两类动词古代语法学界还分别称作外动词、内动词。

(4) 无定代词

上古汉语无定代词有肯定与否定各一个。"或"是肯定性无定代词，相当于"有的人""某人""有的（东西）"，如"今或闻无罪，二世杀之"（《史记·陈涉世家》）。"莫"为否定性无定代词，相当于"没有谁""没有什么（事情、东西）"。所否定的内容可以有一定范围，也可以没有范围，如"天下之水，莫大于海。"（《庄子·秋水》）

(5) 辅助性代词

"者"字经常用在动词、形容词、数词以及其他词组之后，构成"者"字结构，大致相当于现代汉语的"的"字结构。"所"字经常用在动词和动词词组前面，还可以用在介词的前面，相当于一个名词性成分，如：

此吾剑之所从坠。（《刻舟求剑》）

所从，从，介词，引进动作起始地点。所从坠，一起构成一个名词性结构，表示"从哪里坠落的地方"义，前面的结构助词"之"，是定中结构标记。短语"吾剑之所从坠"解释为"我的剑所坠落的地方"。

两者都能与及物动词结合，构成名词性词组。但是意义有区别，"所"字结构指代行为对象，"者"字结构指代行为的主动者，如：

始臣之解牛之时，所见无非牛者。（《庄子·养生主》）

顺风而呼，声非加疾也，而闻者彰。（《荀子·劝学》）

"所见"指代"见"的对象；"闻者"指代发出动作"闻"的主动者。

3. 副词

副词的特点是只能修饰其他成分，而不能被修饰，它表示行为或状态的各种特征，是对谓语起修饰作用的词。一般做句子状语。根据副词语法功能将其分作以下小类。

(1) 程度副词

表示动作行为所达到的各种程度。古代汉语用"少"表示"稍微"。"颇"则可能表示程度低，"稍微"义；也可能表示程度高，"非常"义，因此其意义判定需要依靠具体语境。

(2) 范围副词

表示人或事物的范围。古代汉语表示全量范围的有"皆""咸""俱"（均为全部义）；表示限定范围的有"但""特""徒""直"（均为只是义）等。

(3) 时间副词

表示事件发生之前、之中、之后等时间义。古代汉语以"曾"表示已然状态，古今汉语均为"正"表示正在进行。

(4) 频度副词

表示在一定时间内动作的次数。古代汉语以"再"表示两次,以"仍"表示频繁。

(5) 情态副词

表示动作发生的情状方式。古代汉语以"微"表示"暗暗地",以"公"表示"公开地""公然地"。这类词语有很多,不做枚举。

(6) 语气副词

在谓语前,表示说话人描述一个动作事件的知识判断、主观感情、语气。古代汉语以"固"表示肯定语气,以"盖"表示揣测语气。

(7) 连接副词

配合上下文表示顺承或转折之意的副词。它们常在单、复句中表示前后两项的连接,但主要起修饰谓语的作用,一般不用在主语前,因此还是副词而不是连词。古代汉语以"且"(尚且义)表示递进关系,以"乃"(却义)表示转折关系。

(8) 否定副词

表示对事实或动作的否定。古代汉语否定副词主要有:不、弗、勿、毋、未、非。

(9) 谦敬副词

自谦或尊重他人的副词。古代汉语以"请"表示希望对方允许自己做某事,译为"请允许我"。以"窃"表示谦虚,译为"我私下认为"。

4. 介词

介词用在名词、代词或名词性词组的前面,组成介词结构,作动词或形容词的状语或补语,引进时间、处所、目的、原因、方式、对象等。古代汉语使用比较多的介词如"于",可以引进处所、时间、动作涉及对象、比较对象、施事者表被动。介词"以",可以引进工具、方式、身份,引进处置对象表示处置,引进原因、时间等。

5. 连词

连词用于连接词、词组或句子,表示它们之间的各种关系。古代汉语常用连词如"则""以""而""虽""然"等。

6. 语气词

语气词附加在短语或者句子上,表达说话人的语气。按照句法位置将语气词分为三类:

(1) 句首语气词

常用的有：夫、惟（维、唯）。

(2) 句中语气词

常见的有：者、也、兮。

(3) 句尾语气词

常见的有：也、矣、乎、与（欤）、耶、哉、焉。

7. 助词

助词是对词、短语或句子起各种标志作用的词类。上古汉语最重要的助词是"之"，除了用作定中结构标记，它还有多种语法意义。

（二）句法结构

句法结构可以见于句子层面，也可以是短语层面，甚至是词汇层面。如下列语言片段的动宾关系：

安知鱼之乐？（《庄子与惠子游于濠梁之上》）

乘天地之正（《北冥有鱼》）

执事

第一例是句子层面的动宾关系，"知"的宾语是"鱼之乐"；第二例是短语层面的动宾关系，"乘"的宾语是"天地之正"；第三例是词语层面的动宾关系，"执事"是一个动宾式的合成词。

认识句法结构对判定汉语虚词意义有重要作用。汉语里常见的句法结构有：主谓结构、动宾结构、偏正结构（包括定中关系，如花的海洋；状中关系，如稳定地提高）、动补结构、双宾结构、兼语结构等。

（三）句类与句式

句类是对句子的功能分类。如果一个句子的功能是陈述一件事，那么是陈述句；如果表达某人指示某人做某事或者不做某事，是祈使句；如果表示说话人的疑问，则是疑问句；如果表示说话人的赞叹，则是感叹句。

句式是在汉语中有某种特殊标志或具有特殊表达作用的常用句子格式。可以有多重确定标准，如用关键字（介词或动词）命名："把"字句、"被"字句、"比"字句等；可以用特殊结构命名：如双宾句、连动句、兼语句等；也可以用特定语义范畴命名：如存现句、否定句、被动句、处置句、比较句、使动句、位移句等。

（四）单句与复句

单句由主语、谓语、宾语、定语、状语等成分以词为单位构成。复句的构造材料不是词，而是简单句。单、复句之别本质在此。

吕叔湘《中国文法要略》一书中按照复句内部的逻辑语义关系，将复句分作：离合、向背、异同、高下、同时、先后、释因、纪效、假设、推论、擒纵、衬托等语义范畴。

邢福义认为尽管复句间关系复杂，无外乎三类：因果、并列、转折。① 这种逻辑语义关系分类，大致能涵盖到句群层面，对语篇分析而言，有很强的适用性。

在已经了解语法学基本概念的基础上，我们以词为单位描写文言常见的18个虚词用法。

## 二、常用十八个文言虚词

（一）而

1. 连词，用于联合结构

主要表示三种语义关系：

（1）并列关系，"并且"义。

与之论辩，言和而色夷。（宋濂《送东阳马生序》）

蟹六跪而二螯，非蛇鳝之穴无可寄托者。（《荀子·劝学》）

（2）顺承关系，"然后"义。

提刀而立，为之四顾，为之踌躇满志，善刀而藏之。（《庄子·庖丁解牛》）

（3）转折关系，"却"义。

臣以神遇而不以目视，官知止而神欲行。（《庄子·庖丁解牛》）

子子孙孙无穷匮也，而山不加增。（《愚公移山》）

2. 连词，用于偏正结构，帮助修饰动词。

数月之后，时时而间进。（《邹忌讽齐王纳谏》）

其隟也，则施施而行，漫漫而游。（柳宗元《始得西山宴游记》）

3. 连词，用于主谓结构，表示假设关系，"如果"义。这类例子部编教材选文中未发现，有《左传》之例：

我有子弟，子产诲之；我有田畴，子产殖之；子产而死，谁其嗣之。（左传·襄公三十年）

---

① 邢福义.《邢福义文集》第五卷［M］.武汉：华中师范大学出版社，2018：34.

## （二）何

### 1. 疑问代词

（1）询问原因，"为什么"义。

肉食者谋之，又何间焉？（《曹刿论战》）

（2）询问人，"谁"义。

信臣精卒陈利兵而谁何。（贾谊《过秦论》）

（3）询问物，"什么"义。

问："何以战？"（《曹刿论战》）

良问曰："大王来何操？"（司马迁《鸿门宴》）

（4）询问状态，"怎么样"义。

以君之力，曾不能损魁父之丘，如太行、王屋何？（《愚公移山》）

（5）询问地方，"哪里"义。

阁中帝子今何在？槛外长江空自流。（王勃《滕王阁序》）

### 2. 疑问副词

（1）怎么，哪里。表示反问。

君美甚，徐公何能及君也？（《邹忌讽齐王纳谏》）

夫晋，何厌之有？（《烛之武退秦师》）

（2）何必。用反问的语气表示不必。

先生坐！何至于此！（《唐雎不辱使命》）

自其不变者而观之，则物与我皆无尽也，而又何羡乎！（苏轼《赤壁赋》）

（3）多么。表示感叹。

渔歌互答，此乐何极！（范仲淹《岳阳楼记》）

## （三）乎

### 1. 句尾语气词

（1）用于疑问句句尾，表疑问。相当于"吗"。

汝亦知射乎？吾射不亦精乎？（欧阳修《卖油翁》）

（2）用于疑问句句尾，表揣测。相当于"吧"。

《兑命》曰："学学半。"其此之谓乎？（《虽有嘉肴》）

（3）用于反诘问句句尾，表反问。相当于"吗"。

日夜望将军至，岂敢反乎！（司马迁《鸿门宴》）

（4）用于感叹句句尾，表感叹语气。相当于"啊"。

士别三日，即更刮目相待，大兄何见事之晚乎！（《孙权劝学》）

2. 句中语气词

表示缓和语气或表示语气的停顿。

然后知吾向之未始游，游于是乎始。（柳宗元《始得西山宴游记》）

3. 介词，相当于"于"。

醉翁之意不在酒，在乎山水之间也。（欧阳修《醉翁亭记》）

（四）乃

1. 第二人称代词，作定语，相当于"你的"。

家祭无忘告乃翁。（陆游《示儿》）

2. 副词

（1）连接副词，表示发生时间相接，"才"义。

以衾拥覆，久而乃和。（宋濂《送东阳马生序》）

"孤常读书，自以为大有所益。"蒙乃始就学。（《孙权劝学》）

从此道至吾军，不过二十里耳。度我至军中，公乃入。（司马迁《鸿门宴》）

（2）连接副词，表示承接而发生，"就"义。

"将军约，军中不得驱驰。"于是天子乃按辔徐行。（司马迁《周亚夫军细柳》）

张良是时从沛公，项伯乃夜驰之沛公军。（司马迁《鸿门宴》）

（3）连接副词，表示转折关系，"却"义。

巫医乐师百工之人，君子不齿，今其智乃反不能及，其可怪也欤！（韩愈《师说》）

而彭祖乃今以久特闻，众人匹之，不亦悲乎？（《北冥有鱼》）

（4）语气副词，超出意料之外，"竟然"义。

问今是何世，乃不知有汉，无论魏晋。（陶渊明《桃花源记》）

3. 连词

（1）表示承接关系，"于是"义。

王曰："善。"乃下令："群臣吏民能面刺寡人之过者，受上赏。"（《邹忌讽齐王纳谏》）

（2）表示递进关系，"而且"义。

今尔出于崖涘，观于大海，乃知尔丑，尔将可与语大理矣。（《庄子·秋水》）

（五）其

1. 指示代词

（1）远指代词，"那"义。

每至于族，吾见其难为，怵然为戒，视为止，行为迟。(《庄子·庖丁解牛》)

复前行，欲穷其林。(陶渊明《桃花源记》)

(2) 远指代词，用于表示第三人称代词，作主语。"他"义。

或遇其叱咄，色愈恭，礼愈至。(宋濂《送东阳马生序》)

见其发矢十中八九，但微颔之。(欧阳修《卖油翁》)

(3) 远指代词，用于表示第三人称代词，作定语。"他的"义。

闻其声，不忍食其肉。是以君子远庖厨也。(《齐桓晋文之事》)

2. 语气副词

(1) 表示揣测语气，"大概"义。

寡人欲以五百里之地易安陵，安陵君其许寡人！(《唐雎不辱使命》)

天之苍苍，其正色邪？(《北冥有鱼》)

(2) 表示反诘语气，"难道"义。

以残年余力，曾不能毁山之一毛，其如土石何？(《愚公移山》)

呜呼！其真无马邪？(韩愈《马说》)

(六) 且

1. 副词

(1) 接近某数值，将要。

北山愚公者，年且九十，面山而居。(《愚公移山》)

(2) 接近发生某事件，将要。

先驱曰："天子且至！"(司马迁《周亚夫军细柳》)

不者，若属皆且为所虏。(司马迁《鸿门宴》)

(3) 连接副词，表示顺承关系，"就""那么"义。

固不如也。且为之奈何？(司马迁《鸿门宴》)

穷且益坚，不坠青云之志。(王勃《滕王阁序》)

(4) 连接副词，表示进一步说，"尚且"。

臣死且不避，卮酒安足辞！(司马迁《鸿门宴》)

古之圣人，其出人也远矣，犹且从师而问焉。(韩愈《师说》)

2. 连词

(1) 连接两个形容词或形容词性词组，约相当于"又……又……"。

盖余之勤且艰若此。(宋濂《送东阳马生序》)

(2) 表示并列关系，"而且"。

伯围郑，以其无礼于晋，且贰于楚也。(《烛之武退秦师》)

比及三年，可使有勇，且知方也。(《子路、曾皙、冉有、公西华侍坐》)

(3) 表示递进关系，"况且"。

且夫天地之间，物各有主，苟非吾之所有，虽一毫而莫取。(苏轼《赤壁赋》)

且燕赵处秦革灭殆尽之际，可谓智力孤危，战败而亡，诚不得已。(苏洵《六国论》)

(4) 表示让步关系，"纵然"。

且举世誉之而不加劝，举世非之而不加沮，定乎内外之分，辩乎荣辱之境，斯已矣。(《北冥有鱼》)

食不饱，力不足，才美不外见，且欲与常马等不可得，安求其能千里也？(韩愈《马说》)

(七) 若

1. 代词

(1) 第二人称代词，"你"。

君王为人不忍。若入前为寿，寿毕，请以剑舞。(司马迁《鸿门宴》)

(2) 这样，如此。

且夫天下非小弱也，雍州之地，崤函之固，自若也。(贾谊《过秦论》)

2. 副词

好像，疑似。

便得一山，山有小口，仿佛若有光。(陶渊明《桃花源记》)

3. 连词

表示假设关系，"如果"义。

国危矣，若使烛之武见秦君，师必退。(《烛之武退秦师》)

4. 话题标记，常常与"夫""至"连用。

若夫淫雨霏霏，连月不开，阴风怒号，浊浪排空。(范仲淹《岳阳楼记》)

至若春和景明，波澜不惊，上下天光，一碧万顷。(范仲淹《岳阳楼记》)

(八) 所

1. 辅助性代词

与动词相结合构成名词性结构。

故余虽愚，卒获有所闻。(宋濂《送东阳马生序》)

2. 助词

与表示被动的介词"为"配合使用，表示被动。

不者，若属皆且为所虏。（司马迁《鸿门宴》）

（九）为

1. 动词（wéi）

（1）作为。

生以乡人子谒余，撰长书以为贽。（宋濂《送东阳马生序》）

（2）表示判断。

如今人方为刀俎，我为鱼肉。（司马迁《鸿门宴》）

2. 介词（wéi），表示被动。

吾属今为之虏矣！（司马迁《鸿门宴》）

3. 语气词

用在句末，常与"何""奚"等相配合，表疑问或反诘。

何辞为？（司马迁《鸿门宴》）

奚以之九万里而南为？（《北冥有鱼》）

4. 介词（wèi）

（1）引进动作受益者，替，给。

旦日飨士卒，为击破沛公军！（司马迁《鸿门宴》）

谁为大王为此计者？（司马迁《鸿门宴》）

（2）引进动作朝向的对象。向，对着。

不足为外人道也。《桃花源记》

（3）引进动作行为目的，因此。

天子为动，改容式车。（司马迁《周亚夫军细柳》）

（4）引进动作行为原因，因为。

为宫室之美，妻妾之奉，所识穷乏者得我与？（《孟子·鱼我所欲也》）

（十）焉

1. 代词

相当于"之"。

俟其欣悦，则又请焉。（宋濂《送东阳马生序》）

2. 疑问代词

（1）用于疑问句。可以问事物，相当于"什么"，也可以问地方，相当于"哪里"。

且焉置土石？（《愚公移山》）

既东封郑，又欲肆其西封，若不阙秦，将焉取之？（《烛之武退秦师》）

(2) 用于反诘问句表反问，"怎能"义。

焉用亡郑以陪邻？邻之厚，君之薄也。（《烛之武退秦师》）

3. 兼词

相当于介词与代词组合体，相当于"于之"。

夫大国，难测也，惧有伏焉。（《曹刿论战》）

置杯焉则胶，水浅而舟大也。（《北冥有鱼》）

4. 句尾语气词

表示陈述语气。

寒暑易节，始一反焉。（《愚公移山》）

自此，冀之南，汉之阴，无陇断焉。（《愚公移山》）

（十一）也

1. 句尾语气词

表确定语气。

城北徐公，齐国之美丽者也。（《邹忌讽齐王纳谏》）

2. 句中语气词

表停顿。

夫专诸之刺王僚也，彗星袭月。（《唐雎不辱使命》）

登斯楼也，则有去国怀乡，忧谗畏讥。（范仲淹《岳阳楼记》）

且夫水之积也不厚，则其负大舟也无力。（《北冥有鱼》）

（十二）以

1. 介词

(1) 引进动作凭借的工具，"用""拿"义。

媵人持汤沃灌，以衾拥覆，久而乃和。（宋濂《送东阳马生序》）

夫君子之行，静以修身，俭以养德。①（诸葛亮《诫子书》）

(2) 引进处置对象，"把"义。

衣食所安，弗敢专也，必以分人。②（《曹刿论战》）

私见张良，具告以事，欲呼张良与俱去。（司马迁《鸿门宴》）

---

① 比较上面两句，介词"以"有两种句法位置，名词"衾"居后；抽象名词"静""俭"居前。
② 本句介词"以"的后面省略了代词"之"，指衣服食物等物资。

至军中，具以沛公言报项王。(司马迁《鸿门宴》)

(3) 引进施事者身份，"凭借某资格"义。

生以乡人子谒余。《送东阳马生序》

(4) 引进动作行为原因，"因为"义。

仲尼之徒无道桓文之事者，是以后世无传焉。(《齐桓晋文之事》)

以我酌油知之。(欧阳修《卖油翁》)

(5) 引进时间，"在"义。

怀帝阍而不见，奉宣室以何年？(王勃《滕王阁序》)

2. 连词

(1) 表示顺承关系，"然后"义。

德不处其厚，情不胜其欲，斯亦伐根以求木茂，塞源而欲流长也。(魏征《谏太宗十思疏》)

樊哙侧其盾以撞，卫士仆地。(司马迁《鸿门宴》)

(2) 表示目的关系，"以便于"义。

如其礼乐，以俟君子。(《子路、曾皙、冉有、公西华侍坐》)

军细柳，以备胡。(司马迁《周亚夫军细柳》)

(3) 表示并列关系，"而且"义。

越国以鄙远，君知其难也。(《烛之武退秦师》)

(十三) 因

1. 连接副词

表示顺承关系，"于是"义。

以是人多以书假余，余因得遍观群书。(宋濂《送东阳马生序》)

安陵君因使唐雎使于秦。(《唐雎不辱使命》)

项王即日因留沛公与饮。(司马迁《鸿门宴》)

2. 介词

(1) 引进凭借条件，"根据"义。

因人之力而敝之，不仁。(《烛之武退秦师》)

以至鸟兽、木石，罔不因势象形，各具情态。《核舟记》

(2) 引进有利时机，"趁机"义。

请以剑舞，因击沛公于坐。(司马迁《鸿门宴》)

3. 连词

(1) 因果连词，表示原因。

今年九月二十八日,因坐法华西亭,望西山,始指异之。(柳宗元《始得西山宴游记》)

(2) 因果连词,表示结果。

若民,则无恒产,因无恒心。(《齐桓晋文之事》)

(十四) 于

1. 介词,引进处所,"在""到"义。

能谤讥于市朝,闻寡人之耳者,受下赏。(《邹忌讽齐王纳谏》)

叩石垦壤,箕畚运于渤海之尾。(《愚公移山》)

2. 介词,引进时间,"在"义。

是干戚用于古,不用于今也。(《韩非子·五蠹》)

3. 介词,引进涉及对象,"向""对"义。

客之美我者,欲有求于我也。(《邹忌讽齐王纳谏》)

若亡郑而有益于君,敢以烦执事。(《烛之武退秦师》)

4. 介词,引进比较对象,"比"义。

四海亦谬称其氏名,况才之过于余者乎?(宋濂《送东阳马生序》)

皆以美于徐公。(《邹忌讽齐王纳谏》)

5. 介词,引进动作施事者,表示被动。

此非孟德之困于周郎者乎?(苏轼《赤壁赋》)

(十五) 与

1. yǔ

(1) 介词,引进共同施事者,"和""同"义。

与之论辩,言和而色夷。(宋濂《送东阳马生序》)

吾与汝毕力平险。(《愚公移山》)

(2) 介词,引进受益者,"替"义。

陈涉少时,尝与人佣耕。(《史记·陈涉世家》)

(3) 连词,表示并列关系,"和"义。

所以遣将守关者,备他盗之出入与非常也。(司马迁《鸿门宴》)

2. yú①

(1) 语气词,用于疑问句句尾,表示疑问语气,相当于"吗"。

---

① 如果写作"欤",则"与""欤"为两个不同的词;"与"两个不同的读音,也是两个不同的词,不过同形而已。

而君逆寡人者，轻寡人与？（《唐雎不辱使命》）
(2) 语气词，用于反诘问句，表示反问。
为宫室之美，妻妾之奉，所识穷乏者得我与？（《孟子·鱼我所欲也》）

（十六）则

1. 副词
(1) 时间副词，表示两件事之间时间短，"接着""就"义。
俟其欣悦，则又请焉。（宋濂《送东阳马生序》）
可以一战。战则请从。（《曹刿论战》）
(2) 范围副词，表示限定，"只是"义。
若民，则无恒产，因无恒心。（《齐桓晋文之事》）

2. 连词
(1) 表示顺承关系，"然后""于是"义。
项王曰："壮士，赐之卮酒。"则与斗卮酒。（司马迁《鸿门宴》）
(2) 表示转折关系，"然而""却"义。
烨然若神人；余则缊袍敝衣处其间，略无慕艳意。（宋濂《送东阳马生序》）
于其身也，则耻师焉，惑矣。（韩愈《师说》）
(3) 表示并列关系，"又"义。
其船背稍夷，则题名其上，文曰"天启壬戌秋日，虞山王毅叔远甫刻"。（魏学洢《核舟记》）
(4) 表示因果关系，"那么"义。
独学而无友，则孤陋而寡闻。（《虽有嘉肴》）
(5) 表示让步关系，"固然""本来"义。
至于怨诽之多，则固前知其如此也。（王安石《答司马谏议书》）

3. 语气词
句中表停顿，常用于单音节主语之后，也常常对举使用。
时则不至，而控于地而已矣。（《北冥有鱼》）
入则无法家拂士，出则无敌国外患者，国恒亡。（《生于忧患，死于安乐》）
秦以攻取之外，小则获邑，大则得城。（苏洵《六国论》）

（十七）者

1. 辅助性代词
(1) 用在形容词、动词、动词词组或主谓词组之后，组成"者"字结构，用以指代人、事、物。

五亩之宅，树之以桑，五十者可以衣帛矣。（《齐桓晋文之事》）

期年之后，虽欲言，无可进者。（《邹忌讽齐王纳谏》）

(2) 用在数词之后，指代上文所说的几种人或几件事物。

此七者，教之大伦也。（《虽有嘉肴》）

(3) 用在表时间的名词后面，表示时间。

卿今者才略，非复吴下阿蒙！（《孙权劝学》）

曩者霸上、棘门军，若儿戏耳，其将固可袭而虏也。（司马迁《周亚夫军细柳》）

2. 助词

(1) 用于判断句主语名词之后，表示停顿，帮助判断。

南冥者，天池也。（《北冥有鱼》）

此三子者，皆布衣之士也。（《唐雎不辱使命》）

(2) 用于因果复句前一分句句尾，表示因果关系。

吾妻之美我者，私我也。（《邹忌讽齐王纳谏》）

(3) 用于假设复句前一分句句尾，表示假设关系。

入则无法家拂士，出则无敌国外患者，国恒亡。（《生于忧患，死于安乐》）

(4) 话题标记，用于主语后，表示引起下文的评述。

北山愚公者，年且九十，面山而居。（《愚公移山》）

古之教者，家有塾，党有庠，乡有序，国有学。（《虽有嘉肴》）

3. 句尾语气词

(1) 用于陈述句句尾，表示确定。

满目萧然，感极而悲者矣。（范仲淹《岳阳楼记》）

(2) 用于反诘问句尾，加强反问。

安见方六七十如五六十而非邦也者？（《子路、曾皙、冉有、公西华侍坐》）

岂知余者哉！（宋濂《送东阳马生序》）

(3) 用于疑问句，有责难义。

谁为大王为此计者？（司马迁《鸿门宴》）

项王按剑而跽曰："客何为者？"（司马迁《鸿门宴》）

（十八）之

1. 指示词①

表示近指,"这"。

之二虫又何知。(《北冥有鱼》)

2. 第三人称代词

指代上文提到的人、事物、事件等,只作宾语。

为国以礼,其言不让,是故哂之。(《子路、曾皙、冉有、公西华侍坐》)

燕、赵、韩、魏闻之,皆朝于齐。(《邹忌讽齐王纳谏》)

3. 结构助词

(1) 用在动词和它的宾语之间,作为宾语提前的标志。

孔子云：何陋之有？(刘禹锡《陋室铭》)

(2) 用在定语和中心词之间,表修饰关系,可译为"的"。

城北徐公,齐国之美丽者也。(《邹忌讽齐王纳谏》)

(3) 用在中心词和补语之间,表示补语与中心词之间的偏正关系,可译为"那么"。

大兄何见事之晚乎！(《孙权劝学》)

(4) 用在主谓结构之间,使一个主谓结构变成一个偏正结构,作句子成分。

不必若余之手录,假诸人而后见也。(宋濂《送东阳马生序》)(余之手录,作"若"的宾语)

吾妻之美我者,私我也。(《邹忌讽齐王纳谏》)(吾妻之美我,作判断句的主语)

(5) 衬托音节。又称为"衬音助词"。

称善者久之。(司马迁《周亚夫军细柳》)

## 三、根据结构判定虚词意义

汉语的语法意义主要体现于虚词之中,而每个虚词都有比较多的用法,如何在语境中迅速确定该虚词用法,是语文教师要下功夫学习的地方。最关键的问题是教师要有很强的语言结构意识,不同的句法结构其实就限定了虚词的意义。同时教师还要有句子结构层次意识,有些虚词可能首先与其他成分组合,然后与另外的成分再次组合,因此判断虚词意义时,需要照顾句子其他成分。

如"与"可以作动词,可以作介词。动词可以携带名词作宾语；介词后面

---

① 指示词与指示代词的区别是,指示词只能作定语,指示代词可以作主语。

跟名词或代词形成介宾结构共同作句子成分。辨析下面两句：

则与一生彘肩。(司马迁《鸿门宴》)

臣请入，与之同命。(司马迁《鸿门宴》)

第一句，"与"是动词，后面"一生彘肩"是一个数量结构，核心名词"彘肩"作"与"的宾语。第二句，动词词组"同命"作谓语，"与之"作其状语，"与"是介词。

再如"以"可以作介词，可以作连词。介词后面跟名词组合；连词后面跟动词以及动词词组组合。但"以"后面直接跟动词或动词词组，并不能确定其连词属性，只有"以"后面不能补足代词"之"的句子，才可以定性为连词。辨析下面两句：

家贫，无从致书以观。(宋濂《送东阳马生序》)

何以战？(《曹刿论战》)

第一句，"以"是连词，表顺承关系；第二句"以"是介词，介词"以"的宾语疑问代词"何"提前到了介词之前。

再如"之"作为结构助词，可以见于中心词与定语之间；也可以用于提宾标记；还可见于主谓结构之间，使一个主谓结构变成偏正结构作句子成分。要确定"之"是哪一种用法，必须理解"之"所在的结构，辨析下面四句：

臣之所好者，道也。(《庖丁解牛》)

此非孟德之困于周郎者乎？(苏轼《赤壁赋》)

何陋之有？(刘禹锡《陋室铭》)

宜乎百姓之谓我爱也。(《齐桓晋文之事》)

第一句，"之"用于定中结构之间，因为"所"作为辅助性代词，用在形容词"好"的前面，组成名词性结构，前面的"臣"起修饰限制作用。"臣之所好"作为一个定中结构，具有名词功能，附带助词"者"构成"者……也"判断句，整句话的谓语是"道"。

第二句，"困于周郎"是一个被动结构，与辅助性代词"者"连用，组成名词性结构，表示"……的地方"，这个名词性结构作中心词。前面"孟德"修饰它。因此"之"就处于定语和中心词之间，也就是"之"用于定中结构之中。

第三句，"之"是提宾标记，它自身不占有句法位置，只是表明它的前面是宾语，后面是谓语。句子正常的顺序是"有何陋"。

第四句，"之"用于主谓结构"百姓谓我爱"之间，使这个主谓结构变成偏正结构作句子主语，整个句子的谓语是"宜"。

**四、古代汉语常见句式**

前面我们论述了古代汉语常见的词类、虚词，这里再补充一些常用句式知识。因为汉语承担语法意义的主要是虚词，因此句式也可以通过虚词教学得以实现。但这样做的坏处是句式将被拆分在很多地方，无法清晰认识古代汉语句子构造规则。

（一）宾语前置

1. 有形式标志的宾语前置①

（1）疑问句中疑问代词宾语前置

需要的语法条件：第一，整句话是疑问句，有"何""谁""奚""安"等疑问代词；第二，宾语是疑问代词。如：

彼且奚适也？（《北冥有鱼》）

沛公安在？（司马迁《鸿门宴》）

（2）否定句中代词宾词前置

需要的语法条件：第一，全句必须是否定句，有否定副词"非""不""弗""毋""勿""未"等，或者有否定性的无定代词"莫"。第二，宾语必须是代词（"之"等）。如：

三岁贯女，莫我肯顾。（《诗经·魏风·硕鼠》）

忌不自信。（《邹忌讽齐王纳谏》）

（3）结构助词"是""之"为提宾标记②

夫晋，何厌之有？（《烛之武退秦师》）

将虢是灭，何爱于虞？（左传·僖公五年）

（4）介词宾语前置

微斯人，吾谁与归？（范仲淹《岳阳楼记》）

2. 无形式标记的宾语前置

为了强调宾语，有时也可以直接将宾语移至谓语中心语之前。如：

维叶莫莫，是刈是濩。（《诗经·周南·葛覃》）

昭王南征而不复，寡人是问。（《左传·齐桓公伐楚》）

第一句宾语前置，是为了诗歌押韵；第二句宾语前置，是为了强调所责问

---

① 所谓有形式标志，就是一看到这些虚词，就可以确定其句式。
② 这类句子里助词"是""之"不占据句法位置，这两个词还有代词用法，占据句法位置，作句子成分，如"是鸟也，海运则将徙于南冥。"代词"是"作"鸟"的定语。

的事情。

(二) 判断句

判断句的主语和谓语都是名词或指称词。吕叔湘认为"其作用，一是解释事物的涵义，二是申辨事物的是非。"①

1. 语气词"惟"的强调作用形成的判断句

我马维骐。(《诗经·小雅·皇皇者华》)

2. 语气词"也"的确认作用形成的判断句

(1) "X, Y 也"式

南阳刘子骥，高尚士也。(陶渊明《桃花源记》)

(2) "X 者, Y 也"式

楚左尹项伯者，项羽季父也。(司马迁《鸿门宴》)

(3) "X 者, Y"式

虎者，戾虫。(《战国策·秦策二》)

(4) "X, Y"式

刘备，天下枭雄。(《资治通鉴》卷六十五)

3. 动词"为"判断句

先秦"为"字都是动词，不是真正的系词，因为这个动词词义很丰富，因此在判断句中显示判断义。

如今人方为刀俎，我为鱼肉。(司马迁《鸿门宴》)

4. 副词"乃""即"确定语气的判断句

吾乃梁人。(《战国策·赵策》)

梁父即楚将项燕，为秦将王翦所戮者也。(《史记·项羽本纪》)

5. 系词"是"判断句②

问其姓氏，是金陵人。(张岱《湖心亭看雪》)

(三) 被动句

被动句是和主动句相对而言的，两者都是就主语和谓语动词的关系说的。主动句的主语是谓语动词所表示的动作的发出者，是施事；被动句的主语是动作行为的受事者，是受事。

---

① 吕叔湘. 中国文法要略 [M]. 北京：商务印书馆，1956：61.
② 上古汉语"是"以代词为常见，战国至秦汉才形成"是"字判断句。一般认为《史记》已有"是"字判断句，如"此必是豫让也。"

1. 有形式标记的被动句

(1)"于"字句

此非孟德之困于周郎者乎？（苏轼《赤壁赋》）

(2)"为"字句

吾属今为之虏矣！（司马迁《鸿门宴》）

(3)"为……所"式

不者，若属皆且为所虏。（司马迁《鸿门宴》）

(4)"见"字句

信而见疑，忠而被谤。（《史记·屈原列传》）

(5)"见……于"式

吾长见笑于大方之家。（《庄子·秋水》）

(6)"被"字句

臣被尚书召问。（蔡邕《被收时表》）

2. 无形式标记的被动句

屈原既绌。（屈原已经被贬斥）（《史记·屈原列传》）

跟实词教学一样，教师应限定每堂课重点讲解的文言虚词、文言句法，为了方便学生理解文本中该虚词的用法，也不应介绍非文本以外的意义，但可以复习以往接触过的该虚词的语法意义。

语文教师要有古代汉语常用语法知识修养，这些知识只能从理解语言结构上获得，无法像实词一样，从词典里获取。正因为其难，文言语法也成为鉴定中学语文教师执教水平高低的试金石。

对于小学段教师来说，语法知识主要帮助他们引导学生正确诵读文言文。首先，教师要非常注意文言虚词在停顿上的价值，因为中国古文没有标点，主要依靠虚词表示出句子之间词语关系以及句子本身的界限。其次，注意停顿要显示句子语法结构关系，以便于学生通过停顿领悟句子意义。例如《司马光》这篇小短文：

"群儿/游于庭"，主谓之间停顿，表示什么人发生了什么事。

"众/皆/弃去"，范围副词独立停顿，是为了显示下文写司马光的勇敢，他敢于在大家都慌乱的情况下，急中生智救出玩伴，说明他性格沉稳，超过普通儿童。

"光/持石击瓮/破之"，主谓之间停顿，表示什么人发生什么事；谓语结构与动作结果之间停顿"持石击瓮/破之"，表示动作造成了什么结果，"破之"这类使动用法现今普通话没有，依靠动补结构表达动作与结果关系，这句话译为现代汉语就是：司马光拿起石头砸向大瓮，打破了大瓮。

# 第七章

# 实用文体解读

## 第一节 一般说明文类型及介绍顺序

说明文解读的核心问题是：这篇文章要说明什么事物，给出了这个事物的什么特征，按照什么顺序说明的。比如四年级上册第六课课后练习有这么一段说明文：

> 马铃薯和藕不是植物的根，而是茎。它们躲在泥土里变了模样，你不要把它们认错了。这种变了样的茎，有一个总的名称，叫作变态茎。
> 变态茎分好几种。马铃薯和洋姜长得肥肥胖胖，叫作块茎；荸荠、慈姑和芋头长得圆头圆脑，叫作球茎；洋葱和大蒜头，长得一瓣一瓣的，好像鳞片一样，叫作鳞茎；藕和马铃薯长得像根一样，就叫作根状茎。

教师应向学生提问两个关键性问题：第一，文章说了几种变态茎；第二，每一种变态茎有什么特点。只有经过这样的训练，学生才能逐步理解科技类说明文，教师才能激发学生对科学知识的兴趣。本节介绍专业程度不是很强的一般说明文的解读方法。

**一、建筑类**

部编教材提出根据介绍内容不同，对建筑物的介绍顺序可以采用不同说明顺序，如果介绍建筑物的结构和布局，可以采取空间顺序；如果介绍建筑物的历史变迁，应该采用时间顺序；如果介绍该建筑物的某个特点及成因，应该采用逻辑顺序。那么逻辑顺序有哪些种类呢？一般包括以下几类：因果推理逻辑，即从某现象发展到另一现象符合因果关系定律。事理认知逻辑，即人们认识事物总是遵循一定顺序：从一般到特殊，从整体到部分，从主要部分到次要部分，从现象到本质。

（一）整体到部分说明顺序

苏州园林是私家园林，不算公共建筑，但《苏州园林》这篇文章并不是单独写某一个园林，而是将这些私家建筑当作一类建筑介绍给读者。文章采用了总—分—总结构模式。

第一段总写"苏州园林是我国各地园林的标本"。接下来的一小节解释上一段，还是总体写苏州园林特点，"讲究亭台轩榭的布局，讲究假山池沼的配合，讲究花草树木的映衬，讲究近景远景的层次。"以便于"使游览者无论站在哪个点上，眼前总是一幅完美的图画"。

接下来是文章的主体部分，第一个小层次也是总写苏州园林特点，"园林是美术画，美术画要求自然之趣，是不讲究对称的。"

第二个小层次写假山、池沼之美。假山形态特点，"或者是重峦叠嶂，或者是几座小山配合着竹子花木。"池沼形态特点：（1）水面假如成河道模样，往往安排桥梁。（2）池沼或河道的边沿很少砌齐整的石岸，总是高低屈曲任其自然。（3）装饰成分：几块玲珑的石头，或者种些花草。（4）池沼之中，"养着金鱼或各色鲤鱼，夏秋季节荷花或睡莲开放。"

第三个层次写树木修剪之美。树木形态特点：（1）高树与低树俯仰生姿。落叶树与常绿树相间，花时不同的多种花树相间。（2）装饰成分，几个园里有古老的藤萝，盘曲嶙峋的枝干。

第四个层次写花墙和廊子之美。（1）其功能使景色有层次，"有墙壁隔着，有廊子界着，层次多了，景致就见得深了。"（2）花墙和廊子形态特点："墙壁上有砖砌的各式镂空图案，廊子大多是两边无所依傍的，实际是隔而不隔，界而未界，因而更增加了景致的深度。"

第五个层次写局部细节之美。如（1）阶砌旁边栽几丛书带草；（2）墙上蔓延着爬山虎或者蔷薇木香；（3）开窗对着的墙壁，补上几竿竹子或几棵芭蕉。

第六个层次写园林细节最精美的地方。"门和窗，图案设计和雕镂琢磨功夫都是工艺美术的上品。"

第七个层次写颜色匹配之美，苏州园林的主色调是灰白色，目的是便于映衬花草的绿色和红色。主要特点：（1）梁和柱子以及门窗栏杆大多漆广漆，不刺眼;(2)墙壁白色;(3)室内墙壁下半截的水磨方砖,淡灰色;(4)屋瓦和檐漏一律淡灰色。

这些介绍首先从大处起笔,分类介绍,假山、池沼、树木、花墙、廊子;然后进入园林细节部分介绍,如局部的布置,门窗雕刻,颜色匹配等。

最后一段是文章结语。显示意犹未尽之意,"可以说的当然不止以上这些。"

(二) 一般到个别说明顺序

石拱桥是中国桥梁中的一类。《中国石拱桥》这篇文章选取典型石拱桥赵州桥和卢沟桥介绍给读者,文章采取了点面结合的介绍方法,即一般到个别的顺序。

第一段是从面上总写石拱桥最鲜明的特点:(1)桥洞呈拱形;(2)在世界桥梁史上出现比较早。

第二段选取两座有代表性的石拱桥重点介绍。第一层是一个总括性的介绍,写中国石拱桥历史悠久,有文献记载的最早的石拱桥是公元282年建成的"旅人桥"。有些是杰出的作品如赵州桥、卢沟桥。

第二层先介绍赵州桥,这座桥的特点:(1)世界上最长的石拱;大拱上面的道路没有陡坡,便于车马上下。(2)大拱的两肩上,各有两个小拱。这样设计的优点:节约了石料,减轻了桥身的重量。(3)大拱由28道拱圈拼成,每道拱圈都能独立支撑上面的重量。(4)全桥结构匀称,和四周景色配合得十分和谐。"高度的技术水平和不朽的艺术价值,充分显示出了我国劳动人民的智慧和力量。"

第三层介绍卢沟桥,主要介绍了这座桥的:(1)修造时间,公元1189到1192年间。(2)桥长度及宽度,"桥长265米,由11个半圆形的石拱组成,每个石拱长度不一,自16米到21.6米。""桥宽约8米……每两个石拱之间有石砌桥墩,把11个石拱联成一个整体。"(3)桥十分坚固,"永定河发水时,来势很猛,以前两岸河堤常被冲毁,但是这座桥却极少出事。"(4)桥梁装饰精美,柱头上的石狮子雕刻神态各异。(5)与卢沟桥有关的历史人物和历史事件,显示卢沟桥悠久的历史。

第四层写中国石拱桥为什么取得光辉的成就:第一,在于我国劳动人民的勤劳和智慧。第二,石拱桥的设计有优良传统,用料省,结构巧,强度高。第三,我国富有建筑用的各种石料,便于就地取材。

最后一段是文章结语,中国人民继续发挥聪明才智,在中华人民共和国成立以后,造了大量的钢筋混凝土拱桥,还创造了世界上的"双曲拱桥",书写了新的桥梁史。

这两篇文章显示，我们介绍建筑物还可以摆脱建筑物个体特征，而将建筑物作为一个整体介绍给读者。这样的话，就要尽量取其总体特征，选取说明顺序的时候，可以由整体到部分，这个部分可以是建筑物的细节结构，如《苏州园林》，也可以是建筑物的典型代表，如《中国石拱桥》。

**二、生物类**

介绍生物给读者，要熟悉这种生物的生理特点、生活习性，甚至还有它的药物等各方面的实用价值。也可以在文中寄予作者的人文关怀，《蝉》和《大雁归来》就是这类说明文，它们介于实用文与文学文体之间。

（一）《蝉》

该文是一篇介绍小生物的说明文。文章由两个大标题"蝉的地穴""蝉的卵"分成两大部分。

第一部分可以分为三段。第一段（1节），开篇说"蝉是我的邻居"，将作者对蝉的喜爱之情带进了文章。

第二段写"蝉的地穴"，这是第一部分的主体段落，分两层。第一层（2-3节）写蝉地穴外观形态。第2节交代蝉用掘土工具从洞穴里出来。第3节写洞穴圆孔形态特点，周围一点儿土也没有，跟其他掘土昆虫如金蜣很不一样。这一节是一个过渡段，承接上文且引起下文，深入蝉的隧道观察，其形态特点是"深十五六寸，下面较宽大，底部却完全关闭起来。"一个疑问句，"做隧道的时候，泥土搬到哪里去了呢？"引发读者兴趣，也引起下文第二层（4-7节）写蝉造地穴的过程。蝉做洞穴的方法可以归纳为以下要点：（1）用身体支撑隧道；（2）洞穴开在植物根须上；（3）身体有粘液，这些粘液来源于植物根须；（4）它掘土的时候，将汁液喷洒在泥土上，使泥土成为泥浆；（5）幼虫再用它肥重的身体压上去，使烂泥挤进干土的罅隙；（6）在隧道的墙上涂上灰泥，涂墁得很坚固；（7）隧道顶上留一层一指厚的土，利用顶上的这薄盖去考察气候的情况，准备在晴好的天气爬出洞穴；（8）工作好几个星期，甚至几个月。

第三段（8-10节）写蝉脱壳变色的过程。按照脱壳的时间顺序说明，重点介绍尾部如何从壳里脱离出来。

第二部分可以分三段。第一段（1-6节）写蝉辛苦产卵却不能规避天敌蚋的攻击。第一段分为三层。第一层（1节）写蝉产卵的环境，"差不多枯死的小枝。"第二层（2节）介绍产卵器官，介绍内容包括：（1）胸部的尖利工具；

(2) 刺出一排小孔，大约三四十个；(3) 一个小孔里约生十个卵。第三层（3-6节）写蝉卵的天敌蚋，介绍内容包括：(1) 它有穿刺工具，伸出来与身体成直角；(2) 在蝉卵上刺一个孔，把自己的卵放进去；(3) 这种成熟的蚋的幼虫，以蝉卵为食。第六节作者评论，表达对蝉的怜悯之情。

第二段写蝉卵孵化，介绍内容包括：(1) 像极小的鱼；(2) 身体下面有鳍状物；(3) 鳍状物有运动力，帮助幼虫走出壳外；(4) 鱼形幼虫到孔外；(5) 皮即可脱去，脱下的皮形成一种线；(6) 幼虫靠线附着在树枝上；(7) 在空气中幼虫身体变坚强；(8) 落在地上；(9) 寻找软土，用前足的钩扒掘地面，将泥土掘出来，抛在地面；(10) 隐藏于土穴中长达四年。

最后一节是第三段也是全文的结语，照应开头，虽然蝉聒噪，我却喜欢它，因为"四年黑暗中的苦工，一个月阳光下的享乐，这就是蝉的生活"。

整篇文章来说，说明顺序按照时间顺序：从蝉的幼虫—脱壳成虫—虫卵—孵化—幼虫入土几个环节分别介绍。但有部分细节如蝉如何挖洞穴依据事理逻辑顺序介绍。

《蝉》寄托了作者对这种小生物的深情，《大雁归来》也是一篇有人文关怀的说明文。

（二）《大雁归来》

这篇文章也是按照时间顺序观察大雁习性，并寄予作者的爱鸟情怀，表达了个人的生态伦理理念。

文章分为三段，第一段写大雁遵循规律走直线迁徙路线。分三层：第一层（1节）先从雁群预告春天起笔；第二层（2节）写雁群飞行遵循规律；第三层（3节）写它们行进路线笔直，在玉米田里捡拾玉米粒充饥，但要警惕狩猎者。

第二段写三月份至五月份是大雁集体迁徙的高峰期。第一层（4-8节）写三月份对雁群的观察。4-6节写雁群从一群发展到很多群。7-8节写因为雁群是家庭聚合体，孤雁均是丧失亲人的幸存者。

第二层（9节）写四月份的观察，这时候雁群最多，作者抓住声音描述它们的集会：(1) 拍打翅膀的声音；(2) 划动蹼的声音；(3) 观战者的呼叫声；(4) 辩论者的申诉。

第三层（10节）写五月份雁群减少。

第三段（11-13节）写大雁具有联合协作精神，它们迁徙路线广布世界，为世界带来诗意。

从严格意义上，本文不是一篇典型的说明文。因为除了说明性语言，还有大量的抒情、描写语言。比如第一段的最后一句，"大雁知道，从黎明到夜幕降临，在每个沼泽地和池塘边，都有瞄准它们的猎枪。"这类拟人手法的描写语言引发读者为大雁担忧的心情。

第二段写第一群雁群到达湖边也使用了拟人手法，"它们顺着弯曲的河流拐来拐去，穿过现在已经没有猎枪的狩猎点和小洲，向每个沙滩低语着，如同向久别的朋友低语一样。它们低低地在沼泽和草地上空曲折地穿行着，向每个刚刚融化的水洼和池塘问好。"写它们觅食回来，"那接着而来的低语，是它们在论述食物的价值。"

第二段写雁群聚集，"有观战者们激烈的辩论所发出的呼叫声。随后，一个深沉的声音算是最后发言，喧闹声也渐渐低沉下去，只能听到一些模糊的稀疏的谈论。"这些描写都已经将大雁人格化。

作者还运用对比反衬手法说明雁群是天生懂得联合协作的团队，国际社会中常常有战争，即便是"开罗会议"这样的联合会议也不符合一般人预期。

这些饱含文学意味的语言和文学表现手法，鲜明地隐含了作者的观点：要推进生态伦理理念，给予雁群更多生存空间。

### 三、地理类

介绍地理给读者，一般需要介绍地理方位、物产、人文风光等内容。也可以借助其他证据推测古代地理。

#### （一）阿西莫夫短文

《恐龙无处不在》《被压扁的沙子》是两篇借助恐龙化石推测古代地理状况的说明文。

《恐龙无处不在》根据南极分布的恐龙化石，支持地球板块漂移说。文章分为三段。第一段（1-4节）说明鸟臀目恐龙化石在南极被发现意义非凡。第一层（1-2节）起笔写南极发现了鸟臀目恐龙化石；第二层（3节）承接前两节推论，说明恐龙遍布世界各大洲；第三层（4节）引出全文最关心的话题，出现在南极的恐龙化石，意味着史前地理跟今天大有不同。

第二段（5-14节），是文章的主体部分。分三层，第一层（5-6节），5节是一个过渡段，"恐龙不可能在每一块大陆上独立生存，那么它们是如何越过大洋到另一个大陆上去的呢？"这一问句带出来读者的兴趣。在文章结构上起了承上启下的作用。6节提出问题的答案是"大陆在漂移而不是恐龙自己在迁移"。第二层（7-11节）大陆分化说和恐龙出现。7节阐述"泛大陆"概念，以便于理解南极如何有恐龙化石的。8节阐述地球出现过多次"泛大陆"和分裂过程。"最后一次完整的泛大陆大约是在2.25亿年前形成的。"9节阐述恐龙在最后一次"泛大陆"分裂之前出现。10-11节阐述"泛大陆"先分裂为四部分,然后形成世界七大陆地。① 第三层（12-14节）12节阐述分离之后的大陆,恐龙大灭绝。13节阐述南极气候演变,"大约经历了一亿年,气候逐渐变冷。"② 14节阐述南极最后变成了全球的大冰箱,冰层非常厚。

最后一节是文章结语部分。南极恐龙化石支持地壳逐步漂移运动形成今天的世界大陆。

《被压扁的沙子》根据斯石英出现的地层岩石年龄6500万年,这个时间也是地球上恐龙灭绝的时间,推断恐龙消失的原因是撞击。文章分为三段。第一段（1-4节）,写关于恐龙灭绝有两类观点。分三层：第一层（1-2节）,写6500万年前形成的沉积物薄层中发现了稀有金属铱,引发人们猜测小行星撞击地球,从而引发了恐龙大灭绝。第二层（3节）,有人认为是火山喷发造成了恐龙大灭绝。第三层（4节）是承接前面两个层次的总结,关于恐龙灭绝存在两种对立的理论,即"撞击说"和"火山说"。

第二段（5-13节）是文章的主体部分,分四层。第一层（5节）,承接上文说,科学家正在找证据来验证这两种假说。第二层（6-9节）,谈斯石英的特性,"在850C°的温度下把斯石英加热30分钟,它将变为普通的沙子。"在普通条件下,斯石英分解为沙子,跟金刚石分解为碳一样,需要经历数百万年。第三层（10节）,起承上启下的作用,"斯石英可以在实验室里制造,也出现在自然界之中。"第四层（11-13节）,谈斯石英出现的地方经过撞击,而且没有发生过火山活动。11节谈在两类地区发现斯石英：（1）受到巨大陨石撞击的地区；（2）原子弹爆炸实验场。12节谈火山喷发地区没有发现斯石英。13节是承接前两节得到的结论,"斯石英出现的地方肯定发生过撞击,而且肯定没有发生过火山活动。"

第三段（14-16节）,写科学家在6500万年的岩层中发现了斯石英,这种

---

① 这个过程科学家描述得比较简单,为什么是这个演化次序而非其他,就应该给出更充分的证据,比如说根据不同种类的恐龙出现在地球上的时间推断。也就是说"泛大陆"分裂演化成今天世界版图的过程,应给出充分依据。
② 南极气候逐步变冷的过程也需要给出证据,比如拿南极出现于不同时期的化石做证据。这篇文章提供的地壳形成理论不够完备,不免留下很多疑点。如果学生有质疑精神,应该大胆鼓励他们寻找可以推翻此文观点的证据或者支持此文观点的证据。而不是要求学生全面相信。

沙子有自己的原子排列式。证明：恐龙灭绝不是火山活动，而应该是撞击。

这两篇文章采用了因果逻辑顺序说明方法，介绍根据现象推断出来的地壳运动规律。

## （二）《时间的脚印》

《时间的脚印》是一篇利用岩石推测地理历史信息的说明文。按照岩石能记录时间，岩石如何记录时间，岩石能记录哪些古代地理痕迹，利用岩石寻找宝藏，分为四部分。

第一段（1-3节）写岩石能记录时间，文章起笔从时间谈起，然后谈现代社会记录时间的方法，在这些铺垫基础上，提出史前时期依靠岩石记录时间，"每一厘米厚的岩层便代表着几十年到上百年的时间。"

第二段（4-21节）写岩石如何记下时间。第一层（4节）以北京铜壶滴漏计时为铺垫，为下文转入谈岩石如何记录时间做准备。第二层（5节）"岩石是怎样记下时间的呢？"是一个过渡段，引起下文。第三层（6-18节）写岩石生成的过程。第四层（19-21节）写岩层平铺记录时间。

第三段（22-30节）写岩石还记录了很多历史痕迹。第一层（22节）一个过渡句总领起下文。第二层（23-25节）从砾岩导入写岩石上记载了地壳运动，如（1）颜色不同说明形式时气候有差异；（2）有光滑擦痕，说明当时有冰河。第三层（26-28节）写化石可以显示地球历史发展过程，如（1）三叶虫化石，距今大约六亿多年前到五亿多年前的那个叫作"寒武纪"的时代。（2）高大树木的化石，带有"石炭纪"时代的特征。（3）"象"和"犀牛"化石，代表"第四纪"冰河时期。第四层（29节）写地球上转瞬即逝的活动在石头上也留下了痕迹。第五层（30节）是第三段的结束语，写岩石记录的时间信息比所写的丰富多了。

第四段（31节）写利用岩石可以寻找宝藏。

这篇说明文也是按照认知逻辑顺序从现象到本质的顺序写作。

文章结构上的严谨性也是本文的特点：作者非常注意写作上的铺垫，如以铜壶滴漏做铺垫，引起讨论岩石如何记录时间。注意文章各段落之间衔接，如第二段和第三段之中都有过渡性段落。层次之间还注意首尾呼应，如文章第三段首句和末尾一节就是如此。

## 四、文物类

介绍文物给读者，要说明这个文物产生的时代背景，达到的工艺水平，所代表的经济文化发展水平，整体形象结构介绍，还要评价文物对认识中国或世界历史的价值。

《梦回繁华》是一篇介绍北宋著名绘画作品《清明上河图》的说明文，按照绘画的空间顺序展开介绍。

第一段前两节介绍《清明上河图》产生的时代背景、作者张择端，绘画表达的思想意义。北宋时期，商品经济发达，《清明上河图》描绘了那时候的城市风光。张择端是一位善于画城市舟车的画家，这幅画寄托了南渡的北宋民众"回首故土，梦回繁华"的情感。

第三、四节是第二段也是文章的主体部分，分段介绍《清明上河图》绘画内容。第三节先从总体上介绍，以音乐节奏快慢比喻整幅绘画的内容有紧张有舒缓，变化无穷，"由慢板、柔板逐渐进入快板、紧板，转而进入尾声，留下无尽的回味。"

第四节分三部分按照绘画空间顺序介绍《清明上河图》。"画面开卷处"用了五句话介绍，首句总说"汴京近郊的风光"，第二句写田间小路上的城内送炭的毛驴驮队；第三句写进入大道的岔道上众多仆从簇拥的轿乘队伍；第四句写近处小路上长途跋涉的行旅；第五句为画面是为调和浓密的人物布局插入的早春风景。

"画面中段"用了八句话介绍。采用了点面结合的介绍方法，结构上使用总—分—总模式。首句总说"汴河两岸的繁华情景"；第二句写交通枢纽汴河；第三句写巨大漕船上的繁忙景象；第四句为画面调和浓密的人物布局插入的汴河拱桥景色；第五句写拱桥两端的繁华街市；第六、七句是一个特写，细致刻画了一艘准备驶过拱桥的巨大漕船，船夫们及桥上接应者之间紧张工作的情景；第八句作结"这紧张的一幕成为全画的一个高潮"。

"后段"用了五句话介绍。首句总写"后段描写汴梁市区的街道"；第二句写城楼两侧街道上店铺林立；第三句写店铺经营物品各异；第四句写服务行业发达；第五句写街上往来各阶层各行业人群络绎不绝。

最后一段总束全文，分三层。第一层写《清明上河图》人物描写技法灵活。第二层写《清明上河图》刻画的城市繁华景象与文献《东京梦华录》一致。第三层写这幅画真实地反映了当时的社会生活状况，成为12世纪中国城市生活的形象资料。

这篇文章全文使用了总—分—总的结构模式。描写画面中段部分也使用了总—分—总结构模式。

#### 五、自然现象类

介绍自然现象给读者，一般要说明这种自然现象是什么，即描述该自然现象；然后说明造成这种自然现象的原因是什么；最后说明当这种自然现象发生时如何规避不利影响等。这种顺序符合人们对事物的认知规律。因此这类说明文按照事理逻辑顺序说明事物。

《大自然的语言》是一篇利用自然现象预测农业生产的说明文。文章按照认知逻辑顺序说明：先写什么是物候学；次写影响物候的因素有哪些；最后写物候学有何功用。

第一段（1-5节），关于什么是物候学，作者用了两个小节铺垫。第一节先写四季的物候现象，第二节又从日常农耕生活中解释播种与自然界物候的关系。在第三节才正式提出物候学这个概念。这是科普文章充分尊重读者的表现，学者要使一般读者了解科学界的研究，要先从普通群众的经验世界解释起。

接着用两小节解释物候学研究什么，有什么重要意义。

第二段（6节），第六节一个过渡句"物候现象的来临决定于哪些因素呢"，开启下文，说明纬度、经度、海拔三种因素对物候都有影响。

最后两节收束全文，再次强调物候学的功用，包括：（1）预报农时；（2）安排农作物的区划；（3）确定造林日期；（4）确定采集树木种子日期；（5）引进植物到物候条件相同的地区；（6）便于安排山区农业发展。从而再次强调研究物候学的意义。

无论是建筑类、生物类、地理类、文物类，还是自然现象类事物，介绍顺序仍然是以逻辑顺序为多，即说明文的写作必须遵循人们认识事物的认知顺序。

## 第二节　知识小品文及写作顺序

任何学术研究都要遵循一定的学术规范，在相关学术体系框架内讨论问题，这些框架包括相关专业领域全体专家共同遵循的概念、理论、研究范式等。学术论文的特点是：术语多，专业性强。这是现代学科发展的必然要求。但任何学术都可以传达给普通大众，使大众了解相关领域的研究观点及有价值的思想，这是学者为提高全社会大众文化素养所做的善行之举，值得大力提倡。这类文章可以称为知识小品文。相比较一般说明文而言，有更高的学术思想含量，而相对于严谨型学术论文，则尽量不出现专业术语。一般来说，在一般型说明文和知识小品文之间没有明确的界限,只是根据专业知识复杂程度而作的区分。

**一、观点阐释类**

(一) 生物学

以《自然选择的证明》[①] 为例,所选部分可以分成两段:第一段(1-2节)相信自然选择导致物种变异,并形成变种、亚种、物种的连续统。没有什么力量能阻止物种变异。第二段(3-14节)多种证据证明特创论站不住脚。共分为六层。第一层(3节)特创论不能解释变种如此普遍,并且"大属内亲缘关系密切的物种显然在分布上有明显的限制"。第二层(4节)地球上生存空间有限,只有极少数大纲在竞争中自始至终占据着优势,而其中所有的生物类型都可以排列成许多大小不一的次一级生物群。特创论不能解释这一点。第三层(5节)自然界没有重大变革,只有变异普遍存在,也就是说"自然界没有飞跃"是一条普遍法则。特创论也不能解释这一点。第四层(6-8节)变异物种努力适应那些自然界中未被占据或尚未占尽的地盘。变异使自然界充满了美,但不可否认自然界没有完美。第五层(9-10节)同一纲中不同动物的许多本能相差不多,且以循序渐进的方式存在。杂交种,更酷似他们的父母。特创论不能解释这一点。第六层(11-14节)世界生物普遍联系:已经灭绝的和现存的生物物种依靠世系相互联系;两个地区自然条件相同,生物分布也呈现平行状态。如果生物不迁徙,相隔绝的两个地区即便有相同的自然条件,物种差异也将加大。各个地区的生物,必然与其最邻近的迁徙源区的生物有关。特创论不能解释这一点。本文按照人们认知顺序写作,从简单到复杂进行论证:从一个物种的变异,扩展到诸多物种的世系关系,进而到生物之间的普遍联系性。

(二) 天文学

以《宇宙的边疆》为例,为了让读者理解宇宙广袤无垠,从已知宇宙的中心80亿光年的空间介绍起,逐渐向银河系、向地球靠近。整个介绍顺序按照空间位置由远及近展开。

第一段(1-4节)宇宙历时悠久,广袤无垠,人类对它的了解还很少。第二段(5-17节),介绍目前天文学上已知的宇宙。可以分为两层。第一层(5-9

---

[①] 该文写作目的是证明特创论谬误,属思辨性论证散文,文艺理论、语言学类文章与此相似。论证是产生新知识的手段,说明是介绍已存在知识的手段。从篇章语言学角度说,两类学术论文的组织结构相似性非常高。本书不主张将学术论文类文章分作两类不同文体,一律放在知识小品文之中。

节）介绍宇宙之广大。第 5 节介绍度量宇宙距离使用的单位是光年。第 6 节为了让读者对宇宙的广大有所了解，他以数字为依据，"假如我们被随意搁置在宇宙之中，我们附着或旁落在一个行星上的机会只有 $10^{33}$ 分之一。"第 7 节从已知宇宙的中心，距离地球 80 亿光年的地方介绍起。第 8 节介绍星系的构造。第 9 节介绍宇宙中星系的数量若干千亿个，使读者再次了解宇宙广度。第二层（10-17 节）介绍银河系。第 10 节介绍包含银河系在内的"本星系群"，"大约由 20 个子星系组成"。M31 星系距离地球 200 万光年。第 11 节介绍银河系的中心距离地球 4 万光年，地球就在银河系的边缘地带。第 12 节介绍恒星，恒星大小不一，密度不一，多数是双星分布，亮度不一，旋转速度不一，从光的颜色可以判断恒星年龄。银河里大约有 4 千亿个各种各样的恒星，而人类对它们的了解还很少。第 13 节指出每个星系都是太空中的岛屿，因此人类跟其他智慧生物处于与世隔绝状态。第 14 节分析有些恒星的行星系中，可能有跟人类一样的智慧生物。第 15 节介绍距离地球 1 光年的地方——太阳。第 16 节介绍太阳的行星群，冥王星、海王星、天王星、土星，火星上有可能有初级生物。第 17 节写地球完全淹没于宇宙汪洋中，但对于人类，它意义重大。第三段（18 节）收束全文，目前所知，在 80 亿光年的空间里，只有人类在探索宇宙。更多的可能性等待人类发现。

（三）建筑艺术

以梁思成《中国建筑的特征》为例，文章首段写中国建筑是一个独立的体系。接下来的一段写九个方面的特征，这些特征不是随意排列的，按照从主体结构到辅助结构到内部承重结构到外部装饰结构的顺序介绍：建筑主体结构—辅助结构—建筑材料木材承重原理—斗拱、举架具体承重部件—屋顶最重要的装饰部分—朱红色油漆装饰之二—其他装饰部分—建筑的最上端琉璃瓦。

接下来的六小节可以分为一大段。前三小节为一层，以语言学"文法"与"词汇"为喻体，分别比喻本体"中国建筑的法式"，如"中国建筑怎样砍割并组织木材成为梁架，成为斗拱，成为一'间'，成为个别建筑物的框架，怎样用举架的公式求得屋顶的曲面和曲线轮廓；怎样结束瓦顶；怎样求得台基、台阶、栏杆的比例；怎样切削生硬的结构部分，使同时成为柔和的、曲面的、图案型的装饰物；怎样布置并联系各种不同的个别建筑，组成庭院……构件与构件之间，构件和他们的加工处理装饰，个别建筑物与个别建筑物之间，都有一定的处理方法和相互关系"。"中国建筑的必要构件"，如"梁、柱、枋、檩、门、窗、墙、瓦、槛、阶、栏杆、隔扇、斗拱、正脊、垂脊、正吻、饯兽、正房、厢房、游廊、庭院、夹道等"。说明中国建筑可以依靠这些"文法"与"词汇"产生不同类型的建筑。

接下来的三节是另外一层，先肯定中国建筑是中国劳动人民长期实践智慧的结晶。然后从世界建筑史的发展角度说中国木材结构法逐步扩展到石材，跟世界建筑史发展的规律一致，只是中国人很早就创建了建筑的法式，并将之发挥到艺术和技术最高水平。中国建筑跟西欧建筑一样，都同时既实用又美观，"各民族各有自己不同的建筑手法，建造出各式各样建筑物。"这六节内容说明了中国建筑是一个独立的体系。

作者介绍中国古代建筑依据认知顺序：从主要部分到次要部分；从建筑内部到建筑外部；从世界建筑范围内谈中国建筑特点。

（四）文艺理论

文艺理论是谈论文学及其他艺术形式如音乐、绘画、雕塑等审美理论体系的总称。有些理论专门针对文学作品，称为文学理论，如《说"木叶"》《驱遣我们的想象》；有些则包含文学及其他艺术形式，可以使用较大的概念，称为文艺理论，如《无言之美》《山水画的意境》。

1.《说"木叶"》

如果从美学角度，《说"木叶"》就是谈诗歌"意象"如何承载文本意义的，这个意义不再是词汇本身的意义，它携带了《九歌》诗歌意境意义，它暗示着秋天树叶凋零之际，也暗示着湘夫人的愁怨。作为一篇知识小品文，该文删除了"意象"这样的专业概念，而代之以"形象"这个词语。

文章起笔先写第一个使用"木叶"这个词语做艺术形象的是屈原，此后有很多诗人沿用它，如谢庄、陆厥、王褒等，"木叶""成为诗人们笔下钟爱的形象"。

第二节是一个承上启下的过渡性段落，说明"木叶"在诗人的诗句里不可以说成"树叶"，但可以说成"落木"。说明"古代诗人们在前人的创造中学习，又在自己的学习中创造。"诗人钟爱的艺术形象代代相传。

第三节也是过渡性段落，说明"诗歌语言的精妙不同于一般的概念"。

接下来是文章的主体部分，"木叶"的第一个艺术特征，特指秋天落叶之木。"木叶"的第二个艺术特征，暗示特指树干，而不是树叶。"木叶"的第三个艺术特征，暗示"落叶的微黄与干燥之感"，暗示湘夫人的性格形象。

最后一节是文章结语，说明"木叶"与"树叶"仅一字之差，却存在艺术想象上的巨大差异。从文学史的角度说，"木叶"是一个具有丰富文化内涵的艺术形象。

2.《驱遣我们的想象》

这篇文章谈读者应驱遣头脑里的想象通过语言文字欣赏文学作品。可以分为四段：第一段（1-4节）写所有的文学都是文字的集合体。第二段（5-7节）语言文字是一座桥梁，一头连着作者，一头连着读者。第三段（8-13节）通过两个实例说明读者如何驱遣头脑里的想象，获得作者传达的美感。第一个例子用王维诗说明要将语言文字恢复成一幅图画，理解作品的意境。第二个例子用高尔基《海燕》说明读者要将自身幻化成作者所写人物，体会作家表达的思想感情。第四段（14节）总结收束全文，审美要通过语言文字，但不能拘泥于语言文字，要驱遣自己的想象，才能欣赏到文学之美。

3.《无言之美》[①]

这篇文章论述艺术"言"与"意"之间的关系，认为最好的作品是含不尽之意于言外，即要含蓄。全文分为四段：第一段（1-2节）提出话题，什么是"无言"。第二段（3-7节）谈"言"与"意"的关系，并提出无言之美的观点。这一段思辨性色彩很强，可分四层：第3节写"言"无法完全达"意"；第4、5节写艺术要尽善尽美、自然逼真；第6节写不存在与"自然"一样逼真的艺术，因为"意"不能完全达之以"言"；第7节写一切艺术，都应该有"无言之美"，不必全部表现。第三段（8-12节）分别从绘画、文学、音乐、雕塑四个方面证实含蓄之美（无言之美）是艺术美感的重要来源。第8节对比摄影和绘画，说明"和自然一样逼真"的相片不如绘画更有美感。第9节从文学作品表达的感情说，说了很多话，可能不如简单几个字；从描写风景说，只选择两三件事写，反而栩栩如生。第10节从音乐角度说，休止符处给人更强的美感。第11、12节从雕塑角度说，刻画眼神、肌肉等更容易获得美感。第四段（13节）总结收束全文，再次提倡艺术"无言之美"，"说出来的越少，留着不说的越多，所引起的美感就越大越深越真切。"

4.《山水画的意境》

这篇文章谈山水画意境与意匠之间的关系。用了较大篇幅谈意境（1-8节）；意匠用了一个小节（9节）；最后一段（10节）收束全文，谈意境和意匠关系。

第一段（1-8节）可以分为两个层次：第一层（1-4节）说明什么是意境。第1节首先提出对山水画而言意境是灵魂，也就是说意境非常重要。第2节谈

---

① 本篇写作年代较早，有些专业术语与今有别。美术，即今文学及艺术。

什么是山水画的意境，即"人对自然的思想感情，见景生情，景与情要结合"。3、4节以常见的诗歌为例，再次阐明什么是意境。

第二层（5-8节）说明如何获得意境。第5节是过渡段。第6节谈要长期观察所画事物。第7节谈观察要高于现实。第8节谈观察要抓住事物特点，刻画其精神实质；倾注画家感情，显示出其独创性。

以上审美理论均可用于作品欣赏，教师不妨告诉学生照此理论欣赏文学，比如中国古典诗歌"月"这个意象，能表达什么意义；驱遣想象，通过语言文字能读出某作品的什么思想感情，进而理解作品意境。如果学生能将这些理论运用起来，也就达到了教材选文的目的。

（五）语言学

《不同媒介的语言特征与网络语言的发展》[①] 按照时间顺序，论证了口语时代、文字产生后的书面语时代、电波产生之后的有声媒体时代、网络及全媒体产生的时代，技术发展对人类语言的影响。作者希望"全面规划网络时代的语言生活及其相关问题"，"争取网络技术、网络媒体领域的国际话语权，为在物联网、大数据、云计算时代中国能够领跑在第一方阵奠定坚实基础。"

除了开头的引言部分，全文共四个标题。"口语时代"标题下，论述了以声波为语言媒介物时期，人类取得的进步：获得了语言符号；把一般生理器官改造为口语器官；创造了"原生口语文化"，人类具有了文盲与文化人的区别。

"文字及书面语"标题下，论述了光波媒介物时期，人类取得的进步：产生了"识字人"这一文化群体。产生了"书面文化"，有了印刷术之后，文体不断增加，"识字人"群体不断扩大，知识不再是少数人的垄断品，新闻传播可以及时影响大众生活。人类发展出书面语器官，包括文字书写器官、文字识别器官及大脑书面语处理器官。

"电波与有声媒体"标题下，论述了以电波驱动的有声媒体与人类取得的进步：语言的传输技术获得了突破性进展；大幅度提升了口语的功能；个人需要增加收音机、电视机等语言物理装备，社会为有声媒体增加了许多新装备、新行业和新职业。

"网络时代与网络语言"标题下，论述了全媒体时代，技术对人类语言生活

---

[①] 笔者曾聆听文章作者以"语言技术与语言生态"为标题的学术讲座，他坦言：中国还没有一部《语言技术史》，希望未来有人做此事。部编教材高一上册还有吕叔湘先生一篇《语言的演变》谈语言本身的变化，专业性更强。朱德熙先生一篇《词义》，从写作角度谈词义搭配。

产生的影响：语言交际的"技术性"越来越强，传统的"人与人"交际模式使用范围正快速缩小，新兴的"人—机—人"交际模式正发展为主要交际模式。网络为人类在现实空间之外建造了一个虚拟空间，人们之间的交际呈现"虚中有实、实中有虚"的新特点。要防止信息时代"被边缘化"，关注极少使用智能设备的社会群体，国家要加快信息发展步伐，不被国际互联网"边缘化"。最后一段收束全文，表达了希望中国在全媒体时代获得大发展的美好愿望。

**二、观点争辩类**

观点争辩类小品文，按照不同观点、不同支持者、重点争议之处、争论发展过程等几个重点内容介绍。

以《天文学上的旷世之争》为例，全文可以分为三段：第一段（1节）提出中国天文学上的旷世之争是浑天说和盖天说之争。第二段（2-15节）追溯浑天说和盖天说争论焦点，争论的发展历史及争论过程所反映的科学态度。可以分为五层：第一层（2-5节）浑天说和盖天说产生之前，中国人的宇宙结构观念"天圆地方"说以及宣夜说的不合理之处。第二层（6-7节）盖天说的学术主张和应用价值。第三层（8节）浑天说的学术主张和应用价值。第四层（9-13节）盖天说和浑天说的理论缺陷。第五层（14-15节）这场旷世之争不以双方哲学基础正误为判定是非标准，也没有政治和宗教因素阻碍科学研究。第三段（16节）这场旷世之争产生的学术和科技成果丰富，参与学者众多，对中国天文学发展影响深远。说明顺序围绕中国宇宙天体结构学说发展顺序展开，在中西比较中，阐述中国天文学发展特点。

高中生面临升入大学学习专业知识的前期准备阶段，需要阅读学术论文，熟悉学术语言特点，涉猎有关专业知识。教师应该在说明文教学基础上，进一步让学生熟悉如何根据写作思路提取信息，就能攻克这类文体的教学难点。

## 第三节 新闻类型及报道语言

新闻报道主要向人们实时提供一些信息，这类文体应抓住材料传达的信息是什么，对于这样的信息，读者本人应当如何评述。

**一、消息类**

消息是迅速、简要地报道新近发生的事件的一种新闻体裁。消息的最大特点是时效性强、真实客观。消息就是回答事件发生的 5W+1H 的问题，即 when（何时）、where（何地）、who（何人）、what（何事）、why（何故）以及 how（如何）。表现手法是叙述，叙述某个事件从发生到结束的过程。

消息的语言要求客观、冷静，尽量不用记者个人的观点或感情去影响报道，强调对事物的准确描述。短小精悍，概括性强。消息叙述方式为概述，由于消息涉及事件发生的主体是群体还是个别，地点是场面类还是单个点，就产生不同的叙述方式。如《我三十万大军胜利南渡长江》叙述方式是总括概述，《人民解放军百万大军横渡长江》叙述方式是分类概述（分中路、西线、东线三类介绍），《首届诺贝尔奖颁发》叙述方式是分点概述（分别介绍每个获奖者的贡献）。

（一）宏观事件

1.《我三十万大军胜利南渡长江》

消息全文结构如下：（1）标题。特点是醒目，读者一看就知道发生了什么事。本消息标题《我三十万大军胜利南渡长江》，关注国共双方战事的百姓肯定会特别关注。（2）电头。就是消息来源，读者一眼就看出是哪里发表出来的消息。本电头为"新华社长江前线二十二日二时电"。（3）导语。一句话概括发生了什么事。"英勇的人民解放军二十一日已有大约三十万人渡过长江。"（4）主体。对导语详细解释。本消息主体有三句话，第一句交代事件的开始时间，发生地点。第二句交代战事结果，国民党长江防线纷纷溃退。第三句交代整个渡江过程持续时间，截至发稿时已经取得的进展。三十万人不到二十四小时全部渡江，已经在南岸展开进攻。（5）结语。消息结尾含蓄地表达了人民解放军必定全线胜利，"人民解放军正以自己的英雄式的战斗，坚决地执行毛主席朱总司令的命令。"

2.《人民解放军百万大军横渡长江》

消息全文结构如下：（1）标题。本消息标题《人民解放军百万大军横渡长江》，关注国共双方战事的群众，一眼就能看出双方胜负。（2）电头。本电头为"新华社长江前线二十二日二十二时电"。（3）导语。"人民解放军百万大军，从一千余华里的战线上，冲破敌阵，横渡长江。"一句话告诉读者发生了什么事。（4）主体。第一句写全部战线概况，"西起九江（不含），东至江阴，均是人民解放军的渡江区域。"第二句写中路军战况。第三至六句写西路军横渡战况。第七至十一句补充背景消息，解释国民党军队为何溃不成军，最重要的原因是他们不肯签订和平协议，倒行逆施。第十二至十四句写东线战况。（5）结语。"我军前锋，业已切断镇江、无锡段铁路线。"补充了其他战况，预示了我军全线胜利的结局。

（二）微观事件

消息全文结构如下：（1）标题。本消息标题《首届诺贝尔奖颁发》一眼就可以知道事件是关于诺贝尔奖的。（2）电头。本消息来源"路透社斯德哥尔摩1901年12月10日电"。（3）导语两句话，第一句写谁主持颁发了首届诺贝尔奖，第二句写根据诺贝尔的遗嘱，奖项颁给哪些领域有突出贡献的人。（4）主体。分三层。第一层逐个介绍首届获得诺贝尔奖得主，分别介绍物理学、化学、生理学、文学、和平奖的贡献者所在国籍、姓名、突出成就。第二层写颁奖机构和颁奖时间以及地点。第三层补充背景信息，介绍诺贝尔奖奖金的来源。（5）结语。第一句话写诺贝尔奖奖金的管理权归属，第二句话写诺贝尔奖奖金的评定权归属。表达了奖项评定的公平性。

## 二、通讯类

通讯是运用叙述、描写、抒情、议论等多种表现手法，具体形象地报道有新闻意义的人物、事件的一种文体。

从形式上看，消息有比较强的程式化规定，要遵守规定的格式，而通讯比较灵活。从表现手法看，消息一般只采用概述手法，而通讯则可以叙述、描写、抒情、议论兼而有之，更讲究文采。

（一）以事件为中心的通讯

《一着惊海天》是一篇关于中国第一艘航母辽宁舰舰载机着陆甲板的通讯。

全文分为三部分。第一段（1-2节）写辽宁舰舰载机着陆甲板进入关键时刻。

第二段（2-24节）写辽宁舰舰载机着陆甲板过程。分两层：第一层（2-3节）承接上文，"这不是普通的飞行，更不是普通的降落"。第二层（4-24节）描写舰载机着陆甲板过程。

第三段（25节）写第一次成功着陆后飞行员的喜悦。

通讯使用了多种表现手段。最突出的是，第一，描写。本文详细描写了各类工作人员紧张工作的场景，"辽宁舰官兵娴熟地操纵着航空母舰，舰艉留下一道宽阔笔直的航迹。"飞行塔台内的指挥人员，"一双双布满血丝的眼睛，紧盯着监视屏幕上不断跳动的参数和曲线，密切跟踪正在空中调整飞行姿态的舰载机。""各个战位上热烈的掌声，瞬间激活了所有人紧绷的神经，每个人的脸上都绽放出胜利的笑容。许多人落泪了!"本文还详细描写了辽宁舰着陆前,"辽阔的海面上,我国第一艘航空母舰——辽宁舰斩浪向前。"即将着陆,"歼-15舰载机像凌波海燕,轻巧灵活地调整好姿态飞至舰艉后上方,对准甲板跑道,以几近完美的轨迹迅速下滑。"着陆后,"伴随震耳欲聋的喷气式发动机轰鸣声,眨眼之间,舰载机的两个主轮触到航母甲板上,机腹后方的尾钩牢牢地挂住了第二道阻拦索。刹那间,疾如闪电的舰载机在阻拦索系统的作用下,滑行数十米后,稳稳地停了下来。"第二,抒情。"这不是一次普通的飞行。""为了这一梦想成真,古老的中华民族,已经等了近百年;人民海军官兵,已经期盼了半个多世纪。""为了这一着,面对技术封锁,多少人殚精竭虑,青丝变白发;多少人顽强攻关,累倒在试验场;多少人无怨无悔、默默奉献……今天,终于有了一个圆满的结果,能不激动吗?"

以事件为中心的通讯,重在详细叙述并描写事件经过。

(二) 以人物为中心的通讯

1.《县委书记的榜样——焦裕禄》

这是一篇长篇人物通讯。

该通讯有引言,还有"关键在于思想的改变""吃别人嚼过的馍没味道""榜样的力量是无穷的""当群众最困难的时候,共产党员要出现在群众面前""县委书记要善于当'班长'""活着我没有治好沙丘,死了也要看着你们把沙丘治好!""他没有死,他还活着"七个标题组成,其中五个是焦裕禄名言。

引言交代焦裕禄在风沙、内涝、盐碱地三大灾害肆虐的时候来到兰考,立志改变兰考落后面貌。

本文主要表现手段是记叙。焦裕禄到兰考工作一年多,留下大量的事迹,作者主要采取了按照时间顺序、以点带面的记叙方式,抓住个别典型进行描写,全面反映了焦裕禄的工作成绩。每个标题基本遵循先概述,后典型描写,最后总括概述的结构模式。如"关键在于思想的改变"标题下,反映焦裕禄到兰考抓的第一件工作是从思想上改变领导干部作风。先概述他认为首先要改变兰考县领导的思想作风。然后写两个具体事件,第一,他到副书记家里访谈;第二,他带领县委委员到火车站观察逃荒百姓,激发领导干部治理灾害的决心。最后再概述,"一连串的阶级教育和思想斗争,使县委领导核心,在严重的自然灾害面前站起来。"

"吃别人嚼过的馍没味道"标题下,反映焦裕禄到兰考抓的第二件工作是调查全县风沙、内涝、盐碱地情况,绘制地图。他本人亲自参与调查,而不是坐在办公室里等别人汇报。先概述他调查风口、河流走向的艰苦状况，后用一个具体事件，从杞县阳公社走到金营大队冒雨画出了洪水流向图。最后再总括概述，"全县有大小风口八十四个，经调查队一个个查清，编了号、绘了图；全县有大小沙丘一千六百个，也一个个经过丈量，编了号、绘了图；全县的千河万流，淤塞的河渠，阻水的路基、涵闸……也调查得清清楚楚，绘成了详细的排涝泄洪图。"

"榜样的力量是无穷的"标题下，反映焦裕禄到兰考抓的第三件工作是广泛发动群众，树立榜样，鼓励群众集体战胜困难。第一段记叙他依靠毛泽东思想获得工作灵感。第二段记叙他找到了群众抗灾典型：韩村、秦寨、赵垛楼、双杨树农民积极行动，抗内涝、抗盐碱先进事迹，鼓励群众学习双杨树经济模式，依靠集体经济自力更生。第三段总括概述树典型在群众中引发的积极响应。

"当群众最困难的时候，共产党员要出现在群众面前"标题下，反映焦裕禄带病坚持工作，在自然灾害面前，表现出大无畏的革命精神。他首先安排雪天领导干部要做的工作。他亲自到受灾地区慰问群众，在梁孙庄看望孤寡老人。最后概述焦裕禄在慰问中，看到听到的感人故事，老百姓自力更生抗灾的精神也在鼓舞着他。

"县委书记要善于当'班长'"标题下，写焦裕禄艰苦朴素、对家人要求严格，不搞特殊的领导作风。第一段用两个例子说明焦裕禄对同行干部敢于指出错误，也乐于给予机会使他们改正错误。第二段写他个人生活简朴，对家人也要求严格，他下文件要求干部不搞特殊化，他心里装着全县人民。第三段写他个人的病情恶化。他使用压迫疗法，嫌贵而不使用中医法，到三义寨听取工作汇报时，他已经无法骑车，但他坚持工作。他打算写一篇《兰考人民多奇志，敢教日月换新天》的文章来总结兰考抗灾经验，但没有完成。去医院之前，他布置了最后一项工作："要县委的同志好好准备材料，当他回来时，向他详细汇报抗灾斗争的战果。"

"活着我没有治好沙丘，死了也要看着你们把沙丘治好！"标题下，记叙了焦裕禄生命的最后时刻。第一段概述治疗过程，重点描写医生结论，又概述转院经历。第二段写焦裕禄总是跟看望他的人谈工作，也了解排涝工程起作用的情况，当他得知自己的病情时，提出最后请求："活着我没有治好沙丘，死了也要看着你们把沙丘治好！"第三段概述他获得力量的源泉，在于他常读的书籍。

最后一个标题，写焦裕禄的工作方案最后终于实现，"三年前焦裕禄倡导制订的改造兰考大自然的蓝图，经过三年艰苦努力，已经变成了现实。"当地老百姓一直在纪念这位伟大的共产党员。

2.《"探界者"钟扬》

这是一篇人物通讯。

该通讯有引言,"英雄"少年、种子达人、科学队长、"接盘"导师、生命延续五个标题组成。第一和第五标题依照时间顺序写,中间三个标题按照钟扬的贡献领域写:最重要的是植物学种子采集研究;然后是科普事业;最后是培养学生。

引言部分选取了钟扬最具有代表性的举动,将生长于西藏的拟南芥栽种在西藏大学安置房院子,并做成标本带回复旦大学,因为全世界一半的植物学家都在研究这个植物,被学术界称为"小白鼠",可见它的实验价值极高。引言是全文的总领部分,"植物学家、科普达人、援藏干部、教育专家……哪一个身份都可以一种完整的人生角色在他身上呈现。"

"'英雄'少年"标题下,写钟扬在年轻时代的作为。第一段选取了钟扬少年最辉煌的战绩:一举考取中国科技大学少年班。第二段选取钟扬对植物学感兴趣的片段,"钟扬被分配到中国科学院武汉植物所工作。"以一直学习植物学的妻子张晓艳的话,肯定钟扬在植物学上的知识积累,应该很有说服力。第三段写钟扬与妻子张晓艳结婚的简单过程。第四段是承上启下的段落,总结上文表明钟扬在非常年轻的时候,就成为很有成就的学者。开启下文,表明钟扬从武汉到上海的另一段发展经历。

"种子达人"标题下,写钟扬在种子采集方面的贡献。第一段写钟扬到了上海之后,生活条件非常艰苦。第二段写钟扬在采集种子方面的贡献。可以分为四层:第一层(7-8节)是一个总括性概述段落,写钟扬在采集种子上的突出成就。第二层(9-11节)写种子采集的学术价值。第三层(12-16节)写钟扬在种子采集方面的快乐和惊险。第四层(17节)回应第二层谈钟扬采集种子的意义,升华本节主旨,赞扬钟扬为了科学研究的勇敢精神。

"科学队长"标题下,写钟扬在科普方面的贡献。第一段写钟扬与上海自然博物馆的合作,从他为该馆所写文采斐然的科普介绍起笔。第二段写钟扬与上海科技馆的合作。第三段写钟扬在科普上的其他贡献,包括翻译审定科普书籍,为中小学生讲科普知识等。第三段在结构上很注意首尾呼应,以学生赵佳媛的感受起笔,结尾以赵佳媛的总结收束。

"'接盘'导师"标题下,写钟扬对各种层次的学生都不嫌弃,总是尽力培养他们。第一段(1-2节)总领全文,"学生本身,也是钟扬执着的事业之一。"第二段(3-9节)写钟扬不嫌弃任何一名学生,有极强的导师责任意识。第三段(10-11节)写钟扬不拒西藏地区基础比较差的学生,只要他们有一颗热爱植物学的心。第四段（12节）写钟扬的学生继承了导师的各种思想：植物学的、科普的、创新创业的。

"生命延续"标题下，写钟扬对生命的理解。第一段（1-4节）写经过钟扬研究"长寿基因"与延续生命的基因相互冲突，因此所谓的"长寿"应该是群体拓展生存疆域过程中，有先锋者去尝试、去开拓，"先锋者为成功者奠定了基础，它们在生命的高度上应该是一致的。"第二段（5-12节）写钟扬生命停止之前所做的重要事情。第三段（13-15节）写钟扬想做而未完成的工作。第四段（16节）写钟扬对生命的理解，"任何生命都有结束的一天，但我毫不畏惧，因为我的学生会将科学探索之路延续，而我们采集的种子，也许会在几百年后的某一天生根发芽。"

以人物为中心的通讯，重在以人物精神气质或贡献类别叙述并描写。

### 三、新闻特写

特写本来是摄影、电视、电影的一种常用手法，指拍摄人物或事物的某一部分，放大使之占据整个画面，以增强艺术表现力。新闻特写以象形化的描写为主要表现手段，截取新闻事件中对具有价值、最生动感人、最富有特征的片段和部分详细刻画，从而鲜明地再现典型人物、事件、场景。

新闻特写与通讯最大的区别是：通讯更重视事件全过程，新闻特写是片段；通讯不看重时效性，而新闻特写更有时效性和现场感。

《"飞天"凌空——跳水姑娘吕伟夺魁记》是一篇报道吕伟获得第九届亚运会女子十米跳台跳水冠军精彩瞬间的新闻特写。

全文分为三部分。第一段（1节）写吕伟进入十米高台前沿。

第二段（2-7节）写吕伟凭借出色的表现获得金牌。

第三段（8节）写外国友人对吕伟的称赞。

本篇通讯重在描写，详细描写了三个精彩瞬间：第一个是轻舒双臂的瞬间，"身体犹如被空气托住了，衬着蓝天白云，酷似敦煌壁画中凌空翔舞的'飞天'。"第二个是身体打开的瞬间，"她从容不迫地展开身体优美的线条，从前伸的手指，一直延续到绷直的足尖。"第三个是入水的瞬间，"几股白色的气泡拥抱了这位自天而降的'仙女'，四面水花悄然不惊。"

再如《别了，"不列颠尼亚"》截取了英国撤离香港前30日下午至凌晨升起五星红旗这一段时间发生的事件。

全文分为三部分。第一段（1节）写英国皇家游轮"不列颠尼亚"号即将离开香港。

第二段（2-8节）写最后一任港督和英国查尔斯王子撤离香港过程。第一层（2-4节）写彭定康离开港督府。第二层（5-7节）写查尔斯王子宣读英国女王赠言，香港当天第二次降旗。第三层（8节）写中国国旗升起。

第三段（9-10节）写"不列颠尼亚"号消失在夜幕中，大英帝国对香港的管治正式结束。

本篇新闻特写的最大特点是在叙述现实事件的同时，不停闪回追溯历史，以达到表达洗雪耻辱，恢复香港主权的激动心情。如彭定康离开港督府，追溯了这座府邸建筑历史，"1885年建成，在以后的近一个半世纪中，包括彭定康在内的许多港督曾对其进行过大规模改建、扩建和装修。"如香港当天第二次降旗后，追溯156年前这里由一个叫爱德华·贝尔彻的英国舰长升起了英国国旗。"不列颠尼亚"号消失在夜幕中，再次追溯历史，"1841年1月26日英国远征军第一次将米字旗插上海岛，至1997年7月1日五星红旗在香港升起，一共过去了一百五十六年五个月零四天。"

本新闻特写的结尾意味隽永，耐人琢磨，"大英帝国从海上来，又从海上去。"抢劫别人的领土、财富终究会归还别人，侵略者永远不受世界欢迎。

### 四、报告文学

报告文学是以文学的手法，报告生活中具有典型意义的人物事件，或具有普遍意义的重大问题的一种文体。报告文学的特点是：第一具有新闻真实性；第二具有表现手法艺术性。且前者为主要方面，后者为次要方面。

报告文学与通讯的区别是：通讯的写法比较单纯，往往就人写人，就事写事，而报告文学却非常复杂，背景、场面、关系也显得更为宏阔辽远。

《喜看稻菽千重浪——记首届国家最高科技奖袁隆平》是一篇报告文学。全文由四个标题构成："曾记否，到中流击水""创新是科学家的灵魂和本质""实事是科学空气""饥饿的威胁在退却"。本文按照科学研究进展规律组织材料，从袁隆平最初进入研究到实现人工杂交水稻，再到进一步改良为超级稻的发展步骤写作。

第一个标题写我国农业国情使袁隆平立下志向服务农民。第一段（1-2节）写即将接受奖项的袁隆平。第二段（3-9节）写1960年袁隆平发现"天然杂交稻株"，但是第二年种出来的杂交稻不符合孟德尔分离规律。经过反复统计计算，袁隆平确认1960年发现的为"天然杂交稻"第一代。第三段（10-11节）写袁隆平决心培育出人工杂交稻，挑战国际权威专家。

第二个标题写袁隆平不畏惧艰难，不畏惧国际权威，也不畏惧国内权威。

第一段（1-3节）写袁隆平不畏惧国际权威，坚信搞杂交水稻有前途。第二段（4-6节）写袁隆平不退却，一定要研究杂交水稻。培育杂交水稻有两条路径，第一条无法在生产上推广应用。另一条被美国、日本、菲律宾等专家证明不可能。但袁隆平不退却，因为（1）中国是古老的农业国，又是最早种植水稻的国家之一，蕴藏着丰富的种质资源。（2）海南岛是理想的天然温室，育种者的乐园。（3）有优越的社会主义制度，可以组织科研协作攻关。他最终发现水稻雄性不育植株，实现了杂交水稻研究突破。第三段（7节）袁隆平发表《水稻雄性不孕性》论文，开创了世界水稻研究的新纪元。

第三个标题写袁隆平敢于捍卫真理，敢于反对不顾农民利益、无视事实的事。第一段（1-2节）总领起下文，写袁隆平尊重事实，保护农民利益。第二段（3-5节）为了纠正某些人的错误认识，他向《人民日报》写信详细证明了"杂交稻既能高产又能优质"。他的论述包括以下几个要点：（1）我国是世界上第一个在生产上利用水稻杂种优势的国家，杂交稻比一般水稻产量高。（2）杂交稻"汕优63"是全国优质籼稻米。（3）我国南方生产的稻谷中，双季早稻米质较差。（4）双季晚稻和一季中稻一般品质较好。（5）而杂交稻比双季晚稻和中稻产量都高。结论：杂交稻属劣质米与事实不符。第三段（6节）写袁隆平捍卫了事实。

第四个标题写袁隆平提出了杂交水稻育种的战略设想，为中国消除饥饿威胁做出了重要贡献。第一段（1-2节）写袁隆平的梦想。第二段（3-6节）写袁隆平客观地分析了现阶段培育的杂交稻的缺点。1995年，两系杂交稻基本研究成功，实现品种改良。袁隆平在国际会议上称，中国在培育超级稻方面已走在世界前列。第三段（7-9节）写由于袁隆平的努力，中国粮食基本实现了自给自足。美国学者称他正在使"饥饿的威胁退却"。第四段（10-11节）写杂交水稻技术成为我国转让给美国的第一项农业科技专利。第五段（12节）袁隆平"是世界上最有影响的中国科学家之一。"

总之，新闻可以分为消息、通讯、新闻特写、报告文学等几类。消息有强烈的时效性，主要使用概述式表达方式；通讯也有时效性，但要求不严格，可以使用叙述、描写、抒情，甚至议论表达方式。新闻特写要截取有典型意义的片段进行报道，报告文学则适宜报道复杂、辽阔社会背景下的事件和人物。

## 第四节　演讲类型语言

演讲这类文体，主要抓住听众与演讲者之间是什么关系，演讲者的语言力量能否说服他的听众。下面根据演讲的目的将演讲稿分为四类：评述型、阐释型、鼓舞型、抗议型。

### 一、评述型

评述型演讲指介绍人物或事件的过程中，渗透作者个人的主观评价。《在马克思墓前的讲话》就是这么一篇演讲稿。

文章第一段宣布了一个不幸的事件——马克思逝世，宣布这个事件的句子鲜明地了表达了恩格斯对马克思的尊敬，这种感情集中体现于两个委婉语句上"停止思想""永远地睡着了"。然后一句话概括马克思一生巨大的贡献，"对于欧美战斗的无产阶级，对于历史科学，都是不可估量的损失。"后面一句话再次表现恩格斯的遗憾，"这位巨人逝世以后所形成的空白，不久就会使人感觉到。"

第二段是文章的主体部分，写马克思贡献的具体内容。第一层写马克思作为科学家贡献卓著，最卓越的有两方面：第一，在社会学领域，提出经济基础决定上层建筑；第二，在经济学领域提出剩余价值。接着过渡句进入次要方面的贡献，"一生中能有这样两个发现，该是很够了。即使只能作出一个这样的发现，也已经是幸福的了。"接着转折句转入次要贡献部分，"马克思在他所研究的每一个领域……都有独到的发现。"他在数学领域和电学领域都有突出贡献。

第二层写马克思作为革命家的贡献。他毕生的生命都用于革命事业，他创刊了多种革命杂志，并创立了伟大的国际工人协会。在叙述马克思功绩的基础上，恩格斯用了一节抒情段落表达对马克思的敬意："他可能有过许多敌人，但未必有一个私敌。"

最后一段收束全文，表达了恩格斯对马克思的评价，"他的英名和事业将永垂不朽！"

### 二、阐释型

阐释型就是演讲者向听众表达某种观点。但是演讲稿毕竟不是思辨性散文，因此既要层层推进自己想说的道理，又要避免枯燥说理。

（一）《应有格物致知精神》

这是一篇阐释什么是格物致知精神的演讲稿。

演讲稿第一段（1节）写演讲的缘起，因为写《怀念》这篇文章，接受《瞭望》杂志的奖项。趁机向中国学习自然科学的学生说几句话。

第二段（2-5节）写中国历史上格物致知的含义。第一层（2节）格物致知源于《大学》，本身有实验精神。第二层（3节）中国教育扭曲原格物致知精神，变成维护固定社会制度的工具。第三层（4-5节）心学的实质是：以为通过观察自己的内心就可以认识天下不变的真理。这是不正确的。

第三段（6-12节）提倡科学实验精神。第一层（6节）是一个过渡段，引起下文。第二层（7-10节）实验就是积极的、有计划的探测，实验目标的选择依靠实验者的判断力和灵感。第三层（11-12节）以自己的求学经历说明时至今日王阳明心学还在影响中国学生，大家不重视科学实验。

第四段（13节）赋予格物致知新的文化定义。获得真正的格物致知精神，即实验精神的前提条件是：（1）有怀疑求真的态度。（2）有自己的判断力。格物致知新含义指：（1）寻求真理的唯一途径是对事物客观的探索。（2）探索的过程是有想象力的有计划的探索。

为了阐释清楚作者格物致知的精神，他使用了层层推进的方式，从"格物致知"这个词的来源，一直到心学对原定义的扭曲，再到现实情况表明心学仍束缚中国学生，致使他们在自然科学上收获甚微。最后提倡科学实验精神，即作者认为的格物致知精神，水到渠成地提出了自己的观点。

（二）《庆祝奥林匹克运动复兴25周年》

这是一篇阐释什么是奥林匹克精神的演讲稿。

演讲稿第一段（1节）开门见山写演讲的缘起。

第二段（2-7节）阐述奥林匹克精神。分为三层，第一层（2-3节）人类追求平和自信的文明生活，但这种追求并不一帆风顺，需要以勇气维护。第二层（4-5节）古代奥林匹克主义含义：享受运动的快乐，而当今青少年被呆板而复杂的教育枷锁套牢，提倡重返古代奥林匹克主义：复兴体格训练宗旨。第三层（6-7节）奥林匹克主义是大众的、群众的运动，仅靠奥林匹克精神不能实现社会真正公平，但奥林匹克精神致力于让社会底层人们接触到现代工业文明。

第三段（8-9节）向到会嘉宾表示感谢，祝愿比利时人民幸福。

第四段（10节）表达作者的美好愿望。

(三)《青蒿素：人类征服疾病的一小步》

这是一篇阐释屠呦呦团队如何利用中医药学知识发现青蒿素过程的演讲稿。该演讲稿有引言、发现青蒿素的抗疟性、从分子到药物、影响世界、发展与超越、中医药学的贡献六个部分组成。

演讲稿引言部分，开门见山谈写作缘起，感谢评委会对发现青蒿素的肯定，简述青蒿素发现过程，并感谢团队成员。

"发现青蒿素的抗疟性"标题，写发现青蒿素的过程。分为三段，第一段（1节）写研究缘起。第二段（2-3节）研究转折点出现在青蒿上，但实验却难以重复。第三段（4-6节）在传统中医文献提醒下，改用低温萃取法，得到青蒿素。

"从分子到药物"标题，写从得到分子结构到生产药物。分两段，第一段（1-2节）在临床实验鼓舞下，发现熔点在156-157摄氏度的无色晶体，后来命名为青蒿素。第二段（3-5节）在四川找到了含量高的青蒿，并制成胶囊，得到抗疟新药。

"影响世界"标题，写青蒿素的发现在国内外的影响。

"发展与超越"标题，写发现效果近十倍的双氢青蒿素，进一步改良了青蒿素的治疗效果。以上四个标题可以看作本篇演讲稿的第二段，写青蒿素的发现及改良过程。

"中医药学的贡献"标题，列举除了青蒿素，还有其他中医药用于治疗其他疾病，如中药砒霜治疗白血病、中药"千层塔"治疗老年痴呆、从中药提取的芍药苷对心血管疾病有疗效等。最后表达自己的理想："让中医药维护世界人民的健康和福祉作出新贡献！"本标题也是本演讲稿的结束段。

### 三、鼓舞型

鼓舞型演讲根据演讲者与听众之间的关系，还可以分为上对下的鼓励、勉励，下对上的响应号召两大类。

(一)《在〈人民报〉创刊纪念会上的演说》

这是一篇鼓舞型演讲稿。1856年4月14日，马克思作为流亡伦敦的外国革命人士代表，应邀出席为纪念宪章派报纸《人民报》创刊四周年而举行的宴会。文章使用了较多的比喻、借代、对比多种修辞，赞扬了无产阶级在革命中的强大力量，鼓舞无产阶级为推翻旧制度而奋斗。

1. 比喻

"汪洋大海"比喻无产阶级未来不可阻挡的革命风暴。

"细小的裂口和缝隙",比喻1848年的革命价值,尽管它微不足道,但已经给资产阶级统治造成了打击。

"无底深渊"比喻无产阶级革命大风暴。

"由坚硬岩石构成的大陆"比喻资产阶级统治。19世纪中叶欧洲处于一个崇尚革命、追求革命、推动革命的时代,一个被革命气氛从四面八方包围着、压抑着的时代。发表演讲时,近代欧洲历史上规模最大、范围最广的资产阶级民主革命——1848年革命已经过去,马克思首先从1848年革命谈起,旨在预测无产阶级新的革命风暴到来。

2. 借代

蒸汽、电力和自动纺机甚至是比巴尔贝斯、拉斯拜尔和布朗基诸位公民更危险万分的革命家。

"巴尔贝斯、拉斯拜尔和布朗基诸位公民"是资产阶级民主革命的代表,"蒸汽、电力和自动走锭纺纱机"代表工业革命,代表先进的生产力,由这一生产方式产生了无产阶级。这句话是说:无产阶级是比资产阶级革命家更彻底的革命者。

欧洲所有的房子都画上了神秘的红十字。

房子,指代欧洲资产阶级统治者。"画上神秘的红十字"指被无产阶级划定为革命对象。

3. 对比

机器具有减少人类劳动和使劳动更有成效的神奇力量,然而却引起了饥饿和过度的疲劳。财富的新源泉,由于某种奇怪的、不可思议的魔力而变成贫困的源泉。技术的胜利,似乎是以道德的败坏为代价换来的。随着人类愈益控制自然,个人却似乎愈益成为别人的奴隶或自身的卑劣行为的奴隶。甚至科学的纯洁光辉仿佛也只能在愚昧无知的黑暗背景上闪耀。我们的一切发现和进步,似乎结果是使物质力量成为有智慧的生命,而人的生命则化为愚钝的物质力量。

这一段将机器的效率与饥饿对比；财富增长与贫困对比；技术胜利与道德沦丧对比；控制自然与成为奴隶对比；科学与愚昧对比；物质智慧与人的生命物质对比，深刻地揭示了资产阶级快速发展的生产力与社会极度分化之间的矛盾。资产阶级的腐朽为无产阶级革命准备了条件。

演说的中心观点是无产阶级在社会革命中起主要作用，在资本主义社会生产力与生产关系的尖锐矛盾下，最终推翻资本主义。但作者并未直接抛出这一观点。而是从1848年革命谈起，使用了比喻、借代、对比等修辞手法，尽量避免直白化的语言，以便使听众从中得到更多启发。在层层铺垫、逐步分析的基础上，才得出结论：新生力量——工人，是无产阶级革命的主要力量，他们领导的革命必将胜利。

（二）《我一生中的重要抉择》

该文也是一篇鼓舞型的演讲稿。作者谈了一生中八个重要抉择：第一个抉择，选择计算数学专业。第二个抉择，研究硬件与软件结合领域。第三个抉择，锻炼英语听力。第四个抉择，直接跨入第四代激光照排系统的研制。第五个抉择，致力于产业化。第六个抉择，大力扶植年轻人。第七个抉择，20世纪90年代进军日本市场。第八个抉择，1995年进军广电业。教材选录的是第六个。

第一段（1节）写演讲的缘起，作为上一代老科学家用自己的成长经历与年轻人谈话讨论。

第二段（2-6节）写自己人生第六次抉择，扶植年轻人的经过。第一层（2节）英国凯文迪许实验室的历史发展证明扶植年轻人是一种历史规律。第二层（3-4节）以自己的成长经历为例说明为什么扶植年轻人。第三层（5-6）写自己如何扶植年轻人，利用国家科研计划支持年轻人，真心诚意扶植年轻人。

第三段（7节）提醒自己不要因为贪慕名誉而走上错误道路。

第四段（8节）鼓励年轻人树立团体意识，将个人融入集体创造事业中来。

这是一位老科学家针对年轻人发表的演讲，处处显示出关爱年轻人成长的深情。演讲稿采用了风趣幽默的说话风格，以便于与年轻人拉近距离。如把自己比喻成"一个下午四、五点钟的太阳"，把年轻人比喻成上午八、九点钟到日中的太阳。再比如谦称自己的演讲是"卖狗皮膏药"。这种平易近人的讲话风格容易使年轻人感到亲切。第7节一再对比名人与凡人在一般民众心目中的差异，非常诙谐地表达了自我批评的意思，提醒自己不要因名誉而陷入危险。这一段老科学家爱护年轻人，保护年轻人创造热情的善良情意透过纸背，深入听众心

313

灵之中。

**四、抗议型**

抗议型演讲要充分表达演说者对现实的批判，并激发听众的共鸣，以便于取得对公众的影响效果。

《最后一次演讲》是闻一多遭受反动派刺杀前的最后一场演说，这是一场即兴演说。

演讲稿第一段（1节）文章开门见山，写对李公朴遭受暗杀表示痛心。

第二段（2-4节）揭露反动派暗杀李公朴罪行，明确暗杀的实质不是"桃色事件"，而是反映了反动派极端恐慌。

第三段（5-11节）号召昆明青年反抗反动派。分三层，第一层（5-6节）写坚决反抗，要求重新开政协会议。第二层（7节）写云南有革命的优秀传统。第三层（8-11节）鼓励年轻人反抗反动派。

第四段（12节）表达作者为了革命，宁愿牺牲的大无畏精神。

这篇演讲稿最大特点是情绪很足，鼓动性很强，这些情绪通过以下语言形式实现：第一，使用短句，文中有两字句如"完了"，三字句"快完了"。第二，使用感叹句表达强烈的感情，如："这是某集团的无耻，恰是李先生的光荣！"第三，使用反诘问句表达更强烈的肯定意义，如："李先生究竟犯了什么罪，竟遭此毒手？""希特勒，墨索里尼，不都在人民之前倒下去了吗？"

根据演讲者想与听众交流的主要问题，我们将演讲划分为评述型、阐述型、鼓舞型、抗议型等不同类别，演讲者要充分考虑听众需求、心理特点、双方身份及年龄差异等情况，努力以语言说服和感动听众。

# 结　语

## 语文教师如何提升个人文本解读能力

语文教师的文本解读能力包括两个方面的核心能力：阅读能力和写作能力。面对一个文本，前者主要负责解读文本所表达的中心思想、刻画的文学形象、使用的语言艺术。后者主要负责解读文章怎么起笔、怎么过渡、怎么收束全文、结尾如何呼应开头或者呼应主旨等，文章各段落之间是什么结构模式，并列还是层递抑或其他。但是这两者并非绝对分立，比如要解读出中心思想，也需要知道文章写作分为几段几层逐步推进；要理解文学形象，也应该随着文章写作顺序，逐步展开欣赏。为了方便论述，将中学教师文本欣赏层面的分析归于阅读能力，将写作技术层面的分析归于写作能力。目前我国中学语文教师文本解读能力大幅度下滑，主要表现在以下几个方面。

就阅读欣赏层面说：

第一，缺少解读的有序性。即按照读者认知顺序，先整体认识文章大致写了什么人、什么事。然后解读如何一步步描写这个人物，或者叙述这个事件。抒情类诗歌或散文，初步感知其感情基调，然后逐层分析意象，归纳意境。思辨类议论文解读论点是什么，使用了什么论据，如何沿着逻辑推理顺序一步步论证。

初读之后再次细致解读的顺序就是作家写作的顺序，但有不少语文教师并不遵循这样的解读顺序。例如关于《雨巷》一诗的教案所显示的教学步骤如下：一、导入；二、作家介绍；三、初读感受，包括朗读诗歌把握感情基调，段落概括。这些都比较符合学生认知顺序，有问题的是第四步，精读鉴赏诗歌意象与意境，这也是课堂内容的核心部分。教案列举了六个意象：油纸伞、雨巷、丁香、篱墙、我、姑娘，一一解析六个意象所蕴含的情绪意义。且不说"我"作为本诗的叙事者不应该被看作意象，其他几个意象，也因为没有按照作家的写作思路赏析，将诗歌拆分成没有结构联系的六块。实际上整首诗歌核心意象是"姑娘"，起笔写想见到一位丁香一样的姑娘。接着有两小节承接上文，想象她的模样,对她的刻画连续使用了三个"丁香一样的",从南唐李璟名句"丁香空结雨中愁"以来,丁香意象就凝聚着中国古代诗人哀愁的情绪意义,姑娘的神情哀怨,这个因"愁"而令人倍感怜惜的姑娘带着美的芬芳。接下来的一小节再次承接上文,想象姑娘的神情,她撑着的油纸伞是中国古代避雨用具,这样的意象将读者带入怀旧情绪。她动作彳亍,说明她心事重重,与她"冷漠,凄清,又惆怅"的神情相契合。这两节对姑娘的想象都显露出作者本人的忧愁之情。接着用三个小节写两人相逢到分离的情景。她的眼睛像叹息一样,她的神情"凄婉迷茫"像梦一样,这两个想象超越世俗,使"姑娘"这个意象更有超拔之感。姑娘与我擦肩而过,就好像"丁香"一样,这个再次出现的意象,着意渲染了姑娘的美。姑娘远去,消失在"篱墙"之边,作者特意用形容词"颓圮"刻画这座"篱墙",破旧的环境再次渲染诗人的愁闷之情。用一节专门写她的消失,诗歌再次复沓她"太息般的眼光""丁香般的惆怅",她的颜色、芬芳都消散了。这流露出作者无边的惆怅。诗歌最后一段与首段只有一个动词不一样,基本全文复沓。首段用"逢着",继而想象姑娘的模样,写相逢之美。结尾用"飘过",表现出作者期待再次相逢的深情。诗歌记叙清晰,气韵流畅。想象中的姑娘和消失的姑娘留给读者很大的审美空间,使整首诗呈现出优美而朦胧的意境。在这个基础上,才能生发诗歌的中心思想:作家在社会生活中迷茫,但又不想颓废,仍满怀期望。这样围绕"姑娘"这个意象,遵循作家写作思路串联其他所有意象,才符合学生的认知心理,而不应该将它们拆散成跟文章行文思路没有关系的碎片。这类赏析在中学课堂上比较常见,教材选文都是典范文章,如此赏析将导致文本失去培养学生写作能力的范文价值。

第二,赏析脱离文本语言。有些解读只是根据文本只鳞片爪漫天发挥,结果赏析变成了信马由缰,毫无收束。例如陆游《卜算子·咏梅》整首词歌颂梅花,采用了托物言志的象征手法。这首词上阕写梅花饱受风雨之苦情形,有教案写道:"身处荒僻之境的野梅,虽无人栽培,无人关心,但他凭借自己顽强的生命力也终于长成开花了。宝剑剑锋从磨砺出,梅花香自苦寒来。野梅不平凡的遭遇使他具有不同凡响的气质。范成大《梅谱序》说:'野生不经栽培者……谓之野梅……香最清。'可是由于地势使然,野梅虽历经磨难而独具清芬,却无人能会,无人领略其神韵。"这一段关于"野梅"说的赏析,在文本上没有任何依据,完全出自读者根据"寂寞开无主"一句生发的想象。由于审美是纯心灵层次的操作,可以产生由此及彼再旁及其他的无穷遐想,因此赏析一定不能脱离文本语言。这类赏析在中学课堂上并不罕见,一谈审美,语文教师往往将文本当成一种生发思想的媒介,这是应该避免的不良倾向。首先应确保率先理解语言结构意义,然后思考语言片段与文章中心的关系。

第三,赏析不了解作家艺术风格,根据只言片语随意阐释。如郁达夫带着点儿颓废但不堕落,多情但不玩弄感情的旧知识文人性格。他喜欢衰煞凄凉但有生机、带点儿颓废色彩但不堕落的美,这是他本人的审美趣味、审美理想。这样才能理解,他为什么选择租一间破屋,在破壁腰中欣赏秋天,不破旧就凸显不了他想要的美感。而有些教师教案将"破壁腰"一句解读为暗示历史变迁,世事无常,这等于不理解郁达夫这位作家。有教师教案将《故都的秋》主题解读为"悲凉秋意,感慨人生",这就没有读懂原文。作者以比较的方法写出了北平秋天清凉、安静、萧索的特点。第一条与江南之秋比较,凸显故都秋意韵味足。第二条与江南秋蝉比较,反衬故都秋天静谧。他不仅要写出北国秋槐、秋蝉、秋雨、秋果的韵味,他还要写出居住在北平的人说话腔调里的韵味。文章后半部分是议论,这些议论无非再次证明故都秋味浓。在已经全面描写与评论的基础上,文章结尾呼应开头,再次表达热爱故都之秋,深化主题。文章处处流露出作家对故都秋天的热爱,萧瑟但不衰败,这是一种与他本人气质很契合的美。由此看来,审美还要了解作家艺术风格,了解他本人的审美趣味。

从写作上说,中学教育这方面的缺失最大。很多教师误解了整体认读的作用,以为文章不需要根据传统教学法划分段落层次。这就造成教师无法思考作家沿着什么样的思路写作,整篇文章的起承转合如何衔接,片段如何组成华美文章呈现出完美感。写作能力缺失表现在以下几个方面:

第一,文章缺少段落划分,或者已经有了段落划分,中间大段的核心部分不分层次。这就等于说还没有完成初次阅读整体感知的任务,因为教师还没有解释清楚文本写了什么,想表达什么思想。比如《我一生中的重要抉择》这篇演讲稿,教材选录了作者的第六个抉择:大力扶植年轻人。大部分教师将这篇文章分成三段:第一段文章第一节,写演讲的缘起;第二段写大力扶植年轻人;第三段文章最后一节,鼓励年轻人树立团体意识,将个人融入集体创造事业中来。问题出在第二段的层次划分上,有些教案过于粗疏,中间核心部分完全不分层次;有些教案分成五层就过于琐碎,没有搞清楚选文主体共说了几层意思,每一层之间是什么关系。

第二,段落层次划分错误,归因于教师没有读懂文章中心思想。

比如《恐龙无处不在》是一篇说明文,大部分教师的教案没有段落层次,个别教师教案将第一节划分为第一段,最后一节是第三段,中间的为第二段。这就完全背离了文章核心主题:南极分布的恐龙化石,支持地球板块漂移说。事实上文章前四个小节是第一大段,说明鸟臀目恐龙化石在南极被发现意义非凡。第一、二节起笔写南极发现了鸟臀目恐龙化石;第三节承接前两节推论,说明恐龙遍布世界各大洲;第四节引出全文最关心的话题,出现在南极的恐龙化石,意味着史前地理跟今天大有不同。

再比如《时间的脚印》一文的中心是岩石如何记录地球历史,而有些教案给的段落却分成非生物地质现象、化石等诸类现象,这就打乱了文章的整体思路,同样没有把握住文章中心思想。说明文中段落分析出现错误说明教师无法根据说明对象筛选主要信息,并梳理信息之间的逻辑关系。

第三,写作手法归类错误,文章结构章法把握不了。

常见的文学表现手段,无外乎叙述、描写、抒情、议论。很多文章往往是多种文学手法都有,中学教师教案常混淆抒情和议论两类手段。比如《灯笼》这篇散文将状物抒情和记事抒情两者结合在一起抒发了爱亲人、爱家乡、爱国家的深邃感情。作者所状之物是与灯笼有关的各种风俗文化,所记之事是与灯笼有关的人间真情、历史事件。前者主要使用说明手段,后者则主要使用叙述手段。除此之外,文章还以抒情手段相连接,有些教案分类为议论手段,可能主要原因是对句子中的副词和形容词语言功能不敏感,如"真的,灯笼的缘结得太多了,记忆的网里挤着的就都是。"这句抒情是过渡句,引发下面进入文章主体部分,程度副词"太"、范围副词"就",有非常强的表达感情的作用。"那种熙熙然庭院的静穆,是一辈子思慕着的。"这句抒情既是收束上文怀念爷爷小片段,又开启下片段怀念母亲。状态词"熙熙然"、形容词"静穆"都是描写类词语,句子的功能明显是抒情。议论是使用概念、命题形式表达观点,它们的区别主要体现在语言特点上。

对中学语文教师而言,除了表达手段之外,还有一些写作艺术手法也比较陌生,我们在本书里辨析了很容易引发混淆的"状物抒情"与"托物言志"写作手法。在小说文体解读中也介绍了一些与叙事艺术有关的写作手法。思辨性散文部分介绍了一些论证方法,也属于写作方面的内容。

文章结构把握不了表现在不懂写作起笔、过渡、收束等章法。上文所谈《时间的脚印》教案显示教师对过渡段落不敏感。再如《灯笼》这篇散文,有些教案将第1节划为文章第一段,那就没有明白写作学上的"起兴"手法。文章先从"光亮"起兴,谈喜欢太阳、月亮、繁星,从繁星靠近灯笼,才进入正题。所以第一段是1、2两节,总领全文,从灯笼想起诸多与家乡有关的故事。

文本解读能力下滑显示很多教师已经不懂写作,写作教育缺失造成学生写作能力下滑,继而又造成学生阅读能力下滑。现在很多大学生写不出像样的文章,也看不懂学术著作。长此以往,我们整个民族的国民素质可以想象会出现什么可怕情况。我国语文教育到了必须改革的境地。新课标已经颁布,部编教材也全面上市。语文教师必须提高自己的文本解读能力才能适应新教材、新课标。

我们认为语文教师应该从以下几个方面培养自身的文本解读能力。

第一,要善于从写作学中吸收营养。(1)要训练概括能力。顺着作家写作思路,沿着文章的自然段落逐层概括文章写了什么。然后将有逻辑的自然段归纳在一起,清晰掌握全篇文章的段落层次。提炼概括段落意义的基础上,归纳和概括中心思想。概括能力,是阅读能力的重要体现。语文教师务必要重视此种修炼。(2)要熟悉文学表达手段:叙述、描写、抒情、议论是按照语言功能差异划分出来的。叙述是说什么人发生什么事。描写是运用各种修辞手法比喻、拟人、夸张等,使用形容词等描写事物。抒情是表达作者的感情,常常与程度副词如"多么""非常"等匹配。议论是表达作者的观点,说明命题,遵循一定的逻辑推理顺序。除此之外,还有说明这类呈现事物特点的表达手段,它用于介绍事物的外观和内部状况,甚至也可以说明事理这类抽象层面的问题。(3)要熟悉常见的写作手法,比如关于文章起笔,什么是起兴法、什么是开门见山法等;关于文章结尾的,什么是含蓄蕴藉式、什么是卒章见志式等;关于文章结构,如什么是逐层递进式、什么是并列式、什么是倒金字塔式、什么是糖葫芦式等。与写作有关的艺术手法每一种文体都有很多种,本书在具体章节中结合教材选文已经做了具体分析,兹不赘述。

第二,要善于从文体学中吸收营养,沿着文体审美规范思考相关问题。比如诗歌一定要先从句子里找刻画了哪些意象,再整合思考整篇表达了什么样的意境。小说就一定要看人物如何刻画,情节如何叙述。戏剧就一定要琢磨台词或者唱词刻画人物什么性格,反映什么社会问题。散文内部没有非常强的统一性,要分类区别对待,其中思辨性议论文要思考使用了什么论据,怎么推理的,表达了什么观点。说明文首先考虑如何说明事物特征的,使用了什么说明顺序。

新闻要根据形式和内容思考，到底是消息还是通讯，或者新闻特写、报告文学，传达了什么信息。演讲就要考虑演讲者想达到什么目的，跟听众如何交流。

第三，要善于从文学史中吸收营养。每一种文体都有自己的发展规律，历史上中国文学文体繁复，分类标准也不统一。姚鼐《古文辞类纂》收录文体13类，其中每种还分出若干小类。这些数据说明中国作为一个写作大国，除了当代新产生的新闻、演讲等文体，其他各类文体历史上都有突出成就。我们应当从中国古典文学中多多汲取营养。比如本书认为山水游记脱胎于实用文体，直到唐代柳宗元才将其完全独立出来，并逐步日臻完善，达到情景交融的艺术境界。因此教师在解读郦道元的《三峡》时，就不应该赋予该文"情景交融"这样的评价，因为它是夹杂在《水经注》里面的一段景物描写。再比如我国明清出现长篇小说，在此之前只有很短的话本小说，但这不能是中国小说创作的源头。叙事散文是中国发展最早的一类散文，发展到《左传》已经是很优秀的叙事文学了。历朝历代作家对叙事艺术的探索都很多，我们要勤于考察，勤于梳理，搞清楚中国叙事艺术是如何一步步积累发展的。

第四，要树立中国文学通史的理念。每一个时代跟前代都不是截然分开的。但由于中国五四时期采用了新白话语体创作，从欧美吸收大量现代派艺术手法，因此中国古典文学似乎与五四文学产生了断层。但我们观察以叙事艺术见长的鲁迅，他善于使用对照反差法塑造人物形象，比如将闰土与杨二嫂对比，将阿长与远房叔叔对比，这些对照映衬的叙事艺术在中国古典小说《三国演义》里也有，比如写周瑜聪明都是衬托诸葛亮更为神机妙算，才华远远超出周瑜。再向前追溯，这种叙事艺术在中国史传文学《史记》中也有，如《鸿门宴》一节就将两位王位竞争者放在同一情景下，使刘邦与项羽互相映衬。总之，教师要多从文学艺术产生规律上思考，这个文本到底有什么艺术特色，这种艺术思想来源于中国古代什么时候、哪位作家，这样的训练对提高教师的文本解读能力也会产生极大帮助。

第五，要善于从文艺美学中吸收营养。东西方文学批评有各种流派、各种思潮，每种学说都要围绕着诗歌意象、诗歌意境、人物塑造、叙事艺术、艺术风格等内容讨论。教师要善于将学者的这些理论运用到自己的教学实践中去。本书就使用了多位学者的叙事学理论、戏剧文学理论，也结合了美学原理，建立了以文体学为中心的文本解读理论体系。部编教材也选了一部分文艺美学小品文，教师要善于引导学生使用这些理论阅读有关文学作品，比如学习了朱光潜文章，让学生说一下自己读的作品哪些地方有含蓄美，这样学生就真正理解了"无言之美"。学者创造理论从文学实践中来，教师要引导学生再次用它指导语文阅读实践，这样才能提升学生的审美素养。

第六，要善于从语言学中吸收营养。一个画家靠色彩和线条创造艺术，一个音乐家靠音符和节奏创造艺术，一个文学家却只能依靠语言创造艺术，因此教师应非常重视文本语言。（1）要将审美完全建立在文本语言理解基础上。审美首先依据作品语言谈文本写了什么，然后根据语境再去思考语言形式有什么审美意味，然后再根据中心思想思考作家想表达什么思想感情。因此本书提出了现代文按照从大到小的模式解读，即中心思想—文学形象—句子—词语这样的顺序解读文本；针对文言语体，教师要先交代中心思想，然后引导学生从词语—句子—段落—中心思想这样由小到大的顺序解读文本。这样做的目的除了照顾学生对一篇文章的认知顺序，还可以确保赏析始终不离开文本语言，以语言为根据理解文章。（2）要懂汉语的语言文字构造规律，有良好的文字学、语音学、词汇学、语法学、修辞学基础。对于文字能分辨常用四种造字法，能理解汉字形体的表意特点。对于语音学能分辨元音、辅音、声调等语音单位。对于词汇能理解如何解释词语意义。对于语法要理解什么是语法结构，如何划分语法结构组合层次，什么是语法意义，常用虚词有哪些意义，常见句式有哪些，如何分辨复句之间的逻辑关系，理解句群之间的意义联系。对于修辞学能理解常见的修辞格，理解修辞与文学表达之间的关系。这些基础理论知识帮助我们认识语言是一个层级结构，它可以层层组装，依靠符号之间的组合关系联合表达意义。也可以依靠修辞格，产生丰富的言外之意，取得良好的表达效果。另外，要高度重视语法学知识，以便于理解文言语体。

语言是如何表现为美的，迄今为止尚没有学者给出非常明确的答案。我们绪论部分谈到我国魏晋哲学家王弼已认识到"言""象""意"三者关系。以笔者对语言学及文学理解的基础上，我们将语言看作丝线，将作品看作织锦。不能认识语言则无法辨别丝线的颜色、功用；不懂文体学，不谈文章结构，则不可能看到这块织锦。作家创作将丝线编织为织锦，依靠篇章结构，在语言上架起心灵空间，因此语言是认识文学美的基石，行文章法、作家思想是作品美感的真正来源。

我们将语文教学的最佳境界归纳为18个字：抓住语言，进入心灵，引导审美，落实写作应用。核心思想就是强调"读""写"并行。2020年教育部修订语文课程标准，增加了语文教学要重视培养学生实践能力和应用能力的内容。"读""写"并行教学模式值得中小学语文教师关注并加以研究。

部编语文教材非常重视阅读，以下"整本书阅读"部编版要求课程化：七上《朝花夕拾》《西游记》，七下《骆驼祥子》《海底两万里》，八上《红星照耀中国》《昆虫记》，八下《傅雷家书》《钢铁是怎样炼成的》，九上《艾青诗选》《水浒传》，九下《儒林外史》《简·爱》，高一上《乡土中国》，高一下《红楼梦》。教师要探索如何指导学生从一节节的片段得到整本书的中心思想，再利用中心思想去观照回味书籍的精彩片段。2019年7月教育部语言文字信息管理司与商务印书馆在吉林省长春市联合举办"为中国未来而读"的阅读活动，随着国家对中小学生阅读能力的关注，未来阅读教学无疑将成为教学重点，这也是语文教学的新兴前沿研究领域。如何提高阅读课的教学效率，更好地与学生语文水平相结合，与语文教材相结合，与学生写作相结合，还需要教师投入精力钻研，真正给学生一些阅读方法和作品理解欣赏方面的指导，并引导学生将所读内容内化为自己的知识，将阅读效果落实到提高学生的写作水平上来。

小学部编语文教材已经在"读""写"教学方面给予了很好的引导，随着我国小学生语文素养的全面改善，初中语文教师应该引导学生学会欣赏不同文体作品，高中则可以根据文体特点和艺术特点，设置任务让学生自主完成学习。一个学生的发展是连续的，各类层次的学校学生学情也千变万化，中学教师应结合本班级学生语文水平，思考如何使用初中版及高中版进一步提升学生母语运用能力，为提高我国国民素质做出应有贡献。培养祖国未来创造性人才，语文教师功德无量！

# 后　记

本书结束之际，想起了我个人受教育的历程，感慨良多。首先对我的高中语文老师、学术启蒙老师张诒三教授表示衷心的感谢！一个人一生有很多道路可以走，因为我们每个人都有很大的潜力，但是当初引导你的那个人却足以决定你一生的足迹。假如我高中遇见了特别愿意跟我交流的物理老师，也许我今天也能成为研究物理学的教师。但我高中遇到的愿意跟我聊天说话的是语文老师，他博学多识，有思想，有个性，朝夕跟我们这些高中生打成一片。我从他那里借来雪莱诗歌，借来尼采哲学，这是我人生中非常奇特的经历，这并不是我首次阅读语文课本之外的书籍，却是我从语文老师那里获得思想的开端。这之后，我重复了他的经历，考到了他读书的本科大学——曲阜师范大学。本科毕业之后，我去淄博教中学。后来，张诒三老师考进了山东大学攻读他的硕士学位，一番交流后，我决定再次重复他的经历。2000年，终于我也考进了山东大学攻读汉语言文字学硕士。在硕士毕业面临选择读博士的时候，张诒三老师再次建议我攻读南京师范大学董志翘教授的博士，他还带来了董志翘教授的训诂专著。那个时候，他已经从训诂学家方一新先生门下毕业。就这样，2003年我如愿以偿成为董志翘先生的博士生！博士毕业之后，我才在长期的读书偏好中建立起自己的学术兴趣——成为语法学研究的追随者。长时间的发展之后，我才跟张诒三老师在学术旨趣上产生不同，成为我自己。

撰写拙作所需要的知识储备绝大部分来自我本科阶段的读书经历。因此又让我在繁忙的工作之余，想起很多老师！这也是非常奇特的经历。自从我硕士阶段进入语言学领域，先从《说文解字》《尔雅》读起，又进入词汇学领域，继而对语法学产生兴趣，我遨游在语言学的海洋。忙于语言学教学和科研工作，从来不记得我读过文学。接到工作单位希望我研究语文教学的任务，好多沉积的记忆一下子翻上来！语文教学首要是审美，这不可能只教词汇、语法啊！再次翻阅本科阶段读过的书籍，一夜之间我的感情扬起阵阵波澜，似乎又回到那样阳光明媚的美好年代。我不禁想起了当年给我审美思想的美学老师吴绍全先生。问到吴老师的电话号码，非常兴奋地拨过去，老师还记得我！我简直激动坏了，流下了热泪！没有当初老师教育，我怎么也不可能顺利完成语文研究任务。我的写作学老师杨广敏教授喜欢研究《文心雕龙》，他粗短的胡子根植在双颊，说话神态颇有豪放之风，但他的声音非常细腻，是男人中少有的观察力敏锐之人。我的现当代文学老师李新宇教授，说话声音特别细小，他上课我总想抓住眼镜之类的东西，但这玩意儿不能帮助我提高听力！我的班主任钱加清教授，当年刚刚是燕尔新婚！神奇的记忆好像来自另一个世界，我自己瞬间恢复了对文学的感觉，那种被语言科学性打断的文学之美又在我心中闪烁！

　　重视语言文字的思想性和艺术性，重视"读""写"的相互联系性是中国语文教育追求的核心理念，前者核心指向审美，后者核心指向应用。语文教师利用教材选文既要提高学生的阅读理解能力，又要提高他们的写作水平。两者相融于语文课堂，统一于审美，是语文教师的至善境界。拙作基本体现了我对中国语文教育的理解。衷心感谢我的启蒙老师张诒三教授，感谢我的本科教育学校曲阜师范大学。曲阜安静的小城适宜于读书，这座城市因教育而闻名世界！感谢生命中度过的岁月，那些中学执教的艰苦岁月！

　　本书初稿完成于2019年6月，当年找了几家出版社都婉言谢绝了我的出版请求，他们担心这类书籍没有读者群。书稿在电脑里沉寂了一年多，我几乎忘记了它！感谢光明日报出版社赐予机会，让我重新增补修订书稿。

　　回忆我自己的学术道路，恍如幻梦一般。当用心攻读的美学让我感觉虚幻，决定放弃报考美学研究生，进入中学执教之后，我却那样不甘心！异常苦闷之际，我开始翻阅本科时代从来都不读的语言学书籍，接触到第一本启蒙著作——李宇明先生《儿童语言的发展》，感觉语言学也可以生动有趣。后来在淄川新华书店发现这本书还有销售，就毫不犹豫地买下来，同时还购买了另一本语言学经典著作《现代汉语八百词（增订本）》。我做汉语史，从来也没有想过跟我的语言学启蒙学者重逢。2015年不小心拿了一个国家语委项目，2016年以来一直猛读语言规划学书籍，才让我再次从李宇明先生的思想里出发。就在2018年已经完成语委项目之后，我还感觉今生都不可能跨越到现代汉语领域。时光悄悄流转，在我完成语文教学项目之后，在我拿到国家社科项目之后，我却自然而然转入现代汉语领域！因为语文教学属于应用语言学，语言规划学属于应用语言学，我跟汉语史已经处在两条平行轨道上！有时候，我回忆起跟李宇明先生交流思想的细节，分不出到底是梦幻还是现实。它是梦幻吧，可是我听到了他的声音；它是现实吧，可是我看不到他的人。他的学术讲座在网络中。学术往何处去，是每个有梦想的人都在意的事情。我不可能回到汉语史，那就跟李宇明先生一直走到底！除了语言规划学，下一站，未来一站又一站，我们去哪里，宇明先生？想求宇明先生作序，可他谦虚称自己研究成果方面难当此任，非常欣慰的是他愿意奉献墨宝以示鼓励。感谢！当我看到宇明先生的题字，心里沉甸甸的。在我心中，他是一位伟大的语言学家、教育学家。我这样渺小，只能为国家奉献绵薄之力吧。

在阅读全套部编语文教材基础上，书稿以教材选文为实践对象，以美学为基本指导思想，建立了以文体学为中心，以语言贯穿始终的文本解读框架，并着力论述了文言语体的语言教学问题。拙作的理想是授之以渔，使广大中文师范生、汉语国际教育学生、在职语文教师利用本书理论体系和解读文本方法能阅读欣赏新文本。

本人不揣冗陋，斗胆综合了中文系多学科知识，包括写作学、语言学、文艺美学、现当代文学、古典文学、外国文学等，有些专业问题可能说得不到位，还请专家不吝赐教。

本书结尾寄语语文教师：关于文本审美问题，要高度重视语言学特别是文体学知识，切实提高学生母语运用能力。为了帮助语文教师探索"读""写"相辅的语文课堂教学模式，笔者写成了《汉语文体学概论》一书，将常见阅读与写作文体统一为一体。希望这两部书籍能为语文教师提供便利。培养国家创造性人才，语文教师任重道远。

2019年夏初稿
2022年春定稿
于淮安

国家社科基金重点项目"司法权威生成的文化机制研究"资助
博士生导师学术文库

# 司法权威的文化理路

SIFA QUANWEI
DE WENHUA LILU

季金华◎著

光明日报出版社

图书在版编目（CIP）数据

司法权威的文化理路 / 季金华著 . -- 北京：光明日报出版社，2025. 1. -- ISBN 978-7-5194-8452-1

Ⅰ. D916

中国国家版本馆 CIP 数据核字第 2025E596Z1 号

## 司法权威的文化理路
SIFA QUANWEI DE WENHUA LILU

著　　者：季金华

责任编辑：史　宁　　　　　　　责任校对：许　怡　温美静
封面设计：中联华文　　　　　　责任印制：曹　净

出版发行：光明日报出版社
地　　址：北京市西城区永安路 106 号，100050
电　　话：010-63169890（咨询），010-63131930（邮购）
传　　真：010-63131930
网　　址：http://book.gmw.cn
E－mail：gmrbcbs@gmw.cn
法律顾问：北京市兰台律师事务所龚柳方律师

印　　刷：三河市华东印刷有限公司
装　　订：三河市华东印刷有限公司
本书如有破损、缺页、装订错误，请与本社联系调换，电话：010-63131930

开　　本：170mm×240mm
字　　数：252 千字　　　　　　印　张：16.5
版　　次：2025 年 1 月第 1 版　　印　次：2025 年 1 月第 1 次印刷
书　　号：ISBN 978-7-5194-8452-1
定　　价：95.00 元

版权所有　　翻印必究

# 前 言

　　司法权威的不足会严重制约司法能力的提高，极大地影响司法解决纠纷功能、救济权利功能和发展法律功能的发挥。司法权威的树立不仅需要深化司法制度的改革，而且需要准确理解司法权威的文化内涵、科学揭示司法权威生成的社会文化机理、始终遵循司法权威成长的文化发展规律，精心设计司法权威的文化建构机制。

　　司法权威是一种被动和有限的权威、一种判断权威和程序权威、一种解释性和沟通性权威、一种确定性和终局性的权威。作为静态的法律规范的权威必须借助于动态的司法主体的权威、司法权运作过程的权威和司法判决的权威得以实现和延伸，通过司法判断力、司法说服力、司法确定力和司法执行力得以体现和拓展。

　　司法判断力是作为判断主体和裁决主体的法官所具有的权威，司法权威必须通过法官的判断权威和裁决权威来体现。司法主体的权威来自知识、经验和理性的权威。法律解释权是司法权的有机组成部分，法律适用的过程就是司法机关进行法律解释的过程。司法机关的法律解释活动是在法官具有的知识和经验的基础上展开的，法官的解释权威是法律权威的实现和延伸。司法的威信必须从判断主体的素质和司法判断的制度设置两个方面加以保障，法官的遴选条件必须十分严格，法官不仅要具有法律专业知识和技能，而且要有丰富的社会阅历和社会认知能力。现代国家对司法组织、司法权力和司法程序作出的宪法安排，推定司法判断具有至上的权威性。

司法具有说服力意味着法官对裁判理由的阐释获得了当事人和社会公众的认同。法官通常是通过沟通和说理来说服当事人和社会公众认可有关事实和法律争议问题的司法决定、接受司法裁判结果的。诉讼地位平等为理性沟通提供了权威基础，平等的诉讼地位能够保障当事人的程序权利获得平等的司法保护，诉讼请求和诉讼意见受到法官足够的重视和平等的对待。程序角色的分化为程序制约提供了权威基础，诉讼程序中的角色分化有助于司法行为与诉讼行为之间的配合与制约。程序中立的结构为程序结果提供权威基础，法官应该依照程序独立的要求，站在中立的立场解释法律，在法律推理和法律论证的基础上作出公正的法律判断。

司法裁判的权威是司法权威的载体和司法确定力的表征，司法权威要通过司法裁判来体现。司法结果权威的存在意味着案件当事人诉权的消灭和法院对已决案件失去了司法管辖权。司法结果的权威性表现为生效司法裁判对案件事实的认定和法律适用规则的选择具有确定的法律效力。司法确定力意味着既定事实具有不变更的效力，双方当事人不能对已生效的裁判认定的事实再起讼争。裁判的确定性为司法权威提供文化动力，司法确定力和司法结果的权威能够给潜在的存在类似纠纷的当事人明确的司法预期，为他们自行和解提供司法判决的模式，培养人们依赖诉讼机制解决纠纷的诉讼观念和诉讼意识，从而为司法确定力和司法裁判权威提供源源不断的文化动力。

司法的终局性权威来自司法的执行力。法律权威的实现和司法权威的确定取决于司法裁判的有效执行，既体现在司法裁判的强制执行方面，也表现在司法裁判的自觉履行方面。司法的终局性权威意味着人们尊重和接受通过法律程序得出的司法结果。不管是否对自己有利，双方当事人都必须接受法官依据法定程序、根据法律事实适用实体法作出的司法判决。司法的终局性权威意味着法律权威和法治信仰的生成。法院在审理案件中借助司法解释、利益确认、权利推定等司法机制可以有效地弥补立法主体认识能力的局限性和立法的滞后性，确保法律适应社会发展的能力，从而在树立司法权威的过程中实现和延伸法律的权威。

司法权威建立在一定的文化基础之上，具有多方面的文化表征。司法判断的过程一般为法律规则的具体化解释和具体行为的抽象化归纳的整合过程，是一个紧密依托文化的认识过程；司法说服力通过文化沟通理性、判决说理意识和价值认同来体现；司法确定力借助于司法管辖范围的文化选择、法律事实建构的文化评价、审判规则建构的文化共识和司法裁判结果的文化取向表现出来；司法执行力通过司法执行的文化心理、文化观念和文化意识来实现。

司法判断力必须依靠文化知识的准确运用，才能具备足够的理性和权威让当事人和社会信服。法律知识是法官行使司法判断权的合法性基础，生活知识是司法判断力的文化支撑，知识融合是司法判断力的文化基石。知识和认知的融合能够促进社会和公众对司法的理解、认同和支持。司法判断力有着深厚的文化价值基础，依赖一定的文化理性资源。司法判断以认识理性为前提条件，以沟通理性为手段，以选择理性为支撑。司法判断的正当性来源于法律正当性，法律的正当性来源于法律自身的理性。

司法说服力是裁判正当性与裁判可接受性互为建构的桥梁。理性沟通是司法说服力的文化渊源，判决说理意识是司法说服力的文化支撑，价值认同是司法说服力的文化依归。司法说服力来自法官与社会公众的文化沟通，司法具备说服力是因为司法能够以其严密逻辑和充分说理让当事人和公众所信服。司法说服力建立在文化共识基础上，法院的判决必须建立在对事实争议和法律争议的文化价值取向所作的明智和令人信服的解释基础上。司法说服力建立在文化认同基础上，程序公正和实体公正是司法裁决所要实现的价值目标。司法说服力建立在文化信仰基础上。法官和当事人对有关纠纷事实争议和法律争议是否拥有相对一致的认识取决于人们是否具有公共的法治意识和文化信仰。

司法确定力取决于司法管辖范围的文化选择、司法过程中法律事实与审判规则的文化建构意识和裁判结果的文化价值取向。司法裁判只有在司法管辖范围内才具有确定力，司法管辖范围本质上是一个文化认识、文化判断和文化选择的问题。法律事实建构必须以一定社会文化为基础，必须经过文化的评价才能取得应有的确定力，审判规则建构过程中的文化共识决定了司法确定力的实现方式。司法确定力体现在司法裁判结果的文化影响力方面，司法裁判结果的文化取向决定了司法确定力的能量。

司法执行程序中，人们对司法裁判结果的直观感受、情绪体现构成了司法执行力的文化心理基础。司法执行力受文化心理影响，信任心理是司法裁判顺利执行的前提，畏惧心理是司法裁判能够执行的基础，逃避心理是司法裁判执行的不利因素，对抗心理是司法裁判执行的阻碍因素。司法执行力受文化观念的影响，社会主流文化观念的支持能够推动执行活动的顺利进行，法官的文化观念对于司法执行具有基础性的作用，执行人员的文化观念对执行效果具有直接的影响。司法执行力受文化意识的影响，当事人的自觉执行意识是司法执行力最好的体现，执行人员的能动执行意识是执行高效原则的必然要求，其他机关协助执行的文化意识是司法执行顺利开展的有力保障。

权威是文化选择的产物，何种形式的权威能够在社会中占据主导地位是由主流社会文化决定的。依靠法律的文化理念是司法权威形成和发展的前提，需要通过文化调和来维系，权利不能超越现代社会资源和社会文化的限制。选择司法解决纠纷的文化意向是司法权威形成和发展的文化动力，人们交往方式和空间变化使得纠纷的解决更加依靠司法手段。选择司法推动法律发展的文化要求进一步强化了司法裁决的权威。通过司法对某一类社会纠纷的案件受理及裁判，并最终确立裁判规则，进而由裁判规则提炼为行为规则，成为转型社会及现代社会发展法律的重要途径之一。选择司法保护同等自由的文化诉求规定了司法权威的价值目标，决定了司法权威的发展方向。

司法公正的文化定位对司法权威的形成和发展具有极其重要的意义。追求司法公正是人类社会的一种永恒的精神文化现象。追求司法公正逐渐成为一种普遍的文化诉求，成为评价司法者、司法过程和司法结果的最基本的制度标准、行为标准和文化标准。司法公正建立在司法共识基础之上，公正司法的结果是通过文化沟通形成的。利益对立的各方当事人在同一个文化沟通平台中，以居中裁判者为中轴，在法定期间内形成一个最优的价值处理和利益裁决方案。这个沟通机制是角色分化的文化机制，是多元法律文化价值的竞争机制，是封闭与开放统一的文化价值沟通机制。审判独立的文化观念和司法公正的文化评价对司法权威的形成和发展至关重要。

司法沟通在本质上是一种文化沟通。当事人向法院提出的诉讼请求、证据、事实和理由，在一定程度上也是一种价值认识、价值评价和价值选择的结果。司法程序中的沟通是在法律解释、事实认定和法律适用方面取得共识的重要手段，是司法过程及其结果逐渐获得认同、持续获取威信和威力的重要途径。司法沟通的文化属性决定了司法过程形成的共识是一种文化共识，司法过程是一个文化竞争的过程，司法结果是文化竞争的结果。因而文化沟通也是一种法律规范与社会规范、法律知识与社会知识、法律理性与社会理性的竞争和融合过程。司法过程是案件事实与法律规范有机结合的过程，是法律的普遍性要求和利益诉求的特殊性相结合的过程，本质上是各种层次的文化竞相争取普遍性地位的过程。

总之，开展司法权威的文化学研究，建立研究司法权威的文化概念范畴，有利于深刻认识司法权威背后的文化力量，系统总结我国司法改革过程中的司法机制创新经验，合理吸收西方的先进司法理念，建立起适合中国国情的司法权威的文化实现机制。有利于人们理性看待司法，形成对司法功能的合理期待，从而确立正确的司法改革指导思想，建构中国特色的司法权威机制，为社会和谐提供坚实的司法基础。

# 目 录
## CONTENTS

**第一章 司法权威的文化向度** ……………………………………… 1
    一、司法权威的基本表征 ……………………………………… 2
    二、司法权威的文化意象 ……………………………………… 13
    三、司法权威的文化渊源 ……………………………………… 31

**第二章 司法判断力的文化渊源** ………………………………… 42
    一、司法判断力是在特定的文化知识背景中形成的 ……… 43
    二、司法判断力是在主流价值观的作用下形成的 ………… 52
    三、司法判断力是在价值理性的支持下形成的 …………… 61

**第三章 司法说服力的文化机理** ………………………………… 73
    一、理性沟通：司法说服力的文化渊源 …………………… 74
    二、判决说理：司法说服力的文化支撑 …………………… 85
    三、价值认同：司法说服力的文化依归 …………………… 94

**第四章 司法确定力的文化逻辑** ………………………………… 105
    一、司法确定力与司法管辖范围的文化选择 ……………… 105
    二、司法确定力与法律事实建构的文化评价 ……………… 111
    三、司法确定力与审判规则建构的文化整合 ……………… 120

四、司法确定力与司法裁判结果的文化取向 ……………… 127

## 第五章 司法执行力的文化基础 ……………………………… 134
一、司法执行力的文化心理定势 ……………………… 135
二、司法执行力的文化观念取向 ……………………… 141
三、司法执行力的文化意识导引 ……………………… 150

## 第六章 司法权威的文化动力 ……………………………… 159
一、法律至上的文化理念 ……………………………… 159
二、司法最终解决的文化意识 ………………………… 173
三、司法公正的文化诉求 ……………………………… 181

## 第七章 司法权威的文化机制 ……………………………… 193
一、选择司法途径的文化心理机制 …………………… 193
二、寻求司法共识的文化沟通机制 …………………… 203
三、尊重司法结果的文化认同机制 …………………… 212

**参考文献** …………………………………………………… 227

**后　记** …………………………………………………… 247

# 第一章　司法权威的文化向度

司法权威是司法过程及其结果所拥有的威力和威信。司法权威的存在意味着司法权的运作过程及其结果的正当性获得了广泛的文化认同和社会信任。因此，司法权威作为法律权威的表现形式和实现方式，本质上是一种文化现象，是一种秩序的安排理念和纠纷的处理方式。由于人类生活模式的多样性和价值需要的多元化，文化必然是具有多种含义的概念。从最广泛的意义上讲，文化是包括知识、信仰、艺术、道德、法律、习惯、能力和习性在内的符号系统，[①] 是一定时期整个群体或群体的特定部分所共享的生存式样系统，[②] 是人类在漫长的社会实践过程中所创造的物质文化和精神文化的总和。其中精神文化包含社会意识形态及其相适应的制度机制，最为核心的文化要素是以价值观为内核的社会意识形态。因此，从狭义角度来看，"文化指的是能够使一个社会运行起来的价值观与相互关系的网络"[③]。

文化作为一定共同体的价值观念、思维方式和行为模式，对司法权威的影响是广泛而深刻的。在钱穆看来，"一切问题，由文化问题产生；一切问题，由文化问题解决"[④]。在人类制度权威的发展历史中，"道德决定着法律发展进程中的各种相互纠结的不同方式"，[⑤] 文化深刻影响法治发展的进程，文化是

---

[①] 泰勒. 文化之定义 [M]. 顾晓鸣，译 // 庄锡昌，顾晓鸣，顾云深. 多维视野中的文化理论. 杭州：浙江人民出版社，1987：98.

[②] 克鲁克洪，等. 文化与个人 [M]. 何维凌，高佳，何红，译. 杭州：浙江人民出版社，1986：5.

[③] 威布. 自治：美国民主的文化史 [M]. 李振广，译. 北京：商务印书馆，2006：14.

[④] 钱穆. 文化学大义 [M]. 台北：中正书局，1981：3.

[⑤] 哈特. 法律、自由与道德 [M]. 支振锋，译. 北京：法律出版社，2006：1.

立法的精神源头，文化决定法律的内容，塑造法律的精神品格，人们的心态、情感、观念、意识等文化要素影响着法律的实施；文化是司法发展的内在动力，文化深刻影响司法权威的形成与发展进程，文化是司法权威发展的引擎，文化形塑司法权威的时代精神[①]。就我国目前的社会环境而言，司法权威的树立既需要积极推动司法制度的改革与完善，也需要深入理解司法权威的文化内涵、科学揭示司法权威的产生和发展的社会文化机理、准确把握司法权威成长的文化发展规律、努力寻找司法权威的文化建构途径。

## 一、司法权威的基本表征

在英国学者罗杰·科特威尔（Roger Cottenell）看来，西方典型的民主制度中，立法具有至高的权威，比行政命令、管理机构的决定和法院判决更有权威性。[②] 法律规则和原则是立法活动的产物，它们在传统社会中被看成神的意志和君主意志的体现，在现代社会被认为是人民意志的体现，这些意志构成了法律权威的渊源，也成了司法权威的前提和基础。一方面，司法权威受制于法律规定的管辖范围、局限于原告起诉的事实范围，因此司法权威是一种被动的、有限的权威；另一方面，司法解释、司法判断和司法裁决是所有法律评价活动中最权威的程序行为，因而司法权威是一种具有至上性和终局性的解释权威、判断权威、程序权威。这就在一定程度上预示着司法权威有种特定的结构要素与丰富的表现形式。

（一）司法主体的权威与司法判断力

法官的司法判断能力是司法权威的基础。司法判断力是法官在司法审判过程中对案件事实问题和法律适用问题所作出的具有法律效力和法律效能的权威性判断。司法判断力是法官基于审慎权衡法律与事实而产生的判断能力和判断能量。[③] 法律存在应然效力和实然效力之别，而连接法律应然效力和实然效力的桥梁便是法官，法律借由法官的判断从理想世界进入现实世界，发

---

[①] 王松苗. 法治是一个文明的过程 [N]. 人民法院报，2014-08-15（7）.

[②] 科特威尔. 法律社会学导论 [M]. 潘大松，刘丽君，林燕萍，等译. 北京：华夏出版社，1989：67-68.

[③] 崔永东. 从系统论视角看司法公信力建设 [J]. 暨南学报（哲学社会科学版），2023，45（3）：39-53.

挥了规范社会行为、调整社会关系的功能。①司法权威必须通过法官的判断权威和裁决权威来体现，法官的权威实质上就是作为判断主体和裁决主体所拥有的威信和影响力。

在一定程度上，抽象的法律规定不可避免地存在许多缺陷，立法者不可能考虑社会行为和社会关系的所有复杂性特征，只能采用法律关系理想模式来规定当事人的权利义务，从而实现法律对类型化的社会行为的评价、引导和规范功能。因此，法律的抽象性与社会生活的具体性决定了抽象的法律原则和规则不能直接用来判断争议行为的性质，因而也不能直接用来对争议事实中的权利义务的分配作出最终裁决。法官必须通过司法解释将法律规则和法律原则的抽象规定转化为具体的规定，通过演绎思维方法将法律规则设定的法律关系模式具体化为社会主体间的权利义务关系，进而对案件事实进行判断。此外，法律规定的稳定性决定了法律必然落后于社会发展步伐，不仅法律制定时有可能存在法律规定方面的空白，而且法律的规定有可能不能很好地适应社会发展的需要，不能满足于新的社会关系产生的法权要求。为了在法律的实施中弥补法律的空缺，更好地发挥法律调整社会关系的功能，法官必须在深入挖掘法律原理和政策、探寻立法目的、坚持法律原则的基础之上，对法律条文的具体规定作出合理准确的阐述。

法官的判断权威离不开司法的解释权威。司法的解释权威主要体现在具体和抽象两个层面：在具体个案层面，法官对具体法律规则的理解和阐释决定了案件事实评价的结果；在抽象规范层面，最高司法机关通过规范文件对普遍性法律适用问题的解答或者通过判例形式对法律规定的说明具有普遍的法律效力，对后续类似案件的审理具有约束力。在现代法治国家中，立法者可以解释宪法和法律，也就是所谓的立法解释，立法解释具有与法律同等的效力，对司法适用具有拘束力。行政机关在法律实施过程中也可以对法律作出解释，并且在行政管辖的范围内具有效力。然而，只有司法解释具有至上权威，司法机关不仅拥有对法律的解释权，而且享有宪法的解释权和违宪审查权，立法解释和行政机关的解释都要接受司法审查，司法解释才是终局性

---

① 拉德布鲁赫. 法学导论［M］. 米健，朱林，译. 北京：中国大百科全书出版社，1997：100.

3

的权威解释。法官在庭审的独特辩论语境和司法境遇中，运用法律实践理性和诠释视野，有可能发现立法者所没有言明的某种价值，有利于实现个别正义的司法目的。① 当然，司法权威也必须建立在法律规范的权威基础上，法官根据法律规则的规定对具体案件作出权威性的裁判，既能展示法院和法官的权威，也是确保司法活动正当性的基本手段。法官必须面对社会关系的变化，在司法的过程中确认和加强既定的法律原则，合理地运用和发展法律原则，从而保证司法裁判权威的连续性、稳定性和可预期性。在此基础上形成的司法裁决能够最大限度地促进正义并赢得大众的认可，法官也由此在社会上享有很高的权威和威信。也正因为如此，司法解释才能借助于法官的权威成为法律适用的基础和法律发展的重要途径。

司法解释的权威和司法判断权威来自知识、理性和经验的权威。法律适用是一种理性和经验有机结合的价值判断活动，缺少专业系统的训练，没有长期法律实践经验的积累，一般人很难掌握法律规则的深刻要义，也难以对其作出准确、合理的说明。② 法官只有在司法经验和司法理性的保证下，综合运用哲学、历史学和社会学的分析方法才能对法律进行整体性和建构性的阐释，从而发掘潜在于法律条文或者司法判例中的某些原则，用以弥补法律的空缺，获取司法判决的权威依据。正是因为拥有经过专门、系统训练所获得的专业知识、思维能力和经验理性，法官才能发现某一法律原则的发展趋势，确定它的适用边界，为创造新的法律原则，作出价值评价和价值选择奠定基础。③ 因此，司法解释活动是在法官的知识和经验的基础上展开的，其权威来自法官的知识、经验和理性。

社会生活和利益关系的复杂性给司法判断带来了难度，当事人的立场、社会经验和法律认知水平都会深刻影响司法判断的准确性、公正性和合理性。

---

① 伽达默尔.真理与方法：上卷[M].洪汉鼎,译.上海：上海译文出版社,1992：423.

② 我国法制现代化发轫于清末法制改革，虽然那时的司法官员还不是现代意义上的法官，但是他们审理案件的专业能力是无法否认的。那时的"说帖"已经具有法律建议书的含义，清乾隆四十九年刑部开启了汇辑编纂刑部说帖文献的先河。清代刑部说帖文献在司法领域受到青睐从而具有一定的权威性，主要源自部内刑名高手对疑难案件进行的析毫剖芒、极尽精微的说理辩论，进而为后来的司法工作者在案件拟断时提供了沟通案件事实与法律规范之间的关联桥梁。（李明.清代刑部说帖的撰写及司法权威的生成[J].清史研究,2023（2）：47-56.）

③ 卡多佐.司法过程的性质[M].苏力,译.北京：商务印书馆,1998：16.

因此，在遇到疑难复杂案件的时候，如何在各方的争议中发现案件事实和寻找法律规范，考验着法官的司法能力和司法智慧。这就要求从判断主体的素质和司法判断的制度设置两个方面加以保障。从判断主体的素质角度来看，无论哪个国家，对法官的遴选都具有非常严苛的程序和标准，要求法官不仅要具有法律专业知识和技能，而且要具有丰富的社会阅历和社会认识能力，如此才能确保他们具有洞察人性的领悟能力、处理案件的沟通能力和追求正义的意识能力。从司法判断的制度设置角度来看，现代宪法对审判组织、司法程序和审判权力作出了明确的规定，赋予了司法判断的至上权威，力图使社会公众相信，理性、智慧的法官能够凭借审慎精细、中立自治的司法程序，对纠纷作出公正权威的裁决。事实上，有了素质和制度方面的保证，法官就能免受自身因素的影响、排除外界的任何干扰，保证法官对案件的事实问题和法律适用问题作出独立、公正的判断，从而不断地赢得公众的信任和尊重。

（二）司法过程的权威与司法说服力

"程序是制造权威的途径"，[①] 程序权威既能够联结法律规范权威和司法判决权威，又能够保障法官的角色定位和司法裁决权威的内在一致性，正是司法程序的理性结构和交涉功能决定了司法判断行为和诉讼行为的法律效力。现代司法程序具有理性的关系结构，凝结了人类社会丰富的理性、智慧和经验。旨在解决纠纷的程序规则与诉讼程序架构建立在社会公意的基础上，要求参与者通过理性的对话、沟通和妥协在法律规定的范围内作出理性选择，以便当事人之间、法院与当事人之间就纠纷解决达成一定程度的共识，从而通过司法程序的沟通和司法裁判重新分配实体上的权利和义务。

说服是指一方通过说理使对方接受自己的想法或判断，以求能够使对方的态度、行为朝一方设定的方向改变的沟通过程。所谓说服力，就是一方通过充分的说理和沟通使对方接受自己的想法或判断，能够使对方的态度、行为朝自己所期望的方向改变的能量。司法说服力是法官通过充分的说理使当事人和社会公众接受司法裁决结果的能量。司法具有说服力意味着法官对裁判理由的阐释获得了当事人和社会公众的认同。法官通常是借助于沟通和说

---

① 费斯. 如法所能 [M]. 师帅, 译. 北京：中国政法大学出版社，2008：18.

理来说服当事人和社会公众认可有关事实争议问题和法律争议问题的司法判断和司法裁决，司法的程序权威及其说服力主要体现在以下几个方面：

首先，诉讼地位平等为理性沟通提供了权威基础。平等的诉讼地位能够保证当事人在诉讼过程中自主地确定案件争议焦点、处理实体权利，同时也能够确保当事人在司法程序中相互了解对方的意图、主张，有利于双方的自我利益权衡和行为抉择。诉讼地位平等还能够保障当事人的诉讼权利受到平等的司法保护，确保当事人的诉讼请求、法律理由和司法意见不因自身的社会地位和行为特征而受到区别性的对待。在当事人程序权利获得平等司法保护的前提下，经过严密的司法程序和充分的辩论过程作出的终局性裁决才能够获得当事人的认同。在司法实践中，争讼双方由于知识结构、生活方式、工作环境的差异，形成了事实上的诉讼地位和诉讼能力的失衡。法官应该坚持诉讼地位平等的司法理念，针对当事人在获得法律信息和利用法律资料能力方面的差距，依职权向特定当事人提出案件事实和法律适用方面的问题，引导其尽可能提供有利于查明案件事实的证据。当然，法官也不能超越当事人的实体权利和程序权利的处分范围行使释明权。此外，理性沟通是确立司法说服力的前提和基础。在某种意义上，诉讼地位平等还要求法官通过裁判说理与当事人进行沟通。在具体审理案件的过程中，法官通过与当事人的充分交流，向其阐释和说明判决的理由，促使其理解、认同和服从司法裁决。法官在面对案件的争议焦点时，经常存在着多种可能的选择，而且并不存在绝对的正确与错误，很多时候就是一个程度的问题，是支持原告的诉求多一些还是支持被告多一些。法官必须结合司法审判的理性和经验，对案件事实的性质、法律评价依据和当事人的司法意见发表权威的看法，通过对法律事实的建构和法律规定的阐释，给出重新分配诉讼两造的实体权利和实体义务的法律理由。当面对疑难案件时，法官还需要根据司法理性和司法经验作出相应的利益衡量和价值判断，这就需要法官公开法律推理的过程，阐释价值选择的法律依据和正当理由。在这种平等对待的沟通过程中产生的裁判结果更能获得当事人的认同。[①]随着法治文明的发展，理性沟通不仅存在于司法过

---

① 贝勒斯. 法律的原则：一个规范的分析 [M]. 张文显，宋金娜，朱卫国，等译. 北京：中国大百科全书出版社，1996：41.

程中，还扩大到司法过程完结之后，当事人和社会公众还可通过网络查询裁判文书、解读裁判理由，加深对司法过程中的事实认定和法律解释及适用的认识和理解。

其次，程序角色的分化为程序制约提供了权威基础。诉讼程序中的角色分化有助于司法行为与诉讼行为之间的配合与制约。法官担任诉讼主持、案件审理和争议裁判的角色，原告和被告不是程序客体而是诉讼主体，担任对抗、竞争和辩论的角色，享有相关的程序参与权和程序决定权。法官不能垄断司法决定权，法官享有的裁判权通常受到当事人诉讼权利的制约，法官必须遵循辩论原则和处分原则，只能在职权范围之内对当事人主张的权利要求进行判断，不能对当事人没有主张的利益，或者没有争执的案件事实进行审理和裁决。立场上的对立和利益的冲突，使得当事人采用对抗性的对话方式，通过言辞作出负责任的意思表示，从而使争议问题的不同方面得到充分的反映，为法官正确判断、公正裁决提供条件。有必要指出，审前对话和证据交流程序也是发现案件事实、确定争议焦点的程序沟通机制；当事人作为司法裁决的判断者和预测者，通过辩论过程也加深了对实体法和程序法含义的认识和理解，有利于形成司法结果方面的合理预期，从而为诉讼利益的选择打下基础。当实体法存在漏洞或者实体法的规定模糊，法官有可能作出多种司法解释的时候，当事人也会面临着法律适用方面的选择，只能借助程序沟通机制调和不同价值观念，为纠纷解决达成妥协方案。这种程序对话机制不仅能够保证法律正义的实现，而且能够确保社会正义的实现，促使当事人从心理上接受程序运作的结果。因此，司法判决是在程序角色合理分配和程序理性充分起作用的情况下，从起诉、应诉到诉讼两造法庭辩论，再到法庭对事实争议的查明和法律适用的确定，最终形成司法结果的活动，整个司法过程实质上既是多元主体参与的一种秩序建构过程，也是一种闭合性和开放性相结合的法律意义阐释过程。

程序中立的结构为司法结果提供权威基础。被动和中立是司法权力和司法程序的本质特征，司法程序的基本功能是保障法官能够独立行使审判权。面对原告与被告之间或者公诉人与被告人之间的利益冲突和法律纠纷，法官应该依照程序独立的要求，站在中立的立场解释法律，在法律推理和法律论证的基础上作出公正的法律判断。因此，程序中立的诉讼模式能够保证法官居中而断，在保障双方当事人能够自由行使诉讼权利的同时限制他们滥用诉讼权利。此外，为了保证法官不带先见地作出裁判，主持庭前证据展示、交换的法官不能兼任裁判法官。依据程序中立的原则，所有司法程序都应该确保法官站在中立的立场上进行法律判断，因此，辩护人与检察官在刑事诉讼程序中应该享有平等的诉讼地位，检察官也应该受到刑事诉讼程序的制约，不能在担任公诉人角色的时候行使诉讼监督权。

程序中立是司法说服力的基本要求，也是司法权威产生的必然路径。总体而言，评价司法是否公正有两个维度：一是司法过程是否中立、客观、可见和确定；二是司法结果是否公正、合理和可预期。两个维度本质上是从程序中立的制度设置和定纷止争的裁判理由来判断司法裁判公正与否。程序中立是具有可操作性和可评判性的司法判断标准，只要司法过程符合程序中立的要求，其结果往往是可接受的，这样的司法裁判也就具有了司法说服力。按照现代司法理念，制度推定由中立的第三者在证据事实的基础上依据法律规则和法律原则作出的司法裁判为公正的判决。在戈尔丁看来，解决纠纷的司法制度要长期生存下去，就必须取得当事人和公众的信任，而要获得这种信任，法官就必须在当事人之间保持中立。[①] 正是司法程序的中立给人们带来了信任感，为人们接受和尊重司法过程的结果提供了心理条件。司法说服力在一定程度上就是通过程序中立的权威凝聚起来的。[②]

（三）司法结果的权威与司法确定力

司法结果的权威是司法权威的重要表现形式。司法裁判的权威是司法权威的载体和司法确定力的表征，法律权威要通过司法判决来实现，司法权威也要通过司法裁判来体现。这里的司法确定力是指经过事实认定和法律适用而作出的生效法律判决在法律上产生的司法拘束力。司法确定力是司法裁判获得权威的前提，社会公众只有认同了司法的确定力，才能形成对司法过程及其结果的尊重和信任。司法结果的权威表现为法院的生效判决具有特定的

---

① 戈尔丁. 法律哲学 [M]. 齐海滨，译. 北京：生活·读书·新知三联书店，1987：242.
② 贝勒斯. 法律的原则：一个规范的分析 [M]. 张文显，宋金娜，朱卫国，等译. 北京：中国大百科全书出版社，1996：39.

法律拘束力，争议双方、利害相关人、国家机关和社会公众都必须尊重和接受法院的生效判决。

司法结果的权威性表现为生效司法裁判所作出的案件事实认定和法律适用选择具有不可更改的法律效力。进而言之，在事实争议方面，经过陈述、辩论、质证、调查等环节建构起来的证据事实成为司法程序确定的法律事实，司法制度推定这种法律事实就是事实真相的表述，双方当事人不能对生效裁判认定的事实再起讼争。与此相联系，有关法律适用方面的争议，在当事人平等参与和充分沟通下，法官通过相关的法律解释形成的法律适用抉择同样具有不可更改的法律效力。

司法确定力还意味着司法裁判实质上是法院对于争议双方的权利义务作出的再分配结果。权利意味着利益，义务意指负担，经过再分配的权利义务关系反映了当事人利益与负担的再次分配情况。因此，司法裁判的结果具有法律关系方面的形成效力，法院对涉诉事实和法律适用争议问题作出的裁决还具有变更或产生民事法律关系的效力，当事人必须尊重这种新的权利义务关系，只能依据此种确定性的安排主张权利、履行义务。司法裁决的这种确定力能够给潜在的存在类似纠纷的当事人明确的司法预期，为他们自行解决问题提供确定的行为指引。长此以往，人们会逐渐形成依赖诉讼机制解决纠纷的诉讼观念和诉讼意识，从而为司法确定力和司法裁判权威提供源源不断的文化动力。

因此，以司法确定力为表征的司法结果权威意味着案件当事人诉权的消灭和法院司法管辖权的失去。一旦案件被有管辖权的法院受理，法律就推定争议双方必须接受该法院及其上诉法院的司法裁判结果；一旦法官对案件作出了生效裁决，也就此终结了当事人之间的利益纷争，对当事人之间的权利义务作出了终局安排，同时意味着当事人已经用尽法律救济手段，对已决案件失去重新起诉的权利。司法确定力意味着当事人依法享有生效裁决确定的利益，也必须履行生效裁决确定的义务。按照一事不再理的司法原则，既然司法裁判的确定力意味着纠纷在法律上获得了最终解决，那么当事人则不再享有对此事提起诉讼的权利，法院亦不再拥有司法管辖权，立法机关、行政机关和社会组织也就失去了干预已决案件的机会。

总而言之，司法结果权威是司法主体权威和司法过程权威的产物，司法确定力是司法判断力和司法说服力的逻辑结果，司法确定力对社会公众的法律心理预期和法律价值取向产生直接而深刻的影响。具有确定力的司法结果为人们的思想和行为提供稳定的预测，促使人们根据司法裁判所确定的权利义务安排自己的生活，及时结束利益纷争的不确定状态，迅速恢复应有的社会秩序结构。

### （四）司法的终局性权威与司法执行力

司法权威本质上是法律权威的实现和延伸，而司法权威最终要落实到判决的执行上面，司法判决的执行越彻底，法律权威的实现程度也就越高。如果当事人能够自觉履行生效裁判，这本身就在一定程度上表明当事人高度信任法律，认同和接受利用司法程序实现社会正义的制度安排。如果当事人能够在国家强制执行力的威慑下履行生效法律裁判的义务，这也意味着司法裁判具有了终局性权威。[①] 司法的终局性权威表现为司法的执行力，它既体现在司法裁判的强制执行方面，也表现在司法裁判的自觉履行方面。司法执行力是司法裁判效力的应有内容，也是国家强制权力在司法裁判效力上的体现。

首先，司法的终局性权威表现为司法裁判的有效执行和对失衡法律秩序的恢复。在卢梭看来，法律的力量是一切合法事物的力量，法律丧失了力量，一切都变成绝望。[②] 而法律的力量便集中体现在司法裁判的执行力上，司法权威的形成和法律权威的实现均取决于司法裁判的有效执行。如果当事人能够自觉履行司法裁判，则表明司法裁判获得了当事人的心理认同，具有了令人信服的威信和威力。司法裁判的自觉履行代表着较高程度的司法执行力，而司法裁判的强制执行则是司法执行的后盾或保障，在一定程度上也能体现司法执行力。

诚然，当事人自觉履行司法裁判是一种理想化的状态，即使是在司法地位极其崇高的社会，也不是所有的判决都能获得如此的法律待遇。由于司法裁判是对权利义务的重新安排，涉及利益格局的变化，会遭遇败诉一方当事

---

[①] C.哈泽德，塔鲁伊. 美国民事诉讼法导论 [M]. 张茂，译. 北京：中国政法大学出版社，1998：74.

[②] 卢梭. 社会契约论 [M]. 何兆武，译. 北京：商务印书馆，1980：168.

人的抵触乃至反抗。因此，国家不得不对抗拒司法裁判、试图逃脱法律制裁的社会主体采用强制执行措施，强制实现司法裁判内容的效力。[①] 另一方面，司法权威之所以能够建立起来，在于裁判的强制执行，可这对少数人来说是必要的，对大多数的公民来说是不必要的。强制能够确保权威的稳定和有效，但强制本身不构成权威。"只有当一个人认为那些要求给了他约束性、独立于内容的行动理由时，他才是在接受权威。"[②] 因此，权威而非强制才是国家的特有手段，"所有现代国家都确实主张权威，尤其是其通过法律体系来主张权威"[③]。显而易见，如果司法裁判的结果不能得到有效执行，胜诉方的利益将无法得到司法保护，败诉方的责任也无法予以追究，不仅纠纷得不到有效的解决，被破坏的社会关系及利益关系也得不到修复或恢复，法律秩序得不到维护，司法权威也会荡然无存。司法裁判执行的目的就是维护社会的公平和正义，确保权利得到保护、义务得到履行、违法受到制裁、秩序得到恢复。

其次，司法的终局性权威意味着人们尊重和接受通过程序正义的结果。司法裁判实质上是对纠纷当事人利益的重组和再分配。毋庸置疑，只有当事人从司法结果中感受到公平正义的实现，才能接受裁判所确定的权利和义务，从而自觉执行司法判决。然而，人们对法律的认识和理解是存在差异的，判断司法结果是否公正的标准也是不一样的，因此，国家通过司法程序的构造实现实体判断标准程序化，将司法结果公正问题转化为程序制度的公正运行问题。因此，不管司法过程的结果是否对自己有利，双方当事人都必须接受法官依据法定程序、根据法律事实适用实体法作出的司法判决。司法裁判能够得到自觉履行，意味着当事人认同和接受通过法律正义实现社会正义的制度安排，认同和接受通过立法的普遍正义实现司法的个别正义之结果。司法执行的效果对社会公平正义的实现能够产生深刻的影响。司法活动是维护法律正义、彰显社会正义的重要载体，司法执行作为体现司法活动和平性、强

---

① 在庞德看来，"法律的权威还体现在法院判决通过合法的强制手段付诸执行的事实之上。因此，法院的判决不仅仅是依法作出的正义宣告；如果失利一方未能自觉履行判决，政府官员可以强制执行。"（庞德. 通过法律的社会控制：法律的任务［M］. 沈宗灵，董世忠，译. 北京：商务印书馆，1984：74.）

② 格林. 国家的权威［M］. 毛兴贵，译. 北京：中国政法大学出版社，2013：88.

③ 格林. 国家的权威［M］. 毛兴贵，译. 北京：中国政法大学出版社，2013：89.

制性、终局性、实现性的最后环节和关键环节,不仅对法律正义的实现有决定性意义,而且对社会正义的实现有决定性意义。现代法治是法律正义和社会正义的有机结合,司法执行就是要通过司法过程蕴含的法律正义促进社会正义的实现。诉讼当事人投入大量的时间、金钱、精力后,期望最终能够通过司法程序的杠杆挽回损失,实现利益关系的平衡,希望通过司法执行实现法律纠错、社会利益关系修复的目的。司法执行不仅对法律利益关系维护有实质性的影响,而且对维护当事人和其他社会主体对司法过程及其结果的尊重也产生着深远的影响。

最后,司法的终局性权威意味着法律权威和法治信仰的生成。法律的权威和尊严很大程度上是依靠法院的法律适用活动来维护和实现的,司法权威是法律权威的核心要素和实现机制。法院在审理案件中能够借助司法解释、利益确认、权利推定等司法机制有效地弥补立法主体认识能力的局限性和立法的滞后性,确保法律拥有适应社会发展的能力,从而在树立司法权威的过程中实现和延伸法律的权威。

司法权威体现在司法主体的司法活动之中,最终表现为司法结果的公信力和执行力。司法结果的公信力是由司法审判的判断力、说服力和确定力来实现的,而司法结果的执行力则必须通过当事人的履行和国家的强制执行来实现。在某种意义上,裁判执行活动是审判活动的延续,是保障社会公平正义的最后一道屏障,也是法律尊严和司法权威的集中体现。司法是否具有终局性权威需要通过司法判决是否有效执行来判断,司法判决的自愿履行意味着法律得到了当事人和民众的应有尊重、法治成为社会的信仰对象。司法权威不仅存在于人们对于法律的尊重和对法官每一份判决的信任中,更在于对生效判决的彻底执行过程中。由此可见,司法权威是法治的关键变项,当法院在整个社会生活中确立司法权威,那就意味着法律机制成为社会关系调整的主要手段,诉讼程序成了制约权力、保障权利的权威机制,当事人从司法裁判中感知到了公平正义的力量和法律的威严,建立起对法官的敬仰和对法治的信仰。换句话说,司法执行力和司法权威在某种程度上造就了人们对法律的理解和信任。人们通过司法执行的过程看到了法律正义的实现,见证了法律的威信和力量,进而相信法治能够为他们提供良好的生活模式、建立起稳定的秩序结构。因此,可以说司法权威是法治信仰形成的心理动力,法院可以通过司法权威将法律规范承载的价值理念转变成民众的法律意识和法治信仰,实现由外在的法律强制向民众心理的自愿认同转化。在司法具有终局性权威的国度里,人们就会相信法律、选择司法途径解决他们之间的纠纷,长此以往,法律就会成为人们规划生活、安排行为、建立社会关系模式、形成社会秩序的权威标准,法治也就成了人们心中的信仰,成为一种传统和精神的载体。

## 二、司法权威的文化意象

司法权威建立在一定的文化基础之上,具有多方面的文化表征:司法判断力是一个紧密依托文化的认识和判断过程;司法说服力通过文化沟通理性、判决说理意识和价值认同来体现;司法确定力借助于司法管辖范围的文化选择、法律事实建构的文化评价、审判规则建构的文化共识和司法裁判结果的文化取向表现出来;司法执行力是在司法执行的文化心理、文化观念和文化意识基础之上形成的。

### (一)司法判断力的文化依托

不管是法院权威还是法官权威,其权威角色在根本上都是由特定文化类型或体系所定位的。法官权威既可以是法官基于职业化的知识和技能所赢得的信服,也可能是法官基于特殊的性格、品质或魅力而获得的服从。法官权威同样有一个文化塑造过程,不同的文化类型有着不同的主导法律价值,这正是决定法官权威的文化想象和建构的关键因素。[1]基于中国特定的历史和文化价值理念,我国法官权威的塑造采取的是一种人物英雄化路径,而西方国家法官则采取的是常人规范化路径。在一般情况下,司法判断的过程受到法律知识、事实认识、价值观念和心理机制的影响。司法判断的过程一般为法律规则的具体化解释和具体行为的抽象化归纳的整合过程,是一个紧密依托文化的认识过程。文化知识是一个很宏观的体系,不管是法律知识还是生活知识,都是文化知识大厦中的一部分,司法判断必须依靠文化知识的准确运

---

[1] 文化类型在很大程度上是由文化的民族性和时代性决定的。在刘同君、魏小强看来,"文化是一个民族的灵魂和血脉,全面体现了民族的认同感、归属感,深刻反映了民族的生命力、凝聚力。"(刘同君,魏小强. 法伦理文化视野中的和谐社会 [M]. 镇江:江苏大学出版社,2007:3.)

用，才能具备足够的理性和权威，让当事人和社会信服。

首先，司法判断力体现在文化知识的运用方面。法律知识是司法判断力的文化来源，法官所拥有的法律知识决定了法官的法律认知水平，限定了法官的判断能力和所能够建立的判断权威。法律知识是人类社会分工和知识分化的产物，是具有客观性、普遍性和确定性的系统知识形态，法律概念是其最基本的法律知识元素。[1]法律知识体系是以部门法律知识为构成单元的知识系统，解决各类纠纷的部门法律都有自己相对应的具体部门法律知识，法院也相应地分成刑庭、民庭、行政庭、知识产权庭等专门法庭。法官不仅需要有法律知识，更要有较高水平的其他文化知识。因此，专业和博学是法官审理案件、进行司法判断的前提条件。法官的法律知识是法官行使司法判断权的合法性基础，法官通过法律知识的应用在社会生活中建立自己的判断权威。[2]司法判断的权威既建立在法律知识内含的权力之上，也建立在当事人和社会公众对法律知识的认同之上。必须将法律认识作为任何个体社会化过程的基本要求，从而使得司法判断能够为当事人和社会公众接受。

生活知识是司法判断力的文化支撑。具有丰富的社会生活知识是法官确认证据的真实性、可靠性、关联性，从而作出事实方面判断的必要条件。在现实生活中，法律知识并没有也不可能与生活知识彻底分离，法律知识也是从生活知识中抽象和建构出来的专门知识。尽管法官要想对各种案件事实作出正确的判断（在对各种案件事实作出正确的判断时），必须依靠丰富的专业知识，但是，只有（且必须）具备必要的生活知识、熟悉社会生活中的风俗习惯和道德要求，法官才能对案件事实的性质和权利义务的分配根据作出全面准确的司法判断，才不至于在思维方式上落入教条化和格式化的陷阱，变成一个法条的搬运工。在通常情况下，法官基于生活知识所作出的司法判断先于法律适用、法律推理活动，法官在作出初步的司法判断后，会适当地利用法律原则、法律语言的弹性来避免荒唐的判决结果。[3]法官应当感知生

---

[1] 王申. 法官法律知识的本源与确证：以法官的实践理性为视角[J]. 现代法学，2012，34（2）：21-34.

[2] 左卫民，谢鸿飞. 论法官的知识[J]. 政治与法律，2003（4）：43-51.

[3] 苏力. 基层法官司法知识的开示[J]. 现代法学，2000（3）：9-13.

活，积累足够的社会经验以培养敏锐的事实洞察力，同时法官应当在日常生活中获得内含经验与智慧的知识，以回应当事人可能形成的超越法律的信任和依赖。①

知识融合是司法判断力的文化基石。知识与认知的融合能够促进社会和公众对司法的理解、认同和支持。法律意识和文化背景影响人们对利益冲突性质的理解，由于不同阶层的人群具有不同的法律意识，当事人的权利意识与法官的法律意识之间的差异是不可避免的。有的时候，在当事人看来是非常严重的问题以至于一定要诉诸法院进行解决时，法官却通过非法律的途径对当事人进行文化疏导，以非法律手段解决的方式对纠纷进行文化控制，进而依靠文化知识与法律知识的融合解决纠纷，此时司法的判断权威得以在知识的融合中彰显。在一些情况下，个人依靠国家来调节他们的家庭和邻里生活，并希望通过这种方式建立起自主的、个人主义的社会秩序，但并不是所有纠纷都能够通过诉讼机制来化解，这正是法官所要考虑的法律控制范围的合理性和司法权威有限性的问题。②只有法官的知识、技能的应用与诉讼当事人的需要和预期相一致，与社会公众的生活知识和经验相契合，其司法判断才能获得当事人和社会公众的认同。③

其次，司法判断力有着深厚的文化价值基础。司法判断力建立在法律价值基础之上，法律价值是司法判断力的正当性所在；法官审理案件的过程就是将制定法适用于具体案件的过程，就是一个对法律事实进行司法判断的价值评价过程。法律价值应该是法官司法判断的前提和基础，法律制定过程的民主性和合理性会深刻影响司法判断力的形成和发展。然而，由于利益诉求的多元化，价值观念也是多元的，这就需要通过特定的民主程序达成一定程度上的价值共识。法律中的合理性概念及其标准取决于我们的宪法以及法律

---

① 王申. 法官法律知识的本源与确证：以法官的实践理性为视角［J］. 现代法学，2012，34（2）：21-34.
② 梅丽. 诉讼的话语：生活在美国社会底层人的法律意识［M］. 郭星华，王晓蓓，王平，译. 北京：北京大学出版社，2007：246.
③ 苏力. 基层法官司法知识的开示［J］. 现代法学，2000（3）：9-13.

整体的价值判断，取决于法律整体想让谁承受负担。[①]法律的公正性并不取决于条文之间的逻辑联系，而取决于法律条文背后的价值联系和文化逻辑。司法判断过程就是法律的解释过程，是法官理解和表达法律文本含义的过程，是法官向当事人和社会公众充分阐释法律价值的过程。[②]

司法判断力建立在价值选择基础之上，价值选择是司法判断力的生命力所在。文化作为集体共享的产物，提供了全部的行为模式和评价他人行为的标准，是司法判断的价值选择前提。司法判断本质上是法官在一定文化环境中作出的决策行为，既然是决策行为，就必然有赖于对决策前提的认知。因此，司法判断作出的价值选择是一种文化选择。文化是公共价值的载体，文化的时代精神决定了立法过程和司法过程的价值取向。在建构法律体系过程中，必须尽可能地避免部门法律之间的价值冲突，应该在立法层面上确定价值选择原则，确保法律体系内部一定程度上的价值和谐。立法不可能通过价值选择原则完全解决部门法律之间的价值冲突，还需要法院在适用法律的过程中通过司法解释继续解决法律价值之间的冲突问题。法官的任务是解释体现在宪法和法律这些权威性文件中的公共价值，并依据这些价值来处理具体的案件。

司法判断力建立在价值整合基础之上，价值整合是司法判断获得社会信赖和认同的根基。当下的社会是一个价值多元化的社会，而多元价值的共存建立在价值的冲突与融合基础上，法官审理案件的过程在某种意义上也是处理价值冲突的过程。在美国这样的多元文化大融合的国度，价值的冲突也是不可避免的，司法存在的意义在很大程度上取决于法院在价值整合过程中所起的重要作用。司法判断的价值取向总是与社会主流价值观念联系在一起的。法官不应该把法律看作超越人类道德意向的冷酷规定。人类社会的各种规范实质上都是特定价值观或价值标准的具体体现。当法官不能运用纯粹的法律推理确定宪法条文的具体含义时，就有必要对宪法进行道德解读和文化解释。道德解读本质上是一种文化解读，是法官运用社会主流价值观念对宪法规定

---

① 卡拉布雷西. 理想、信念、态度与法律：从私法视角看待一个公法问题 [M]. 胡小倩，译. 北京：北京大学出版社，2012：42.
② 费斯. 如法所能 [M]. 师帅，译. 北京：中国政法大学出版社，2008：195-196.

作出的价值认识、价值评价和价值选择。①法官必须在法律价值与社会价值有机结合的基础上作出公正的司法判断。现代社会的法官应该在法律价值与社会价值融合的基础上通过公正、独立的司法判断树立司法权威,用规范的司法行为演绎司法神话中的裁判者形象。

最后,司法判断力依赖一定的文化理性资源。司法判断实质上是法官通过司法理性阐释和发展法律理性的价值选择活动。司法判断的正当性来源于法律的正当性,而法律的正当性来源于法律自身的理性。司法判断以法律理性为正当性基础。法律是理性的产物,法律制定过程也就是价值选择理性化的过程。既然立法理性被视为社会生活理性化的实现机制,那么立法理性也就成为法律理性的基本形式。司法是通过公共理性来进行司法判断和司法裁决,利益诉求和权利主张也只有获得公共理性的形式才能成为法律保障的利益和司法保护的权利。立法理性是变化发展的理性,它既具有历史性又具有发展性,立法机关应该通过立法理性将新的利益关系转化为法律上的权利义务关系。立法理性蕴含在立法经验之中,立法理性在某种程度上也具有实践理性和经验理性的特质。司法判断要以权利的理性立法为基础,努力发现和确认体现社会主体权利诉求的立法意志,通过司法判断和裁决化解权利冲突、解决利益纠纷。从两大法系的理性渊源来看,英美法系国家将司法判断力建立在司法理性上,而大陆法系国家将司法判断力建立在立法理性上,我国的文化传统倾向于将立法理性作为司法判断力的正当性基础。

司法判断以认识理性为前提条件。司法判断之所以有权威是因为其中内含着司法理性,法官作出的司法判断是以理性作为前提条件的,司法理性是法律理性的实现和延伸,它是法官作出司法判断的理性基础,也是推动法律发展的文化动力。从认知逻辑来看,认识理性是司法理性的重要结构要素,认识理性是综合了法律内容的逻辑、经验内容的逻辑和法理内容的逻辑在内的认知理性。法官只有将自身的认知理性结合经验理性,才能在具体的承办案件过程中使法律解释活动成为发现审判规则、建构法律事实的创造性活动。先例蕴含着既判案例的法官理性,在审案件的法官能够借助于先例获得认知

---

① 德沃金. 自由的法:对美国宪法的道德解读[M]. 刘丽君,译. 上海:上海人民出版社,2001:48.

理性，法官遵循先例的过程就是再一次运用理性对先例进行甄别和筛选的过程。因此，遵循先例的司法机制就是理性认知的集合机制。此外，遵循先例的司法理性还能够有效地防止法官滥用司法自由裁量权。总而言之，司法判断和裁决不仅需要司法认识理性的支持，也需要司法经验理性的指引。

司法判断以沟通理性为手段。司法判断是自主性判断与交涉性判断相结合的过程，是建立在程序参与者之间的理性沟通基础之上的判断。所谓自主性判断是指法官凭借自身的经验、知识和理性，对案件的事实和法律适用作出的判断。而交涉性判断是指法官不仅仅依靠自身的判断，同时结合外部的判断，如结合法官与法官之间、法官与案件当事人之间、法官与律师之间的沟通所进行的判断和选择。因此，司法理性也是理性沟通的产物。司法理性的公共理性特质，要求法官关注社会公众的理性，要求程序参与者在各种观点和理由中运用公共理性来相互辩论和沟通，通过理性对话达成司法判断方面的共识。①

司法判断以选择理性为支撑。司法判断是建立在选择理性基础之上的判断权威，司法判断理性以立法理性为前提。然而，立法理性是有限的，立法之初的理性会随着社会的发展和变革产生变化，不同时间段的社会理性也是不一样的。因此，司法理性是一个文化选择和文化建构过程。由于立法理性的局限性，司法判断不可避免地存在自由裁量情形。由于司法自由裁量过程本质上是司法过程中的价值判断和价值选择过程，法官将更加关注法律的实质理性，更多地考量法律要实现的特定政治目标、社会利益或道德价值的要求；司法审查过程也是司法选择理性发挥重要作用的过程，法院只有通过价值选择理性来合理划分权利的界限才能实现利益的协调和价值的整合。传统惯例有着深厚的社会文化根基，凝结了社会交往方式及其调整机制的经验和智慧，因而也是司法判断的文化理性源泉。总之，社会理性必须在无数次的司法实践中经受文化经验的考验。

（二）司法说服力的文化表现

当事人和社会公众对司法裁判结果公正性的认同是司法裁判权威形成的

---

① 齐伟.司法公共理性：司法公正的内在生成机制[J].河北法学，2014，32（7）：149-157.

基础，而司法裁判结果的公正性和裁判结果的可接受性是特定文化语境中的理性沟通产物，是裁判说理与司法认知相互作用的结果。法官的司法理念、当事人的诉讼观念和社会公众的司法期望是影响司法说服力形成和发展的文化因素。

第一，理性沟通是司法判断的有效手段，也是司法说服力的文化渊源。司法说服力源自当事人之间的文化沟通，尽管当事人在具体案件中是对立的双方，但证据的交换以及质证的过程就是一个沟通和说服的过程。司法过程是以事实和法律为中心的文化认识、文化沟通和文化辩论的过程。由于社会生活是多样的，当事人生活在其中，不可能也不会秉持相同的价值理念，再加之当事人文化水平有高有低，对法律的理解各有差异，在面对案件时，既可能会根据法律规则、法律原则和法律精神，还可能会依据公平正义的理念，甚至是道德、习惯等提出自己的利益诉求。当事人对于权利、义务辩论的实质是有关价值取向的文化认识和文化评价的过程，是通过商谈机制达成价值共识的过程，司法说服力则取决于沟通过程的完整和充分性。审判规则的建构也是一个价值选择和文化评价的过程。有时，法官需要通过法律解释才能将抽象的法律规则用于裁决具体纠纷。法律解释深化了程序参与者对案件的认识，为共识的达成提供了基础。在普通法系国家的对抗制诉讼模式中，当事人或代理人的辩论能力能够直接影响法官的态度和看法。由此，普通法系国家形成了一种文化共识：只有充分的法庭辩论才能更好地查明案件事实，选定审判规则，在此基础上形成的裁决结果才更具说服力。

司法说服力源自法官与当事人之间的文化沟通，当事人将证据提交给法院，法官根据案件审理的需要询问当事人都是理性沟通的重要环节；法官在辩论过程中会对当事人双方的争辩观点进行审视，并在内心与双方观点进行必要的沟通从而形成心证，进而在事实认定和规则选择方面形成自身的看法。法官与当事人之间的文化沟通必须通过诉讼程序进行，无论是在大陆法系国家还是英美法系国家，诉讼中当事人的观点都会得到法官肯定或否定的回应。就普通法系国家的诉讼程序而言，当事人在案件事实的发现和法律事实的建构过程中占据着主导的地位。法官则理性地听取双方的陈述，分析他们对案件事实的解读，评价他们的质证意见和抗辩理由，在判决中体现出辩论形成的共识。[①] 法官应当将诉讼的双方看作自己的法律同伴，通过民主、开放、商讨性的程序推动诉讼当事人展开充分、深入的辩论，这实质上就是一种互动和沟通的文化活动。大陆法系虽然是法官主导案件的诉讼程序，但是法官与当事人之间仍然通过举证、质证以及庭审、庭前和庭后的联系达成有效的沟通。法官在司法实践中针对不同类型的案件和不同的当事人合理使用修辞技巧和手段进行文化沟通能更容易取得说服当事人和社会公众的司法效果。

司法说服力来自法官与社会公众的文化沟通。司法因处理纠纷而存在，没有纠纷便没有司法存在的必要，而纠纷的产生源于利益的冲突，利益冲突的本质是权利的冲突，而权利是建立在社会经济结构及社会文化基础之上的，故而纠纷归根结底需要通过文化沟通来解决。毋庸置疑，社会公众的普遍看法在很大程度上体现了社会主流价值观念，内含着逻辑理性和丰富法律思想的社会意见对案件事实的认定和审判规则的构建具有强大的影响力。[②] 由于社会的发展，立法时的民意与法律适用时的民意存在差异是在所难免的，法官的作用在于通过法律解释弥补立法权威所确立的价值取向与现实生活的价值诉求之间的缝隙。故法律解释是司法沟通的主要内容，也是确定法律公共理性的关键。法律的权威不能建构于纯粹的职业逻辑上，而应该建立在公众对于法官的支持上。法官对法律的解释必须体现民众的意愿、获得社会公众的支持，法官应该通过辩论程序将社会公共意志带入司法程序为司法说服力的形成营造必要的文化氛围。当然，进入司法过程的外部意见必须是通过公共商谈程序形成的理性意见，陪审机制正是一种有效的公共商谈程序，它能将朴素的公平正义观和生活经验带入司法商谈，从而在一定程度上实现司法与民意的良性互动。

第二，判决说理意识是司法说服力的文化支撑。法律必然具有强制性，但法律的生命力不是也不可能完全依赖强制力，当事人和社会对司法裁判的内心认同和服从是法律适用取得最佳效果的前提。论证说理的文化意识有益于形成司法说服力，法官只有通过严密逻辑推理和充分说理才能让当事人和

---

[①] 克拉玛德雷. 程序与民主 [M]. 翟小波，刘刚，译. 北京：高等教育出版社，2005：59.
[②] 亚伯拉罕. 司法的过程：美国、英国和法国法院评介 [M]. 泮伟江，宦盛奎，韩阳，译. 北京：北京大学出版社，2009：275.

公众信服司法裁决。法官的权威不仅取决于其公正地行使司法权力、符合程序的品质，而且取决于法律解释、法律推理的品质，缺少论证说理的判决很难取得说服当事人和社会公众的效果。只要是诉讼，就一定存在对抗的双方，也就一定存在胜诉的一方和败诉的一方。在正常的情况下，败诉方一定不会轻易地放弃自己的诉求，心甘情愿地接受败诉的结果，初审败诉后的当事人往往选择上诉。因此，法律说理尽管是针对双方当事人的说理过程，但更广泛的意义上是对败诉方和受判决影响的社会大众的说理过程。众所周知，判例对社会生活产生广泛的影响，人们在作出某项行动时会顾及法院的判例原则和判例规则，故判决说理也必须重视一般民众的看法。此外，司法审查运行于政治过程之内，是法院处理多数人权力与少数人权利之间冲突的法律机制，其要取得实质上的终局性，必须让政府干部和公众都接受法院的观点，故法官必须为他们的判决做理性的辩护。

价值判断的文化理念有利于提升司法说服力，文化认同是最有效的整合力量，价值认同是最好的说服方式。法律是由规则、原则、标准和概念构成的结构体系，对法律的解释不仅是一种法规运用，而且还包括解释大多具有道德维度的法律原则。法律原则的道德维度不仅决定了法律的价值取向而且保持了法律体系的开放性，从而为司法裁判的价值选择提供了基础。在找不到明确的法律规则时，法官应找出最接近案件争议的法律原则，通过解释说理确立适用该原则的条件。[①]正是因为法律原则的道德属性决定了法律原则也存在合理性问题，在解释法律原则适用时，必须尊重公众理性能力，把历史和公众证明融入法律解释的精神之中，对法律原则进行建构性和整体性解释。法官不能只通过格式化的逻辑推理来解决争执，还需要对冲突的法律价值作出评价和选择。价值选择同样需要说理论证才能为人认可。另外，为了限制法官滥用价值选择的权力，应将价值判断的适用对象限为疑难案件，将社会主流价值观念确定为价值选择的标准。

修辞论证的文化风格有利于增强司法说服力。只要是沟通就一定存在技巧，而修辞论证是最好的司法说服技巧。诉讼当事人出于争夺利益的目的，

---

① 马塞多. 自由主义美德：自由主义宪政中的公民身份、德性与社群[M]. 马万利, 译. 南京：译林出版社, 2010: 82.

不可能通过法庭辩论轻易地改变立场和观点，进而放弃利益。在很多法律问题无法用逻辑、实证证明的方式来解决的情况下，法官必须使用一定的修辞手段说服败诉方放弃自己的一部分甚至全部的利益主张，接受司法裁决结果。司法意见想要有说服力，还是需要修辞论证的帮助。在人们对法律规则内容和案件处理结果存在理解上的分歧的情况下，法官运用生动的语言能够引起人们对某一法律立场的领悟和精神共鸣，进而唤起听众对判决结果的认同情感。囿于当事人的文化水准，并不是所有的当事人都具有很好的理解能力，能够迅速地理解法律语言的确切含义。在通常情况下，法官面对文化水平一般的诉讼当事人，必须尽可能地使用通俗易懂、简洁明了的法律语言对司法结论进行透彻的说明，保证诉讼当事人能够完整了解审判结果的形成过程和理由依据。通过这种修辞技巧不仅能够让胜诉方认同利益诉求得到支持的理由，而且能够让败诉方理解败诉的理由，在说服效果上争取达到让胜诉者赢得理所当然、败诉者输得心服口服的理想境界。形象生动、清晰易懂的语言修辞手法还能够促使社会公众认同司法意见和判决理由，从而使司法裁判结果具有较好的社会认同度。①

第三，价值认同是司法说服力的文化依归。司法说服力建立在文化共识基础上。法官在裁判案件的过程中应该在尊重法律的一般性、预期性以及已被公众接受的法律传统前提下作出结论。法官应当通过司法裁决的理性程序来理解和表达法律中的公共道德价值，并以这种道德价值为基础建构我们的公共生活的意义。国家机关和公众对法律形成的认识和价值观念对法律的解释和实施具有重大的影响。宪法解释和法律解释中道德判断和价值选择是通过社会文化来实现的。法院必须根据共同的文化观念对法律的价值进行分析和判断。法院的判决必须建立在对利益冲突背后的文化价值的深刻认识和令人信服的解释基础上，法官应该尽可能地对宪法解释和法律解释中的价值判断和文化取向作出详尽的阐释和公开的论证，以便获得当事人和社会公众的认同。②

---

① 蔡琳. 修辞论证的方法：以两份判决书为例［J］. 政法论坛，2006（5）：48-57.
② 波斯特. 宪法的领域：民主、共同体与管理［M］. 毕洪海，译. 北京：北京大学出版社，2012：20.

司法说服力建立在文化认同基础上。遵循先例是普通法系国家的司法文化传统，社会公众在这种文化传统的熏陶下形成了同案同判的文化期待和文化意识。遵循先例的文化意识充分体现了自然正义的文化诉求和经验主义的文化预期，符合人们对社会关系稳定性和确定性的追求，在经验主义文化基础上建构的法律制度就具有了更好的社会适应能力。注重理性逻辑是大陆法系国家的司法文化传统，生活在这种文化环境和文化氛围中的人们逐渐形成了规则导向的文化认同意识。大陆法系国家的法官在面对疑难案件时，也不可能完全依靠法律规则来裁决案件，同样需要通过对法律原则的解释来建构案件审判规则。不过这些法律解释只对个案有效，不能对后续的类似案件产生普遍的适用效力。当然，随着两大法系司法文化的逐渐融合，以判例来凝聚社会文化共识、体现社会主流价值观念已经成为司法说服力的有效实现机制。要增强我国司法的说服力，既要注重理性逻辑的说服力量，也要重视指导性案例的说服作用。

司法说服力建立在文化信仰基础上。任何民族都有自己的文化信仰，任何个体都有民族文化的烙印。法治意识和法治信仰是文化意识和文化信仰的重要组成部分，集中反映了民族的价值观念和行为取向，在一定程度上影响案件事实的性质认定和法律规定的意义阐释。因此，法官和当事人对有关纠纷的事实争议和法律争议能否拥有相对一致的认识取决于他们是否具有共同的法治意识和文化信仰。参与宪法解释和法律解释是培养公民法治意识和法治信仰的重要途径，公民作为政治权力的分享者，应该积极参与宪法解释和法律解释活动，充分了解法官解释结果的正当性基础。因此，在许多国家，最高法院的宪法解释是一个公共辩论舞台，最高法院的判决应该是引导、促进公共辩论的载体。[1]

总之，裁判理由实质上都是对特定社会中文化理性的识别与运用。不同的文化传统之下，司法裁判说理存在鲜明的文化差异。就两大法系国家来看，大陆法系国家法官不太注重通过判决说理来支持裁判的正当性，而英美法系国家法官则将裁判说理作为建构司法权威的重要途径。大陆法系国家裁判说

---

[1] 马塞多. 自由主义美德：自由主义宪政中的公民身份、德性与社群 [M]. 马万利, 译. 南京：译林出版社, 2010: 144.

理较为简单概括、结论性强、意见统一性强，而英美法系国家裁判说理详尽细致、论证性显著、记录不同意见。不管说服态度和说理风格有多少差别，司法判决要想取得一定的说服效果，都必须建立在一定的文化共识、文化认同和文化信仰基础上。在新一轮司法改革的时代背景下，我国司法裁判说理面临着新的角色与功能定位，裁判说理的模式与机制也面临着调整或重构。我们一方面要珍惜我国古代裁判文书说理的优秀因素，另一方面要借鉴两大法系国家裁判说理的成熟经验。其中，大陆法国家的裁判说理模式与风格更契合于我国法律传统与现实。同时，英美法国家裁判说理的论证性、对话性特质也值得我们学习。

（三）司法确定力的文化支撑

司法裁判通过说理来获得正当性，这只是为裁判权威的形成提供了必要条件，而裁判权威的最终确立还需要得到当事人和社会公众的文化认同，这是建构裁判权威的必要条件。如同司法说服力是在一定的文化语境中建立起来的一样，司法确定力也需要通过文化认同建立起来。只有司法结果与人们的文化预期和价值判断相一致，司法裁判才能获得人们的认可，司法过程和司法结果才能体现不可变更的法律约束力。在某种意义上讲，司法确定力取决于司法管辖范围的文化选择、司法过程中法律事实与审判规则的文化建构意识和裁判结果的文化价值取向。

第一，司法管辖范围的文化选择决定了司法确定力的界限。司法裁判只有在司法管辖范围内才具有确定力。[①]而司法管辖范围本质上是一个文化认识、文化判断和文化选择的问题。在自由主义主导的文化世界中，人们拥有了越来越多的自由选择，导致了权利意识、权利种类、法律规则和权利冲突的不断增长，也导致了司法管辖范围的扩张。另一方面，法院的案件管辖权最终依赖于当事人的选择。社会主流文化价值观念深刻影响着当事人选择何种途径解决纠纷，当事人的文化选择界定了司法管辖的实际范围。

第二，法律事实建构过程中的文化评价决定了司法确定力的实现程度。从表面上看，法律规定决定了案件事实的性质和法律意义，而实质上是社会

---

① 费斯. 如法所能 [M]. 师帅, 译. 北京：中国政法大学出版社, 2008: 135.

主流价值观念和主流文化意识影响了人们对案件事实的性质和法律意义的认识。因此，必须在一定的文化环境中确定证据的法律意义和案件事实的性质，必须通过文化评价和文化选择来建构法律事实。程序参与者在这种文化认识基础上发现和构建的事实图景、作出的司法判断既体现司法的绝对确定力，也展示司法的相对确定力。[①]法官作出的有关案件的事实认定是在法律确定的期间作出的，不可能突破诉讼期限的限制去发现和寻找案件的事实真相，因而事实判断方面的司法确定力只能是司法公正价值和司法效率价值有机结合的产物。由于当事人与法官的文化评价标准存在差别，在文化整合基础上形成的事实判断既具有内在的确定力，也具有外在的确定力。[②]

第三，审判规则建构过程中的文化共识决定了司法确定力的实现方式。法官解决法律适用问题的过程也是建构审判规则的过程。审判规则的建构活动实质上是法官、当事人在一定的社会文化环境中作出的价值选择过程，本质上是法官在司法过程中对法律规则确定的法律价值与社会规范表达的社会价值进行文化整合的过程。社会规范通常是社会价值的载体，往往通过民意的方式表达社会正义观念和公共利益诉求，体现社会公众的普遍理性和共同的价值取向。因此法官应该尊重当时社会的主流价值观念，自觉考量主流民意的价值取向，应当通过立法民意与司法民意的融合、法律价值与社会价值的整合形成审判规则的确定力；法官也必须通过法律价值冲突的消解形成审判规则的确定力，法官可以在价值选择的基础上运用选择适用权来解决法律规则之间的冲突问题。法院也可以在宪法价值评判的基础上通过司法审查机制来解决法律规则之间的冲突问题。法院还可以在法律原则的价值指引下通过法律解释来解决法律规则之间的冲突。

第四，司法裁判结果的文化取向决定了司法确定力的能量。司法确定力通过司法裁判结果的文化影响力体现出来。司法判决在实质上创造了有关法律行为标准，从而产生超越当事人的影响力量。司法裁判结果的文化预测结构蕴含了同案同判的文化诉求，集中体现了法官审理案件的司法理念。遵循

---

[①] 曼塞尔，梅特亚德，汤姆森. 别样的法律导论［M］. 孟庆友，李锦，译. 北京：北京大学出版社，2011：27.

[②] 内格尔. 理性的权威［M］. 蔡仲，郑玮，译. 上海：上海译文出版社，2013：5.

先例的文化意识不仅能够为当事人预测涉诉案件的裁判结果提供判断基础，而且能够有效地防止法官滥用司法裁量权。同案同判是法官审理案件的司法理念。遵循先例不仅可以带来一定的确定性和可预见性，也能为当事人预测涉诉案件的裁判结果提供判断基础。[①] 因此，法官应该不断丰富自己的社会生活知识，充分尊重社会公共道德和社会主流价值观念，在事实认定、法律解释和判决规则的建构过程中通过法律知识与社会知识、法律价值与社会价值的整合实现法律效果与社会效果的有机统一。

（四）司法执行力的文化表征

司法执行在纠纷解决的整个过程中并没有司法审判那样受到社会的关注和重视，却是对当事人合法权益保障最为直接、有效的程序活动。不管是在"审执分立"还是在"审执合一"模式下，司法执行的目的都是将裁判确立的权利义务关系变成现实的权利义务关系。执行程序相对于庭审程序来说，更为简洁和粗疏，但也并不是简单地适用法律强制手段。如果司法裁判过程实质上是一种文化沟通和文化竞争过程，司法执行过程同样是一种文化交流和文化选择过程。随着公力救济取代私力救济，司法执行在体现主动性、能动性特征的同时，执行手段也从野蛮向人道文明的方向转变。不同族群的文化心理、文化观念、文化意识不仅影响着司法审判的权威，而且影响司法执行的结果。因此，司法执行既要运用强制措施，又要运用文化手段；不仅要建立各种联动机制、执行激励机制、网络曝光机制等法律机制，而且要分析当事人及相关方在司法执行方面的文化心理、文化观念和文化意识，借助文化机制取得最好的执行效果。

第一，司法执行力受文化心理影响。在司法执行程序中，人们对司法裁判结果的直观感受、情绪反应构成了司法执行力的文化心理基础。由于生产方式、社会经验、受教育水平、法律知识结构、历史传统的影响，不同地区、不同群体形成了不同的文化心理，潜移默化地影响着当事人的选择偏好。这种表面性、直观性的文化心理表现出一定程度的稳定性甚至滞后性，并不因社会经济的变迁而急剧变动。

---

① 西格尔，斯皮斯. 正义背后的意识形态：最高法院与态度模型［M］. 刘哲玮，译. 北京：北京大学出版社，2012：7-9.

## 第一章 司法权威的文化向度

信任心理是司法裁判顺利执行的前提。当事人和社会公众对司法裁判和执行工作的认识和信任极大地影响着司法执行的效果。文化信任和文化认同是司法判决得到有效执行的主要理由和动力。法律在中国传统社会里一直扮演着制裁和惩戒的角色，追求超稳秩序的文化导向、无讼息争的文化观念和民刑合一的司法模式让民众形成了排斥司法裁判、不信任司法执行的文化心理。在中国由传统社会向现代社会的历史演化过程中，这种文化传统仍然影响着司法执行力的方向选择和持续程度。相比之下，服从法律统治、尊重司法判决是西方文化传统的重要内容，伴随着市场经济和民主政治的发展，法院取得了审理案件、裁决利益纠纷的至上权威，社会主体逐渐形成了依靠司法、信任司法的文化心理，自觉履行司法判决、愿意接受司法强制执行是西方社会普遍的文化现象。因此，要增强我国的司法执行力，就必须塑造我国法院公正裁判的文化形象，在全社会确立尊重司法、信任司法的文化心理。[①]

畏惧心理是司法裁判能够执行的基础。在古代社会，人们对司法执行的心理反应来源于刑罚的强制力。在社会交往中，债务人不能履行清偿义务的，通常都会面临刑事处罚，各级官员经常使用暴力手段执行民事判决。频繁使用刑罚手段的司法执行工作给民众留下了惧怕司法、远离司法的文化印象；民众通常在严酷刑罚带来生理和心理的双重震慑下出于畏惧心态去执行裁判结果。清末法制变革以来，法律的暴力基础逐渐减弱，法律的价值取向也逐渐由义务本位向权利本位转变，但司法执行仍然保留了国家强制的特点，执行人员仍然习惯借助强制执行手段来迫使当事人履行裁判确定的义务，因而没有彻底地改变民众惧怕法律的心理。诚然，必要的畏惧心理对裁判执行是必要的，但是，法律实施不能过多地依靠强制和制裁。因此，我们需要从文化氛围的营造和文化环境的打造出发，严格规范司法执行行为，逐步实现从畏惧心理向信任心理的转变，努力实现从被动执行到主动执行的转变，以期获得较好的执行效果。[②]

逃避心理是司法裁判执行的不利因素。法院经过事实认定和法律适用之后作出的裁判会对被执行人自身利益带来一定的负面效应，效益最大化的逐

---

① 托克维尔. 论美国的民主：上卷［M］. 董果良，译. 北京：商务印书馆，2004：310.
② 罗尔斯. 正义论［M］. 谢延光，译. 上海：上海译文出版社，1991：294.

利动机促使被执行人在面对既得利益被强制执行时产生逃避、抗拒心理。鉴于这种心理也是被执行人诉前的侵权行为动机或违约行为动机的自动顺延，即使公正的判决也很难让其主动履行。尤其是在我国司法实践中，执行机关的人员、资源、权力等配置又是不太完备的，不能满足执行工作的需要，很难及时发现被执行人隐匿的财产，从而在某种程度上也助长了被执行人的逃避心态。部分执行人员粗暴和蛮横的执行态度也会使当事人产生更加严重的抵触、逃避情绪。为了取得良好的司法执行效果，必须建立完善的征信系统记载逃避司法执行的人员信息，通过媒体曝光给他们施加一定的文化心理压力，压缩他们的社会交往空间，使其逐渐改变逃避执行的投机心理，进而着力营造有利于判决执行的文化氛围，逐渐改善司法执行的文化环境。①

对抗心理是司法裁判执行的阻碍因素。在现实的执行活动中，有些被执行人采取逃避的方式不履行判决确定的义务，有些被执行人采用抗拒的方式不执行判决确定的法律义务。对抗心理的形成是一个情绪积累和情绪爆发的过程，当事人有可能在诉讼阶段对法官作出的事实认定和法律适用决定有着不同的看法，认为法院的判决存在着不公正的问题，从而产生了不满裁判结果的情绪；当事人也有可能在判决执行阶段不满执行人员的执行态度和执行方式，从而迅速爆发出对抗执行的激烈情绪。因此，产生对抗心理的被执行人往往会通过谩骂、侮辱和殴打执行人员来表达不满情绪。被执行人的对抗心态严重阻碍司法裁判的顺利执行，不仅损害对方当事人的利益，而且极大地削弱司法权威。从本质上讲，被执行人的对抗心态来自对既得利益的非法维护和对司法权威的藐视，要矫正对抗心理，必须坚持教育和惩罚相结合的原则。一方面，要加大普法力度，使其认识到对抗司法执行的损失远远大于配合执行的损失；另一方面，要加大执法力度，用法律规定的罚款、拘传、拘留等强制制裁手段督促其履行，进而逐步减弱或消除抗拒执行的文化心理。②

第二，司法执行力受文化观念的影响。当事人、社会公众、法官、执行人员对司法过程、司法结果的文化认识是左右执行程序、影响司法执行效果

---

① 王亚明. 司法执行模式的变革：类型、特点及影响 [J]. 重庆社会科学，2008（10）：66-71.
② 董少谋. 民事强制执行法 [M]. 西安：西北政法大学出版社，2007：133.

的重要因素。当事人的文化观念影响司法执行力。当事人运用司法途径救济权利的行为,本身就是一种文化选择,在一定程度上反映了当事人依赖司法强制力的法律观念和诉讼意识。司法裁判的执行必须建立在当事人对结果的认同和支持上。在司法执行实践中,权力本位的文化传统在一定程度上制约着人们的行为模式,当事人往往将信访视为解决纠纷的最后一道防线,极大地冲击了司法权威,司法裁判也由此失去了终局性特质。因此,司法执行力必须建立在自觉履行、配合执行的文化观念上,要通过培育当事人法律至上的文化观念确立信任司法、配合执行的规则意识。

社会公众的文化观念对于推动司法执行具有极为重要的作用。司法裁判作为一种国家评价行为自然受到公众的重视,公众对裁判结果的认同会给被执行人造成一定的心理压力,推动其履行裁判结果。公众对裁判结果的评价也会映射到自身的法律实践中,符合主流观念的裁判会增强公众的守法意识,进而增强司法执行权威。典型案例的释法、普法作用有利于消解社会公众与司法的隔膜,构建良好的司法执行文化环境。

法官的文化观念形成于制度和价值的理性互动之中,反映着法律和社会文化的多元价值追求,因而对于司法执行具有基础性的作用。法官重审判轻执行的司法观念在一定程度上加大了裁判执行的难度,严重阻碍了权利救济和利益实现的进程。[1] 先予执行、财产保全措施的适用不只是一种保证生效判决得以执行的手段,也是法官进行价值选择和利益衡量的结果。因此,应当培育法官关注裁判执行的文化意识,公正合理地使用先予执行和财产保全措施。

执行人员的文化观念对执行效果具有直接的影响。执行人员的执行态度、价值观念是彰显执行权威的重要文化因素。执行文明、执行及时、执行穷尽等执行观念是司法执行人员的活动准则。执行工作是在一定的社会文化环境中进行的,执行人员必须尊重社会公众的文化价值观念,将司法执行过程看作文化观念的融合活动。因此,执行人员只有坚持程序正义、效率优先、兼顾公平的原则才能建构良好的执行文化环境,更好地保障当事人权益、增加

---

[1] 朱兴有. 关于民事执行价值最大化实现的基本分析[J]. 广东商学院学报,2000(1):85—90.

社会公众对司法执行的认同度。①

第三，司法执行力受文化意识的影响。司法执行力建立在一定的文化意识基础上。人们对司法裁判及其执行形成的相对理性的认识属于文化意识的范畴，它具有稳定性、主动性和能动性特质，能够深刻影响司法裁判在社会生活中的地位和作用，极大地影响司法判决的执行效果。司法执行方面的文化意识表现为当事人的自觉执行意识、执行人员的能动执行意识、其他机关的协助执行意识。

当事人的自觉执行意识是司法执行力最好的体现，是司法执行取得理想效果的基础。从身份到契约的文化运动强化人类的规则意识，促使司法裁判成为解决利益冲突的权威程序机制。司法执行就是履行法律契约和诉讼契约的延展，司法的价值也在于维护和恢复契约规定的权利、义务关系。当事人选择公力救济的行为本身就是订立法律契约、履行诉讼契约的意思表示，也是规则意识和契约意识的集中体现，接受司法裁判结果、自觉执行司法裁判也应该是当事人必须履行的法律契约和诉讼契约义务。因此，只有着力培养当事人积极履行司法判决的文化意识，才能建立强有力的执行权威，确立应有的司法执行力。

执行人员的能动执行意识是执行高效原则的必然要求，是充分、全面救济当事人合法权益的必要要求。司法执行权本身具有行政权的属性，应该具有相应的主动性和能动性特质，执行机构对具备履行条件而拒不履行债务清偿责任的义务人可以主动采取法律规定的强制执行措施，促使其履行判决规定的义务；执行人员应该坚持能动执行的文化理念，要主动引导被执行人配合执行，及时制裁被执行人的不诚实行为、隐匿财产和转移财产的行为，执行人员可以联合有关行政机构通过在工商登记、贷款、投资、消费和出境方面的限制措施和向社会公布不良记录的方式对债务人的生存空间进行全面挤压，迫使其履行生效判决所确定的义务。②

其他机关协助执行的文化意识是司法执行顺利开展的有力保障。国家机构、社会组织和公民个人的协助执行是全面及时执行原则的重要体现。金融

---

① 王亚明. 司法执行模式改造简论 [J]. 福建警察学院学报，2009，23（1）：93-99.
② 王杏飞. 能动司法与主动执行 [J]. 法学评论，2011，29（5）：117-122.

机构、确权机构应当具备协助意识，配合执行机关做好涉案财产的查封、扣押、冻结、变更、注销登记工作，以最大限度地保护执行财产。被执行人所在单位也应当具备及时保存、扣留、提取被执行财产的意识，相关公民在民事交往活动中也不能转移、隐匿被执行人的被执行财产。新闻媒体要及时曝光失信人的信息，迫使债务人履行生效判决确定的义务。

### 三、司法权威的文化渊源

权威是秩序建构和秩序维护的基础。不管权威系统的结构如何，权威形式是怎样的，社会交往的合理预期、社会结合的稳定结构都需要一定的权威系统来维系。权威总是与文化紧密联系在一起的，权威是在一定文化环境中形成和发展起来的，一个社会的主导权威形式和权威结构是由该社会的主流文化决定的。司法权威作为法治社会的一种权威形式和权威结构，根植于个体主义的文化土壤中，在汲取权利文化的养分过程中不断地成长。离开了这种自由主义文化价值观念的滋养，司法至上的文化意识难以产生和发展，权威性的司法制度也难以建立。

（一）依靠法律的文化理念是司法权威形成和发展的前提

在社会演化的历程中，选择和同意的文化要素具有极大的文化解构和文化建构作用，它们能够瓦解传统权威的结构、建构新的权威形式、界定各种权威的功能。自由选择建立在个体主义文化的基础之上，法律至上的文化理念是个体主义文化的产物。在传统社会中，整体主义是占据主流地位的文化意识形态，维护群体的共同利益和超稳秩序是司法制度的价值取向。因此，在古代的基层社会中，人们依靠乡绅的权威处理社会事务，依据共同体的道德、习俗来裁断当事人之间的纠纷，诉讼不是主要的利益解决机制。随着土地与劳动力结合的生产方式向资本与劳动力结合的生产方式的转变，商品经济获得了极大的发展；自由平等的文化意识逐渐成为社会文化的重要组成部分，个体主义的文化意识形态逐渐取代了整体主义的文化意识形态，司法逐渐获得了至上的权威，法律至上的文化理念深入人心，国家不再依靠习惯和个人权威而是依靠普遍、明确的规则权威来维持社会秩序。从本质上讲，这种自由主义的文化意识形态决定了人们享有权利的种类、内容和实现方式。

现代社会的主要文化目标是通过将个人选择范围最大化的法律安排来实现个人的全面发展，为人们在法律框架内进行自由选择提供了制度保障。

法律是人们理性选择的结果，同时法律又保障人们能够进行理性选择。人之所以为人，是因为人具有足够的理性，理性是经验智慧和逻辑判断的集合，理性需要经验的积累，是经验的结晶，理性成长要经历一个长久演化的过程。人类早期社会没有法律，是因为那时候的社会并不成熟，人们的理性还仅仅只是自然理性，没有过渡到社会理性的层面。法律产生和发展的过程就是人类理性不断进化和成熟的过程。"法律作为理性选择的结果，当然与非理性相对，并指引着人们在原有的基础上进行新的理性选择。"[1]尽管，法律具有的社会整合功能和调整作用在不同的文化背景下可能有所不同，但是，法律维护正义、保障自由、解决冲突、维系秩序的价值诉求是不会改变的，人们必须在法律的保障之下实现自身的价值，因此人们愿意将自身的生活安排交给法律，依靠法律进行各种社会活动。"法律不应是统治者加强管理和提高统治效力的权宜之计，不应是出于短视和功利之心的产物，它应是人们生活的必需品。"[2]

法律权威不仅建立在文化价值的基础上，而且建立在程序权威的基础上。法律权威需要价值理性的支持，也需要形式理性的支撑。程序理性是形式理性的重要表现形式，是承载个人选择自由、形成群体决策的合法性工具。[3]选择自由是现代权威所要保护和实现的价值目标，法律权威的正当性就在于它能履行尊重、保护、满足和促进个人自由选择的义务。因此，通过司法程序发现和确认人民意志是司法权威的正当性基础，也是法官权威的终极渊源。在司法至上的理念架构中，法院不仅要审查立法机关的立法是否违背宪法的规定，而且要审查行政机关和社会组织制定规则和作出决定是否违背宪法和法律的规定。法院能够在解决权利与权力、权力与权力之间冲突

---

[1] 强昌文. 法律至上、程序中心与自由本位：现代化法律的三维透视[J]. 法制与社会发展，1999（5）：1-8.

[2] 强昌文. 法律至上、程序中心与自由本位：现代化法律的三维透视[J]. 法制与社会发展，1999（5）：1-8.

[3] 弗里德曼. 选择的共和国：法律、权威与文化[M]. 高鸿钧，等译. 北京：清华大学出版社，2005：47.

的过程中建立司法权威，这是法院的能动司法理念与宪法至上的政治文化共同作用的结果。

自由选择建立在文化调和的基础之上，依靠法律的文化观念也需要通过文化调和来维系。现代的社会是一个多元文化的社会，文化与文化之间存在着冲突是不可避免的社会问题，而身处在同一文化语境下的个人之间也同样会存在纠纷，因为每个人都倾向将个人的自由最大化，一旦权利越界过了必要界限，侵犯到别人的权利，权利主体的自由也就失去了存在的文化条件。权利不能超越现代社会资源和社会文化的限制。利用某些义务性规则和禁止性规则对权利进行必要的限定，保护个人的选择自由是必要的，因此法律不仅确认社会主体权利，而且确定相应的义务以及解决权利冲突的原则。自由最大化的实质是选择形式的多样化、选择内容和选择范围的最大化，选择自由是现代福利国家的建构原则和制度安排背后的文化推动力量，福利国家通过自我重构促进了生活保障的期望与自由选择文化和表现型个人主义文化的有机结合。这种文化已经成为自由和选择的先决条件。此外，自由选择权利的制度化乃是政治文化博弈的产物，为了保证法律制度能够实现个人选择和群体决策的有机结合，国家必须发展参与性、回应性的民主文化。一方面，民主是群体选择的过程和结果，民主实质上是群体决策的过程和结果；另一方面，民主应该建立在个人自由选择和个人自治的基础上，否则民主就有可能蜕化为多数人专制。因此，民主与个人选择应该是相辅相成的关系，群体决策民主和个人选择自由必须在法律框架内加以整合，法律制度必须通过建立一定的刚性标准和稳固结构在保障公共利益的前提下最大限度地保护自由权和选择权。[①] 此外，法律的统一实施必须建立在尊重不同文化的基础之上，依靠法律不是背离文化传统，不是强制性的遵守和服从，而是在依靠文化传统的基础上，在调和不同文化之间差异的过程中展现的文化自觉。

总之，司法功能得以实现的关键是司法权威，任何时代的司法都要寻找文化力量的支持，而树立司法权威的前提条件是人们愿意将纠纷诉诸司法，人们有依靠法律解决社会问题的牢固意识。如果一个社会产生了矛盾或者纠

---

① 威布. 自治：美国民主的文化史 [M]. 李振广，译. 北京：商务印书馆，2006：47.

纷，人们不愿诉诸司法，甚至于人们根本就没有运用司法解决矛盾和纠纷的文化理念，而是通过私了或者其他途径进行解决，那么司法权威就无从谈起。而人们之所以愿意将纠纷诉诸司法，依靠司法解决社会问题也是因为司法本身就具有定纷止争的强大功能，拥有救济权利、恢复秩序的强大能量。

（二）选择司法的文化意识是司法权威形成和发展的基础

选择司法解决纠纷的文化意向是司法权威形成和发展的文化动力。人们遇到纠纷时是否选择司法，有着多方面的文化心理因素。西方社会选择司法的偏好有着深刻的文化原因，正是个体主义、平等主义的文化取向和国家权威的不断扩张导致了法律调整范围的不断扩大。[①] 通过权利体系和法律原则体系最大限度地保障个人的自由是美国人民的政治理想，与此相适应，法律制度自身也在鼓励人们把纠纷带到法院进行解决。在我国传统社会里，解决社会矛盾的方法有多种，诉讼不是优先选择的方式。在传统的熟人社会里，人们在相互交往过程中深受道德礼仪的束缚，轻易不愿意撕破脸面，花费一定的经济诉讼成本将司法作为解决纠纷的首选方式，往往依靠礼仪、习惯、道德办事，而不需要成文法律的指引，因此，传统社会在整体上没有像现代社会那样强劲的司法需求。伴随着熟人社会到生人社会的转变，现代社会的人们越来越多地选择采用司法途径解决纠纷，现代社会的整合不是单纯依靠感情或者道德维系，更多的是依靠契约将不同需求的人们结合或整合在一起。现代社会属于高度流动性社会，人与人之间的陌生关系意味着很难找到一个共同的中介担任双方纠纷的裁决者，交往方式和空间变化使得纠纷的解决更加依靠司法手段而不是熟人社会中的调解。司法权作为国家权力，有着社会权力不可比拟的强制性、执行性和权威性，人们出于对国家权威的信赖心理，愿意将纠纷提交法院予以解决。同时，司法过程是专业法官经过一系列严格程序作出的理性判断过程，是法官、当事人及诉讼参与人充分沟通和充分辩论的过程，因此，司法程序与司法结果都更具有一定的公正性，容易获得当事人和社会公众的认可，

---

[①] 梅丽. 诉讼的话语：生活在美国社会底层人的法律意识 [M]. 郭星华，王晓蓓，王平，译. 北京：北京大学出版社，2007：242.

判决结果具有终局性及不能被随意推翻的权威性，能够引导当事人和社会公众形成诉诸司法解决问题的文化意识。

选择司法推动法律发展的文化要求进一步强化了司法裁决的权威。司法具有推动法律发展的功能是确定无疑的，法院应该在司法推理、司法审查与民主监督相融合的基础上承担推动法律发展的政治职责。[①] 在古代的中国，小农经济支撑下的中国社会具有超常的稳定性，但也正因为这样的稳定性，社会发展和变迁十分缓慢，一部法律能够使用几十年甚至上百年而不加以任何改变。加之传统社会主要秉持着实质正义和道德审判的观念，道德体系的极端包容性几乎可以应对农业社会的一切变迁，所以法律不会像现代社会这样经常出现滞后问题。然而，进入现代社会后，人们的思维习惯、行为模式和交往方式都发生了巨大变化，法律为了适应飞速发展的社会现实，不得不及时作出修改和完善。现代社会是一个高度发达的流动社会，也是发展法律文化动力十足的社会，这种期待法律发展的文化要求在从传统社会向现代社会、从计划经济向市场经济的转型中显得非常迫切，只有通过立法与司法的互动才能满足这种文化要求。"任何一次社会和经济的变迁都会引起法律的变迁。"[②] 大量不确定的法律概念和一般性条款的出现，给司法解释留下了足够宽广的解释空间，以应对快速变化的现实世界。高度流动的社会期待法律具有更多的包容性，法律制度也逐渐从注重形式公正向重视实质公正转变。[③] 最能促进法律解释发展的是最高人民法院发布的体现"同案同判"精神的、具体普遍约束力的司法解释。社会问题首先反映到司法层面，然而再通过大量司法案例形成裁判规则，并最终上升到法律层面，成为调整社会关系、规范行为的法律规则。2015年修改的《中华人民共和国行政诉讼法》几乎90%的内容来自最高人民法院的司法解释，由此可见，司法对法律发展的巨大贡献。通过法院对某一类社会纠纷的案件审理确定裁判规则，进而通过立法过程将

---

① 埃格里斯托. 最高法院与立宪民主 [M]. 钱锦宇, 译. 北京: 中国政法大学出版社, 2012: 173.

② 埃利希. 法社会学原理 [M]. 舒国滢, 译. 北京: 中国大百科全书出版社, 2009: 56.

③ 昂格尔. 现代社会中的法律 [M]. 吴玉章, 周汉华, 译. 南京: 译林出版社, 2001: 164.

其提炼为行为规则，成为转型社会发展法律的重要途径之一。

选择司法保护同等自由的文化诉求规定了司法权威的价值目标、决定了司法权威的发展方向。法院最终的功能是维护和滋养自由和民主的理念，保护同等自由应该是司法审查的基本文化理念，司法审查在实质上是群体选择民主和个人自治民主的平衡器，司法审查正是将多数人的意志与少数人的意愿连接起来的程序机制。民主不能简单地理解成多数人的决定，民主制度应该与公民整体的自治意志联系在一起，民主自决取决于维持对所有人开放的交流结构。民主的实质是以自主意志的相互尊重取代对权威的单方尊重，这倾向于将法律视为集体意志的产物。由于对政治权利的侵犯会破坏民主程序那种"自我纠正"的性质和功能，政治权利是应该得到司法审查重点关注的权利类型。公民的同等自由不仅需要政府的维护和捍卫，也需要政府的推进和发展。改革开放以来，为适应社会生产力发展的迫切需要，充分调动公民的积极性、主动性、能动性和创造性，有必要赋予公民更多更具实质内容的自由和权利。特别是20世纪90年代，当时许多重要法律的修订和政策的出台，都吸收了自由主义思想的元素。在当代中国商品经济和西方自由主义、个人主义思潮的冲击下，自由主义的权利观念逐渐形成，并日渐与整体主义传统文化形成此消彼长的态势。当代中国的自由主义文化思潮呼吁政治体制改革，推动民主发展，扩大公民政治参与，加强人权保障，发挥社会力量对权力的监督制衡作用，推动问责制、预算公开、司法独立和言论自由，实现权力的授予、更替和运作的程序化、透明化，以及政策制定的程序化、透明化，建设自由民主的法治国家。[①] 一般自由与政治自由既相互联系又有所区别。政治自由包括民主参与、选举、言论、结社、出版等自由，没有政治自由，个体的自由则是不完全的自由。在政治自由之外，个体自由的范围和领域更为宽泛，政治自由不能代替一般的自由，民主化不能够决定一切的自由，还需要司法的保障，民主解决了国家对公民个人自由限制的范围和程度问题，而司法则是对这些限制进行审查和确认。自由需要体制的庇护，没有认同自由价值的政治体制，自由就是虚无缥缈的幻想。公正、无歧视的法律

---

① 马立诚. 当代中国八种社会思潮[M]. 北京：社会科学文献出版社，2012：125.

本身就是一种制度上的公民自由保障，而保护特权的、不公正的法律则会损害公民自由。司法就是在制定法的基础之上，能动地进行裁决，避免发生权利被随意限制和自由被任意剥夺。"个人自由发展是社会总体发展的先决条件，一个处处阻碍公民自由地表达言论和思想、从事创新和经贸活动的社会，是不可能实现真正的社会整合的。"[①] 个人自由是平等的，尽管在实际的社会生活中，由于经济实力、文化水平和社会资源等方面的不同，往往个体之间的自由选择存在很大的差异，甚至是天壤之别，但至少在法律上，每个人的自由都应该得到平等的保护，所有的公民不分种族和区域都应该在政治上享有同等的自由。选择权是自由的体现也是自由的保障，没有选择权就没有自由可言。当事人将矛盾和纠纷诉诸司法，意味着他们相信司法机制具有定纷止争的强大功能，意味着他们期望通过司法审查保护平等的自由权利。

（三）追求公正的文化观念是司法权威形成和发展的动力

司法公正的文化定位对司法权威的形成和发展具有极其重要的意义。权威不是依靠强制力和胁迫，而是依赖正当性和合法性以及被支配者信服的一种文化势力。在司法制度形成和发展的历史中，人们将司法公正作为重要的价值选择，有着深刻的文化原因。人类社会是通过价值认识、价值评价和价值选择组织起来的文化共同体，政治权威必须反映人们的价值追求，司法的制度架构和司法权力的运行机制也必须符合社会主流价值观的要求。[②] 在人类的价值谱系中，正义是社会交往和社会组织的基本价值，追求司法公正是人类社会的一种永恒的精神文化现象。东西方的司法神话都有着司法中立的文化内涵，集中反映了古代社会对司法角色的文化定位和文化选择。无论古代还是现代，无论农业文明还是工业文明，人类始终都有着追求司法公正的文化意识。期望司法公正是人们普遍的文化心理。实现正义的方式有很多，法律只是其中之一，但其在现代社会，却是最正式、最重要的实现正义的方式。司法公正体现了社会主体的人格尊严，它是个人自由选择得以实现的坚强保障。在人们的思想意识深处，公正是司法的本质和司法最高的价值

---

[①] 顾肃. 论社会公正与自由的关系 [J]. 学海，2004（2）：6.

[②] 马塞多. 自由主义美德：自由主义宪政中的公民身份、德性与社群 [M]. 马万利，译. 南京：译林出版社，2010：11-12.

目标，在人类司法发展的历史过程中，司法公正逐渐成为一种普遍的文化诉求，成为司法行为和司法结果的文化评价标准，成为权利救济和秩序建构的文化基础。

司法公正建立在司法共识的基础之上。公正司法的结果是通过文化沟通形成的，这意味着利益对立的各方当事人应该在同一个文化沟通平台中，以居中裁判者为中轴，按照法定的程序原则以及既定的程序步骤、时序、方式方法、时限，共同参与到文化价值观和文化观念的沟通、协调、碰撞和竞争当中，在法定期间形成一个最优的价值处理和利益裁决方案。这种文化沟通机制建立在角色分化的基础之上。角色分化的文化机制能够保证当事人、法官、律师、检察官、证人、陪审员充分表达自己的观点和看法，确证不同的利益代表在司法过程中有必要的交流沟通的机会。在不同的利益、不同的观点、不同的知识进行碰撞和交流的基础上，法官能够找到当事人在诉求与理由方面的司法共识。这种沟通机制同时是多元法律文化价值的竞争机制。从某种意义上讲，法官思维模式更多地体现法律制度文化的底蕴，而当事人的思维方式更多地体现了法律观念文化的色彩，因此，制度性法律文化和观念性法律文化的交流贯穿于司法过程的始终，最佳的利益选择和共识性的价值取向是通过多元文化观念的竞争建构起来的；公正的司法结果是通过封闭与开放相统一的文化价值沟通机制取得的。一方面，法律对司法过程都规定一定期限，对诉讼行为和司法行为都有严密的程序要求，因而具有相对的封闭性，这是司法中立、司法自治、司法公正的内在要求。另一方面，法院在社会发展的过程中不能固封自守，要有开放的精神。当出现新的问题而法律没有规定，或者法律规定无法解决时，或者法律需要伴随社会发展时，法院要能动地回应社会的需要，将表达社会利益诉求的社会价值追求通过司法审判及时转变成判决保护的权利。[①]

审判独立的文化观念对司法权威的形成和发展是至关重要的。在我国古代社会，司法权是行政权的附属权力，行政官员兼理司法是一种常态的体制，朝廷任命的地方官员既是地方的行政长官，也是地方的司法官员。尽管在有

---

① 费斯. 如法所能 [M]. 师帅，译. 北京：中国政法大学出版社，2008：37.

些朝代专设了一些司法官员,但这些司法官员也只是在地方行政长官的麾下从事司法的辅助工作而已,并不拥有独立的司法裁判权。审判独立是司法权威形成的必要条件,如果司法系统总是受到外界的干涉,司法也就无法在社会生活中树立应有的权威。独立审判要求法官独立地进行思考和判断,不能受到外界因素的干扰,忠于自身内心的判断,在对案件事实的分析和甄别以及法律如何适用等问题上保持中立立场和冷静态度。在司法制度的设计、改革和发展的历史进程中,人们在司法中立的文化诉求的基础上,力图通过司法组织和司法权力运作程序的理性设置,保障司法与行政彻底分离,在自治的程序框架内确立司法判断和司法裁决的至上权威,以期保证司法活动不受其他国家机关、社会组织和个人的非法干涉。"法官在裁决案件时,不能听命于指令。他似乎处于金字塔的顶端,只服从于法律和自己的良心。由此来看,法官独立几乎可被认为是一种主权。他的地位是主权机构的地位。"①

现代国家设有专门的审判机构和组织,确立了制度化的审判程序,为法院审理案件提供了较为完备的法律体系。在人们心中,法官独立进行事实问题和法律适用问题的判断既是司法中立的文化要求,也是法官个人良心和法律责任的体现;人们在司法实践中逐渐认识到,审判独立不仅能够为经济发展创造条件,而且能够为民主政治的发展和政治协议的履行提供必要的司法保障。②审判独立是合理分散决策权力、防止多数人暴政、有效保护少数人权利的不可或缺的制度机制,因而是现代社会多元价值共存的保障机制。进而言之,保护少数人的自由和权利的文化诉求也为审判独立提供了必要的辩护理由和持久的文化推动力量。

司法公正的文化评价对司法权威的形成和发展具有极大的影响。如果大多数人认为司法具有良好的社会正义维护功能,那么这个社会下的司法系统一定具有较高的司法权威,因为司法公正乃是法律正义和社会正义的有机结合,衡量司法是否公正的标准在很大程度上也是主流意识形态确定的文化评价标准。个人主义的选择文化要求尊重效率价值的同时尊重公正的价值。在

---

① 克拉玛德雷. 程序与民主[M]. 翟小波,刘刚,译. 北京:高等教育出版社,2005:30.
② 波斯纳. 法官如何思考[M]. 苏力,译. 北京:北京大学出版社,2009:53-54.

权利救济和责任分配的公正处理方面，法院应当将当事人的自由选择行为作为司法判断的基础。法院要通过司法审查给立法博弈中失败的人们、作出错误选择的人们提供第二次选择的机会，为他们挑战立法权威提供文化支持。[①]司法权威的形成需要社会各界对人民法院所作出的判断和裁决给予充分的尊重、认同和支持。对司法结果的接受就是对司法公正的文化认同，接受司法结果等于接受司法结果的文化价值。当事人感受到法律的不公正或者认为受到了不公正的对待，那是因为当事人不能接受司法结果所体现的文化价值，这个时候判决也就很难得到履行。因此，要树立司法权威，就必须从文化观念的培养出发，牢固确立司法公正的文化评价标准。

总而言之，司法权威是社会文化的历史选择产物，司法主体和司法程序理性化离不开权利文化和理性文化的推动，司法的判断力、确定力、说服力和执行力内含着坚实的观念基础与丰富的权利文化渊源。同时，权利文化的发展又离不开司法权威的推动，两者是一种互动的、相辅相成的关系。一方面，权利本位的法律文化及其法律信仰给司法权威提供了精神动力，是司法权威的文化基石；另一方面，司法权威对法律权威和社会正义的维护功能又促进了主流法律文化和法律信仰的形成。从人性的历史发展角度看，司法权威不仅能够反映不同的历史阶段法律在社会生活中的地位，而且也能折射出特定的人性需要，反映了一个时代人们的行为习惯、文化传统和理性化水准。现代社会赋予司法裁判最高的权威以期实现人的价值和社会的有序发展。从文化学的视野来看，司法权威是社会文化所蕴含的价值和秩序的共识化形态。司法权威作为一种解决纠纷的社会整合机制植根于特定的文化土壤中，离开特定的文化给养，司法的权威性理念和制度也就难以形成；我国司法文化传统中的和谐理念总是与非讼观念、调解意识、实质正义取向有着密切的联系，也一直影响着我们的法律生活。因此，我们既要吸收世界司法文化的先进理念，又要正确评判我国司法文化传统的积极作用和消极影响，尊重本国的历史文化传统，培育尊重、理解司法的社会文化意识，力图实现法律效果和社

---

① 马塞多. 自由主义美德：自由主义宪政中的公民身份、德性与社群［M］. 马万利, 译. 南京：译林出版社, 2010：189.

会效果的有机统一。我国应该实现司法权威的文化建构和司法改革的有机结合，消解社会对司法的不信任感，剔除不利于司法权威构建的体制和机制弊端，给司法权威的成长提供足够的文化推动力量。

# 第二章　司法判断力的文化渊源

司法判断是对案件事实进行法律评价的前提，是司法判断力建立的基础，是司法权威的结构要素。司法判断建立在法官对案件事实的认知及其法律意义的思考基础上，因此，司法判断过程必然是法官运用相关的法律规定和事实属性知识进行价值判断的心理过程。生活知识和法律知识是人们进行文化交往的工具，也是法官阐释案件法律意义，确定案件事实性质，寻找判决规则的价值评判标准。这种知识结构文化可以弥补法律世界的认知缺陷，有助于法官通过价值判断更好地解读法律规定背后的精神实质，有利于法官作出权威性的司法判断。这种文化心理机制深刻揭示了司法判断的情感影响和经验支持因素，司法权威的渊源、范围和强弱，在一定程度上受制于人类社会化过程中的心理文化倾向、心理认识结构以及经验与理性的结合能力。在一般情况下，法官通过从具体到抽象的思维过程，运用生活知识、法律知识、社会价值观、法律价值观对案件事实的法律性质和法律意义进行初步的判断，将初步的司法判断提升至抽象层面，在此基础上寻找或建构法律规则；然后再通过从抽象到具体的思维过程，运用生活知识、法律知识、社会价值观、法律价值观对法律规则进行具体的解读，通过对法律规则或审判规则的理解对案件事实的法律性质和法律意义进行再次的司法判断。这种双向思维过程不是简单的逻辑推理过程，而是法官依据社会通行的价值观对法律规定和案件事实进行文化解读的过程。从本质上讲，法律规定的普遍性和当事人诉求的特殊性的有机结合过程乃是法官进行司法判断和司法判决的文化心理过程。法官正是借助于法律规则的具体化解释和具体行为的抽象化归纳的文化整合过程，在程序机制的保障下，完成了法律事实和审判规则的建构任务，消解了规范与事实之间的紧张关系，合理分配了当事人的权利义务，不断地积累起司法判断的权威。因此，探究司法判断力的形成过程，在一定程度上就是分析司法判断力的文化影响过程；要充分论证司法判断力形成的文化机理，就必须深刻揭示司法判断力的文化渊源。

## 一、司法判断力是在特定的文化知识背景中形成的

知识来源于认识和经验。知识是人们在改造自然、适应自然的社会交往过程中形成的共同认识和经验积累，是人们为了应付各种现实问题和未来挑战而产生的文化体系。经济交往方面的知识是人们在追求经济利益过程中积累起来的文化知识，社会交往方面的知识是在人们参与文化活动、实现文化认同过程中积累起来的文化知识，法律知识是人们在追求法律治理效益、解决各种法律问题的过程中积累起来的专业文化知识。司法判断需要文化知识的支撑，在司法程序内的各种知识的对话和融合是司法判断力形成和发展的文化基础。

### （一）法律知识是司法判断力的文化基础

法律知识是在人类社会分工和知识分化基础上形成的一种概念简洁、逻辑清晰的专业知识。随着社会生产力的发展，社会关系日益复杂，人们为了追求公正和效率，有必要将繁杂的生活世界压缩成清晰简洁的法律世界，而法律知识正是适应高效处理社会纠纷的一种认识、分析和判断的概念工具。于是，伴随着法官的法律生活与当事人的社会生活的分离，法律知识也相应地与社会生活知识分离。[①] 与社会生活知识相比较，法律知识是具有客观性、普遍性和确定性的系统知识形态。法律知识反映了法律职业共同体对法律事实、法律关系的认知和评判。基于法律概念是法律知识的最基本元素，人们通过概念之间的联系进行逻辑推理和分析判断的过程，实质上是通过法律知识之间的意义联系进行判断推理的过程。

---

① 左卫民，谢鸿飞. 论法官的知识 [J]. 政治与法律，2003（4）：43–51.

各部门法律知识一同构成了法律知识体系，解决民事纠纷、行政纠纷、刑事争议的部门法律都有自己相对应的部门法律知识基础，法院也相应地分成几个专门法庭。依据法官的职业化和专业化要求，在一般法院之外还设立税务、社会保险、知识产权等专门法院，来处理涉及专业知识的案件。当然，法律知识并没有实现与生活知识的彻底分离。法律知识是由一套语言符号组成的代码系统，与生活世界和自然世界多姿多彩的事物形态和意义表现相比，人们往往会走到法律语言表达的尽头，因此，有些法律知识还是必须通过生活语言来表达。此外，同人们生活与命运直接相关的民事法律和刑事法律仍然显示出浓厚的生活品位，逐渐成为现代生活知识的组成部分。同时，那些原本属于司法的专业性知识，随着社会的发展和转型，在多方面的共同作用下，逐渐转化为社会大众所掌握并使用的生活常识。[1]由此可见，法律知识不可能实现与生活知识的彻底分离。此外，法官还必须具备一定的法学理论方面的知识，以期能够依据相关法理对法条进行解释说明，通过法律原则与社会知识的连接建构用于事实判断的审判规则。[2]

法律知识是法官进行专业判断的前提，是法官进行司法判断的合法性基础，法官正是通过法律知识的应用和再生产在社会生活中建立司法判断的权威。权力与知识是紧密联系在一起的，没有建构一种知识，就不可能拥有相应的权力，没有预设和建构权力关系就不会有任何知识。[3]在通常情况下，建构法律知识的过程就是建立某种权力关系的过程，运用法律知识阐释案件法律意义的过程也就是法官认可法律知识中隐含的权力关系、制度安排的过程。正是在无数次的知识传播、记忆的过程中，国家的权力结构和主流价值观在法官认识和分析问题的思维模式中复制出来，法律知识既是法官对事实争议和法律争议作出司法判断的文化基础，也是法官抵御外来权力干涉的有效策略。[4]法律程序知识能够在一定程度上为司法判断提供合法性基础，法律程序知识能够提供冷静的思考氛围，用司法程序的理性、司法判断的说理代替当

---

[1] 方乐. 法官判决的知识基础 [J]. 法律科学（西北政法大学），2009, 27（1）: 3-16.
[2] 高军. 略论英美法官文化及其启示 [J]. 法治研究，2008（7）: 30-34.
[3] 福柯. 规训与惩罚 [M]. 刘北成，杨远婴，译. 北京：生活·读书·新知三联书店，2003: 29.
[4] 左卫民，谢鸿飞. 论法官的知识 [J]. 政治与法律，2003（4）: 43-51.

事人的激情和情绪,用法律逻辑代替生活逻辑的手段压制和排斥日常生活知识对司法判断的影响作用。①

法官的水平与法律知识密切关联,法官的法律知识储量在很大程度上表征着法官水平的高低,法官所拥有的法律知识的丰富程度决定了法官的判断权威强弱程度。丰富的法律知识是把握事实真相、解决社会纷争的前提条件,法官应该精通法律领域内的成文规则和判例规则、实体规定和程序规定。此外,法官也在司法实践中实现了法律知识的深化和拓展,"法官的知识建立在经验的基础之上,所以法官的知识同他的认识能力密切相联,法官对法律知识的不同认识形成了各种各样的法律知识观",②因而也在一定程度上影响到法官运用法律知识的方式和目的。

权威建立在合法权力和威信之上,司法判断的权威同样建立在法律知识内含的权力和法律知识蕴含的威信之上,当事人和社会公众对法律知识的认同是司法判断权威的重要渊源,因此,司法判断的法律知识也必须具有一定的说服能力。作为某种较为稳定的秩序建构机制,法官必须运用公共的、权威性的行动理由来取代私人判断。③因为每一个人都是有理性和自由意志的社会主体,所以在社会问题上形成自己的判断是每一个人的道德义务,他们应该为自己的选择负责。从某种意义上讲,承认他人的权威就是放弃自己的判断而听从他人的判断。但权威的形成是有前提的,"只有当一种行为是法律所要求、禁止或允许的这一事实本身在一个人的实践推理中具有重要性时,法律才让人们感受到了它的权威"④。也就是说,司法判断要为当事人和社会公众接受,法律知识本身也要在一定程度上成为人们社会交往中的实践理性,成为人们对事实和行为进行合法性判断的基础。因此,法律知识、法律认识应该是任何个体社会化过程的内在要求。为了有效地保护自己的权利,每个人都应该具有与日常生活密切相关的法律知识,知道自己应有的权利和义务;

---

① 左卫民,谢鸿飞. 论法官的知识[J]. 政治与法律,2003(4):43-51.
② 王申. 法官法律知识的本源与确证:以法官的实践理性为视角[J]. 现代法学,2012,34(2):31-34.
③ 格林. 国家的权威[M]. 毛兴贵,译. 北京:中国政法大学出版社,2013:44.
④ 格林. 国家的权威[M]. 毛兴贵,译. 北京:中国政法大学出版社,2013:29.

每个公民都应该熟悉有关政治权力和政治权利的基本法律知识，了解国家机关的职权和责任，理解法律的基本原则和精神，逐步养成运用法律解决社会问题的法律观念。

诚然，在人类早期的司法活动中，依据法律知识所作出的司法判断不是唯一的司法方式，法官还曾运用神话来证明自己判断的正确性。当人类进入现代社会后，法律作为主要的社会控制手段，几乎渗透和影响到了社会生活中的各个方面，人们生活在法律的调整和影响的空间里，自然地通过法律生活的亲身体验来形成相应的法律认识，获得必要的法律知识。随着法律生活化的推进，法律知识成为政治生活、公共行政管理、司法裁判的制度机制和日常生活的必备的文化要素，为社会主体的法律判断提供文化基础，也为司法判断力提供观念基础。

（二）生活知识是司法判断力的文化土壤

生活世界是丰富复杂的，永远不可能为法律规则所完全涵盖，即使开放的法律原则能够适应社会发展的需要，也需要借助于法官对法律原则的价值阐释来接纳社会知识中的价值诉求。法官要处理许多社会生活中的纠纷，需要足够的生活常识与经验来分析评估相关案件事实，准确地理解这些事实对当事人以及相关共同体所具有的法律意义。

由于人们拥有的经验、知识和道德观念的不同，不同的人对案件事实意义的理解也会有所不同。法官、律师、当事人都会通过各种方式将常识带入法庭的各个阶段，从生活常识角度对案件事实进行文化解读。因此，具有丰富的社会生活知识是法官洞察事实，确认相关证据的可靠性，形成证据链条，作出事实方面判断的必要条件。[①]众所周知，法律落后于社会发展的步伐，法律知识落后于社会生活知识的增长速度，法律规则与事实之间的紧张关系是不可避免的，法官只能利用特定知识来解释现有的法律规则，建构相应的审判规则，填补规则与事实之间的缝隙，实现抽象法律规则与具体案件事实的有机连接，进而将法律确定的权利义务关系转化为现实的法律秩序。

在长期的社会交往过程中，当事人可能形成一种超越法律的信任和依赖。

---

[①] 富勒. 法律的道德性 [M]. 郑戈, 译. 北京: 商务印书馆, 2005: 76.

规定当事人的附随义务是现代法律对这一趋势的理性回应,法官通常借助相关的生活知识对当事人的附随义务的成立与否作出司法判断,[①] 经常以自己的生活常识对习惯是否存在、习惯的内容是否合理作出司法判断。正是基于对生活的感知,法官才能够将生活中的理性提升为法律理性,将生活知识和常识放进法律之中,法律才能够与生活同步而不至于脱离生活,法官的知识也才能够全面并且为社会知识所融合和吸纳。因此,现代法律的变迁基本上是在追求实质理性的过程中发展起来的。[②] 相关法律规定在调解中属于双方当事人可以选择的标准,因此,法官在调解中倾向于运用生活知识来解决争议。由于证据不可能全部由科技理性所证明,也需要法官根据社会生活常识对证据的效力作出判断。为了紧跟社会发展的步伐,现代法律呈现出逐渐生活化的趋势,法官也必须具备一定的生活知识、熟悉社会生活中的风俗习惯和道德要求,以便对案件事实的性质和权利义务的分配根据作出准确、合理的司法判断。

"所有的常识都是切身的体验。我们都是通过切身体验来观察这个世界。"[③] 法官可以从自己的生活经历中获得生活知识,我国基层法院的法官主要从日常生活经验中获取审判所需要的知识,这种蕴含经验与智慧的知识就是法官的实践理性,这样的实践理性以丰富的社会经验和知识为基础,它为法官在纷繁复杂的案件中找到裁判答案提供了可能。法官也可以从司法实践中获得生活知识。因为基层法院的法官要处理大量的、各种各样的社会纠纷,需要了解社会交往中发生的各种事实争议和法律争议,所以,基层法院的法官可以在司法审判工作中积累大量的经验知识。因为社会生活中的常识性知识是通过阅历积累起来的,所以,西方国家一般从拥有相当长时间执业经历的优秀律师、检察官和法学专家中选任法官,以保证法官拥有必要的社会常识和敏锐的洞察力。

法官往往基于社会生活的常识、司法经验和司法直觉来进行司法判断,

---

① 左卫民,谢鸿飞. 论法官的知识 [J]. 政治与法律, 2003 (4): 43-51.

② 左卫民,谢鸿飞. 论法官的知识 [J]. 政治与法律, 2003 (4): 43-51.

③ 阿蒂亚. 英国法中的实用主义与理论 [M]. 刘承韪,刘毅,译. 北京:清华大学出版社, 2008: 114.

因此，法官的司法判断先于法律适用、法律推理活动。换言之，法官在大多数案件的审理过程中先有一个基本的司法判断，然后再去寻找相应的法律依据。在基层法院的案件审理中，法律适用和法律推理是一个司法判断后的活动。当然，法官在此后的法律适用和法律推理过程中，只要对庭审的证据保持足够敏感，发现法律规则与自己的直觉判断存在差异，也会通过自我反思修正自己原先的司法判断。① 由于基层法院法官可以调动的人力、物力和时间资源非常有限，法官通常依据对案件的直觉，剪裁和选择案件事实要素，努力避开那些认定麻烦、耗费许多精力也未必能调查清楚的事实，仅仅抓住双方以某种方式认可的事实。法官在作出初步的司法判断后，在寻找法律依据的过程中，总是通过法律解释技巧，适当地利用法律原则、法律语言的弹性来避免荒唐的判决结果，争取社会认可的司法结果。②

随着现代技术的发展，专业分工越来越精细，法官要想对各种案件事实作出正确的判断，还必须具备一定的专业知识。这些专业性的、职业性的判断不同于日常生活中的经验判断，需要法官通过一套专门化的知识体系作出权威性的司法判断。这些专业知识包含审理一般案件所需要的常规法律知识和处理一些证券、专利和医疗等案件所需要的专门知识。这些专业知识在一定的历史时期内不是社会生活中的常识，但是仍然属于社会生活特定领域的专门知识，一部分为法律语言所表述，一部分仍然是事实和行为方面的社会知识。法官在审理民事、行政和刑事案件过程中也应该涉猎管理学、金融学、建筑学、动植物学、环境学等方面的知识。诚然，纯粹的法律争议在司法实践中的数量比例是比较少的，许多疑难复杂案件审理的困难在于事实认定与法律适用的结合处。因此，行业惯例、商业惯例类的经验性知识在司法判断中极其重要。诚然，医疗损害诉讼、知识产权纠纷涉及一些医疗和技术方面的专业知识，在一定程度上属于法官和当事人知识范围所不能及的专业性问题，可以让具有专门知识的专家参与司法过程，对相应的专业问题发表意见，帮助法官对涉及专门技术的事实问题作出正确的判断。英美法系国家的专家证人制度、意大利的技术顾问制度、法国的咨询人制度和我国台湾的专家参

---

① 苏力. 基层法官司法知识的开示 [J]. 现代法学，2000（3）：9-13.
② 苏力. 基层法官司法知识的开示 [J]. 现代法学，2000（3）：9-13.

与审判咨询制度都是通过专门知识辅助法官作出正确司法判断的司法机制。

(三)知识融合是司法判断力的文化根基

当事人的法律意识和文化背景影响其对纠纷的性质和实质的理解。法律意识体现人们理解法律和利用法律的方式,既可以表现为人们深思熟虑的、有目的的行动,也可以表现为行为习惯。"法律意识是一系列复杂的意义和范畴,人们根据自己的经历和法律知识对这些意义和范畴产生了不同的理解。"①法律意识作为文化的一个重要组成部分,蕴含情境的特性以及这个情境所被理解的全部背景。②

法律为人们解释世界提供了范畴和框架,而这样的范畴和框架是建立在法律的直接强制力和潜在的文化支配力之上的,法律不仅能够通过强制的规范进行惩罚,而且能够依靠其建立社会关系的权威想象力来发挥作用。正是法律潜在的文化支配力使其拥有创造构成这个社会的符号和范畴的能力,同时法律又能在这些符号和范畴背后施加强制力,使人们服从于它对事件和关系的解释。法律凭借这两项能力深刻地影响着人们的思维和意识。③法律是谈论行动和关系的话语方式,法律语言和法律实践通过文化的建构,不仅能够把法律意义传递给受过法律训练或利用这些法律意义处理日常商业交易的人,而且能把法律意义传递给普通的人。人们正是通过法律提供的文化信息建立起自己对生活意义的认识和理解。④

由于人们的生活方式、生活环境、知识结构、思维方式和利益立场的不同,不同阶层的人群也就具有不同的法律意识,法官的法律意识与当事人的权利意识一定存在着某些差异。法院实际上处在多种知识和多元价值的包围之中,法官经常运用多种知识和多元价值的视角来看待社会纠纷,对社会冲突的法律意义进行司法判断。当一个人向法院提出诉讼请求时,就意味着他

---

① 梅丽. 诉讼的话语:生活在美国社会底层人的法律意识[M]. 郭星华,王晓蓓,王平,译. 北京:北京大学出版社,2007:7.

② 梅丽. 诉讼的话语:生活在美国社会底层人的法律意识[M]. 郭星华,王晓蓓,王平,译. 北京:北京大学出版社,2007:7-9.

③ 梅丽. 诉讼的话语:生活在美国社会底层人的法律意识[M]. 郭星华,王晓蓓,王平,译. 北京:北京大学出版社,2007:16.

④ 梅丽. 诉讼的话语:生活在美国社会底层人的法律意识[M]. 郭星华,王晓蓓,王平,译. 北京:北京大学出版社,2007:13-14.

将自己的问题提交到几种话语框架中。法律的话语关涉权利和证据；道德的话语涉及关系、尊重和声誉，其主旨是应该怎样对待他人；治疗的话语旨在通过治疗和矫正，为人们确立一定环境和社会压力下的行为方式。

在通常情况下，当事人相信法律是解决问题的适当且有效的方法，倾向于运用法律的话语来界定自己的问题，而法院则有可能运用道德和治疗的话语重新组织当事人提交的问题，那些被当事人认为在法律上很严重的问题，却被法官解释成不具有法律意义的社会问题，试图为当事人提供他们所认可的正义，这实际上是对纠纷解决方式实施的文化控制；法院没有通过规范意义上的法律手段实质地介入这些问题，没有向当事人提供法律体系本身所承诺的保护和帮助，而是利用法院本身所具有的法律权威以非法律的语言重新建构了当事人的问题，这也是对那些将问题提交法院作为首选的人所实施的文化控制。[①] 有时道德话语和治疗话语并不能彻底化解纠纷，当事人可能再次选择司法判决方式解决问题。重新回到法院意味着当事人为法院提供了运用法律话语建构问题、命名问题和确定问题的新机会，意味着当事人再次确认法律在自己生活中的权威，认可了法律的直接强制权力和法律对思想的影响力量，接受了法律对其问题进行重新解释、重新定性的权力。置身于这种不同的解释之中，解释的开放性会促使他们重新形成自己的法律意识。[②]

毋庸讳言，知识结构在一定程度上塑造和决定人们的价值观念。在面对可信度差不多的事实时，法官的价值观念会影响证据采信的结果。拥有相似的知识结构、对案件事实有着同样认识的法官，出于不同的价值观念，甚至会得出截然相反的裁决结论。因此，法官不能运用知识霸权来进行司法判断，他必须在沟通理性的制约下，通过知识的整合实现司法判断的公正性和合理性的有机结合。在实际的司法过程中，法官用于司法判断的知识渊源不仅来自本人的知识积累，而且来自司法活动所能利用的诉讼当事人及其代理人、专家证人、陪审团所提供的相关知识。因此，在司法判断过程中，法官面临

---

① 梅丽. 诉讼的话语：生活在美国社会底层人的法律意识 [M]. 郭星华，王晓蓓，王平，译. 北京：北京大学出版社，2007：243-244.

② 梅丽. 诉讼的话语：生活在美国社会底层人的法律意识 [M]. 郭星华，王晓蓓，王平，译. 北京：北京大学出版社，2007：17.

着知识的选择与整合问题，要注重法律知识对社会生活知识的吸纳，要力图通过技术理性和实践理性的互动实现法律知识和社会生活知识的有机结合。[①]法官必须重视纠纷化解的背景知识，努力实现习惯知识与法律知识的融合，依赖法律规则背后强大的理念和一般原则，力图运用有限的法律规定来解决无限的社会问题。[②]由此可见，司法判断权威在于法官的知识、技能的应用与诉讼当事人预期和需求相契合，以及与社会公众的生活知识相融合。[③]

随着法官队伍专业化建设的不断加强，法官的法律知识基础和法律判断能力都在逐步提高，正在进行的司法改革更加强调发挥人民陪审员在一审案件事实认定中的作用，这在一定程度上有助于法官通过法律知识和生活知识的融合确立司法判断权威，从而在法律生活和社会生活中增强司法判断力。尽管《中华人民共和国法官法》取消了法官最低年龄任职限制，但并不意味着法官遴选不需要考虑候选人的法律专业知识和生活知识，鉴于丰富的法律实践经验和生活阅历资源是法官借助法律知识和生活知识准确认识和正确阐释案件法律意义的前提条件，法院应该将疑难复杂案件交由资深法官去审理，让他们在法律解释的过程中把握法律发展的内在规律，通过司法与立法的互动不断推动法律发展。不难发现，在婚姻家庭纠纷案件中，特别是涉及彩礼纠纷系列案件的处理，需要法官在综合法律知识和生活知识的基础上对案件事实和交往行为进行法律评价。例如，在张某某与赵某婚约财产纠纷一案中，[④]原告按照当地风俗习惯给予被告彩礼，但原告与被告之后未能登记结婚，法院结合生活知识和法律知识最终认定彩礼虽具有赠予的外观，但法律后果与普通的赠予不同，原告给予被告彩礼的行为不能认定为赠予，应当予以返还。而在另一起彩礼纠纷案件中，被告接受人工流产手术花费了医疗费，同时存在一定期限内的误工费及营养费损失，法院从损失弥补的法律知识和交往互利的生活知识出发，判决被告只返还一部分彩礼，剩余彩礼用来补偿

---

[①] 方乐. 法官判决的知识基础［J］. 法律科学，2009，27（1）：3-16.

[②] 王申. 法官法律知识的本源与确证：以法官的实践理性为视角［J］. 现代法学，2012，34（2）：21-34.

[③] 苏力. 司法制度的合成理论［J］. 清华法学，2007（1）：6-18.

[④] 参见最高人民法院2015年11月20日公布的10起婚姻家庭纠纷典型案例（山东）中的"张某某与赵某婚约财产纠纷案"。

其遭受的损失。①在王某与徐某某彩礼返还一案中，②法院在整合法律知识和生活知识的基础上作出生存价值优先的司法判断，判定婚前给付并导致给付人生活困难的彩礼应当予以返还。可见在纠纷事由相同的情况下，法院作出的裁判结果并不相同，在这类案件的审理中，法官在相当程度上进行法律知识与生活知识的融会贯通，在生活知识的经验基础上阐释法律知识的含义，在法律知识的指引下解释生活知识的意蕴，由此形成了公正、权威的司法判断，最大限度地实现了裁判结果的法律效果和社会效果的有机统一。

## 二、司法判断力是在主流价值观的作用下形成的

"在一个多元化的社会，任何对文化价值的破坏几乎都是一种损失。"③文化价值一旦失去，重建是十分困难的，有些时候我们接受其他文化的一些浅层的文化内容，却失去了更深层次的文化要素。任何一部法律的制定和实施都离不开主流文化价值观的支持，任何社会冲突和纠纷的解决都必须建立在某种价值共识的基础上。

（一）法律价值是司法判断力的正当性依归

法官审理案件的过程就是适用法律规定对案件事实的意义进行司法判断的过程，法律价值是司法判断的前提和基础，也是司法判断力的重要来源。鉴于法律价值是立法选择的过程和结果，因此，法律制定过程的民主性和合理性是影响司法判断力的形成和发展的重要因素。

法律制定活动本质上是通过政治决策作出共同价值选择的过程，是价值选择结果的制度化过程。因此，价值观念在很大程度上影响了立法过程的价值选择结果，决定了立法结果的合理性、公正性和权威性。在一般情况下，使用相同的语言、拥有相同的文化和政治历史、具有同样价值观的成员所作出的政治决策被认为是共同体较好的选择。然而，利益诉求的多元化必然导致价值观念多元化，这就需要国家通过特定的民主程序建立一定程度上的价

---

① 参见浙江省嘉兴市秀洲区人民法院（2014）嘉秀王民初字第173号民事判决书。
② 最高人民法院公布49起婚姻家庭纠纷典型案例之二十七：王某与徐某某彩礼返还案。
③ 卡拉布雷西. 理想、信念、态度与法律：从私法视角看待一个公法问题[M]. 胡小倩，译. 北京：北京大学出版社，2012：30-31.

值共识。一方面,民主意味着政治程序的框架能够保证政治决策反映相对多数人的意向,尊重大多数人对个人权利保障方式和途径的选择,遵守大多数人对于个人权利的价值判断。① 另一方面,民主意味着所有公民应该具有平等的政治地位,每一成员都有机会在一个集体决定中发挥自己的作用,政治运作过程必须体现出平等对待所有成员利益的理念,从而保证政治决策能够兼顾不同的、相互排斥的利益诉求,为法院适用法律公正解决社会纠纷提供价值基础。②

法律中的合理性概念及其标准取决于我们法律整体的价值判断,"取决于我们的法律整体对行为、活动以及信仰的价值评判"③。在普通法系国家,行为合理是许多权利主张获得法院支持的关键因素,而行为合理的标准在很大程度上是由法律的价值取向决定的。④ 此外,不同的部门法律具有不同的价值诉求,拥有不同的价值取向,因此,在法律体系内部不可避免地存在着价值冲突。"侵权法的核心是必须应对与解决一个基本价值冲突。一方面,我们希望将生命奉得至高无上;另一方面,我们希望丰富自己的生活,因而需要从事危及并最终夺走生命的活动。"⑤ 所以,建构法律体系应该尽可能地避免部门法律之间的价值冲突,通过规定立法过程和立法结果应该遵循的价值选择原则,确保法律体系内部的价值和谐。⑥

立法与司法互动的历史表明,立法不可能通过价值选择原则完全解决部门法律之间的价值冲突,还需要法院借助司法判断手段在适用法律的过程中

---

① 德沃金. 自由的法:对美国宪法的道德解读 [M]. 刘丽君, 译. 上海:上海人民出版社, 2001:19.

② 这种民主政治必须以道德成员资格为前提,"只有在一个符合道德成员资格的政治社会中自我管理才有可能,只有这样,才是真正的在强有力的共同兼顾意义上的而不是统计意义上的人民的自我管理"。(德沃金. 自由的法:对美国宪法的道德解读 [M]. 刘丽君, 译. 上海人民出版社, 2001:30.)

③ 卡拉布雷西. 理想、信念、态度与法律:从私法角度看待一个公法问题 [M]. 胡小倩, 译. 北京:北京大学出版社, 2012:69.

④ 卡拉布雷西. 理想、信念、态度与法律:从私法角度看待一个公法问题 [M]. 胡小倩, 译. 北京:北京大学出版社, 2012:42.

⑤ 卡拉布雷西. 理想、信念、态度与法律:从私法角度看待一个公法问题 [M]. 胡小倩, 译. 北京:北京大学出版社, 2012:115.

⑥ 卡拉布雷西. 理想、信念、态度与法律:从私法角度看待一个公法问题 [M]. 胡小倩, 译. 北京:北京大学出版社, 2012:115.

继续解决法律价值之间的冲突问题。由于法院具备理智的判断能力，能够成为一个有助于政治生活充满更大反思理性的机构，人民希望赋予法院留意、察觉、辨别我们当前的需求和愿望的权力，拥有纠正政治机构偏离宪法轨道的权威。在宪法的解释活动中，法院应该远离民众转瞬即逝的诸多需要，关注民众的重要诉求和永恒利益，①通过司法判断作出正确的价值选择。

我国宪法是人民意志的集中体现，是核心价值的制度化安排。宪法权利是极其抽象的，应当将宪法权利的价值取向看作一种道德原则的意义指向，权利法案只能被理解为一套道德原则。"权利法案由一些抽象的政治道德原则所组成，这些原则囊括了政治道德的所有层面，在我们的政治文化中，这种政治道德能够给个人的宪法权利提供牢固的基础。将这些抽象原则适用于特定的政治争议的关键在于：我们不是引用抽象原则而是解释抽象原则。"②罗纳德·德沃金（Ronald Myles Dworkin）强调法官对宪法进行道德解读的重要意义，主张政府必须在其职权范围内给所有的宪法原则以同等的道德和政治地位，必须尊重宪法确认的个人权利，必须维护司法推定的宪法权利。法官在解释宪法时，不能按照自己的信仰进行诠释，不能从自己的意志出发对宪法的抽象道德条款作特别的道德判断。法官的道德判断必须在原则上与宪法的结构设计保持一致，不同时期的法官对宪法性道德原则的解释必须前后连贯，必须接受宪法的整体结构的约束。

有必要指出，司法裁判利用的是公共资源，法官的权力不是通过私人之间的合意界定的，而是由公法授予的，法官的任务不是保证当事人双方利益的最大化，也不仅仅是维持纠纷的和平解决，而是解释体现在宪法和法律这些权威性文件中的公共价值，并依据这些价值来处理具体的案件。③ "无论法官持有什么样的公平观和合理观，他们都必须同时接受一种独立和超然的法

---

① 埃格里斯托. 最高法院与立宪民主[M]. 钱锦宇，译. 北京：中国政法大学出版社，2012：102.
② 德沃金. 自由的法：对美国宪法的道德解读[M]. 刘丽君，译. 上海：上海人民出版社，2001：109.
③ 费斯. 如法所能[M]. 师帅，译. 北京：中国政法大学出版社，2008：133.

律整体性的制约"，①司法判决不是妥协、策略或政治融通，而是一种建立在经验基础上的理性判断，价值选择必须通过程序理性和经验理性获得正当性。一个法官在主张一种特定的自由权利为宪法权利时，必须阐释这一主张与宪法先例和宪法价值结构的一致性，他应该将同一原则适用于自己赞同或决定的相似案件中。

（二）价值选择是司法判断力的生命力所在

文化是生活于特定环境中的人群所共有的特定习俗和价值观，文化作为集体共享的产物提供了全部的行为模式和评价他人行为的标准。一方面，文化能够通过共享的符号唤起相同的反应，拥有把个人的利益和行动与较大群体的利益和行动联系起来的巨大能量；另一方面，冲突本身就是一种文化行为，"一个社会的冲突文化规定了人们重视的是什么，获得它们的适当途径是什么，对具有同样追求的他人如何反应，以及可以决定争夺有价值目标过程的制度与习俗"②。在不同的文化环境中，人们通常采用不同的方式解决社会冲突。文化规定了人们的价值取向，文化决定了特定物品、地位、身份和行动的意义，文化界定了冲突的社会意义，文化形成了解决冲突的制度与习俗，文化鼓励人们通过特定的方式来追求自己的利益，同时禁止运用其他方式来实现自己的利益。在现有的制度内或制度外化解冲突的习俗反映了这个社会基本的文化价值观。在很大程度上，价值观和习俗上的文化差异形成了不同的冲突类型及其解决模式。文化对冲突行为产生多方面的影响，在社会层面上，不同国度存在着不同的规范、制度与习俗；在个体层面上，文化决定了冲突者在战略与战术上的选择以及对双方行动或意图所作出的预设。③

司法判断作为解决冲突的一种司法行为，本质上是法官在一定文化环境中作出的认知与决策行为。考虑到法律规则本身存在的不确定性，加之判断者的认知心理和社会经验的作用，逻辑推理并不能准确描述司法判断和司法

---

① 德沃金. 自由的法：对美国宪法的道德解读 [M]. 刘丽君，译. 上海：上海人民出版社，2001：116.

② 罗斯. 冲突的文化：比较视野下的解读与利益 [M]. 刘莘侠，译. 北京：社会科学文献出版社，2013：14.

③ 罗斯. 冲突的文化：比较视野下的解读与利益 [M]. 刘莘侠，译. 北京：社会科学文献出版社，2013：20–21.

决策过程。法官作出司法判断的过程就是对相关的外部刺激反应的综合过程。司法判断的预感是在法典条文和判例的规定、经验成见与法官个性作用的基础上形成的,[①] 法官总是习惯于从一个粗略模糊的预感出发,然后潜意识里倾向于寻找能够使这个初步结论正当化的证据材料和法律规定。因此,法官对外部刺激的反应在相当程度上决定了司法判断的方向,判决结果在很大程度上取决于法官的脾气、个性、教育、处境和个人特点,归根结底取决于法官的态度、意识形态和价值观念。[②]

然而,法律的确定性与司法的确定性、正当性密切关联。如果法官情感干扰了司法判断与法律规则的紧密联系,那么司法判断权威就要受到质疑,司法判决就失去了法律上的力量和文化上的威信。在英美法系国家中,法官事实上在独立地创制法律规则、发展法律原则,有些时候成文法则退化为一种"法律的来源"。[③] 我国基层人民法院、中级人民法院的每一个判决,既是处理、解决个案纠纷的活动,也是确定法律规定的文化意义、建构具体的判决规则的活动。法律条文的具体的含义最终是由法院通过司法解释来决定的,对于社会大众而言,法院的司法解释就是真正的法律规定,法院裁决时适用的具体规则就是真正的法律,法院通过司法裁判确定的权利义务关系才是真正的法律关系和实在的法律秩序。我国最高人民法院制定的司法解释条文,在很多情况下并非对某个法律条文的细化,而是另行作出了一系列的法律规定,因此,我国司法实践中实际适用的是最高人民法院的司法解释或实施细则,对于社会大众和律师来说,具有实际效力的法律不是抽象的规范条文而是法官在现实情景中作出的司法判决。

由此可见,法律的科学性不在于条文内部之间的逻辑关系,而是法律条文背后的价值联系和文化逻辑。法律本身就是一种价值判断。在一定的前提

---

① 乔纳森·卡斯帕等指出:"陪审员的裁决是一整套复杂因素的产物,这些因素至少包括:陪审员的个人历史、性格及社会背景;态度、意识形态和价值观;个人认知过程的局限性和癖性;审判所列举证据的性质;以及那些应当规范理解、权衡和应用证据于裁决的法律规则。我们首先假定,目前没有任何一种科学手段能够独立完成哪怕是最平常的陪审员(及法官)裁决现象的描述。"(黑蒂斯. 陪审员的内心世界:陪审员裁决过程的心理分析 [M]. 刘威,李恒,译. 北京:北京大学出版社,2006:82.)

② 达维德. 当代主要法律体系 [M]. 漆竹生,译. 上海:上海译文出版社,1984:125.

③ 萨摩斯. 美国实用工具主义法学 [M]. 柯华庆,译. 北京:中国法制出版社,2010:186.

条件下，法律规则的行为模式规定着法律主体可以做什么、必须做什么、不得做什么的价值认识、价值判断和价值选择。不同的个体因为价值观念的差异，对某一社会行为常常有着不同的甚至截然相反的认识和评价。因此，案件事实陈述的过程，就是某种价值观的展示过程。争议双方围绕着有关法律规定、权利义务的论辩，实质上是文化观念和价值取向方面的争执。在一般情况下，社会公众对于个案的裁判没有直接的利益，只是从朴素的价值观、情感出发对案件事实争议和法律争议作出相应的判断和评价，而法官也许内心的初步判断倾向于一方当事人，但因为缺少相应的证据或是担心被上诉法院改判，依然有可能作出有利于另一方的判决，所以法官的内心确信有时并不完全等同于外在的意思表示。

司法判断活动在某种意义上就是法律的解释活动，是法官理解法律文本的含义和价值的过程。由于法律文本具有多种含义和多种价值取向，法律解释本质上是一种价值选择过程。[①] 司法裁决就是法官依据运用解释后的法律规则对诉讼当事人的权利义务作出的具有强制效力的意思表示。因此，法官在判断案件事实的法律意义的过程中，不可能完全区分事实要素和规范要素。在价值联系方面，法律规则在某种意义上也是一种较为抽象的典型化事实，司法过程就是法官通过输入书面和视听的信息、与典型化的事实对照作出裁判结论的过程。在具体案件的审理过程中，尽管社会公众、律师、当事人的价值判断确实在一定程度上影响法官的司法判断，但是，法官对于法律的价值内容和价值取向是什么享有最终的决定权。此外，法官从宪法条文列举的更为抽象的权利中推导出特定的具体权利的过程，实质上是一种价值演绎和价值选择活动。当然，这种价值选择活动要具有法律权威则有待于社会公众对司法判断的文化认同。

（三）价值整合是司法判断力的社会根源

从理论上看，既然利益分歧是产生纠纷的直接原因，司法判断和裁决就应该主要考虑法律因素和经济因素，但实际上文化因素也是影响司法判断及其结果的重要因素。在现实的社会生活中，不是法律规则在规范着人们的行

---

[①] 费斯. 如法所能 [M]. 师帅, 译. 北京：中国政法大学出版社，2008：194-196.

为，而是法律背后的价值观念在影响和支配着人们的行为选择。法律确实是一种权威形式，但并不是唯一的权威形式，仍然存在着其他权威的模式与方式，这些模式与方式深刻影响着法律权威的形成。[①] 简言之，人们对法律和法律过程的想法、态度、期待产生的力量等，构成了法律制度的文化环境，进而塑造了法律制度。[②] 这些影响法律适用的文化因素在不同程度上体现了社会的价值取向和正义观念的要求，对法官的司法判断具有一定的启迪和借鉴作用，可以作为法官在个案中进行价值判断和价值选择的评价标准。[③]

社会主流价值观念反映了社会整体对事物、行为的评价标准、态度和倾向，人类社会的各种规范实质上都是特定价值观或价值标准的具体体现。个体价值观是随着知识的增长和生活阅历的沉淀逐渐形成的，是个体在社会生活中通过法律规则、习惯规则和道德规则的不断内化逐步建构起来的情感态度和价值取向。价值观念的形成过程缓慢，改变的过程同样缓慢。在通常情况下，共同的群体持有相同的价值观念，不同的群体持有不同的价值观念。处在相同的生活环境之中，有着相似的知识结构和生活经历的人群很容易产生共同的价值观念。因此，在具体案件的审理过程中，法官常常需要在相互竞争的价值观念之中作出选择，司法理性要求法官为自己的价值判断和价值选择提供正当性论证。

司法判断的价值取向深受社会主流价值观念的影响。法官并不生活在与世隔绝的真空里，作为社会成员的法官也是道德意义上的人，他与其他社会成员一起建构法律的意义。在作出判决前，法官通常会根据自己的良知对法律的具体规定作出道德评价，通过自身情感的体验和自我良心的过滤将普遍的法律规则转化为适用具体案件的判断规则，从而将法律规则的普遍正义转化为个案裁决的个别正义。在这一过程中，法官深刻地意识到自己肩负着服务于法律的社会使命，总是试图把自身的经历和司法之外的知识转化为普遍

---

[①] 弗里德曼. 选择的共和国：法律、权威与文化[M]. 高鸿钧，等译. 北京：清华大学出版社，2005：4.

[②] 弗里德曼. 选择的共和国：法律、权威与文化[M]. 高鸿钧，等译. 北京：清华大学出版社，2005：5.

[③] 卡拉布雷西. 理想、信念、态度与法律：从私法角度看待一个公法问题[M]. 胡小倩，译. 北京：北京大学出版社，2012：84.

<<< 第二章　司法判断力的文化渊源

文化的一部分，努力让经验和理性在司法裁判中发挥同样重要的作用。[①] 在自由资本主义阶段，反对政府的干预和控制，强调保障自由市场和个人自由选择的权利是这个时期的主流价值观念。美国联邦最高法院的大法官们在这一价值观念的引导下，频繁引用正当程序的宪法原则撤销一些干预经济的立法。当然，随着社会经济文化的发展，美国人民逐渐意识到自由是建立在平等的基础上，保持平等的自由是社会正义的内在要求，因此，价值观念不能脱离具体的案件情景来影响司法判断，人们也无法仅凭法官的保守主义或自由主义的价值取向对司法判断作出预测，而是要从当时社会主流价值观念出发形成合理的期待。

在不能运用纯粹的法律推理推导出宪法条文的具体含义的情形下，法官必然会选择对宪法进行道德解读和文化解释。道德解读鼓励法官根据社会主流价值观念和社会正义理念来解释抽象的宪法条文，要求法官们在符合历史背景和文化传统的基础上对宪法的道德原则作出最恰当的定义，提倡法官根据政治道德要求作出宪法解释和宪法判决，并公开地、清晰地阐明自己坚持的原则，以便公众能够知晓法官的思维逻辑和方法，进而参与讨论。[②] 法院是否具有权威将宪法未列举的权利作为真正的宪法权利加以保护，取决于这种权利是否具有社会共同价值的基础。因此，法官运用社会主流价值观念对宪法规定作出的道德解决在本质上是一种文化解读。

司法判断无法通过实验来证明对错，而且在一定程度上是由裁判者的主观意志决定的。生效的司法判断和裁决如无再审等特别事由，一般就进入强制执行阶段，司法判断通过司法执行力确立法律的至上权威。在价值判断层面上并不存在客观的公理体系，价值评价标准是个人在社会生活中通过价值认知逐步建立起来的，价值推理和演绎构成了我们法律生活的重要组成部分，法官的中立性不是绝对的道德要求，只能是相对的法律要求，法官只能在社会主流价值观的范围内居中而断，只能在法律价值与社会价值有机结合的基础上作出公正的司法判断。总而言之，诉讼当事人之间的实体利益博弈是在

---

① 克拉玛德雷. 程序与民主 [M]. 翟小波, 刘刚, 译. 北京: 高等教育出版社, 2005: 28.
② 德沃金. 自由的法: 对美国宪法的道德解读 [M]. 刘丽君, 译. 上海: 上海人民出版社, 2001: 48.

司法程序理性的制约下进行的，法官在处理具体的利益冲突过程中，必须考虑纠纷发生地的社会文化环境、社区的集体行为取向、当事人处境和利益诉求，从自身已经形成的法律意识出发，形成对案件性质和法律适用问题的初步判断。然后寻找支持案件预判意见的事实根据，在权衡各种可能影响最终裁决结果的法律因素和文化因素、考量判决的法律效果和社会效果的基础上不断修正自己已经作出的判断，力图在司法判断和司法裁决中实现社会文化情境与法律价值取向的有机融合。①

司法判断力建立在一定的价值基础上，法官对案件事实性质的认定和相关行为的法律评价实质上是一个价值认识、价值评价和价值选择的活动，司法判断的能量和权威需要通过彰显的法律价值、合理的价值选择、能动的价值整合建立起来。在指导案例99号葛长生、宋福保诉洪振快侵害名誉案中，② 洪振快的表达自由与烈士的名誉、荣誉都是制度化的核心价值，是宪法、法律确认和保护的重要权益。然而，权利是相互承认、共存的自由和利益，权利是有边界的，当一种权利或自由超越了界限就会侵犯其他的权利或自由，这时的权益冲突就是法律价值之间的冲突。法院认为洪振快的表达自由是司法应该保护的法律价值，但是表达自由应以尊重烈士的名誉和荣誉为前提，作为中华民族共同历史记忆的英雄烈士事迹和精神，世代传承的社会主义核心价值观，维护烈士的名誉和荣誉就是维护公共利益和社会价值。被告以细节考据、观点争鸣等名义污蔑和贬损英雄烈士的名誉和荣誉，属于歪曲、丑化、亵渎、否定英雄烈士事迹和精神的侵害行为，不仅侵害了烈士生前的人格利益、伤害了近亲属的个人感情，也在一定范围和程度上伤害了社会公众的历史情感、损害了社会公共利益。因此，在表达自由的法律价值与烈士名誉的法律价值发生冲突的时候，法院应该尊重主流价值观和社会的一般认知标准，依据法律作出理性的价值选择，形成优先保护公共价值的司法判断，用司法判决确定表达自由的法律边界，努力实现法律价值的有机整合。

---

① 方乐. 超越"东西方"法律文化的司法：法制现代性中的中国司法［J］. 政法论坛，2007（3）：29-40.
② 参见北京市西城区人民法院（2015）西民初字第27841号民事判决书。

## 三、司法判断力是在价值理性的支持下形成的

司法判断具有至上的权威,因为司法判断既是一种经验判断,又是一种理性判断,法官对事实和法律的判断都是建立在理性和经验的基础之上的。换言之,司法判断的权威来自司法过程中的理性力量,这种理性力量就是司法理性,是法官运用程序的技术,对案件的事实进行法律推理和判断,寻求合适的法律规范加以适用,从而保障裁判结论正当性的整个过程所体现出来的睿智和能力。[①] 理性包括规律性、逻辑性等基本要素,司法理性就是一种逻辑理性、经验理性和实践理性的总和。因此,从这种意义上讲,司法的理性就是法律的理性,是法官通过司法实践所形成和积累起来的法律理性。[②] 鉴于司法判断是对案件性质和当事人行为的评价,直接关系到当事人之间权利义务的认定结果,直接影响到当事人的利益保护问题,因此,法官应该通过与立法意图、现时民意和当事人的沟通形成司法的认识理性、沟通理性、选择理性进行价值判断和作出价值选择,在阐释法律理性的过程中将利益诉求转变成司法判决上的权利。司法判断以法律理性为正当性基础,以认识理性为前提,以判断理性为基石,以选择理性为支撑,是法官在程序理性的保障下通过司法理性阐释法律理性的价值选择活动。

### (一)司法判断力以立法理性为基础

既然司法判断和司法裁决是建立在公共理性之上的,当事人的利益诉求和权利主张也只有上升到公共理性的高度才能成为法律保障的利益和司法保护的权利。立法是公共理性的表达过程和凝结结果,法官解释法律活动就是阐释法律公共理性的活动。依据德国古典自由意志理论,只有普遍性是理性,而道德权利是由理性行为构成的,为了实现道德上的自由,个人必须基于理性来决定自己的行为。人们必须在其个人特殊意志内发现普遍意志,在自身的理性中发现普遍理性。[③] 在现实的社会交往活动中,人们对利益的法律解读往往内含自己的价值判断和价值取向,因此,这种利益诉求实质上是一种权

---

[①] 蒋秋明. 司法理性论略 [J]. 学海,2002(5):27-32.
[②] 蒋秋明. 司法理性论略 [J]. 学海,2002(5):27-32.
[③] 布林特. 政治文化的谱系 [M]. 卢春龙,袁倩,译. 北京:社会科学文献出版社,2013:95.

利推定意识，具有不确定的经验色彩，是一个特殊理性的表现形式，需要通过立法理性将这种社会经验理性转化为公共理性。只要交往经验理性获得法律的认可，权利要求就转变成了公共理性，利益诉求也就取得了普遍理性的形式。此外，权利要求也可以通过司法理性转变成普遍理性，诉讼当事人可以通过司法程序证明自己的特殊意志蕴含普遍意志，而法官也可以从诉讼当事人的特殊理性中发现普遍理性并给予司法确认。

在自然法学的视野中，法律是自然规律、人性规律和社会规律的理性载体，[①]法律在一定程度上是社会交往理性的表达。社会交往关系实质上是权利义务关系，人们总是通过一定的社会行为结成某种社会关系来满足自己的需要，实现自己的利益，因此，权利和义务的合理性安排是社会交往理性化的组织手段。在民主法治国家中，人们通过宪法确定了立法的基本原则和立法的程序架构，通过价值演绎和价值选择进行权利义务的合理配置。从形式上看，立法过程是依据宪法条文进行的逻辑推理过程，是将宪法理性转化为法律理性的过程；从实质上看，立法过程是一个价值推演和权利推定的过程，是一个价值认识、价值评价和价值选择的过程。立法理性是立法机关运用认识理性表达社会交往理性，通过公共理性的建构确定价值选择原则的法律控制手段。理性主义者相信凭借理性可以预见所有可能发生的偶然事件，可以用理性来设计、监视和控制社会生活的一切方面，并依据逻辑的力量将一切行为纳入法律规则调整的体系之中。[②]

在19世纪法律形式主义的法学家看来，法律规则能够做到像数学一样的精确，司法判断和司法裁决的过程就像自动售货机那样，法官只要输入案件的事实及法律条文，就能自动得出案件的定性与处理结论。在他们看来，所有的争议焦点都可以通过逻辑、文本和程序来解决，法官能像自然科学家那样不带感情色彩和价值取向作出中立超然的司法判断；司法推理不需要考虑道德、政治和经济的因素，司法判断活动是内部自足的推理活动，不存在真正的法律漏洞和疑难案件。在这种认识前提下，法律乃是价值选择理性化的产物，立法理性作为社会生活理性化的实现机制，被人们视为法律理性的基

---

① 西塞罗. 论共和国、论法律 [M]. 王焕生, 译. 北京: 中国政法大学出版社, 1997: 196.
② 欧克肖特. 政治中的理性主义 [M]. 张汝伦, 译. 上海: 上海译文出版社, 2003: 6.

本形式。但是，立法是人们根据以前和当下的社会关系对未来的社会交往行为所作的权利义务安排，因此不可能覆盖未来社会发展的权利要求，法院在个案审理中通过司法判断确认新的权利就成为权利膨胀时代必不可少的法律机制，通过司法的价值判断和价值选择来发展法律理性。英美法系国家更加重视司法判例在司法判断力形成方面的作用，希望通过司法理性为司法判断提供权威基础。

理性是建立在人性的基础上的，在社会交往中实现自身利益的最大化是普通人的共同理性，这样就不可避免会导致权利冲突和利益纠纷。因此，法官必须以立法确定的公共理性作为化解权利冲突、解决利益纠纷的价值基础。法律是由概念、规则和原则组成的规范体系，立法理性是系统性和整体性的理性，法律理性保证了法律效力的统一性和确定性。法官在处理疑难案件的过程中，法律规则和法律原则都是法官阐释和确认法律的公共理性的权威性依据。[1] 立法理性在一定程度上反映了社会主体在社会交往中的利益诉求和法权要求，为纠纷的解决、权利的救济和法律的发展提供了形式合理性的基础和前提。司法的理性建立在法官能够对社会关系调整作出符合法律价值标准的自由选择，司法判断应该以权利的理性立法为基础，法官要努力发现和确认体现社会主体权利诉求的立法意志，通过司法判断和裁决化解权利冲突、解决利益纠纷。

立法理性在某种程度上具有实践理性和经验理性的特质。立法经验体现立法者进行普遍价值制度化安排方面的认识和智慧，而法官为了解决特定利益纠纷所进行的价值选择，需要通过同类案件的多次适用才能为社会公众普遍接受，才有可能发展为具有普遍意义的法律权利。法官通过司法判断作出的价值选择必须建立在立法经验理性的基础上，必须接受立法过程中的价值选择经验的指导。在立法过程中，立法机关对哪些利益必须上升到法律权利层次、哪些价值属于法律价值范畴的判断，对法官进行的价值判断和利益衡量活动具有一定的启示意义。在司法实践中，法官在解释法律、确认案件事

---

[1] 德沃金提出了法律的整体性，从而与习惯相区别。他认为法律是规则和原则的统一，这一观点体现在他对"埃尔默案"等案件的分析和阐释中。（德沃金. 法律帝国 [M]. 李常青，译. 北京：中国大百科全书出版社，1996：14.）

实和法律适用规则的过程中,在很多情况下进行的司法判断是在立法经验的基础上对个案的利益纷争继续进行价值评判和选择的司法决策活动。另外,权利冲突也是发现新权利、保护新的利益关系的重要契机。不断发现和确认新的利益诉求,不断地将应然权利转变为现实权利就是立法理性和司法理性在社会生活中的主要体现。

(二)司法判断力以认识理性为前提条件

在现实的法律生活中,立法理性具有一定的历史局限性,立法者不可能预见一切情况,为司法者提供完美的判断标准。实际案件的审理不是一件轻松的事情,尤其是疑难案件的审理需要法官对法律规定作出创造性的阐释,在事实认定和法律适用方面作出一定的价值判断和利益衡量。现实世界中的许多经济、社会和政治方面的问题也需要借助于法官的认识理性转化法律问题,以便通过司法理性获得公正的解决。因此,司法理性是法律理性的实现和延伸,它不仅是解决纠纷的基础,也是推动法律发展的动力源泉。

法官运用法律思维对当事人之间的利益冲突形成一定的法律认识属于司法认识理性的范畴。司法的认识理性是法官在司法实践中逐渐习得、逐步积累起来的判断和选择的能力,是司法理性的重要构成要素。认识理性以司法程序技术为依托,将法律规定和文化经验作为逻辑推理和判断推理的前提,充分体现了司法职业理性的特质和司法专业化水平。具有认识理性的法官既从法律理性的角度解读当事人的利益诉求,又从文化经验的角度界定纠纷的性质。[①]这种认识理性综合了法律内容逻辑、经验内容逻辑和法理内容逻辑,从而使司法判断建立在深思熟虑的基础之上。法官群体基于共同的职业素养和专业技艺形成了司法职业特有的审慎态度、思维方式和价值理念,能够最大限度地抵御情感、喜好和偏见对司法判断的影响,从而在证据的效力、纠纷的性质和法律适用问题方面形成正确的认识。

法官是在一定的知识、经验和价值取向背景下认识案件事实的。法官推理的过程涉及案件事实的分析、同类案件的比较、适用法律的选择和解释、各种相关因素的综合考虑,旨在在合理性与合法性之间寻求解决问题的最佳

---

① 李路曲. 经验理性及其分析方法的演进 [J]. 政治学研究, 2010 (6): 80–88.

方案，因而是一个创造性的思维活动过程。[①] 法官对案件事实进行法律解释需要依据法律来思考，正确认识和理解立法者的意图，把握法律规则和法律原则的精神实质，同时也需要对法律进行批评反思，准确把握法律赖以存在的社会文化取向和价值观念基础。[②] 因为同样性质的社会关系随着人们的利益需要会发生相应的变化，所以法律的解释要随着时代的变化而发生相应的变化，法官对立法意图的理解也要结合当下的社会价值取向作出相应的调整。显然，立法者、司法者和社会公众共同的理解创造了现实法律的意义，公共理性促成了法律规定与案件事实的有效对接。法律规定蕴含了公共理性，司法实践和社会生活经验同样体现公共理性，法官只有通过生活经验参照才能认识和评价案件事实的法律意义，只有通过法律理性与生活经验的结合才能确保价值选择的正当性。

　　司法先例是法律解释和法律适用的经验凝结，是司法实践理性的典型表现形式。遵循先例是法律理性的实现和延伸机制，这意味着法院的司法经验理性对后期裁判具有约束力量和指导价值。司法认识理性是法官在处理案件过程中表现出来的实践智慧，是一种由特殊到普遍的归纳演绎逻辑，是一种求同与辨异相结合的特殊推理方式。这种司法认识理性从关注特殊性和差异性为起点，通过把握具体案件的特殊因素，借助识别、类推等程序技术，发现社会生活的内在准则，使之与先例中的一般因素联系起来，渐次迈向普遍主义。[③] 先例内含的司法经验顺应了社会价值取向，符合社会发展的方向，能够为法官审理类似案件提供理性的司法意见，满足了法官对法律理性确定性的期待。同时，遵循先例的司法理性在一定程度上约束了法官个人成见因素对司法判断方面的影响，能够有效地防止法官滥用司法自由裁量权。因此，在遵循先例的基础上形成的司法判断具有强大的说服权威，能够获得当事人和社会公众的认同。在全球化时代，司法先例确立的价值选择原则、承载的经验理性已经被两大法系国家的法官普遍认可和接受，已经成为司法理性的

---

① 蒋秋明. 司法理性论略 [J]. 学海，2002（5）: 27—32.
② 考夫曼，哈斯默尔. 当代法哲学和法律理论导论 [M]. 郑永流，译. 北京：法律出版社，2002: 51.
③ 蒋秋明. 司法理性论略 [J]. 学海，2002（5）: 27—32.

重要组成部分。我国的案件指导制度也是建立司法理性的重要措施，典型裁判案例确定的法律适用理由是我国法官司法经验的重要载体，同样能够给法官审理相关案件提供价值判断和价值选择的经验参考。

此外，立法理性不可能与社会理性同步，立法总是落后于社会发展的需求。权利作为社会主体交往的利益表达载体也有其现实性，这就决定了权利主张不可能仅仅局限于法律文本的规定。从某种意义上讲，法律是社会交往的经验凝结，是社会交往经验的规范化表达，而交往经验的发展性、延续性和复杂性，决定了社会的变化总是超乎立法者的预期，个体的权利要求会逐渐演变成普遍性的社会需求，因而更需要法院借助司法认识理性来保持法律与社会的良性互动，需要法院通过司法认识理性寻找和建构裁判规则，在缓解规范与事实的紧张关系的同时，确证当事人利益诉求的合法性基础，给争议案件作出权威裁决。所以，司法判断和司法裁决不仅需要司法认识理性的支持，而且需要司法经验理性的借鉴。

（三）司法判断力以沟通理性为手段

日常生活中的判断离不开推理和经验，司法判断同样建立在逻辑推理和经验预测有机结合的基础上。鉴于逻辑推理的规则前提有时缺少确定性，法官的经验通常是有限的，法官的认识理性也是有限的，因此司法判断需要在程序理性的保障下从司法内部和外部获取必要的文化理性资源的支持。

司法判断的过程是法律规则的普遍性要求与案件当事人的特殊性诉求有机衔接的过程，而这种结合过程和结果的权威性源自法官和当事人在法律规则的意义建构方面形成的理性共识。众所周知，具有一定抽象性的法律规则是反复适用的制度规范，而它每次面对的案件都是具体的争议问题，在某种意义上都是在解决新的问题。因此，司法判断活动是法官与当事人对法律规则的意义不断进行阐释、选择和建构的活动。每个人由于身处的环境不同，生活经历不同，都会根据自己的经验和理性去解读法律，在社会的交往过程中通过不断沟通达成共识，形成新的法律认识。[①] 于是，制定出来的法律规则经过法官的解释和当事人的解读，其原有的意蕴必然会发生微妙的变化，显

---

[①] 蒋秋明. 司法理性论略 [J]. 学海，2002（5）：27-32.

然，法律规则经历的建设性调整过程，也是法律规则在沟通理性的支持下获取反思能力和适应社会发展能力的过程。①

沟通理性是司法判断理性的前提，程序参与者之间的理性沟通是法官理性判断形成的基础。在沟通理性的视野中，司法论坛是重要的公共领域，法庭是法官阐释法律公共理性的讲坛，是当事人沟通、辩论、说理的平台，是程序参与者达成一定程度的重叠共识的机制。通常情况下，争议的双方当事人基于不同的立场，可能对案件事实的法律判断形成不一样的观点，这就需要通过陈述、辩论和质证程序来交涉和表达各自的理由和观点，因此，司法判断是交涉性判断与自主性判断相结合的活动，陈述、辩论、质证程序不仅是法官对案件事实进行法律评价的理性机制，而且是当事人对话沟通的说理机制。基于不同的利益诉求，当事人力图通过司法理性将自己主张的特殊理性转化为法律的普遍理性，因此，法官必须平等地听取双方当事人的意见，在程序中进行理性的思考和判断，在对话和论辩的基础上形成司法结论。

司法判断之所以具有理性的力量，很大程度上来源于司法程序设置的对话机制，通过程序对话，程序主体能够超越个体的特殊视角，使司法结论建立在参与各方都能够认可和接受的论据之上。②因此，司法沟通理性的作用就在于结合普遍性的规范要素与具体案件的特殊性因素，形成一个既能体现法律的规范性要求，又能包容案件特殊性诉求的司法结果。③司法判断的过程是论证的过程，是通过法官与当事人共同对理由和依据进行合法性和合理性论证的过程，是司法程序中法官理性与当事人理性互补的过程，也是在法律事实和法律适用之间取得合意、建立共识的过程。④换言之，司法判断的理性源自法官与当事人之间关于案件事实的法律判断的交流以及当事人之间有关诉求与观点的交涉为司法判断提供的理性基础，从而为解决利益冲突、丰富权利内容、推动法律规则发展创造了有利的法律条件。

法官之间的理性沟通也是司法理性形成的重要因素。在司法实践中，司

---

① 蒋秋明. 司法理性论略［J］. 学海，2002（5）：27-32.
② 蒋秋明. 司法理性论略［J］. 学海，2002（5）：27-32.
③ 蒋秋明. 司法理性论略［J］. 学海，2002（5）：27-32.
④ 蒋秋明. 司法理性论略［J］. 学海，2002（5）：27-32.

法沟通不仅发生在合议庭成员之间,也体现在法官专业会议之中,他们可以充分交流对案件事实和法律适用问题的看法。当然,这种观点交流不是为了影响法官的独立判断,而是为了法官能够寻找到更充分的判断依据和更合理的判断理由提供借鉴资料。司法经验既是法官之间理性沟通的产物,也是法官之间理性沟通的载体和依据。法官群体在长期的法律实践中积累和发展起来的司法经验,在反映法官个体思维特性的基础上体现了法官群体共同的法律思维方式和价值判断方面的经验理性,在一定程度上超越了任何个体所能拥有的丰富经验和价值理性。这种司法职业经验是历代法官在继承和发扬司法文化传统的基础上,通过典型案件法律事实的意义阐释和判决规则的具体建构而形成的司法判断理性和价值判断智慧,是法官审理案件、进行司法判断的不可或缺的理性资源。

法官的认识理性也存在着局限性,需要社会理性的补充。当事人之间的纠纷是在日常生活中发生的,法官不能仅仅从法律世界内部认识事实争议问题和法律争议问题,不能彻底脱离生活经验和社会理性对这些争议问题作出判断,需要参照外在理性,并从中获得有益的启发,司法判断必须引入日常生活视野,通过沟通理性来确保司法判断的正确性;鉴于法官运用法律的公共理性解决事实认定和法律适用问题,而公共理性是共享平等公民身份的社会主体的理性,因此,法官在司法判断过程中应该关注社会公众的理性,确保程序参与者在各种观点和理由中运用公共理性来相互辩论和沟通,尽可能地通过理性对话达成司法判断方面的共识。① 公众的参与可以为个案的处置提供理性认知的补充,② 陪审机制作为法官专业理性与社会理性沟通的桥梁,不仅能够通过陪审员所具有的社会知识和社会经验视野为司法判断提供经验借鉴和理性参照,而且能够借助陪审员的示范效应培养社会公众的社会责任感和法律意识,为司法理性形成和发展提供丰富的文化理性资源。

(四)司法判断力以选择理性为支撑

司法判断是伴随着某种形式的司法选择的程序行为,司法判断的权威建立在选择理性的基础上,司法判断力源自法官的最佳司法选择。在审理案件

---

① 齐伟. 司法公共理性:司法公正的内在生成机制 [J]. 河北法学,2014,32(7):149-157.

② 陈发桂. 司法理性及其生成:以公众司法参与为视角 [J]. 广西社会科学,2010(6):71-75.

的过程中，法官面对相互排斥的论据和理由，借助于法律推理进行论证说理，通过权衡和取舍作出最佳的选择，充分彰显司法选择理性。[1]形式理性追求稳定性、可预见性和持续性，实质理性追求价值诉求的平衡性，选择理性通过一整套形式化的司法程序将实质理性与形式理性协调起来，从而有效地缓解法律形式理性与法律实质理性之间的紧张关系。[2]

在很多情况下，法律规则虽然规定了法律主体之间的权利义务关系，提供了初步的行为评价标准，但是并没有明确规定具体的行为评价标准，比如合理的注意义务标准、履行合同适当方式标准，而这些详尽的行为评价标准通常是在法律实施和法律适用的实践中，由执法者、当事人、法官共同建立起来的。其中，法官通过法律解释确定的行为评价标准和司法判断标准具有终局性和权威性特征，社会生活中自发形成行为评价标准只有被法院适用才能取得法律效力和法律效果。鉴于行为评价标准既具有普遍性特征，又具有个案特有的特殊性考量，法官在建构行为的法律评价标准方面享有一定的自由裁量权。司法自由裁量过程在本质上是一种微观立法过程，因而司法裁量过程也是一种价值认识、价值评价和价值选择过程，法官必然更加关注法律的实质理性，更多地考虑法律要实现的特定政治目标、社会利益和共同的道德要求，[3]将法律目标作为价值选择的基础，建构相应的行为评价标准[4]。在英美法系国家，法官借助案例识别作出合理的自由裁量决策；在大陆法系国家，法官利用选择适用法律的权力来进行司法自由裁量。无论两大法系国家适用何种司法自由裁量机制，它们都要求司法的价值选择必须与选择理性相一致，必须符合社会期望结构的需求，回应同案同判的价值诉求。[5]

司法选择理性在司法审查过程中起着十分重要的作用，法官在处理权力与权利之间冲突的过程中必须坚持权利本位的价值选择理念。在议会制定的法律、行政机关制定的行政法规与宪法规定存在冲突的情形下，法官需要运

---

[1] 韩登池. 司法理性与理性司法：以法律推理为视角[J]. 法学杂志, 2011, 32（2）: 70-73.
[2] 蒋秋明. 司法理性论略[J]. 学海, 2002（5）: 27-32.
[3] 科特威尔. 法律社会学导论[M]. 潘大松, 刘丽君, 林燕萍, 等译. 北京: 华夏出版社, 1989: 190.
[4] 卡多佐. 司法过程的性质[M]. 苏力, 译. 北京: 商务印书馆, 1998: 63.
[5] 蒋秋明. 司法理性论略[J]. 学海, 2002（5）: 27-32.

用宪法解释手段作出法律、法规是否违宪的司法判断。无论是何种宪法解释体系,立法者、执法者和司法者解释宪法的活动都是一项极其重要的政治决策活动,每个国家最高层级的法院都具有一定程度的政治功能。在宪法解释活动中,法官的价值评价和价值选择在很大程度上决定了宪法裁判的结果。置身于自由主义文化意识浓厚的氛围,法官往往倾向于利用宪法解释限制国家权力的范围,试图借助违宪审查机制防止议会和行政机关通过法律、法规过度限制公民的自由,力图通过价值选择路径创设权利规则、填补法律漏洞、推动法律发展。

法官在处理权利之间冲突的过程中也应该坚持价值选择理性,将保护同等的自由权利作为价值选择的准则。权利是制度化价值的表现形式,权利之间冲突的实质是价值之间的冲突,只有进行价值的整合才能实现权利的协调,因此,通过价值选择理性合理划分权利的界限就是法院的应有职能和司法使命。在解决不同位阶价值造成的权利冲突和利益纠纷的过程中,法官应当尊重社会主流价值观,坚持社会正义原则,作出优先保护个人的生存权、人格尊严权和人身自由权的价值选择,作出优先保护弱势群体的生存权和发展权的司法决策;在处理同等价值位阶的权利冲突和利益纠纷的过程中,应该遵守共同抑制原则,最大限度地实现各种利益的整体平衡。

法官的理性选择建立在其与社会公众的理性沟通基础上。[1] 法院应该将审判过程置于社会公众监督之下,将审判结果和裁判理由定期向社会公众公开,同时应当保障公民自由旁听和媒体合理报道的权利,以期保证法官能够尽可能地作出谨慎、理性的司法判断。众所周知,法院在向社会传达司法信息的同时也在接受社会传来的司法意见,司法公共领域也就在这种沟通活动中逐渐形成了。法官和社会公众在司法公共领域里的沟通不仅为疑难案件的法律评价和法律适用提供了社会理性基础,而且为司法确认和保护新的利益诉求提供了正当性资源。毋庸置疑,疑难复杂案件审理往往面对找不到相应的法律规则或缺少明确法律规定的情形,法官应该将社会主流文化观念作为价值选择的标准和司法理性的渊源,确保法律事实的确认和审判规则的建构基于

---

[1] 韩登池. 司法理性与理性司法:以法律推理为视角[J]. 法学杂志,2011,32(2):70–73.

深刻的社会理性基础上。

　　社会理性凝聚了人类长期的生活经验和交往智慧，能够成为司法选择理性的文化渊源。其中，在一定交往方式上形成的惯例，凝结了行为规范和利益调整方面的经验和智慧，有着深厚的社会文化根基，是社会理性的载体，也是司法判断的理性源泉。惯例承载着社会情感、社会预期和价值取向，对案件的审理和裁决有着极其重要的意义，是法官进行价值选择和司法判断的标准。如果某种惯例是社会生活中权利义务安排方面的渊源，那么该惯例就可能成为法院认可当事人权利主张的有力依据。①在法律实践中，职业惯例、商业惯例和生活惯例不仅在非诉讼程序中成为人们解决纠纷的行为评价标准，而且在诉讼活动中发挥着建构审判规则、阐释事实的法律意义、增强司法判断理性的功能。在现实生活中，不可能所有的习惯权利都能获得法律的认可，人们在一定时空按照惯例的要求行使权利、履行义务。何时需要将某些习惯权利确立为法律上的权利，通常是法官在审理与习惯权利有关的利益纠纷时作出的价值判断和司法选择。②

　　著名的泸州遗产继承案的审理充分体现了立法理性、认识理性、沟通理性和选择理性在司法判断力形成中的重要作用。③本案中，遗赠人立下书面遗嘱将财产赠予非法同居方的行为系本人真实意思表示且形式上合法，符合《中华人民共和国继承法》中关于遗嘱继承的规定。一方面，遗赠人用遗嘱的形式处分死后留下的财产是《中华人民共和国继承法》保护的自由权利，遗嘱继承应该优先于法定继承，该遗嘱应当是合法有效的。另一方面，依据《中华人民共和国民法通则》的公序良俗原则，该遗赠行为违背了公共秩序和社会道德，属于无效法律行为，由此导致了《中华人民共和国继承法》与《中华人民共和国民法通则》适用的冲突、特殊法的价值理性与一般法的价值理性的冲突。而法院突破了特殊法优于一般法的基本规则，适用了《中华人民共和国民法通则》第七条"民事活动应当尊重社会公德，不得损害社会公共

---

① 博登海默. 法理学：法律哲学与法律方法[M]. 邓正来, 译. 北京：中国政法大学出版社, 1999：471.

② 耶维茨. 法的一般理论：哲学和社会问题[M]. 朱景文, 译. 沈阳：辽宁人民出版社, 1986：64.

③ 具体参见四川省泸州市中级人民法院（2001）泸民一终字第621号民事判决书。

利益"的原则，认定本案中的遗赠行为属于无效民事行为。《中华人民共和国继承法》关于遗嘱继承优先于法定继承的规定鲜明地体现着立法理性，是立法系统对于人的意志自由、财产处分权及主体人格的尊重；《中华人民共和国民法通则》中关于"公序良俗"的确认也明确地体现着立法理性，体现着法律系统对社会道德系统的尊重。法院在审判案件的过程中，能够认识到《中华人民共和国继承法》和《中华人民共和国民法通则》相关规定中体现着的丰富的立法理性，透过形式化的法律条文追索到背后涵纳的法律价值，明确法律对个体意志自由、财产处分权和人格的尊重以及对社会秩序和善良风俗的维护，是法官认识理性的良好表征。但本案中《中华人民共和国继承法》和《中华人民共和国民法通则》之规定显然存在着某种价值冲突，即适用《中华人民共和国继承法》中遗嘱继承优先于法定继承的规则，则无法维护《中华人民共和国民法通则》第七条之"公序良俗"的规定，因此法官需要作出理性的司法选择。而这种抉择性的司法判断不仅需要以立法理性为基础，以认识理性为前提条件，而且需要以沟通理性为手段，以选择理性为支撑，法官只有充分利用辩论机制和司法公共领域使司法判断披上沟通理性的外衣，通过向当事人和社会公众阐释司法裁判的合法性及合理性，才能不断增强司法过程和司法结果的可接受度。

  总之，司法判断是案件审理的前提和基础，司法判断力是司法权威的重要构成要素。司法判断力与特定的文化背景密切相关，法律知识和生活知识是司法判断力的文化基础和文化土壤，司法判断力根源于知识融合；司法判断力建立在特定的文化价值基础上，法律价值是司法判断力的正当性依归，价值选择是司法判断力的生命力所在，价值整合是司法判断力的社会根源；司法判断力离不开一定的文化理性资源，司法判断力以立法理性为基础，以认识理性为前提条件，以沟通理性为手段，以选择理性为支撑。

# 第三章　司法说服力的文化机理

司法说服力是在一定的文化基础上形成和发展起来的，司法程序内的文化沟通、文化辩论和文化认同对司法说服力的形成具有巨大的影响作用。从某种意义上说，法律事实认定和审判规则建构的过程是法律意义的理解、阐释和建构过程，也是司法理念与诉讼观念的冲突与融合过程、价值辩论与文化说服的过程。司法过程是理性和经验相互作用的过程，司法说服力是文化理性、文化情感和文化经验相互交融的产物，当法官与社会公众在认定法律事实和建构审判规则方面达成了重叠共识的时候，司法过程和司法结果也就具有了一定的说服力。司法说服力的强弱取决于司法本身具有的能够说服公众的能力以及公众愿意被说服、尊重和服从司法判决的程度。因此，通过司法过程中的沟通和说理来说服当事人和社会公众信任和接受司法判决是提升司法说服力的有效途径。从文化传统的层面上来讲，我国自古以来并不存在法律至上的文化传统，很多人法律意识淡薄、诉讼观念落后，社会公众缺乏对法治的信仰，司法结果常常遭到质疑，司法裁判没有形成应有的确定力。因此，我国应该营造普遍讲理守法的社会氛围，在培养公民法律意识与法治信仰的基础上逐渐形成尊重和认同司法过程和司法结果的文化心理、文化观念和文化意识，通过司法沟通和裁判说理增强司法的说服力。

## 一、理性沟通：司法说服力的文化渊源

权威是特定的社会关系模式。权威不仅表现为一种服从行为，也表现为试图以某种特定方式影响行为的理性沟通。[①] 司法沟通的主要形式有：被告对原告权利主张的认识与交流、法官与当事人之间关于案件事实和法律适用的沟通、合议庭各成员之间的观点沟通、法官与陪审员之间的立场沟通、法官与社会公众之间的文化沟通、陪审员与社会公众之间的知识沟通、判决公开后社会公众的回应等。司法的合法性与权威性建立在法官与当事人、社会公众对法律规定的理解所取得的共识基础上。[②] 司法的说服力也必然取决于法官与当事人及社会公众之间的理性沟通。[③] 只有通过沟通机制才能促进法律的公共理性、个人理性、社会理性和法官理性的相互融合，进而在形成价值共识的基础上增强司法过程和司法结果的说服力。

### （一）司法说服力源自当事人之间的文化沟通

司法过程是司法主体对案件事实和法律适用的文化评价过程，其说服力源自法官与当事人以及各当事人之间的文化沟通与文化共识。正如民主商谈是立法正当性建立的基础，商议性沟通也是司法裁决获得正当性的途径，[④] 当事人之间的理性沟通有利于案件审理活动有序进行。由于当事人的生活经历、知识结构、认知水平存在着差异，他们的交往行为也各不相同，他们对社会关系的性质、权利义务的法律规定有着不同的理解。在一定的社会条件下，由于获取利益的途径和方式的多样性，社会主体出于自身利益最大化的考虑，有时会选择作出侵权和违约行为，一般情况下当事人总是依照对自己有利的解释去理解法律规定、主张自身权利，要求违约或者侵权的一方进行赔偿。如果当事人之间不能就纠纷解决方案达成一致的意见，则有可能通过调解或诉讼来解决。

伴随着社会的发展，社会生活和利益关系日益复杂，各方当事人对引发

---

[①] 格林. 国家的权威 [M]. 毛兴贵, 译. 北京：中国政法大学出版社, 2013：16.
[②] 胡克. 法律的沟通之维 [M]. 孙国东, 译. 北京：法律出版社, 2008：13.
[③] 李可, 唐乾. 法律学说司法运用的风险及控制 [J]. 上海政法学院学报（法治论丛）, 2022, 37 (5)：147-160.
[④] 胡克. 法律的沟通之维 [M]. 孙国东, 译. 北京：法律出版社, 2008：237.

纠纷的事实有不同的感受和评判，对某个事实因素的法律意义有不同的理解是习以为常的事情。通常情况下，当事人限于自身法律素养，往往不是通过依据法律规则来认识利益冲突的性质和责任，而是依据法律原则和社会公平正义观念来推定权利、确认义务，还有可能单纯从道德和习惯的角度提出各自的利益诉求。有些当事人根据社会道德规范主张自己的权利，请求法院保护自身的利益；有些当事人依据社会风俗习惯提出权利诉求，要求法院裁决确认利益；甚至有些当事人根本无视法律的解释技巧和规律，直接通过道德去解读和解释法律来主张权利，要求法院予以司法保护。因此在这里，法律原则承载着社会公平正义的观念以及社会公共道德、习惯规则等文化的范畴，是法律规则和社会价值诉求之间的桥梁，人们通过法律原则的文化理解来看待具体的法律规则，并据此主张权利、履行义务，司法过程也就成为以事实和法律为中心的文化认识、文化沟通和文化辩论的过程。

法庭辩论是一个价值评价的活动，是借助于沟通、辩论的途径建构法律意义的过程，是通过商谈机制达成价值共识的过程。当事人围绕着案件事实，针对权利、义务分配方案进行的辩论，在本质上就是一个价值取向的文化认识和文化评价过程，因此，司法说服力取决于沟通过程的完整性和充分性，应该让所有诉讼当事人平等地参与对话，自由地表达支持自己主张的观点，进而使司法程序参与者之间互相理解，达成一定程度上的共识，为其后司法判决说服力的形成提供基础；应该通过辩论程序筛选不同诉求、主张以及价值判断中最有说服力、最能得到多数支持或者社会主流价值观认可的选项，使之成为司法决定的结果，使判决具有理性权威。为了保证司法领域内的辩论建立在平等的前提下，必须排除公共权力的非法干预，主持法庭辩论的法官应该尊重双方当事人的平等诉讼地位，平等保护双方当事人自主话语权，保证他们在法律规定的范围内自由表达自己的意见而不受他人的干涉，确保观点和意见的交流是在平等自由的程序条件下进行的，以期形成重叠共识和理性意见。反之，如果在沟通过程中出现了诉讼当事人之间的诉讼地位和话语权不平等的现象，就没有可能形成事实认定和法律适用方面的重叠共识，法官在此基础上作出的司法决定就有可能失去文化共识的基础，从而失去司法应有的说服力。

人总是存在利己的心理，当事人为了实现自身利益的最大化，会有意识地回避对自己不利的事实，片面强调有利于自己的事实，从而导致事实的发现过程变得更加复杂，无法应用现有的法律规则去认定案件事实的法律性质和法律意义。当事人和法官逐渐意识到法律事件和法律行为的评价标准是在法律实施过程中逐步建构起来的，诉讼主体的价值判断和利益衡量会伴随着整个事实认定的过程，文化评价便是事实与法律之间联系的纽带。相应地，审判规则的建构同样是一个价值选择和文化评价的过程，法律适用也会因程序参与者不同的立场而引发不同的认识。在疑难复杂案件的审理过程中，法官发现要将抽象的法律规则直接用来裁决具体纠纷是不可能的，需要借助于法律解释来跨越抽象与具体的鸿沟。法律解释中的价值取向直接影响当事人之间的权利义务的分配，决定了当事人的诉讼请求能否获得法律的支持，因而当事人会积极参与法律解释活动，希望用自己的解读影响法官的解释，促进法律解释朝着有利于自己利益的方向发展。一方面，在法律解释方面，当事人存在对立和冲突，需要法官通过权威解释填补他们之间的缝隙；另一方面，对法律进行的多视角、多层面的阐释有利于深化程序参与者对案件事实的认识，为达成某种共识提供了基础。

两大法系国家在司法理念和诉讼意识方面存在着一定的差异，诉讼模式和辩论程序也各有自己的特点，但都将司法过程看作有关法律事实和审判规则的文化建构过程，将司法活动视为司法理念与诉讼观念的冲突与融合过程，将司法过程当作价值辩论和文化说服的过程。当然，司法沟通是在公开的司法程序中进行的，普通法系国家特别强调辩论在案件审理过程中的作用，将辩论看作发现法律事实、选择法律适用规则的核心环节。双方当事人及其代理律师依据诉讼原则、证据规则参与诉讼过程，以证据为基础围绕着事实争议和法律争议展开充分的辩论，力图最大限度地影响法官的判断，期望得到自己想要的裁决结果。所以，在对抗制诉讼模式中，当事人及其代理人辩论能力的强弱能够直接影响法官的态度和看法。在一方当事人提供的证据更加充足、代理律师的辩论理由更加充分、更加符合社会公众的价值观念的情况下，其观点更容易获得法官的支持，也就拥有更多的胜诉机会。因此，普通法系国家注重法庭辩论的文化传统在整个社会形成了一种文化共识，当事人和社会公众认为只有通过充分的法庭辩论才能更好地查明案件事实，只有经过法庭辩论形成的司法裁决结果才具有充分的说服力。法官中立的司法理念、当事人诉讼地位平等的诉讼观念、辩论中心主义的司法意识共同构成了对抗制诉讼模式的文化要素，成为普通法系国家司法说服力的文化表征和文化渊源。

尽管在实际法律生活中，司法判决前后都存在有关事实和法律方面的文化辩论，但能够实质性地影响法官的看法和司法判决结果的辩论主要集中于法庭辩论阶段。在法庭调查阶段，为了揭示案件的实际情况，当事人需要陈述与案件有关的事实情况。进入法庭辩论阶段后，当事人应该针对双方在调查阶段所陈述的事实，结合相应的证据和相关法律规定，阐述对自己主张有利的意见，辩驳对方当事人的意见。在此阶段，当事人在法庭上所发表的意见多为主观意见，是当事人及其代理人根据对相关法律规定的理解对案件事实性质及其法律意义所作的陈述。鉴于人们对案件事实及其法律适用问题的认识是在案件事实被揭示之后形成的，故法庭审理阶段分为法庭调查和辩论两个阶段。然而，在司法实践中，案件事实问题与法律适用问题是不能完全分离的，无论是法庭调查还是法庭辩论的内容都涉及案件事实及其法律意义的认识问题。因此，法庭调查与辩论是很难截然分开的，有时理清案件事实的过程也是理清案件法律意义的过程。鉴于辩论中关于法律问题的辩论与事实之间的内在联系，当事人在辩论中就有可能在提出新的观点的同时提出与此相关的新的事实，而对于新的事实就需要进行相应的调查，并对相应的证据进行质证。在这种情况下，法官只能中止法庭辩论，重新进行法庭调查，当事人再次进入案件事实情况方面的沟通。此外，一方当事人在陈述案件事实的同时发表辩论性质的判断意见，引发对方当事人对同一事实环节发表不同的意见，这样在法庭调查阶段双方当事人就已经完成了案件事实和辩论意见的陈述，法官在法庭调查结束时也就相应地了解了当事人的意见，而到了法庭辩论阶段，当事人只是重复阐述已经发表过的辩论意见，造成法庭辩论流于形式的状况。因此，我国应该借鉴普通法系国家的司法经验，培养重视法庭辩论的文化意识，引进证据开示制度，在法庭审理之前由专门的法官安排证据交换活动，让双方当事人能够尽早了解相关事实所具有的证据支撑材料，以期在法庭辩论阶段能够展开充分有效的辩论，为法官探究判断法律事实提供坚实的基础。

(二)司法说服力来自法官与当事人之间的文化沟通

当事人之间完整、充分的沟通不仅是司法过程和司法结果具有说服力的前提条件，而且法官通过听审与双方当事人之间沟通的完整性和充分性也是司法裁判具有说服力的基础条件。法官在法庭审理阶段虽然不参与当事人之间的辩论，但是在听取当事人的辩论过程中法官会在内心与他们的观点进行必要的沟通，在法律事实认定和法律适应规则选择方面作出自己的决定。诉讼当事人是履行程序义务、享有程序权利的自治人格，不是司法活动的客体而是司法活动的主体，是作为起诉与答辩、陈述与回应、举证与质证、主张与反驳等诉讼行为的权利主体。法官不是司法活动的唯一程序主体，审理和裁决活动不是法官的独白和独断，而是程序参与者之间的沟通、辩论的活动，是程序参与者的意志表达、意志制约的过程。在司法活动中，法官的意志并不具有绝对的至上性，他要受到诉讼当事人意志和行为的程序制约。同时，一方当事人和法官的行为也会刺激、塑造和制约另一方当事人的意志和行为。[①]在一定的文化环境中，双方当事人对案件事实的文化认识和文化评价也会影响法官的判断和裁决。

司法过程中的文化沟通旨在凝聚司法活动的说服力能量，从而形成司法裁决的说服力。"人是理性的生命，能够劝说他人相信自己的观点是正确的，同样也能折服于别人的正确观点。"[②]这种理性说服只有在一定条件下才能实现，法官只有通过对相互冲突的主张和理由作出理性的分析才能找到有效的说理依据。法官要想最有效最便捷地获得案件的全部真相，必须借助于当事人之间对立的主张。[③]理性说服既建立在对立面存在的基础上，也建立在相互信任的基础上。在法治社会中，司法过程应该成为平等主体间文明讨论的商谈过程，司法结果应该是公正程序的产物，互相信任是司法过程及其结果具

---

[①] 克拉玛德雷. 程序与民主[M]. 翟小波,刘刚,译. 北京：高等教育出版社,2005：55-56.
[②] 克拉玛德雷. 程序与民主[M]. 翟小波,刘刚,译. 北京：高等教育出版社,2005：58.
[③] 克拉玛德雷. 程序与民主[M]. 翟小波,刘刚,译. 北京：高等教育出版社,2005：59.

有说服力的重要条件。①毋庸置疑，法院的行政化管理模式和法官的官僚化阻碍了法官与当事人之间的理性沟通，破坏了司法沟通过程的完整性和充分性。②我国的司法实践中，审判委员会作为专门讨论疑难案件事实定性和法律适用问题的组织，具有相当的权威。根据法律的规定，检察长可以列席审判委员会的讨论会议，而被告人及其辩护律师则没有参与案件讨论的权利。显而易见，检察长代表着国家利益，很有可能站在公诉方的立场上发表对被告不利的指控意见，这样一来就变相地剥夺了被告的陈述权、辩论权，导致了控辩力量的失衡，破坏了司法沟通的完整性和充分性，消解了司法裁决应有的说服力。

然而，在普通法系国家的诉讼程序设计与安排中，当事人对于案件事实的发现、法律事实的构建具有主导地位，法官通过心理沟通，在认真听取双方当事人及其代理人陈述、辩论的基础之上，依据陪审团的意见和证据的支持，形成自由心证将案件事实确认为法律事实。在大陆法系国家的司法程序架构中，当事人对于证据事实的形成负有一定的责任，法官听审的同时，也在一定范围内拥有调查案件事实的权力。总之，法官应该理性听取双方当事人的陈述，详细分析他们对案件事实所作的法律解读和文化阐释，对他们的质证意见和抗辩理由进行法律意义的评价，尽可能地在裁判意见和裁判理由中体现辩论形成的共识。当然，在一定程度上，程序参与者对法律规定的理解决定了案件事实的法律意义。"法律是帮助公民解决他们的协调问题的手段，它是公共的、以规则为基础的，并且给人们以行动理由。但是规则要想得到理解和遵循，官员和国民之间必须有对规则的共同解释，而这也依赖于协调。"③法官应该洞察有关法律适用解释方面的所有争议，密切关注当事人对相关法律规定所作的文化评价和价值选择，把握法律规定的精神与案件事实之间的紧密联系，选择和建构用于案件裁决的审判规则。

推动诉讼当事人及其代理人展开充分、深入的辩论是法官的司法责任，法官的这种责任意识是保证法官耐心听审、选择说理的依据和谨慎审判的基

---

① 克拉玛德雷. 程序与民主[M]. 翟小波，刘刚，译. 北京：高等教育出版社，2005：60.
② 费斯. 如法所能[M]. 师帅，译. 北京：中国政法大学出版社，2008：69-70.
③ 格林. 国家的权威[M]. 毛兴贵，译. 北京：中国政法大学出版社，2013：141.

本要素。①众所周知，诉讼当事人出于实质利益的分歧，很难通过单纯的程序沟通在实体法律权利和义务的分配上达成共识。为此，需要通过促进他们之间的真诚对话来消除观念的分裂。司法过程中的沟通、辩论只要符合平等、开放、充分、深入的要求就视为达到了正义的共识结果。因此，这种辩论程序本质上是一个民主、开放、商讨性的论证程序，它为纠纷当事人提供了一个平等、公正展开司法竞技和对抗的条件，它能够促进意见沟通、深化理性思考、扩大价值选择范围、排除外部干预，保证程序参与者能够理性讨论相关法律问题，从而在一定程度上能够避免司法决定中出现武断的意见，确保在理性沟通的基础上形成法律意义方面的共识。②而置身于其中的法官在听审过程中应该将诉讼当事人视为自己的法律同伴，采用谈话的方式，借助唤醒的同伴意识来增强司法说服力。③

辩论文化有利于挖掘案件事实的法律意义，而在辩论过程中运用修辞艺术则更容易取得说服当事人和社会公众的效果。早在古希腊时期，智者们就发现在司法实践中运用修辞技巧可以帮助法官更好地引导诉讼当事人对事实争议和法律争议展开有效的辩论，也能够帮助法官说服当事人和社会公众，获得他们对司法裁决结果的认同。修辞是一种艺术，目的在于通过语言技巧，更充分、透彻、鲜明地表情达意，④修辞能够在具体的社会、政治、文化语境中通过追求象征力量而达到特定说服目的。修辞技巧意味着在给定的情境下存在说服对方信服某一观点或立场的可行手段，因此，说服性话语是修辞技巧的核心要素。修辞推理不重视逻辑推理而更多地依靠情感论据与或然性论据，在有些情况下能够获得逻辑推理所不能达到的说服效果。在司法沟通、辩论中如果能发现和运用说服性话语就可以达到说服当事人及社会公众接受司法判决、自觉履行判决确定的义务的目的。法官在司法实践中要针对不同类型的案件和不同的当事人合理使用修辞技巧和手段。每一个诉讼当事人都是具有不同的教育背景、生活环境和社会经验的法律主体，审理案件的法官

---

① 费斯. 如法所能 [M]. 师帅, 译. 北京：中国政法大学出版社, 2008：102.
② 葛洪义. 试论法律论证的概念、意义与方法 [J]. 浙江社会科学, 2004（2）：56–62, 135.
③ 卡多佐. 法律的生长 [M]. 刘培峰, 刘骁军, 译. 贵阳：贵州人民出版社, 2003：91.
④ 吕煦. 实用英语修辞 [M]. 北京：清华大学出版社, 2004：4.

需要针对不同的当事人灵活运用不同的修辞技巧以期取得最佳的说服效果。对文化层次较高、拥有较好法律素养的当事人，法官可以用专业术语与其沟通，引导当事人通过辩论找到具体的事实和法律的争点，以期有效推动案件的审理。对于文化水平较低、法律知识缺乏的当事人，法官不能简单地运用法律术语与之沟通，应当运用生活化的、通俗的法律语言引导当事人对案件事实的法律意义展开辩论。法官只要巧妙地运用修辞手段，就可以促使当事人更好地陈述案件事实以帮助法官在了解事实真相的基础上作出更加公正合理的司法裁决，进而获得最佳的司法说服效果。反之，倘若法官不能恰当地使用修辞技巧，不仅不能正确引导当事人完整、准确地陈述案件事实，而且可能触发当事人的抵触情绪、激化当事人之间的矛盾，损害司法的说服力。在网络同步直播的情形下，如果法官在审判过程中合理使用修辞手段引导当事人的陈述和辩论，不仅能够促使当事人接受司法判决的结果，而且能够说服社会公众尊重司法判决的结果。如果法官在审理过程中出现不合理或违法使用修辞手段的情况，则容易引起强烈的社会反应，消解司法的说服力。

（三）司法说服力来自法官与社会公众的文化沟通

程序内与程序外的文化沟通也是司法说服力的文化渊源。法院在民主社会里，应该利用对话和辩论程序让不同的价值观念展开博弈和融合，在充分沟通的基础上作出自己的价值选择，将在司法过程中凝聚的说服力输送到司法裁判结果中去。

司法辩论在商议性沟通中不能限制于当事人，而应该面向一般公众。[①]虽然纠纷是所有社会不可避免的利益冲突，但是在不同社会结构中纠纷的性质和类型是不一样的。利益冲突本质上是权利冲突，而权利建立在社会经济结构及其社会文化的基础之上，归根结底是需要通过文化沟通来解决纠纷，主流文化在一定程度上影响着人们对纠纷的性质和法律意义的看法。社会公众的普遍看法在很大程度上体现了社会主流价值观念，是法律实质理性的渊源。实质理性与法律目的密切关联，需要法官在司法沟通过程中通过价值判断和价值选择来实现。司法权威来自审判的独立性和司法的公共对话义务，实质

---

[①] 胡克. 法律的沟通之维 [M]. 孙国东, 译. 北京：法律出版社, 2008：239.

理性也是司法权威的重要来源。① 在宪法领域中对宪法实质理性的认识以及决定何为宪法价值是法院的特别能力。法院的这种能力来自司法过程的沟通性和独立性。② 虽然法官的道德素养和司法技能对法官的判断权威有着一定的影响，但是，法官的裁判权威在很大程度上来自与公众的沟通对话，源自法官对公共理性的阐释，司法说服力也相应地建立在公众理性所能接受的基础上。在现实社会生活中，那些蕴含逻辑理性和丰富法律思想的社会意见，能够对案件事实的认定和审判规则的建构施加构成性的影响，③ 有助于法官通过法律解释从典型案件中提炼出判例原则，确保法律体系能够适应社会发展的需要。古希腊和古罗马的智者们系统阐释了衡平司法的价值理念，为社会意见进入司法过程提供了合法性论证。法官在社会风俗、习惯、信念的基础上建构了审判规则和审判原则，有力地推动了古代世界的私法发展。④ 普通法系国家继承和发展了这种司法文化传统，通过司法解释从现有法律规则和原则中发展判例原则，仍然是法律发展的重要文化路径。以判例原则为依据主张权利的司法辩论仍然是司法裁判获得说服力的重要手段，在证成诉求合法性的过程中追求法律理性和社会经验的结合仍然是诉讼当事人和社会公众的诉讼策略和文化选择。

实质理性属于法律公共理性的有机组成部分，法律是公共理性的载体，法律适用过程就是公共理性的具体化过程，法官的作用在于通过法律解释弥补立法权威所确立的价值取向与现实生活的缝隙。因此，在法律事实和法律适用规则的建构过程中，法律解释是至关重要的要素，也是司法沟通的主要内容，还是确定法律公共理性的关键环节。法官审理案件不单纯是为了解决纠纷，更重要的是为了解释清楚法律中的公共价值。由于现代社会利益的复杂化，在审判过程中也会出现公共利益的司法保护问题。消费者权益保护、环境生态利益保护都涉及公共利益的维护问题，需要在司法审判过程中引入

---

① 费斯. 如法所能 [M]. 师帅, 译. 北京: 中国政法大学出版社, 2008: 275.
② 费斯. 如法所能 [M]. 师帅, 译. 北京: 中国政法大学出版社, 2008: 37.
③ 亚伯拉罕. 司法的过程: 美国、英国和法国法院评介 [M]. 泮伟江, 宦盛奎, 韩阳, 译. 北京: 北京大学出版社, 2009: 275.
④ 莱奥尼. 自由与法律 [M]. 秋风, 译. 长春: 吉林人民出版社, 2004: 222.

协商民主理念，需要不同知识的综合和不同视角评判的融合，因此，应该让社会公众充分参与司法决策，力图通过法律辩论将社会公共意志带入司法程序中，确保法官、当事人和社会公众在法律解释方面达成价值共识，以期通过立法的普遍正义实现司法的个别正义，为司法说服力的形成营造必要的文化氛围。

宪法解释是宪法裁判的基础，宪法裁判在本质上是赋予宪法中的公共价值以具体意义的过程。"司法作为政府权力的一种，依靠特定程序获取自身的合法性。法官赋予宪法价值意义的权威来自他的独立性和参与围绕意义讨论对话的意愿。"[①]对宪法的道德解读和文化解释必须获得社会公众的支持，解释的结果必须体现民众的意愿，这就意味着宪法的解读必须通过公开辩论的方式来进行。只有被广泛接受并获得赞同的政治观点才能够获得权威，法官应该努力找到合理的解释，在司法审查过程中，法律争议应该向普通人而非专家组成的陪审团开放，应该让公众参与辩论。[②]"当最终判决是由法庭作出而不是由政治活动来决定时，公民个体就会更好地履行自身的道德责任。因为法庭判决是基于一些基本原则，而不是基于量的多少或政治影响的平衡。"[③]如果这种对宪法的道德解读能够被法院接受并在司法判决中体现出来，那么这种以宪法原则为中心的共和制式的讨论就能够发挥更大的政治功能，进而更好地促进社会正义的实现。许多国家的宪法通常运用宽泛的、开放的语式，这正是为了用政治争论推进道德进步。"美国宪法与其说是解决争议，不如说给出了一个框架，让人们就个人自由与政府权力之间的界限展开持续的辩论。实际上，《第九条修正案》本身宣布，公民拥有未列举的基本权利，有待于我们自己去发现。"[④]美国司法制度的显著特征是法院可以在很长一段的时间内对外部批评进行大范围的回应。法律正是在这种回应过程中取得进步、得到发

---

[①] 费斯. 如法所能[M]. 师帅, 译. 北京：中国政法大学出版社, 2008：69.

[②] 马塞多. 自由主义美德：自由主义宪政中的公民身份、德性与社群[M]. 马万利, 译. 南京：译林出版社, 2010：49.

[③] 德沃金. 自由的法：对美国宪法的道德解读[M]. 刘丽君, 译. 上海：上海人民出版社, 2001：39.

[④] 马塞多. 自由主义美德：自由主义宪政中的公民身份、德性与社群[M]. 马万利, 译. 南京：译林出版社, 2010：56.

展的。<sup>①</sup>在美国的社会生活中，"法律权威不能仅仅建立在对固有规范的逻辑性处理上，而且还应该被认为是最高法院与整个国家之间的活的联系。最高法院应该努力建立这种与公众的信任关系"[②]。也就是说，法律的权威不能建构于纯粹的职业逻辑上，而应该建立在公众对于法官的支持上，法官在解释宪法和作出宪法判决的过程中应该倾听人民的宪法思想。[③]

司法裁决的形成取决于庭审过程的自由辩论与理性商谈，但并不是任何外部因素都能对法官的审理和裁判造成影响，进入司法过程、影响司法结果的外部意见必须是通过公共商谈程序形成的理性意见。陪审机制作为商谈程序的典型表现形式，它为司法沟通、辩论提供了制度架构，具备了通过程序权利的行使产生实体结果安排、诉诸理由达成共识的功能。[④]陪审制所承载的沟通理性可以弥补脱离程序规则的理想化商谈的可错性和判决结果的不确定性。陪审制提供了法官与民众理性沟通的平台，民众通过陪审员将朴素的公平正义观和生活经验带入司法商谈中，促使法官和民众在案件事实与法律规定结合方面形成重叠共识，加重法官在法律解释和司法裁决中的说理负担，在一定程度上实现了司法与民意的良性互动，从而摆脱了立法过程单向度沟通的困境。陪审机制不仅能够借助法官的技术理性将民众意见转化为裁判理由，从而使得裁判结果实现了法律正义与社会正义的有机结合，而且还能通过法官与民众对法律规则的建构性阐释消解立法的滞后性，缓解事实与规范之间的紧张关系，正如伯尔曼所言，广泛的公众参与是重新赋予法律生命活力的重要途径[⑤]。因此，对于每一个案件来说，司法裁判结果不是法官个人理性的产物，而是法官在听取陪审员传递的社会公共意志、吸纳其中的公共理性后形成的共识性成果。这一过程不仅增加了当事人和公众对司法过程和司

---

① 费斯. 如法所能[M]. 师帅, 译. 北京: 中国政法大学出版社, 2008: 207.
② 波斯特. 宪法的法律权威之形成: 文化、法院与法[M]//张千帆. 哈佛法律评论·宪法学精粹. 北京: 法律出版社, 2005: 431.
③ 波斯特. 宪法的法律权威之形成: 文化、法院与法[M]//张千帆. 哈佛法律评论·宪法学精粹. 北京: 法律出版社, 2005: 433.
④ 高鸿钧. 商谈法哲学与民主法治国:《在事实与规范之间》阅读[M]. 北京: 清华大学出版社, 2007: 9.
⑤ 伯尔曼. 法律与宗教[M]. 梁治平, 译. 北京: 商务印书馆, 2012: 35.

法结果的信任，而且彰显了司法裁判的权威。尽管我国有关法律规定人民陪审员不参与法律适用问题的审理，但这并不意味着陪审员在法律适用问题上没有影响力。在疑难复杂的案件审理中，事实争议与法律争议常常纠缠在一起，很难将其严格区别开来，法官无法直接适用现有的法律规定来对案件作出裁决，需要借助法律原则和法律精神对案件事实的法律意义作出建构性阐释。由于陪审员通常依据普通民众的生活经验和社会良知对案件进行价值评价和价值判断，从而与法官基于法律规定作出的价值判断发生冲突与融合反应，在一定程度上形成了对法官适用法律行为的制约，防止法官作出违反社会公平正义观念的司法裁决。

## 二、判决说理：司法说服力的文化支撑

司法权威集中反映了社会公众对司法过程及其结果的认同程度，反映了司法说服力在社会生活中的实现程度。在一定文化环境中，当事人出于对自身利益最大化目的的考虑，倾向于选择有利于自己的证据和有关的法律规定，法官不能偏信一方的意见，而是应当依照正当程序的要求，认真听取双方对案件事实和法律适用问题的看法，力图从一些具有法律意义的情境中发现当事人诉求的法律基础，建构适合于案件判决的审判规则。既然，司法过程是事实与法律的价值选择过程，其说服力必然离不开一定社会的文化解释和文化支持。

（一）论证说理的文化意识有益于形成司法说服力

司法程序是和平解决纠纷的途径，司法过程是论证说理的活动，每一个程序参与者都必须对自己的主张和判断提供权威性的依据、给予逻辑论证和价值评判。"作为判决者的法官并没有特殊的身份，也没有内在于其职权的权威，他与其他任何选择就法律进行推理的人都处于同一个平台上。"[①]法官的权威不仅取决于其公正地行使司法权力、符合程序的品质，而且取决于解释法律、进行法律推理的品质。判断和说理是司法审理和裁决的核心，法官要通过提供充分的判决理由使司法裁决具有足够的说服力。法律的适用通常是应

---

① 马塞多. 自由主义美德：自由主义宪政中的公民身份、德性与社群[M]. 马万利，译. 南京：译林出版社，2010：98.

用逻辑上的三段论法，法律的一般规定是大前提，具体的案件事实对应于法律构成要件形成小前提，然后通过三段论法导出结果。[①]这就要求法官应该具备严密的逻辑思维能力，能够在充分的沟通基础上通过判决说理让当事人和社会公众接受其判决结果。拥有较高的道德水平和专业素养的法官能够准确地分析案件事实和法律适用争点，能够更好地与当事人沟通，通过阐释和说理方式说服当事人接受其观点，认同和接受在此基础上作出的司法判决，从而培养当事人和公众认同和信任司法裁决的文化意识，不断提高司法在社会生活中的预测力和说服力。

法官应该具有论证说理的文化意识，应该随时吸收最先进的法律知识，确保自己的专业素养和审判能力始终能够与时俱进，能够通过司法说理的质量赢得民众对法官司法能力的信任。法律说理不是为了判决正当化而进行的单纯的抽象性的说理行为，而是法官对败诉一方当事人和受判决影响的社会大众说理的具体过程。作为一种社会说理形式，法律说理的能量受到社会上所能接受的法律论点和法律命题的影响。[②]法官在判决书中阐释认可或否决当事人主张的法律理由，其实质也是通过判决说理与当事人和社会公众展开后续的法律辩论。由此可见，判决说理不是仅仅针对当事人的，还必须重视一般民众的看法。所以，法官在阐述判决理由时，不仅要把当事人作为读者，而且要把与当事人有联系的利益共同体当作读者，甚至把有可能关注判决书的一切不特定的有法律知识的和没有法律知识的人当作读者，努力让每一个社会成员从裁判理由中感受到公平正义。显然，准确和充分说理既能够使当事人和社会公众理解法官的判决理由，消除当事人和社会公众对判决结果的疑惑，充分沟通说理也能够建立法官与当事人以及社会公众之间的信任关系，从而有利于提升司法说服力、增强司法权威。

显然，尊重司法判决这一道德义务就取决于法官对能找到的最佳理由和论点的阐述，法官应该运用法律固有的规则、先例和道德原则去阐述好的论

---

[①] 黄茂荣. 法学方法与现代民法 [M]. 北京：中国政法大学出版社，2001：181.
[②] 廖义铭. 佩雷尔曼之新修辞学 [M]. 唐山：唐山出版社，1997：315.

点，除此之外，司法权威没有别的基础。①司法权在本质上是判断权和裁决权，其权威主要来自推理和说理所具有的影响能量。因此，法官的司法职责就是在司法程序范围内根据法律的规定进行判断和说理，在判决理由方面必须体现自己对法律的忠诚。②有必要指出，判决说理在本质上是一种协调观点的手段。在某些情况下，法官发现有不同根据能够充当判决理由，这些权威依据可能是协调解决某个问题的一个必要条件，它作为达到一种重要目标的必要手段而具有价值；另一些权威依据也可能是协调解决问题的一个充分条件，它比其他解决协调问题的手段更有价值。总之，"只有当权威的要求具有排他性力量时，权威才能解决协调问题"③。在通常情况下，法律的直接规定是解决观点冲突的排他性权威，法官应该运用法律的规定来阐释判决理由。在一些特定情形下，"一条法律规则是或者声称是一条权威性规则，它通过为其对象提供一条约束性的行动理由来指引他们的行为，不过并不是所有这样的理由都采取法律的形式，而且，如果在指引人们的行为方面法律是国家唯一的手段，那么或许就没有任何国家能够运转"④。此时，国家除了通过法律体系施加权威性要求外，还可以通过选择劝告与说服的手段来推行政府的权威性要求，需要法官运用法律原则、法律精神和社会主流价值观念来阐发判决理由。

在宪法案件的审理过程中，宪法解释和宪法性判决实质上是法院运用司法程序作出政治决定的活动。司法审查运行于政治过程之内，是法院处理多数人权力与少数人权利之间冲突的法律机制，公民及其他政治活动者并没有被排除出对自身案件的评判，⑤宪法解释是一项非同寻常的政治事业，司法判决可能会改变政治冲突的走向，但围绕宪法分歧展开的辩论和政治活动并不会由此而结束。司法审查要取得实质上的终局性，必须让政府干部和公众都

---

① 马塞多. 自由主义美德：自由主义宪政中的公民身份、德性与社群［M］. 马万利, 译. 南京：译林出版社, 2010：97.
② 洪瑶. 论司法公信力与裁判文书［J］. 四川师范大学学报（社会科学版）, 2008（6）：50-54.
③ 格林. 国家的权威［M］. 毛兴贵, 译. 北京：中国政法大学出版社, 2013：131.
④ 格林. 国家的权威［M］. 毛兴贵, 译. 北京：中国政法大学出版社, 2013：91.
⑤ 马塞多. 自由主义美德：自由主义宪政中的公民身份、德性与社群［M］. 马万利, 译. 南京：译林出版社, 2010：154.

接受法院的观点。"法官们还必须为他们的判决作出理性的辩护，并且必须面对法律界同行的批评，因此这可能为他们作出判决的政治程序注入了一点理性的因素。而这种理性因素正是立法程序所不具备或至少要少得多的。"[1]司法审查制度能够解释和拓展我们的基本政治运作原则，通过这种司法审查机制，"我们的文化提升了法庭的政治权威，而法庭的权威来自它们能够认可好的理由以及得出好的结论"[2]。

司法过程及其结果的公开是公民参与权、监督权行使的前提条件，除了涉及国家机密、商业机密和个人隐私，判决书的所有内容应该公开，当事人和社会公众可以通过对判决理由的分析来对司法裁判进行评价和监督。鉴于事实争议和法律争议的处理直接关系诉讼当事人的利益，影响社会公众对行为标准和法律规定意义的理解和评价，法官应该在裁判文书中尽可能地重现案件审理活动的全过程，要对案件的事实认定、法律规定的解释和法律适用等具体内容进行完整的陈述，要全面准确地描述案件事实，分析证据材料，公开说明证据采信的依据、法律推理的基础、价值选择的标准，给出支持或反驳当事人主张的理由，详细说明重新分配当事人实体权利、义务的权威性根据，用通俗易懂的法律语言阐释案件事实的法律意义，让当事人和民众理解法律事实的建构理路、审判规则形成的法理逻辑、个别正义实现的思维模式，让当事人和民众在法律评价和文化评价的基础上认可判决结果，形成法律感觉、法律思维和法律意识。

当然，论证说理的文化观念和文化意识必须借助于公正严密的司法程序才能变成制度化的说理行动。法官只有依据司法证据规则、辩论规则等程序性规定阐释事实认定、法律适用选择的理由，才能更好地说服当事人和社会公众接受司法裁判结果。

(二) 价值判断的文化理念有利于提升司法说服力

权利资格建立在社会共有的权利意识的基础之上，权利的概念根植于社

---

[1] 沃尔夫. 司法能动主义：自由的保障还是安全的威胁？[M]. 黄金荣，译. 北京：中国政法大学出版社，2004：149-150.

[2] 马塞多. 自由主义美德：自由主义宪政中的公民身份、德性与社群 [M]. 马万利，译. 南京：译林出版社，2010：48.

会关系的构成之中。纠纷的实质是权利的冲突,纠纷是一个创造意义的过程,也是一个意义的争辩过程,法律在这个过程中提供了一系列可能的意义。[①]这里的法律是由规则、原则、标准和概念构成的结构体系,"自由主义法律不仅由法规组成,还包含某些基本的目标与原则:有序的自由、公平、程序正当、合乎理性以及反对残酷。对法律的解释不仅是一种法规运用,而且还包括解释大多具有道德维度的法律原则"[②]。法律原则的道德维度不仅决定了法律的价值取向,而且保持了法律体系的开放性,从而为司法裁判的价值选择提供了基础。"法律是有原则的,这一点有很多重要的意义。道德原则是法律的基础,也有助于证明法律的正当性。当被进一步用于弥合各种法律规定之间的缝隙时,这些原则还有助于解决一些棘手的、凭外在的法律规定难以解决的案件。"[③]

在某些时候,法律对所涉及的争议没有具体规定,现有法律体系中又找不到明确的法律规定可以用来裁判案件,而与具体案件具有意义连接的只有一些法律原则,此时的法律解释过程就是创制新的法律规则的过程。在通常情况下,具有道德品质的法律原则已经被揉进部门法律的经纬之中。一位有良知的法官应该权衡各种原则,找出意义最接近案件争议的法律原则,结合立法者在公共利益和个人利益之间的决策倾向,通过解释说理作出价值选择,确立适用这一原则的前提条件,如此,法律原则的解释和适用过程也就成为法律规则的创制过程。

正是因为法律原则的道德属性决定了法律原则也存在合理性问题。"在考量一些权威性法律原则时,我们更偏爱那些能够被广泛视为合理的法律原则。当我们从抽象的公众证明转到具体的法律制度上时,能够进一步提炼和限定各种具有可操作性的原则。"[④]我们必须承认法律原则是与道德观念紧密联系在

---

[①] 梅丽. 诉讼的话语:生活在美国社会底层人的法律意识 [M]. 郭星华,王晓蓓,王平,译. 北京:北京大学出版社,2007:10.

[②] 马塞多. 自由主义美德:自由主义宪政中的公民身份、德性与社群 [M]. 马万利,译. 南京:译林出版社,2010:82.

[③] 马塞多. 自由主义美德:自由主义宪政中的公民身份、德性与社群 [M]. 马万利,译. 南京:译林出版社,2010:82.

[④] 马塞多. 自由主义美德:自由主义宪政中的公民身份、德性与社群 [M]. 马万利,译. 南京:译林出版社,2010:85.

一起的，法官解释法律原则不可能不受道德观念的影响，为了避免法律原则解释中由于道德观念所产生的潜在分裂，我们必须尊重我们共有的公众理性能力，我们不仅需要把历史，而且需要把公众证明融入法律解释的精神之中。在自由主义政治的整体框架中，法院的一个重要的职能是维护业已存在的法律体系的公共性、预期性和可证明性，法官要本着对法律的形式和已被接受的法律核心内容、司法先例的忠诚，对法律原则进行建构性和整体性的解释。也就是说，"法官的特定权威以及法律的特征都取决于这样一种观念：判决乃是对于在某种意义上业已存在的素材的解释。毕竟，正是那些已被接受的法律资源使人们注意到什么是自己的法律义务"[①]。法院在宪法解释和宪法案件审理过程中所作出的司法决定是对社会核心价值的确认和捍卫。[②] 在这种政治活动中，法院不是唯一的行动者，所有政治机构和民众都应该参与到有关宪法原则和宪法规则的解释对话之中，"宪法含义的界定过程是一种由所有国家机构和人民共同参与的过程"[③]。在某种意义上，宪法解释决定是政治互动的结果。在美国，法院是宪法的最终解释者，但不是一个专断的解释者。宪法解释实质上是人民、人民的议员和人民的法官之间共同的互动理解过程，是一个相互监督、相互制约的联合解释过程。

司法审判活动是法官对社会价值进行界定的法律适用活动。[④] 在疑难复杂案件的审理过程中，法官发现案件事实与多个法律规则有着不同程度的联系，受到多个法律规则的评价，自己必须面对事实定性和法律适用方面的价值冲突问题，无法运用简单化、公式化的逻辑推理来处理事实争议和法律争议，必须对价值冲突作出文化评价和文化选择。尽管在一般情况下，可以依据法律规则的不同效力层次来确定法律价值的选择标准，但是，在有些情况下，需要依据法律精神、法律原则和法律原理作出超越法律规则范围的价值选择，并在此基础上建构适用于疑难案件审理的裁判规则。因此，法官需要

---

① 马塞多. 自由主义美德：自由主义宪政中的公民身份、德性与社群 [M]. 马万利, 译. 南京：译林出版社, 2010: 85.
② 埃格里斯托. 最高法院与立宪民主 [M]. 钱锦宇, 译. 北京：中国政法大学出版社, 2012: 93.
③ 埃格里斯托. 最高法院与立宪民主 [M]. 钱锦宇, 译. 北京：中国政法大学出版社, 2012: 146.
④ 费斯. 如法所能 [M]. 师帅, 译. 北京：中国政法大学出版社, 2008: 3.

给出价值选择和裁判规则建构方面的理由和依据，以期获得当事人和社会公众的认可。价值判断既不能单纯地通过经验进行确认，也不能通过任何一种自证的直觉来加以证立，[①]而应该通过司法过程中的理性辩论加以检验和证成。法官不能期望从相对狭窄的职业经验和法律理性中找到司法判决意见的基础，而必须从广阔的文化背景和普遍的价值原则之中寻觅权威的依据，应该借助事实、论证、例证的有机整合，在司法说服力的形成方面产生持续增强的整体效果。[②] 所以，价值判断活动是法官阐释、建构案件法律意义的过程，也是在当事人平等参与下进行文化选择的过程。诚然，价值判断和价值选择活动不可避免地存在着法官的自由裁量权力，要做到价值选择的公正和合理就必须保证程序理性的制约作用，将体现社会主流价值观念的公共理性作为价值选择的基础，同时将价值判断的适用范围限定为疑难复杂案件，坚持整体法律秩序和法律原则所划定的价值选择界限。[③] 价值判断过程也是法律价值与社会价值竞争和融合的过程。在司法过程中，法官的职业伦理和大众的社会正义观念对法律事实的认定和法律规则的选择具有极其重要的影响。法官依据职业伦理的要求，必须从现存的法律规定中认定案件事实的法律意义，而社会公众则希望法官从社会价值出发阐释案件事实的法律意义。因此，法律事实的认定和法律规则的选择都是文化沟通和文化建构的产物。法官应该充分关注法律意识形态的发展趋势，确立与时俱进的价值判断理念，把握法律的道德内涵与社会正义的内在联系，在法律事实和裁判规则的文化建构过程中凝聚司法的说服力，尽可能地实现法律正义与社会正义的有机结合。[④]

（三）修辞论证的文化风格有利于增强司法说服力

在阐释案件事实的法律意义的过程中，法官必须应对推论的可辩驳性、过程的可辩驳性和理论的可辩驳性的挑战。有时候，由一定数量论据支持的某一法律结论在增加新的前提后将出现无法推出结论的困境，这就要求法官

---

[①] 阿列克西. 法律论证理论 [M]. 舒国滢, 译. 北京：中国法制出版社, 2002：195.

[②] 卡多佐. 法律的生长 [M]. 刘培峰, 刘骁军, 译. 贵阳：贵州人民出版社, 2003：98.

[③] 博登海默. 法理学：法律哲学与法律方法 [M]. 邓正来, 译. 北京：中国政法大学出版社, 2004：556.

[④] 森际康友. 司法伦理 [M]. 于晓琪, 沈军, 译. 北京：商务印书馆, 2010：286.

在尽可能地考量与问题有关的所有情况下，给出具有足够可靠性的法律结论。在司法实践中，法官只掌握了有限的法律知识和有限的案件事实真相，在此基础上形成的法律结论随时都有可能因新信息的加入而改变；法律没有明确规定司法辩论过程的结束标准，法官拥有决定何时终止法庭辩论活动的自由裁量权；司法推论是在一定理论框架中形成的，也存在不确定因素，这就意味着选择不同的理论框架会形成不同的审判结果。法官在司法实践过程中，需要对法律规则进行道德解读，这就意味着道德评价因素会影响案件事实的性质和意义的认定，从而给判决结果带来了不确定性。理性论证是防止这种可辩驳性转化成任意性的有效机制。[1] 符合逻辑的理性证明过程是保证法律陈述、法律决定正确的前提。法官必须给判决提供足够的理由，才能够达到感染、说服当事人和社会公众的目的。[2]

　　法律规则的可辩驳性和事实认定的不确定性，极大地增加了法律论证的或然性，需要通过修辞论证方式提升法律结论的可接受性。在法律论证中，鉴于成文法条文的语意不清晰、法律规则之间的相互抵触或缺少相应的法律规定，法官不能作出墨守成规、违反情理的裁决，必然求助于道德价值的评价。[3] 所以，司法活动在一定程度上是一个价值判断过程。价值判断存在着主观性，故而不能避免恣意的存在。[4] 此外，法庭辩论的根源是尖锐的利益冲突，虽然在一定程度上表现为观念上的分歧，但是，诉讼当事人出于争夺利益的目的，不可能通过法庭辩论轻易改变观念，进而放弃利益。由此可见，通过沟通、辩论只能达成有限的共识。因此，在很多法律问题无法用逻辑、实证证明的方式来解决的情况下，法官必须使用一定的修辞手段说服败诉方放弃自己的一部分甚至全部的利益主张，接受司法裁决结果。法官不仅要说服判决结果不利的一方当事人，而且要说服上诉法院的法官、法律职业共同体以及社会公众接受该司法决定。否则，即便是正义的判决也有可能被质疑为不

---

[1] 管伟. 略论中国传统司法裁判中的事实判断及其方法 [J]. 政法论丛, 2010（1）: 87-93.
[2] 葛洪义. 试论法律论证的概念、意义与方法 [J]. 浙江社会科学, 2004（2）: 56-62, 135.
[3] 季卫东. 法治秩序的建构 [M]. 北京: 中国政法大学出版社, 1999: 335-336.
[4] PERELMAN C, OLBRECHTS-TYTECA L. The New Rhetoric: A Treatise on Argumentation [M]. Notre Dame: University of Notre Dame Press, 1969: 32.

公正。[1]

  法官要深刻认识到修辞是说服当事人和公众同意司法裁判的最好手段，修辞对司法论证具有构成性意义。[2]司法裁判的论证说理要达到说服效果和说服目的，首先，需要运用修辞技巧充分唤起公众的情感。正如卡多佐所言，司法意见想要有说服力，要么凭借真诚与热情，要么凭借韵脚和对偶等有助于记忆的力量，要么凭借格言和警句的简洁和韵味。如果没有这些修辞的帮助，司法意见也许就无法取得预期的成功。[3]在人们对法律规则内容和案件处理结果存在理解上的分歧的情况下，法官能够运用生动的语言引起人们对某一法律立场的领悟和精神共鸣，[4]进而唤起听众对判决结果的认同情感。其次，法官要尽可能地使用通俗易懂、简洁明了的法律语言对司法结论进行透彻论证，保证诉讼当事人能够完整了解审判结果的形成过程和理由。通过这种修辞技巧不仅能够让胜诉方理解利益诉求得到支持的理由，而且能够让败诉方理解败诉的理由，在说服效果上争取达到让胜诉者赢得理所当然、败诉者输得心服口服的理想境界。形象生动、清晰易懂的语言修辞手法还能够促使社会公众认同司法意见和判决理由，从而使司法裁判结果具有较好的社会认同度。最后，法官应该公正合理地使用修辞论证技巧。鉴于修辞论证方式能够引起人们对某一法律观点的共鸣、说服其认同司法裁决的理由，从而成为法官证成疑难复杂案件判决结论正当性的重要策略。但是，法官不能为说服当事人接受司法裁决而滥用修辞手段，修辞技巧使用的前提是法律论证内容不能完全脱离法律意义的范围，要与主流社会价值观念具有某种协调性。因此，修辞在裁判文书中的使用要符合一定的法律专业语言的要求，不能用完全生活化的言语取代法律专业语言，不能完全用生活场景取代必要的法律场景，法官运用修辞手段的根本目的是在法律语境和法律氛围中说服当事人和社会公众认同司法理性、接受法律生活方式、逐渐形成法治信仰。法官要在尊重法律专业性的基础上，选择符合当事人和社会公众心理追求的修辞技巧，要

---

[1] 张真理，高小岩.为什么公正的判决会被公众指责为不公[J].政法论丛，2009（1）：76—81.
[2] 蔡琳.修辞论证的方法：以两份判决书为例[J].政法论坛，2006（5）：48—57.
[3] 卡多佐.法律的生长[M].刘培峰，刘骁军，译.贵阳：贵州人民出版社，2003：86.
[4] 季卫东.法治秩序的建构[M].北京：中国政法大学出版社，1999：131.

针对受众的知识结构、心理状态、情感情绪等方面的差别，在法律意义的范围内使用更加适合和更加有效的修辞手法来说服当事人和社会公众尊重和接受判决结果。法官在司法裁判中使用的任何修辞手段和技巧不能超越法治的基本底线，不能突破司法中立的红线，不能采用违法的修辞手段来实现合法的司法目的或违法的司法目的。司法论证说理手段和说理过程要遵循公开、公正的司法程序原则，修辞论证的目的是要确保司法裁判结果在法律正义的基础上实现社会正义。

### 三、价值认同：司法说服力的文化依归

司法结果价值取向的文化认同决定了司法作为保障社会公平正义的最后一道防线所应当具备的权威性。法官建构审判规则、确认案件事实、解释制定法规定的活动本身就是一种法律意义上的文化建构活动，是法官在吸纳当事人的平等参与下阐释公共理性、建立文化共识、取得价值认同的文化互动过程，是让司法过程和结果的价值选择获得社会认同和信任的说理过程。

（一）司法说服力建立在文化共识基础上

任何法律制度都具有一定程度的自我完善、自我实现的能力。法律制度的自治特质意味着法律制度必须最大限度地实现体系内部的道德自主。一个公民在法律制度体制内获得了某一职位，就负有了对这一体制自治的特定义务和责任，每一位立法官、行政官和法官都是拥有特定品质和一定强度的道德过滤器，均负有将法律之外的道德过滤出去的义务，他们深刻地意识到，"用法律解释去推动在法律之内不具有恰当地位的道德价值，会破坏人们对法规以及法律形式的尊重"[①]。因此，法官的解释应该在尊重法律的一般性、预期性以及已被公众接受的法律传统前提下作出价值选择。由于"宪法文本体现了我们社会最基本的公共价值"[②]，我们应当通过司法裁决的理性程序来理解和表达宪法中的公共道德价值，并以这种道德价值为基础构建我们的公共生活的意义。

---

① 马塞多. 自由主义美德：自由主义宪政中的公民身份、德性与社群 [M]. 马万利, 译. 南京：译林出版社, 2010：88.

② 费斯. 如法所能 [M]. 师帅, 译. 北京：中国政法大学出版社, 2008：221.

法律制度也具有一定的开放性品格，必须借助于外部的力量来完成法律实施和法律发展的任务。法律制度的开放性特质意味着法官在司法过程中进行的法律解释活动必须向社会公众开放，必须在考量社会公众普遍意见的基础上形成具有说服力的司法意见和判决理由；法律具有道德的开放性决定了法官需要通过价值判断和价值选择来推动法律的发展，以期能够满足社会不断发展的需要。法律的制度性道德并不独立于法官、行政官和公民的背景性道德。他们都必须在自己的整体价值框架内为正确地履行职责找到支撑点。法律解释必然受到法官的综合性道德观以及他们所具有的政体的公共道德观的影响。最为理性的境界是法官、其他干部和公民在道德观念上有合理程度的一致性，并可以通过辩论程序架构去约束这些道德上的分歧。[①]"作为以实现公众证明目标为己任的自由主义者，我们需要法律程序之中的参与者们对批判性道德反思予以重视。自由主义法律制度之内的官员应该努力维护法律，但他们应该是在更大的自由主义政治生活语境之内维护法律，并根据自由主义政治价值去改进法律。"[②]任何公民都必须重视法庭作出的具有重大社会影响的司法判决结果，负责任的公民会考虑和咨询法官的理由和观点。[③]

　　法律解释不可能完全脱离道德判断的影响。"一个合乎道德原则的司法程序有助于保证我们的基本利益不是仅仅依赖大多数人的意志、思考或决策，而是建立在有原则的公共标准之上。融入了道德的法律观念有助于使政治实践向公众证明的理想迈进。"[④]法院在试图解释和表达法律文本中的平等、自由、财产、正当程序等价值的时候，必然要受到主流道德观的影响。法官力图实现解释的正确与公平的融合，要在国家权力结构中取得制衡的地位，要争取制定适用于政治体制的原则的权力，法院必须以其解释宪法等文本的特

---

① 马塞多. 自由主义美德：自由主义宪政中的公民身份、德性与社群[M]. 马万利，译. 南京：译林出版社，2010：92.

② 马塞多. 自由主义美德：自由主义宪政中的公民身份、德性与社群[M]. 马万利，译. 南京：译林出版社，2010：92.

③ 马塞多. 自由主义美德：自由主义宪政中的公民身份、德性与社群[M]. 马万利，译. 南京：译林出版社，2010：104.

④ 马塞多. 自由主义美德：自由主义宪政中的公民身份、德性与社群[M]. 马万利，译. 南京：译林出版社，2010：83.

定权限和能力为基础，使蕴含在这些文本中的公共道德明确化和具体化。[①]"在宪法裁判中，法院必须评价以民主方式颁布且在其他方面正当的法律的有效性。无论如何，只有当法院可以按照与听众共享的基本前提进行说理时，方能证成其判决。"[②]

宪法是国家和民族最根本的理念和信仰的反映，是建构判决理由的基本前提。因此，国家机关和公众对宪法形成的认识和价值观念对宪法的解释和实施具有巨大的影响作用。在通常情况下，法院正是根据这种认识和价值观念来界定宪法的原则。[③]宪法的权威不仅源自其最高效力的地位，而且源自一个民族精神的神圣地位。宪法的正当性在一定程度上也建立在其他国家机构对宪法认识的基础上。因此，最高法院在通过宪法解释和司法审查维持宪法所具有的至上法律权威的同时，必须将司法机关以外的国家机构的宪法信念和价值观引入宪法意义的建构过程中；同时，宪法解释和司法审查也必须反映社会价值观，不能严重偏离公众的宪法信念，应该按照公众能够接受的方式诠释宪法条文，将司法权威建立在民众信任的基础之上。如果公众所主张的价值对宪法原则的发展是必需的，就应该纳入宪法解释和宪法裁判的结果之中。宪法判决必须经过人民的充分检验，才能建立起至上的权威。[④]美国联邦最高法院处在法律公共舆论的包围之中，法律职业共同体对合法性的认识和社会主流观念对他们的宪法解释和宪法性判决有着一定的制约作用，"能够保证法官不可能并且也不会做任何不能获得至少相当部分美国社会支持的事情。如果法官不能获得相当公众的支持，那么他们的案件可能很快就会被推翻，他们对这些限制也会非常敏感"[⑤]。

宪法解释和法律解释中的道德判断和价值选择是通过社会文化来实现的。

---

① 费斯. 如法所能 [M]. 师帅, 译. 北京：中国政法大学出版社, 2008：212-213.

② 波斯特. 宪法的领域：民主、共同体与管理 [M]. 毕洪海, 译. 北京：北京大学出版社, 2012：17.

③ 波斯特. 宪法的法律权威之形成：文化、法院与法 [M] // 张千帆. 哈佛法律评论·宪法学精粹. 北京：法律出版社, 2005：324.

④ 波斯特. 宪法的法律权威之形成：文化、法院与法 [M] // 张千帆. 哈佛法律评论·宪法学精粹. 北京：法律出版社, 2005：357.

⑤ 克里斯托弗·沃尔夫. 司法能动主义：自由的保障还是安全的威胁？ [M]. 黄金荣, 译. 北京：中国政法大学出版社, 2004：117.

文化是人们自己编织的意义之网，人们正是通过这些意义网络，才能在频繁的社会实践和经验中彼此感知和理解。[1]"如果说，文化包括了社会全部的规范和意义，则很难想象最高法院可以不依靠文化的意蕴和建构就径自作出判决。"[2]法院必须根据共同的文化对宪法的价值进行分析和判断，而没有其他可能的选择。"最高法院应该努力分析理解它作出适当的文化判断所依赖的条件，而不是追求空想的中立客观立场",[3]必须在文化的理解角度形成自己的判断。"对言论自由这一宪法价值的实现并不仅仅诉诸法律文件，也需要诉诸文化内涵；对于这种文化内涵，最高法院必须将自己放置在美国文化的参与者的角度来考察。"[4]法官总是依据对所处文化环境的解释来推动宪法和法律的发展，宪法也要求法院从社会的文化实践中得出自己的理解。当宪法文本存在不确定性的时候，法院必须在文本之外寻找可以建构宪法的支持。在这样的时候就需要理解当代的文化实践以保护宪法价值，而法院也必须通过解释这些实践的重要性来建构宪法。"宪法不能独立于文化，因而它是随着文化的发展而发展的。"[5]宪法裁判必须体现民族精神和共同体的愿景，不管法院运用哪种宪法解释理论工具，无论法院采纳哪种宪法解释理论，它们都无法逃脱文化解释和文化判断的责任。法院的判决必须建立在对法律的文化价值令人信服的解释基础上，无论在哪种情形下，法院都必须令人信服地阐述与证成指引法律规制当前问题的各种权威性前提。这些前提囊括了法律希望实现的目的。"正如法律自身致力于实现特定的目的，法律同样会通过揭示其价值与愿景的方式界定自己。这些价值的公开证成因而最终必然取决于阐明法律试图

---

[1] 布林特. 政治文化的谱系 [M]. 卢春龙，袁倩，译. 北京：社会科学文献出版社，2013：116–117.
[2] 波斯特. 宪法的法律权威之形成：文化、法院与法 [M] // 张千帆. 哈佛法律评论·宪法学精粹. 北京：法律出版社，2005：397.
[3] 波斯特. 宪法的法律权威之形成：文化、法院与法 [M] // 张千帆. 哈佛法律评论·宪法学精粹. 北京：法律出版社，2005：405.
[4] 波斯特. 宪法的法律权威之形成：文化、法院与法 [M] // 张千帆. 哈佛法律评论·宪法学精粹. 北京：法律出版社，2005：400–401.
[5] 波斯特. 宪法的法律权威之形成：文化、法院与法 [M] // 张千帆. 哈佛法律评论·宪法学精粹. 北京：法律出版社，2005：403.

体现的政治共同体的认同"。①

  法律制度既具有自治性也具有开放性，实际运行中的法律制度是价值自治和价值开放的有机统一。法律制度的自治性和开放性特质决定了司法过程及其结果应该是工具理性和实质理性的有机结合，这也决定了法官必须在此基础上阐释司法意见和判决理由，以期取得最佳的司法说服效果。社会公众通常把法官的判断过程看作深思熟虑的理性思维活动，认为法官能够通过深思熟虑的推理过程作出有充分理由和法律依据的判决。法官的司法判决建立在工具理性和实质理性基础上，司法程序的结构赋予司法判决的中立性、沟通性，确保了法官在中立性基础上进行的公共对话能够实现理性判断的精确性和精妙感的有机结合，从而使得司法的权威牢固地建立在工具理性和实质理性的融合基础上。正是这个特征，司法判决被视为公共决策的楷模。②进而言之，法官不能用激情来代替理性，"法官以激情断案不仅损害了司法的权威，而且削弱了我们抵抗司法权滥用的方法效用。它让法官挣脱了深思熟虑地、系统地思考问题的压力，使得他们以特殊性为说辞为判决提供正当化理由"③。当然，实质理性不能简单地看作情感的体现，"实质理性与情感的区别在于它的中立性视角。它也要求决定作出者在公共接受的基础上来解释和正当化判决"④。

  总而言之，司法过程是具体阐释法律中的公共价值的过程，是法官对展现在他面前的事实和法律进行理性判断，决定哪些理由最具有说服性，从而使判决正当化的过程。司法解释的权威既来自法院解释的正确性，也来自制度性权力，更来自社会对法院通过司法解释程序所作出的价值选择之认同。⑤因此，司法说服力也体现在当事人和民众对法律事实的认定、法律适用规则和裁判结果的价值认同方面。"法官作为公共理智的工具出现在社会面前，并且他的工作必须依据公共理性来作出判决。司法判决的正确性取决于法官在

---

① 波斯特. 宪法的领域：民主、共同体与管理［M］. 毕洪海，译. 北京：北京大学出版社，2012：20.
② 费斯. 如法所能［M］. 师帅，译. 北京：中国政法大学出版社，2008：274-275.
③ 费斯. 如法所能［M］. 师帅，译. 北京：中国政法大学出版社，2008：288.
④ 费斯. 如法所能［M］. 师帅，译. 北京：中国政法大学出版社，2008：297.
⑤ 费斯. 如法所能［M］. 师帅，译. 北京：中国政法大学出版社，2008：214-215.

法律原则蕴含的理性基础上正当化判决的能力。"①因此，司法判决的力量及其权威性来自法官在公共理性基础上正当化判决的能力。

（二）司法说服力建立在文化认同基础上

在普通法系国家，判例法实质是一种源远流长的司法文化传统，生活在这种文化环境和文化氛围中的人们已经形成了遵循先例的文化习惯和文化意识。人们依据先例可以对私人领域和公共领域中交往行为的后果形成确定性的预期，从而能够规划和安排未来的社会生活。因此，人们把纠纷解决、权利救济和社会秩序恢复的希望寄托于司法判例，信任法院会遵循先例原则，相信同样的行为会得到相同的法律评价，同样的案件会获得同样的裁判结果。在这种文化心理驱动下，人们将同案同判作为个案审理和裁决是否公正的直观标准，普遍尊重、认同和接受遵循先例的判决结果，这种司法模式也就更具有说服力。这是一种植根于思想意识深处的文化认同理念。在一般情况下，普通法系国家的法官尊重先例的权威，不会轻易推翻先例原则。当事人更是信服先例的权威，自觉接受先例权威的约束，如果相同案件审理结果与先例不同，当事人在内心深处很难接受于相似前提下得出的不同司法结论，他们会本能地质疑这种司法结果，甚至会猜想是不是司法腐败或枉法裁判导致了这样的后果。如果经常出现同案不同判的现象，这将影响法官的形象，削弱法院在社会生活中的地位，降低司法的说服力。因此，尊重司法先例的权威是普通法系国家的优良司法传统，也是这些国家重要的司法原则。

由于普通法系国家的法院具有司法造法的权力，这些国家坚持原则导向，制定法原则和先例原则成为法律规则的建构基础。遵循先例的文化意识是经验主义文化的产物，以经验为基础形成社会交往的预期，依据经验来规划自己生活能够增强社会关系的稳定性和社会运行的有序性，因此，在经验主义文化基础上建立的法律制度具有很好的社会适应能力。普通法系国家的法院从先例中发现和建构法律原则，不仅能够形成强大的司法说服力，而且能够推动法律发展，确保法律能够适应社会发展的需要。尽管在当代社会，制定法已经成为这些国家的主要法律渊源，但是这些成文法规则必须经过法院的

---

① 费斯. 如法所能［M］. 师帅，译. 北京：中国政法大学出版社，2008：305.

解释和宣示才能取得实际的效力。因此，以原则为导向、尊重先例的司法意识仍然是普通法系国家的重要文化表征，永远是司法说服力的文化渊源。

大陆法系国家长期延续着理性建构主义文化传统，不同于英美法系国家的法律经验主义文化形态，它们更加重视理性逻辑，相信理性能够帮助人们建立法律制度、安排权利义务、解决利益冲突，从而形成了以规则为导向的文化认同意识。在理性建构主义文化思想影响下，大陆法系国家重视严谨的逻辑思维，注重培养人们的规则意识，试图制定能够涵盖社会生活各个方面的成文规则，力图将社会交往行为和国家管理行为都纳入法律调整的范围。尽管在大陆法系国家的法律体系中也有法律原则存在，但是，这些法律原则是人们凭借理性在社会秩序理想基础上建构起来的价值准则，它在部门法律和整个法律体系中起着指导法律实施和统一法律适用的作用。大陆法系国家的法官崇尚法律规则，在审理和裁决案件过程中优先适用法律规则，在此基础上作出的司法裁决更加接近人们的心理期待，也更能为诉讼当事人和社会公众认同和接受。

当然，在疑难复杂案件审理过程中，大陆法系国家的法官也会发现无法用现有的法律规则进行事实认定、作出司法裁决。在法律规则不明确或没有规定的情况下，也只能通过解释法律原则建构适用于案件的审判规则。但是，这些审判规则只能对个案有法律效力，不能直接适用于后续案件的审理，即使在司法实践中创造了一些判例规则，迟早也会纳入制定法体系之中。在这样的司法文化氛围和社会文化环境中，人们充分意识到尊重法律规则、依照法律规则就能够维护自己的合法权益，而违反法律规则的要求就会受到法律的制裁，并且承担不利法律后果。在这种法律交往过程中，人们逐渐形成了尊重法律规则的文化意识，整个社会形成了遇事找法、解决问题靠法的文化氛围，人们愿意接受成文规则的约束，信任和尊重依据法律规则作出的司法裁决。这种建立在逻辑理性基础上的规则意识也就成为大陆法系国家司法说服力的文化渊源和文化表征。

尽管两大法系国家的司法程序架构有所不同，但是，程序公正和实体公正都是司法裁决所要实现的价值目标。两大法系国家高度重视程序公正和实体公正的制度化机制，不允许法官为了超越程序公正的要求追求实体公正，也不允许法官为了追求程序公正而放弃实体公正的目标。诚然，在司法实践中程序公正和实体公正是难以彻底区分的，在规定的审理期限内只能兼顾程序公正和实体公正的要求，尽可能地实现案件事实与法律规定的有机结合，让当事人和社会公众从心理上接受和认同判决结果，在社会生活中逐渐形成一种文化认同意识，为司法说服力提供必要的文化动力。此外，西方国家的司法神话传说对司法者的文化定位和对司法公正的文化阐释，为司法活动赋予了神秘而神圣的色彩，也为司法说服力提供了文化心理基础。西方自由主义价值体系将权利本位作为法律制度的文化取向，将法院视为个人权利的保护神。[1]在社会生活司法化的趋势中，人们习惯运用法律思维来分析利益冲突，更多地选择法院来处理纠纷，愿意信任和接受法官的判决结果，逐渐形成了诉诸司法解决问题的文化传统，为司法说服力的形成和发展提供了文化认同基础。

我国正处于社会转型时期，伴随着社会矛盾和纠纷的增多，人们的权利意识不断增强，认同司法对于维护自身权益的作用，因而对司法裁判的期望值也就越来越高。我国要培养沟通、说理和辩论的诉讼意识，确定合理的司法价值观念，坚持通过程序公正来实现实体公正，逐步培养社会公众的司法认同感。此外，要合理规范社会舆论的司法评价行为，引导社会公众正确认识和评价司法过程和司法结果，塑造讲理懂法的社会舆论氛围，逐渐营造民众认同司法的文化环境。

（三）司法说服力建立在文化信仰基础上

没有文化信仰，人们就找不到心灵的归属，也将失去人生的意义和价值。因此，任何民族和任何个人都有自己的文化信仰，都会弘扬和发展主流文化精神。自由、平等和民主是西方社会的主流文化精神和文化信仰；交互利、兼相爱的社会交往理念，和而不同的社会生活原则是中华民族的主流文化精神和文化信仰。法治是维系交互利、兼相爱的社会交往模式，是维持和而不同的社会生活秩序的重要手段，因此，和而不同的社会生活原则与法治信仰

---

[1] 弗雷德曼. 美国司法制度历史断面之剖析 [M]//小岛武司，等. 司法制度的历史与未来. 汪祖兴，译. 北京：法律出版社，2000：20.

是并行不悖的。也就是说，法治信仰既是文化信仰的组成部分，也是一种文化信仰形式。社会公众之所以愿意被说服，从而尊重和服从司法判决，主要源于自身的法治信仰和文化信仰。法治信仰作为一种价值观念形态和文化意识形式，集中体现了人们在法律治理方面的精神追求、情感寄托和意识自觉，法治信仰能够通过社会主体的权利意识、责任意识和行为取向表现出来。拥有法治信仰是社会公众愿意被说服和接受司法判决的文化心理基础。

拥有共同的法治意识和文化信仰是法官和当事人在有关案件的事实争议和法律争议方面形成相似认识的基础。作为社会文化重要内容的法治意识，集中反映了共同体的价值观念和集体行为取向，对案件事实的法律性质和法律意义的判断具有重要的影响作用。法治意识表达社会文化的理性诉求，确证法律治理在社会生活中的地位。当民主立法通过权利义务的制度化安排实现了资源和利益的公正分配，体现了社会道德文化的一般要求，人们就会自觉地按照法律的要求安排自己的生活，把法律规定作为处理利益冲突的权威依据，将司法裁判视为解决纠纷、救济权利、维护秩序的有效手段。也就是说，具有一定法治意识的公民在社会交往中遇到利益争议时，将会自觉地以法律规定为依据主张权利、履行义务。在纠纷进入司法程序后，具有法治意识的公民也会从内心深处相信法官能够依照正当司法程序、依靠丰富的司法经验和法律理性对案件作出公正的裁决，尊重和接受裁判确定的权利义务安排。

法治意识和信仰是一定社会文化发展到一定历史阶段的产物，法律制度作为分配权利义务、解决利益纠纷的社会整合机制根植于特定的文化土壤中。当人类社会发展到人身自由、精神自由和经济自由的阶段，权利本位成为社会主流文化的价值取向，法律才成为社会控制的主要手段，司法才成为解决纠纷的终局性权威，法律在人们心中逐渐占据的主导地位，取代道德习惯成为社会行为的重要评价标准。诚然，社会行为既有可能受到法律规范的评价，也有可能受到道德、习惯规范的评价，因此，社会行为的评价标准是多元的。但是，在这些评价标准中，法律是最权威的评价标准。司法程序在法律调整和法律实施的过程中扮演着重要的角色，它为法律的价值评价标准和道德习惯的价值评价标准提供了对话和沟通的平台，从而为价值整合和价值共识提供了制度理性的保障。① 当整个社会对依法解决纠纷的行为给予肯定性评价的时候，法律调整和法律治理就会成为生活的主导模式，法治就会逐渐成为人们文化信仰的有机组成部分。② 当法律实现了社会共同价值的制度化安排，折射出人性需要、文化传统和理性化水准，人们就会在相当程度上形成信任司法裁判的文化心理，进而在自己的法律判断和法官的判决理由之间产生情感共鸣，认同并接受法院对权利和义务的分配方案，形成价值共识和文化认同，司法裁判也就必然具有了足够的说服力。当人们在法律生活中有了切身的体验，深刻认识到法律确实是自由、平等和民主的价值载体，通过法律机制能够维护和实现自己的合法利益，能够实现公平与效率、自由与秩序的有机统一，他们就会在感情上认同、支持法律制度的安排，自觉地按照法律制度的要求行使权利、履行义务。法官也应该用自己的人格魅力和道德修养来感化公众，培养他们信任司法的习惯意识。当人们亲眼看见侵权者受到法律制裁，法院维护了受害者的合法权益的时候，他们就能尊重和理解法官的司法判断，自觉地认同和接受符合自己内心的法律期许和法律认知的终局裁决，逐渐树立信任司法的文化意识，司法的说服力也会逐步增强。换言之，"让人民群众在每一个司法案件中感受到公平正义中的'公平正义'，是司法人员公平正义观与人民群众公平正义观相契合的公平正义"③。

总而言之，法治意识离开特定的文化给养，法律至上理念和司法最终解决意识就难以形成，从这个意义来说，法治意识是司法裁判说服力的观念基础。我国传统文化中没有法治信仰的要素，人们过于重视伦理道德和政治权威在社会关系调整中的功能，没有在生活中确立法律的应有地位。这种文化意识至今仍是影响法律实施效果的潜在力量，因此，我们要从司法说服力的文化基础出发，寻找提升我国司法说服力的文化对策，着力培养公民的规则意识与法治信仰，形成尊重司法价值的文化理念、认同司法过程的文化取向、尊重司法结果的文化意识。

---

① 马长山. 公民意识：中国法治进程的内驱力［J］. 法学研究，1996（6）：3-12.
② 高长富，张自政. 我国公民之法治信仰［J］. 吉首大学学报（社会科学版），2003（3）：105-107.
③ 朱孝清. 司法公平正义观和人民监督司法路径的创新［J］. 法治研究，2022（6）：3-11.

许多国家都通过法官与当事人、社会公众的商谈沟通机制来增加司法的说服力，营造司法说服力的文化环境。在斯蒂芬·马塞多（Stephen Macedo）看来，宪法赋予了公民重要的政治角色，使他们成为政治权力的分享者，参与法律解释活动、检查其他解释者的决定都应该是每一个公民个人的事务。"要判断法庭对宪法的解读是否正确，所有参与政治活动的人在这里都有一定的作用。"[1]民主通常建立在保障言论自由这样的程序性条件和社会平等这样的实质性条件之上，民主的条件和民主制度内的具体行为最终都依赖于政治经验丰富、见多识广的公共舆论的支撑。在美国人民心中，最高法院是权利的保护神。最高法院的判决经常有助于公民进行政治训练，因为它促进而不是窒息了公众辩论。最高法院能够为议事日程增加那些立法者不愿意或者不能考虑的问题的情况下，这种政治训练在某些方面比一般的政治程序要有效得多。[2]因此，我们可以在借鉴域外成功经验的基础上，结合我国的司法国情，通过提高司法程序的公正性和透明度、增强法官的判决说理能力来保证程序参与者能够平等、自由地参与司法沟通和辩论，确保社会公众能够通过公共商谈机制发表司法意见，努力实现法律的公共理性、个人理性、社会理性和法官理性的有机统一，力图在法律事实的认定和审判规则的建构方面形成重叠共识，确立司法裁判在社会生活中的至上权威。

总之，司法说服力源自于当事人之间、法官与当事人之间、法官与社会公众之间的文化沟通，理性沟通是司法说服力的文化渊源；论证说理的文化意识有益于形成司法说服力，价值判断的文化理念有利于提升司法说服力，修辞论证的文化风格有利于增强司法说服力，判决说理是司法说服力的文化支撑；司法说服力建立在文化共识、文化认同和文化信仰的基础之上，价值认同是司法说服力的文化依归。

---

[1] 马塞多. 自由主义美德：自由主义宪政中的公民身份、德性与社群[M]. 马万利，译. 南京：译林出版社，2010：144.

[2] 沃尔夫. 司法能动主义：自由的保障还是安全的威胁？[M]. 黄金荣，译. 北京：中国政法大学出版社，2004：187.

# 第四章　司法确定力的文化逻辑

　　司法确定力贯穿于司法权力运行的整个过程，从管辖、审理、裁判到执行的全部流程都在一定程度上有所体现。司法确定力的存在意味着司法过程和司法结果具有不可变更性和法律约束力，意味着人们在心里认可和接受司法裁判的权威，国家机关、社会组织和社会公众普遍认同和尊重司法裁决，意味着司法确定力是一种社会文化现象。从本质上讲，价值观念和思维方式是文化的核心要素，文化是在主流价值观基础上形成的社会意识形态。从狭义的文化观出发，人们对司法过程和司法结果的文化认同就是司法确定力的文化表现。司法管辖范围的文化选择、法律事实与审判规则的文化建构意识和裁判结果的文化价值取向是影响司法确定力形成和发展的重要文化因素。20世纪80年代我国开始了从计划经济向市场经济的转型，司法体制、制度和机制方面也进行了持续的改革，借鉴和引进了西方国家先进的司法制度机制。为促进公众诉讼观念跟上司法改革的步伐，从文化建构路径出发，充分尊重司法确立力形成的文化逻辑，立足我国现有的司法国情，借鉴域外先进的司法文化经验，合理界定法官的司法文化角色，培养民众的程序主导观念和法治信仰，引导民众建立尊重、认同和信任司法结果的诉讼意识，以期为司法确立力的实现和司法权威的树立提供价值观念和价值选择方面的基础和动力。

## 一、司法确定力与司法管辖范围的文化选择

　　司法管辖范围本质上是一个文化认识、文化评价和文化选择的问题。在自由主义主导的文化世界中，人们拥有了越来越多的自由选择，这导致了权

利意识、权利种类、法律规则和权利冲突的不断增长，也导致了司法管辖范围的扩张。权利是一种制度价值，权利之间的冲突也是权利背后的价值冲突。在权力膨胀的时代，自由只能在价值冲突的消解中动态地实现。人们对法院裁决纠纷、救济权利和发展法律的功能寄托了无限的希望，期望司法权威能够最大限度地维护和保障平等的、普遍的自由，也就是在维持社会秩序结构的基础上，尽可能地维护个人的平等自由。

首先，科学技术和经济文化的发展给人们带来了更多的选择机会，推动了社会权利意识和法律的发展，为司法管辖范围的拓展和司法确定力的扩张提供了观念动力。现代科学技术不仅促进了经济繁荣，而且给社会流动和社会交往带来了前所未有的便捷，为自由的实现和权利的行使提供了无限的机会和多样化的途径，同时为个人主义人格基础的形成和发展提供充分的社会文化条件。

国家通过赋予、界定和保护权利的法律体系把大多数社会行为紧密联系在一起。法律承认每个社会成员都是自由的、独特的个体，每个人都有自己的隐私空间和自由选择的珍贵领地。在这种法律体系确立的价值谱系中，个人是生活的起点和归宿，个人可以通过公开自主地选择生活方式、交往模式的法律机制，拥有扩展自我、丰富自我生活内容的权利。虽然，选择在通常情况下都是个体的选择，但是，个体的选择需要一些集体性的安排才能富有意义并实现意义。人们多样化的交通选择依赖于发达的高速公路、高架桥、铁轨、机场，个人无法建设这些公共设施，必须依靠政府来提供这些公共服务。人们对公共服务需要的增加，必然导致规范政府行为的法律规则的膨胀，"随着权利及其保护的扩展，政府就要做更多的工作，新的期望被创造——需求及其响应螺旋式上升"①。

更多的权利意味着更多的法律，这就是现代法律规则数量远远超过传统社会法律规则数量的一个主要原因。随着政府机构、社会组织的责任意识的强化，很多事务都具有了不同程度的法律意义，"无论个人或家庭事务，无论该请求是否属于法院或某些机构能够、应该或按习惯受理的事务，所有事务

---

① 弗里德曼. 选择的共和国：法律、权威与文化[M]. 高鸿钧，等译. 北京：清华大学出版社，2005：113.

都不是天生就不属于法律事务的"[1]。这就为法院司法管辖范围不断扩大和司法确定力范围不断膨胀提供了文化基础。

其次，在自由价值发展基础上形成的权利体系和法律安排为司法管辖范围和司法确立力的发展指明了方向。权利的形成和实现离不开一定的文化支持。比如，在离婚始终是宗教禁忌、离婚被文化所禁止的时代，离婚不可能成为人们的选择自由。只有到离婚成为一种文化选择的时候，它才能成为一种法律上的权利。正是开放和宽容的婚姻文化，人们才享有了协议离婚和无过错离婚的权利，离婚案件才有可能进入法院管辖的范围，人们才能借助司法程序维护和实现离婚的权利。现代社会除了要求对传统的财产权、人身权和政治权利进行司法保护之外，更加强调选择生活方式的权利、隐私权的司法保护，除了坚持对社会主体权利的平等保护外，更加强调对弱势群体和少数族群权利的司法保护。此外，现代国家最高司法机关拥有了监视、监督和制约立法机关和行政机关的司法审查权威，司法审查程序已经成为现代公民修正法律的不可或缺的诉讼权利。在司法审判实践中，法院自身发展起来的法律规定更加具有实效性，最高法院不断地影响、更改、修订和创造法律的适用原理，对行政自由裁量权施加最为严格的司法审查，最终在司法审查领域建立了至上的权威。

司法是适用法律规则处理当事人之间纠纷的权威机制，法律的扩张意味着可供法院适用的法律规则的增加，也就意味着司法确定力范围的增加。权威在本质上是一种制度现象，必须符合一定的制度化标准，只有当许诺被制度化为合同形式，规则或命令被制度化为法律形式时，一个判断和决定才具有权威性。权威只是对某些范围内的行动具有约束力，司法判决的事项通常都是由法律规定的，因此，法官的司法判断和司法裁决在法律规定的管辖范围内对所有人都具有权威。[2]法律的扩张也意味着法律权利和权利意识的增长，人们要求用更多的法律确认更多的权利要求。[3]

---

[1] 弗里德曼. 选择的共和国：法律、权威与文化 [M]. 高鸿钧，等译. 北京：清华大学出版社，2005：18.

[2] 格林. 国家的权威 [M]. 毛兴贵，译. 北京：中国政法大学出版社，2013：49.

[3] 弗里德曼. 选择的共和国：法律、权威与文化 [M]. 高鸿钧，等译. 北京：清华大学出版社，2005：12-13.

建立在司法管辖权威基础上的司法确定力是与信任法治、依靠法律解决问题的意识紧密联系在一起的。"权利时代的大众文化倾向于把十分复杂的社会问题提交到法院通过司法裁判来处理,现代社会的任何一件事务最终都可以诉诸法院。"① 当大多数人具有运用法律手段保护自己的利益、解决与他人利益冲突的自觉意识时,法院就会在社会生活中树立起强有力的裁判权威。"法律的强制是一种可以承受的权力运作机制。起诉和运用法律程序并不是羞耻或者不名誉的事情;政府在依次运用法律使得意志薄弱或罪孽深重的人遵守公认标准方面毫不犹豫。简言之,法律就是暴力和自治失灵的替代品。"②

再次,司法管辖范围的文化选择决定了司法确定力的作用范围。法律在社会文化选择的基础上规定了司法管辖案件的范围。在人类纠纷解决机制形成和发展的历史长河中,法院并没有始终拥有垄断裁决的权威。在古代社会中,司法机关在某种程度上与社会机构分享纠纷裁决权力。在中世纪的西方社会中,教会法庭和世俗法庭分别裁决不同领域的纠纷,教会法调整人们的精神世界,世俗法调整世俗世界。③ 进入绝对主义国家时期后,司法机关逐渐垄断了适用法律的权力。随着资本主义生产方式的建立和发展,人们摆脱了身份依附关系,获得越来越多的选择自由,人们的交往空间和范围逐渐扩大,需要法律规范的社会行为日益增多,法律成为调整社会关系的主要手段,法院相应地扩大了司法管辖范围。

然而,司法管辖范围不是无限的,法院功能的扩展既要受到司法过程性质和司法权能的内在限制,也要受到自身功能的文化定位和社会文化期待的影响。法院通常适宜审理边界清晰、相对简单的社会纠纷。法院应该受理绝大多数涉及财产关系和人身关系的民事案件、需要通过法律解释来确认公共利益的案件、大多数行政案件和较为严重的刑事案件。④ 法院无法处理社会生

---

① 弗里德曼. 选择的共和国:法律、权威与文化[M]. 高鸿钧,等译. 北京:清华大学出版社,2005:19.
② 弗里德曼. 选择的共和国:法律、权威与文化[M]. 高鸿钧,等译. 北京:清华大学出版社,2005:49.
③ 伯尔曼. 法律与革命:西方法律传统的形成[M]. 贺卫方,高鸿钧,张志铭,等译. 北京:中国大百科全书出版社,1993:256.
④ 费斯. 如法所能[M]. 师帅,译. 北京:中国政法大学出版社,2008:135.

活中的感情纠纷问题、一些高度隐私化的家庭生活问题，法院没有改变现有权利义务安排的政治权力，也没有能力处理许多非常敏感的政治问题，因此必须尊重政治过程、市场调整和社区自治的纠纷解决范围，认真考虑司法供给和司法需求之间的平衡问题，将普遍性的利益调整问题直接交给政治制度去解决。因此，在司法管辖的实践中，"为了确保裁决的权威，对于可能被其他部门推翻的案件，法院会尽量避免受理"[①]。

另一方面，并不是法律规定可以受理的纠纷都能成为法院审理的案件，法院能否对纠纷进行管辖，最终依赖当事人的选择。当事人有可能基于经济效益、历史经验、宗教归属和文化认同选择具体的纠纷解决方式，倾向于运用最优策略以最小的代价获得最大的利益。在通常情况下，社会主流文化价值观念制约着当事人选择何种途径解决纠纷，当事人的文化选择界定了司法管辖的实际范围。法院应该在司法管辖方面保持谦抑性，必须尊重当事人在文化基础上作出的自由选择，不能主动介入社会纠纷的解决。当事人经过充分的文化沟通和文化评价后，出于对所在共同体文化规范及其秩序安排模式的尊重，有可能将属于法院管辖范围的纠纷转为求助于非诉讼途径解决。进而言之，社会结构模式和心理文化倾向深刻地影响了人们对纠纷实质的看法以及对纠纷解决途径的选择，划定了人们依靠法律解决利益冲突的限度和范围，从而在一定程度上明确了法院的案件受理范围和管辖范围，进而决定了司法权威在社会生活和政治生活中的作用。

最后，司法管辖权配置的文化选择决定了司法确定力的实现路径。正义的含义是随着人类社会的发展而不断变化的，正义概念的核心要素却具有一定的稳定性，分配正义、交换正义和纠正正义确实是人类永恒的价值追求。人们通过立法制度来实现分配正义、利用市场机制来实现交换正义、利用司法制度来实现纠纷解决的公正。尽管在传统社会中，立法权力、行政权力和司法权力并没有完全彼此分离，司法权力还在一定程度上依附于行政权力，但是司法公正一直是人类社会的文化诉求。按照司法公正的要求来确定和分配司法管辖权也是人类社会的价值选择。随着社会的发展，人们的交往方式

---

① 西格尔，斯皮斯. 正义背后的意识形态：最高法院与态度模型[M]. 刘哲玮，译. 北京：北京大学出版社，2012：215.

和交往空间发生了巨大的变化，人们对纠纷解决提出了更高的要求，人们希望纠纷不仅能得到公正的解决而且想要得到高效的解决，从而尽可能快地修复社会关系、恢复社会秩序。在司法管辖的历史探索中，人们发现依照地域管辖、特别管辖、级别管辖来分配司法管辖权，有利于实现公正和效率的有机融合。

基于司法公正和司法效率的考虑，地域管辖制度以属地原则为依据，划分不同区域法院的案件管辖范围。按照接近原则，通常由行为发生地和被告所在地的法院管辖该地域的案件。基于案件性质与法院存在某种特定的联系来具体确定管辖权的归属则属于特别管辖范畴。鉴于不动产的查封、变卖都需要在当地的行政管理部门办理相应的手续，法律规定有关不动产的案件由不动产所在地的法院管辖；鉴于税收征管、社会保险和土地权属涉及专业知识，为了保证法官在事实认定和法律适用方面能够做到公正、高效的判断，大陆法系国家规定这些案件一般由税务法院、保险法院行使特别管辖权；鉴于宪法解释本质上是政治活动，为了保证宪法解释的公正性和合理性，大多数国家规定涉及宪法解释的案件由最高法院管辖；鉴于民事纠纷是平等主体之间的利益冲突，当事人对纠纷解决方式和管辖法院应该有一定的选择空间，因而法律规定，在一定的条件下当事人可以在民事合同中对这些事项作出事先的约定，只要约定管辖不违反级别管辖和特别管辖的规定，司法管辖权的归属也就确定下来了，当事人和法官不可对此随意变更。

一般情况下，国家依据案件重要性和复杂程度，给不同层级的法院配置案件管辖权。为了保证案件能够被公正、高效审理，考虑到基层法院的法官在知识结构、法理功底、司法经验方面弱于上诉法院的法官，管辖制度安排基层人民法院审理大量的案件事实和法律适用争议比较简单的民事案件、行政案件和刑事案件，中级人民法院审理疑难复杂案件和影响范围大的案件，高级人民法院和最高人民法院审理在省内和全国范围内有重大影响的案件。

法院管辖权配置制度对司法自治具有一定的积极意义。审级的划分、管辖权的转移都是从公正、效率方面作出的价值选择。在司法程序运行过程中，程序主体都必须遵守既定的管辖权分配制度，有管辖权的法院受理案件之后必须依法独立审理，没有管辖权的法院不能对该案件的审理施加任何形式的干预。拥有上诉管辖权的上一级法院不能提前参与和干预该案件的审理。司法管辖权的合理配置既有利于法院公正、高效地审理案件，也有助于司法确定力的形成。因此，从价值基础和价值取向看，法院的级别管辖、地域管辖和特别管辖的制度设计都是文化选择的结果。

## 二、司法确定力与法律事实建构的文化评价

法律事实是程序主体在司法过程中以证据为基础，通过沟通、辩论和选择等环节重构的事实图景。从实质看，法律事实的建构过程是当事人、代理人、辩护人、证人、法官等程序主体通过案件事实与法律规定的联系，发现、揭示和建构案件事实法律意义的过程。在一般情况下，案件事实的法律意义和社会意义都是在一定社会的文化环境中确定的，因此，法律事实建构必须以一定社会文化为基础，经过文化的评价才能取得应有的确定力。

第一，作为裁决依据的法律事实是发现和建构的真实图景，在这种文化认识基础上形成的司法确定力是绝对确定力和相对确定力的结合。在司法过程中，法官和诉讼当事人都要面对案件事实、客观事实和法律事实的辨析和意义追问等问题。出于维护自己利益的需要，诉讼当事人即便已经知道许多事实，也会刻意突出一些事实或有意回避一些事实，所以提交给法庭的是有利于自己的案件事实。由此可见，法官要从这些选择性的案件事实中找出可以用于裁决纠纷的证据事实是一件比较棘手的事情。因为社会交往中的合作与竞争关系是建立在资源分配、社会目标和利益兼顾的合意与分歧的基础之上的，所以冲突和纠纷是不可避免的。在人类早期社会中，人们除了依靠各种证据之外，还要依靠神灵的力量来发现事实真相。因而在许多情况下，发现客观事实，寻找真实发生的事实也只能是人们的一种愿望，却是自古以来的一种文化诉求，一种本体主义的认识范式。通过诉讼程序还原事实真相、再现过去发生的事实图景，不仅是诉讼当事人的主要诉讼目的，而且是法官的重要审理任务。从理论上讲，在人类朴素的价值情感中客观事实最具有确定力，任何纠纷只要能够还原引起冲突的客观事实，就能够得到人们肯定的评价，从而获得有效的解决。但是，客观事实是过去发生的真实图景，进入司法程序后无法再现。诉讼中发现和确认的事实只是经过当事人选择和法官

筛选后形成的证据事实,是司法程序参与者建构出来的,因此,法律事实只能追求最大程度上接近客观事实,却永远不是客观事实。

法律事实的发现和建构是围绕着证据的寻找和认定展开的具有法律意义的活动。发现和寻找法律事实的活动主要是在案件审理之前进行的,双方当事人及其代理人、辩护人可以采取各种合法手段,试图寻求对自己司法诉求有利的人证、物证和其他有力的证据,代表国家利益的公安机关和检察机关负责寻找追究嫌疑人刑事责任的犯罪证据。法律事实的建构则主要发生在案件审理阶段,进入法庭调查和辩论阶段,双方当事人及其代理人和法官在现有证据的基础上通过甄别、选择而赋予相应的案件事实以一定的法律意义。尽管双方当事人力图寻找和发现有关纠纷的系统、完整的证据材料,但是,由于收集过程受到人力物力限制、证据材料有意无意地遗失和毁损或被其他主体所控制等,通常不可能完成这样难度的证据收集任务。此外,当事人即使掌握相当完整的证据材料,为了尽可能地从司法审理和裁决中获得更多的利益,往往会从全部证据中选择有利于自己的证据。由此可见,呈现在法官面前的是经过当事人选择过的部分案件事实,是碎片化的案件事实,而不是整体案件事实。法官只能依据相关法律的规定,通过法庭调查、法庭辩论、证据分析和法律推理,从双方当事人在法庭审理过程中提供的事实碎片中梳理出关键性的证据事实,建构相对完整的法律事实图景,揭示案件事实的法律意义。由此形成的法律事实已经不是客观事实,而是在程序主体参与、沟通、辩论基础上建构起来的法律事实。

因此,作为裁决依据的法律事实是程序参与者的主观努力和客观证据材料支持相结合的产物,也就是程序参与者发现和建构的事实。由此出发,法律事实的确定力必然要受到本体主义的文化认识和建构主义的文化认识的交叉评价。一方面,案件事实虽然是过去发生的事实图景,在审理过程中无法完整地再现,但也是人们实际生活中的事实场景,无数人在日常生活中经历和体验过的冲突和纠纷情景会逐渐形成一幅相对完整和稳定的事实图景,因而在一定程度上具有了客观性。如果法官最后认定的法律事实极大地偏离了人们心中的生活常识,就会遭到人们的排斥,在此基础上形成的司法判决也不会获得当事人和社会公众的认可,司法裁决也会失去应有的确定力。因此,过度强调法律事实的选择性和建构性不符合社会主流文化的诉求。有些国家的诉讼法律规定，有新证据足以推翻原生效判决的案件可以在一定条件下启动再审程序。另一方面，由于证人死亡、物证消失和其他客观条件的制约，有些案件事实不能完整地再现纠纷原有真相，诉讼当事人和法官即便穷尽收集手段也无法达到客观真实的要求。如果法官只能在客观事实的基础上对纠纷作出裁决，那就永远形成不了司法判决，也就谈不上司法判决有无确定力。因此，法官只能以相对真实的法律事实作出司法判决，形成相对的司法确定力。司法的相对确定力具有十分重要的法律意义和社会价值，在没有非常特殊的法定事由出现的情况下，法律事实及其相关的裁决具有明确的效力，它要求双方当事人必须尊重经过陈述、调查、质证、辩论等程序环节建构起来的法律事实，并将其看作事实真相的表达，不能再对此争议提起诉讼请求。"法律正是需要解决并界定现实。每天各地的法院都在界定各类案件中的事实，而且这些事实一旦被界定，在后来的程序中就基本不可能再起争执。法庭不仅界定案件的属性，还界定发生了什么。一旦法庭界定发生过什么，那么就真的发生过什么，在法庭上发现过的事实几乎不会遭遇挑战。"[1]

第二，作为裁判依据的法律事实是司法公正价值和司法效率价值有机结合的产物，在此文化选择基础上形成的司法确定力是理想确定力和现实确定力的整合。无论是法律事实的发现还是法律事实的建构，都是在一定的时间和空间内进行的法律活动，原告为了实现自己的诉讼利益总是希望早一点完成证据的寻找和收集任务，及时地提交给法院，提起诉讼请求，获得期待的司法判决。就被告而言，为了尽快地从诉讼事务中解脱出来，尽早地回到原有的生活轨道上，也会竭力寻找对自己有利的、能够对抗原告的证据。在寻找证据的过程中，纠纷当事人有可能发现和收集了有利于对方的证据，但是为了自身利益的最大化，这些证据有可能会被隐匿、转移而不提交给法庭。因此，起诉前的证据收集阶段，也是案件事实的选择过程，这一过程寄托了诉讼当事人致力于实现实体正义的愿望，也需要当事人处理效率和公正的矛盾，作出某种价值选择。此外，纠纷有可能涉及或内含多种形式的利益，当

---

[1] 曼塞尔，梅特亚德，汤姆森. 别样的法律导论［M］. 孟庆友，李锦，译. 北京：北京大学出版社，2011：27.

事人出于隐私、尊严和其他社会关系维持的需要，也有可能抛弃一些利益，牺牲一些价值，以期通过诉讼保护和实现自己选择的主要利益和重要价值。这种价值选择也在一定程度上影响了司法过程中法律事实的建构，影响了法律事实确定力的内容和范围。

在审理和裁判阶段，当事人的价值选择同样深刻影响法律事实的建构结果。诉讼当事人基于自身的价值诉求，对案件事实作出不同的描述，因而在法官面前呈现出不同的事实图景碎片，而不是整体的事实图景。法官在对案件事实进行判断和甄别时，需要仔细分析涉案的事实要素，透过这些案件事实去寻找具有法律意义的证据事实。在诉讼实践中，当事人在趋利避害心理的驱动下，向法庭提交的证据往往带有一定的诱导性，有时还会伪造证据，此时法官更需要冷静和理性分析，结合以往的司法判断经验，依据实体法律规则、程序法律规则和证据法律规则，从原被告双方在法庭审理中提供的事实碎片里寻找、选择、整理出决定性的事实要素，在证据基础上推定出具有法律意义的法律事实，尽可能地发现案件事实的真相。随后，依据相应法律的规定，法官可以在法律事实的基础上确定案件当事人在相关法律关系中的权利义务，法律事实由此具有了相对的确定性，为司法确定力提供了坚实的基础。显然，法律事实具有的确定力是诉讼当事人以证据提交为中心作出的价值选择结果。有限的司法资源和纠纷解决的直接目的决定了法律事实不需要完全复原客观事实，司法活动只要能够努力展现案件事实的法律意义就可以了。人们对案件正义标准的普遍性感知以及正义实现效率的要求，决定了不同类型案件的法律意义。基于正义标准的差异，民事案件和刑事案件的证明标准是不一样的。在民事案件的事实认定中，只要证明标准达到盖然性的要求，法律事实的建构就具有公正性，而刑事案件事实认定的证明标准则必须达到排除合理怀疑的要求才具有公正性。

这种通过司法程序建构起来的法律事实是在法律规定的诉讼期间和举证时限内完成的证据事实，试图在这样一个特定的时间界限内通过沟通达成完全共识是极其困难的，① 在审理期限即将届满时，如果诉讼当事人之间没有在

---

① 杨波. 对法律事实建构论的初步阐释：以主体间性为分析进路的思考［J］. 法制与社会发展，2006（6）：91-96.

法律事实建构上达成共识，法官就必须在某一相对确定的法律事实基础上作出判决。因此，判决要获得当事人和社会公众的接受和认可，就必须依赖普遍的诉讼观念和司法理念的支持，就必须在司法制度内实现某些价值的整合。诉讼是国家公力救济制度，既要满足每个诉讼个体的价值诉求，也要符合社会普遍的司法价值理念。人们在认识到司法公正是有效率的公正、迟到正义非正义的同时，也要意识到没有体现公正的司法效率是没有合理性的。法律事实建构程序正是建立在司法公正价值和司法效率价值的有机结合基础上的司法制度机制。

在司法实践中，法官在审理疑难复杂案件过程中常常需要在司法公正价值和司法效率价值之间作出选择，试图在二者之间找到一个平衡点。在通常情况下，事实认定困境、自由心证和价值选择是紧密联系在一起的。当法官根据自己的理性和良知对已有的证据作出取舍，且仍然无法对案件事实作出判断的时候，事实认定的困境也就出现了。依据司法最终解决原则，法官在这种情形下不得拒绝裁判。拒绝裁判意味着纠纷不能得到及时解决，违约责任和侵权责任没有被及时追究，权利没有得到及时的救济，损失没有得到及时的补偿。因此，为了维护社会交往秩序的公正和稳定，法官面对纠纷裁判在事实上和法律上的困境，必须作出价值选择，在穷尽其他事实认定途径的情形下，应该利用事实推定建构法律事实、解决当事人之间的纠纷。[①] 此外，依据法律经济学的原理，法律决定的正当性与成本的最小化和利益的最大化有着密切的关系，事实推定不会在证据充分、事实简单明确的案件裁判中适用，事实推定常常应用在疑难复杂案件的审理中。法官之所以选择事实推定方法进行法律事实的建构，其理由就在于事实推定能够实现法律事实建构成本的最小化，能够避免当事人以不合理的成本来证明案件真相，能够通过相对合理地分配错判风险，为高效裁判纠纷提供制度基础。[②]

有必要指出，司法公正和司法效率的价值整合旨在通过诉讼权利义务的合理配置实现实体权利的均衡配置。在事实真伪不明的困境下赋予事实推定以优先适用的地位，旨在免除陷入举证困难一方当事人的证明负担，由法官

---

① 陈科. 经验与逻辑共存：事实认定困境中法官的裁判思维 [J]. 法律适用, 2012（2）: 104–108.
② 王彬. 事实推定中的后果考量 [J]. 法律科学（西北政法大学学报）, 2021, 39（6）: 87–96.

直接根据立法规定或依据经验法则，在基础事实与推定事实客观常态联系的基础上，直接从该当事人提供有关基础事实的证据出发得出推定事实。[①] 这样不仅可以免除大多数案件中被认为没有争议、非争议事实的举证负担，减少证明对象，加快诉讼进程，而且可以减轻推定事实受益人的证明负担，消解推定事实的举证和证明困难，促使疑案得到及时合理的裁决。诚然，事实推定也是实现当事人之间实体权利义务的均衡配置的制度设计。一方面，民事推定所要实现的当事人之间实体权利义务分配的实质公平，要通过诉讼中当事人程序性权利义务的配置来完成，创设推定的初衷是通过减轻推定受益人的证明负担来赋予其一种诉讼权利；另一方面，依据程序权利平等保护原则，推定不利方也会被赋予一种相对应的反驳推定适用的诉讼权利。推定不利方可以对推定事实、基础事实和经验法则进行反证，如果有充分的证据证明推定事实不成立、基础事实不成立、法官选择的经验法则不是常态联系，只要存在其中之一的情形，法官也就无法适用推定确认法律事实。[②] 这就意味着双方当事人的这两种权利相伴相生。在此意义上，民事推定被视为一种借助重新分配当事人之间的诉讼权利义务进而达致实体权利义务均衡的程序性工具。证明责任转移只是推定不利方行使反驳权时的一种外在程序表现，不是推定适用的必然法律效果；举证责任倒置与推定在内在逻辑结构和当事人证明负担分配上具有本质区别，不能视为推定适用的法律效果。[③]

在司法实践中存在着片面强调客观真实的重要意义，过分追求客观真相的司法现象，这种做法和要求不符合人类认识规律。这种司法观念及其司法实践在相当程度上导致法院不能在合理的期限内审理和裁决纠纷，不能及时给予受害人必要的司法救济，也不能尽快恢复社会秩序。在我国司法实务中，在相当长的时期内，法院将有错必纠作为案件审理的基本理念，把追求客观真实作为整个司法运作过程中的既定目标，普遍认为案件的事实与证据都是与人们的认识无关的绝对客观的存在，只要通过各种努力，利用各种途径就

---

[①] 余文唐. 事实推定：概念重塑与界限甄辨[J]. 法律适用, 2023（3）：150-160.
[②] 王学棉. 事实推定：事实认定困境克服之手段[J]. 清华法学, 2009, 3（4）：49-59.
[③] 张海燕. 民事推定法律效果之再思考：以当事人诉讼权利的变动为视角[J]. 法学家, 2014（5）：50-63，177.

能够最终复原案件的真实图景。在这种司法理念指导下，很多法官在审理案件时会在自己的意识中形成一个案件事实图景，该案件的有关事实与证据已经在一个具体的时空范围内超验地存在，法律事实的认定就是重现这个客观真实的过程，裁判所依据的事实都必须与曾经实际发生过的案件事实完全一样，司法程序才能终结。因此，案件的客观事实成了裁判正确与否的绝对标准，法官要努力获取与案件有关的全部证据，挖掘与案件相关的全部因素，使主观认识与案件客观真实完全符合，这样的司法过程及其结果才能被当事人认可，才能获得确定力。也就是说，获得的证据与案件的客观事实相一致的裁决就是正确的、公正的，否则就是错误的、不公正的。这种标准实际上是一个司法理想，在追求客观事实的现实环境中，司法实践所要达到的要求远远超越了法官应有的司法能力，在不同程度上耽误了案件的审理，极大地影响了司法效率。片面追求事实真相不断对案件进行重复审理的做法，背离了司法确定力的价值基础和价值目标，消解了司法裁判的权威。因此，在司法公正价值和司法效率价值相结合的基础上形成的司法确定力是理想确定力和现实确定力的融合。

第三，作为裁判依据的法律事实是法律正义和社会正义的有机结合，在此文化评价基础上形成的司法确定力是内在确定力和外在确定力的融合。社会交往活动中常常发生侵权、违约的情况，当事人在一般情况下会选择自力救济的方式主张权利，要求行为人赔偿侵害权利所造成的损失。如果双方当事人不能形成解决纠纷的合意，将会采取诉讼途径维护自己的合法权益。在这种情况下，当事人既可能依据法律规定，采用法律标准去认定双方行为的性质，也可能依据社会公平正义观念，运用文化标准来界定纠纷的性质、推定双方的权利义务。建立在社会公平正义观念基础之上的文化评价标准与法律原则和法律精神具有内在的关联。在大众的法律意识中，法律原则的价值内涵和价值取向是评价利益冲突的文化标准，他们在通常情况下借助文化认识提出具体的诉讼请求。但是，由于各方当事人都站在自己的利益立场上，运用自己的社会经验、法律知识和思维方式认识和评价案件事实，从而会对案件事实的法律意义产生不同的理解。有些当事人为了自己利益的最大化，会故意规避对自己不利的事实，而去夸大有利于自己的事实，这些因素都会导致发现事实的过程更加困难。当事人、法官和社会公众将会发现，很难直接运用抽象的法律规则和法律原则对案件事实进行评价和选择。法律事实是在司法过程中逐步建构起来的事实图景，是价值判断和利益博弈的结果。人们的文化认识架起了事实与法律之间的桥梁，案件事实通过一系列的筛选与评价就成为法律事实。因此，法律事实的发现过程实际上是人们进行价值选择与文化评价的过程。

在通常情况下，诉讼当事人的价值选择是理性选择。当事人的诉讼行为和诉讼目的有着密切的联系，当事人在诉讼准备阶段和诉讼开始阶段通过证据的选择而进行的利益选择和价值选择不仅是个人理性的体现，也是社会普遍理性的反映。"理性的普遍性意味着它们不仅适用于完全相同的情况，也适用于类似的情况"[①]，司法过程中的事实建构应该是开放性和互动性的活动，法律事实建构体现当事人的价值诉求，体现法官的价值判断和社会公众的价值评价。在疑难复杂案件的法律事实建构过程中，在发现、收集、整理和选择证据、确定案件事实的时候，当事人和法官能够在不同程度上意识到此类纠纷存在着复杂的利益冲突和价值冲突，面对现有的法律没有对此类利益关系和价值关系作出明确评价的情形，程序参与者对相关法律规范的解释必然是建构性的阐释，从而只能有选择性地赋予某些案件事实以一定的法律意义。因此，法律事实的建构活动是建立在价值共识基础上的一种事实规范的建构活动，是反映法律原则的价值取向，符合社会主流价值观念的要求，代表一定的民意基础的价值认识、价值评价和价值选择过程。

在穷尽其他事实认定方法之后，法官有时不得不运用司法上的事实推定来建构法律事实。诚然，这种事实建构方法的适用必须受到一定条件的限制，它是在出现事实认定困境、穷尽其他事实认定方法之后才能适用的辅助司法方法。基础事实与假定事实之间不仅存在逻辑联系，而且存在着价值联系，因此司法上的事实推定总是与一定的价值目标联系在一起，法官必须基于基础事实与推定事实之间的常态联系来进行事实推定。在通常情况下，基础事实与推定事实之间存在常态联系、中立联系和例外联系，司法上的事实推定

---

① 内格尔. 理性的权威[M]. 蔡仲, 郑伟, 译. 上海: 上海译文出版社, 2013: 5.

&lt;&lt;&lt; 第四章　司法确定力的文化逻辑

以常态联系作为推定的大前提,因而推定的结果只有一个,没有反映基础事实和推定事实之间的三种或然性联系形态,因此,司法上的事实推定不是纯粹逻辑推理的结果。立法者或裁判者面对某些举证困难甚至举证不能的特殊情形,选择推定适用的具体样态,旨在减轻一方当事人的证明负担,试图通过推定的适用实现诉讼的公正和诉讼效率的价值整合。这就决定了推定必然肯定基础事实与推定事实之间居于主导地位的常态联系,摒弃中立联系和例外联系,从而形成了推定事实的相对确定结果。换言之,事实推定存在的正当性基础是价值选择而非逻辑推理,事实推定的本质是价值理性而非逻辑理性。事实推定目的不是要在严格逻辑形式下得出与客观真实相符的认知结果,而是要在一定逻辑基础上对某种事实状态进行价值判断,进而作出事实建构的价值选择。[①]

法律事实建构的开放性意味着法官不能垄断法律事实的认定权,法律事实的认定要受制于当事人的价值选择理性和社会公众的价值判断理性,要建立在社会普遍理性的基础上。在一些普通法系国家,为了防止法官滥用事实认定权,国家对司法权进行合理分配,让陪审团分享法律事实认定权,法官则行使法律适用权,一些大陆法系国家也在一定程度上让陪审员在司法程序中分享司法权。在现代司法制度架构中,陪审制是增强法律事实确定力的重要机制,它通过在法官和民众之间合理配置事实认定权,从而有效地弥合了理性与感性、抽象与具体、普遍与特殊之间的裂隙。陪审团应当作为法官与民众之间的缓冲带,当法官作出的判决得不到民众的满意时,陪审团可以运用自身的知识和常识,缓冲民众与法官之间的紧张关系,使正义得以实现。[②]当然,陪审制适用疑难复杂的民事案件和重大刑事案件的审理,它将社会公众的理性和经验带到了新类型事实的意义建构过程中,通过法律正义与社会正义的有机结合,在社会主流文化的评价和选择的基础上形成司法确定力。在希拉里·怀特哈尔·普特南（Hilarg Whitehall Putnam）看来,经验世界与

---

[①] 张海燕认为,"事实推定既有纯粹认知目的也有很强的实践目的,其本身就不是纯粹的逻辑推理,而是带有价值判断因素的事实认定方法。"（张海燕. 推定:事实真伪不明困境克服之优位选择[J]. 山东大学学报,2012（2）：108-114.）

[②] 德威尔. 美国的陪审团[M]. 王凯,译. 北京：华夏出版社,2009：42.

*119*

合理可接受标准是相互依赖、相互建构的关系，经验世界离不开我们的合理可接受标准，我们使用合理可接受性标准来建构经验世界的理论图景，同时我们依据这幅图景来反复修正自己的合理可接受标准。①

此外，运用事实推定来建构法律事实还是适用证据裁判规则作出判决也是一个价值选择问题。有时并不能确定是否存在普遍的生活经验法则，或者说基础事实、经验事实和经验法则可能是多元化的，司法推定的事实有可能是多元的，这时选择哪种经验事实或者经验法则就是一个价值选择的问题。如在彭宇案件的审理过程中就存在着事实推定与间接证明适用的选择问题。在依据经验法则进行事实推定的过程中，法官面临着人性恶的经验法则和人性善的经验法则的价值选择问题。主审法官以"人性恶"的个人经验判断作为社会一般经验判断，否认好人做好事的可能性，无疑是提醒大家做好事是有风险的，这是社会公众不能认同的价值导向。在这种情形下，选择证据裁判规则进行判决是法官的最佳选择。在通常情况下，医疗诉讼中因果关系的推定也是法官面临的证明疑难问题。鉴于人类医疗技术和诊断水平的有限性，人类器官反应的不可估量性和不可预测性，在医疗责任诉讼中确定典型的事实经过是一件非常困难的事情。在这种情况下，法官不能简单地运用事实推定来建构法律事实，而应该采取证据裁判规则对案件作出裁决。因此，在法律正义和社会正义相结合的基础上形成的司法确定力是内在确定力和外在确定力的融合。

### 三、司法确定力与审判规则建构的文化整合

不仅法律事实是通过司法程序建构的产物，审判规则也是司法过程的建构结果。审判规则与法律事实的确定力都是在文化认识、文化评价和文化选择过程中形成的。因为民众在日常生活中的社会交往行为实际上既受到法律规范的评价，也受到社会规范的评判，许多纠纷的背后是法律规范保障的利益与习惯规范保护的利益之间的冲突，所以，法官必须在司法程序中借助法律规范和习惯规范的整合来建构适用于个案的审判规则。显然，法官解决法

---

① 普特南. 理性、真理与历史 [M]. 童世骏, 李光程, 译. 上海：上海译文出版社，2016：152.

律适用问题的过程就是建构审判规则的过程,是法官在司法过程中对法律规范确定的法律价值与社会规范表达的社会价值进行文化整合的过程。

(一)通过立法民意与司法民意的融合形成审判规则的确定力

法律适用的确定力依赖法律规则的稳定性和明确性。法律规定凝聚了制定过程中的民众意愿,被视为价值选择的结果。实际上,法律规则是在民意基础上创制出来的,公众意见在一定程度上既是一种不能忽视的政治力量,也是一种正当性的评价标准。[①]法律规则只有凝聚了民众意愿,才能最大限度地符合社会正义的要求,顺应社会发展的趋势,承载普遍适用的价值理性,确保在相当长的历史时期内不会超出人们的普遍认知能力,这正是法律能够持续发挥社会治理功能的重要原因。否则法律很难保证其确定性,没有确定性就意味着没有稳定性,民众不会持续遵守变动不居的法律规则,更不会以此为依据计划和安排自己的生活。因此,确定性是法律的内在属性,法律规则本身就蕴含理性的价值选择基础。一旦法律规则在具体情境中被运用,法律规则中所荷载的价值选择理性转化为法律适用的确定性,就能引导法官和当事人的沟通活动。这种理想的法律规则适用于具体的案件审理过程,能够产生相应的司法确定力。

然而,适用于何种法律规则、如何适用于法律规定本身就是法官和当事人在一定的社会文化环境中作出的理性选择。无论法律规则有多么严谨,都无法避免模糊和简化的问题,无论法律体系有多完美,总会有些社会关系没有被纳入法律应该调整的范围。法院在很多情况下需要通过法律解释来厘清法律规定的含义、填补法律的漏洞;在司法实践中,当法官发现许多疑难案件依靠现有的法律规定、法律解释、法律推理难以对之作出公正的判决时,需要他们运用价值选择和利益衡平的方式来实现裁判目的。法律漏洞和模糊地带的存在,意味着法律在某些方面并没有为社会行为的评价确立明确的价值选择标准,也没有明确的民意基础,需要法官把自己的主观认识和案件审理时的社会主流价值观结合起来,根据法律的原则和精神,超越法律现有的规定创造出适用于疑难案件的审判规则,[②]通过消除法律模糊性保障司法裁决

---

[①] 萨拜因. 政治学说史:上卷[M]. 邓正来,译. 上海:上海人民出版社,2008:134.

[②] 拉伦茨. 法学方法论[M]. 陈爱娥,译. 北京:商务印书馆,2003:286-287.

的确定性。

因此，法官要关注司法公共领域内的法律沟通和辩论，要正视那些被现有法律规则所忽视的不公正的社会现象，在公众的价值理性所能接受的基础上建构审判规则，为案件的公正裁决提供适用规则。[①]正如法律是编织意义的社会网络，需要在政府与社会、个体与个体的意志互动中形成社会适应能力，法律适用同样需要通过相应意志的互动提高其社会适用能力。法官在建构审判规则的过程中，应该尊重当时社会的主流价值观念，依据在整个社会秩序结构中占支配地位的价值结构和社会公正理想，对有关法律规则进行价值阐释，赋予其新的意义，确保价值选择结果符合法律基本原则的精神要求。[②]在通常情况下，主流民意内含社会正义观念，凝聚社会公众的普遍理性，反映社会的价值共识，因而能够同习惯、判例一道成为法律解释、法律意义阐释过程中的司法知识和司法资源，成为法官建构审判规则、填补法律空隙的正当性资源。

总之，司法确定力是法院在合理借鉴社会公众的法律智慧和法律经验、理性回应社会公众的价值诉求和司法需求、有效解决规范与事实紧张关系的过程中建立起来的司法能量。当法官在复杂的法律条文迷雾中迷失了方向，他应该走出法律宫殿，静下心来听取人民意愿，从社会公正观念中找到解决问题的法律路径。法律事实和审判规则的建构是同价值判断紧密联系在一起的，法律事实和法律适用的确定力是价值选择的结果，也是立法民意和司法民意融合的产物。当然，这种价值选择是有边界的，是在整体法律秩序内的规范性选择，司法的程序理性能够保证法官在成文法、判例法和公众理性限定的范围内作出价值选择。一方面，法官根据法律制度的正义理念、社会主流价值观念、法律权利要求，通过法律原则的价值阐释回应民意和社会力量，从当时的社会文化资源中寻找价值评价标准，不断验证、校正抽象的法律规则；另一方面，法院通过具体案件审理确立的价值选择，引导社会文化的发展方向，保证民意能够顺应社会发展的趋势，充分反映社会法权要求。

---

① 艾伦. 理性、认知、证据［M］. 栗峥，王佳，译. 北京：法律出版社，2013：62.
② 博登海默. 法理学：法律哲学与法律方法［M］. 邓正来，译. 北京：中国政法大学出版社，2004：528.

## （二）通过法律价值与社会价值的整合形成审判规则的确定力

建立在社会生活的经验和智慧基础上的习惯规则，在一定的时空范围内和一定的交往领域中确立了经验性的社会文化模式和实践性的价值评价标准。相较而言，法律规则是在社会生活经验基础上形成的抽象理性，是整个社会普遍形成的文化共识和价值选择的制度化表达形式。地方性实践智慧与全社会的文化价值共识之间的差异决定了法律规则与习惯规则之间存在着一定程度的冲突，同时决定了法律规范与社会事实之间的紧张关系是永远存在的文化现象。尽管人们可以通过立法调研、立法论证和其他立法技术尽可能地减少或缓解这种冲突，但不能彻底地消除二者的对立。进而言之，习惯规则与法律规则的冲突所引发的法律规范与社会事实之间的冲突是社会纠纷产生的根本原因。法官在处理这类纠纷案件过程中，必须对原有法律规则进行解构，通过实践性智慧与文化价值共识的有机整合建构审判规则，努力在纠纷获得公正的解决过程中形成司法确定力。

习惯规则与法律规则的许多冲突在一定程度上是不合理的习惯所蕴含的价值诉求与合理的法律权利要求之间的对立。因此，法官审理由习惯与法律冲突所引发的纠纷案件，应该以习惯的合理性作为建构审判规则的基础。一方面，一些长期存在的习惯与法律原则的精神和价值取向相一致，获得了社会公众的认同，在社会生活中得到了持续的适用，在此基础上作出的行为选择通常不会产生利益侵害后果，这种习惯就应该是合理的。另一方面，社会生活和家庭生活中的某些行为惯例和风俗，与人性的某些弱点相联系，不符合人类文明发展的方向，却在人类社会的某个特定的时期和特定的区域为某一社会共同体所认可和遵守，逐渐形成了具有社会强制力的习惯规则。随着社会经济结构及社会文化的发展，这些习惯已经与发展中的公众意愿相背离，成了利益诉求和权利要求的桎梏，导致社会纠纷不断地产生，逐渐失去了合理性。因此，法官应该通过法律原则的阐释，以社会公众的价值取向作为否定某些习惯效力的依据，以体现文明发展趋势的社会公正观念来建构审判规则，[1]以期消解习惯规则与法律规则的冲突，实现社会价值和法律价值的融合，

---

[1] 克拉玛德雷. 程序与民主[M]. 翟小波，刘刚，译. 北京：高等教育出版社，2005：23-24.

形成司法裁决的确定力。

在某些情况下，立法者在法律制定的时候没有对当时社会生活中的利益关系和法律要求作出必要的回应，而持续存在的习惯规则正好具有弥补法律缺陷、代位调整的作用，法官在审理此类纠纷案件时，应该通过法律解释和审判规则建构将习惯规则所内含的社会价值纳入法律原则所支持的价值体系之中，把习惯规则所主张的权利要求纳入法律原则所支持的法律权利体系之中，利用司法裁判实现习惯权利向法律权利的转化。此外，在法律规则的运行过程中，形成了新的社会关系，产生了新的利益关系和新的利益纠纷，这些新的权利诉求在很多情况下不能通过已有的法律规则去确认、保护，而在日常生活中自发形成的习惯规则已经在相当的时期内持续支持这些发展中的利益诉求，这就导致了法律规则与习惯规则相冲突。也就是说，落后的法律规定成了习惯权利诉求的羁绊，成为社会正义实现的阻力。这些与社会发展相适应的习惯规则，凝结了人们的发展愿望，肯定了社会价值的发展方向，给新的选择以正当性承诺，从而成为社会制度的文化要素。法院在处理这种新的利益纠纷的时候，应该接纳习惯规则所确定的价值选择依据建构审判规则，借助司法裁判在新的社会交往领域中实现法律正义和社会正义的有机结合。[①]

总而言之，司法活动既是法官运用法律专业知识和审判技能解决纠纷的过程，也是法律规则的法律价值取向与习惯规则的社会价值取向借助沟通理性消除冲突、促进融合的过程，还是法律事实和审判规则建构效力的实现过程。因此，法官要善于识别和阐释民俗习惯的法律意义，认真体察和揭示善良风俗习惯蕴含的社会核心价值观念，使之融入审判规则的建构过程中，最大限度地发挥民俗习惯的文化评价和文化选择功效，[②] 在法律价值与社会价值的有机整合中形成司法确定力。

（三）通过法律价值冲突的消解形成审判规则的确定力

人们的交往模式和行为方式随着社会的发展呈现日益复杂的样态，调整

---

[①] 在埃里克森看来，"在习惯规则比法律规则在内容上更可能福利最大化的情况下，讲求效用的法官适用习惯性规则是明智的"。（埃里克森. 无需法律的秩序：邻人如何解决纠纷 [M]. 苏力, 译. 北京：中国政法大学出版社，2003：314.）

[②] 公丕祥. 民俗习惯运用于司法的价值、可能性与限度 [N]. 人民法院报，2007-08-30（5）.

这些纷繁复杂的社会关系的法律规则之间难免发生冲突。有时，法官发现案件事实中的行为受到了多个法律规则的评价，产生了相互矛盾的法律后果，自己置身于事实认定和法律适用的困境。按照司法最终解决原则的要求，法官既不能以这些法律规则之间存在冲突为由作出拒绝审判的决定，也不能中止案件的审理，等待立法机关通过立法解释或修正法律的政治渠道解决了法律冲突之后再启动审理程序。考虑到当事人基于法律规则冲突所产生的利益纠纷必须在审理期限内得到公正的裁决，立法程序的内在特质决定了不可能在法律规范的制定程序和修改程序中彻底消除规范冲突问题，发现和选择用于裁决纠纷的法律规则是司法的应有权能，法官可以通过法律规则的选择适用权力或司法造法的权威解决规则冲突。从本质上讲，规则之间的冲突是规则背后的利益冲突和价值冲突，纠纷的解决过程是规则冲突的消解和价值选择的过程。

法官可以在价值选择的基础上通过选择适用权来解决法律规则之间的冲突问题。在运用司法程序解决法律冲突方面，大多数国家的法院根据法律规则的价值位阶和效力等级，遵循上位法优先于下位法、特别法优先于一般法的原则选择适用法律规则。在处理效力等级不同的法律规则之间的冲突问题的时候，法官考虑到效力等级高的法律规则在制定程序和制定主体方面要求更高，不同的利益诉求在议案的提出、审议、表决程序中经过充分讨论、辩论、博弈和妥协，在一定程度上表达了人民的价值选择意志，在更大范围内达成价值共识，因此，一般情况下会采用上位法优于下位法的法律适用原则来审理和裁决案件，依据上位法的规定在当事人之间分配权利和义务。从法理上讲，法院在个案审理中拥有的法律选择适用权，仍然属于法律的具体解释和具体适用的问题，法官不能单纯地按照效力高低来选择适用法律规则，而应该按照法律的时代精神和价值取向来行使法律规则的选择适用权，在上位法的规定明显不合理而下位法的规定回应了普遍性的价值诉求的情形下，可以有条件地适用下位法的规定。在处理同等效力位阶法律规则之间冲突的时候，法官基于新法比旧法更能够反映社会发展的价值取向，能够充分反映当下人民的意志和愿望，通常会依据新法优于旧法的原则，选择适用能够表达人民现实意志的法律规定。此外，如果一种社会关系及其相应的社会行为同时受到一般法中法律规定和特别法中法律规定的竞合评价，法院则应该根据特别法优于一般法的原则解决同等效力法律规则之间的冲突问题。

法院可以在宪法价值评判的基础上通过司法审查机制来解决法律规则之间的冲突问题。议员虽然是人民选出来的政治代理人，代表着人民利益和人民意志，但是，议员在现实的政治生活中有着自己的独立意志和个人利益诉求，并不能完全同人民的意志保持一致。再者，人民是不同利益团体的抽象集合，议员实质上是不同利益集团的具体代表，立法过程中的价值选择实际上是不同利益集团意志博弈的结果。如果立法斗争中，某个利益集团的价值诉求占据优势地位，有可能形成与宪法规定不相一致的权利义务安排，导致法律规定与宪法规定相抵触，从而在实质上背离了人民意志。在这种情况下，最高法院可以通过宪法解释对宪法公共价值的意义作出权威阐释，确立价值选择的宪法依据，裁决违背宪法规定的法律规则无效，从而在消除价值冲突的基础上维护公民的自由和权利。[1]

法院可以在法律原则的价值指引下通过法律解释来解决法律规则之间的冲突。在法律规定存在冲突的情况下，当事人总是倾向于适用对自己有利的法律规定，而法官必须站在中立的立场上，从案件事实与某一法律规定最为接近的角度解释、选择适用法律规则。法官应该尽可能地对法律规则作出符合法律原则精神的阐释性解释，不应轻率地作出某一法律规则无效的裁决。普通法系国家的法官总是诉诸法律原则来指引法律解释活动，通过司法判例作出相应的价值选择，有效地消解法律规则之间的冲突。英美法系国家的法官不是在真空中处理案件，而是运用从先例中发展出的判例原则审理案件。[2]作为社会共识性价值直接的规范性表现形式的法律原则，起着沟通法律规则与社会价值的中介作用，法官在司法过程中可以利用法律原则的价值整合和价值评价功能对法律规则之间的冲突作出判断和裁决。[3]我国最高法院由于缺少违宪审查权和判例创制权，主要通过司法解释和案例指导机制发挥统一法

---

[1] 沃尔夫. 司法能动主义：自由的保障还是安全的威胁？[M]. 黄金荣，译. 北京：中国政法大学出版社，2004：45.

[2] 沃尔夫. 司法能动主义：自由的保障还是安全的威胁？[M]. 黄金荣，译. 北京：中国政法大学出版社，2004：33.

[3] 董皞. 判定法律冲突之问题研究[J]. 法律科学，2014，32（1）：47-57.

律适用尺度的功能。在法律没有修改的情况下，法院通过对法律原则和法律规则作出符合时代精神的阐释，形成与新的社会架构相一致的价值判断和价值选择，在一定程度上可以消解普遍性的法律规则冲突。

## 四、司法确定力与司法裁判结果的文化取向

司法确定力集中体现司法裁判结果的文化影响能量，它蕴含同案同判的价值理想，展示法律效果与社会效果相统一的文化认同意识。因此，司法裁判结果通过确定规范性的文化期待形成和扩展了法律的确定力。

首先，司法确定力反映司法裁判结果的文化影响力。司法确定力根植于司法裁判结果的文化预测结构之中。司法裁判所确定的权利义务对当事人具有约束力，政党组织、立法机关、政府机关、司法机关、社会组织和其他个体都必须尊重司法裁判结果，人们在此基础上可以依据裁判确定的法律行为标准去规划未来。"唯有法官能提供关于案件的权威性判决，这个判决无论是否符合最好的法律建议都具有约束力。"[1]一方面，司法裁判仅在当事人之间分配资源，因而该判决只应当对案件当事人具有权威约束力。司法确定力将一些案件排除在法院大门之外，它不仅确保了法院裁决的终局性，保证了裁决事项的可预期性和安定性，而且节约了司法资源、避免了当事人的诉累、提高了司法效率。[2]另一方面，法官通过判决权威地分配了争议事项的法律责任，从而在实质上确立了相关的法律标准。内含在已决案件中的法律标准必然产生超越当事人之外的影响，人们在遇到类似的情况时，能够依据生效裁判确定的法律标准来预测自己涉讼后的结果。[3]在法院审理行政争议案件和宪法争议案件的过程中，以及面对审理的民事、行政案件涉及法律法规的合宪性问题，法官可以行使司法审查权对行政行为和立法行为的合宪性进行司法判断，"当法院的裁决作出后，就具有对抗行政机构和立法机构的终局性约束

---

[1] 格林.国家的权威[M].毛兴贵，译.北京：中国政法大学出版社，2013：33.

[2] 西格尔，斯皮斯.正义背后的意识形态：最高法院与态度模型[M].刘哲玮，译.北京：北京大学出版社，2012：216-217.

[3] 西格尔，斯皮斯.正义背后的意识形态：最高法院与态度模型[M].刘哲玮，译.北京：北京大学出版社，2012：7-9.

效力"①。

　　司法裁判的确定力对社会秩序的稳定具有十分重要的意义。人们能够依据司法确定力在交往过程中形成合理的预期，选择合理的救济措施，同时裁判确定性也是法律规定确定性的实现方式和手段。在一般情况下，当事人和民众不是从成文法而是从法院判决中获知行为标准，不是从法律条文而是从法院判决中知悉有关交往模式的权利义务安排，因此，法律规则的确定力集中体现为司法判决结果的确定力。司法裁判的确定力给后续类似案件的处理结果提供了预测基础，当事人可以通过类比推理得到与法院判决一致的结果预期。在司法判决得到履行或有效执行的情况下，司法判决所确定的权利义务也就转变为现实的权利、义务关系，受侵害的权利获得了有效的救济，被扭曲的社会关系得到了恢复，被破坏的社会秩序回到了正常状态，人们就会在心里信任法院能够通过司法程序解决纠纷、救济权利和实现社会正义，司法的确定力就能逐渐建立起来。

　　在法治国家，司法裁判在自觉履行的社会氛围中形成了强大的确定力，有力地推动了社会生活的法治化进程，司法裁判结果的确定力也极大地影响了人们的社会交往方式。社会生活中的每一个法律化步骤都会相应地扩大个人的法定自由范围，通过生活交际领域的司法化，所有直接或间接的社会成员都被迫在高度个性化的互动中，把生活世界的进程仅仅归属于法律的媒介，从而迫使参与者只能按照利益分配的普遍模式来提出自己的需要。"这样的抽象性强制，一旦越出审判庭的边界，进入社会的日常生活中去，就会渐渐构成一种行为模式，在这种行为模式中，每个主体都必须从法律的可用性角度出发，来评价自己和他人的意图；这样，主体也就丧失了在策略意图和生活世界之间对互动伙伴作出判断的能力，剩下的只是作为法定要求总和的个人。"②相应地，"主体想得到自己所要求的权利，就必须将自己的一切行动都按照法院未来判决的可能性去思考"③。

---

① 西格尔，斯皮斯. 正义背后的意识形态：最高法院与态度模型［M］. 刘哲玮，译. 北京：北京大学出版社，2012：215.
② 霍耐特. 自由的权利［M］. 王旭，译. 北京：社会科学文献出版社，2013：144.
③ 霍耐特. 自由的权利［M］. 王旭，译. 北京：社会科学文献出版社，2013：146.

其次，司法确定力蕴含了同案同判的文化诉求。相同案件得到相同处理是当事人和社会共同的文化诉求，也是构建社会期望结构的文化基础，还是裁判结果形成司法确定力的文化动力。[①]同案同判的文化意识在英美法系国家体现为尊重先例的原则，它既是法官审理类似案件的判决原则，也是当事人和社会公众评价司法是否公正的直观评价标准，因而成为司法确定力的文化渊源。

遵循先例意味着在判决书法律理由中确定的某个法律要点是将来审理相似案件不能背离的判例原则或判例规则，因而生效判决具有预测未来行为的效力。遵循先例的文化意识能够给私人活动和商业活动的计划带来一定的确定性和可预见性，从而在人们的社会交往中提供合理的期待。已经生效的司法裁决如果缺少这种预测作用，人们不能从中知道什么行为是法律支持的合法行为，哪些行为是法律否定的违法行为，司法裁判结果就没有在人们的法律生活中形成确定力。司法先例的判决理由还能为当事人预测涉诉案件的裁判结果提供判断基础，从而成为当事人评价裁判结果的直观标准。相同的争议纠纷得到相同的判决结果是司法公正的基本要求，当事人在提起诉讼之前或案件进入审判程序后，会将其与先前生效的相似案件进行对比分析，力图在相似案件中找到对自己有利的审判规则，从而在司法程序中为自己的主张提供法律依据。如果法官没有给出期待中的判决，当事人依据先例的判决理由会认为司法判决不公正，司法裁判结果没有体现实质正义的要求。

同样，同案同判也是法官审理类似案件的司法原则。法官在面对当事人的争议纠纷时，回顾以前是否审理过相似的案件是一种正常思维惯性。在审理疑难案件的过程中，法官应用与先例比较的分析方法，更有可能找到法律事实认定和法律规则选择方面的依据。尊重先例的司法机制还能够提高案件

---

① 从哲学分析视角看，完全相同的案件是不存在的，所谓同案只是法律事实相似的类案，同案同判原则实质上是类案同判原则。"经由类案同判实践所形塑的司法共识，以连续的、高水准的类案为载体，以稳定的一致性为表征，从而能够体现社会共识与发展趋势，实现法律规范与社会事实的契合。"（李振贤. 中国语境下的类案同判：意涵、机制与制度化[J]. 法学家，2023（3）：45–59，191–192.）

审判的效率，节约有限的司法资源。[①]在英美法系国家，遵从先例的司法原则维护了法律的确定性，保持了司法确定力。尊重先例的司法模式不仅直接减少了法官必须重新进行法律分析的案件数量，而且间接地减少了上诉案件的数量。[②]

遵循先例不仅为法官在认定法律事实和建构审判规则的过程中进行法律推理提供了权威性依据，也有利于防止法官的司法专断行为，减少法官在司法判断和裁决方面的偏袒或偏见。人们深刻地意识到运用判例原则审理类似案件能够保证形式推理和实质推理不受法官主观偏见或个人情感影响，同案同判的价值理念既表达形式正义的诉求，也反映实质正义的理想，所以愿意把司法判例视为有约束力的法律渊源，并将其作为预测评价相似案件裁判结果是否公正的标准。诚然，遵循先例的司法模式有时会造成法律适用僵化和司法保守主义，从而在一定程度上束缚法官通过法律正义实现社会正义的司法创造能力。因此，在某个先例已经明显落后于社会发展的要求，只是反映过去某个特定时期的社会诉求，不能成为当下法律制度结构中的组成部分的情况下，从维护司法个别正义的需要出发，应该赋予法官灵活处理的权力，允许法官用新判例取代落后的旧判例。[③]同时，在需要抛弃已经确立法律效力的先例的每一个案件中，法官也必须极其谨慎地对法律制度的稳定、既得利益的维护、法律制度的改革、新生利益的保护等问题进行价值分析，妥善地处理法律稳定性和法律发展性之间的关系。[④]

整体意义上的司法确定力是借助无数个案的司法决策来实现的。司法决策是过去的经验理性和未来社会的规范化期待相衔接的桥梁，是司法判断和司法裁决的基础。先前判决是法官对当下案件进行法律事实和审判规则建构的决策前提，因而能够为司法裁决消除不确定性提供经验理性的支持。在法

---

① 博登海默. 法理学：法律哲学与法律方法 [M]. 邓正来，译. 北京：中国政法大学出版社，1999：540-541.

② 波斯纳. 法官如何思考 [M]. 苏力，译. 北京：北京大学出版社，2009：134.

③ 博登海默. 法理学：法律哲学与法律方法 [M]. 邓正来，译. 北京：中国政法大学出版社，1999：544.

④ 博登海默. 法理学：法律哲学与法律方法 [M]. 邓正来，译. 北京：中国政法大学出版社，1999：544.

律推理过程中，法律概念也是司法决策的前提。法官不断从相似案件中提炼有关主体、事实的信息，形成相对固定的法律意义要素，由此确立法律概念的内涵。因此，法律概念的意义是历史形成的，并且在现实与历史的沟通过程中获得了应有的解释能力。当下判决所确立的相关法律概念的意义和推理逻辑能够成为后续类似案件的判例，进而消弭了司法决策前提中的不确定因素。面对各种相互竞争的解决方案，法官在处理复杂疑难案件的过程中，必须作出理性选择，通过判决赋予某个方案以终局性权威，为人们提供普遍性的稳定期望结构。法官作出的每个司法决策都能够引发整个法律系统调整与其他系统的结构耦合关系，因而在解决个案纠纷的过程中不断生产一般化的规范性期待就成为法院系统层次上的重要社会功能，法院由此成为建立社会期望结构的权威组织。我国最高人民法院通过指导性案例统一法律的适用标准，为后续类似案件在法律事实认定和法律适用选择方面提供司法决策样本，这不仅为司法裁判结果提供了预测，而且也为整个社会提供了规范性预期，指导性案件制度也就成为增强我国司法确定力的重要司法手段。

最后，司法确定力表达法律效果与社会效果相统一的文化认同意识。在法律话语体系中，界定社会主体角色、社会行为性质和社会关系内容的法律概念具有普遍性和确定性的特质。在法官看来，社会主体在法律生活中扮演着理性人的角色，他们依据法律享有通过自己的行为结成一定的社会关系、满足自己需要的自由权利。法律的规定成为他们行为是否正当的权威标准，也是他们之间权利义务分配的权威依据，因此理性人们之间的利益纠纷被视为法律意义上的纠纷，应当根据法律实体规则和程序规则加以解决。在社会话语体系中，社会公众的日常生活知识主要来源于社会交往过程中体验到的有关社会主体、社会行为和社会关系的经验、意识和实践理性。毋庸置疑，一个社会行为既要受到法律规则的评价也要受到习惯规则的评价，法律评价标准体现法律正义的要求，而习惯规则表达社会正义的要求，也就是说，法律规则的理性评价知识与习惯规则的经验性评价知识适用于同一个社会行为就有可能产生不同的评价结论。有必要指出的是，法官的法律知识、法律思维、法律意识与大众的生活知识、生活思维、道德观念是存在着差别的，这种差异必然对司法解释的价值取向、司法的法律效果和社会效果施加深刻的影响。

　　美国最高法院大法官在审理有关公民自由、经济管制和司法管辖权争议案件的过程中，会受到自己的政治态度和价值判断的影响。在许多国家，法官的政治态度和价值选择对疑难复杂案件和重大影响案件的裁决结果有着巨大的影响。但是，影响宪法案件审理结果的最重要的因素是体现在民意中的社会主流价值观念，民众的意愿也就成为影响宪法解释和宪法性裁决的主要因素，由此解释了美国联邦最高法院的多数宪法性判决能够获得民众支持的原因。诚然，某些法院的判决也会遭到一些社会组织或一些人的抵抗，有些人总是试图纠正某些判决。在这种情况下，国会通常会通过一些法律条款为联邦最高法院的判决提供合法性依据或确认其他法院所扩张的管辖权有效，国会经常运用这种方式支持司法权的扩张。国会对司法管辖权的调整或支持清晰地表明了社会公众对司法审查所拥有的民主性质的默示同意。①

　　我国法院在审理疑难复杂案件的过程中同样会发现已有的法律规则对有关社会行为及其后果缺少明确的规定，某些风俗习惯和传统惯例确立的习惯性规则却在日常生活中占据了主导性的评价地位，法官在这种情形下阐释法律必然面对法律知识与日常经验的冲突问题，他必须在相互矛盾的法律意义中进行选择，或者创造出新的法律意义。在我国现有的法律解释体制中，只有最高法院拥有抽象的法律解释权，其他法院没有法律赋予的司法解释权，然而在疑难案件的审理过程中，法官必须对相关法律规则进行解释，从而在事实上行使着具体的法律解释权。法官必须意识到法律不是独立于社会需要的价值体系，而是可以从自己的良心中找到的价值评价标准，他必须依据自己的正义感将普遍规则转化为具体的判决规则，因此，司法判决在某种意义上是经过法官良心过滤后的法律。②法官在疑难案件的审理过程中应该理性认识社会习惯内含的价值观念与法律规则内含的价值观念之间的差异，努力通过价值评价和价值选择的方法建构审判规则以最大限度地消除价值冲突，作出当事人和社会公众认可的司法决策。当然，这种价值衡量过程有可能渗透

---

① 沃尔夫. 司法能动主义：自由的保障还是安全的威胁？[M]. 黄金荣，译. 北京：中国政法大学出版社，2004：87-88.

② 克拉玛德雷. 程序与民主[M]. 翟小波，刘刚，译. 北京：高等教育出版社，2005：27.

法官个人的主观偏见和情感取向，为此必须确定价值选择的原则，防止法官滥用价值选择的权力，确保当事人能够参与价值评价和价值选择的司法过程，确保法官的价值选择建立在程序沟通所形成的共识之上，进而确保司法价值选择结果与社会主流价值评价标准相一致。

总之，司法确定力只有在一定文化环境中才能成长起来，诉讼当事人和社会公众对司法裁判目的的普遍认知是与共同的文化期待联系在一起的，科学技术、自由价值观念的发展为司法管辖范围的扩张提供了观念动力，规定了司法确定力的实现路径，决定了司法确定力的影响范围。法律事实建构的文化评价和审判规则的文化整合对司法确定力的形成具有重要影响，法官在法律事实和审判规则的建构过程中，必须解决知识冲突和规则冲突问题，吸收新的社会生活知识，深刻理解法律的道德内涵，尽可能在裁判中实现法律正义和社会正义、法律效果和社会效果的有机融合。司法裁判结果的文化取向深刻影响司法确立力的形成过程，同案同判的文化诉求、法律效果与社会效果相统一的文化认同意识为司法确定力的形成提供良好的文化氛围。

# 第五章　司法执行力的文化基础

司法执行权威是司法权威的最直接的体现和最终的实现。司法执行权威既体现为国家强制执行权力的威力，也表现为当事人和社会公众对执行活动的自觉接受和自愿服从。"它的形成和发展取决于社会主体对执行工作的信任，而执行工作取得社会的信任意味着司法文化与社会正义价值观之间的文化价值同构性。"[①]司法执行同样是一种文化认识、文化评价和文化选择活动，这种文化评判活动集中体现为一定时期人们的主流价值观念，因此文化评判行为实质上是一种价值评判行为。这里的文化特指能够使一个社会运行起来的价值观体系，是以主流价值观为内核的社会意识形态。[②]司法执行力的形成同样需要文化的滋养。司法执行力表现为生效的司法裁判获得当事人自觉执行的能力，或者表现为当事人在国家潜在的强制力驱使下履行了司法裁判所确立的义务或者是借助国家强制力来使其履行司法判决所确定的义务的能量。一个判决能否被有效和完整执行关系到法律的实效和权威。"法律的生命在于法律的实现，而执行是法律获得生命必不可少的形式与途径。生效法律文书实现的效果如何，是衡量一个国家法治水平的重要标志。"[③]正如斯蒂芬·布雷耶（Stephen Breyer）所说："尽管有种种体制上的措施来保证法院判决必须得到遵从，但是法官的判决必须有效执行的最主要的理由却是文化上的，而不是制

---

[①] 童兆洪. 论构建公正、高效、权威的执行制度 [J]. 法治研究, 2008（2）: 20–30.

[②] 威布. 自治：美国民主的文化史 [M]. 李振广, 译. 北京：商务印书馆, 2006: 5.

[③] 章武生. 民事执行：树立和维护司法权威的一个重大理论和实践问题 [J]. 政治与法律, 2004（4）: 136–158.

度上的，民众理所当然地服从法院的裁定，认为抗拒法院的有效判决是不可接受的行为。这样一个有序的社会才是主要的保障。"[1]司法执行力建立在一定的文化心理、文化观念和文化意识基础上。文化能够影响人们的价值观，"引导执行主体逐渐形成一致的执行价值观念和执行立场，进而形成重视执行、愿意执行、主动执行、高效执行的价值取向、协同心理和行为习惯"[2]。文化能够影响人们的行为动机、态度、意志，直接决定执行力的方向选择和持续程度。文化能够影响人们的行为方式，最终影响执行力的水平。[3]

## 一、司法执行力的文化心理定势

司法执行方面文化心理是人们在心里对司法审判和司法执行的感受和反应，是人们对司法审判活动及其结果的执行形成的感性认识和情绪表现，它具有表面性和直观性的特点。文化心理既具有个别性，也具有群体性，由于文化程度、法律知识结构、生活方式、社会生活经验和思维方式的不同，不同群体具有不同的文化心理定势，从而对司法执行力的形成和消解施加不同的影响。

（一）信任心理是司法裁判能够顺利执行的前提

在一定历史时期，人们对司法审判和司法执行形成的文化心理具有相对的稳定性和独立性，不会自动地随着社会生活的变化而发生相应的变化，因而也具有滞后性、缓慢性和长期性的特征。由此可见，要想改变一个群体长期以来形成的文化心理不是一朝一夕就能有效果的，需要经过长年累月不间断的努力。在中国传统社会里，一方面，法律规范大多数是刑罚规范，法律在某种意义上是惩戒的工具；另一方面，追求超稳秩序是一种普遍的社会文化现象，减少诉讼、抑制诉讼成为各级官吏、士大夫阶层和普通民众的文化心理，长此以往人们习惯于通过调解来解决社会纠纷，在一定程度上产生了不愿依靠诉讼、不相信司法审判的文化心理。心理定势和思维习惯在社会生

---

[1] 布雷耶：《美国的司法独立》，载美国在台协会历史网站2006年4月27日，https://web-archive-2017.ait.org.tw/zhtw/PUBS/DemocracyDialogues/mgck_courts_breyer.html. 转引自高中. 我国民事裁判执行难的成因和对策［J］. 湘潭师范学院学报（社会科学版），2001，32.

[2] 彭向刚，程波辉. 论执行文化是执行力建设的基础［J］. 学术研究，2014（5）：17-25，159.

[3] 彭向刚，程波辉. 论执行文化是执行力建设的基础［J］. 学术研究，2014（5）：17-25，159.

活中持续相当长的时间就会形成一种文化传统，想要改变或抛弃这种文化传统需要作出观念解构和价值选择方面的极大努力。

在司法实践中，法官并不生活在真空中，也不可能做到与社会生活完全隔绝，况且司法判断还需社会知识和社会经验的借鉴，因此，法官往往受到社会各界的影响，要作出正确的判断和裁绝不是一件容易的事情。人们信任法院司法裁决，也不是信任某一位法官，而是信任法官这一职业群体。每一个法官都有自己的生活习惯、个性和做事风格，人们不可能根据法官的个体情况采取对应的法律措施，制定相应的法律机制，只能从宏观上和整体上通过程序设计对法官的司法行为进行必要的限制和约束。这样的程序架构应该具有中立性、参与性、平等性和终局性等特质，应该能够保证法官在审理案件的过程中平等地对待双方当事人，认真听取双方当事人的意见，应该能够保证法官在法律规定的范围内公开审理，让社会公众通过司法公共领域发表意见，在接受社会的监督过程中与社会主流观念进行必要沟通。同时，司法职业伦理制度能够保证法官的日常生活和审判工作符合法官的职业要求，保证法官不得参与违反职业道德的活动，通过司法程序设计力图最大限度地保证审判的独立性、公正性和权威性，为司法判决能够获得当事人和社会公众的认同和信任提供了坚实的制度基础，进而为最大限度地促进当事人自觉履行司法裁判营造良好的文化氛围和文化环境。

（二）畏惧心理是司法裁判能够强制执行的基础

人们对司法执行的心理反应是直接与刑罚的强制力联系在一起的。无论是在哪个国家，债务人不能清偿到期债务，都会面对刑事处罚。在民法与刑法、实体法与程序法没有合理分离的情况下，法官在处理民事纠纷的过程中，不仅常常适用刑事法律作出判决，而且在民事判决的执行中也经常使用刑罚手段，因此，人们对司法执行形成了普遍的畏惧心理。

新中国成立后，法律的价值基础和价值目标发生了根本性的变化，宪法确认了人民的主权地位，法律开始成为人们维护自己权利的制度手段。同时也要认识到，虽然新时代的法律暴力基础有所弱化，但是，法律的国家强制色彩仍然浓厚，还需要从法律实施的文化环境出发逐步消除人们畏惧法律的心理情感。随着科技和经济的发展，保障个人自由选择成为法律的核心价值。

法律调整的领域不断扩展，司法管辖范围也相应扩大，诉诸司法的纠纷越来越多，司法执行成了世界各国的重要法律事务。在我国，法律的改革和发展仍然不能满足社会发展的需要，现有的司法制度与人们日益增长的司法需求仍有较大的距离，民事执行过多依赖国家强制力的情况没有发生根本的变化，自觉履行生效裁判还没有成为民众的文化心理，在一定程度上还需要借助国家强制力的威胁作用来保护债权人的利益。当然，现代社会法律的强制力不同于传统社会赤裸裸的暴力，强制力的手段和方式都具有一定合理性和文明性，人们对司法强制执行的心理感觉不再是难以忍受的身心处罚和财产剥夺，害怕法律强制和制裁应该是正常的心理现象。在一些情况下，被执行人在心理上不情愿接受司法执行结果，但由于惧怕国家强制力，不得不服从司法执行工作。

因此，国家强制力仍然是保障司法执行顺利进行的最后屏障，它是一种现实存在的威力，虽然不一定在每一个司法执行过程中被使用，但是，它是不可或缺的强制力量。[①] 不是每个人都是天使，不是每个人都能具有良好的道德修养，因而不能相信每个人都能自觉履行对自身利益不利的司法裁判。道德规范对社会行为的调整范围和调整效果同样是有限的，趋利避害的人性决定了道德调整的力量在整体上无法与维护自身利益、保证自我生存的自私天性相比。即使人们具有一定的道德意识，也会对自己的不当行为产生良心不安的感受，甚至受到自己良心的谴责，但是为了满足特定的利益需要，或者在特定的情况必须作出违约和侵权的选择，他们仍然有可能选择放弃道德自律而坚持追求自身的利益。虽然，有些违法的当事人在某些案件中能够判断自己的行为在道德上是非正义的，依据社会主流价值标准应当承担责任，但是，人们通常的愿望是维护自己既得利益不受损失，而不管这种利益是正当的还是不正当的。因此，如果单凭个人的道德良心来解决利益冲突，就必然会出现恃强凌弱的无序局面。

虽然，在缺少国家强制力的情形下，司法裁判可能会在一定的时期内继续存在，但是，如果没有惩处拒绝执行的法律手段，司法执行就会名存实亡，

---

① 罗尔斯. 正义论[M]. 谢延光, 译. 上海：上海译文出版社, 1991: 94.

缺少了司法执行力，司法裁判也就失去了应有的权威，人们将不会相信法律的规定，更不会信任司法裁判，整个司法制度最终也就失去了继续存在的文化基础。从某种意义上讲，服从规则不能单纯依靠强制，也不能没有强制，在某种程度上，服从规则的决定是因为害怕不服从规则的后果。因此，就必须存在一种凌驾于个人之上的国家强制力来保障司法裁决的执行，这就是司法执行的力量来源。在现代社会中，保持必要的法律威慑力量是一种理性的制度选择，基于对国家强制力以及拒绝执行判决之后引起的不利后果的畏惧，一些人会选择履行法院的司法判决。

（三）逃避心理是司法裁判难以执行的消极因素

一些人基于畏惧心理会在法院作出判决之后自觉履行，另一些人出于投机心理不会主动地履行法院的生效判决所确定的义务。在一些情况下，无论法院的事实认定和法律适用多么准确，其义务的分配总是对被执行人自身利益的损害，司法执行行为至少在经济上只能为其带来负效应。追求利益、实现自身利益的最大化是人的本能行为，对既得利益的维护是人的本性的自然表现。虽然，有时正义感能够抑制侵权和违约的动机，但是，在很多情况下往往敌不过利益的诱惑。因此，对被执行人来讲，不管自己对法律有什么看法，对公正有什么认识，面对判决对既得利益的剥夺，他通常不会怀着真诚的心态去迎接强制执行措施，欢迎降临在自己身上的不利后果。多数人面对利益的损失都会选择各种手段维护自己的既得利益，而不管这种利益及其维护手段是否合法。也就是说，被执行人倾向于通过各种途径逃避强制执行，试图通过各种方法将自己的利益损失降到最低。

在我国司法执行活动中，有一些被执行人认为司法执行人员的精力和能力总是有限的，不可能关注到执行的每个细节，对司法执行措施持一种躲避和拖延心理。被执行人本该基于已经生效的判决文书来履行还款义务，可是被执行人往往通过隐匿、转移财产来规避自己应当承担的还款义务，他们往往感情用事，以为自己只是欠对方钱，躲一躲，转移一下财产，没有什么问题。

在通常情况下，逃避执行并不是因为缺少相应的财产而不得不采取的行为方式，而是在一种想要维护自身利益的心理态势驱使下的故意行为。有时逃避人清楚地认识到自身行为是非法的或不道德的，也知道逃避履行判决义务所承担的后果不如抗拒执行判决的后果严重，因而他们往往不是采用抗拒的方式而是采用逃避的方式来阻止判决的执行。因为逃避行为对被执行人一直有着心理上的诱惑力，所以逃避执行的现象屡见不鲜。我国司法判决执行难的问题在很大程度上是由被执行人的逃避行为引起的，而现实生活中普遍存在执行难的现象，反过来又助长了逃避心理的产生。此外，也必须指出，造成普遍逃避心理的原因是多方面的，司法执行中普遍使用国家强制力的做法也在一定程度上引发了民众逃避执行的心理。人们面对强制力约束通常考虑的是利弊权衡，而不是社会责任的担当。执行人员行使强制执行权的过程中容易产生权力本位的身份感，在面对被执行人的时候将会产生一种居高临下的心理优势，从而在一定程度上表现出粗暴的执行行为和蛮横的执行态度。因此，执行机构不能总是以强制力行使者的身份来推动判决执行工作，这不仅容易引起当事人的抵触情绪，也会促使当事人产生逃避心理。

为了有效地消除或减少逃避司法执行的心理，必须在全社会建立征信系统，将逃避司法执行的人员信息录入不诚信范畴，对逃避执行者施加必要的心理压力和文化排斥，让逃避者无法进行正常的社会交往活动，从而增加他们获取利益的难度。在感受持续施加的文化压力之后，他们会逐渐改变原来逃避执行生效判决的心理倾向，逐步形成自觉履行判决义务的文化心理。另外，要完善判决执行机制，规范判决执行行为，改变习惯使用强制执行手段的做法，树立文明有力的司法执行形象，在全社会塑造有利于司法判决执行的文化环境。当司法裁判的强制力内化为民众自觉执法的文化心理，与他们原有的社会道德、习惯观念相契合时，服从司法裁决就不需要直接施加强制力，逃避执行现象也会大量减少。

（四）对抗心理是司法裁判执行受阻的直接动因

在很多情况下，一旦造成纠纷，当事人没有形成主动承担责任、主动履行债务的文化心理。在司法程序进入执行阶段后，为了保住既得利益，被执行人也会在心理上产生积极对抗的情绪，从而作出不配合执行、抵抗执行的行为选择。

被执行人既可以通过逃避的方式不履行生效判决确定的义务，也可以通过抗拒的方式拒不履行生效判决确定的义务。在司法实践中，暴力抗法、暴力拒绝执行的原因是多方面的，抗拒者的具体心态也是多样化的。个别当事人认为法院的判决存在着不合法和不公正的问题，认为自己依法不应该承担判决书规定的还款义务或交付财产的义务，因此，不想通过逃避执行的方式来躲避判决的执行，而是直接作出对抗执行的行动。在当事人不满法院的判决和执行方式的情形下，抗拒执行成了他表达不满情绪的行为方式之一，这在本质上属于故意不履行判决而不是恶意不履行判决，这个问题也只能是通过完善法律、规范审判行为、健全救济机制来解决；被执行人面对执行人员正在对自己的财产采取强制措施，出于维护既得利益的动机会迅速爆发出一种强烈的情绪，不经过理性的利弊权衡就本能地作出抗拒执行的行为，这种非理性的激情抗拒行为很难事前准确预测，因此，执行人员必须事先做好必要的准备，以便能够及时采取应对措施；有些被执行人文化程度低、对法律规定和司法裁判缺少基本的认识，盲目地以非理性的态度对待司法执行，常凭一时意气以暴力手段对抗司法执行，对于这种情况，需要从根本上加强对这些人群的法治宣传和法治教育，引导他们逐渐形成尊重法律、信任司法的文化心理；有些当事人过于乐观地估计暴力抗拒执行所产生的法律后果，没有深刻认识到违法行为即将带来的结果，经过利弊权衡后认为暴力抗拒所能得到的利益要大于对抗国家所带来的损失，从而作出拒绝履行法院判决的行为选择；有些当事人也有可能采取转移变卖已被法院查封、扣押的财产来抗拒执行生效的司法判决，在大多数情况下，被执行人的抗拒心理并不是在突然之间产生的，而是随着法院审判的整个过程悄然产生的，然后在执行过程中转化成抗拒执行的行为。

  发生法律效力的判决、裁定具有严肃性和权威性，被执行人必须遵照执行。对于无视判决的权威、拒不执行判决、裁定的行为必须绳之以法，才能彰显法律的尊严。因此，及时、有效地惩处这种犯罪，是维护债权人利益、维持执行秩序的重要手段。按照我国现有法律规定，拒不执行判决、裁定罪由公安机关立案侦查，由检察院代表国家行使控诉权，最后由法院行使审判权。拒不执行判决、裁定罪是因当事人之间的民事活动和经营活动引起的轻微刑事犯罪行为，由当事人决定是否追究被执行人的刑事责任，符合刑事审判改革发展的需要，能够有效解决司法实践中存在的公安机关不愿管、法院无权管的现象，从而使抗拒执行的犯罪行为得到及时制裁。自诉比公诉程序启动方便、快捷，自诉人有证据证明被执行人存在拒不执行判决、裁定的行为的，可以随时向法院提起诉讼请求，由法院及时立案审理，不仅可以节约司法资源，还能够提高司法效率。以自诉程序启动可把民事审判、强制执行、刑事制裁有机地结合起来，这种程序设置便于监督、协调和操作，体现了司法公正的要求，对保障民事执行工作的顺利开展、解决执行难等问题具有十分重要的意义。

目前我国法院对拒执人的强制制裁手段只有拘传、拘留、罚款，法院对拒不执行判决裁定的被执行人只能判处三年以下有期徒刑、拘役，或适用罚金。罚金不能与有期徒刑同时适用。因此，应该加大处罚力度，借鉴国外经验适当延伸拘留期限，抗拒执行情形严重的，可以拘留六个月。[1] 如果被执行人员确已构成拒不执行判决裁定罪，对该罪的最高刑期应在十五年以下。法院应该结合原案件的诉讼标的、抗拒执行的情形和社会危害后果等情况拉开档次、相应科刑，只有这样才能有力地打击抗拒判决执行的犯罪，逐渐改变抗拒执行的社会心理，保障判决执行工作的顺利进行。

## 二、司法执行力的文化观念取向

如果司法裁判过程和结果不符合形式正义和实质正义的基本要求，即使强制执行也不会获得当事人和社会公众的信任和认同；如果司法执行的过程和结果与当事人的期望和社会的评价相去甚远，强制执行也就失去了文化的支持。在将纠纷诉诸法院的时候，当事人对司法裁判过程和结果寄托了公正解决利益冲突的司法愿望，希望司法执行过程和执行结果能够符合自己的利益分配期待、符合社会主流价值观念的要求。众所周知，主流价值观是文化的核心要素，因此，司法裁判要获得好的履行效果或较好的强制执行结果就必须获得文化的支持，社会公众的文化观念取向在很大程度上决定了司法执行力的形成路径。

---

[1] 董少谋. 民事强制执行法 [M]. 西安：西北政法大学出版社，2007：133.

（一）司法执行力来自当事人对裁判依据、裁判结果和裁判执行的文化评价

对于债权人而言，司法判决只是自己的合法权益获得司法判决的确认，自己的权利主张和利益诉求获得了法院的支持。但是，权利的享有和利益的实现还有待于债务人履行司法判决确定的义务。如果债务人不自觉履行生效判决确定的义务，债权人肯定希望执行机关能够通过强制执行实现自己的利益。因此，债权人在大多数情况下会申请法院强制执行，债权人通常就是申请执行人，债务人通常情况下是被申请执行人。这就说明不管债权人是否完全相信法律、相信司法，诉诸法院的行为本身就是一种价值选择，表明债权人希望通过司法裁判解决纠纷，实现自己的权利、维护自己的利益，债权人在一定程度上具有了运用法律工具、利用司法途径、强制执行机制的法律观念和诉讼意识。

对于债务人来讲，司法判决在一定程度上是对自己在纠纷事项中所获得利益的一种法律上的否定，是对自己已经获得利益的一种损害或剥夺。在这种情形下，司法判决能否顺利执行首先取决于司法判决是否公正，当然评判司法裁判是否公正的标准必须符合当时社会条件下一般人的看法。假如法院的判决是公正的，则意味着被执行人获取该利益的手段、维护利益的手段、获取利益的内容是非法的，对被执行人来说，维护这种既得利益就意味着对生效判决的抵抗。被执行人在多数情况下都会意识到既得利益的非正义性，一些被执行人会在一定程度上配合判决执行工作，或者不会阻碍判决执行工作。假如法院判决是不公正的，则意味着被执行人既得利益是合法的，强制执行这种判决就会侵犯被执行人的合法利益或者损害被执行人的社会名誉，因而很难为被执行人所接受。

司法判决的强制执行应该建立在当事人对司法裁判依据、司法判决结果和裁判执行的文化认同的基础上，当事人不应该仅仅从对自己有利的角度来评价司法过程和司法结果，而应该采用社会主流价值观作为评价标准。法律规则作为司法裁判的依据，它是人民意志的体现，在一般情况下与社会主流价值的要求是一致的，当事人要认同司法执行结果，就必须认同相关的法律规定，因此，当事人应该树立法律至上的文化观念，法律至上最终体现为司

法判决至上性，当事人应当尊重司法权威。遇到问题找法律、解决问题依赖司法的行为取向就是法律至上观念的典型表现。在诉前阶段表现为当事人将司法机制作为解决纠纷的最有效途径，在诉讼阶段表现为当事人对实体规定和程序规定的服从，在判决阶段表现为当事人对于司法判决结果的认可，在执行阶段表现为当事人自觉履行生效判决的行为。只有当事人相信司法裁判是基于理性产生的公正结果，认为司法判决与法律具有同等地位，履行司法判决就是在服从法律，才会自觉履行司法判决确定的义务。同时，只有拒不履行生效判决的行为受到社会的负面评价，受到法律强制力的惩罚，自觉履行裁判的意识才能有效地建立起来，法律至上的观念才能成为社会文化的重要内容。

另外，强制执行不是暴力执行，强制执行也要严格遵守执行程序的规定。暴力执行违背了基本的人道要求，因而不能获得当事人的认同。此外，强制执行也不是无条件执行，如果适用强制措施导致被执行人及其家属基本生活失去保障，这种强制执行方式和结果也是不可取的，同样得不到被执行人的认同。在当事人心里，保障自己及其家属的生存权是法律的价值基础，在债权与生存权发生冲突的时候，希望执行机关能够照顾自己及其家属的生存利益。鉴于司法正义是通过对被执行人财产的剥夺和名誉的损害来实现的，司法执行过程和结果应该在一定程度上获得被执行人的认同。虽然，强制力是维护社会秩序的重要手段，但它不能单独运行很长时间，没有牢固的文化认同，强制本身不能永远有效；判决执行过程和结果的合法性最终也不能离开文化认同。强制是对认同的补充，而不是相互排斥的取舍。

（二）司法执行力来源于社会公众对司法执行过程和结果的文化认同

只有在制度与受众之间存在价值认同，制度的存在才有坚定的社会文化基础，它的运行也才会更有效率。因此，社会公众对于司法执行的看法和观念，对司法执行力的形成和发展具有极其重要的作用。众所周知，社会公众是司法执行过程和结果的评价者，每一个判决都有可能在所发生地区受到人们的关注，当事人的家庭、社区和工作单位会对判决结果及其执行情况发表看法、进行讨论，典型案件的判决及其执行则会在更大范围内引起社会公众的关注，人们将在各种媒体上发表自己的意见，对法院判决的公正性和合理性进行评判，对判决执行措施和效果进行价值分析和价值判断。如果这些案件的判决能够得到大多数人的认可，判决结果也获得较为顺利的实现，那么法官可能会采取相同思维方式处理类似案件，执行人员也会参照以前的执行措施和方式推动判决的执行。

另外，社会公众没有像法官这些法律专业人士那样去理解法律，他们不是从法律专业角度认识法律知识、理解法律地位和体验司法权威，他们常常对法律持有变动的心理，要么对法律期望过高，要么对法律存在抵触情绪。法官的判决与社会公众的观念存在不一致的情形，在没有正确理解法律规定的前提下，社会公众很难认同和接受这样的判决结果，在感情上不希望这种判决结果的实现，当然也不会支持这种判决结果的执行。这样的文化环境不利于司法权威的形成和司法执行力的提升，要摆脱这样的困境就必须缩小不同主体对法律看法的差异，让社会公众更多地参与司法审判过程、更多地接触司法执行工作，让他们充分地体验到司法审判过程和司法执行过程是一个理性解决分歧、和平实现权利的过程，这个过程的权威存在于法律内含的价值共识之中。

在一般情况下，司法过程的参与者是法官和双方当事人及其代理人，司法结果的影响仅限于司法过程的实际参与者，社会公众无法知晓个案中的司法行为。然而，司法过程不仅是法律规则的适用过程，也是案件事实的法律意义之认识和揭示过程，典型案件所具有的法律意义和文化价值引导作用不能局限在一个狭小的影响范围内，司法裁判的权威和司法执行的权威不应当只是当事人的心理体验对象，而应该成为社会公众关注的文化现象，成为社会生活的组成部分。司法审判过程、司法执行过程应该是社会知识和法律知识交流融会的过程，也应该是法官的文化观念和社会公众的文化观念沟通融合的过程，还应该是社会公众把自己的特殊诉求上升为法律规则的普遍理性和法官把法律规则的普遍理性具体化为个别裁判理由的有机结合过程。在没有侵害各方当事人权益和不违反法律规定的前提下，将司法审判过程和司法执行过程向社会公众开放，既可以揭开司法神秘的面纱，使其成为人们的价值判断和文化评价的对象，成为社会文化观念的塑造场所，也可以扩展司法行为的社会影响力，使其成为人们体验司法权威、感受司法执行力的重要机制。

因此，社会公众对司法执行活动认同的前提是对案件事实的法律意义和判决依据的认同，要提高判决的执行力，就必须加强法官与社会公众之间的文化沟通，推动社会公众的文化观念与法官的法律观念之间的互动和融合，帮助社会公众理解法律规定的精神实质，促使他们认同司法执行所依托的法律依据、认同司法执行的过程及其结果，逐步建立社会公众对法律的认同感和对司法的信任感。同时，社会公众参与司法执行过程也是司法执行力形成的基础。公众参与司法执行过程具有正当性与必然性。一方面，民主意味着由人民统治，公众参与是人民统治的方式之一，因此，民主价值是公众参与司法执行过程的文化依据；另一方面，公众参与是消除对司法执行过程的无知、恐惧和不信任的必要条件，一味远离司法执行活动只会让人们产生更多的消极情绪，只有让人们通过亲身参与司法执行活动了解法律实施的意义，才能改变人们对司法执行的固有观念，树立信任司法、配合执行生效裁判义务的文化观念。公众参与司法执行可以为司法执行提供社会认同资源，从而为司法执行营造必要的文化氛围。另外，应当建立一种公开的评价机制，为公众参与创建一个网络平台，公众可以借助这一平台表达对司法执行过程的看法，促进司法执行活动取得更好的效果。

（三）司法执行力有赖于法官对法律价值和社会价值的有机整合

法官的文化观念是在制度理性与价值理性的互动中形成的有关司法审判及其执行方面的稳定看法，它既体现法律本身的价值追求，也反映社会文化的价值取向。法官的文化观念对司法审判及其执行具有重要的影响作用，司法审判过程中对涉诉财产采取的措施在很大程度上决定了判决确定的义务能否履行、判决确定的权利能否实现。先予执行和财产保全不仅是一种处理财产的暂时措施，而且是一种价值选择、利益衡量的司法决定。重审判轻执行的司法观念是民事判决执行难的一个重要原因，"债务人无力偿还债务使执行工作受阻的问题，在更多的情况下与审判中轻视或忽视对债务人的财产采取保全措施有关。事实上，有不少审判员只是机械地作出债权人胜诉的裁判，对该债权能否实现漠不关心，而是推入执行程序了之"①。因此，我们必须培养法官重视裁判执行的文化观念，确保法官在案件审理过程中合理使用先予执行措施、诉前财产保全措施和诉讼中的财产保全措施，保证生效判决能够得到有效的执行。

在先予执行的裁定过程中，关键是如何确定严重影响生活或生产经营的判断标准，这里涉及价值判断和价值选择问题。法官既要关注申请执行人的权利和利益的保障问题，也要考虑被执行人的履行能力以及可能存在的错误执行问题。是否裁定先予执行，取决于不先予执行，申请人的基本生活是否难以继续维持，或者申请人的生产经营活动就将停滞或瘫痪。在判断被执行人是否具有履行能力的时候，应该针对被执行人的现实财力状况，分别作出整体先予执行、部分先予执行或不能先予执行的司法裁定。法官必须认识到先予执行具有强制性质，一旦发生先予执行的错误，就可能引起执行回转，造成被申请人的利益损失，应该由申请人进行赔偿。此外，法院不应该主动裁定先予执行，因为只有当事人最清楚是否需要先予执行，所以应该由当事人提出先予执行的申请。鉴于生存权价值的优先性，我国民事诉讼法规定，追索赡养费、抚养费、抚育费、抚恤金、医疗费用的案件，追索劳动报酬的案件，因情况紧急需要先予执行的案件可以适用先予执行的措施。当然，基本生活或生产经营所急需的利益种类和利益内容是随着社会生活条件和社会交往方式变迁而发生相应的变化，因此，先予执行的利益范围也是随着社会发展而不断变化的，法官也需要根据发展的文化价值观念作出先予执行的判断。

财产保全的范围和力度同样体现了民事诉讼制度设置和法官裁定方面的价值认识、价值判断和价值选择因素。由于从债权人起诉到法院受理需要一段时间，民事诉讼法律应该赋予利害关系人在情况紧急时，请求法院及时保全可能被转移的财产的权利。我国的财产保全分为诉前财产保全和诉中财产保全，这是债权人救济自己合法权益的一种司法手段。诉讼前的财产保全应当具备两个条件：其一，必须因情况紧急，不立即申请财产保全将会使其合

---

① 朱兴有. 关于民事执行价值最大化实现的基本分析[J]. 广东商学院学报，2000（1）：85—90.

法权益受到难以弥补的损害；其二，申请人应当提供担保，不能提供担保的，法院驳回申请。需要采取诉前财产保全的申请必须具有给付内容，也就是说，申请人将来提起的诉讼请求具有财产给付内容。诉前财产保全在保护申请人合法权益的同时，限制了被申请人的财产适用和处分权利，所以，也要适当考虑被申请人的利益保护问题。因此，据我国民事诉讼法规定，申请人必须在法院采取保全措施后十五日内向对案件有管辖权的法院起诉，也可以向采取财产保全的法院起诉。申请人在法院采取财产保全后十五日内不起诉的，采取保全措施的法院应当解除财产保全。申请有错误的，申请人应当赔偿被申请人因保全所遭受的损失。

此外，在诉讼过程中，为了保证将来作出的判决能够得到有效执行，法院应对当事人的申请或依职权对当事人的财产或争议标的物采取强制保护措施。法院可以决定诉讼中的财产保全是否需要提供担保，如果法院责令申请人提供担保，而申请人不提供担保的，法院将驳回财产保全申请。财产保全限于请求的范围，或者与本案有关的动产和不动产、财产使用权、收益权、债务人到期债权；保全的范围应当限于当事人争执的财产，对案外人的财产不得采取财产保全措施，对案外人善意取得的与案件有关的财产，一般也不得采取保全措施。财产保全也不能超过争议财产的价值。财产保全的作用是防止当事人在人民法院作出判决前处分有争议标的物或者处分判决生效后用以执行的财产，以期达到防止纠纷扩大、保障生效判决得到执行的目的。但是，如果法院采取财产保全措施不当，也会给被申请人的财产权和人身权造成损害。因此，法院应该依据比例原则选择适用具体的保全措施，在确保申请人的权益得到实现的同时，也要避免给被申请人造成不应有的损失。

（四）司法执行力受制于执行人员的文化态度取向

司法执行人员的文化观念对司法执行效果有着极其重要的影响。在一定程度上，执行人员的执行态度、行为方式和价值判断不仅决定了生效裁判确立的权利和义务能否得到有效的实现，而且决定了法律权威、司法权威能否通过司法执行有效建立起来。司法执行人员在选择强制执行措施、评估强制执行结果的时候，既要考虑司法执行技术的有效性问题，也要考虑债权人和债务人的利益平衡保护问题。再者，执行人员的执行工作并不能脱离社会生活环境，他们也需要与社会公众进行文化交流，社会公众对司法执行所持有的文化观念也会对执行工作造成一定的影响，因此，司法执行过程是一个文化观念交流和融合的过程。

首先，司法执行人员应该确立效率优先的执行观念。审判以公正地解决双方的纠纷为要点，在价值取向上以追求程序公正和实体公正为其基本使命；而强制执行则以快速、及时、持续地实现生效法律文书中所确认的债权为己任，在价值取向上偏重效率。① 尽可能迅速、完全地实现债权人的利益，是强制执行制度的基本目的。② 在经历了以公正为价值取向的审判程序后，进入执行程序的法律关系应该以效率为价值取向，以期迅速实现判决确定的权利义务。③ 民事裁判的执行意味着要对民事侵权责任进行理性追究，从而实现权利救济与社会关系修复的动态平衡。民事执行旨在以效率换取公正、以效率实现公正。执行的拖延将使司法裁判的补偿、震慑、引导和激励的价值作用降低，执行的拖延还有可能导致争执财产毁损，致使侵害结果不可逆转，使公正裁判及其执行丧失实际的价值。

民事执行的效率价值要求执行机构应该选择高效的执行手段和措施。执行人员可以使用司法拍卖的方式加快执行工作的进程，保证在法定期限内完成执行财产的拍卖、变卖，保障债权人能够尽快收到相关款项。有时，执行机构还可以对拒不履行人民法院已经发生法律效力的判决、裁定的被执行人予以拘留，以期通过惩罚的手段来迫使被执行人承担民事纠纷中的经济责任。实际上执行机构的资源和能力都是有限的，民事执行的效果还取决于被执行人的态度、行动和清偿能力，因此，在确立国家主导民事执行事务的同时，也应该促进社会共同参与民事执行活动，在某些情况下可以有条件地借助私力救济途径来解决民事判决执行难的问题。许多欧盟成员国将执行权委托私人机构行使，并从执行后的标的中抽取相应的报酬作为私人机构的补偿，这样不仅加强了私力救济机构之间的竞争，而且

---

① 肖建国. 审执关系的基本原理研究 [J]. 现代法学, 2004 (5): 96–101.
② 竹下守夫, 白绿铉. 日本民事执行制度概况 [J]. 白绿铉, 译. 人民司法, 2001 (6): 52–56.
③ 童兆洪. 论构建公正、高效、权威的执行制度 [J]. 法治研究, 2008 (2): 20–30.

增加了债权人获得清偿的概率。[①]

其次,司法执行人员应当确立兼顾公平的执行观念。为了保证生效法律裁判的执行,被执行人必须履行一定的义务,同时也享有一定的权利,因此,强制执行不仅要采取各种手段保护债权人的利益,也要采取必要的手段保护债务人的利益。生存权是民事执行过程中应该优先保护的基本价值,应该坚持生存权优于债权的理念,重视对被执行人基本人权的保护。[②]在执行过程中,被执行人暂时确有困难、缺乏偿付能力,或者立即执行会给自己造成较大损失的,可以通过担保的方式向法院申请暂缓执行,经申请执行人同意后,法院可以决定暂缓执行及暂缓执行的期限。强制执行应该限定在必要适度的范围内,在最大限度保护申请执行人债权的同时,基于尊重和保护债务人的人格尊严,维护债务人及其家属的生存权,维护社会公共利益和善良风俗的需要,我国民事诉讼法规定了执行保护措施和被执行人及其所扶养家属的生活必需费用执行豁免制度。

兼顾公平的文化观念还体现在债务人财产权利的保护方面。为了更好地保护被执行人的财产权利,我国可借鉴德国的强制管理制度,可以在不改变执行财产权属的前提下,对已被查封、扣押的财产选任管理人实施管理,以管理所得的收益来清偿债务。同时,强制管理人须从管理收益中为被执行人提供满足其本人及其家庭所必需的费用。在申请执行的债权数额明显小于不动产的价值的情况下,拍卖不动产明显违背比例原则,采用强制管理不仅能够实现清偿债务,而且能够保障被执行人的生存权,尽可能地减少对被执行人财产权利的影响和损害。

最后,执行人员应当确立程序正义的执行观念。司法执行的过程必须合乎程序正当的要求。当事人要运用程序作为保护自己权益的手段,执行人员应该将程序规则作为自己恣意行为的限制。在判决执行阶段,执行人员应该尊重申请执行人的程序权利,应该及时受理申请执行人对强制执行命令、强制执行措施提出执行异议,应该认真审查异议理由,在确定理由成立之后裁定撤销或改正违法执行行为。审查后确认异议理由不成立的,裁定驳回执行

---

[①] 栗峥. 中国民事执行的当下境遇[J]. 政法论坛, 2012, 30(2):48-59.

[②] 董少谋. 民事强制执行法学[M]. 北京:法律出版社, 2011:3.

异议，并告知异议申请复议的权利和期限。申请执行人不服裁定的，可以向上一级法院申请复议，上级法院执行裁决机构应该采取合议庭形式对复议申请进行审查。原执行程序在执行异议审查和复议期间继续进行，被执行人提供充分、有效的担保请求停止相应处分措施的，人民法院可以准许。申请执行人提供充分、有效的担保请求继续执行的，原执行程序应当继续执行。另外，执行裁决机构应该平等保护被执行人的执行抗辩权，及时处理被执行人对人民法院的民事执行裁定、决定提出异议和申请复议以及对法院及其工作人员的执行行为提出异议、控告。

### 三、司法执行力的文化意识导引

司法文化心理是社会主体对司法审判及其执行现象产生的感性认识和情感取向。司法执行方面的文化意识则是对社会主体对司法现象和司法问题产生的相对理性化的认识。当然，司法文化意识也会随着社会群体的知识结构、生活经验和思维方式的不同而显示出类型化的特征。司法文化意识导向决定人们的行为选择和行为取向，制约法律在社会公共生活的地位和作用，影响司法判决的执行效果。

（一）当事人的契约意识是司法执行取得理想效果的文化动因

具有相似的知识结构、生活方式、思维模式的社会主体在共同的社会环境和文化氛围中会形成共同的文化意识。这种文化意识能够深刻影响他们对司法裁判的性质和意义的认识，进而在一定程度上决定了执行过程中被执行人的心态，有力地影响执行的最终效果。西方社会在漫长的司法审判和司法执行的历史发展过程中形成了信任法律、依靠司法的文化意识形态，这些国家的诉讼当事人在不同程度上具有自觉履行司法裁判义务的文化意识，躲避和抗拒民事裁判执行不是一个普遍的社会现象。

中国传统文化中缺少法治信仰的文化因子，从中无法形成信任法律、信赖司法的文化意识形态。在中央集权、国家专制主义、皇权至上的政治文化观念中，法律被看作束缚、控制人们思想、意志和行为的手段，而不是人们认同、信赖的制度权威。在西方文化传统中，法律是理性和正义的化身，法律在约束人们行为的同时，也在保护着人们的权利，适用法律的司法则是救济权利、恢复社会秩序的权威手段，规则意义和契约意识就是这种文化意识的集中体现。在某种意义上，信任法律、依赖司法是一种规则意识和契约意识。人们在社会交往中自觉按照法律规则的要求行使权利、履行义务，在发生利益纠纷的时候能够选择诉讼途径、依靠司法裁决来解决问题，这就是规则意识的典型表现。规则意识在经济交往市场中表现为契约意识，契约意识是规则意识的载体。规则意识和契约意识与市场经济交往方式密切联系在一起。市场经济是一种平等主体之间的权利交换经济，建立在人格独立和自治自律基础之上的自由选择观念是市场交换和市场竞争得以正常进行的文化基础。当然，这种自由也不是无限的，自由要受到社会文化的支持和制约，要受到平等原则、诚信原则、公序良俗等文化道德意识的限制。

人们在经济交往中形成的契约意识蕴含了应用法律规则、发展法律规则的文化意识。现有的法律规则只是为市场主体签订契约提供了初步的合法基础，他们通过合意形成的权利义务安排是法律规则意义的具体化过程，契约所形成的行为期待和利益诉求是实质性法律安排，因此，契约就是当事人的法律。在现代社会中，法律是社会交往行为的权威评价标准，无论是合法行为还是非法行为，法律都是行为是否具有社会意义的判断依据。立法权、行政权和司法权只是通过社会契约建立起来的公共权威，法律的制定和实施是社会契约的组成部分，法律本身就是社会契约的产物，在某种意义上，法律制定、法律执行、法律适用、法律遵守活动都是契约行为，都具有契约意义。因此，法律是社会结合的条件，它规范着政府的权力行为和社会成员的权利行为。作为政治社会的国家和作为行为规范的法律都是人们自由选择的产物，保护平等的自由权利既是社会契约的原因又是社会契约的目的。行使公共权力的政府与享有平等的自由权利的民众都是社会契约的签约人，都必须履行社会契约，都必须遵守法律的规定。

法律和政府的社会契约性质决定了人们的社会交往都是具有法律意义的行为，社会纠纷本质上是各种契约履行中形成的利益冲突。法律的本质属性和社会意义决定着司法过程的性质和司法结果的意义。法律的性质和意义是由社会交往方式的性质决定的，归根结底是社会主体的交往目的决定的。为了保障和实现社会交往中的自由与平等，人们通过缔结法律契约确定社会交往中的权利义务关系。司法作为适用法律的活动，总会体现过程性的特质，司法过程本质上就是履行法律契约和诉讼契约的过程，司法过程的结果也就是这些契约履行的结果。司法过程的价值就在于通过法官的审判行为和当事人的诉讼行为，行使法律契约确定的权利，履行法律契约确定的义务，获得法律契约预期的结果，维护和恢复法律契约所规定的权利义务关系，因此，司法过程实际上就成为体现法律的契约性质、实现法律效果的重要活动，司法执行过程的价值目标就是要通过债务人对司法裁判义务的履行来实现债权人的权利，否则司法审判过程和司法执行过程将失去存在的根据，司法价值也就无法体现。

司法过程从当事人行使法律契约规定的起诉权开始，以当事人履行法律契约规定的权利和义务结束，整个司法过程都是程序参与者履行法律契约的活动。从根本意义上讲，选择和主导司法过程的不是法官而是缔结法律契约的当事人，法官只不过是法律契约确认的纠纷裁决者。因此，当事人的价值主体地位必须在司法过程中得到体现和保障。当事人基于法律契约而产生的权利主张和义务请求是司法过程的运行动因，如果当事人不能以真实的意思表示参与司法过程，司法过程就不可能实现法律契约规定的价值目标，司法结果也就不能体现和实现当事人的利益和意志。如果司法过程不能实现法律规定的价值目标，不仅人们通过缔结法律契约达到保障平等的自由权利的目的无法实现，而且人们通过社会契约建立的司法制度也无法确立应有的权威。

有必要指出的是，法官也生活在社会之中，也不能脱离具体的文化环境对具体的社会纠纷作出法律意义的判断，法官在司法实践过程中不是知道一切真相的神明，他不能完全忽视当事人的有关事实和法律认识方面的信息。在司法过程中，不仅当事人之间的信息交流和意见沟通对纠纷的解决具有重要的意义，而且法官与当事人之间的信息互动对事实认定和法律适用选择也有着极其重要的作用。司法过程是信息互动的过程，是立法的普遍理性与当事人的特殊理性相结合的活动，也是法律的抽象规定与当事人具体的权利主张相衔接的活动，司法判决就是在二者相结合的过程中形成的法律决定，判决执行就是当事人的应然权利主张转变成实然权利结果的活动，就是通过诉讼契约履行法律契约的过程，当事人的契约意识是确保司法执行取得理想效果的文化基础。

(二)执行人员的能动执行意识是司法执行高效原则的必然要求

民事裁判执行人员应该具有主动执行和能动执行的文化意识。民事判决执行行为本身具有行政权的属性,应该具有相应的主动性和能动性。主动执行和能动执行意味着执行机关主动启动执行程序,执行机构对已经生效并超过履行期限且具有执行内容的民事法律文书,在债务人没有自觉履行的前提下,经债权人同意应该由审判庭主动移交执行庭立案执行,无须等待债权人另行申请。主动执行和能动执行意味着执行机构对具备履行条件而拒不履行债务的义务人主动采取各种法律规定有利于案件执行的措施,督促其履行义务。对暂时不具备履行条件的,执行机构应该主动引导当事人达成和解协议,案件因各种干预难以执行或者可能影响社会稳定的,应该启动执行联动机制,以确保生效民事法律文书确定的债权得到及时的实现。[①]

执行人员应该坚持主动执行和能动执行的文化理念,要善于在裁判执行过程中认定被执行人或第三人的不诚实行为,并依法给予必要的制裁。法官应该把诚信原则引入民事执行中,对于第三人的执行异议应该依据诚信原则加以审查,将该原则作为第三人异议是否具有正当性的评价标准。在第三人自认对被告负有债务、法院经过审理查明作出判决确认并对该债权采取了保全措施的情况下,为了保全被告对第三人债权的不变动,执行人员应该以诚信的心态和公正的立场来处理诉讼双方的利益保护问题,不能因为第三人的执行异议就终止执行程序,应该通过执行审查机制否决第三人不诚信的请求,继续执行第三人对被执行人的到期债权。[②]

执行人员应该依照主动执行和能动执行文化理念,合理运用强制执行手段推动判决义务的履行。依据我国现行法律的规定,民事执行标的仅限于财物和行为,人身不能作为执行标的。在国外,为了有效地推动民事执行工作,执行机构可以对债务人的人身自由、名誉采取某种强制措施,可以适用拘留或刑罚的处罚手段从心理上迫使其履行债务。针对当下司法执行力不高的现状,我国应该适度强化这方面的处罚力度。我国法律规定,被申请人拒不履

---

[①] 王杏飞. 能动司法与主动执行 [J]. 法学评论, 2011, 29(5): 117-122.

[②] 徐洁. 论诚信原则在民事执行中的衡平意义 [J]. 中国法学, 2012(5): 55-60.

行生效法律判决、裁定造成严重后果的,或者以暴力、威胁方法阻碍执行人员依法执行职务的,法院有权对其采取强制措施,或者依照刑法给予刑事处罚,也就是说,在符合法律规定的前提下,法院可以对拒不履行生效判决的被执行人行使人身处罚权。[1] 美国法院可以命令具有偿还能力的被申请执行人分批偿还债务,对不按照执行命令履行执行义务的被执行人,法官可以直接宣布其犯有藐视法庭罪,还有可能对其判处其他刑罚。[2] 依据我国刑法的规定,拒不执行人民法院已经发生法律效力的判决、裁定的,情节严重的,处三年以下有期徒刑、拘役或者罚金。在启动程序方面,我国应该改变由检察院提起公诉的形式,由当事人通过自诉的方式向法院提起诉讼,法院直接受理后由原来审理该民事案件的合议庭迅速作出判决;执行机构还可以联合有关行政机构借助在工商登记、贷款、投资、消费和出境方面的限制措施和向社会公布不良记录等方法,通过全面挤压债务人的生存空间来促使其履行生效判决确定的义务,保障债权人的利益尽快实现。

　　执行人员的主动执行和能动执行的文化意识集中表现为合理的权力意识。执行人员的权力意识既是一种历时态的文化现象,也是一种同时代的文化现象。司法执行方面的权力意识的形成与发展总是与司法执行方式的选择和制度建构密切关联。司法执行的权力意识既需要国家强制力的支持,也需要社会公众的认同。换言之,这种权力意识既要表现为国家的强制威力,又要体现为司法执行的威信。因此,这种权力意识必须建立在人们的法律文化意识比较浓厚的基础之上。随着社会经济和技术文化的发展,人们拥有了更多的自由选择权利,需要更多的法律规则确定权利的内容和边界,人们更加依靠法院来解决权利冲突,在这样的文化观念推动下,执行机构在司法执行方面表现出积极主动的行为取向,司法执行成为维护利益、保障权利的权威机制。正是社会公众对能动执行意识的文化认同,不断扩大了法院的管辖范围,不断强化了司法执行的法律权威。依据群体行为理论,人们的群体行为具有无意识的盲从性、趋同一致性和崇尚权威性等特点,如果缺少合理引导,非理

---

[1] 杨与龄. 强制执行法论[M]. 北京:中国政法大学出版社,1978:10.
[2] 肖宏开. 美国法院的判决执行制度及其启示[J]. 法律适用,2005(3):89-90,72.

性的群体行为将变得不可控,[①] 司法执行权威内含丰富的文化影响能量,正是对这种非理性群体行为的规制和把控的文化力量。由于群体行为崇尚权威的特性,当自觉履行裁判的行为被视为正义行为时,当司法强制执行能够实现权利救济、恢复秩序的目的时,该行为模式就会被当作一种可以被崇敬的价值取向,而为多数人所效仿。这正是司法执行的这种文化意识应该具有的文化功能。

此外,执行人员和当事人都应该认识到权利得到判决确认并不意味着权利必然能够通过强制执行而获得实现。权利的实现程度既取决于执行的力度,也取决于债权人的举证效果、被执行人的职务履行能力和社会的法治文化环境。在社会信用较低、交易风险较大的社会转型时期,当事人应该具有一定的风险预期意识,应该理解债权不能通过执行得到完全实现是风险社会不可避免的社会法律现象。这就要求执行人员要改革执行债权实现终结理念,确立穷尽执行措施的执行终结理念,执行人员应该严格依照执行程序穷尽各种执行手段,对债务人或保证人的财务状况、履行能力进行彻底的调查,如果执行人员作出了必要努力,债权仍然不能全部实现,应该视为执行机构已经履行了法定的执行职责,在以后也可能恢复执行程序的前提下终结执行程序。[②]

(三)协助执行的文化意识是司法执行顺利开展的有力保障

民事判决执行工作需要得到社会的支持和配合。国家机构、社会组织和个人能否给予司法执行工作必要的配合和支持,取决于其是否具有协助执行的文化意识,而不被自己的情感取向和利益动机所左右。协助人不是案件当事人,他们对司法过程和结果不一定关心,在通常情况下缺少积极配合的法律意识。当下中国仍然存在熟人情结,一些地区依然存在地方保护主义,有些协助人和机构可能与被执行人有着一定交往关系,并不愿意配合执行被执行人的财产。这种不愿协助的文化意识极大地影响了司法执

---

[①] 莫斯科维奇. 群氓的时代 [M]. 许列民,薛丹云,李继红,译. 南京:江苏人民出版社,2003:39.

[②] 黄龙照,呼振泉. 谈民事执行工作的价值追求:如何提高案件执结率和标的到位率、降低案件中止率 [J]. 山东审判,2003(3):53-58.

行工作的效率，给申请执行人的合法权益的实现造成极大的困难。因此，对不履行协助义务的单位和个人，法院可以给予罚款、拘留、直至追究刑事责任的处罚；法律应该明确规定有协助执行义务的单位和个人拒绝协助或者故意妨碍执行，给当事人造成损失的，当事人可以对其提起赔偿诉讼，要求其承担相应的赔偿责任。①

第一，金融机构应当具备协助执行的意识。金融机构作为中介从事银行、证券、保险、信托、基金等行业时，掌握着被执行人主要的财产信息。而在司法活动中，司法机关往往需要查询、冻结、划拨当事人账户资产，以推进执行活动的顺利进行。我国的民事诉讼法在先予执行、诉前保全、诉讼保全、司法执行等制度中也专门为金融机构设置了相关义务，用以保障司法活动的完整和权威。但在实践中，金融机构往往囿于内部工作程序以及自身积极性，并不能高效地协助法院完成执行活动。金融机构特别是银行只有提高自身的法律意识才有动力快速、准确配合司法机关完成查询、冻结、划拨任务。法治社会的建设离不开法律意识，法律意识则又依赖于公民、法人、其他组织的配合。金融机构在国民生活中的重要性和独特性决定了社会对其法律意识有更高的要求。为此，《中华人民共和国民事诉讼法》专门规定了金融机构拒不配合和消极怠工的法律责任。② 这在一定程度上，能够推动金融机构养成良好的法律意识，配合司法机关的执行活动。

第二，确权机构应当具备协助执行的意识。民政部门、国家土地管理、住房管理、车辆管理、通信管理等部门在相关人身、财产权利的确认和登记方面发挥着不可或缺的作用，而司法活动的结果涉及对当事人诉求的确认、变更和给付，司法执行也就必然伴随着权利的移转、变更和注销，因此权利登记和确认机构的配合意识至关重要，在很大程度上决定了一个裁判能否有效救济当事人的权利。《中华人民共和国民法典》规定了法律文书导致物权变动的生效时间，程序法方面也为有关的管理机关设定了相应的注意义务和协

---

① 童兆洪. 论构建公正、高效、权威的执行制度[J]. 法治研究，2008（2）：20-30.
② 《中华人民共和国民事诉讼法》第二百一十四条规定，有义务协助调查、执行的单位接到人民法院协助执行通知书后，拒不协助查询、扣押、冻结、划拨、变价财产的，人民法院除责令其履行协助义务外，并可以予以罚款。

助执行义务，知识产权管理机构在商标权、专利权等登记、变更、注销程序中，对于法院的协助执行通知书必须即时履行，稍有懈怠便会给真正权利人的权益造成不可挽回的损失。这就要求相关管理部门具备协助执行的法律意识和风险防范意识，配合司法机关的执行活动。

第三，被执行人的所在单位应当具备协助执行的意识。司法执行中涉及被执行人的执行财产有相当比例是股份利益，相关的单位如果拒不配合、隐匿、转移相关财产，则很难救济当事人的权利。如果被执行人在其所在工作单位还有未领取的收入，该单位应当在协助执行通知书的范围内，扣留相关财产。相关单位应当具备这种协助执行意识，凡是司法机关发出的协助执行通知书所涉及的财产，一律予以扣留、提取，等待司法机关依法执行。这种积极协助的意识不仅是法治社会的应有之义，也是相关单位完成自己法定义务的本职所在。依照最高法院司法解释的规定，当所在单位擅自为被执行人办理股权转移手续、支付股息或者红利进而造成无财产可供执行时，应当承担相应额度的执行责任，其主要负责人或直接责任人要受到罚款惩戒。

第四，相关公民应当具备协助执行的意识。现代社会的民事活动越来越频繁、越来越复杂，被执行人债权债务关系也交织在多方、深层次的法律关系中。《中华人民共和国民事诉讼法》以及最高人民法院的执行规定也对被执行人的相关人员设置了相关的协助执行义务，如果第三人协助被执行人逃避执行责任，法院有权责令其承担追回责任，逾期仍未追回的，相关人则要承担赔偿责任。当第三人怠于行使对被执行人的适当、到期、合法债权时，债权人可以代为行使权利。当第三人如果因对被执行人负有到期债务尚未履行而收到法院协助履行通知书时，应当按通知要求向权利人给付。如果拒绝协助履行，则可申请强制执行。同时，为顺利执行，法院作出的限制消费令也需要相关工作人员的协助。如果发现被执行人不当消费时，相关单位作出拒绝消费的行为后应该及时向执行机关反映情况，以方便随时执行其财产，保障权利人合法权益。总之，相关人应该意识到协助司法执行是每一个公民的法律义务，维护司法执行的权威就是维护法律权威，保护社会交换结构的可预期性。

第五，新闻媒体应当具备协助执行的意识。新闻媒体的传播、监督功能对于司法执行具有不可或缺的作用。新闻媒体的法律意识深刻影响人们对司法活动的看法，司法活动的过程和结果需要媒体传播，司法执行的力度也有赖于媒体的曝光、监督。在一般情况下，社会舆论的压力能够推动被执行人履行司法裁判的义务。现代社会是一个信用社会，信用缺失会影响被执行人预期的民事活动。失信被执行人名单查询制度、媒体执行曝光制度在解决司法执行方面的问题发挥了关键作用。新兴的电子媒介、网络媒体不仅拓宽了新闻媒体的发展路径，也为司法裁判的顺利执行提供了更为广阔的社会监督平台，新闻媒体应该加强与司法机关之间的互动，应该通过庭审直播、法官向媒体释法等途径，让社会公众理解司法强制执行的意义，营造有利于司法执行的文化氛围，确保司法执行能够取得良好的法律效果和社会效果。

　　总之，司法执行力深受文化心理的影响，信任心理是司法裁判顺利执行的前提，畏惧心理是司法裁判能够执行的基础，逃避心理是司法裁判难以执行的消极因素，对抗心理是司法裁判执行受阻的直接动因；司法执行力深受文化观念的影响，当事人、社会公众、法官、执行人员对司法过程、司法结果的文化认识是左右执行程序、影响司法执行效果的重要文化要素；司法执行力深受文化意识的影响，当事人的自觉执行意识是司法执行取得理想效果的文化动因，执行人员的能动执行意识是执行高效原则的必然要求，其他机关协助执行的文化意识是司法执行顺利开展的有力保障。

身的追求目标的权利。所有权和市场是自由选择的核心要素，契约是个人自愿选择的联合。①因此，选择、同意和个人权利是现代文化的核心要素，在社会生活的每一个领域，公共行为都已经逐步或者快速被重构并且反映出自由选择和个人主义文化的新形象，②这种对个人自治的崇拜意识推动了人类社会从无选择转向有选择的历史演变，自由选择的现代理念通过法律媒介转化成活生生的社会制度安排，平等、自由的权利扩展到社会生活的各个领域，已经成为不可遏制的文化潮流。

毋庸置疑，"权威的衰落是危险的，因为丧失了权威，文化就无法存续；没有合法的规则，文化就无法存在；没有共享的规范，文化就无法存活"③。因此，在一个复杂的社会里，权威必然依赖法律的支撑。而作为文化的表现和组成部分的权威形态，在引导法律创制和突破的动态过程中也扮演了一个至关重要的角色。任何社会都需要借助于权威来整合社会关系、维系一定的秩序模式。④在通常情况下，社会系统的运行离不开权威的支持，当旧的权威形式弱化或消逝的时候，新的权威形式会建立和发展起来。随着人类从传统社会走向现代社会，民主治理和自我治理的文化观念逐渐发展起来，传统权威受到了这种个人主义文化的轻视，正在趋向衰落，而法律正在日益扩张，成为从传统权威的废墟上建构起来的制度权威。于是，崇尚法律成为现代社会的文化理念，法律成为保障选择自由、维系社会秩序的文化选择。毋庸置疑，法律整体上是冷酷无情的行为规范，现代社会的法律不能基于情感的力量来维持权威。当权威在整个社会得到扩展，并且随着社会的发展变得复杂时，法律就成了一种组织和承担权威的模式。⑤当人们把司法裁判作为解决社会纠

---

① 弗里德曼. 选择的共和国：法律、权威与文化[M]. 高鸿钧, 等译. 北京：清华大学出版社，2005：23-32.

② 李强. 法律社会学中的法律文化概念：评劳伦斯·弗里德曼《选择的共和国》[J]. 法律科学，2006（5）：164-168.

③ 弗里德曼. 选择的共和国：法律、权威与文化[M]. 高鸿钧, 等译. 北京：清华大学出版社，2005：14.

④ 李宁. 乡贤文化和精英治理在现代乡村社会权威和秩序重构中的作用[J]. 学术界，2017（11）：74-81，325-326.

⑤ 弗里德曼. 选择的共和国：法律、权威与文化[M]. 高鸿钧, 等译. 北京：清华大学出版社，2005：130.

<<< 第六章 司法权威的文化动力

高权威的领域。①

在社会演化的历程中，大众传播文化具有极大的文化解构和文化建构作用，媒体无情地弱化了地方社会，摧毁了传统的文化，瓦解了既定的权威，那种需要通过隔离公众、制造神秘气氛、依赖首属团体力量的权威失去了生存的空间。②众所周知，传统社会是地方性社会，国家权力的控制力只限于很小的范围，地方文化和传统文化是面对面的文化形式。随着传统社会向现代社会的演进，中央政府获得了必要的权力，地方政府以及以地方为中心的权威丧失了。平行团体在地域和社会组织上是分散的，在政治上没有统一的核心。个人生活的平行组织经过长期的发展，成为弱化地方权威和地方文化的最强大的力量。③网络通信方式和快速的交通方式改变了家庭关系，甚至改变了所有的人际关系，极大地提高了社会的流动性。长足进步的媒体终结了传统社会的封闭状态，迅速发展的技术在创造了增长的可能性、流动的可能性的同时，也创造更多的选择机会。④传统社会缓慢的变化速度被现代社会的快速变革所取代之后，维护社会秩序不再依靠习惯和个人权威而是依靠普遍、明确的规则权威。

选择和同意是现代社会正当性要素的基石，由契约形成的人际关系代替了通过传统习惯和道德观念形成的社会关系。⑤现代社会并不因宗教传统和血统年龄等因素而强制限定人们的社会地位，敞开了独立自主、迁徙自由和个人选择的大门。在现代西方社会，一般社会规范和流行文化为法律提供支持和赋予意义，将个人选择范围不断扩展视为一个理想或者现实生活的一部分。自由意味着个人有选择的权利，自由意味着一定范围和程度上的个人自治，个人不受外来干涉的自由是能够决定自身生存状态、获得最大发展、达致自

---

① 左卫民. 裁判依据：传统型与现代型司法之比较——以刑事诉讼为中心［J］. 比较法研究，2001（3）：30-40.

② 聂好春. 晚清大众传媒的成长与近代文化转型：以对维新派大众传媒活动的考察为视角［J］. 河南社会科学，2018，26（11）：82-85.

③ 弗里德曼. 选择的共和国：法律、权威与文化［M］. 高鸿钧，等译. 北京：清华大学出版社，2005：243.

④ 弗里德曼. 选择的共和国：法律、权威与文化［M］. 高鸿钧，等译. 北京：清华大学出版社，2005：66.

⑤ 秦强. 论契约文明：兼论契约文明与法治文明的关系［J］. 云南社会科学，2005（2）：26-30.

至上的文化意识。①

（一）法律权威的文化选择

权威、规则和选择依据文化价值观而具有不同的结合方式。权威是一个社会维持一定秩序的基础，任何社会都需要借助权威来保证社会交往的合理预期。权威是文化选择的产物，何种形式的权威能够在社会中占据主导地位，不是由人们的意志决定的，而是由主流社会文化决定的。

在传统社会中，基于道德伦理基础上的最高统治者的意志和神的意志都曾经充当过社会的最高权威。总的来说，传统权威表现为宗教权威、政治权威、父母权威以及各种各样的领导者和精英的权威。②权威表征命令发布者与遵循者之间的正当性联系，因此衡量权威有效的标志是其能够统驭秩序或者能够说服人们遵守秩序。

传统社会是封闭的地方性社会，个人权利受到极大的限制。在身份主导的时代，社会能够提供给个人选择的空间是十分狭小的，"独裁政府带有家长式作风。在独裁政府有可能和实际上不允许被统治者选择规则或者为其自身利益制定规则的时候，它控制了大量的基本行为"③。同时，在地方性社会中，国家权力的控制力的范围是有限的，人们之间的直接文化交流是由更为有效的地方秩序安排模式实现的，这也为政府通过隔离民众、制造神秘气氛和依靠地方势力来维持传统权威提供了条件。在传统社会，权威结构缺乏制衡，统治阶级拥有无限的自由裁量权，人民履行了大量的义务，却享有非常有限的权利。因为身份等级制度极大地抑制了人们的创造性、主动性和积极性，所以传统社会是生活节奏和发展步伐缓慢的社会。古老世界的法律与古老的权威一样，在传统社会里都是垂直构成的，它依靠习惯、统治者的人格魅力和地方权威系统来运作。在人们的心里，这种法律起源是遥远的、神秘的更

---

① 王松苗. 法治是一个文明的过程［N］. 人民法院报，2014-08-15（7）.
② 弗里德曼. 选择的共和国：法律、权威与文化［M］. 高鸿钧，等译. 北京：清华大学出版社，2005：9.
③ 弗里德曼. 选择的共和国：法律、权威与文化［M］. 高鸿钧，等译. 北京：清华大学出版社，2005：36.

# 第六章 司法权威的文化动力

众所周知，司法权威是现代国家治理和社会管理的重要资源。司法权威是通过司法主体的权威、司法过程的权威和司法结果的权威体现出来的法律权威，司法权威必然与司法主体、司法过程和司法结果的制度安排有着内在联系。司法权威除了制度要素之外，还存在着文化影响因素，有着悠久深厚的文化渊源。人类制度文明成长的历史表明，司法制度是在一定的文化环境中形成和发展起来的程序机制，人们在长期的国家管理和社会治理的经验体验中逐渐形成了法律至上、司法最终解决的文化意识，最终确定了司法在纠纷解决机制的至上权威。由私力救济发展到公力救济，由社会分享司法权力到国家垄断司法权力，既是法律进化的结果，也是人们文化选择的结果。因此，有必要探究司法权威形成和发展的文化价值基础和文化动力问题。

## 一、法律至上的文化理念

以个人主义和功利主义为核心的自由主义文化，强调自由选择在政治生活、经济生活和社会生活中的作用，主张每个人都是独特的和自由的社会主体，任何人都有权利通过自由、开放和没有限制的方式创造、塑造和选择属于自己的生活方式。作为这种自由选择文化产物的法律，把社会生活中的一些基本价值需求转变为法律权利和法律权力的形式，从而为人们在法律框架内进行自由选择提供了制度保障。由此，确立了法律在社会调整体系中的地位，将契约和对话确定为社会私人领域和公共领域的交往工具，形成了司法纷、维护社会正义的最后一道屏障的时候，司法权威就是取代传统型权威和魅力型权威的新权威形式。当然，现代社会的权威日益趋向平行构成而非垂直构成，行使权威的主体是同等身份的成员而不是父母、统治者；国王的天赋权力、教会的上帝代理人的权威、贵族的血统荣耀已经化为乌有，人民主权成为政治生活中的宪法原则，选择和同意成为政府组成及其权力运作的观念和制度基础。

现代的法律与传统的法律不同，它们具有平行的构成，是一个社会中各种选择拼接起来的复合体。在现代社会，法律似乎越来越成为社会运动的产物。有组织的利益集团在法律创制的过程中发挥着巨大的影响力量，不仅通过对立法机关施加压力创制规范，而且通过集团诉讼经由法院创制规范。借助平行的影响和交流手段，人们组成了各个利益团体，而个体则主要通过他们所归属或代表他们的团体来影响公共事务。有必要指出，决定是否参加团体和在特定的事务中发挥作用，仍然是个人选择的事情。在现代社会，即使相距遥远的团体成员也能够共享相似的选择偏好，他们可以通过科技手段、通过互联网络而不是通过街道和在某地聚合的方式对共同关心的公共事务发表意见，对政府决策施加压力。[①]

法律权威是建立在程序的理性权威之上的。因为程序是确定、权衡和集结个人选择的法律工具，所以理性权威更加依赖于程序的权威。[②] 程序是现代社会决策得以作出的步骤，而这些决策将以某种有序的方式表达人们的选择结果；程序能够解决许多选择者的选择范围问题，也能处理不同选择之间的冲突。因此，现代权威是一种选择的权威，现代国家和现代权威结构的正当性在于它有权促进、引导和实现个人的选择。现代国家依靠法律的权威，而法律依赖个人选择的权威。基本权利作为正当社会秩序的基本原则，是个人自由体系大厦的基础。个体的权利、个人的选择和独特的生活方式是民主的基础，自由意味着特殊个体拥有实在的主张、享有实然的权利和自由的选择，多数人不能也不应该干涉个人权利的领地。这种宣布、维持、保护和支持这

---

[①] 弗里德曼. 选择的共和国：法律、权威与文化 [M]. 高鸿钧，等译. 北京：清华大学出版社，2005：148–149.

[②] 季金华. 司法权威的意义阐释 [J]. 江海学刊，2004 (6)：114–117，223.

些个人权利的公共机构也具有一定的民主功能,在公民的眼中,司法审查具有意义深远和意味深长的民主意蕴,法院在一定程度上是守护民主的公共机构。①因此,法官有权威是因为司法程序是承担法律权威的载体,而法律有权威是这种规范承载着人民的意志,法官在审理和裁判案件的过程中起着发现和确认人民意志的作用。②

总之,在这样一个通过民主选择原则组织起来的现代社会里,在消解了那种面对面的非正式关系和家长制的秩序之后,社会交往和社会管理活动必然越来越依靠个人自治和自律,个人必须对自己的选择后果承担法律责任。"这样一个社会摆脱了宽恕措施的公开运用和反复无常的特性,而转向一个严格规制和高度一致的制度。"③因此,确立法律权威是自由、民主文化的理性选择。

(二)自由选择的文化基础

在现代社会,选择是一种普遍的文化现象,社会主体是能够选择自己生活方式的、理性的、独立的文化主体。现代社会是一个开放的、流动的社会,也是一个自由选择的社会、个人独立的社会、契约社会和规则社会,通过将个人选择范围最大化的法律安排来实现个人的发展是这个社会的主要文化目标。

现代技术塑造了人们的生活环境,影响了他们看待世界的方式,为人们拓展了选择的范围,丰富了权利的内容,增加了自由实现的方式和途径。交通、通信和制造诸方面的技术进步,帮助人们创造了一个无限可能的精神世界,促使人们建构了一个充满创新机会和各种表现形式的文化世界,人们正在用技术手段认识、界定和实现应有的自由权利。④借助于日益发展的知识和技术,人们从传统社会的身份依附和文化束缚中解放出来,享有了前所未有

---

① 弗里德曼. 选择的共和国:法律、权威与文化[M]. 高鸿钧,等译. 北京:清华大学出版社,2005:47-48.

② 季金华. 司法的法律发展功能及其价值机理[J]. 政法论丛,2019(1):36-50.

③ 弗里德曼. 选择的共和国:法律、权威与文化[M]. 高鸿钧,等译. 北京:清华大学出版社,2005:172.

④ 弗里德曼. 选择的共和国:法律、权威与文化[M]. 高鸿钧,等译. 北京:清华大学出版社,2005:70-71.

的自由。与此相适应，现代法律尽可能地将这些自由以法律权利的形式确定下来，通过授权性规则体系让每个人享有最大限度的自由。

随着网络的普及，人类进入了信息化时代，人们在市场交往中形成的个体意识、权利诉求在很大程度上推动了生活方式和文化方式的转变。① 因此，陌生人之间不断增加的互动行为成为现代生活的基本特征，这不仅是社会流动性增长的实质动因，也是人们感觉到更多法律需要的主要原因。每一种事务的处理都需要成千上万的成文规则和规章，涉及税收、股票交易、土地使用和规划、产品生产和消费等方面的规定，每一类纠纷的处理都需要法官精心地解释成文规则和判例规则。当然，这些规则有可能具有很大的技术特征，必须尊重自然规律、社会规律和人性规律，然而这些规则的制定和实施都离不开宽泛的准则，这些准则可能会清楚地规定或没有规定在法典或法官的判决之中，它们支撑着规则和规章的整个结构。正如米尔顿·弗里德曼（Milton Friedman）所言，所有的准则最终都是道德准则。我们不能将某种化学品添加到食物中，是基于禁止在食品中添加危险成分这样一个一般的法律规则，而这个规则又依赖于一个更一般的准则——即使为了追求在市场上获得充足的利润，人们也不应该对他人造成人身伤害。②

当然，法律本身就是社会选择的结果，法律必须把社会生活中一些基本的和重要的价值需求转变成法律权利和法律权力的形式，人们是在法律作出价值选择之后再进行的自由选择。因此，法律是人们进行具体选择的前提和基础，人们通常是在法律框架内进行自由选择。总的来说，与社会力量相一致的文化趋势决定了法律所作出的价值选择。"每个国家都有其特殊的观念、特定的文化和独特的社会结构"③，文化与结构是相互关联、彼此交叠的，结构是文化长期演进过程中留存下来的架构性遗产。文化和结构决定了选择的范围和限度。法律制度也不是纯粹的自治的系统，而是反映主流社会观念的价

---

① 何勤华，王静. 保护网络权优位于网络安全：以网络权利的构建为核心［J］. 政治与法律，2018（7）：2-20.

② 弗里德曼. 选择的共和国：法律、权威与文化［M］. 高鸿钧，等译. 北京：清华大学出版社，2005：80-81.

③ 弗里德曼. 选择的共和国：法律、权威与文化［M］. 高鸿钧，等译. 北京：清华大学出版社，2005：236.

值选择机制。个人选择至上的理念是现代社会制度建构的重要动力，是法律体系重构和司法判决至上权威的终极渊源。权利意识也是一种特殊历史发展过程中的法律文化结果，权利与选择是相互界定、相互转化的关系。一方面，权利是选择的制度化产物，公民的选择自由如果不能具体转化为权利，那么这个选择的体系就毫无意义；另一方面，权利的内容和实行方式取决于有关选择的存在，没有选择的前提，权利同样没有意义。在某种意义上，哪里可去和如何去的公开的备选项，决定了旅行权利的丰富内容和实行途径。[①]

个体应该成为自由的行动者，是人类当代的神圣信念，每个人享有选择生与死的权利、选择生活方式和死亡方式的权利、[②]选择性伙伴和家庭模式的权利、选择思想和信仰宗教的权利、选择思维方式和表达方式的权利。隐私权是自由选择权利的应有内容，其主要价值在于防止他人干涉自己的私人生活，生活的某些区域之所以是私人的，是因为这些领域是建立在个人的需求、愿望和目标之上的，而不是因为它们是秘密的。这些领域不仅关系私密的个人生活，而且关系日常的生活内容。[③]即使在宗教信仰方面，选择也是一个支配因素。宗教在现代社会只是人们所选择的天堂，是一种精神归属和一种自愿的结合，是基于个人自由选择而形成的制度化成员资格。[④]知情同意的原则来源于那种得到普遍同意和选择的文化，知情同意是个人自由选择的应有内涵，病人最终必须控制所有的重要选择，医生有义务告知风险、替代方案等任何事项。如今，知情权和同意权作为选择文化的产物，已经广泛地渗透到整个法律制度之中，深刻地影响了整个权威结构。[⑤]

归根结底，人们拥有什么权利，通过什么方式行使这些权利，是由社会

---

[①] 弗里德曼. 选择的共和国：法律、权威与文化 [M]. 高鸿钧, 等译. 北京：清华大学出版社, 2005：112-113.

[②] 曹刚. 安乐死是何种权利？——关于安乐死的法伦理学解读 [J]. 伦理学研究, 2005 (1)：84-87.

[③] 弗里德曼. 选择的共和国：法律、权威与文化 [M]. 高鸿钧, 等译. 北京：清华大学出版社, 2005：218-228.

[④] 弗里德曼. 选择的共和国：法律、权威与文化 [M]. 高鸿钧, 等译. 北京：清华大学出版社, 2005：63.

[⑤] 黄泽萱. 论英美普通法中的知情权：兼谈我国信息公开条例的修改 [J]. 行政法学研究, 2018 (6)：91.

文化决定的，法律必须随着文化的变迁而进行相应的修改。总体上，在广阔的生物学界限内，社会秩序和文化环境给社会生活的各个阶段和时期赋予了不同的社会意义，安排了不同年龄时段人们应该扮演的社会角色，规定了不同的行为模式。①在当今这个技术快速发展的时代，社会变化的急流正在影响着社会生活过程的概念，模糊了各个阶段之间的界限，不同年龄的人正处在一个重新界定社会角色和社会意义的一般过程中。这种社会生活界域发生的瓦解对法律制度产生了深刻的影响，正在改变利益和权利的分配模式，一大批利益和权益流向了中年人和更年长者。许多国家出台了反对年龄歧视的法律，放宽了就业年龄的上限，延长了退休年龄，甚至取消了强制退休制度。选择造就了人们的时光流逝和人生转折的感觉，人们开始意识到不应随着时间的流逝关闭选择的大门、剥夺年长者的选择机会，年龄也不应该像种族、性别或宗教那样阻止人们重新塑造自我。②

随着婚姻的社会含义和文化意蕴的变化，西方世界的家庭生活与社会秩序的其他方面一样，变得越来越不稳定，婚姻开始承担新的任务，逐渐成为自我实现的一种方式。表现型个人主义将婚姻看作一种自由选择的安排和一种合伙形式，保持婚姻存续状态是个人选择的事情。婚姻关系的一方必须满足和丰富对方的生活，否则，任何一方都拥有解除婚姻并重新尝试新的结合的道德权利。表现型个人主义的文化意识同样深刻地影响了社会的生育观念，单身母亲在一定意义上成为女性社会成员的一种选择的状态，或者说可以成为社会共同体接受的一种状态，其后果也随着社会的进步而改变。社会文化不再像19世纪的文化那样孤立和压制她们，福利系统还给予她们某种形式的生存和安全的保障。③当代法律的隐私保护远远超出了对个人空间的基本需要，超越保持个人私生活秘密的权利范围。为了防止信息的使用对某人构成损害，人们希望享有明天不会由于自己昨天的作为而受到打扰的权利，希望拥有收回自己最初观点的权利，期望拥有让记忆死亡的权利。

---

① 肖文黎. 个性、角色与职位的理论分析[J]. 理论界, 2007（9）：216-217.

② 弗里德曼. 选择的共和国：法律、权威与文化[M]. 高鸿钧, 等译. 北京：清华大学出版社, 2005：199-201.

③ 弗里德曼. 选择的共和国：法律、权威与文化[M]. 高鸿钧, 等译. 北京：清华大学出版社, 2005：207-211.

权利不仅是合作的基础，也是冲突的基础。"冲突与合作是在特定的文化环境中产生的。"①解决冲突、引导和维护合作的法律也是在一定文化环境中实施的。虽然人类在进化的过程中获得了适应特殊环境和合作共存的能力，形成了解决社会冲突的文化模式和制度机制。但是冲突是不可避免的，"冲突行为在人类群体内部或群体间都是无所不在的"②。各方因物质的或象征性的资源分配、目标和利益上存在分歧而在行动上产生矛盾时，冲突就会产生。因此，"可以把冲突界定为双方或多方为争夺对稀缺的物质或象征性资源的控制而采取的行动"③。文化规定何种资源是稀缺的，何种策略允许用来获得或控制这些稀缺资源。

冲突的文化形态作为一个社会规范、习俗和制度的集合，在一定程度上影响着群体或个体为什么而争斗，影响着他们在争端中运用哪些被文化认可的方式去追求自己的利益，影响着制度性资源的分配，而这类资源又决定了冲突的进程和结果。④根植于人们早期社会化经历所形成的心理文化倾向决定了社会冲突的总体水平，而一个社会特殊的社会组织模式则决定了冲突与攻击的目标是在一个社会内部、外部还是两者都有。因此，社会的结构因素和心理文化因素能够认识和理解冲突的起源、进程和结果。一个社会普遍共有的心理文化倾向决定着个人与群体如何对冲突事件及其唤起的情绪、知觉和认知进行加工。这种心理文化倾向具有把什么是威胁到自尊及身份的文化认同紧密联系起来。心理文化倾向是从文化中习得并被认可的社会交往模式。⑤

进而言之，社会结构模式和心理文化倾向深刻地影响了人们对纠纷实质

---

① 罗斯. 冲突的文化：比较视野下的解读与利益[M]. 刘萃侠，译. 北京：社会科学文献出版社，2013：19.
② 罗斯. 冲突的文化：比较视野下的解读与利益[M]. 刘萃侠，译. 北京：社会科学文献出版社，2013：2.
③ 罗斯. 冲突的文化：比较视野下的解读与利益[M]. 刘萃侠，译. 北京：社会科学文献出版社，2013：30.
④ 罗斯. 冲突的文化：比较视野下的解读与利益[M]. 刘萃侠，译. 北京：社会科学文献出版社，2013：2.
⑤ 罗斯. 冲突的文化：比较视野下的解读与利益[M]. 刘萃侠，译. 北京：社会科学文献出版社，2013：9-10.

的看法以及对纠纷解决途径的选择，规定了人们依靠法律解决利益冲突的限度和范围，从而在一定程度上影响了法院的案件受理范围和管辖范围，进而决定了司法权威在社会生活和政治生活中的作用。交叉社会关系结构与差异型社会形态相适应，人们在纠纷的性质、解决途径上会表现不同的心理文化倾向，往往更多选择诉诸司法机制解决他们之间的利益冲突；而在同一型社会关系结构和同一型社会形态中，人们在纠纷的性质、解决途径的选择上会表现出相似的心理文化倾向，要么选择暴力方式，要么选择和解方式解决利益冲突与分歧。

（三）自由选择的文化调和

每一个法律主体都具有不同的性格特征和人格品位，在社会生活中归属于不同的性格文化和人格文化。虽然强调秩序和纪律的性格文化对社会和谐的维系非常重要，但是，现代社会的交往方式和秩序安排是建立在统一的人格文化基础上的，人格文化强调特殊的自我，因而西方社会大约在19世纪完成了从性格文化到人格文化的历史转型，制度安排实现了从强调生计和安全的需要向强调自我选择和自我表现的需要之转变。[①]人们在生活中呈现出自由选择的状态，语言交流和意识认知中充满着选择、同意、契约和自由意志，人们在相当程度上确信他们是依据自己所选择的方式在行动。与此相适应，法律本身或者国家政治统治环境已经能够为某些人格类型和个人主义的激进形态创造适宜的环境。现代民主本身内含培育并且鼓励表现型个人主义的价值选择。[②]因此，所谓民主和选择自由必须在法律框架内实现整合，法律制度必须通过建立一定的刚性标准和稳固结构坚定地支持自由权和选择权的最大化。

另外，每个人都倾向将个人的自由最大化，这就有可能侵犯别人的自由。再者，权利不能超越现代社会资源和社会文化的限制。利用某些义务性规则和禁止性规则对权利进行必要的限定，对保护个人的选择自由是必

---

[①] 弗里德曼. 选择的共和国：法律、权威与文化 [M]. 高鸿钧，等译. 北京：清华大学出版社，2005：51–52.

[②] 孙培哲. 成为选择共和国的公民：弗里德曼表现型个人主义理念之考察 [J]. 清华法治论衡，2013（3）：399–413.

要的。有关空中交通管制、能源使用和保护、无线通信频道的分配、植物和动物资源的保护、自然生态环境的保护等方面的规定都是人们进行社会交往的规则，它们在某种意义上有助于有序利用稀缺资源，能够有效地解决利益冲突、保障自由的共存，是保护个人选择所需要的规则结构网络。① 在技术高速发展的时代，人们生活在存在各种风险的时空里，健康、财富和生活状态受到从未谋面的陌生人的支配。为了防止各种恐惧和灾难，为了保证每个人在风险社会中仍然拥有控制自己生活的机会，我们需要有效的方法对陌生人和他们的工具加以控制，这既需要借助市场的力量，也需要通过政府运用法律来实现有效的控制。因此，许多国家通过行政许可制度来保证陌生人生产的食品、药品和提供的社会服务符合安全和质量的要求。"信息和信息的获取是自由选择的根本"②，因此，许多国家通过信息自由制度和政府信息公开制度为人们的自由选择提供法律保障。这些法律措施也可以看作是对明智选择的促进。③ 正是这种依赖陌生人的社会事实赋予了规则和规章数量不断增长的正当性理由，正是选择文化在相当程度上演绎了法律和生活的意义，"选择的概念、选择的欲望和选择的经验遍及现代生活而且重构了现代法律以适应选择的文化"④。

从文化层面上讲，有些特定的规则始终能够为人们所遵循，原因就在于这些规则内含诉诸选择或者个人主义的主题和话语。我们可以看到，尽管福利国家是一种管理型国家，作为国家组成部分的各种企业和组织被成千上万的规则束缚和限制着，但公众一般并不会反对，相反，他们赞成企业和各类组织受到控制，认为其权利必须受到限制，因为公共利益必须得到保护，这些企业和组织很有可能在逐利的过程中做出一些出格的举动。特别是诸如银行、铁路、石油这一类的大型公司，必须对其进行约束，以保护小企业、农

---

① 弗里德曼. 选择的共和国：法律、权威与文化[M]. 高鸿钧，等译. 北京：清华大学出版社，2005：71–72.

② 弗里德曼. 选择的共和国：法律、权威与文化[M]. 高鸿钧，等译. 北京：清华大学出版社，2005：89.

③ 李东业，江中略，丁羽. 中美政府信息公开制度比较研究[J]. 云南行政学院学报，2011，13（5）：126–129.

④ 弗里德曼. 选择的共和国：法律、权威与文化[M]. 高鸿钧，等译. 北京：清华大学出版社，2005：83.

场主、小商业者、店主和消费者的独立地位和利益。保护每个人的选择，促进自由的最大化，仍然是现代福利国家法律的文化意旨。养老金、社会保险收益和最低生活标准都不是国家的施舍，它们是牢固的、不可触动的权利，是无可非议地支持一种独立生活方式的交换代价，食物、住所和健康是行使权利、实现自由的必要条件，没有某种最低标准的保障，许多宝贵的自由就不能被弱者充分享有，因而也就不可能获得完整的实现。就像国家为了实现旅行自由提供了必要的警察、道路和交通信号灯等基本保障条件，国家为了支撑一个人们能够自由选择自己命运的社会秩序，也必须提供足够的货币、医疗和住所等物质基础。① 此外，养老金和其他一些社会福利不仅扩大了选择权、闲暇和选择机会的范围，消除了责任和不确定性所带来的不可承受之重，而且让人们感到负担的减轻和社会安全网络的存在。②

经济的发展为福利国家提供了坚实的物质基础，促进社会公平正义的普遍期待也就成为个人主义文化的重要内容。为了保障处于弱势地位的当事人的选择自由，国家需要借助于法律对工作时间、工作条件、假期、福利、养老金、失业和最低工资作出规定，通过国家税收支付最低生活标准的制度安排也获得西方国家各个阶层的拥护。但是，通过契约自由实现自由选择的理念仍然是主流的文化意识，从这个意义上来说，契约的实质就是选择。契约的核心是契约的主体能够自由和自愿地安排自身的活动，以契约为基础的社会秩序就是赋予每个人自由选择的空间，不强迫其进行选择，将个人选择权置于最高地位的社会秩序，就是一种将个人选择的权利作为万物的尺度和正当性依据的制度。③

自由最大化的实质是选择最大化，选择自由是现代福利国家建构的方案、原则和制度背后的重要推动力，福利国家通过自我重构促进了生活保障的期望与选择文化和表现型个人主义文化的有机结合。这种文化的结合为自由和

---

① 弗里德曼. 选择的共和国：法律、权威与文化[M]. 高鸿钧，等译. 北京：清华大学出版社，2005：74-77.

② 弗里德曼. 选择的共和国：法律、权威与文化[M]. 高鸿钧，等译. 北京：清华大学出版社，2005：127.

③ 弗里德曼. 选择的共和国：法律、权威与文化[M]. 高鸿钧，等译. 北京：清华大学出版社，2005：91-92.

选择创造了先决条件。诚然，在一些保守主义的自由论者那里，规则越多意味着自由越少，自由越少意味着法律数量应该缩减到最低程度，在他们的观念里，法律和秩序只要足以保护财产免受侵夺、合同得到履行即可。这种观点不仅在理论上缺少说服力，而且在实际生活中没有证明力。毋庸置疑，充分的自由要求有可供选择的物质基础、文化条件和制度保障。现代人生活在高新技术的世界里，能够不断创造新的选择和技术进步的机会；必定会引发或导致新的规则产生。虽然，大量的新规则可能导致自由减少，但是，选择权和选择物的增加所带来的自由，可能远大于新规则造成的自由减少。一方面，发达的城市交通体系既带来了改变工作和地点的机会，也带来了接触邻居、改变生活条件和生活环境的机会；另一方面，城市的公共交通工具和私人交通工具也带来了大量的交通规则。车轮上的社会迫使国家建立和维护巨大的道路网络，导致国家制定更多的土地征用、高速公路建设、地铁建设、道路维修和汽车销售、驾驶执照申办、汽车修理等方面的法律，同时也产生这些方面的法律纠纷，导致大量的案件涌入法院，人们普遍期待法院能够公正审理这些案件，发挥其解决纠纷、救济权利、推动法律发展的作用。社会的发展不断拓展了可能性的范围，带给人们更多的选择自由，因此，现代社会是在立法和司法保障下的自由社会。与传统的封闭社会相比，现代社会是一个开放的世界，法律规则在数量和质量方面有了巨大的发展，法律是主要的社会控制手段，人们不再受到习惯法的严格限制，法律成了新的权威形式。[1]

诚然，法律框架内的自由选择是政治文化博弈的产物。"快速变化会引起反应，并会在法律领域中有所回应。立法机关进行立法活动，法院对在新的情况下出现的案件作出判决。这些活动剥去法律的外壳，揭示出其内部运动的机理——规则、规范、原则以及法律制定过程中政治的、人的和工具性的因素。当人们看到或听到某些人为通过或者修改法律而四处游说时，怎么可能相信法律在实质上是神启的产物呢？当一个傻瓜都知道并看见制定法律的方式时，人们怎么可能去坚信法律是内在理性的产物呢？这种法律不是纯粹理性的命令，而是农民、商人、银行家，或者全国苹果种植者联合会等在激

---

[1] 弗里德曼. 选择的共和国：法律、权威与文化 [M]. 高鸿钧，等译. 北京：清华大学出版社，2005：78-79.

烈斗争后的一种相互妥协的产物。"①

为了保证个人自由和群体选择的有机结合，必须发展参与性、回应性的民主文化。民主涉及回应性政府和开放性政府，民主政府的法律是清晰而又具体的，它普遍和平等地适用于所有的社会行为。民主意味着个人地位的提高和价值观念的多元化，民主保证了国家和公民社会彼此之间的充分沟通，从而能够确保立法机构通过的法律是良性的规则。"尽管民主国家的调控作用扩大了，但其立法机构的构成与运作却没有神秘性。由于民主政府与人民的接触更加密切，它可以比专制政府更好也更灵活地对人民的需要作出反应，而专制政府则将自己与其公民隔离起来。而且，因为民主政府获得了公民对其法令的理性同意，它也比其他形式的政府稳定得多。因此，只有民主政府能施加工业经济健康运转所必需的控制程度。"②既然我们所享有的自由和权利依赖于社会的偏好、价值观念和法律的结构，那么，只有我们广泛地参与了社会共同体的政治决策，才能保证政治制度既反映社会利益与价值的多样性，又能够实现个人利益和社会利益的和谐共存。因此，我们要建构一种在公民团体间分配权力的民主制度，以公民广泛的政治参与来防止国家机器落入小集团的手中，防止他们利用国家机器来满足自己的特殊利益。

总之，现实的民主是民主政治中的集体要素和个体要素两个方面的结合，参与性民主、回应性民主与自由选择是相辅相成的关系。自治是民主政治的基本原则，人民共同管理自己，同时人民又各自管理自己，自由的个体形成民主的社会，民主的社会支撑着自由的个体，公民的共同参与赋予了共同政治决定的合法性基础，这种共同的政治决定又把权威带回到公民的个体生活中。③

## 二、司法最终解决的文化意识

虽然，司法权本质上是一种被动的权力，但是，只有一个适度能动的法

---

① 弗里德曼. 选择的共和国：法律、权威与文化[M]. 高鸿钧，等译. 北京：清华大学出版社，2005：62.
② 贝拉米. 自由主义与现代社会：一项历史论证[M]. 毛兴贵，檀秀侠，陈高华，等译. 南京：江苏人民出版社，2012：144-145.
③ 威布. 自治：美国民主的文化史[M]. 李振广，译. 北京：商务印书馆，2006：47.

院才能充分发挥解决纠纷、救济权利、促进法律发展的功能。在现代社会，公民和其他国家机关都依赖法院对所有关涉国家发展方向的重大问题作出宪法性审议。在这些过程中，法院不断地将自己描绘成宪法文本的最终和唯一的权威解释者，法院在解释宪法和解决宪法争议的政治活动中不断地强化着自身的权威，有力地推动了法律的发展。

（一）诉诸司法解决纠纷的文化选择

法律调整范围的发展，是个人主义、平等主义价值观和国家权威不断扩张的结果。在一个由规则而不是由暴力统治的世界中，在一个力图实现人人平等美好理想目标的社会中，即使这些理想在实际生活中难以实现，法律仍然代表着权威。[①]人们愿意去法院解决纠纷，是权利意识的使然，"这种权利意识使他们将法院看作他们作为公民有权运用的一种资源。他们以自己的法律意识构建所遇到的问题并将其带到法院去"[②]。人们通过对自己的阶级身份的认知，认识到自己是权利的拥有者，意识到这些抽象权利的内涵和外延必须在司法体系中获得权威性的界定。只有通过司法系统，个人权利作为在世界上存在的事实，才能以法律的形式确定下来。[③]

此外，法律制度自身也在鼓励人们把纠纷带到法院来解决，立法机关制定的法律、行政机关规定的法律服务政策和法院进行的司法改革都在鼓励人们诉诸司法程序解决他们的问题。立法机关规定政府有监督家庭和社区生活的职权和义务，要求政府为穷人提供法律服务方面的资助。为此，法院系统自身也进行了结构调整，为各个阶层的人们利用司法程序解决他们的问题提供方便。到了20世纪，法律重新以一个公平正义捍卫者的身份出现，保护弱者免受强者的欺凌，法律成为人们对抗大公司和大企业的武器，成为人们获得公平和正义的工具。[④]在实际的法律制度中，权利和义务的分配是不对称的。

---

[①] 梅丽. 诉讼的话语：生活在美国社会底层人的法律意识[M]. 郭星华，王晓蓓，王平，译. 北京：北京大学出版社，2007：242.

[②] 梅丽. 诉讼的话语：生活在美国社会底层人的法律意识[M]. 郭星华，王晓蓓，王平，译. 北京：北京大学出版社，2007：242.

[③] 布林特. 政治文化的谱系[M]. 卢春龙，袁倩，译. 北京：社会科学文献出版社，2013：99.

[④] 梅丽. 诉讼的话语：生活在美国社会底层人的法律意识[M]. 郭星华，王晓蓓，王平，译. 北京：北京大学出版社，2007：240.

在权利本位的文化环境中,"现代法的趋向是将更多的义务强加于政府和大型组织机构,而权利的承担者主要是个人"①。

当然,人身自由的保护和个人自由的司法保护与经济自由的司法保护有着深刻的联系。经济自由与人身安全、个人自由、自我定位密切关联。住所和个人动产的安全所保护的不仅是隐私权和财产权,还保护为坚持某种有价值的生活方式所付出的时间和心思。财产权和经济自由通常与其他的个人价值联系在一起:保障住所安全、维持自己珍视的社群和组织、坚持自由选择的生活方式。经济安全与财产权为人的自由生存中某些最深厚、最有价值的方面提供了保护。因此,法官应该审查那些与自由、利益关系最为密切的自由经济活动和财产权的立法。毋庸置疑,这样的司法在一定程度上具有能动主义的色彩,这种有原则的能动主义将更加重视经济方面的利益,由此为经济自由、政治自由和私人自由提供更好的司法保护。②

在司法至上的理念架构中,法院不仅要审查立法机关的立法是否违背宪法的规定,而且要审查行政机关和社会组织制定规则和作出决定是否违背宪法和法律的规定。许多国家在宪法或诉讼法中规定了司法最终解决原则,将诉讼程序看作权利的最终救济方式和法律争议的最终解决方式,法院拥有审理一切具有法律意义纠纷的权力,法院可以受理权利与权利之间的纠纷以及权力与权利之间、权力与权力之间的冲突,司法裁判已经成为制度化的终极权威。司法最终解决原则还意味着法院应该解决法律没有规定或规定不明确不完备情况下的裁判依据问题。我们必须承认,不仅社会生活中存在法律规定空缺和模糊的地方,而且随着社会经济、政治和文化条件的变化和发展,会产生各种新的利益诉求和新的权利要求,法院依据司法最终解决的文化理念受理这些案件。"为了能对诉讼当事人做出合适的法律上的处置,大量的司法创制行为成为必需。民法法系国家像普通法系国家一样,远远未能拥有一个完整的、先存的法律规则体系,因而在法院审理案件的过程中,主要依靠

---

① 弗里德曼. 选择的共和国:法律、权威与文化[M]. 高鸿钧,等译. 北京:清华大学出版社,2005:229.
② 马塞多. 自由主义美德:自由主义宪政中的公民身份、德性与社群[M]. 马万利,译. 南京:译林出版社,2010:188-189.

175

法院的审判活动来创制许多新的法律规则。"①

司法审查作为解决权利与权力之间、权力与权力之间冲突的程序机制，在政治结构和政治生活中的权威与宪法至上的观念密切关联。在美国人民心中，司法审查与高级法的观念密切联系在一起，宪法作为一种高级法和建构社会的政治框架，是现存法律制度和习惯的基础，"他们拒绝相信宪法仅仅是对现存而可变的法律安排、制度和习惯的一种描述。他们在适当的地方，将宪法的概念发展为一套具有确定性的，超越于法律、制度和习惯之上的原则和规则，一种具体而不含混的高级法，而所有的其他法律都受到这种'高级法'的调整"②。

（二）诉诸司法推动法律发展的文化意向

在现代社会，司法不仅具有解决纠纷、救济权利的功能，而且具有推动法律发展的功能。司法过程是一个连续的过程，法院往往在解决纠纷、救济权利的过程中通过宪法解释、司法审查来发展宪法原则，进而推动法律发展。

在国家权力结构中，立法机关和立法程序旨在实现法律制定的民主价值，行政机关和行政程序旨在实现法律实施的效率价值，司法机关和司法程序旨在实现法律适用的公正价值。"立法机关关心的是公开与审慎，而行政部门在许多情况下重视机密与快速行动，二者注定会发生冲突。法庭特别重视对权利、合理性、程序正当性的尊重，这与立法机构追求妥协、讲求少数服从多数的趋向不相一致。好的政府需要结合三个部门的美德，并且在不同的问题上采取不同的组合方式。"③因此，在宪法和法律的适用活动中，法院只有在自己有权管辖的领域和事项范围内通过宪法解释和法律解释建立司法权威，外交政策、多数经济问题和绝大多数的政治问题只能留给立法机构来处理。"权力分立的这种积极观念，就是将法院视作特别适合于帮助我们确定不断发展着的宪法原则的意义、适用范围及其含义。司法机关与民主政府其他机构相

---

① 夏皮罗. 法院：比较法上和政治学上的分析 [M]. 张生，李彤，译. 北京：中国政法大学出版社，2005：218–219.
② 埃格里斯托. 最高法院与立宪民主 [M]. 钱锦宇，译. 北京：中国政法大学出版社，2012：34.
③ 马塞多. 自由主义美德：自由主义宪政中的公民身份、德性与社群 [M]. 马万利，译. 南京：译林出版社，2010：149.

>>> 第六章　司法权威的文化动力

互分立，并与其他机构产生互动，这有助于我们的理念的合理发展。"①

所有的政治独立性只有在确定的界限和确定的约束之下才是合理的，然而，人们却希望司法机关在国家权力结构中保持更大的独立性，"在美国人的思想意识中，制约与平衡的原则往往止于法院的大门之外"②，他们并不打算在对法院解释宪法的活动中施加直接的相互制约，"对司法独立的尊重来源于公众对法院能够完全行使宪法解释权的信心"③。有必要指出，法院的宪法解释活动本身要受到宪法的约束，"宪法宣告了自身至高无上的权威，法官们与其他公共官员一样必须服从这种权威"④。宪法的约束不仅是对立法活动进行限制，而且是对民主意志本身进行限制。宪法代表了人民根本的、最高的意志。⑤ 正如克里斯托弗·沃尔夫（Christopher Wolfe）所言，司法审查的目的是贯彻宪法中的人民意志，使其高于在某个时候立法机关或者行政机关所代表的人民意志，以防止人民意志的随意变更。⑥ 司法审查的目的既是保证立法机构忠诚于选民的意志或单纯地控制我们的政治代表，也是确立民主的自我约束以及对政治权力进行限制的政治理想。这种政治理念意味着司法审查是宪法约束之下的一种制约机制。依据确定的原则而生活的愿望，意味着没有任何机关能够任意地更改或者调整宪法确定的价值原则。作为一种制度性约束机制，司法审查自身也是一种要被制约和监督的制度，一种有助于民主自身进行合宪性统治的制度。⑦

所有的权力都存在滥用的可能，再权威的机构也存在错误判决的可能。

---

① 埃格里斯托. 最高法院与立宪民主［M］. 钱锦宇，译. 北京：中国政法大学出版社，2012：173.
② 埃格里斯托. 最高法院与立宪民主［M］. 钱锦宇，译. 北京：中国政法大学出版社，2012：108.
③ 波斯特. 宪法的法律权威之形成：文化、法院与法［M］// 张千帆. 哈佛法律评论·宪法学精粹. 北京：法律出版社，2005：433.
④ 马塞多. 自由主义美德：自由主义宪政中的公民身份、德性与社群［M］. 马万利，译. 南京：译林出版社，2010：139.
⑤ 特拉切曼. 34座里程碑：造就美国的34次判决［M］. 陈强，译. 北京：法律出版社，2008：20.
⑥ 沃尔夫. 司法能动主义：自由的保障还是安全的威胁？［M］. 黄金荣，译. 北京：中国政法大学出版社，2004：21.
⑦ 埃格里斯托. 最高法院与立宪民主［M］. 钱锦宇，译. 北京：中国政法大学出版社，2012：42-43.

法院的宪法性判决是宪法含义的权威性表述，只能通过宪法修正案和司法修正加以改变。因此，当大部分人感到法院的宪法性判决缺乏明智、有失公正的时候，"人民通过他们的代表能够采取行动，以颠覆司法机关做出的裁判，并且使宪法性判决和宪法解释的过程，变成一种可为整个政治共同体所共享的行动"①。

现代社会是开放的社会，这就要求人们时刻保持着对法律机构、权力组织和政府机关的监督，因此，这些机构的设计构造应当有利于它们暴露在公共舆论和公众压力之下；而且这些机构应当能够对压力作出实际的回应。②公众通过竞选投票、游行示威、提起行政诉讼等各种方式对政府施加压力，对法律创制和法律适用实施一定的控制，独立的司法系统和周期性受竞选考验的立法机构必须在立法程序和司法程序中给予必要的回应，一些基本原则和权利被赋予了特殊的法律地位，成为成文宪法和宪法判例确定的基本权利。在实际的宪法解释活动中，尊重先例的原则、政治问题回避原则、主体适格原则和案由消失原则都对法院宪法性判决权威构成一定程度的制约。法院应该在能动性的司法推理、司法审查与民主监督相融合的基础上履行推动法律发展的政治职责。③"法律从本质上讲是不断发展变化的，但是大法官们几乎不会利用这样的特点来满足个人的目的，而是将其作为一个自我调整的机制，使法律能够根据时代发展来不断完善。"④法院根据国家情势的变化来改变法律，进而深刻地影响了民众生活的各个方面。在一个快速变化的时代，联邦最高法院通过宪法解释能够重新界定政府的运行方式、企业的责任、宗教的地位、家庭的性质和其他各个方面的问题，从而影响美国人的工作和生活。"我们的过去，联邦最高法院留下了深刻的印迹。未来的许多方面，也要由联

---

① 埃格里斯托. 最高法院与立宪民主［M］. 钱锦宇，译. 北京：中国政法大学出版社，2012：126.
② 弗里德曼. 选择的共和国：法律、权威与文化［M］. 高鸿钧，等译. 北京：清华大学出版社，2005：23.
③ 埃格里斯托. 最高法院与立宪民主［M］. 钱锦宇，译. 北京：中国政法大学出版社，2012：143.
④ 特拉切曼. 34座里程碑：造就美国的34次判决［M］. 陈强，译. 北京：法律出版社，2008：194.

邦最高法院为我们勾画。"①联邦最高法院比任何其他政府机构更适合于完成这一项任务。

（三）诉诸司法保护同等自由的文化取向

自由和民主是政治具有正当性的必然标志。司法审查的正当性基础在于法院通过宪法解释和宪法性裁判充分关注民主统治的需要，引导、激励民主去维护和促进同等自由的权利。言论和信仰自由的原则、正当程序的原则、平等保护的原则、隐私权保护原则就是维护和促进同等自由的生活原则。②法院最终的功能是维护和滋养自由和民主的理念，"即凭借着司法权的行使，引导人们朝着民主的方向，按照民主政体的要求，过一种受宪法规则支配的生活，一种与塑造这个国家的特定理念相一致的生活"③。正是法院的不懈努力，同等自由的观念才朝着内涵更加丰富和内部矛盾更少的方向发展，我们的宪法原则才随着新的境况和新的事件进入一个新的行为层面，超出了制宪者最为明智的远瞻。

保护自由和扩大平等也是民主的重要目的。鉴于对政治权利的侵犯就会破坏民主程序那种"自我纠正"的性质和功能，因此政治权利也是受到司法审查特殊关照的权利类型。当通常的政治程序在某种程度上出现腐败，代议制民主开始失灵的时候，这种纠正就只能依赖这个程序之外的机制。而在任期内独立于这种政治程序的法官就可以很好地对此过程进行干涉和纠正。在这样的情况下，只有一个普通政治程序之外的权威才有可能保护少数群体最基本的权利。法院拥有这种不会遭受立即报复的权威，现代的司法审查就是这样一种力量。因为压制性的多数总能依靠纯粹的技巧或权力绕开宪法明确给予少数人群的保护，所以传统的司法审查在这方面是能量有限的。只有法官被赋予广泛的自由裁量权，能够对这些权利进行广泛的解释，这些少数人

---

① 特拉切曼. 34座里程碑：造就美国的34次判决［M］. 陈强，译. 北京：法律出版社，2008：196.
② 埃格里斯托. 最高法院与立宪民主［M］. 钱锦宇，译. 北京：中国政法大学出版社，2012：162.
③ 埃格里斯托. 最高法院与立宪民主［M］. 钱锦宇，译. 北京：中国政法大学出版社，2012：164.

群体的权利才有可能成功地获得司法的保护。① 实质上，司法审查在某种程度上履行了斯堪的纳维亚的议会监督专员的职责，总统、议员也许不能或者不愿意听取公民个人的投诉并作出回应，但是，法院必须受理和解决其管辖范围内的案件，如此，美国人民也就自然倾向于认同法院的这种价值功能。②

调和个体与集体自决必然产生严重的内在张力，法律对共同体基本价值的支持会危及自治所需要的个体自主，取消法律对共同体基本价值的支持会危害集体自决所需要的社会凝聚性，国家法律制度的协调效果会受到历史和文化情境因素的影响。③ 因此，民主不能简单地理解成多数人的决定，简单的多数主义难以契合自治的价值，民主制度应该与公民整体的自治意志联系在一起，民主自决取决于维持对所有人开放的交流结构，人们可以在政治公共领域中通过商谈的方式形成共同意志，将公共商谈视为个体借以选择共同生活形式的交流媒介。民主的实质是以自主意志的相互尊重取代对权威的单方尊重，倾向于将法律视为集体意志的产物。回应性民主试图通过建立体现自决意识的审议程序调和个体意志与普遍意志的冲突。④ 而司法审查程序为个人或少数人的自由选择挑战多数人的集体选择提供了机会，为个体意志与普遍意志的调和提供了制度保障。

自由的观念随着社会的进步而发展。在现代社会，公民的自由不仅需要政府的维护和捍卫，也需要政府的推动和发展。在现代法院的保护之下，我们把握住了同等自由的更加丰富、深远的意义。鉴于立法可能存在错误和缺陷，让公民通过司法审查程序行使法律修改权就具有现实意义；鉴于司法判断也可能存在错误，对法院的宪法性判决展开政治性互动也是必要的。因此，法院应该通过司法程序将智慧和同意相结合，在现实民意的基础上将自由的观念拓展到普通立法性政治过程未能涉及的领域，将民众的利益诉求转化为

---

① 沃尔夫. 司法能动主义：自由的保障还是安全的威胁？[M]. 黄金荣, 译. 北京：中国政法大学出版社, 2004: 84.
② 沃尔夫. 司法能动主义：自由的保障还是安全的威胁？[M]. 黄金荣, 译. 北京：中国政法大学出版社, 2004: 84.
③ 波斯特. 宪法的领域：民主、共同体与管理[M]. 毕洪海, 译. 北京：北京大学出版社, 2012: 11.
④ 波斯特. 宪法的领域：民主、共同体与管理[M]. 毕洪海, 译. 北京：北京大学出版社, 2012: 268.

司法判决维护的权利，在拓展权利体系和推动公共政策形成的过程中树立自身的权威。①

总之，司法审查正是将多数人的意志与少数人的意愿连接起来的程序机制。司法审查权威建立在民主的个人主义文化意识之上，司法审查不仅保护集体民主，而且保护个人民主，司法审查既保护形式民主，也保护实质民主。少数人通过司法审查机制可以挑战多数人的立法权威。借助于司法审查请求权及其制度机制，公民在行使法律修改权的过程中实现了市民社会中的个人自由与国家政治生活中的道德自由的统一，个人权利与人民主权的统一，政治主权与法律主权的统一。

### 三、司法公正的文化诉求

在司法制度形成和发展的历史中，人们将司法公正作为重要的价值选择，有着深刻的文化原因。人们之所以将纠纷和争议诉诸法院，其目的就是要通过法院的公正裁决实现权利义务的公正分配，使受到侵害的权利获得救济，受损害的利益获得补偿，加害人受到法律制裁。如果司法不公正，人们就会表现出对司法的普遍不信任，从而选择非司法机制，甚至诉诸暴力等非理性手段来解决纠纷，不仅不利于原有纠纷的解决，而且会激发新的社会矛盾，引起社会动乱。因此，只有公正司法才能为社会纠纷的解决和权利救济提供可预期性的制度解决渠道，成为社会秩序建构的制度权威。

（一）司法公正的文化定位

权威在很大程度上不是依靠强制力和胁迫，而是依赖合法性和被支配者认同的一种文化势力，支配的意识形态存在于一种相信系统是必然和公正的信念之上。人们是通过意义和价值来组织和理解整个社会的，而权威则有能力影响意义和价值。政治权威在一定程度上要依赖被支配者的心理认同。没有这种认同，支配的成本就会变得非常高。②

---

① 埃格里斯托. 最高法院与立宪民主 [M]. 钱锦宇, 译. 北京：中国政法大学出版社, 2012: 182-183.

② 梅丽. 诉讼的话语：生活在美国社会底层人的法律意识 [M]. 郭星华, 王晓蓓, 王平, 译. 北京：北京大学出版社, 2007: 11-12.

司法权威的存在意味着通过司法权的合法运作的结果获得了当事人和社会公众的认同和信服。人们之所以会认同和信服司法裁判的结果，是因为司法裁判的过程及其结果是公正的。司法要完成定纷止争的社会使命，其裁决不仅必须是公正的，而且必须看上去是公正的；要诉讼当事人毫不反抗地服从司法裁判的无限威力，就一定要他们相信法官被赋予了超自然的美德，是不同于其他人的圣人。人类理性在法官面前必须让步。[1]因此，"在拥护司法正义的美德时，人们开始将一种价值内在化，这种价值比可能以其他方式存在的事实更现实，也更牢固"[2]。

　　期望司法者公正审理和裁决纠纷也是现代社会的主流文化形态。传统社会的纠纷处理不仅要依靠公共权威，也要依赖裁决者的个人威信。而裁决者的个人威信总是与神话传说联系在一起，裁决者通常需要借助神兽裁判或者正义女神来实现公正审理和裁判目的。在古代中国，人们非常崇拜一种叫"獬豸"的神兽，认为这种独角兽具有明辨是非曲直的天性，这种神兽就成为人们心中公平正义的象征，进而人们认为"獬豸"能够作为公正审判的主体，承载着人们公平正义的愿望。尧舜时代的法官皋陶在审理疑难复杂案件的时候，经常牵出独角兽来进行事实判断，认定被触者败诉。以至于古代这种神兽裁判的文化意识和司法信仰深刻影响了后世的官服图式。在汉代就曾出现过木制独角兽的官帽，清代执法者还将獬豸作为补服。在古代的西方社会里，正义女神是权威的司法者，她的眼睛是蒙起来的，以示排除一切外来的干扰，手中握着宝剑以惩处邪恶，心中一座天平以衡量得失，作出公正的裁判。司法公正的这种文化定位至今依然是西方社会司法制度建构和运作的文化基础。反观东西方的司法神话，尽管形式上大相径庭，但在本质上却是殊途同归，都蕴涵了司法中立的文化理念，集中反映了人类早期社会对司法角色的文化定位和文化选择。当下法院建筑的外形设计、内部装饰和法庭仪式等，都在一定程度上体现了这种文化定位，充分体现了司法审判的庄严气氛，有力地显示了司法程序的权威，集中展示了法官中立的角色形象。

---

[1] 克拉玛德雷. 程序与民主[M]. 翟小波, 刘刚, 译. 北京: 高等教育出版社, 2005: 4.
[2] 曼塞尔, 梅特亚德, 汤姆森. 别样的法律导论[M]. 孟庆友, 李锦, 译. 北京: 北京大学出版社, 2011: 210.

## 第六章 司法权威的文化动力

在现代社会，司法公正体现了社会主体的人格尊严，它是个人自由选择得以实现的最后一道屏障。"每个人都有权利依据公平的程序而得到公正的审判，这一点被正确地看作自由主义民主政治不可或缺的。"① 为此，法官应该在案件审理时保持中立的立场，对诉讼当事人之间的争议必须作出公正的裁决。为此，不仅平等主体之间的诉讼地位是平等的，而且代表公共利益的行政管理者与相对人之间的诉讼地位也是平等的，"在法庭上，对政府行为提出挑战的个人，与政府的代表处于平等的地位"②。

程序优先是自由主义文化的核心要素。没有程序就没有救济，没有救济就没有权利成为司法公正的源源不断的文化推动力量。"形式和程序似乎是现代法律获得正当性的关键因素，而人们认为正当性是权威获得成功必不可少的条件，或者说是至关重要的基础，没有正当性的基础，权威就会死亡、呆滞或者成为无生命的东西。"③ 在司法程序面前，国家机关和公民是平等的，司法决定必须建立在沟通和对话的程序理性基础上。"没有人可以正当地在政治领域或其他任何论域，以冒犯他人权利的方式，或者以损害正义或程序公正等其他要求的方式，去追逐自己的利益。对权利的正当要求可以压倒和优先于多数派的利益追求，在政治程序的所有阶段，对所有的政治行为人都是如此。合乎原则的判决只是把一种争论与思考过程庄重化、正式化，其实这种过程能够也应该贯穿在政治之中。"④

法官应当被视为应然世界和实然世界的平衡器，是公共价值的世界和主观偏好的世界的调和器，也是宪法的世界和政治的世界永恒的杠杆。法官在一个世界中寻求合法性的同时，必须在另一世界中认识自身。现代社会把正义定义为期待的实现，这些期待包括弥补各种损失，法院是确定这些期待的确切范围以及给予具体补偿的权威机构。在所有的机构中，法院最适合发掘

---

① 贝拉米. 自由主义与现代社会：一项历史论证 [M]. 毛兴贵, 檀秀侠, 陈高华, 等译. 南京：江苏人民出版社, 2012：374-375.

② 马塞多. 自由主义美德：自由主义宪政中的公民身份、德性与社群 [M]. 马万利, 译. 南京：译林出版社, 2010：149.

③ 弗里德曼. 选择的共和国：法律、权威与文化 [M]. 高鸿钧, 等译. 北京：清华大学出版社, 2005：12.

④ 马塞多. 自由主义美德：自由主义宪政中的公民身份、德性与社群 [M]. 马万利, 译. 南京：译林出版社, 2010：110.

我们宪法和法律价值的真实意义。① 美国的民事诉讼制度体现美国人的生活理想及其文化价值追求，民事诉讼是一个良好的制度设计，用来改变被歪曲的社会现状，使它更接近于我们的理想，按照我们理想的秩序良性地运转。②

于是，人们在内心将公正界定为司法的本质和司法最高的价值目标，在人类司法发展的历史进程中，这种司法公正的追求逐渐成为一种普遍的文化诉求，成为评价司法者、司法过程和司法结果的最基本的制度标准、行为标准和文化标准。然而，司法公正的文化定位是相对的、存在一定的实现限度。司法公正是在法治框架内实现的，而法律要具有一定的权威，就必须获得政治共同体一定力度的尊重。"在某种意义上，接受法治就意味着接受一定程度的不公正；因为一般性、预期性的法规所包含的正义是不完美的，而坚持原则的判决追求的是批评性解释而非纯粹的公正。……如果要不服从某一法律，那它应该不止是不公正的，它还必定超过了不公正程度的阈限。"③

（二）审判独立的文化观念

司法中立要求法官在审理案件时，在双方当事人中间保持中立、超然的地位。法官要独立地进行判断，既不能受自身因素的影响，也不能受外界的干扰，在事实的分析和判断以及法律如何适用等问题上保持绝对中立和冷静。在司法制度的设计、改革和发展的历史进程中，人们在司法中立的文化诉求基础上，力图通过司法组织和司法权力运作程序的理性设置，保障司法与行政彻底分离，在自治的程序框架内确立司法判断的至上权威，以期保证司法不受其他国家机关、社会组织和个人的非法干涉。"法官在裁决案件时，不能听命于指令。他似乎处于金字塔的顶端，只服从于法律和自己的良心。由此来看，法官独立几乎可被认为是一种主权。他的地位是主权机构的地位。"④

审判独立的文化理念意味着法院不是最佳的调和场所，法官不是最适合的调解者。鉴于对抗性的法律诉讼通常总会出现一方胜诉的同时另一方败诉

---

① 费斯. 如法所能 [M]. 师帅, 译. 北京: 中国政法大学出版社, 2008: 60.
② 费斯. 如法所能 [M]. 师帅, 译. 北京: 中国政法大学出版社, 2008: 137.
③ 马塞多. 自由主义美德: 自由主义宪政中的公民身份、德性与社群 [M]. 马万利, 译. 南京: 译林出版社, 2010: 103-104.
④ 克拉玛德雷. 程序与民主 [M]. 翟小波, 刘刚, 译. 北京: 高等教育出版社, 2005: 30.

>>> 第六章 司法权威的文化动力

的结果,因此诉讼不可能是调整竞争性利益的最好途径。诚然,在法庭中也会发生一些妥协,但是,司法程序总体上都会通过给予诉讼当事人不经妥协就可以赢得诉讼的合理希望,鼓励他们为胜诉而努力,这也是诉讼当事人诉诸法院所具有的正常心态。在一般情况下,立法程序及其结果一般都会产生妥协,对政治程序不满的当事人会利用司法程序挑战立法程序的权威。[①]当公民、社会组织在法庭上挑战现有立法或行政决定时,审判必须具有足够的独立性,如此才能保证法官公正裁决他们之间的纠纷和争议。

独立行使审判权是司法裁判权威的根基。法官对当事人保持中立是审判独立的前提,这种司法要求根源于人们对公平对待的渴望。它要求法官不能被当事人以任何方式控制和影响。然而,法官具有的文化情结以及对某种意识形态的认同是很难预防的,所以涉及诉讼当事人的审判独立是一个不能完全实现的理想;法官应该保持判断的自主性,法官在决定事实和法律问题的时候不能受法院系统和法学界所施加压力的影响,司法裁决应该是法官个人良心和责任的体现。"司法独立的这个方面根源于普遍的文化规范,主要体现出个人主义的特点。在美国,一个人在其律师职业或从政取得成功后被录用为法官,这一惯例加强了这种独立。而法官对其判决和法律意见签名的惯例也巩固了这种独立。要求法官对司法判决承担个人责任的制度促使了司法责任的形成。"[②]

隔绝政治影响是审判独立的重要表现,法官必须避免受到来自政府政治分支的影响和控制。隔绝政治影响是寻求司法公正不可或缺的因素,旨在保证法官达到一种远离公众情绪影响、客观地作出司法决策的理想状态。法院要作出的是正确公正而不是广受欢迎的司法决定,这种法院职责的文化定位使得法院在政治体制中成为有效抗衡的力量,法官是宪法的权威解释者,法院可以审查立法和行政机关滥用权力的行为,只有宪法修正案可以推翻法院的宪法解释和宪法裁决。法官独立于当事人和司法系统的其他人员,法官也独立于政府的政治分支,"但是他们也不是完全独立于政府的政治分支。宪法

---

[①] 沃尔夫. 司法能动主义:自由的保障还是安全的威胁?[M]. 黄金荣,译. 北京:中国政法大学出版社,2004:153.

[②] 费斯. 如法所能[M]. 师帅,译. 北京:中国政法大学出版社,2008:76.

185

授权立法和行政部门任命法官，决定他们的报酬是否需要根据通货膨胀率作出调整，并决定法院的管辖权和组成方式。又因为法院经常需要依赖其他政府部门执行其判决，那些部门就能够对法院施加重大影响。法官是独立的，但不会过于独立。在一个民主社会中，这种独立程度是合适的"[1]。

保护少数人的自由和权利的文化诉求也为司法独立提供了充分的辩护和足够的推动力。在一般情况下，尽管不受欢迎的少数人也应该拥有予以尊重的权利，但是，立法是政治对比力量的反映，立法者有时会屈服于某些利益集团的压力，为维护自己的政治地位捞取选票，因此，选举政治决定了立法者不太可能违背大众的好恶而为不受欢迎的少数人进行辩护。与此相反，大多数国家的法官不是选民选举出来的，法官不用担心选民群体施加的压力，"凌驾于各种利益集团政治之上的是法官，准备提出干涉，并引入少许原则，使多数派对少数的权利予以起码的尊重"[2]。最高法院确信少数群体只有在法院才能得到一个公正的、受到聆听的机会，法院相对独立的地位更有利于为这些少数人的权利提供司法保护。

不同利益群体的代表之间需要进行谈判，代表们还需要与所在的选区选民保持良好的关系，在立法决策问题上要作出能够平衡各种冲突利益的清晰而理性的判断。因此，立法者缺少时间和精力，难以超然地、深思熟虑地全面处理问题。"总的来说立法机关已经如此穷于应付各种强大利益集团的游戏，以至于不可能指望它们对那些相对无权的人的权利予以足够的关注，这就留下了一个真空，它要求司法机关在保护少数人权利方面发挥特殊的作用。"[3]相较而言，法官不需要为了考虑不同的利益群体而作出相互矛盾的司法决定，因此，法官所受到的外在压力就小多了。法官所受的职业训练是为了能够审慎、严格地审查法律上的观点，把握法律的发展趋势，了解法律实施的环境。为了给下级法院的案件审理提供指导，上诉法院的法官必须作出符合理性和连贯性的司法决定，以期发挥统一法律适用尺度的作用。此外，法官必须为

---

[1] 费斯.如法所能[M].师帅，译.北京：中国政法大学出版社，2008：82.

[2] 马塞多.自由主义美德：自由主义宪政中的公民身份、德性与社群[M].马万利，译.南京：译林出版社，2010：108.

[3] 沃尔夫.司法能动主义：自由的保障还是安全的威胁？[M].黄金荣，译.北京：中国政法大学出版社，2004：48.

自己的司法意见和法律推理提供详细的论证和辩护，必须经得起公众和法律职业共同体的评判，正是因为法官缺少立法机关和行政机关所拥有的直接权力和强制力，他们的权威和声望只能建立在司法说服力的基础之上。法官所具有的司法说服能力，决定了法官能够为自由和平等提供合理、有效的司法保护。①

审判独立是多元价值共存的需要，也是合理分散决策权力、有效保护少数人权利的必不可少的程序机制。"而要保护少数派，最好要有各种不同的权力与决策中心，从而限制任何机构或群体支配其他所有人的可能性。政治职能的分化维护了社会生活不同领域与不同层面的自主，比如说将司法职能与执行职能相分离，地方政府与中央政府相分离，从而承认了社会的多元化。没有这种分化，宪法性权利将毫无价值。一旦有限的群体或某一个机构掌握了与之不相称的过大权力，个人自由很快就会被削减。"②因此，"唯有多元主义的社会才能提供足够广泛的有价值的选择范围，这样，通过选择来平等地践行自由才有意义"③。

总之，在人们的文化意识中，独立的审判不仅能够为经济要素的自由流动、配置创造条件，而且能够为民主政治渠道的疏通提供制度保障。独立的法院还能通过司法审查防止继任者轻易改变现行的诸多政策，从而为政治协议提供必要的稳定性。④司法判决作为司法全部过程的结果，其经历了司法过程内部连贯一致的规则体系的演绎，司法判决能够借助于司法语言强化中立化效果和普适化效果，从而成为社会文化认可的判断权威。⑤

（三）司法公正的文化评价

司法公正的法律标准在很大程度上也是文化评价标准，根据司法中立和

---

① 沃尔夫. 司法能动主义：自由的保障还是安全的威胁？[M]. 黄金荣，译. 北京：中国政法大学出版社，2004：129-131.

② 贝拉米. 自由主义与现代社会：一项历史论证[M]. 毛兴贵，檀秀侠，陈高华，等译. 南京：江苏人民出版社，2012：378.

③ 贝拉米. 自由主义与现代社会：一项历史论证[M]. 毛兴贵，檀秀侠，陈高华，等译. 南京：江苏人民出版社，2012：378.

④ 波斯纳. 法官如何思考[M]. 苏力，译. 北京：北京大学出版社，2009：53-54.

⑤ 布迪厄. 法律的力量：迈向司法场域的社会学[J]. 北大法律评论，1999（2）：514.

审判独立的文化观念，法官要依据确定的司法程序、按照程序法的要求，通过对当事人程序性权利、义务的公正分配实现实体法规定的权利、义务的合理安排，因此，尽可能地实现实体公正与程序公正的有机统一是当事人和社会公众的文化诉求。鉴于司法正义是通过立法的普遍正义实现司法的个别正义，在程序公正和实体公正发生冲突的情况下，依据司法的本质和性质，程序公正应该是优先的价值选择。

从社会文化角度出发，司法公正的标准也是法律正义和社会正义的有机结合，在法律规定落后社会发展的权利要求时，当法律规定的不公正达到一定的严重程度，已经不能为主流价值观念所认同时，法官应该通过法律阐释努力实现社会正义。"法律最根本的任务，是要捍卫我们这个社会所认同的公平和正义。面对那些表面上合法而实质上却冒犯了社会情感的行为，是机械地适用现有的法律，还是改变法律以使判决结果符合社会公认的正义观念？联邦最高法院必须做出艰难取舍。通常，法院会选择后者。总有人能发现法律中不易察觉的漏洞，如果联邦最高法院认为那些钻法律空子的行为超过了社会所能容忍的限度，那么它会该出手时就出手，堵塞漏洞。"① 由于宪法确立自由、平等、民主等价值至高无上的地位，从而为多元社会提供了统一的、合乎道德的聚合点。最高法院可以通过宪法解释发展法律的价值，使法律适应社会进步的需要。美国联邦最高法院凭借宪法解释权威，在不同的情况下倾向于履行多种政治职能：支持政权的合法性、分配稀缺的政治资源和确定主要的社会政策。②

在传统社会里，种族、性别、出身、宗教牢固地确定了一个人在社会阶梯中的位置，传统法律按照这种身份等级安排权利、义务，在社会生活中成为不受传统文化质疑的制度安排，因此，这种位置通常没有任何改变的希望。现代法律体系中存在着大量的规则用以消除基于种族的歧视。从20世纪50年代后开始，美国联邦最高法院已经采取了行动禁止种族歧视，1971年后联邦

---

① 特拉切曼. 34座里程碑：造就美国的34次判决 [M]. 陈强，译. 北京：法律出版社，2008：181.

② 夏皮罗. 法院：比较法上和政治学上的分析 [M]. 张生，李彤，译. 北京：中国政法大学出版社，2005：87.

<<< 第六章 司法权威的文化动力

最高法院判决了一系列案件，明确禁止性别歧视。但是，个人拥有财产方面的差别不单纯是一个法律问题，基于财产产生的某种差别待遇或歧视，是西方社会中不平等的一种永久形式。法律和社会政策可以救助和庇护不幸者和贫穷者，它们可以保障或努力去保障体面生活的尊严。但是，从目前的形势来看，法律行动仍然不可能消除因财富差距所带来的一部分人享有特权的优势。[①]法律制度允许合理的差别在人们的心理、观念和意识层面上获得了广泛的认同，社会文化通过各种方式和机制强化着这种主流的意识形态。

主流文化总是反映基本的社会观念，在文化环境中建立和运行的现代法律制度是一个权利和资格的体系。依据当时社会的普遍观念，一个人只应该承受其自由选择所产生的法律后果，如果不是自由选择的后果，加害人就必须对此后果承担赔偿或补偿的法律责任，做出某些安排以恢复原状或维持其适当情形。在人们可以控制的情形中，法律应该提供一个广泛的选择空间，以便让他们选择适合自己的生活方式，富有成效地发展他们的人格与个性。在这些可以选择的空间中，所有的选择都应当作为具有同等价值和同等资格的选择来对待，不应该有人因为自己的选择而遭受不利的对待。因此，在权利救济和责任分配的公正处理方面，法院将当事人的自由选择行为作为司法判断的基础。选择是文化的基本行为特征，而种族、性别和其他先天特征是不可改变的，这些特征在文化层面上不是个人选择的问题，不利不应该来自那些不在个人选择或控制范围的境遇或者自身特征中，这种文化理念成为法律规则体系的主要原则，并随着强调契约、选择和同意的个人主义思想在西方社会中成为主流的文化意识。任何人不得因其出身或者其他一些不可改变的特征而遭受不利的一般观念，在美国和其他国家的侵权行为法中，尤其是产品责任和医疗事故的制度中牢固地扎下了根基。在某种意义上，人们把灾难看作是非正义的一种情形，是一种未经受害人选择因而不应该由其承担的邪恶。当非正义发生的时候，无论它是什么类型的灾难，司法都必须提供必要的救济。既然产品缺陷和医疗事故都是超越于个人选择能力之外，那么人

---

① 弗里德曼. 选择的共和国：法律、权威与文化[M]. 高鸿钧, 等译. 北京：清华大学出版社, 2005：107.

们应该同样地不受这些缺陷的影响。①

　　给社会主体第二次选择的文化取向也深刻影响了法律的性格，在一定程度上重构了司法公正的价值评价标准。随着社会的不断进步，社会主流文化认为那种不可改变的、剥夺了未来选择权的选择是缺少正当性和合法性基础的，因此，对人们的错误和过失给予法律上的宽宥已经成为当代法律的一个特殊性格。在许多国家的法律中，比较过失原则在很大程度上取代了共同过失原则，这有利于法院在诉讼双方之间维持平衡，同时有助于原告不至于因为自己的过失而遭受太多的损失。对过失给予合理宽宥的理念与制度给了当事人第二次机会。破产制度是一个复杂的法律安排，其目标是确保无论破产之后剩下多少财产，这些财产都要在债权人之间公平分配，同时也给破产者一个干净、全新的开始。显而易见，如果没有破产制度，一个由于经营失败或者其他任何原因而资不抵债的企业家，将无可避免地走向毁灭。在现代刑事审判中，法院会给予初犯者相对更大的从宽幅度，多数法官会作出缓刑判决，从而给了初犯者避免监狱服刑的机会。许多国家在有关刑事法律制度中规定，年轻初犯者的犯罪记录可以被密封，这样就不会对初犯者造成永久性的伤害。反对境况不可改变的理念同样影响了婚姻法律制度，导致离婚变得更加容易。给人们第二次选择的机会与选择开放性的观念密切关联，人们希望在一定社会范围内为自己保持选择的开放性。②

　　在某种意义上，给社会主体第二次选择的正义观念既是法院行使司法审查权的合法性基础，也是人们挑战立法权威的文化基础。"从美国宪法中，人们找到了挑战政府行为的理由；而各类法庭的权力所维护的，不仅是国家对权利的保护，而且是对立法战斗中失败的一方，或者那些感到自己成了这些法律的执行官手下牺牲品的人，所应抱有的特定形式的尊重。而司法审查又引人注目地要求合理公正对待弱势群体。"③这样的司法审查有助于多数人能够

---

① 弗里德曼. 选择的共和国：法律、权威与文化 [M]. 高鸿钧，等译. 北京：清华大学出版社，2005：114-115.

② 弗里德曼. 选择的共和国：法律、权威与文化 [M]. 高鸿钧，等译. 北京：清华大学出版社，2005：116-120.

③ 马塞多. 自由主义美德：自由主义宪政中的公民身份、德性与社群 [M]. 马万利，译. 南京：译林出版社，2010：189.

把少数人也视为与自己一样值得尊重的自由主义公民，有助于建构以合理的自治和理性协商为基础的政治共同体。

在现代社会生活中，每一项诉讼、每一个主张都必然有成功者和失败者，反对境况不可改变性的文化理念，要求对强加于失败者的惩罚施加社会性的限制，保证他们继续享有体面和尊严的生活。这种文化理念拓宽了被容许的异议内容和反抗形式的社会界定，限制了可容许的惩罚和报复的形式。维护权利、伸张正义和表达抗议是现代社会人们的合法选择，如果强行要求这些选择承担无法抗拒或不可改变的后果，则有违法律和社会普遍价值观的要求。①这种理念滋养和鼓励了个人主义，同时也对个人选择产生了深刻的影响。时间的延伸也会带来充分的权利，当代法律更加重视基于时间而产生的权利价值。许多国家的法律明确规定，教师和公务员享有保有权。经过一段试用期之后，公务员就有职业安全的保障，教师可以终身保有他们的职位。总之，现代个人主义的文化依赖于福利国家的保障、第二次机会的提供以及保有权原则的支撑。"它们使得选择成为可能，并使选择的失败者的再次选择成为可能。一个人只有在他所作出的错误选择不是致命的和不可更改的，只有当他不至于被引向绝望的灾难性的后果时，才能享有现实的选择机会和选择权。否则，大多数人是决不会鼓起勇气在可行的选择机会中作出选择的。"②

个人主义的选择文化要求确认并体现个人参与的价值在法律程序中的作用，个人参与不仅体现公权力对个人尊严和价值的承认，而且是使事实和法律问题以最清晰的方式呈现在法庭面前的制度保障。③但是个人主义文化也要求尊重基本的效率价值，承认代理和代表制度的合理性，"只有个人的利益在某一诉讼程序中被充分代表，该诉讼产生的判决才能约束该个人。这就意味着只要所有的利益都在诉讼中被充分代表，一项结构禁令就能产生终局效力。如果存在没有被充分代表的利益，该命令仍然可以受到新的挑战"④。在美国，

---

① 弗里德曼. 选择的共和国：法律、权威与文化 [M]. 高鸿钧，等译. 北京：清华大学出版社，2005：122.

② 弗里德曼. 选择的共和国：法律、权威与文化 [M]. 高鸿钧，等译. 北京：清华大学出版社，2005：128.

③ 费斯. 如法所能 [M]. 师帅，译. 北京：中国政法大学出版社，2008：159.

④ 费斯. 如法所能 [M]. 师帅，译. 北京：中国政法大学出版社，2008：148.

个人主义文化深刻影响了集体诉讼的制度架构，对政府权力的不信任以及保留个人创造力和想象力空间的愿望，决定了美国民众不愿意将总检察长提起的公益诉讼作为对分散的损害的唯一救济方式，期望将提起诉讼的权利赋予私人检察长，这里私人检察长通常是代表诉讼的原告。在这种情形下，集团诉讼可以被认为是赞助私人检察官的一个机制。①

总而言之，司法权威是法律权威的实现和延伸，是司法过程和司法结果所具有令人信服的威信和威力，法律至上性、司法终局性和司法公正性是司法过程及其结果是否具有权威性的评价标准；法律至上的文化理念、司法最终解决的文化意识、司法公正的文化诉求是司法权威形成和发展的精神动力。以自由选择为内核的自由主义文化摧毁了传统的文化形式，瓦解了既定的人治权威，推动了自由权利的法律化进程，扩大了人们的自由选择的范围，确定了法律在社会调整体系中的地位，培育了法律至上的文化理念；个人主义、平等主义的价值观和国家权威的不断增长拓展了法律调整的范围，促使人们作出了诉诸司法解决纠纷、发展法律、保护同等自由的文化选择，决定了司法公正的文化内涵、审判独立的文化观念和司法公正的文化评价标准的发展方向。

---

① 费斯. 如法所能 [M]. 师帅, 译. 北京：中国政法大学出版社, 2008：165.

# 第七章　司法权威的文化机制

如果人们缺乏一种能赋予司法制度以真实生命力的广泛的现代心理基础，如果运用司法制度的法官和当事人还没有在心理、思想、态度和行为方式上经历一个从传统到现代的转变，司法权威的缺失是不可避免的。[①]这里的心理、态度、思想和行为方式是文化的核心要素，文化主要通过核心价值观或主流价值观对制度建构、制度运行和行为方式的选择施加深刻而又持久的影响。就司法权威的形成和发展而言，人们只有在文化观念转型的基础上，才能通过文化沟通和文化认同机制有效地树立司法权威。

## 一、选择司法途径的文化心理机制

文化决定了人们选择何种方式来解决利益冲突。随着社会文化从整体主义文化向个体主义文化的转型、从信赖共同体权威向信赖国家权威的转变、从实体正义向程序正义的转化，人们逐渐选择通过司法途径来解决纠纷、救济权利、推动法律发展。

（一）从优先选择调解到优先选择诉讼的文化转型

古代中国，普遍存在的家族组织具有国家认可的基层行政和司法功能，在很多情况下，人们习惯选择一种体面的符合宗族伦理的家族调解方式来解决具有法律意义的纠纷，或优先选择官方的行政协调方式来解决利益冲突。只有在没有希望通过协调达到预期目的的情况下，人们才无可奈何地告到官

---

① 刘作翔. 法律文化理论 [M]. 北京：商务印书馆，1999：277.

府，而官府在一般情况下也试图通过诉讼中的调解来解决当事人之间的纷争。因此，排斥诉讼一直是中国传统文化的价值取向。①

　　传统社会的文化价值取向决定了人们不可能优先选择司法途径而是选择非诉讼途径解决纠纷。秩序是传统社会最高的价值取向，社会整体的感情和秩序安排是一切行为取向的起点和归宿。当社会成员之间发生利益冲突时，从整体秩序维护的角度出发，首先考虑由社会共同体来调解，而不是诉诸诉讼机制来解决纠纷。因此，无论是西方还是东方社会，道德习惯是传统社会利益关系的主要调整手段，道德习惯是规范社会行为的主要行为准则。所以，一般情况下，诉讼不是当事人首选的解决纠纷路径。当然，如果调解不能有效解决问题，诉讼也是可以被法律和道德接受的。

　　然而，随着市场经济成为社会的主要经济形式，熟人社会逐渐为陌生人社会所取代，熟人社会的调解功能也逐渐为陌生人社会的诉讼功能所代替。在现代社会中，人们的交往内容、方式和空间都发生了根本的变化，尽管人与人之间联系更加紧密，但在某种程度上他们又都彼此陌生。当在社会交往中发生利益冲突时，人们无法找到双方都熟悉的中介机构或合适人选来担任公断者，无法求助于社会共同体共有的习惯道德准则和调解机制来解决冲突，即使是生活在同一个社区的人们，也往往选择国家的正式司法机关，将诉讼途径作为纠纷和解的基础，以便纠纷能够在司法制度权威的影响下获得较为正式的解决。因此，城市生活的交往方式和交往空间决定了诉讼是人们解决纠纷、救济权利的重要手段。现代社会的整合不是单纯依靠感情或者道德维系，现代社会更多的是依靠契约将不同需求的人们结合在一起。

　　同时，随着国家权力向民间社会逐步渗透，乡村的权力结构也发生了根本性的变化，乡村逐步变成国家权力直接支配的一个行政单位，拥有制度权威的村委会成为国家在基层设立的代理机构，行使国家司法权的基层乡镇法庭也就成为乡间社会纠纷的权威裁决者。一方面，由于民间习俗与传统的调解文化具有内在的一致性，基层法院的审判权威在实际运作过程中必然会与民间习俗相互对立和相互妥协；另一方面，当代乡村的民间非正式调解往往

---

① 王人博，程燎原. 法治论［M］. 桂林：广西师范大学出版社，2014：400.

<<< 第七章 司法权威的文化机制

也有国家司法权作用的影子,司法审判权威也能在一定程度上影响调解的结果。[①]诚然,传统社会的整体主义文化取向和司法方式在现代社会仍然具有一定的影响力量——潜移默化地影响着人们对纠纷解决方式的选择。在强调秩序优先的特定历史时期,政府和社会也会鼓励人们采取调解方式来解决利益冲突。在人们已经将纠纷提交法院审理的情况下,法院对事实清楚、法律规定明确的案件应该依据法律理性作出司法判断,一般情况下不宜对案件的事实认定和法律适用问题作出道德层面的评价和判断。在通常情况下,法院也不宜运用民间习惯规范和道德礼俗作为解决双方利益冲突的调解依据,应该借鉴西方国家的司法和解制度,由当事人双方及其代理律师通过证据开示和证据交换机制对诉讼请求及其法律依据进行评估,在此基础上达成和解协议,最终使冲突得以解决。只有当案件比较复杂、现有的法律规定不明确或缺少相应的法律规定,进而需要法官对相关法律规则进行价值判断、文化选择,或者需要法官通过文化选择建构审判规则的时候,才有必要对相关的道德习惯进行价值分析和价值评价,选择能够反映社会主流价值观念的道德习惯来构建司法判断的标准。

当然,当事人选择诉讼机制也就意味着要承担复杂的司法程序运行所花费的时间成本、诉讼所需要的经济成本、裁判不公导致的关系成本和影响今后生活的隐形成本。[②]因此,即使国家提供了正式的司法解决途径,当事人出于利益最大化的考量,在能够借助双方都熟悉的行业组织和社区组织的协调力量的情况下,他们也会首先选择通过协商、谈判、妥协等各种非正式纠纷解决方式来自行解决利益冲突问题。只有在对方拒绝谈判、妥协或自己无法接受对方给出的解决方案的情形下,当事人才会无奈地选择正式司法救济途径。也正是基于正式司法途径往往是当事人在尝试其他非诉讼解决方式无效时不得已才启动的正式救济程序这一现实,社会公众对正式的司法救济给予了很高的期待,司法也就成为社会正义的最后一道防线。

司法成为人们解决利益纠纷的重要途径或作为和解的重要参考是具有深刻的文化心理原因的。在政治国家与市民社会分离的过程中,人身依附的社

---

① 赵旭东. 法律与文化[M]. 北京:北京大学出版社,2011:178.

② 汤唯,等. 当代中国法律文化:本土资源的法理透视[M]. 北京:人民出版社,2010:170.

会关系结构也逐渐向身份自由的社会关系结构转变,在公共领域与私人领域一体化基础上形成的整体主义文化逐渐衰落,统治阶级逐步失去了推动法律发展的文化主体地位,在契约关系社会基础上形成的个人主义文化在法律制定、法律实施过程中发挥着越来越重要的作用,强调整体而忽略个体、忽略多元价值和多元利益保护的文化观念正在发生变化,司法日益成为解决权利冲突、价值冲突的权威机制。

现代西方法律是具有高度形式理性的权利义务体系,它由一整套形式化的意义明确的法律条文组成,它把诉讼当事人作为具有平等地位的程序主体,要求法官只依据法律条文对确凿无疑的法律事实作出判定,而不考虑其他伦理的、政治的、经济的实质正义的原则。[①]个体意识的兴起意味着形式理性贯彻到一切领域,高于个人目的的社会普遍目的消失。[②]在政治文化方面,随着整体主义文化的衰微,人民逐渐取代君主成为法律发展的文化主体,不仅立法是法律发展的主要途径,而且司法也是推动法律发展的重要途径。

随着农业社会向工业社会的转型,文化意识形态也发生变革,人民由过去的臣民转变为现代的公民。由此在西方资本主义社会衍生出一套统治者统治要经过被统治者同意、国家权力要受到市民社会权力制约的自由主义文化思想,进而确立了权力制约的文化理念,司法审查成为制约立法权力和行政权力、保护人权的有效手段。当代中国正处于公权力优位文化向权力制约文化的转型阶段。由于传统文化的作用惯性,我国权力至上的政治文化一直根深蒂固,至今仍然具有巨大的影响力。

因此,为了在整个司法领域确立司法裁判的权威,就必须推动文化的转型,着力培养控制权力、保证人权的文化观念。我们欣喜地看到,在这种文化意识影响下,最高人民法院通过合同法的司法解释,区分了"管理性规范"与"效力性规范",最大限度地限缩了公法渗透私法后对市场主体意思自由的限制。

总之,随着整体主义文化向个体主义文化的转型,法律制度的价值取向

---

① 苏国勋. 理性化及其限制:韦伯思想引论[M]. 上海:上海人民出版社,1988:154.
② 金观涛. 探索现代社会的起源[M]. 北京:社会科学文献出版社,2010:153.

也从义务本位向权利本位逐渐转化，越来越多的人选择国家正式的司法机制作为解决社会纠纷、维护权利的重要手段。

(二) 从信赖共同体权威到信赖国家权威的文化转型

从司法权的历史渊源看，司法权原本属于社会权力。"随着现代民族国家的兴起，国家从教会、地方和私人手中夺回了司法管理权，并使之'国家化'，于是，普通法院就成了国家垄断司法管理权的重要工具。这样，立法机关掌管整个国家的立法活动，普通司法机关则负责整个国家的审判活动"。[①] 英国国王在与封建法庭、庄园法庭和宗教法庭的竞争过程中逐渐建立自己的司法权威，这一历史进程实际上也是社会司法权力转变为国家司法权力的过程。司法权力逐渐集中到国家手里的过程也是人们从信赖特定共同体权威向信赖国家权威的文化转型过程，法律至上权威的形成建立在国家司法权与社会司法权的共存与竞争的基础之上。"西方法律传统最突出的特征可能是在同一社会内部各种司法管辖权和各种法律体系的共存和竞争。"一位农奴为保护自己不受其主人的侵害可以诉诸城市法院。一位封臣为保护自己不受其领主的侵害可诉诸王室法院。一位神职人员为保护自己不受国王的侵害可诉诸教会法院"[②]。与西方传统社会相似，中国传统社会也是家族司法权、乡绅司法权和官府司法权共存的三层治理体系，与此相适应，调解也有民间调解、官批调解和官府调解三种形式。[③] 宋代以来官府基于社会和谐的追求，采取了各种方式限制诉讼，严格规定必须自本县、本州、府、省逐级上告，不可越诉，这就极大地限制了家族、乡绅的社会司法权力与官府的国家司法权力之间的竞争。[④] 尽管在中国传统社会中国家司法相对于社会司法具有更强的竞争力，但它们都是那个时代共存的纠纷解决机制。随着晚清政府的覆灭，此后的民国政府开始建构国家统一的司法体系，国家司法权作为国家权力的有机组成部分，逐渐彰显强制性、执行性和权威性的特点，拥有了社会司法权力所不

---

[①] 梅利曼. 大陆法系 [M]. 顾培东, 禄正平, 译. 2版. 北京: 法律出版社, 2004: 91.

[②] 伯尔曼. 法律与革命: 西方传统法律传统的形成 (第一卷) [M]. 贺卫方, 高鸿钧, 张志铭, 等译. 北京: 法律出版社, 2008: 10.

[③] 刘艳芳. 我国古代调解制度解析 [J]. 安徽大学学报 (哲学社会科学版), 2006 (2): 76-83.

[④] 赵晓耕. 观念与制度: 中国传统文化下的法律变迁 [M]. 湘潭: 湘潭大学出版社, 2012: 259.

具有的威力和威信。

　　随着国家实现纠纷裁决权力的垄断，人们也逐渐形成了依赖国家权威解决纠纷、救济权利的文化心理。人们选择国家司法机关来解决纠纷也是出于对职业法律裁判者的信赖，法官受过专门的法律训练，具有娴熟的法律解释和司法推理的技能以及较高的伦理素质，从而能够确保司法判断建立在理性和经验有机结合的基础之上。选择国家司法意味着当事人相信国家司法依据的威信。这是因为作为司法裁判依据的法律规定是整个国家普遍适用的行为规范，具有至上性和统一性特征。当事人的权利受到侵害是现代各国民事诉讼、行政诉讼中原告享有诉权的前提和条件，法官必须运用明确的法律规则来判断当事人是否享有权利及权利是否受到侵害，只有在法律规则规定不明确或没有规定的情况下，才通过法律解释进行实体道德的考量，而这种考量在通常情形下将有意识地阻隔价值判断。但是，西方法律形式主义的司法裁判不是不考虑集体意识和社会道德的可接受性，而是集体意识和社会道德的可接受性在更多情况下已经通过立法过程和立法结果被充分考虑和吸纳，因此，法官在通常情况下不应该在司法判断中考虑道德因素。只有在审理疑难案件时，面对法律规则滞后、缺失、冲突或者模糊等情形，法官才应该在法律解释过程中融入道德规范和习惯规范的价值因素，进而在价值评价的基础上建构一个裁判规则。当然，这种价值选择在整体上必须符合社会主流价值观念的要求。

　　国家司法的权威也体现在国家强制力的能量方面。人们选择国家司法途径往往出于对国家物质强制力的依赖。法律规范具有道德、习惯等社会规范所不具有的国家强制力，只要属于法院的受案范围，原告一旦起诉，被告就要受到司法程序的约束，即使不应诉，也不能阻止法院对案件作出判决。法院还可以依据法律的规定事先限制被告的财产以保证将来生效判决的执行。在诉讼期间，无论任何一方继续侵害对方都属于干扰诉讼的行为，都将受到审理法院的强制性制止，以使双方能够通过司法程序进行和平、平等的沟通和辩论。不仅当事人必须尊重法院作出的判决和裁定，而且其他任何机关、组织和个人都必须尊重法院的判决和裁定，非以法定程序和法定事由，不得重新启动该案件的审理程序。

<<< 第七章 司法权威的文化机制

　　从信赖共同体权威到信赖国家权威的转变，还意味着国家司法成为确认新权利、发展权利体系的权威机制。在社会的发展过程中，一些权利要求没有能够及时地通过立法程序转变为制度化机制的内容，需要通过司法判决转化为司法保护的利益。在权利飞速发展的时代，法院必须正确认识哪些利益诉求必须受到司法保护，哪些利益关系仍然留给道德习惯规范来调整，哪些利益诉求应该通过政治程序获得法律权利的形式。因此，法律权利体系的建立和发展是立法与司法互动的产物，立法者通过法律规则对某些权利的确认，只是初步确认了这些权利对个人尊严和利益的实现具有决定性的价值意义，许多发展中的利益诉求还需要法官在解决纠纷的过程中发现，并通过法律解释过程来认定。法律制定过程实质上是立法者通过价值认识、价值评价和价值选择活动确认权利要求的过程。但是，权利不限于宪法和法律的规定，在法律之外还存在一个丰富的权利世界。任何完备的法律体系都无法涵盖所有的权利，抽象性的法律规则无法准确界定权利的内涵和外延，无法事先确定权利的全部内容，不可避免地会产生"漏列的权利"和"剩余的权利"的问题。此外，法律跟不上社会发展步伐的滞后性特征决定了立法者难以预见正处于生成和发展过程中的权利，需要通过司法裁判对这些权利的确定来保护发展着的利益关系。法律体系的开放性决定了立法者有时会通过法律原则、法律概念和法律义务等方式对某些权利作出概况性的规定，这就需要通过司法判断来进一步发现和确认这些权利，从而为某些利益诉求提供正当性依据。

　　从信赖共同体权威到信赖国家权威的转变，还意味着国家司法成为法律发展的重要途径。当代中国社会在物质生产方式上属于高度发达的现代商品社会，个人主义、契约精神、平等意识、法治文化等精神气质已经逐渐成为社会的主流价值观念，与整体主义文化交织在一起，成为极具转型社会图像的混合意识形态文化现象。同时，由于社会处于转型时期，许多社会规则尚未在社会中完全确立就已经被新一代的交往方式所抛弃，新的生活方式和交往方式又呼唤新的社会规则的确立。基于立法本身的滞后性及司法不能拒绝受理社会争议的特性，通过法院对某一类社会纠纷受理、裁判，并最终确立裁判规则，进而由裁判规则提炼为行为规则，成为转型社会及现代社会发展法律的重要途径之一。

### （三）从片面追求实体正义向注重程序正义的文化转型

公正是人类社会永恒的价值追求。人们在社会交往过程中遇到不公正的事情，一般都希望通过某种手段加以纠正。在现代社会中，尽管恢复社会正义的途径和方式是多种多样的，但是，司法救济无疑具有无可替代的功用。人们选择正式司法的救济路径，可能有多方面的原因，甚至存在其他救济无效或不能的因素，但期盼司法公正是主要的动因。自古以来，人们都具有期待法官独立审判的文化心理，站在中立的立场上进行独立判断是人们对裁判者的文化定位。法官要严格按照实体法律和程序法律的规定审理案件，法官裁判时保持中立，有利害关系时要回避，进行决断时要不偏不倚。审判独立是司法中立的前提，独立审判要求司法权与其他国家权力分离，而司法中立则要求裁判者平等地对待双方当事人，居于中间的立场进行裁判。

然而，我国传统的诉讼文化片面追求实体公正，将诉讼的目的和司法目标定位于实体利益的获得。在整个社会文化心理中，程序公正的意义在很多时候是依附于实体结果的，当一项实体结果取得了令人满意的效果时，法官是否按照程序的要求进行司法判断和裁决就不重要了，因此，重实体轻程序是我国传统的司法文化理念。极力追求实体公正的诉讼意识决定了人们要求法官在案件审理过程中要尽可能地发现客观事实真相，法官要获得与案件相关的全部证据，寻找与案件事实有关的全部因素，使司法判断与案件客观真实完全符合。这样的司法过程和司法结果才能被当事人和社会公众接受，也才能获得确定力。显而易见，这实际上是要求现有的司法机制去完成一个不可能实现的司法任务，因而只能成为法官的一种司法幻想和当事人的一种诉讼梦想。由于所处时代的知识文化、认识水平和司法技术的局限，很多疑难案件事实的认定很难达到客观真实的要求。此外，当事人出于自己利益最大化的考虑，往往只向法院提交对自己有利的证据，法官所得到的证据只能反映案件的碎片化的事实构成，因此在现有证据的基础上通过司法推理建构的法律事实不可能是客观事实。再者，追求客观真实而耽误对于案件的及时审理所带来的迟到的正义也是非正义的。所以，为了追求事情的真相而不断地重复审理案件的观念，是与司法确定力的价值理念大相径庭的。现代程序所拥有的平等性、中立性、参与性、终局性、效率性的特征能够确保司法过程及其结果的公正性,因而具有一定的确定力和执行力。因此,要实现从片面追求实体正义向注重程序正义的文化转化,应当培养程序主导的司法意识和诉讼观念,使人们重视程序的价值,做到实体正义与程序正义并重。

人们应该确立程序正义的诉讼观念,形成通过程序感知司法公正的文化心理。"权威的问题必须转换为公平性的问题来处理。而具体的决定或措施的公平性则由正当性过程原则来决定。"[1]程序正义要求裁决纠纷的依据应该是已有的法律规范,法律事实的认定和建构是在当事人平等参与下完成的。在审判权运行过程中,双方当事人通过举证、质证、辩论和陈述等程序对事实争议和法律争议进行了有效的沟通,法官通过听审全面了解有关情况,并在内心与当事人进行了沟通。这样的司法程序可以有效地缓解当事人之间的冲突、对立与紧张情绪,可以让当事人在庄严的审判氛围中得到情理法的感染和教化,进而通过当事人的切身体验和心理感知增加司法裁判的可接受性。

司法判断和司法裁决是法律理性的重要实现方式,也是社会公共理性的主要体现途径。司法公共理性是公共理性在司法运作过程中的具体应用,它不仅要通过司法判断实现法律正义,而且要通过司法沟通理性实现社会正义。[2]司法理性包括形式理性和实质理性两种形式。法官运用演绎、归纳和类比的方法进行司法推理的过程就是形式理性的实现过程,大陆法系国家的法官在规则中心主义的司法理念指引下通常采用演绎推理方式作出司法判断和司法裁决,而英美法系国家的法官在原则中心主义的司法理念指引下通常运用归纳推理和类比推理的方式进行司法判断和司法裁决。我国最高人民法院推出的案例指导制度,适用的就是归纳推理和类比推理技术。在法律没有明文规定、法律规定过于模糊或存在两个以上的法律适用方案的情况下,法官借助于辩证思维从中选择一个最佳的命题予以适用。因此,辩证推理实质上是一种价值认识、价值评价和价值选择的文化活动。在一般情况下,通过形式理性与实质理性的定性思维和定量考量,司法判决既能够符合立法的普遍正义要求,也能够符合司法的个别正义要求;既能体现法律职业共同体的

---

[1] 季卫东. 法律程序的意义 [M]. 北京:中国法制出版社,2004:90.

[2] 齐伟. 司法公共理性:司法公正的内在生成机制 [J]. 河北法学,2014,32(7):149–157.

专业理性要求，也能反映社会公众的生活理性诉求；既能洞穿形式逻辑的运动轨迹，也能经得起辩证逻辑的文化评判。在互联网时代，司法判决的理性表现必然要接受法律职业共同体与社会公众的文化评价，只有人们对司法理性有着真诚的信赖，才能长期维持优先选择司法解决纠纷的文化心理。在从传统社会向现代社会的转型过程中，特别是改革开放以来，我国也在逐步地推行法律形式主义运动，加强法典编撰。为了使疑难案件中的道德判断和价值选择具有厚实的正当性基础，使司法的个性化特征转变为司法整体智慧和司法公共理性，我国建立了案例指导制度，力图实现同案同判的司法正义理想，保证司法裁判结果具备一定的非人格特征，为司法权威的建立提供制度基础。[①]

当然，注重程序正义并不意味着忽视实体正义的要求，只是强调应该通过程序正义来保证实体正义的实现。注重程序正义也不意味着法官在法律解释过程中排斥社会主流价值观的影响，否定社会理性、社会知识和社会经验在司法判断中的作用。任何司法活动都是在一定的社会文化环境中进行的，法官的司法判断和裁决只有符合社会公平正义观念，才能获得当事人和社会公众的认同。当事人在选择国家司法机关解决纠纷之前，往往已经用社会朴素的公平正义理念和生活常理评价案件、推演判决结果。因此，当事人能否服判息诉，一个非常重要的考量就看裁判文书的事实认定和辨法析理是否符合社会公平正义理念，法官基于法律知识、法律推理所作出的司法判决也不能明显地背离社会知识、社会经验和社会理性。许多国家在司法审判中引入陪审制度在一定程度上就是为了实现法律理性和社会理性的有机融合。在莫里斯大法官看来，"陪审团应该代表社会的各阶层，应该成为一种途径，通过它，某一地区的良好意识便可在对有关问题的审判中得到反映。这就必须由所有具有善良愿望的男男女女都来贡献，而不能只限于少数人"[②]。因此我国人大常委会授权在部分地区进行扩大人民陪审员候选人范围、扩大人民陪审员参与案件审理的范围方面的改革。同时，为了充分发挥人民陪审员社会阅

---

[①] 林端. 儒家伦理与法律文化 [M]. 北京：中国政法大学出版社，2002：406.

[②] 丹宁勋爵. 法律的未来 [M]. 刘庸安，张文镇，译. 北京：法律出版社，2004：93.

历丰富、了解民情的优势，将人民陪审员的审判权限制在事实认定范围之内。鉴于人民陪审制度的本质功能是通过普通民众的朴素正义来进一步检测及修改法律的普遍正义，人民陪审员不仅要进行事实判断，而且还应该进行法律适用方面的判断。

## 二、寻求司法共识的文化沟通机制

司法沟通在本质上是一种文化沟通。案件事实的发现和认定关系到纠纷能否得到公正裁决，而证据的收集和认定需要一定的时间，诉讼制度规定的诉讼时效和诉讼期间是为了保证事实认定问题和法律适用问题获得公正而又高效的解决，也就是说司法过程既要追求公正价值又不能牺牲效率价值，这实际上也是一种价值整合的制度化安排。当事人从自己的利益出发有选择性地向法院提交有关证据，基于胜诉考虑向法院提出的诉讼请求、事实和理由，在一定程度上也是一种价值认识、价值评价和价值选择活动。众所周知，法律规范、道德规范、习惯规范都是在一定领域具有普遍性的行为评价标准，任何行为只有符合这些规范的普遍性要求，才能获得法律制度和社会制度的保护。① 因此，一方当事人要向另一方当事人、法官证明自己对事实的判断、法律规定的理解和自己的利益诉求符合社会普遍的看法，符合社会知识和法律知识、社会理性和法律理性、法律规则和道德习惯规则的普遍要求，总是尽可能地将自己的特殊看法和特殊要求披上普遍性的外衣。这种将特殊性的情形上升到普遍性认识的做法就是一种文化认识、文化评价和文化选择过程。价值判断、特殊性要求普遍化的论证就是典型的文化活动。因此，司法过程中当事人之间、法官与当事人之间、法官与社会公众之间关于事实认定问题和法律适用问题方面的沟通是一种文化沟通。司法的文化沟通包括诉讼程序之前的文化沟通、诉讼程序中的文化沟通和诉讼程序之后的文化沟通，也包括程序内的文化沟通和程序外的文化沟通；司法文化沟通的依据主要是法律规范和法律知识、道德习惯规范和社会知识，解决法律规定的含义与目的、案件事实认定、法律适用和判决执行方面的问题是司法文化沟通的意义指向。

---

① 宗教规范在本质上属于道德规范和习惯规范范畴，是一种以信仰为核心的，在一定的时空范围内，对特定的群体有着认识、沟通、评价、规范作用的道德、习惯规范。

(一) 诉讼当事人之间的文化沟通

当事人在司法过程中的沟通是一种理性的文化沟通活动，沟通的充分性和真实性建立在双方当事人的平等诉讼地位之上。司法程序通过起诉、答辩、陈述、辩论、举证、质证、认证等步骤为当事人提供了一个与法官一道探求裁决结果的文化沟通机制。原告与被告在利益方面存在冲突，属于实体利益的对立方，他们在司法过程中力图通过自己对证据的文化解读说服对方和法官以支持自己的利益诉求和权利主张，因此，司法过程是各种观念之间的碰撞、竞争和协调的文化沟通过程。法官要及时作出公正的裁决是现代司法制度的基本要求，也是当事人的诉讼目的和价值期盼。因此，我国司法程序采取两审终审制，明确规定了一审和二审程序的审理期限，不允许任何案件的审判长时间地处于待定状态，即使是疑难复杂案件也需要履行法律规定的审限延长手续。当事人必须在有限的时间内充分发挥自己的价值评价和文化辩论能力，围绕案件事实和法律适用方面的价值判断和文化解读展开系统深入的对话和辩论。[①] 在一般情况下，凭借程序理性的保障，通过双方当事人一定时间的文化沟通，符合社会主流价值观念的文化解读和文化主张通常能够取得优势地位，落后于时代要求、不符合社会主流价值观念的文化判断和文化主张会在价值竞争中处于弱势地位，双方最终能够在案件法律意义的解读方面形成一定文化共识。当事人之间的文化沟通有利于明确事实争议和法律争议的要点，从而为法官解读案件的法律意义、形成合理的价值判断和公正的利益分配方案提供了参考意见。在普通法系国家的对抗制诉讼模式中，当事人或代理人的陈述能力和辩论能力能够有效地影响法官的价值取向和司法判断。

诉讼地位平等为理性沟通提供了文化基础，有利于当事人在司法过程中相互了解对方的意图、主张和异议，有助于确定案件的争议焦点，也有益于当事人自主地确定辩论重点、合理评估自己的证据优势、权衡自己的诉讼利益和自主处理实体权利。在司法实践中，双方当事人的文化程度和法律知识

---

[①] 审前程序、证据开示制度也是发现案件事实、确定争点的文化沟通机制。一方当事人通过对另一方当事人的权利主张、事实描述和理由阐释的初步了解，有利于确定自己在质证和辩论方面的重点方向，促使辩论沿着充分、深入的方向发展，有利于形成合理的结果预期。

水平的差异往往导致诉讼能力和地位实质上的不平等。社会资源可能影响当事人的文化沟通能力，经济贫困和交往能力弱可能导致他们缺乏能力收集和运用那些预测诉讼结果的信息，从而使他们在协商过程中处于弱势地位。因此，单纯依靠司法程序上和诉讼地位上的平等，不足以消弭社会资源占有差异所带来的实质上的不平等，因而司法沟通无法完整实现司法商谈的理想。为了确保当事人诉讼能力和诉讼地位在一定程度上的实质性平等，法官必须合理地引导诉讼当事人的文化沟通，对当事人不明确的法律问题或程序问题加以释明，在当事人的权利主张、利益诉求的意思不明确、不充分，或有不当的诉讼主张和事实陈述，或者他所举的证据材料不够而误认为充足的情况下，法官应该对当事人进行发问、提醒和指导来帮助其明确诉求请求、澄清事实陈述、补足证据材料，以引导当事人对案件事实和主要证据进行有效和积极的辩论，防止一方当事人以对方当事人对法律条文的不理解为缺口，有意置对方当事人于不利的诉讼地位。当然，法官也不能超越当事人的处分范围行使释明权。当事人在实体权利和程序权利上作出的选择，应该是自己的真实意思表示，是在价值判断和文化评价基础上作出的自主选择。

　　司法沟通的文化属性决定了司法过程形成的共识是一种文化共识，司法过程是一个文化竞争的过程，司法结果是文化竞争的结果。当然，就规范的形成和适用范围来看，法律规范的普遍性要高于道德规范和习惯规范的普遍性，但是许多纠纷都是在一定地方文化环境中形成的，对特定地域中发生的这种利益冲突的文化认识不能绝对地排斥地方性道德、习惯的介入。因而司法程序中的文化沟通也是一种法律规范与社会规范、法律知识与社会知识、法律理性与社会理性的竞争和融合过程。此外，各种文化渊源在特定的时空范围都具有一定公共理性特质，都能够起到规范社会行为、调整社会关系的作用。当事人并不一定总是依据法律规则要求、根据法律知识指引处理社会交往的分歧和争议的，在很多情况下，当事人首先运用当地的共有的道德规范、习惯规范和社会知识来认识、评价和处理社会纠纷，因此，在一定程度上司法程序中的文化沟通是多元文化之间的对话和辩论过程，法官不能利用诉讼活动中的组织权力和引导权力，垄断文化话语权，用某一种文化压制另一种文化。为了保证司法文化沟通的充分性和公正性，法官要确保不同文化渊源的平等地位，平等保护当事人的文化话语权利。

（二）法官与诉讼当事人之间的文化沟通

法官与当事人之间的沟通是一种文化互动活动，沟通的有效性和公正性建立在程序的中立性、制衡性基础之上。法官是通过听审和心证过程与当事人进行文化沟通的，法官会认真听取双方当事人陈述、辩论意见，运用理性和经验，依据法律规定和社会主流价值观念对他们的观点进行司法评价，进而在事实认定和法律适用方面形成自己的意见。在普通法系国家的司法程序中，当事人在案件事实的发现和法律适用规则的建构中发挥着极其重要的作用，法官把当事人看作自己的法律同伴，会关注他们对案件事实的文化解读，重视他们在质证意见和抗辩理由中形成的文化认识和文化选择，并最终在司法判断和司法裁决中体现在司法沟通中形成的文化共识。与此对照，我国司法实践没有重视法官与当事人的文化沟通，法官作出的司法判断和司法裁决没有建立在一定的文化共识基础上，从而不能有效形成司法的说服力和确定力。

法官与当事人之间的有效文化沟通建立在司法程序的中立结构基础上。司法中立要求形成由控、辩、审三方构成的等边三角形的诉讼程序结构，法官应该在民事诉讼、行政诉讼和刑事诉讼的过程中保持中立性；在与双方当事人的文化沟通中，法官要平等保护当事人的陈述权利、辩论权利、质证权利，充分听取当事人对有关事实和法律适用问题的看法，平等对待和重视当事人的诉讼请求和诉讼理由；在案件事实可能受到多种法律规范和道德规范、习惯规范评价的情况下，法官面对事实认定和法律适用存在多种可能选择的情形，就应该对案件事实的法律意义作出详尽的解释，阐释价值选择和利益衡量的法律根据，给出支持或反驳当事人主张的理由，说明重新分配当事人实体权利义务的权威依据。[①] 在此基础上经过充分的辩论所形成的司法判断和司法裁决才能获得当事人的认同。

司法程序主体的角色分化和文化定位能够保证司法行为和诉讼行为之间的配合与制约。法官担任诉讼主持、案件审理和争议裁判的角色，诉讼当事

---

① 贝勒斯. 法律的原则：一个规范的分析 [M]. 张文显，宋金娜，朱卫国，等译. 北京：中国大百科全书出版社，1996：41.

人担任对抗、竞争和辩论的角色,这种安排旨在通过司法沟通达成事实认定和法律适用方面的文化共识。因此,法官不能垄断司法判断权和司法裁决权,法官要通过听审过程接受当事人诉讼权利的制约,只能对当事人提出的权利主张以及形成的争议事实进行司法判断和司法裁决;在实体法没有规定或存在漏洞因而具有多种法律解释结果的情况下,法官和当事人都面临着法律适用方面的选择,只能通过文化沟通实现不同价值观念的竞争与调和,进而形成纠纷解决的最终方案。此外,当事人的文化水平、法律知识和社会经验存在一定的差异,在对纠纷的性质和法律意义的理解方面肯定具有不同的认识,所以他们既可能依据法律规则、法律原则和法律精神,也可能依据道德习惯原则和社会公平正义观念,主张权利、提出利益诉求。从有效化解纠纷的目的出发,法官不能单纯地依靠法律规则,应当尽可能地尊重社会共同价值观念,吸收风俗习惯、道德规范的合理因素,对法律规则作有利于形成文化共识方向的解释,通过裁判说理方式与当事人进行充分的文化沟通,说服当事人接受司法裁判结果。

司法沟通的充分性和公正性建立在各种文化渊源的理性基础上。司法沟通过程应该是理性文化的碰撞和竞争过程,各种非理性文化应该被排斥在司法活动之外。法官在与当事人进行文化沟通的过程中,不能有权力本位的文化意识,不能凭借自己的文化心理排斥当事人在案件事实和法律适用方面形成的文化认识和文化评价观点;法官也不能在司法过程中接受立法权力、行政权力和社会权力的支配,用权力文化打击和压制当事人的诉讼要求和文化判断;此外,诚信是社会交往的道德要求,也是司法沟通的文化原则,司法过程的文化沟通应该是诚信沟通。法官在认定法律事实、解释法律和适用法律的过程中,应该遵循公平原则和诚实信用原则,综合考虑当事人的举证能力和诉讼能力等因素以确定举证责任的分配,尤其在特殊侵权责任的认定过程中要根据当事人接近、掌握和收集证据信息能力的情况作出举证责任的承担决定。同时,要通过文化沟通发现当事人在陈述、举证和辩论中的诉讼欺诈行为,并及时作出惩处的司法决定,使其承担相应的后果。法官应该及时制止当事人在司法沟通中的非理性行为和言论,防止暴力文化对司法理性过程的侵害,确保司法辩论过程能够有序进行,保证有说服力的文化观念能够在平等的文化沟通中胜出。总之，司法判决是在程序角色合理定位和文化沟通充分的基础上形成的实体权利义务的再分配过程。

（三）法官与社会公众的文化沟通

行为和利益诉求的特殊性与行为和利益诉求的普遍性之间的对立和统一是文化发展的内在动力。人类文化形成和发展的历程就是特殊性不断发展、特殊性不断转化为普遍性的历史，也是普遍性不断发展、普遍性容纳更多特殊性的历史。司法过程是案件事实与法律规范有机结合的过程，实质上是法律的普遍性要求和利益诉求的特殊性相结合的过程，也是当事人的价值诉求与社会公众的价值观念相融合的过程，还是各种层次的文化竞相争取普遍性地位的过程。由于普遍性是公共理性的最高表现形式，法官通过公共理性来进行司法判断和司法裁决，利益诉求和权利主张也只有获得公共理性的形式才能成为司法保护的权利。程序参与者必须运用公共理性为利益诉求提供论证基础，通过理性沟通达成司法判断方面的文化共识。因此，纠纷的解决不仅需要法官与当事人之间的文化沟通，还需要法官与社会公众的文化沟通。既然法官与社会公众的沟通是寻找公共理性的文化活动，沟通的合法性和合理性就必须建立在司法公共领域的开放性和平等性的基础之上。

法律规定是处理社会纠纷的权威性依据，对法律规定的解释和理解决定了案件事实性质和法律意义，决定了司法判断和司法裁决的最终结果。问题的关键是谁的解释和理解具有正当性和权威性，除了法官和当事人在法律的解释和理解方面取得共识之外，是否需要在更大范围内取得共识，即是否需要在社会主流观念那里取得文化支持。毋庸置疑，法律规则是公共理性的载体，它承载着社会公众在立法过程中的普遍愿望，表达着人民的利益诉求和文化选择。但是，法律规则和法律原则所具有的抽象性和概括性特点决定它不可能涵盖社会生活的各个方面，必然为司法者留下许多可解释的空间。[①]法官要通过与社会公众的文化沟通发现在政治意见形成过程中被立法者遗漏忽视的具有特定价值的意见，通过法律解释和司法裁判将应该保护的利益转变成司法保护的权利。

---

① 谢晖，陈金钊．法律：诠释与应用［M］．上海：上海译文出版社，2002：55．

随着社会的发展，立法时的民意与纠纷发生时的民意、法律适用时的民意有可能存在差异，法官需要通过文化沟通对有关法律规定的含义作出合理的文化评价和文化选择。法官应该清醒地意识到社会公众是政治权力的分享者，参与法律解释活动、评价司法解释者的决定都应该是社会公众的文化事务，司法公共领域应该成为社会公众进行司法辩论的公共平台。法官在法律解释过程中应该顺应社会发展的需要，吸收法律外部的价值理念和公共道德，将新的利益诉求转化为司法保护的权利，通过与社会公众的文化沟通缓解法律规范与社会生活之间的紧张关系，建立内含自由的发展性秩序。在英美法系国家，法律系统与外部世界持续沟通对法官进行的法律解释过程及其结果有着至关重要的影响，社会公众的普遍看法在很多情况下决定了司法判断和司法裁决的结果。[1]另外，法律体系中本来就存在着具有道德性质的法律原则，它们决定了法律规则的价值取向，成为法律体系与外部价值联系的桥梁。法官应该通过文化沟通来理解和表达法律中的公共道德价值，在法律解释过程中借助文化判断进行价值选择。在现代社会，法律调整成社会生活中占主导地位的文化调整方式，习惯不再是社会调整的主导性力量。但这并不等于习惯调整文化之功能或现象的全部瓦解或消解。"习惯仍以顽强的生命力遗存下来，成为人们的心理积淀或意识表现，在社会生活中以隐文化形态发挥功用"[2]，具体到司法活动中，习惯也应该在某些情况下成为法官解释法律的文化基础。此外，纠纷是利益冲突的具体表现，其本质上是权利冲突，而权利受到社会经济结构及社会文化的制约，从一定程度上讲，权利的冲突是文化冲突，因此，文化沟通是解决纠纷的有效机制和合理路径。社会公众对某类社会关系和社会行为评价在一定程度上反映了社会主流价值观念，是一种具有公共理性的文化选择现象，应该对案件事实的认定和法律解释的价值取向具有积极意义。因为法律解释是司法沟通的主要内容，也是发现和确认法律公共理性的关键程序环节，所以，法官不能将司法权威建立在纯粹的职业逻辑基础上，而应该建立在与社会公众的文化沟通基础上。

我国应该完善人民陪审制度，保障人民陪审员能够将社会生活经验和社

---

[1] 胡克. 法律的沟通之维 [M]. 孙国东, 译. 北京：法律出版社, 2008: 60.
[2] 刘作翔. 法律文化理论 [M]. 北京：商务印书馆, 1999: 226.

会公共理性引入司法辩论程序中，确保司法文化沟通过程能够形成具有公共理性的司法结论。法官应该在公众理性和社会主流价值观念所能接受的基础上证明判决的正当性，并为自己的价值判断和文化选择承担司法责任。文化沟通是司法持续获取威信的重要途径，随着法治文化的发展，社会公众与法官的文化沟通既存在于司法过程之中，也存在于司法过程之后——社会公众借助于公共网络能够查阅裁判文书、解析裁判理由，对案件事实认定和法律适用的问题进行文化解读和文化评价。

（四）审理案件的法官与其他法官的文化沟通

法官之间的文化沟通还包括合议庭成员与法院其他法官通过法官会议就疑难案件中的事实认定和法律适用问题所进行的文化沟通，这些法官的意见可以成为合议庭审理案件的参考依据。在很多情况下，法官在审理案件时习惯找出已决的类似案件作为参考，这实际上是此时的法官与以前的法官进行的文化沟通。

先例有着深厚的社会文化根基，承载了社会交往的经验和智慧，因而也是司法判断和司法裁决的文化理性渊源。"先例的背后是一些基本的司法审判概念，它们是司法推理的一些先决条件；而更后面的是生活习惯、社会制度，那些概念正是在它们之中才得以生成。"[①] 每个先例都具有至关重要的力量，"它就是渊源，从中可能出现一些新的原则或规范并影响此后的判断"[②]。而这些原则内含在先例的判决意见和司法理由中，"识别法官意见需要不断将先例中的那些偶然的和非本质的东西同那些本质的和固有的东西分离开来"[③]。法官还必须利用类比的方法沿着先例中法官的推理逻辑继续前进，"具体案件数量很大，主题相关的判决堆积如山，因此，能将这些案件统一起来并加以理性化的原则就具有一种倾向，并且是一种合法的倾向，即在这个原则的统一化并加以理性化的能力范围内将其自身投射和延伸到新案件上去"[④]。

法官在审理案件过程中，通过对先例中的判决理由的分析与以前的法官

---

① 卡多佐. 司法过程的性质 [M]. 苏力, 译. 北京：商务印书馆, 1998: 8.
② 卡多佐. 司法过程的性质 [M]. 苏力, 译. 北京：商务印书馆, 1998: 10.
③ 卡多佐. 司法过程的性质 [M]. 苏力, 译. 北京：商务印书馆, 1998: 15–16.
④ 卡多佐. 司法过程的性质 [M]. 苏力, 译. 北京：商务印书馆, 1998: 16.

进行文化沟通，通过把握既判案件的价值取向对自己正在审理的案件进行文化评价，在甄别和筛选先例的基础上继承和发展法官职业群体的经验和理性。遵循先例的司法理性不仅能够实现法官经验和理性的文化延续，而且能够有效地防止法官滥用司法自由裁量权。"如果要想让诉讼人确信法院司法活动是公平的，那么坚持先例必须是一个规则而不是一个例外。这样一种感情，尽管程度会有所不同，但其根子就在于先例有沿着逻辑发展路线自我延伸的倾向。"[①]

案件审判结束并不影响其与此后同类案件之间的文化沟通。有的时候，新旧案件之间的文化沟通呈现连续的特征。遵循先例作为普通法系国家的司法文化传统和法官的文化意识，塑造了法律适用的文化环境。在经验主义文化基础上形成的这种文化习惯，有利于保持法律制度的社会适应能力。随着社会经济和文化的发展，有些法律规定可能与社会发展的文化观念相冲突，为了保证法律的社会适应性，要用新的判例原则取代旧的判例原则。

总而言之，司法判断是自主性判断和交涉性判断有机结合的过程。自主性判断要求法官凭借自身的经验、知识和理性对案件事实和法律适用问题作出判断，而交涉性判断要求法官不仅仅依靠自身的判断，而且应该通过与其他法官、案件当事人、代理人的外部沟通进行司法判断。司法判断是一种理性沟通的活动，法官、原告、被告、辩护人、代理人、陪审员、证人等程序参与者，通过交流、沟通、商谈共同参与司法结果的探寻，以便使诉讼当事人之间、法官与当事人之间就纠纷解决方案达成一定程度的共识，最终形成一个比较合适的价值选择结果和利益平衡结论。法官与当事人、社会公众之间就有关事实和法律规定的文化沟通也是一个赋予事实以某种法律意义的过程，这种沟通能够通过法律的经验理性将现时民意整合到法律规定之中，实现立法中民意与现时民意的文化交流，从而赋予法律规则一些必要的灵活性。司法程序中的文化沟通是各方主体在法律解释、事实认定和法律适用方面取得共识的重要手段，是司法过程及其结果获得认同的重要途径，是司法持续获取威信和威力的重要途径。

---

① 卡多佐. 司法过程的性质［M］. 苏力, 译. 北京：商务印书馆, 1998: 18.

### 三、尊重司法结果的文化认同机制

以文化理念、思维模式和行为规范为核心要素的文化认同,集中体现了一定的价值取向和价值观。[1] 接受司法结果的文化认同实质上就是接受司法结果的价值取向和司法结果中体现的价值观念。法官不是基于当事人的价值观念而是基于社会主流价值观念在法律事实和审判规则的建构过程中进行文化判断,集体意识是核心价值观的载体,无论是刑事裁判,还是民事裁判、行政裁判,裁判文书只不过是集体意识的具体注解而已,社会公众对司法裁判的认同在本质上就是对核心价值观的文化认同。接受司法结果的过程就是当事人和社会公众从文化角度认识、评价司法结果的过程。文化认同具有增强群体凝聚力、向心力,引导群体行为取向和制度发展方向的功能,它是满足人们精神需要、构建精神家园的文化途径。如果社会形成了认同司法结构的文化意识,司法裁决就能成为解决社会纠纷的最权威的文化机制,能够最大限度地发挥社会整合的功效。当事人和社会公众如果从思想意识上建立起了认同司法裁判结果的文化理念,也就能够形成服从、履行和配合执行司法裁判的文化心理和文化意识。在一般情况下,文化教育、文化评价、文化示范和文化体验是形成文化认同的主要途径,因而也是社会主体形成认同司法结果的文化心理、文化理念和文化意识的重要机制。

#### (一)尊重司法结果的文化教育机制

文化教育能够帮助人们接受制度化的价值体系、尊重制度运行结果。尊重司法结果的前提是社会形成了接受法律所确定的价值体系和价值选择的社会文化意识,因此,要通过一定文化教育机制促使人们认可和接受社会规范和法律规范支持的价值观,也就是要通过个人的法律化过程使法律的价值取向成为社会主体的文化认识、文化评价和文化选择的权威依据。[2] 这一过程旨在实现法律价值观对人们思想的深刻影响,旨在让人们接受普遍的法律价值观,在社会生活中扮演好应有的法律角色,形成与法律制度要求相适应的法

---

[1] 赵菁,张胜利,廖健太. 论文化认同的实质与核心[J]. 兰州学刊,2013(6):184–189.

[2] 刘建军. 论人生信仰的确立、保持与危机[J]. 淄博学院学报(社会科学版),1999(3):35–38.

律思维模式，养成尊重司法过程和司法结果的文化品格。

首先，通过法律知识的社会化建立尊重司法过程和司法结果的社会文化意识。通过一定的文化教育机制向社会主体传授法律知识是法律社会化的前提。人们只有获得足够的法律知识信息，形成对法律的社会认知，才能形成一定的法律概念，并在此基础上对社会交往纠纷进行法律的推理和判断，正确认识案件事实的法律意义，进而接受法院作出的司法判断和司法裁决。法律知识的社会化过程是由家庭、学校、企业、社团、媒体、政府机关对教育对象所实施的法律宣传和法律渗透活动。法律知识的社会化效果既取决于受教育对象对法律知识的需要和接受法律知识的能力，也取决于教育机制的合理性和科学性。因此，法律知识教育既要强调教育内容和目标的统一性，也要注重教育对象的主体性、特殊性和教育内容和目标的多样性、特殊性。对社会公众而言，法律知识教育应该集中于实用性法律知识的传授，以便让他们了解日常生活中的法律常识，形成一定的法律认知经验。权利是制度化的价值，没有对权利的追求，无法产生对法律知识的需求。只有让社会公众理解权利在社会生活中的意义，认识到权利对满足需要、获取利益的极端重要性，他们才会自觉学习和接受相关的法律知识。因此，在法律教育过程中，要将权利认识作为法律知识传授的核心内容。另外，掌握日常生活中的法律知识也是有效保护自己权利的重要手段，公民只有掌握政治权利和政治权力的基本法律知识，才能有效地保障公共决策的民主，实现私人领域的自治。此外，法律知识的社会化既要借助于法律知识信息的提供和传播，也需要个体自主学习以获得各种法律知识，理解法律知识的价值意义，将法律知识转化为思想认识的要素，进而用来规划自己的生活，确定自己的社会理想和奋斗目标，建构社会生活的文化意义。因此，法律教育的基本任务是让人们了解法律体系的整体框架和主要内容，了解国家机关的职权和责任，知道自己的法律权利和法律义务，在法律原则的层面知道在一定条件下可以做什么、不能做什么和必须做什么。

其次，通过法律价值观念的社会化确立尊重司法过程和司法结果的文化观念。法律教育活动不仅是传授法律知识的过程，也是培养法律观念的文化建构过程。法律教育活动不仅要让人们了解法律的具体规定，也要让人们理解法律的基本原则和主要精神，并在此基础上逐渐形成依靠法律、运用法律解决社会纠纷的文化观念和文化意识。在通常情况下，人们主要是通过对法律价值的领悟来接受和运用法律知识的，因此，法律价值观念的社会化是形成司法至上文化意识的重要路径和核心机制。在法律价值观的社会化过程中，权利意识是社会主体文化观念的重要内容。权利是价值的载体，权利界定了主体的自由界限、确定了主体的利益实现方式，享有权利必须以尊重他人的权利为前提，主张权利必须履行相应的义务。社会主体必须依据法律规定的程序和方式维护自己的法律权利，依照法律规定的程序和方式履行自己的法律义务。另外，权力作为实现公共利益、维护社会秩序的公共权威，既可能发挥权利保护的作用，也可能导致权利侵害的后果。因此，人们必须积极行使政治权利，参与划分公共领域与私人领域范围的法律创制活动和法律实施活动，防止权力过度地侵入个人的社会文化生活。从某种意义上讲，权利与权力的平衡配置是人们进行价值判断和价值选择的结果，人们的权利观念和责任意识也是法律价值观念的社会化产物。法律体系是民主、效率、公正的工具价值与自由、秩序之目的价值的有机统一，只有人们接受了法律体系的价值安排，才能形成稳定的社会交往秩序。而在日常的社会生活中，不仅法律规范是社会关系的调整手段，道德规范、习惯规范和宗教规范也是社会关系的调整手段，人们既可能凭借法律价值观念来处理社会纠纷，也有可能运用社会价值观念解决利益冲突。因而，法律价值观念的社会化过程就是法律价值观念影响社会价值观念的过程，也是法律价值观念与社会价值观念的竞争过程。所以，帮助人们确立权利本位的价值取向、培养权力制约的文化观念是法律价值观念社会化的主要目的。法律教育机制就是要通过法律教育活动触动人们的思想情感，转变人们传统的道德观念，帮助社会成员接受法律承载的价值观念和文化意识，培养人们的权利观念和责任意识，进而为人们尊重司法过程和司法结果提供有力的文化支撑。

最后，通过法律思维方式的社会化建构尊重司法过程和结果的文化思维模式。法律思维是人们正确认识司法过程和司法结果的文化前提，法律思维模式的形成是通过同化和顺应机制来实现的。思维同化是人们通过将法律系统的信息纳入自己原有的思维结构，逐渐增加认知图式中的法律概念知识、法律价值判断标准成分，从而达到加强和丰富原有的认知图式或思维模式的目标的过程。思维顺应则是已有认知图式无法适应来自法律系统的刺激信息，从而要求主体改变旧的司法模式、建构新的认知图式以适应法律文化交流环境的过程。在顺应过程中，进入主体思想世界的法律信息将会改变主体原有的认知图式，导致原有思维模式发生质的变化，法律思维在社会交往中逐步确立起主导地位。因此，法律教育要特别重视法律思维方面的培养，要通过形象生动的案件阐释法律思维的积极功效和文化效益，帮助人们形成法律判断和法律评价方面的正确认识，自觉将法律思维逐步整合到日常思维模式之中；要通过法律事实效果的展示充分揭示法治方式和法律思维的积极意义和巨大价值，要通过各种媒体宣传依靠法律、运用法律思维解决社会问题的社会效果和社会反响，唤起社会公众的法律情感、法治情怀，让他们潜移默化地接受法律思维的统治，培养他们相信法治、依赖法律思维、尊重司法裁决的文化心理。在认同、接受法律思维模式的社会成员越来越多的过程中，遇事找法、解决问题靠法将会成为一个社会主导的文化原则，畏惧、规避和对抗法律的人自然越来越少，法律思维方式也会逐渐在整个生活领域确立压倒性的优势，成为权威性的认识图式。总之，法律教育既是人们接纳法律系统刺激信息的过程，也是法律信息改造人们思维模式的过程，同化与顺应的社会化机制为人们接受法律知识、培养法律观念、建构法律思维模式提供了重要的文化路径。

当然，通过法制教育和法制宣传普及法律知识、法律观念和法律思维模式是一个长期的文化建设系统。推动法律意识发展的根本动力仍然是市场经济的发展和民主政治的规范建设，人们只有在日常生活中切实感到法治的实际效益，才会从内心深处尊重、认同和支持司法裁判的权威，在整个社会确立司法至上的文化意识。

（二）尊重司法结果的文化评价机制

司法权威建立在法院对合法行为的肯定性评价和对违法行为的否定性评价的基础上。在这里，法律应该是事先规定的、普遍的、明确的行为规范，是评价社会行为是否正当的权威标准。当民事主体将社会纠纷提交法院审判时，法官能依据法律的规定对侵权行为和违约行为作出否定性的评价，让行为人承担赔偿责任是司法权威能建立起来的必要条件。在国家治理和社会管理活动中，法律优先和越权无效是行政活动的基本原则，行政机关在没有法律赋权和法律授权的情况下不能行使权力；此外，行政机关也要遵循诚实信用原则，不得轻易改变已经作出的行政处理决定，在为了公共利益改变或撤回原来的行政许可时，应该对由此造成的损失承担补偿责任。立法机关也要遵循宪法保留原则，所制定的法律不能与宪法相冲突。作为拥有最终判断权力的法院是对社会行为进行法律评价的权威组织，司法过程实际上是法官和当事人一起对相关行为进行法律评价的过程，法院最终在此基础上依据法律的规定，以司法裁判的形式对相关行为作出肯定或否定评价。在司法结果的评价中，对违法行为的责任追究，对违法者的法律制裁，有利于培养社会主体的诉讼观念和法治意识。

在司法结果的价值评价标准中，宪法原则是最重要的价值评价标准。宪法反映与制约着社会公众的价值观念，宪法信念成为法院裁判是否具有权威的价值评判标准。如果美国联邦最高法院试图实施严重偏离社会公众宪法信念的一些原则的话，它的权威就将立即受到质疑。在最极端的情形下，如果它强力推行一些与整个民族的宪法理解相对立的原则，则有可能产生重大的司法危机。[①]因此，司法评价标准根植于民族的经验和文化传统之中，只有在社会公众认定司法裁判促进文化价值发展的时候它才具有司法权威。[②]诚然，法律价值不是社会行为唯一的评价标准，道德规范和习惯规范所承载的社会价值也是社会行为的重要评价标准。在价值评价体系中，宪法价值是社会生活中最权威的评价标准。宪法原则本身具有道德性，它作为宪法价值最主要的表现载体，能够在最高层面反映公共道德的价值诉求，它是法律价值和道德价值有机连接的桥梁。在美国宪法解释活动中，联邦最高法院具有最高的价值判断权威，它对宪法原则的道德解读和文化阐释决定了宪法原则的发展方向，决定了宪法原则适应社会发展的能力。

---

① 波斯特. 宪法的法律权威之形成：文化、法院与法［M］// 张千帆. 哈佛法律评论·宪法学精粹. 北京：法律出版社，2005：357.

② 波斯特. 宪法的法律权威之形成：文化、法院与法［M］// 张千帆. 哈佛法律评论·宪法学精粹. 北京：法律出版社，2005：429.

与此相适应，司法审查程序在宪法解释和宪法判断活动中具有至上的权威，为法律的价值评价标准与道德的价值评价标准对话和沟通提供了程序机制，因而宪法原则也拥有整合价值评价标准的文化能量。法律原则是宪法原则的具体化表达方式，法律价值也是宪法价值的具体化表现形式，因而法律原则也具有相应的价值整合能力，法院通过法律原则的解释也能实现法律价值评价标准和道德价值评价标准的文化整合。在美国的司法实践中，正是法官对法律原则的不断重述保证了它们与道德习俗的同步发展，正是这种司法立法赋予了司法职务以最高荣誉。政治惯例将解释道德习俗的权力也置于法官手中，如果法官要履行并完成其司法判断和司法裁决之职能或使命，那么这种解释道德习俗的权力就很难放在其他地方。确实，法官的解释结论必须不断地受到检验、调整和修正；但是，只要法官能够按照良知和理智去作出司法判断，他们就应当在自己的解释结论中达到真实和明智的一般要求。当然，承认法官有权有义务按照习惯性道德来影响法律，这远不是要毁灭所有的规则，也不是在每个个案中都以个人的正义感、以善良人的评断作为替代法律价值的评价标准。[①]一方面，法官对道德习俗的文化解释必须符合社会公众的普遍性看法、必须符合社会主流价值观念的要求。另一方面，司法裁决的生命力应该依赖于其逻辑自洽而不是单纯道德判断，不能以道德评价标准取代法律价值标准。如果遇到疑难案件，需要引入法律原则或道德价值评价，也要经过各方当事人参与及合议庭的充分论辩和选择，而不是简单脱离法律规则的价值约束，径直选择道德价值的评判。因此，通过司法程序实现法律正义与社会正义的有机融合，通过司法裁判实现法律效果与社会效果的有机结合，也就成为社会公众评价司法过程和司法结果的权威依据。

有必要指出，绝大部分案件的裁判最多只能实现充分的程序正义和有限的实质正义。一些案件裁判结果与当事人、社会公众的心理期待和司法预判存在差异是不可避免的制度现象和文化现象。法律不是万能的，司法也不能解决所有问题。司法判断和司法裁决都必然受到立法理性和法官认识理性的限制，所以司法理性是有限的；事实上存在一些不适合用裁决方式解决的利

---

① 卡多佐. 司法过程的性质［M］. 苏力，译. 北京：商务印书馆，1998：84-85.

益冲突，即司法管辖范围也是有限的；受到各种因素的制约，生效裁判确定的权利义务也未必能够获得完全的执行，即司法裁判正义的实现也是有限的。因此，人们对司法过程及其结果应该有一个合理的期许，司法权威的形成不是司法机关单方面努力的结果，而是社会长期培育的文化结果。司法权威的形成需要社会各界对司法机关和法官给予充分的理解、认同和支持。

在我国的经济改革过程中，市场经济体制和机制的建立意味着整个中华民族的精神价值取向已经由道德本位向法律本位转型，信任法治、信赖司法将成为中华民族的文化选择。[1]随着市场经济的发展，社会公众的权利意识必然获得相应的发展，通过立法程序和司法裁判不断地将利益诉求转化为法律权利就成为社会的主导性价值选择。但是，我们必须清醒地看到司法权依附和服务于行政权的文化传统对当下的司法权的运行机制仍然有着深刻的影响。司法活动的政治逻辑在一定程度上干扰司法过程的法律逻辑，阻碍法院依法独立行使审判权，导致社会公众将解决纠纷的希望寄托在更高层级的权力上。现有的司法与信访的二元纠纷解决体制进一步削弱了司法权威，对司法裁判结果的文化认同造成了消极的影响。"以信访治国的后果是，在社会中形成一种普遍的对法律、法院和法官的不信任心理，法律虚无主义盛行，导致民众以非法律手段来实现社会目标、经济利益和政治权利的诉求将更为明显。"[2]因此，我们应该加快司法改革的步伐，合理配置司法资源，完善审判权运行机制，坚持以审判为中心的司法理念，引导社会公众确立司法最终解决的文化观念，建构司法结果的理性评价标准，培养社会公众尊重、认同司法裁决的文化意识。

（三）尊重司法结果的文化示范机制

国家机关和工作人员实施法律和遵守法律的活动是尊重立法和司法的文化示范活动，对社会大众形成信仰法治和信赖司法的意识具有极其重要的意义。只有法治成为政治生活、公共行政管理和司法裁判的制度机制，成为日

---

[1] 陈煜. 试论法治信仰 [J]. 延安大学学报，2001（1）：23-25，61.
[2] 汪庆华. 政治中的司法：中国行政诉讼的法律社会学考察 [M]. 北京：清华大学出版社，2011：113.

常生活的必备要素，才能为人们信任司法提供文化动力。法律思维的示范具有一定的文化同化作用，当国家机关工作人员能够自觉运用法律思维方式解决国家管理和社会治理中出现的问题的时候，社会公众将会从中感受到法律思维和司法推理的积极功效和权威效应，会逐渐认同法律思维和司法判断理性的价值意义，逐渐将法律认知图式整合到自己的日常认知图式之中。

民主立法是最为重要的法律思维的示范机制。当社会交往中出现新的利益关系的时候，立法机关要善于运用法治思维方式正确认识这些新的利益诉求是否具有宪法价值和法律价值的属性，是否需要纳入法律调整和保护的范围。当这些利益诉求已经成为社会公众普遍认同的价值目标的时候，立法机关应该通过立法程序将其转变为法律保护的权利。立法机关要运用法治思维合理配置行政管理权力和合理分配其他行政资源，不仅要重视管理方面的立法，而且要重视控制和监督行政权力的立法，既要重视经济方面的立法，也要重视社会方面的立法。当社会公众从资源分配和权利义务安排中不断感受到法治的功能和价值的时候，他们就会在内心深处种下信任法律、依赖法治的文化种子。

法律执行活动也具有很好的法律思维示范效应。在行政机关自觉运用法治思维维护公共利益、保护人权、维护社会秩序的情况下，社会公众能够从行政管理和服务中感受法治的重要意义和价值功能。反之，如果行政机关为了高效完成行政管理的任务，采取法律之外的手段和资源处理行政事务，超越法律规定的权限推行违背人民意愿的公共政策，以侵犯行政相对人权利的方式来追求行政管理的目标，不仅会严重损害行政管理的威信，而且会极大地消解法律权威。因此，行政机关在法律执行活动中既要保证行政管理的效率，也要注意保护行政相对人的权利，既要保持自由竞争的社会活力，又要关心弱势群体的生存和发展权利，为社会交往提供一个既有自由又有秩序的制度环境和文化氛围。

法官认定事实、适用法律的活动也是典型的法律思维活动，有利于培养社会公众的法律思维习惯，有助于社会公众形成认同司法判断过程和司法判决结果的文化意识。在权利扩张的时代，人们通常是通过法院的案件审理过程领略司法的理性风范、法律的至上权威，感受司法公正的文化品格和法律思维的巨大能量。人们逐渐认识到自己在社会生活中的利益诉求要想获得司法的保护，必须通过司法程序将自己的价值诉求上升到法律价值的普遍性层面，必须通过司法判断和司法裁判将自己利益需要的特殊性与法律规定的普遍性进行有机结合。在本质意义上，这种特殊要求转化为普遍性价值的司法过程就是文化认识、文化评价和文化选择过程，故而，必须借助程序理性确保价值选择的正当性和权威性。程序理性集中体现在程序结果的文化共识方面，法官必须严格按照法律规定的案件受理、陈述、举证、质证、调查、辩论等程序实施事实认定和法律适用活动，平等保护诉讼当事人合法的诉讼权利和实体权利，引导当事人通过法律思维方式在法律视野中认识纠纷的法律意义，保证当事人的价值观念能够在和平的文化氛围中展开公平的竞争，逐渐确定法律思维、司法推理在法律生活中的至上地位，为人们形成依赖司法、信任司法的文化意识提供司法基础。

  法官的形象和行为是人们认识司法过程的最直接的感受对象，当人们能够信任和尊重法官的时候，司法也就得到了人们的信任。因此，必须通过严肃的外在形象和庄严的司法仪式树立法官神圣的裁判者形象。同时，要确立司法公正的文化理念，通过立案公开、审判公开、结果公开、执行公开的程序机制，将司法判断和司法裁决过程展示在阳光之下，让人们能够直接看到司法正义是如何实现的。网络技术的发展极大地丰富了司法公开形式和内容，法院除了可通过广播、电视等途径播放庭审过程中所展示的文书、音频、视频等证据材料和庭审情况外，也可以在法院系统的网站现场直播法庭审理过程。庭审录播实现了司法审判的透明化，加大了诉讼程序正义的实现力度，同时也能提升司法行为的规范化水平。这一公开方式对诉讼当事人也极为有利，法官会在庭审直播过程中对诉讼当事人、代理人及其他诉讼参与人保持理性的态度，尽可能地按照诉讼程序的规定组织审理过程，平等地保护诉讼当事人的程序权利。此种公开方式也能促使证人在社会压力下努力回忆案件事实，排除其中不合理、不准确的因素，为法庭提供更加客观、真实、准确的证言。另外，庭审直播方式还可以让社会公众对案件事实的认定和法律适用过程有更为形象、直观的了解，激发社会公众对法律热点问题的关注和讨论，使司法过程成为疑难复杂案件的公共商谈平台。法院还可以通过网络公开生效判决书，让社会公众在网站上查阅相关案例、分析和评价判决理由。最高人民法院规定自2014年1月1日开始在互联网公布裁判文书，明确列举了应当公开的裁判文书，对不公开的裁判文书进行了详细的规定。裁判文书上网可以促使法官的判决说理更加清晰，在一定程度上能够监督法院的司法判断和司法裁决活动，能够有效限制法官滥用自由裁量权，有助于社会公众认同和尊重司法裁判的结果。

总之，国家机关人员和法律职业共同体成员实施法律和遵守法律的文化意识和行为取向，能够影响社会大众对法治的信心。如果立法者、执法者、司法者和其他法律职业者共同按照法律规定履行法律职责，自觉运用法律思维处理工作中和生活中遇到的问题，能够运用自己的法治情感和法治行为去感染社会大众，就能唤起社会大众信任法治、尊重司法的文化情怀。

（四）司法权威的文化体验机制

公民进行法律交往活动是体验法治、认知法律的良好途径，法律体验和法律实践也是实现法律价值观念的社会化的重要机制。[1]在法律成为社会控制主要手段的时代，社会生活的各个方面在不同程度上受到了法律的调整和影响，人们在相当程度上是通过法律生活的亲身体验来获取法律知识、形成法治感受的。从某种意义上讲，对司法过程和结果的认同是法律认同的产物，而法律认同的过程是一个法律意义理解、法律情感培养、法律价值观念形成的综合进程。[2]人们正是通过对法律知识所承载的价值意义和价值取向的深刻理解从内心深处产生了对法律的认同、对司法的依靠。人们参与立法活动、法律实施活动是获得法律知识、认同法律价值取向的良好途径。人们通过体验和见证法律维护公共利益、解决社会纠纷和建构法律秩序作用的发挥，切身感受到法律给他们带来的各种便利与实惠，能够体会法律知识和法律价值

---

[1] 尤伊克，西尔贝.法律的公共空间：日常生活中的故事[M].陆益龙，译.北京：商务印书馆，2005：65-70.

[2] 尤伊克，西尔贝.法律的公共空间：日常生活中的故事[M].陆益龙，译.北京：商务印书馆，2005：146-147.

的重要意义，进而从内心激起信任法律、尊重法律、依靠法律的持久情感，从而在思想认识上接受法律的指引，按照法律的要求安排自己的生活。当人们的利益诉求在司法商谈过程中被认真对待的时候，他们就能够感受到司法过程既是一个解决纠纷的程序活动，也是一个具有法律意义的文化建构活动。正是在具体生动的司法参与过程中，人们才能逐渐形成尊重司法、信任司法的情感，才能在社会交往中形成合理的法律预测和文化期待，才能优先选择司法途径解决在社会交往中发生的纠纷，法律才能真正从外在的强制符号转化为人们的文化自觉意识。

人民陪审制度是非常重要的文化体验机制。要求陪审员参与审理自己的案件应该是任何公民的程序权利。所有具有善良正义水准的公民都应有参与司法审理程序的资格，没有必要过分强调人民陪审员的法律专业知识水平。世界上大多数国家宪法均确认了陪审制度，而我国现行宪法尚未对陪审制度作出规定。因此，应该把人民陪审制度上升到宪法保障的高度，将人民陪审从一种权力转变为一种权利，赋予公民启动陪审程序的权利。[1]人民陪审员的选任应当遵循陪审制度的基本精神，体现普通人审判、司法民主和程序正当的价值理念。候选陪审员应是所有适格群体的代表，他们当然有着不同程度的智慧、财富、教育水平、能力与经验，通过人民陪审员来源的广泛性来保证人民陪审员选用的流动性和代表性。此外，"作为人民主权的表现形式之一的陪审团被视为政治机构，而作为使人民实施统治的最有力手段的陪审制度，也是使人民学习统治最有效手段"[2]。人民陪审员制度体现了人民当家作主的政治文化本质，人民陪审员制度是人民主体地位在司法审判中的直接体现。[3]陪审制的政治功能表明，政治性案件理应被纳入陪审适用范围，让民众的意志在司法判断中发挥更大的作用。陪审制度"可以将普通公民带入法庭的专

---

[1] 韩大元. 论中国陪审制度的宪法基础：以合宪论和违宪论的争论为中心[J]. 法学杂志, 2010, 31(10): 19-24.

[2] 托克维尔. 论美国的民主：上卷[M]. 董果良, 译. 北京：商务印书馆, 2004: 311.

[3] "陪审制度首先是一种政治制度，应当把它看成是人民主权的一种形式。当人民的主权被推翻时，就要把陪审制度丢到九霄云外；而当人民主权存在时，就使得陪审制度与建立这个主权的各项法律协调一致。"（[法]托克维尔. 论美国的民主：上卷[M]. 董果良, 译. 北京：商务印书馆, 1988: 315）.

业世界，他们可以在司法程序的核心领域代表公众发出决定性的声音。这种参与会把对司法制度的信赖感在参加陪审团的人以及一般社会公众中逐渐传递"[1]。

裁判可供援引的法律渊源包括那些权威性法律文件的明确规定，也包括那些尚未在正式法律文件中得到权威性阐述的具有法律意义的资料和值得考虑的材料。[2] 非正式渊源主要包括正义标准、推理、衡平法、公共政策、道德信念、社会倾向和习俗等。"当正式渊源完全不能为案件的解决提供审判规则时，依赖非正式渊源也就理所当然地成为一种强制性的途径。"[3] 因此，在出现正式法源的空白、漏洞和模糊的情况时，代表非正式法源的民意可以成为裁判的依据之一。陪审员可以根据职权和程序要求运用社会知识、社会理性和社会经验对案件的法律意义进行评价，法官会运用法律知识、法律理性和司法经验阐释案件的法律意义。在正当程序的约束与支持下，陪审员在事实认定和法律适用方面提供的意见将与职业法官的有关专业意见呈现一种对话和竞争的状态。法官必须就采纳或否定陪审员的意见提供论证依据，这就确保了司法判断和司法裁判建立在更加广阔的知识背景和更加理性的价值评价基础上。总之，扩大人民陪审的范围，降低人民陪审员的学历要求，大幅度地扩大人民陪审员的遴选范围，是保证社会公众通过陪审制度体验司法审判过程的重要举措，也是保证人民陪审制度的社会价值体现之功能得以发挥的重要措施。只要不断地改革、完善和推行人民陪审制度，就一定能够为司法裁判的社会认同和司法权威的确立提供强大的文化动力。

听证制度以自然公正原则和正当程序精神为观念基础，体现直接民主的价值取向。听证制度能够让当事人和社会公众参与立法决策过程、行政决策过程和司法决策过程，能够让各方利益和观点在听证程序中进行理性的对话和竞争。在司法听证活动中，法院、案件当事人、利害关系人以及相关参

---

[1] 麦高伟，威尔逊. 英国刑事司法程序[M]. 姚永吉，等译. 北京：法律出版社，2003：347.

[2] 博登海默. 法理学：法律哲学与法律方法[M]. 邓正来，译. 北京：中国政法大学出版社，1999：415.

[3] 博登海默. 法理学：法律哲学与法律方法[M]. 邓正来，译. 北京：中国政法大学出版社，1999：415.

与人都可以就案件事实和法律适用提出主张、意见、理由、依据，这些意见经过质证、辩论的博弈后能够在案件相关问题方面达成某种共识，从而为法院司法判断和司法裁决提供坚实的基础。司法听证程序的理性商谈功能能够促进合议庭谨慎思考、合理行使自由裁量权，有利于排除法官在司法判断和裁决方面的恣意或专断。在缓刑司法决定过程中，案件承办法官邀请辩护人、公诉人、被告人所在单位领导、所在社区负责人、所在辖区派出所民警、邻居代表等人参与司法听证会，承办法官向所有参加人说明缓刑的适用条件、执行方式等法律知识，听取他们关于被告的平时表现以及犯罪原因的看法，了解被告再犯罪的可能性等相关情况，对被告人是否确实不再危害社会进行司法判断，最后通过刑事判决书作出明确的决定。案件利害关系人、被告所在单位的熟人基于经验、常识、习俗和伦理的认知和判断是作出司法决定的重要文化资源，因此，司法听证也是社会公众参与司法决定、体验司法的文化机制。在我国，司法听证主要适用于不起诉听证、缓刑听证、假释听证、执行听证、再审听证、司法赔偿听证、涉法涉诉信访听证。最高人民法院2007年6月发布的《关于加强人民法院审判公开工作的若干意见》中提出："对办案过程中涉及当事人或案外人重大权益的事项，法律没有规定办理程序的，各级人民法院应当根据实际情况，建立灵活、方便的听证机制，举行听证。"在网络时代，法院应该逐渐运用网络听证方式打破传统听证模式在空间、时间和公众参与等方面的局限，让更多人参与到司法活动中去，让更多的人能够通过听证进行文化体验。

法庭之友制度是诉讼当事人之外的主体在司法审判过程中主动或应当事人、法院的请求向法院提供与案件有关的事实材料和法律意见，以影响司法裁判的制度。在美国，法庭之友的主体包括联邦政府或州政府、社会组织或利益集团、个人。[①]法庭之友书状有应法院邀请提交的、应当事人邀请提交的和主动提交的，法庭之友书状提交一般来说既要获得双方当事人的同意又要通过法院的批准。法庭之友书状内容包括事实、证据和法律适用方面的陈述。法官会根据事实信息陈述意见与案件的关联程度、法律适用陈述意见的合法

---

① 张泽涛. 美国"法院之友"制度研究[J]. 中国法学，2003（1）：174-176.

性、合理性程度进行不同程度的采纳。法庭之友通过案外人提供的案内人不愿提交或无力提交的证据和事实，可向法庭输入更多有益的案件信息，能够帮助法庭全面发现事实真相、准确掌握相关专业技术信息，为法官进行事实认定奠定基础。社会组织、利益集团和法律专家所提交的书状意见在一定程度上反映了社会公众对案件事实和法律适用问题的普遍看法，有助于弥合公众的大众理性与法官的职业理性之间的鸿沟，为司法裁判的社会认同提供了文化基础。"由于法官的有限理性和知识不完备，应当通过建立一个动态的司法竞争市场，让法官与其他当事人或相关利益群体通过相互交往完成知识的交流。"[1]以法庭之友书状的形式向法庭输送意见，不仅为民意介入司法提供了有效的途径，而且为人们提供了体验司法的文化路径。

总之，在很大程度上，人们选择何种方式来解决利益冲突是由文化决定的。随着从优先选择调解到优先选择诉讼的文化转型，从信赖共同体权威到信赖国家权威的文化转型，从片面追求实体正义向注重程序正义的文化转型，人们逐渐形成了优先选择司法途径的文化心理基础；司法审判过程在本质上是一种文化沟通，司法过程中当事人之间、法官与当事人之间、法官与社会公众之间、法官与法官之间关于事实认定问题和法律适用问题方面所进行的文化沟通，是寻求司法共识的重要机制；尊重司法结果的过程实质上是从主流价值观角度认识和评价司法结果的价值取向的过程，文化教育、文化评价、文化示范和文化体验有助于人们建立理性认识司法结果的文化思维模式，能够唤起社会主体信任法治、尊重法治的文化情怀，形成尊重司法、信任司法的文化情感，确立接受司法裁判结果的文化意识，是尊重司法结果的文化认同机制。尊重司法结果的文化认同机制，旨在通过法律知识、法律价值观念和法律思维的社会化以建立起尊重司法过程和司法结果的社会文化意识、文化观念和文化思维模式；尊重司法结果的文化评价机制能够有效地确立司法结果的理性评价标准，培养社会公众尊重、认同司法裁决的文化意识，引导社会公众确立司法最终解决的文化观念；尊重司法结果的文化示范机制要求立法者、执法者、司法者和其他法律职业共同体成员能够运用自己的法治情

---

[1] 侯猛.中国最高人民法院研究：以司法的影响力切入[M].北京：法律出版社，2007：91.

感和法治行为去感染社会大众,唤起社会大众信任法治、尊重司法的文化情怀;司法权威的文化体验机制力图为人们提供参与司法的各种途径,从而在全社会逐渐形成尊重司法、信任司法的文化情感。

# 参考文献

## 一、中文文献

### （一）著作

[1] 霍耐特. 自由的权利 [M]. 王旭, 译. 北京: 社会科学文献出版社, 2013.

[2] 阿列克西. 法律论证理论 [M]. 舒国滢, 译. 北京: 中国法制出版社, 2002.

[3] 考夫曼, 哈斯默尔. 当代法哲学和法律理论导论 [M]. 郑永流, 译. 北京: 法律出版社, 2002.

[4] 昂格尔. 现代社会中的法律 [M]. 吴玉章, 周汉华, 译. 南京: 译林出版社, 2001.

[5] 卡多佐. 司法过程的性质 [M]. 苏力, 译. 北京: 商务印书馆, 1998.

[6] 卡多佐. 法律的生长 [M]. 刘培峰, 刘骁军, 译. 贵阳: 贵州人民出版社, 2003.

[7] 伯尔曼. 法律与宗教 [M]. 梁治平, 译. 北京: 商务印书馆, 2012.

[8] 莱奥尼. 自由与法律 [M]. 秋风, 译. 长春: 吉林人民出版社, 2004.

[9]陈林林. 裁判的进路与方法：司法论证理论导论[M]. 北京：中国政法大学出版社，2007.

[10]陈新民. 公法学札记[M]. 北京：中国政法大学出版社，2001.

[11]陈志华. 外国建筑史[M]. 北京：中国建筑工业出版社，1997.

[12]程燎原，王人博. 权利论[M]. 桂林：广西师范大学出版社，2014.

[13]达维德. 当代主要法律体系[M]. 漆竹生，译. 上海：上海译文出版社，1984.

[14]大木雅夫. 比较法[M]. 范愉，译. 北京：法律出版社，1999.

[15]科泽. 仪式、政治与权力[M]. 王海洲，译. 南京：江苏人民出版社，2015.

[16]朗. 权力论[M]. 陆震纶，郑明哲，译. 北京：中国社会科学出版社，2001.

[17]丹宁勋爵. 法律的未来[M]. 刘庸安，张文镇，译. 北京：法律出版社，2004.

[18]德沃金. 法律帝国[M]. 李常青，译. 北京：中国大百科全书出版社，1996.

[19]格林. 现代宪法的诞生、运作和前景[M]. 刘刚，译. 北京：法律出版社，2010.

[20]董少谋. 民事强制执行法[M]. 西安：西北政法大学出版社，2007.

[21]董少谋. 民事强制执行法学[M]. 北京：法律出版社，2011.

[22]杜尔克姆. 社会学方法的准则[M]. 狄玉明，译. 北京：商务印书馆，1995.

[23]范忠信，陈景良. 中国法制史[M]. 北京：北京大学出版社，

2007.

［24］范忠信，郑定，詹学农. 情理法与中国人［M］. 北京：中国人民大学出版社，1992.

［25］范忠信. 中西法文化的暗合与差异［M］. 北京：中国政法大学出版社，2001.

［26］冯友兰. 中国哲学简史［M］. 北京：北京大学出版社，1996.

［27］哈耶克. 自由秩序原理［M］. 邓正来，译. 北京：生活·读书·新知三联书店，1997.

［28］弗里德曼. 选择的共和国：法律、权威与文化［M］. 高鸿钧，等译. 北京：清华大学出版社，2005.

［29］富勒. 法律的道德性［M］. 郑戈，译. 北京：商务印书馆，2005.

［30］伽达默尔. 真理与方法：上卷［M］. 洪汉鼎，译. 上海：上海译文出版社，1999.

［31］高鸿钧. 商谈法哲学与民主法治国：《在事实与规范之间》阅读［M］. 北京：清华大学出版社，2007.

［32］戈尔丁. 法律哲学［M］. 齐海滨，译. 北京：生活·读书·新知三联书店，1987.

［33］公丕祥. 法理学［M］. 2版. 上海：复旦大学出版社，2008.

［34］公丕祥. 法制现代化的理论逻辑［M］. 北京：中国政法大学出版社，1999.

［35］托依布纳. 宪法的碎片：全球社会宪治［M］. 陆宇峰，译. 北京：中央编译出版社，2016.

［36］卡拉布雷西. 理想、信念、态度与法律：从私法视角看待一个公法问题［M］. 胡小倩，译. 北京：北京大学出版社，2012.

［37］伯尔曼. 法律与革命：西方法律传统的形成［M］. 贺卫方，高鸿钧，张志铭，等译. 北京：中国大百科全书出版社，1993.

［38］哈特. 法律、自由与道德［M］. 支振锋，译. 北京：法律出

版社，2006．

［39］汉密尔顿，杰伊，麦迪逊．联邦党人文集［M］．程逢如，在汉，舒逊，等译．北京：商务印书馆，1980．

［40］阿伦特．过去与未来之间［M］．王寅丽，张立立，译．南京：译林出版社，2011．

［41］何怀宏．伦理学是什么［M］．北京：北京大学出版社，2002．

［42］亚伯拉罕．司法的过程：美国、英国和法国法院评介［M］．泮伟江，宦盛奎，韩阳，译．北京：北京大学出版社，2009．

［43］侯猛．中国最高人民法院研究：以司法的影响力切入［M］．北京：法律出版社，2007．

［44］胡旭晟．解释性法史学：以中国传统法律文化的研究生为侧重点［M］．北京：中国政法大学出版社，2005．

［45］黄茂荣．法学方法与现代民法［M］．北京：中国政法大学出版社，2001．

［46］黄宗智．民事审判与民间调解：清代的表达与实践［M］．北京：中国社会科学出版社，1998．

［47］霍布斯．利维坦［M］．黎思复，黎延弼，译．北京：商务印书馆，1985．

［48］季卫东．法律程序的意义［M］．北京：中国法制出版社，2004．

［49］季卫东．法治秩序的建构［M］．北京：中国政法大学出版社，1999．

［50］江必新．程序法治的制度逻辑与理性构建［M］．北京：中国法制出版社，2014．

［51］哈泽德，塔鲁伊．美国民事诉讼法专论［M］．张茂，译．北京：中国政法大学出版社，1998．

［52］西格尔，斯皮斯．正义背后的意识形态：最高法院与态度模型［M］．刘哲玮，译．北京：北京大学出版社，2012．

[53] 金观涛，刘青峰．兴盛与危机：论中国社会超稳定结构［M］．北京：法律出版社，2011．

[54] 金观涛，刘青峰．中国现代思想的起源：超稳定结构与中国政治文化的演变［M］．北京：法律出版社，2011．

[55] 金观涛．探索现代社会的起源［M］．北京：社会科学文献出版社，2010．

[56] 拉伦茨．法学方法论［M］．陈爱娥，译．北京：商务印书馆，2003．

[57] 黑塞．联邦德国宪法纲要［M］．李辉，译．北京：商务印书馆，2007．

[58] 克鲁克洪，等．文化与个人［M］．高佳，何红，何维凌，译．杭州：浙江人民出版社，1986．

[59] 沃尔夫．司法能动主义：自由的保障还是安全的威胁？［M］．黄金荣，译．北京：中国政法大学出版社，2004．

[60] 拉德布鲁赫．法学导论［M］．米健，朱林，译．北京：中国大百科全书出版社，1997．

[61] 格林．国家的权威［M］．毛兴贵，译．北京：中国政法大学出版社，2013．

[62] 弗雷德曼．美国司法制度历史断面之剖析［M］//小岛武司，等．司法制度的历史与未来．汪祖兴，译．北京：法律出版社，2000．

[63] 李心鉴．刑事诉讼构造论［M］．北京：中国政法大学出版社，1992．

[64] 李游．和谐社会的司法解读：以中西方司法传统的演变为路径［M］．北京：法律出版社，2013．

[65] 黑蒂斯．陪审员的内心世界：陪审员裁决过程的心理分析［M］．刘威，李恒，译．北京：北京大学出版社，2006．

[66] 贝拉米．自由主义与现代社会：一项历史论证［M］．毛兴贵，檀秀侠，陈高华，等译．南京：江苏人民出版社，2012．

[67] 波斯纳. 超越法律[M]. 苏力, 译. 北京: 中国政法大学出版社, 2001.

[68] 波斯纳. 法官如何思考[M]. 苏力, 译. 北京: 北京大学出版社, 2009.

[69] 波斯纳. 法官如何思考[M]. 苏力, 译. 北京: 北京大学出版社, 2009.

[70] 梁漱溟. 中国文化的命运[M]. 北京: 中信出版社, 2010.

[71] 梁治平. 在边缘处思考[M]. 北京: 法律出版社, 2003.

[72] 廖义铭. 佩雷尔曼之新修辞学[M]. 唐山: 唐山出版社, 1997.

[73] 林端. 儒家伦理与法律文化[M]. 北京: 中国政法大学出版社, 2002.

[74] 刘同君, 魏小强. 法伦理文化视野中和谐的社会[M]. 镇江: 江苏大学出版社, 2007.

[75] 刘作翔. 法律文化理论[M]. 北京: 商务印书馆, 1999.

[76] 卢梭. 社会契约论[M]. 何兆武, 译. 北京: 商务印书馆, 1980.

[77] 迪蒙. 论个体主义: 人类学视野中的现代意识形态[M]. 桂裕芳, 译. 南京: 译林出版社, 2014.

[78] 埃里克森. 无需法律的秩序: 邻人如何解决纠纷[M]. 苏力, 译. 北京: 中国政法大学出版社, 2003.

[79] 波斯特. 宪法的法律权威之形成: 文化、法院与法[M]//张千帆. 哈佛法律评论·宪法学精粹. 北京: 法律出版社, 2005.

[80] 波斯特. 宪法的领域: 民主、共同体与管理[M]. 毕洪海, 译. 北京: 北京大学出版社, 2012.

[81] 威布. 自治: 美国民主的文化史[M]. 李振广, 译. 北京: 商务印书馆, 2006.

[82] 麦克洛斯基. 美国最高法院[M]. 任东来, 孙雯, 胡晓进,

等译. 北京：中国政法大学出版社，2005.

[83]萨默斯. 美国实用工具主义法学[M]. 柯华庆，译. 北京：中国法制出版社，2010.

[84]科特威尔. 法律社会学导论[M]. 潘大松，刘丽君，林燕萍，等译. 北京：华夏出版社，1989.

[85]艾伦. 理性、认知、证据[M]. 栗峥，王佳，译. 北京：法律出版社，2013.

[86]德沃金. 自由的法：对美国宪法的道德解读[M]. 刘丽君，译. 上海：上海人民出版社，2001.

[87]夏皮罗. 法院：比较法上和政治学上的分析[M]. 张生，李彤，北京：中国政法大学出版社，2005.

[88]胡克. 法律的沟通之维[M]. 孙国东，译. 北京：法律出版社，2008.

[89]罗斯. 冲突的文化：比较视野下的解读与利益[M]. 刘莘侠，译. 北京：社会科学文献出版社，2013.

[90]中共中央马克思恩格斯列宁斯大林著作编译局. 马克思恩格斯全集：第1卷[M]. 北京：人民出版社，1995.

[91]韦伯. 儒教与道教[M]. 洪天富，译. 南京：江苏人民出版社，1993.

[92]马立诚. 当代中国八种社会思潮[M]. 北京：社会科学文献出版社，2012.

[93]贝勒斯. 法律的原则：一个规范的分析[M]. 张文显，宋金娜，朱卫国，等译. 北京：中国大百科全书出版社，1996.

[94]布林特. 政治文化的谱系[M]. 卢春龙，袁倩，译. 北京：社会科学文献出版社，2013.

[95]欧克肖特. 政治中的理性主义[M]. 张汝伦，译. 上海：上海译文出版社，2003.

[96]特拉切曼. 34座里程碑：造就美国的34次判决[M]. 陈强，

译.北京：法律出版社，2008.

[97]麦高伟，威尔逊.英国刑事司法程序[M].姚永吉，译.北京：法律出版社，2003.

[98]麦柯丽.社会权力与法律文化[M].明辉，译.北京：北京大学出版社，2012.

[99]梅利曼.大陆法系[M].顾培东，禄正平，译.2版.北京：法律出版社，2004.

[100]福柯.规训与惩罚[M].刘北成，杨远婴，译.北京：生活·读书·新知三联书店，2003.

[101]考默萨.法律的限度：法治、权利的供给与需要[M].申卫星，王琦，译.北京：商务印书馆，2007.

[102]麦考密克.法律推理与法律理论[M].姜峰，译.北京：法律出版社，2005.

[103]诺内特，塞尔兹尼克.转变中的法律与社会：迈向回应型法[M].张志铭，译.北京：中国政法大学出版社，2004.

[104]埃利希.法社会学原理[M].舒国滢，译.北京：中国大百科全书出版社，2009.

[105]费斯.如法所能[M].师帅，译.北京：中国政法大学出版社，2008.

[106]克拉玛德雷.程序与民主[M].翟小波，刘刚，译.北京：高等教育出版社，2005.

[107]钱穆.文化学大义[M].台北：中正书局，1981.

[108]钱穆.中国文化史导论[M].北京：商务印书馆，1994.

[109]萨拜因.政治学说史：上卷[M].邓正来，译.上海：上海人民出版社，2008.

[110]安格尔·梅丽.诉讼的话语：生活在美国社会底层人的法律意识[M].郭星华，王晓蓓，王平，译.北京：北京大学出版社，2007.

[111]莫斯科维奇. 群氓的时代[M]. 许列民,薛丹云,李继红,译. 南京:江苏人民出版社,2006.

[112]森际康友. 司法伦理[M]. 于晓琪,沈军,译. 北京:商务印书馆,2010.

[113]汉森. 法律方法与法律推理[M]. 李桂林,译. 武汉:武汉大学出版社,2010.

[114]沈达明. 比较民事诉讼法初论[M]. 北京:中信出版社,1991.

[115]马塞多. 自由主义美德:自由主义宪政中的公民身份、德性与社群[M]. 马万利,译. 南京:译林出版社,2010.

[116]戈登. 控制国家:西方宪政的历史[M]. 应奇,陈丽微,孟军,等译. 南京:江苏人民出版社,2001.

[117]宋冰. 程序、正义与现代化[M]. 北京:中国政法大学出版社,1998.

[118]宋冰. 读本:美国与德国的司法制度及司法程序[M]. 北京:中国政法大学出版社,1998.

[119]宋功德. 行政法哲学[M]. 北京:法律出版社,2001.

[120]宋英辉. 刑事诉讼原理导读[M]. 北京:中国检察出版社,2008.

[121]苏国勋. 理性化及其限制[M]. 上海:上海人民出版社,1988.

[122]孙笑侠. 程序的法理[M]. 北京:商务印书馆,2005.

[123]泰勒. 文化之定义[M]. 顾晓鸣,译//庄锡昌,顾晓鸣,顾云深. 多维视野中的文化理论. 杭州:浙江人民出版社,1987.

[124]汤唯. 当代中国法律文化:本土资源的法理透视[M]. 北京:人民出版社,2010.

[125]托克维尔. 论美国的民主:上卷[M]. 董果良,译. 北京:商务印书馆,2004.

[126] 内格尔. 理性的权威 [M]. 蔡仲, 郑玮, 译. 上海: 上海译文出版社, 2013.

[127] 汪庆华. 政治中的司法: 中国行政诉讼的法律社会学考察 [M]. 北京: 清华大学出版社, 2011.

[128] 王人博, 程燎原. 法治论 [M]. 桂林: 广西师范大学出版社, 2014.

[129] 王泽鉴. 法律思维与民法实例: 请求权基础理论体系 [M]. 北京: 中国政法大学出版社, 2001.

[130] 德威尔. 美国的陪审团 [M]. 王凯, 译. 北京: 华夏出版社, 2009.

[131] 曼塞尔, 贝琳达·梅特亚德, 艾伦·汤姆森. 别样的法律导论 [M]. 孟庆友, 李锦, 译. 北京: 北京大学出版社, 2011.

[132] 魏晓娜. 刑事正当程序原理 [M]. 北京: 中国人民公安大学出版社, 2006.

[133] 武树臣. 中国传统法律文化 [M]. 北京: 北京大学出版社, 1994.

[134] 西塞罗. 论共和国、论法律 [M]. 王焕生, 译. 北京: 中国政法大学出版社, 1997.

[135] 普特南. 理性、真理与历史 [M]. 童世骏, 李光程, 译. 上海: 上海译文出版社, 2015.

[136] 肖建国. 民事诉讼程序价值论 [M]. 北京: 中国人民大学出版社, 2000.

[137] 肖泽晟. 宪法学: 关于人权保障与权力控制的学说 [M]. 北京: 科学出版社, 2003.

[138] 谢晖, 陈金钊. 法律: 诠释与应用 [M]. 上海: 上海译文出版社, 2002.

[139] 徐贲. 人以什么理由来记忆 [M]. 长春: 吉林出版集团有限责任公司, 2008.

[140]徐进. 古代刑罚与刑具[M]. 济南：山东教育出版社，1989.

[141]徐亚文. 程序正义论[M]. 济南：山东人民出版社，2004.

[142]科耶夫. 权威的概念[M]. 姜志辉，译. 南京：译林出版社，2011.

[143]杨与龄. 强制执行法论[M]. 北京：中国政法大学出版社，2002.

[144]西蒙. 权威的性质与功能[M]. 吴彦，译. 北京：商务印书馆，2015.

[145]雅维茨. 法的一般理论：哲学和社会问题[M]. 朱景文，译. 沈阳：辽宁人民出版社，1986.

[146]尤伊克，西尔贝. 法律的公共空间：日常生活中的故事[M]. 陆益龙，译. 北京：商务印书馆，2005.

[147]埃格里斯托. 最高法院与立宪民主[M]. 钱锦宇，译. 北京：中国政法大学出版社，2012.

[148]罗尔斯. 正义论[M]. 谢延光，译. 上海：上海译文出版社，1991.

[149]罗尔斯. 政治自由主义[M]. 万俊人，译. 南京：译林出版社，2002.

[150]张晋藩. 中国法律的传统与近代转型[M]. 北京：法律出版社，1997.

[151]张中秋. 中西法律文化比较研究[M]. 南京：南京大学出版社，1991.

[152]赵晓耕. 观念与制度：中国传统文化下的法律变迁[M]. 湘潭：湘潭大学出版社，2012.

[153]赵旭东. 法律与文化[M]. 北京：北京大学出版社，2011.

[154]左卫民，周长军. 变迁与变革：法院制度现代化研究[M]. 北京：法律出版社，2000.

[155]博登海默. 法理学：法律哲学与法律方法[M]. 邓正来，译.

北京：中国政法大学出版社，1999.

[156]伊利. 民主与不信任：关于司法审查的理论[M]. 朱中一，顾远，译. 北京：法律出版社，2003.

[157]茨威格特，克茨. 比较法总论[M]. 潘汉典，米健，高鸿钧，等译. 贵阳：贵州人民出版社，1992.

[158]阿蒂亚. 英国法中的实用主义与理论[M]. 刘承韪，刘毅，译. 北京：清华大学出版社，2008.

[159]庞德. 通过法律的社会控制：法律的任务[M]. 沈宗灵，董世忠，译. 北京：商务印书馆，1984.

（二）期刊

[1]布迪厄，强世功. 法律的力量：迈向司法场域的社会学[J]. 北大法律评论，1999（2）.

[2]蔡琳. 修辞论证的方法：以两份判决书为例[J]. 政法论坛，2006（5）.

[3]曹刚. 安乐死是何种权利？——关于安乐死的法伦理学解读[J]. 伦理学研究，2005（1）.

[4]陈发桂. 司法理性及其生成：以公众司法参与为视角[J]. 广西社会科学，2010（6）.

[5]陈科. 经验与逻辑共存：事实认定困境中法官的裁判思维[J]. 法律适用，2012（2）.

[6]陈铭军. 提升司法公信力的进路[J]. 审判与法治，2011（5）.

[7]陈启荣. 科学主义：合理性与局限性及其超越[J]. 山东社会科学，2005（1）.

[8]陈煜. 试论法治信仰[J]. 延安大学学报，2001（1）.

[9]崔永东. 从系统论视角看司法公信力建设[J]. 暨南学报（哲学社会科学版），2023，45（3）.

[10]崔永东. 和谐社会与刑诉价值观的更新[J]. 政法论丛，2010（3）.

[11]邓健鹏.健讼与息讼：中国传统诉讼文化的矛盾解析[J].清华法学,2004(1).

[12]丁艳雅.美国联邦最高法院大法官任命过程中的政党因素[J].学术研究,2007(2).

[13]丁吟菲.论情理法冲突的解决[J].现代商业,2012(12).

[14]董暤.判定法律冲突之问题研究[J].法律科学,2014,32(1).

[15]方乐.超越"东西方"法律文化的司法：法制现代性中的中国司法[J].政法论坛,2007(3).

[16]方乐.法官裁判的知识基础[J].法律科学,2009(1).

[17]高长富,张自政.我国公民之法治信仰[J].吉首大学学报(社会科学版),2003(3).

[18]高军.略论英美法官文化及其启示[J].法治研究,2008(7).

[19]葛洪义.试论法律论证的概念、意义与方法[J].浙江社会科学,2004(2).

[20]公丕祥.董必武的人民司法思想及其时代启示[J].江苏社会科学,2016(4).

[21]顾肃.论社会公正与自由的关系[J].学海,2004(2).

[22]管伟.略论中国传统司法裁判中的事实判断及其方法[J].政法论丛,2010(1).

[23]韩大元.论中国陪审制度的宪法基础：以合宪论和违宪论的争论为中心[J].法学杂志,2010,31(10).

[24]韩登池.司法理性与理性司法：以法律推理为视角[J].学杂志,2011,32(2).

[25]何勤华,王静.保护网络权优位于网络安全：以网络权利的构建为核心[J].政治与法律,2018(7).

[26]洪瑶.论司法公信力与裁判文书[J].四川师范大学学报(社会科学版),2008(6).

[27]胡铭.司法公信力的理性解释与建构[J].中国社会科学,

2015（4）.

［28］胡云腾. 论裁判文书的说理［J］. 法律适用，2009（3）.

［29］黄龙照，呼振泉. 谈民事执行工作的价值追求：如何提高案件执结率和标的到位率、降低案件中止率［J］. 山东审判，2003（3）.

［30］黄晓平. 古代衙门建筑与司法之价值追求：考察统司法的一个特别视角［J］. 北方法学，2009，3（6）.

［31］黄泽萱. 论英美普通法中的知情权：兼谈我国信息公开条例的修改［J］. 行政法学研究，2018（6）.

［32］季金华. 司法的法律发展功能及其价值机理［J］. 政法论丛，2019（1）.

［33］季金华. 司法权威的意义阐释［J］. 江海学刊，2004（6）.

［34］姜迪. 司法权威的神话：以美国最高法院中的"异议"为切入点［J］. 天府新论，2016（3）.

［35］姜涛. 道德话语系统与压力型司法的路径选择［J］. 法律科学，2014，32（6）.

［36］蒋秋明. 司法理性论略［J］. 学海，2002（5）.

［37］李东业，江中略，丁羽. 中美政府信息公开制度比较研究［J］. 云南行政学院学报，2011，13（5）.

［38］李桂林. 论司法权威的权力保障［J］. 哈尔滨工业大学学报（社会科学版），2016，18（1）.

［39］李可，唐乾. 法律学说司法运用的风险及控制［J］. 上海政法学院学报（法治论丛），2022，37（5）.

［40］李路曲. 经验理性及其分析方法的演进［J］. 政治学研究，2010（6）.

［41］李明. 清代刑部说帖的撰写及司法权威的生成［J］. 清史研究，2023（2）.

［42］李宁. 乡贤文化和精英治理在现代乡村社会权威和秩序重构中的作用［J］. 学术界，2017（11）.

[43]李强.法律社会学中的法律文化概念：评劳伦斯·弗里德曼《选择的共和国》[J].法律科学，2006（5）.

[44]李文健.转型时期的刑诉法学及其价值论[J].法学研究，1997（4）.

[45]李振贤.中国语境下的类案同判：意涵、机制与制度化[J].法学家，2023（3）.

[46]刘海，康海勃."气"与"面子"的两相纠葛：解读《秋菊打官司》的文化根由[J].辽宁行政学院学报，2011，13（2）.

[47]刘建军.论人生信仰的确立、保持与危机[J].淄博学院学报（社会科学版），1999（3）.

[48]刘练军.陪审的性质与功能新论[J].华东政法大学学报，2012（4）.

[49]刘岩.论司法理性的特质[J].长春大学学报，2007（11）.

[50]刘艳芳.我国古代调解制度解析[J].安徽大学学报（哲学社会科学版），2006（2）.

[51]罗灿.司法改革背景下裁判文书说理的规范与加强[J].人民法治，2015（10）.

[52]马长山.公民意识：中国法治进程的内驱力[J].法学研究，1996（6）.

[53]马岭.关于陪审制的民主性之分析[J].甘肃政法学院学报，2011（5）.

[54]苗炎.司法民主：完善人民陪审员制度的价值依归[J].法商研究，2015，32（1）.

[55]聂好春.晚清大众传媒的成长与近代文化转型：以对维新派大众传媒活动的考察为视角[J].河南社会科学，2018，26（11）.

[56]彭向刚，程波辉.论执行文化是执行力建设的基础[J].学术研究，2014（5）.

[57]齐伟.司法公共理性：司法公正的内在生成机制[J].河北法

学，2014，32（7）.

［58］强昌文. 法律至上、程序中心与自由本位：现代化法律的三维透视［J］. 法制与社会发展，1999（5）.

［59］秦强. 论契约文明：兼论契约文明与法治文明的关系［J］. 云南社会科学，2005（2）.

［60］舒国滢. 战后德国法哲学的发展路向［J］. 比较法研究，1995（4）.

［61］苏力. 基层法官司法知识的开示［J］. 现代法学，2000（3）.

［62］苏力. 判决书的背后［J］. 法学研究，2001（3）.

［63］苏力. 司法制度的合成理论［J］. 清华法学，2007（1）.

［64］苏新建. 程序正义对司法信任的影响：基于主观程序正义的实证研究［J］. 环球法律评论，2014，36（5）.

［65］粟峥. 中国民事执行的当下境遇［J］. 政法论坛，2012，30（2）.

［66］孙培哲. 成为选择共和国的公民：弗里德曼表现型个人主义理念之考察［J］. 清华法治论衡，2013（3）.

［67］孙笑侠，褚国建. 判决的权威与异议：论法官"不同意见书"制度［J］. 中国法学，2009（5）.

［68］孙笑侠，应永宏. 程序与法律形式化：兼论现代法律程序的特征与要素［J］. 现代法学，2002（1）.

［69］童兆洪. 论构建公正、高效、权威的执行制度［J］. 法治研究，2008（2）.

［70］汪怀君. "认同"内涵的跨学科分析［J］. 理论导刊，2015（5）.

［71］王彬. 事实推定中的后果考量［J］. 法律科学，2021，39（6）.

［72］王超. 论隐形程序［J］. 中国刑事法杂志［J］. 2002（1）.

［73］王华胜. 英国法官服饰的形成与改革［J］. 环球法律评论，2010，32（5）.

［74］王申. 法官法律知识的本源与确证：以法官的实践理性为视角［J］. 现代法学，2012，34（2）.

[75] 王杏飞. 能动司法与主动执行 [J]. 法学评论, 2011, 29 (5).

[76] 王学棉. 事实推定：事实认定困境克服之手段 [J]. 清华法学, 2009, 3 (4).

[77] 王亚明. 司法执行模式的变革：类型、特点及影响 [J]. 重庆社会科学, 2008 (10).

[78] 王亚明. 司法执行模式改造简论 [J]. 福建警察学院学报, 2009, 23 (1).

[79] 吴兆祥. 新民事诉讼法出台的背景及其重大影响 [J]. 中国法律, 2012 (5).

[80] 向朝霞. 论司法裁判的社会可接受性 [J]. 太原师范学院学报 (社会科学版), 2008 (1).

[81] 肖宏开. 美国法院的判决执行制度及其启示 [J]. 法律适用, 2005 (3).

[82] 肖建国. 审执关系的基本原理研究 [J]. 现代法学, 2004 (5).

[83] 肖文黎. 个性、角色与职位的理论分析 [J]. 理论界, 2007 (9).

[84] 徐洁. 论诚信原则在民事执行中的衡平意义 [J]. 中国法学, 2012 (5).

[85] 杨波. 对法律事实建构论的初步阐释：以主体间性为分析进路的思考 [J]. 法制与社会发展, 2006 (6).

[86] 杨建军. 好法官的两种形象 [J]. 法学论坛, 2012, 27 (5).

[87] 杨亚非. 论法院权威的生成：从英美法系的司法制度谈起 [J]. 法制与社会发展, 2002 (1).

[88] 易军. 诉讼仪式的象征符号 [J]. 国家检察官学院学报, 2008 (3).

[89] 余文唐. 事实推定：概念重塑与界限甄辨 [J]. 法律适用, 2023 (3).

[90] 喻怀峰, 张洪斌. 论人民陪审制度功能的异化与回归 [J]. 学海, 2016 (2).

243

[91]张海燕. 民事推定法律效果之再思考：以当事人诉讼权利的变动为视角［J］. 法学家，2014（5）.

[92]张家军. 人民陪审制度：实证分析与制度重构［J］. 法学家，2015（6）.

[93]张强. 论司法理性的内涵［J］. 吉林工商学院学报，2009，25（2）.

[94]张泽涛. 美国"法院之友"制度研究［J］. 中国法学，2004（1）.

[95]张真理，高小岩. 为什么公正的判决会被公众指责为不公［J］. 政法论丛，2009（1）.

[96]章武生. 民事执行：树立和维护司法权威的一个重大理论和实践问题［J］. 政治与法律，2004（4）.

[97]赵朝琴. 裁判说理及其社会效果探析［J］. 黑龙江社会科学，2012（4）.

[98]赵菁，张胜利，廖健太. 论文化认同的实质与核心［J］. 兰州学刊，2013（6）.

[99]赵谦. 论司法公正理念之漂移：程序正义与实体正义比较分析［J］. 西北农业大学学报，2006（1）.

[100]赵晓耕，沈玮玮. 健讼与惧讼：清代州县司法的一个悖论解释［J］. 江苏大学学报（社会科学版），2011，13（6）.

[101]周安平. 面子与法律：基于法社会学的视角［J］. 法制与社会发展，2008（4）.

[102]周公法. 事理、法理、情理、文理：裁判文书的说理之道［J］. 山东审判，2007（5）.

[103]朱孝清. 司法公平正义观和人民监督司法路径的创新［J］. 法治研究，2022（6）.

[104]朱兴有. 关于民事执行价值最大化实现的基本分析［J］. 广东商学院学报，2000（1）.

[105]竹下守夫，白绿铉. 日本民事执行制度概况［J］. 白绿铉，译. 人民司法，2001（6）.

[106]左卫民.裁判依据：传统型与现代型司法之比较——以刑事诉讼为中心[J].比较法研究，2001（3）.

[107]左卫民，谢鸿飞.论法官的知识[J].政治与法律，2003（4）.

（三）报纸

[1]公丕祥.民俗习惯运用于司法的价值、可能性与限度[N].人民法院报，2007-08-30（5）.

[2]胡云腾.论裁判文书说理与裁判活动说理[N].人民法院报，2011-08-10（5）.

[3]刘莉.程序正义的法律社会心理学解释[N].中国社会科学报，2011-07-19（11）.

[4]罗灿.推进裁判文书说理改革要避免的五大误区[N].人民法院报，2015-02-06（5）.

[5]王松苗.法治是一个文明的过程[N].人民法院报，2014-08-15（7）.

[6]吴志伟.法袍演进中的文化内涵[N].人民法院报，2012-03-30（8）.

[7]徐斌，周志伟.法院之建筑风格[N].人民法院报，2012-07-13（7）.

## 二、英文文献

（一）著作

[1] FREELY A J. Argumentation and Debate: Critical Thinking For Reason Decision Making [M]. Belmont, Calif: Wadsworth Publishing, 1993.

[2] PERELMAN C, OLBRECHTS-TYTECA L. The New Rhetoric: A Treatise on Argumentation [M]. Notre Dame: University of Notre Dame Press, 1969.

[3] ARRNIO A. The Rational as Reasonable: A Treatise on Legal

Justification [M]. D. Boston: Reidel Publishing Company, 1987.

[4] WEN-TEN T. The Law in China as Seen by Roscoe Pound [M]. Taipei: China Culture Publishing Foundation, 1953.

[5] LIND E A, TYLER T R. The Social Psychology of Procedural Justice [M]. New York: Plenum Press, 1988.

[6] TYLER T R. Why People Obey the Law [M]. Princeton: Princeton University Press, 2006.

[7] BERMAN H J, SALIBA S N. The Nature and Functions of Law [M]. Perry: The Foundation Press, 1980.

（二）期刊

[1] THIBAUT J, WALKER L. A Theory of Procedure [J]. California Law Review, 1978, 66（3）.

[2] TYLER T R. Procedural Justice and the Courts [J]. Court Review, 2007, 44（112）.

# 后 记

本人长期致力于用文化分析方法、结构功能主义方法研究司法的纠纷解决功能、权利救济功能和法律发展功能，阐释司法权威与司法的政治功能、法律发展功能之间的互动机理及其价值基础，探讨司法权威的文化渊源、价值机理和法律实现机制诸方面的问题。众所周知，人类自原始社会进入文明社会，一直面临权威与自治关系的处理问题以及公法与私法的分离互动问题，因此权威不仅是法学的研究对象，也是政治学、社会学和文化学研究的问题。

毋庸置疑，立法者是以社会主体的中等智力和体力为标准制定法律规则的，并以此作为社会主体行为是否正当的评判标准的。众所周知，一个国家不同地区的经济和文化发展是不平衡的，以中等发展水平为标准制定的相关法律法规必定制约发达地区经济和文化上的诉求、行为动机和利益实现机制。因此，应该赋予发达地区先行先试权，让其在制度和机制方面摆脱现有的束缚，突破不合理的羁绊，制定符合发达地区的法权要求的地方性规则。先行先试行为一定会违反现有的法律法规，因而必须同时确认一定的试错免责权。从本质上讲，只要先行先试行为没有违反法律原则和法律精神，而只是违反了现有法律法规的具体规定，这种违法行为应该属于良性违法行为。

此外，法律规定永远落后于社会发展的要求，与不发达地区相比，法律滞后现象在发达地区更为严重。有时，法律制定时的人民意志和价值共识与当下的人民意志和价值共识有冲突，某些情况下还遗漏了人民特定的意愿和价值诉求。因此，要保证法律基本适应社会发展的需要，就必须有一个发现新的人民意志和新的价值诉求的机制，这个机制在法治国家中就是司法审查机制、判例形成机制。而发现和确认人民意志和价值诉求的过程就是一个法律原则的阐释过程，这一过程实质上是一个价值认识、价值评价和价值选择过程。这个价值判断过程可以通过利害关系人和社会公众的参与行为，借助程序内涵的商谈理性而获得正当性。

按照德国哲学家威廉·文德尔班（Wilhelm Windelband）的逻辑学说，一切社会关系都是价值关系，每一门科学都是价值科学，由逻辑学、伦理学和美学构成的价值哲学，旨在揭示价值判断的内在逻辑、阐释价值判断的内在机理。因此，司法权威的法律实现机制也必须建立在价值分析的基础上，建立在文化哲学的阐释基础上。对现有制度进行价值分析、对制度改革进行价值评价，也离不开法教义学和法律逻辑学的方法。毋庸置疑，法教义学坚信现有法律秩序的正当性，但并不排除通过法律原则实现法律规则与现有社会的价值沟通。因此，法教义学只不过是现有法律体制内的价值规范分析，它将阐释权威赋予法院，主张法官拥有法律阐释和价值判断的独断性权威，其他主体的阐释不具有确定性和终局性。法教义学方法不同于纯粹的价值分析方法，也不等同于单纯的规范分析方法，更不等同于社会学分析方法，法教义学方法的理论基础是综合法学理论。法官应用法教义学方法，通过对法律原则的阐释，回应人民的愿望和价值诉求，以法律原则的价值发展为基础进行法律续造，推动制度变革，促进法律发展。

在《司法权威的文化理路》的写作过程中，我深刻感悟到司法权威理论的博大精深，也深切感受到学海无涯，任何理论的建构和发展都是无数学人薪火相传、日积月聚、铢积寸累的结果。同时我亦体会到，长期的学术探索、深切的人文关怀和不懈的追求正义是法学同仁应有的人生状态和精神境界。进入法学领域以来，我一直在探究政府角色与个体身份的关系模式对人类制度建构、国家管理和社会治理模式的影响机理，确证政府所拥有的立法权力、行政权力和司法权力对公民权利的积极意义和消极影响，揭示司法权威成长的文化机理，关注司法在国家治理、区域治理和全球治理中的功能和作用。这方面的一些研究成果为本书提供较为厚实的基础。因此，我要感谢《法律科学》《法制与社会发展》《南京社会科学》《法学论坛》《政法论丛》《四川大学学报》《理论探索》《法律方法》等期刊的编辑对我学术事业的支持和帮助。

在司法权威的文化研究和《司法权威的文化理路》的写作过程中，得到领导、同事和同学的帮助，在此要感谢南京师范大学社会科学院领导对本书写作和出版所给予的大力支持，感谢中国法治发展研究院院长公丕祥教授、江苏法治发展研究院院长龚廷泰教授以及南师大法学院李力教授、李浩教授、蔡道通教授、眭鸿明教授、刘敏教授、方乐教授长期以来在教学工作和研究工作方面给予的关心、支持和帮助。另外，我的博士研究生李海峰、牛涵、宋颖、吕玲玲以及硕士研究生张鹏举、陆新超、潘明峰、付鲲鹏、金晨凯、陈涌波、高佳瑞为本书的校对付出了时间和精力，在此表示谢忱。感谢光明日报出版社在本书的编辑出版方面给予的有益指导和大力支持！

这部论著作为国家社科基金重点项目"司法权威生成的文化机制研究"的最终成果，在研究视野、研究方法和主要观点方面有着一定的创新特征；毋庸讳言，该论著在内容和观点方面也一定存在着诸多不足和遗憾，我将在今后的教学和研究工作中不断地思考，对这些问题进行更深入系统的研究。